성경 간편 해설서

바이블텔링

신 약

성경 간편 해설서 **바이블텔링 신약**

초판 1쇄 2018년 11월 30일
지은이 유동근
펴낸곳 벧엘서원.IMC
편집인 유병헌
등록번호 제 387-2012-000037 호
주소 (14593) 경기도 부천시 원미구 부일로 123, 201호 (상동, 그린프라자)
전화 032.322.3095
팩스 0303.3440.3452
홈페이지 www.bethelbook.co.kr
Email btbook.imc@gmail.com

값 39,000 원

ISBN | 978-89-92014-69-4
ISBN | 978-89-92014-66-3(세트)

BIBLE
TELLING

성경 간편 해설서

바이블텔링

신 약

유동근

벧엘서원

저자 서문

2016년 6월 어느 날, 뒷산을 산책하다가 갑자기 내리는 소나기로 인하여 빗길에 미끄러져 크게 넘어졌습니다. 옆구리에 큰 통증이 느껴졌고, 한동안 숨쉬기도 어려울 정도로 어려운 시간을 보냈습니다. 그 때 저는 눕는 것은 매우 불편했고, 앉아 있는 것이 가장 편안했습니다. 그러한 시간을 통해 주님의 십자가 고통을 생각해보며 복음서부터 요약하며 성경을 써보기로 했습니다.

이미 신구약 주석을 쓴 자료가 있고, 또 주님의 은혜로 젊어서부터 늘 성경을 가까이 하며 살았고, 많은 강해 설교의 경험이 있기에 시간이 그리 많이 소요되지는 않았습니다. 신약은 비교적 빠른 시간에 완성했고 구약은 시간이 좀 더 걸렸습니다. 그렇지만 모두 2년이 채 걸리지 않았습니다(신약 1권 구약 5권 예상).

하나님의 크신 은혜에 감사드립니다.

지난 10여년 간, 건강 주시고 은혜 주셔서 〈바이블코어〉신구약 주석 강해집 66권을 쓸 수 있었습니다.(2012년 완성) 〈바이블코어〉주석이 성경 한 절 한 절에 대한 것이라면, 본 요약집〈바이블텔링〉은 한 장 한 장을 쉽게 이해하면서 읽도록 하기 위한 책입니다.

이 책의 특징은 누구든지 성경을 쉽게 이해하며 빠른 시간 내에 전체를 한 번에 죽 읽고, 전체적인 그림을 볼 수 있다는 데 있습니다. 이 책을 통해서 이미 그리스도를 믿은 주 안의 신자들뿐 아니라, 아직 주님을 믿지 않는 분들도 하나님의 귀한 말씀인 성경을 이해하는 데 길잡이와 도움이 될 수 있기를 간절히 기도하는 마음입니다. 이 책을 출간하기까지 편집, 교열, 교정에 참여해준 내 아내와, 특히 책의 편집과 디자인 등 전반적인 출판을 감당해준 아들 내외에게 심심한 사의를 표합니다.

모든 영광을 하나님께 돌리며
2018년 5월, 부천 송내에서
유동근 목사

Contents

차 례

마가복음

누가복음

요한복음

사도행전

로마서

고린도전서

고린도후서

갈라디아서

데살로니가후서

디모데전서

디모데후서

디도서

빌레몬서

히브리서

야고보서

베드로전서

베드로후서

요한일서

요한이서

요한삼서

유다서

요한계시록

추천의 글

피종진 목사 (남서울 교회)

2012년 한 절 한 절의 성경을 해설한 신구약 66권 주석을 완성하신데 이어, 이번에는 성경 한 장 한 장을 이해하기에 쉽도록 요약 정리한 유동근 목사의 바이블텔링이 나왔습니다. 유동근 목사님은 세계 많은 나라를 선교하는 허드슨 테일러와 같은 유능한 선교사이며, 성경에 능통한 스펄전 같은 설교자입니다.

이번 출판한 바이블텔링은 유목사님의 일생에 걸친 성경 연구의 결정체 같은 내용으로서 모든 목회자와 하나님의 말씀을 사랑하는 모든 신자들 뿐 아니라 성경을 전혀 읽어보지 않은 분일지라도 쉽게 이해할 수 있도록 심혈을 기울여 집필한 책입니다. 많은 분들에게 도움이 될 것으로 확신하기에 기쁘고 감사한 마음으로 추천하는 바입니다.

엄신형 목사 (14, 15대 한국기독교 총연합회 대표회장, 예장개혁총연 증경총회장, 중흥교회 담임 목사)

유동근 목사님은 저희 총회의 특별위원회 소위원장이시고, 증경총회장이십니다. 우리 총회가 자랑하는 세계적인 신학자요 선교사입니다. 90년대 복음이 없던 많은 공산권 여러 나라에 복음을 전파하여 교회를 개척한 사도 바울 같은 종입니다. 40여년에 걸쳐 집중적으로 성경만 연구한 데다, 30년간의 선교 사역을 통해 교회를 개척하는 가운데 체험하고 얻은 빛을 내용에 가득 담아서 하나님의 자녀들에게 성경을 이해하는데 매우 도움이 되는 그야말로 '성경 이해의 길잡이' 바이블텔링을 집필하였습니다. 독자들에게 매우 유익하리라 확신하며 기쁨으로 추천하는 바입니다.

이영호 목사 (아레오바고 사람들 대표)

유동근 목사님은 성경을 읽으려는 평신도들의 마음을 정확하게 꿰뚫어 보셨습니다. 우리가 성경을 읽을 때 성경의 개요를 빨리 파악하고 읽어야 이해가 빠른데, 생활에 얽매여 살다가 보면 그렇게 하기가 쉽지 않습니다. 저 역시 이런 분야에 여러 책들을 소장하고 있으나 만족스러운 책이 없습니다. 〈저자의 서문〉에서 "누구든지 성경을 쉽게 이해하며 빠른 시간 내에 전체를 한 번에 죽 읽고, 전체적인 그림을 볼수 있다"고 하신 것과 같이, 그런 면에서 성경이해에 큰 도움이 되지 않을까 믿어 의심치 않습니다. 짧은 문장에 구어체로 저술되어 가벼운 마음으로 읽고 참고하기에 큰 도움이 되리라고 믿어 추천합니다. 이 저서가 좋은 안내 자료가 되어 독자들의 신앙이 향상되기를 소망합니다.

정동섭 목사 (가족관계연구소장, 사이비종교 피해대책연맹 총재, 전 침신대,한동대 교수: Ph.D.)

이 책의 저자 유동근 목사는 한국교회가 낳은 탁월한 목회신학자입니다. 신구약에 담겨 있는 진리의 말씀을 언약신학의 관점에서 옳게 해석하여 믿는 자나 불신자 할 것 없이 누구나 유익을 얻을 수 있게 했습니다. 문법적, 역사적, 신학적 해석의 원리를 따라 성경을 알기 쉽게 풀어놓고 있습니다. 먼저 읽은 분이 다른 가족, 친구, 신학생, 목회자들에게 적극적으로 권하여 "바이블 텔링"(Bible Telling)으로 마음과 삶이 새롭게 변화 받는 일이 계속 일어나게 되기를 바라마지 않습니다.

최삼경 목사 (빛과소금교회 담임목사, 인터넷 신문 <교회와신앙> 편집인, 이단전문연구가)

'진리는 절대 우리를 속이지 않으며, 성령은 절대로 우리를 속이지 않는다'는 것을 믿고 34년 동안 목회를 했고, 이단연구도 했고, 성경을 연구하고 설교를 했습니다.

긴 성경을 한 장 한 장 짧고 쉽게 요약해서 한 눈에 한 폭의 그림을 보는 것처럼 전 성경을 잘 볼 수 있도록 씌여진 책입니다. 유능한 선교사요 신학자인 유동근 목사는 한국에 널리 알려지지 않았을지라도 나의 마음 속에 늘 자랑스럽고 귀한 친구요 감춰어진 보배같은 존재라고 생각합니다. 신구약 주석 완간에 이어 신구약 성경 요약서 〈바이블텔링〉을 완성한 유 목사님에게 찬사를 보내며 한국 교회 성도님들에게 큰 유익이 될 것으로 기대하면서 기쁜 마음으로 추천하는 바입니다.

이우회 목사 (총회신학신대원 원장, 총회(호헌) 증경총회장, 복된교회 담임목사)

유동근 목사님은 제가 현재 목회하고 있는 대전 출신이시고 오래 전부터 주 안에서 존경하며 교제하며 지내는 사이입니다. 특히 유동근 목사님은 선교에 열정이 대단하신 분으로써, 현재도 10여 나라 선교를 하시는 정열적인 선교사님이십니다. 또한 후학에도 매우 관심이 있으셔서 오랫동안 국제 신학원을 운영해오셨고, 저희 신학교에도 오셔서 때때로 강의도 해주시던 귀한 학자이십니다. 이번에 바이블텔링이라는 신구약 성경 요약서를 출간하시게 된 것을 진심으로 축하드리며 한국교회에 기쁜 마음으로 추천하는 바입니다.

배동률 목사 (늘푸른 교회 당회장, 예장 개혁총연 증경총회장, 총회 신학총장)

평소의 존경하는 유동근 목사님께서 두번째 주석을 출판함에 있어서 매우 기쁜 마음으로 그간의 노고에 축하드립니다. 유동근 목사는 총회장을 역임하셨으며, 후학들의 귀감이 되어온 신학자 이시며, 그리스도 예수님의 교회를 위한 뜨거운 열정을 가지신 선교사이자 양떼를 사랑하시는 목자이십니다.

2012년 10여년에 걸쳐 성경 66권 한절 한절을 잘 해석한 주석을 완간하셔서 전국 서점을 통해 많은 보급으로 목회자님과 신학생들이 애독하는 책이 되었습니다. 금번에 출판되어지는 바이블텔링은 성경 요약서로서 성경 한장한장을 쉽게 이해 할 수 있도록 작성한 대작이라 평가됩니다. 이런 귀한 책이 우리나라에서 나올 수 있게 되어 매우 만족스런 기쁨과 즐거운 마음으로 추천하는 바입니다.

류언근 목사 (비교종교 및 사이비 이단 연구회 아레오바고 협회 이사장. 국제 재난 구조 위원장, 죠이 국제 학교장, 중국 봉천 신학원장)

하나님께서 貴하게 쓰시는 유동근牧師님을 통하여 神學의 꽃이라고 하는 聖經神學的 관점의 「Bible telling」 출간을 먼저 축하드리고 하나님께 영광과 감사를 돌립니다.

말과 글은 꿀을 바른듯 미끄럽지만 썩은 무덤같은 냄새들을 풍기는 정치. 경제. 사회. 문화. 종교지도자들을 접하면서 보석같은 귀한 분들과 살다 가게 해 달라고 기도하게 됩니다.

그 기도의 응답 중 한분이 바로 유동근 목사님이신데 금번에 귀한 「바이블텔링」을 출간케 되어 아낌없는 찬사와 축하와 추천을 하게 됨은 유 목사님과 신세봉 사모님 두분의 인격 때문입니다. 이단연구회인 아레오바고 사람들을 이끄시는 故 이영호 목사님께서 평택 팽성 들판의 비닐하우스에 기거한다는 사실을 아는 이들은 많았지만 구체적으로 그분을 건사한 분은 없었습니다. 저 역시 그 사실을 뒤늦게 알고서 여러분들과 협의했지만 발벗고 나선 이는 한 두 분밖에 없었습니다.

그분들 중에 유 목사님 두 내외분은 해외에 (000)여개의 지교회를 수시로 관리 하시느라 일반 목회를 하시는 목사님들 보다 한량없이 바쁘신데도 이영호 목사님께서 불편하시다면 언제든 달려가서 도우신 信行一致의 삶을 사시는 분이시기에 감히 형님으로 모심을 자랑스럽게 생각합니다. 성령님의 인격과 유 목사님의 인격으로 필터링된 「바이블텔링」을 통해서 무한하신 엘샤다이의 영광이 드러나길 기도하며 추천사에 갈음합니다.

마태복음

마태복음의 저자는 원래 세리였던 마태(레위라고도 부름)이다. 기록한 때는 A.D. 40년경으로 추정되며, 50년경으로 보는 학자도 있다. 어쨌든 A.D. 70년 예루살렘 성전의 파괴 이전인 것은 분명하다(24:2). 그는 사도들의 명단을 기록한 10장 2-3절에서 자신을 세리 마태로 표현했다. 이는 그의 겸비함을 보여주는 것이다. 당시 세리는 유대인들 가운데 가장 멸시받는 직업이었다. 9장 10절을 보면 그는 자신의 집에서 주님을 접대하기도 하였고, 많은 동료 세리들과 죄인들이 주님과 자리를 같이했다고 기록한다. 그의 복음서는 주로 예수가 구약에서 수없이 예언된 메시아(그리스도)임을 증명하는 데 초점을 맞추었다. 따라서 메시아에 대한 구약 예언의 인용이 많다(2:17-18, 4:14-16, 13:35, 21:4-5, 27:9-10).

1장

예수 그리스도의 족보

아브라함의 씨요 다윗의 씨이신 예수 그리스도께서는 구약에서 이스라엘의 핵심적인 족보인 아브라함과 다윗의 족보에서 태어나셨다. 1절부터 17절까지는 아브라함부터 다윗을 거쳐 예수의 출생까지 42대의 족보가 기록되어 있다. 하나님의 모든 역사에는 우연이 없다. 아브라함부터 다윗까지 열네 대, 다윗부터 포로 될 때까지 열네 대, 포로 된 때부터 그리스도까지 열네 대이다. 그리스도이신 예수의 출생은 다 하나님의 계획 아래서 이루어진 일들이다.[1-17절]

임마누엘 예수의 출생

주 예수님은 성령으로 잉태되시어 아브라함과 다윗의 자손인 동정녀 마리아에게서 출생하셨다. 이는 메시아이신 예수 그리스도가 아브라함과 다윗의 씨에서 태어나신다는 구약 성경의 예언을 이루는 일이다. 그 남편(당시 정혼자) 요셉 역시 의로운 사람이었고, 하나님의 아들이 사람으로 출생하시는 일에 하나님께 쓰임을 받았다. 우리를 죄에서 구원하실 예수의 출생은 선지자들의 예언을 이루신 것이다(마 1:21-23). 하나님께서 사람과 함께하시기 위해 오신 임마누엘(God with us)의 출생을 감사하고 찬미하자![18-25절]

2장

동방박사들이 아기 예수께 경배하다

예수께서 태어나시자 구원자의 출생에 대한 수많은 예언과 말씀의 정보를 갖고 있던 예루살렘 성은 예수의 탄생 소식을 반가워하는 것이 아니라 소동했고, 당시 유대의 분봉왕 헤롯(에돔 사람)은 예수가 유대인 왕으로 태어났다는 말을 듣고 예수를 죽이려 했다. 도리어 타국의 동방 박사들이 멀리서 별을 보고 유대인의 왕으로 나신 예수를 만나려고 찾아왔고, 아기 예수께 황금과 유향과 몰약의 귀한 예물을 드리고 고국으로 돌아갔다.[1-12절]

애굽으로 피하시고 후에 갈릴리 나사렛으로 돌아오시다

하나님께서는 그 밤에 요셉에게 현몽하여 아기 예수를 데리고 애굽으로 피하라 하셨고, 헤롯이 죽은 후에야 유대 땅으로 돌아오게 하셨다. 그러나 요셉은 잔인무도한 헤롯의 아들 아켈라오가 뒤를 이어 왕이 되었다는 소식을 듣고 두려워하여 다윗 성(베들레헴)으로 오지 않고 갈릴리 나사렛에 가서 거했다. 그리하여 예수를 나사렛 사람이라 부르게 된 것이다.

헤롯은 그때 아기 예수를 죽이려고 베들레헴과 그 모든 지경 안에 있는 두 살 아래의 사내아이들을 다 죽였다.[13-23절] 이 일도 예레미야 선지자가 이미 구약에 예언한 바가 있다(라마에서 슬퍼하며 통곡하는 소리가 들리니 … 자식을 위하여 애곡하는 것이라, 렘31:15).

3장

세례 요한의 전파 : "회개하라 천국이 가까웠느니라"

구약의 마지막 책인 말라기 선지자의 예언에 따라 주 예수님이 사역을 시작하시기에 앞서 엘리야 같은 선지자가 나타나게 되는데, 그가 바로 예수께서 출생하시기 6개월 전에 태어난 세례 요한이다. 그는 주 예수의 사역에 앞서서 그 길을 예비하기 위해 보내심을 받은 마지막 선지자이다. 당시 그의 전파는 큰 능력이 있었다. 그는 유대 광야에서 "회개하라, 천국이 가까웠느니라! 주의 길을 예비하라!"고 외쳤다. 그의 사역은 주로 사람들을 물로 세례를 주는 일이었다. 많은 사람이 요단강에 와서 세례를 받았는데, 바리새인과 사두개인들도 세례를 받으러 왔다. 그러나 요한은 그 종교 외식자들의 속을 명쾌하게 드러냈다. 그는 "독사의 자식들아, 누가 너희를 가르쳐 임박한 진노를 피하라 하더냐."고 하면서, 그저 외면적이고 가식적인 회개는 소용이 없고 회개하려면 회개에 합당한 열매를 맺으라고 했다. "이미 도끼가 나무뿌리에 놓였으니 좋은 열매를 맺지 아니하는 나무마다 찍어 불에 던지우리라". 또한 요한은 그의 뒤에 오시는 이는 그보다 능력이 많으셔서 성령과 불로 세례를 주실 것이며, 손에 키를 들고 자기의 타작마당을 정하게 하시어, 타작마당에서 알곡과 쭉정이를 분리하시고 알곡은 모아 곡간에 들이고 쭉정이는 꺼지지 않는 불에 태우실 것이라고 했다.[1-12절]

"이는 내 사랑하는 아들이요 내 기뻐하는 자라"

주 예수는 하나님의 아들이시지만 요단강으로 세례 요한에게 오셔서 유대인의 한 사람으로서 세례를 받으셨고, 물에서 올라오실 때 성령이 비둘기같이 그의 위에 임하는 것을 보셨다. 그때 하늘로부터 소리가 있어 말씀하시기를, "이는 내 사랑하는 아들이요 내 기뻐하는 자라"하셨다. 예수는 하나님의 사랑하시는 아들이요 그분의 기뻐하시는 자이시다.[13-17절]

4장

광야에서 시험을 받으시다

요단강에서 세례를 받으시고 성령의 기름부음을 받으신 예수께서는 광야로 이끌리어 사십 일 간 밤낮으로 금식하신 후에 굶주리셨다. 그때 시험하는 자가 예수께 와서 "네가 만일 하나님의 아들이어든 명하여 이 돌들이 떡덩이가 되게 하라"고 했다. 주 예수께서는 물론 그렇게 하실 능력이 있으셨지만, 사람의 위치에 서서 "사람이 떡으로만 살 것이 아니요 하나님의 입으로 나오는 모든 말씀으로 살 것이라"고 대답하셨다. 당장의 배고픔을 채우기보다는 하나님 아버지의 말씀을 더 귀하게 여기신 것이다. 또 그분은 세상의 영광도, 권세도 원하지 않으셨다. 그분은 이미 하늘의 영광을 버리고 죄인을 구하러 오신 분이다. 그분은 사람의 본분은 오직 주 하나님만을 섬기는 것이라고 말씀하시며 사탄의 시험을 물리치셨다.[1-11절]

갈릴리에서 전파하시며 제자들을 부르시다

그분은 스불론과 납달리 지경 해변에 있는 가버나움에 가서 사시면서 그 어둠의 땅에 빛이 되셨다. 예수께서는 해변 길을 다니시며 베드로, 요한 등 어부들을 제자로 부르셨고 그들은 모든 것을 버리고 즉시 예수를 따랐다. 또 그분이 많은 병자들을 고치셨으므로 사람들은 각색 병든 자들을 데리고 예수께 왔다.[18-25절]

5장

마태복음은 천국 복음을 말한다. 천국은 이 시대로부터 시작되어("회개하라, 천국이 가까웠느니라!") 복음을 받은 교회 안에서 영적인 실제를 누리게 되며, 장차 주님의 재림 시에 완전히 나타난다.

복 있는 사람

천국의 왕이신 예수께서는 산에 올라가 앉으셔서 제자들에게 천국 법령을 가르치셨다. 이는 그분의 십자가에 죽으심과 부활로 얻어진 그분의 천국 백성들의 본성이 어떠한가를 말해준다. 그들은 심령이 가난한 자, 애통하는 자, 온유한 자, 의에 주리고 목마른 자, 긍휼히 여기는 자, 화평케 하는 자, 의를 위하여 핍박을 받는 자들이다. 천국은 이러한 자들의 것이며 위로와 보상이 따른다. 주를 위하여 이 땅에 사는 동안 욕을 먹고 핍박을 당하는 모든 자들에게는 하늘에서 큰 상이 있다고 말씀하신다. 그 원칙은 구약의 선지자들과 동일하다.[1-12절]

소금과 빛

예수께서는 '하나님의 자녀들은 세상의 소금인데 그 맛을 잃으면 무엇으로 짜게 하겠느냐'고 하시면서 '맛을 잃은 소금은 아무 쓸 데 없어 밖에 버려지게 되고 사람들이 밟고 다닐 뿐이라'고 말씀하셨다. 소금이 짜다는 것은 그리스도의 본성이 강하게 나타나는 삶, 온전히 주를 위해 헌신하는 삶을 의미한다(눅 14장). 또 하나님의 자녀들은 세상의 빛이라고 하시며 산위의 동네(도시)가 숨기우지 못한다 하셨다. 정상적 교회는 그 도시의 등대이다. 교회의 찬란한 복음의 빛은 그 도시 전체를 비추어 드러나게 한다. 주님은 성도들의 가진 빛을 말 아래 두지 말고 등경 위에 두어 집안 모든 사람에게 비취게 하라고 하신다. 성도들이나 사역자들이나 곡식 세는 단위인 '말'로 그 빛을 가릴 수 있다고 하신다. 은 30에 주 예수를 판 유다, 사도행전 5장에 돈 얼마를 감춘 아나니아와 삽비라, 8장에 기도해서 성령 받게 하는 은사를 돈주고 사려 했던 시몬 등이다. 또 주님은 적극적으로 너희 빛을 사람 앞에 비취게 하라고 하신다. 사람들에게 우리의 삶으로 빛을 나타내는 것은 성도들의 특권이요 의무이다. 주님은 사람들로 하여금 너희의 착한 행실을 보고 하늘에 계신 너희 아버지께 영광을 돌리게 하라고 하셨다. [13-16절]

예수께서 율법을 완전케 하러 오시다

주 예수님은 그분이 율법이나 선지자를 폐하러 오신 것이 아니라 더욱 고양시키고 완전케 하러 오셨다고 했다. "천지가 없어지기 전에는 율법의 일점 일획이라도 반드시 없어지지 아니하고 다 이루리라". 구약에서는 살인과 간음을 행하지 않으면 되지만, 신약에서는 우리에게 그리스도의 생명을 주심으로 아버지의 온전하심과 같이 온전하게 되라고 하신다. 주 예수의 생명으로 살 때 우리는 원수를 사랑하고 여자를 보고 음욕을 품지 않는 거룩한 삶을 살 수 있다. 구약의 율법은 '눈은 눈으로, 이는 이로' 대응하라고 했지만, 신약의 도덕률은 그 수준이 훨씬 높다. 왼뺨을 치면 오른 편도 돌려대고 송사하여 속옷을 가지려는 자에게 겉옷까지도 주라고 하시며, "너희 의가 서기관과 바리새인보다 더 낫지 못하면 결단코 천국에 들어가지 못하리라"고 말씀하신다.[17-20절] 주 예수께서 생명을 주셔서 이루실 천국 사람들의 도덕성이 매우 높은 수준의 사람들이라는 말씀이다.

노하지 말라

구약 율법에서는 살인하지 말라고 하고 누구든지 살인하면 심판을 받게 된다고 했지만, 예수께서는 형제에게 노하는 자마다 심판을 받게 된다고 하신다. 그러므로 예물을 제단에 드리다가 형제에게 원망들을 만한 일이 생각나거든 먼저 가서 형제와 화목하고 그 후에 예물을 드리라고 하신다. 호리라도 남김이 없이 다 갚기 전에는 그 정죄에서 자유로울 수가 없다는 것이다.[21-26절] 천국 사람들은 서로 불화하고 원망하는 관계를 유지하면서 동시에 예배 생활을 해서는 안된다는 뜻이다. 그런 관계들은 나중 주님 뵈올 때 심판에서 벗어나지 못하게 된다.

간음하지 말라

구약 율법에서는 간음을 하지 말라고 했지만, 예수께서는 여자를 보고 음욕을 품는 자마다 마음에 이미 간음을 했다고 하신다. 그러므로 만일 네 오른 눈이 너를 실족케 하거든 빼어내버리라고 하신다. 또 네 오른손이 너를 실족케 하거든 찍어내버리라고 하신다. 백체 중 하나가 없어지는 것이 온몸이 지옥불에 던져지는 것보다 유익하다는 말씀이다.[27-32절] 천국 백성들은 이 세상에 사는 동안 죄를 철저히 처리해야 한다는 말씀이다. 그렇지 않을 경우 그 범한 죄악을 인하여 받을 형벌이 너무 크다는 뜻이다.

맹세하지 말라

천국 백성들의 말은 매우 단순하다. 주 예수님은 이 세상에 계실 때 그렇게 많은 말씀을 하지 않으셨다. 많은 경우 사람들과 대화에서 매우 간단하고 명료하게 대답하셨다. 천국 백성들은 많은 말을 하지 않고 변명을 하지 않는 자들이다. 무엇으로도 맹세를 해서는 안 되는데, 이는 우리가 맹세를 지킬 수 없는 존재이기 때문이다. 그저 우리가 할 말은 '예, 예, 아니오, 아니오'밖에 없다. 그러면 그렇다, 아니면 아니다 할 뿐 추측하거나 미루어 짐작하여 말해서는 안 되며 맹세하는 식으로 말해서도 안 된다. "이에서 지나는 것은 악으로 좇아 나느니라".[33-37절] 말에서 흠이 있는 사람들은 천국 백성들의 삶이 아니다.

사람들의 무리한 행동에 대한 천국 사람들의 반응

주 예수님은 "악한 자를 대적지 말라" 하시면서, 누구든지 네 오른편 뺨을 치거든 왼편도 돌려대며, 너를 송사하여 속옷을 가지고자 하거든 겉옷도 주며, 너로 억지로 오 리를 가게 하거든 십 리를 동행하고, 네게 구하는 자에게 주며 꾸고자 하는 자에게 거절하지 말라고 하신다. 천국 백성들, 즉 그리스도의 생명을 얻은 사람들은 지상에서 이유 없이 상하게 하고 무리하게 요구하고 빼앗는 자들과 불화하지 않고 반항하지 않으며 그들의 요구를 들어줄 수 있다.[38-42절]

원수를 사랑하라

구약의 율법에서는 "네 이웃을 사랑하고 네 원수를 미워하라"고 하는데, 주 예수님은 "너희 원수를 사랑하며 너희를 핍박하는 자를 위하여 기도하라"고 말씀하신다. 예수께서는 형제들에게만 문안하는 것은 하나님을 모르는 이방인도 그렇게 한다고 말씀하시면서 악인이나 은혜를 모르는 배은망덕한 인간까지도 사랑하라고 가르치신다. "이같이 한즉 하늘에 계신 아버지의 아들이 되리니 이는 하나님이 그 해를 악인과 선인에게 비취게 하시며 비를 의로운 자와 불의 한 자에게 내리우심이니라". 가까운 사람들끼리만 사랑하는 것은 천국 사람들의 모습이 아니다. 우리의 울타리에 함께 하지 않는 멀리 있는 사람도 사랑하고 심지어 우리를 대적하는 원수도 사랑한다. 이런 사람들이 천국[교회] 사람들이다. 오늘날 천국 백성인 성도들의 표준은 세상의 도덕 수준이나 율법의 표준을 훨씬 뛰어넘는, 하늘에 계신 하나님 아버지의 온전하심이다.[43-48절]

6장

사람에게 보이려고 의를 행치 않도록 주의하라

6장에서는 사람들에게 보여주고 자신을 나타내기 위한 의도로 하는 외식적인 종교 생활에 대한 경계의 말씀을 주신다. 구제할 때 오른손이 하는 것을 왼손이 모르게 하여 은밀한 중에 보시는 아버지께 상을 얻으며, 기도할 때 사람들이 많이 다니는 큰 거리 어귀에서나 회당에서 하기를 좋아하지 말고 길게 중언부언하지 말며 다만 골방에 들어가 문을 닫고 은밀한 중에 계시는 네 아버지께 기도하여 은밀한 중에 보시는 네 아버지께 상을 얻으라고 하신다. 은밀한 중에 계시는 주님과 주관적인 관계를 맺지 못하는 사람은 엄격하게 말해서 천국 백성이 아니다. 어떤 사람들은 기도할 때 거창하고 그럴듯하게 말을 많이 해야 하나님께서 들으실 줄로 생각하여 중언부언하는데(은밀한 중에 계시는 하나님께 드리는 기도가 아니거나 혹은 사람더러 들으라고 하는 기도가 많다는 뜻이다) 그런 것을 본받지 말라고 가르치신다. 왜냐하면 우리 아버지 하나님은 구하기 전에 이미 우리에게 있어야 할 것을 아시기 때문이다.[1-8절] 천국 백성들은 구제, 기도에 있어서도 순수하고 깨끗하다.

그러므로 너희는 이렇게 기도하라

어떻게 기도할 줄 모르는 사람도 기도할 수 있도록 주 예수님은 제자들에게 기도하는 법을 가르쳐주셨다. 지금도 우리가 언제든지 할 수 있는 최상의 기도이다. "하늘에 계신 우리 아버지여 이름이 거룩히 여김을 받으시오며 나라가 임하옵시며 뜻이 하늘에서 이룬 것같이 땅에서도 이루어지이다". 주님은 먼저 하나님 아버지의 이름이 거룩히 여김을 받으시도록, 그분의 나라가 이 땅에 임하도록, 아버지의 뜻이 하늘에서 이루어진 것같이 땅에서도 이루어지도록 기도하라고 말씀하셨다.

"오늘날 우리에게 일용할 양식을 주옵시고". 이는 우리의 매일의 필요에 대해서도 아버지께 고하고 아버지를 의지하라는 말씀이다. 일용할 양식을 주시도록 기도하라고 하신 주님이 구하는 자에게 주시지 않겠는가?

"우리가 우리에게 죄 지은 자를 사하여준 것같이 우리 죄를 사하여 주옵시고". 사실 우리가 주님께 지은 죄는 더욱 많고 크다(마 18:21-35). 그것을 주님께 용서받은 자의 태도는 마땅히 다른 사람이 자기에게 지은 죄를 용서하는 것이다. 주님은 용서에 대해 14절에서 다시 한 번 강조하여 말씀하신다. "너희가 사람의 과실을 용서하면 너희 천부께서도 너희 과실을 용서하려니와". 성도로서 다른 사람의 과실을 용서하는 것은 매우 중요한 일이다.[9-15절]

금식하는 것을 사람에게 보이려고 하지 말라

예수께서는 금식할 때 슬픈 기색을 내지 말고 얼굴을 흉하게 하지 말며 오히려 머리에 기름을 바르고 얼굴을 씻으라고 말씀하신다. 말하자면 종교적인 외식을 주의하라는 말씀이다. 오직 은밀한 중에 계시는 네 아버지께 보이게 하며, 그러면 은밀한 중에 계시는 네 아버지께서 갚으실 것이라 하셨다. 은밀한 중에 계시는 아버지 앞에서 기도와 금식을 잘 하면 상이 있다는 말씀이다.[16-18절]

너희 보물을 하늘에 쌓아두라

주 예수께서는 그리스도인의 재물에 대한 태도를 가르치신다. 사람은 결코 두 주인을 섬길 수 없으며, 하나님과 재물을 겸하여 섬기지 못한다는 것이다. 하나를 사랑하면 다른 하나는 미워하게 된다고 말씀하시며, 그분은 우리에게 먹고사는 문제를 염려하지 말고 믿음을 가지라고 하신다. 천부께서 공중의 새나 들의 백합화도 먹이고 입히시는데 하물며 너희는 그렇게 하지 않으시겠느냐는 것이다.[19-30절]

먼저 그의 나라와 의를 구하라

그러므로 성도들은 먼저 그의 나라와 의를 구해야 한다. 그러면 이 모든 것은 하나님 아버지께서 돌보아주신다. "너희 천부께서 이 모든 것이 너희에게 있어야 할 줄을 아시느니라"[31-32절]. 그리스도인들이 먹고사는 문제로 염려하고 허둥대는 것은 믿음이 올바르게 세워지지 않았기 때문이다(마 6:30,31). 그것은 기본적인 믿음이 결여된 것을 뜻한다. 천국 백성은 이 세상에서 먹고사는 것 때문에 염려하며 사는 종류의 사람들이 아니다. 천부의 공급하심을 믿으며 오직 그분의 나라를 위해 사는 사람들이다.

7장

비판을 받지 아니하려거든 비판하지 말라

주님은 '너희가 비판하는 그 비판으로 너희가 비판을 받게 되며 너희의 척량하는 표준으로 너희도 척량을 받게 된다'고 하신다. 천국 백성은 남을 판단하고 자기 표준으로 다른 사람을 측량하기 전에 먼저 자기를 살펴야 한다. 남을 비판하는 자는 자신을 중심 삼는 사람이며 자기를 모르는 사람이니 결국 외식하는 자이다. "어찌하여 형제의 눈 속에 있는 티는 보고 네 눈 속에 있는 들보는 깨닫지 못하느냐".[1-5절]

거룩한 것을 개에게 주지 말며…

"거룩한 것을 개에게 주지 말며 너희 진주를 돼지 앞에 던지지 말라". 이는 하나님께 속한 귀한 것을 아무에게나 주지 말라는 말씀이다. 그렇게 하다가 그 귀함을 모르는 자들이 그것을 발로 밟고 욕되게 하여 성도의 심령을 상하게 할 수 있기 때문이다.[6절] 천국 사람들은 함부로 행하여 자신의 영성을 상하게 하지 말아야 한다.

구하라, 찾으라, 문을 두드리라

천국 백성은 기도할 때 하나님께서 가장 좋은 것으로 주실 줄 알고 구하고, 찾고, 두드려야 한다. 구하지 않으면 얻지 못한다. "하물며 하늘에 계신 너희 아버지께서 구하는 자에게 좋은 것으로 주시지 않겠느냐 그러므로 무엇이든지 남에게 대우를 받고자 하는 대로 너희도 남을 대우하라 이것이 율법이요 선지자니라".[7-12절] 구하지 않으면 얻지 못한다. 천국 백성들의 특징은 간절히 구하여 받는 자들이다.

생명으로 인도하는 문은 좁고 길이 협착하다

"좁은 문으로 들어가라 멸망으로 인도하는 문은 크고 그 길이 넓어 그리로 들어가는 자가 많고 생명으로 인도하는 문은 좁고 길이 협착하여 찾는 이가 적음이니라". 크고 넓은 문은 멸망으로 인도하는데 많은 사람들이 그 문으로 들어간다. 그러나 생명으로 인도하는 문은 작고 그 길이 좁아서 아주 적은 수의 사람만이 그것을 찾고 그 길을 걸어간다.[13-14절] 천국의 길을 가는 사람들이 의외로 적다는 말씀이다.

거짓 선지자들을 주의하라

또 천국 길을 갈 때 매우 조심해야 할 것이 있는데, 바로 거짓 선지자들이다. 그 결과로 길을 잃게 된다. 겉으로는 분별하기 어렵기 때문에 열매를 보고 그 나무를 아는 것처럼 그의 열매를 보고 그를 분별해야 한다. 열매란 무엇인가? 그의 겉모양이 아니라 그의 내면의 중심과 그 표현을 말한다. 또한 그의 걸어가는 길이다.[15-20절]

하늘에 계신 아버지의 뜻대로 행하는 자

또한 천국 백성은 주님을 위해 그저 이런 일 저런 일 여러 가지로 많이 일한다고 되는 것이 아니라 아버지의 뜻대로 해야 한다. "나더러 주여 주여 하는 자마다 천국에 다 들어갈 것이 아니요 다만 하늘에 계신 내 아버지의 뜻대로 행하는 자라야 들어가리라". 하나님 아버지의 뜻은 전체적인 하나님의 말씀 안에서 나타나며, 이미 주 예수께서 산상에서 말씀하신(5-7장) 천국 법령이라 할 수 있다. 겉으로 보기에 굉장해보이는 일들, 주의 이름으로 선지자 노릇 하고 귀신을 쫓아내고 권능을 행할지라도 주 예수님이 다시 오실 때 그분의 부정과 물리침을 당할 수 있다. "내가 너희를 도무지 알지 못하니 불법을 행하는 자들아 내게서 떠나가라!" 아버지의 말씀에 기초를 두지 않은 삶과 그 공적은 마치 주초를 반석 위에 놓지 않고 모래 위에 집을 지은 사람 같아서 심판이 임할 때 견디지 못하고 다 무너지게 된다.[21-27절]

8장

문둥병자를 깨끗게 하시다

천국 법령을 말씀하신 후 산에서 내려오시니 허다한 무리가 좇았다. 그때 한 문둥 병자가 예수께 나아와 그분의 능력을 믿고 나음을 얻었다. 그는 "원하시면 나를 깨끗케 하실 수 있나이다!" 하였고, 주님은 "내가 원하노니 깨끗함을 받으라!" 하셨다. 그 즉시 그의 문둥병이 깨끗하여졌다. 문둥 병자는 '원하시면'이라고 했고 주님은 '원하노니'라고 하셨다. 주님은 사람들의 병이 낫기를 원하신다.[1-4절]

백부장 하인의 중풍병을 고치시다

다음은 중풍병에 걸린 이방인 백부장 하인의 이야기다. 그 백부장은 주님이 자기 하인을 고치러 집에 오시는 것을 감당하지 못하겠으니 집에까지 오실 것 없이 다만 그 자리에서 말씀만 하시기를 구했다. 예수께서는 그의 믿음을 칭찬하시며 그날 천국의 광경을 예언하셨다. 그 나라의 본 자손인 유대인들은 바깥 어두운 데 내어쫓길 것이고, 동서로부터 많은 이방인들이 아브라함, 이삭, 야곱으로 더불어 천국에 앉게 될 것이라고 하셨다. 주님은 어디서든지 그분의 말씀을 믿는 믿음을 기뻐하신다. 어떤 상황이든지 주의 한 말씀이면 족하다.[5-13절]

베드로 장모의 열병을 치료하시고 많은 사람들을 고치시다

예수께서 베드로의 집에 들어가셔서 베드로 장모의 열병을 치료하셨다. 8장에 대해 어떤 성경학자는 이러한 예수님의 행보가 먼저는 유대인에게 가시고, 다음에는 교회인 이방인에게로, 그리고 재림하실 때에는 다시 유대인에게로 오시는 것을 예표한다고 말한다.

해가 저물 때 사람들이 귀신 들린 자들을 많이 데리고 예수께 왔다. 예수께서는 말씀으로 귀신들을 쫓아내시고 많은 병든 자를 다 고치셨다. 그분은 '우리 연약한 것을 친히 담당하시고 병을 짊어지신 분'이시다(사53:4). 그분이 바로 구약에 예언된 메시아시다.[14-17절]

예수를 좇으려면

한 서기관이 예수께 "선생님, 어디로 가시든지 저는 따라가겠습니다."라고 하자, 예수님은 "여우도 굴이 있고 공중의 새도 거처가 있으되 오직 인자는 머리 둘 곳이 없다."고 하셨다. 그러나 한 제자가 예수께 "나로 먼저 가서 내 부친을 장사하게 허락해 달라"고 하자 "죽은 자들로 저희 죽은 자를 장사하게 하고 너는 나를 좇으라"고 하셨다. 주님은 한 서기관이 어디로 가시든지 따라가겠다고 할 때에는 '인자는 거처도 머리 둘 곳도 없다'고 하시고, 다른 한 제자가 중요한 일이 있으니 먼저 할 일을 하고 와서 따른다고 할 때에는, 그 일은 다른 사람들에게 하게 두고 너는 나를 따르라고 강권적으로 말씀하셨다. 주님은 누가 그분을 진정 따를 사람인가를 아신다.[18-22절]

바람과 바다를 잔잔케 하고 귀신들린 자들을 고치시다

예수께서 배를 타고 가시다가 큰 풍랑이 일었을 때 바람과 바다를 꾸짖어 잔잔케 하셨고, 이천 마리나 되는 귀신이 들린 사람에게서 귀신들을 쫓아내어 돼지 떼에 들어가게 하셨다. 이 돼지 떼가 물속으로 들어가 몰살하자 돼지를 치던 자들이 시내에 들어가서 예수께서 하신 일을 사람들에게 말했다. 그러나 그들은 예수를 믿고 환영하는 것이 아니라 도리어 그 지방에서 떠나시기를 간구했다. 가다라 지방의 사람들은 귀신이 쫓겨남으로써 하나님 나라가 임하기를 바라지 않았다. 그들은 또한 이생의 삶을 중시한 나머지 돼지들이 사라지는 것(레 11:7에 의하면 돼지는 먹지 못하도록 금지된 부정한 짐승이나 유대인인 그들은 그

것을 키우며 사업을 한 것이다)이나 귀신이 쫓겨나는 것을 원하지 않았다.[28-34절]

9장

중풍병자를 고치시다

9장에는 예수께서 배를 타고 그분의 고향에 가셔서 중풍병자를 치료하시는 내용이 나온다. 예수께서 친구들에 의해 들려온 중풍병자에게 "소자야, 안심하라! 네 죄 사함을 받았느니라!"고 하시자 어떤 서기관들은 속으로 '이 사람이 참람하도다'라고 했다. 하나님만이 죄를 사하실 수가 있는데 어떻게 사람으로서 그런 말을 할 수 있느냐는 것이다. 그러나 예수는 그들의 생각까지 다 아시는 하나님이시다. 그분은 그들에게 "너희가 어찌하여 마음에 악한 생각을 하느냐"고 하시면서 중풍병자에게 '죄를 용서해주신다'는 것과 '일어나 걸어가라' 하는 말 중 어느 것이 쉽겠느냐고 질문하셨다. 그리고서 중풍병자에게 '일어나 네 침상을 가지고 집으로 가라'고 명하셨다. 주님께는 어려운 것이 없지만, 다만 그분에게 세상에서 죄를 용서하는 권세가 있다는 것을 서기관들에게 알게 하려고 그렇게 말씀하신 것이다. 말씀대로 중풍병자가 일어나 집으로 돌아가자 사람들은 매우 두려워하며 이런 권세를 사람에게 주신 하나님께 영광을 돌렸다.[1-8절]

세리 마태를 부르시다

이 장면은 세관에 앉아 있는 세관원 마태를 부르시는 사건이다. "나를 좇으라!" 마태는 그 말씀을 듣고 즉시 일어나 주님을 좇았다. 주님이 마태의 집에서 세리와 죄인들과 함께 잡수실 때에 바리새인들은 예수께서 세리와 죄인들과 함께 앉아 잡수신다고 그분을 정죄했다. 그때 주님은 "건강한 자에게는 의원이 쓸데 없고 병든 자에게라야 쓸 데 있느니라"고 말씀하시며 "내가 의인을 부르러 온 것이 아니라 죄인을 부르러 왔노라"고 하셨다. 나는 대학생 때 이 말씀을 듣고 깊은 감명을 받았다. 그것은 내가 죄인이라는 것을 깊이 알고 있었기 때문이고, 죄인은 감히 하나님 앞에 나아갈 수 없는 줄로 알고 있었기 때문이다. 주 하나님이 사람 되시어 나 같은 죄인을 부르러 오셨다니![9-13절] 그리고 죄를 용서해주실 수 있으시다니!(9:5)

생베 조각을 낡은 옷에 붙이는 자가 없나니

14절에서 요한의 제자들이 예수께 와서 '왜 우리와 바리새인들은 금식하는데 당신의 제자들은 금식하지 않느냐'고 묻는 장면이 나온다. 그때 예수께서 옛것을 붙잡고서 새로운 것을 받아들이지 못하는 것에 대해 말씀하셨다. "생베 조각을 낡은 옷에 붙이는 자가 없나니…새 포도주를 낡은 가죽부대에 넣지 아니하나니". 신랑이신 주 예수님과 함께 시작된 새로운 은혜와 복음의 경륜은 구약 율법의 저주와 행함의 경륜과 합해질 수 없다는 말씀이다. 죄도 문제지만 오래되고 낡은 것도 문제이다. 사람에게 한 번 주입된 종교 관념은 참으로 벗어지기가 어렵다.[14-17절]

혈루증 앓는 여자를 고치시고 죽은 소녀를 살리시다

한 직원이 예수께 와서 절하면서 죽은 딸을 살려달라고 했다. 예수께서 일어나 그를 따라가는 도중에 열두 해를 혈루증으로 앓는 여자가 치료받았다. 그녀는 가만히 예수의 뒤로 와서 그분의 겉옷 가를 만졌고, 그때 주 예수님은 돌이켜 그녀를 보시며 "딸아, 안심하라! 네 믿음이 너를 구원하였다."고 하셨다. 그 즉시 여인은 치료되었다. 그런 다음, 예수께서 그 직원의 딸이 죽은 곳에 가셔서 "이 소녀가 죽은 것이 아니라 잔다!"고 하셨다. 그러자 그 집에서 훤화(시끄럽게 떠듬)하는 자들 모두가 비웃었다. 그러나 예수께서는 그 소녀의 손을 잡으셨고 그러자 소녀가 곧바로 일어났다. 이 소문이 온 땅에 파다하게 퍼지게 되었다.[18-26절]

두 소경의 눈을 뜨게 하시다

예수께서 거기서 떠나가실 때 두 소경이 따라오며 소리 질렀다. "다윗의 자손이여, 우리를 불쌍히 여기소서!" 주님은 그들에게 "내가 능히 이 일을 할 줄을 믿느냐?"고 하셨고, 그들은 "주여, 그러하오이다."라고 대답했다. 예수께서 그들의 눈을 만지시며 "너희 믿음대로 되라" 하시니 그들의 눈이 밝아졌다. 우리는 하나님께서 우리를 치료해주실 능력이 있으시다는 것을 믿는 것 외에 다른 길이 없다. 마태복음에서 거듭거듭 강조하는 것이 믿음이다. 많은 병자들이 치료받은 것을 보면, 그들이 믿음이 있기 때문이었다.

또 예수께서 귀신들려 벙어리 된 자를 고치시니 사람들이 놀라는데, 막상 바리새인들은 그분이 귀신의 왕을 빙자해서 귀신을 쫓아낸다고 비아냥거렸다. 언제나 기득권익자들, 교권주의자들은 시기가 가득하다.[27-34절]

추수할 일꾼들을 보내주시기를 간청하라

예수께서는 모든 성과 촌에 두루 다니시며 천국 복음을 전파하시고 모든 병과 모든 약한 것들을 고쳐주셨다. 또 무리를 보시고 불쌍히 여기셨는데, 그들이 목자 없는 양같이 고생하며 방황하기 때문이었다. 그러므로 예수께서는 제자들에게 추수할 것은 많되 일꾼은 적으니 추수하는 주인에게 추수할 일꾼들을 보내어 달라고 청하라 말씀하셨다. 예수께서 세상에 오셔서 하신 일은 구약 시대부터 씨 뿌리고 경작하신 것들을 추수하시는 것이었다.[35-38절]

10장

열두 제자를 부르시고 그들에게 권능을 주시다

예수께서 열두 제자를 부르사 더러운 귀신을 쫓아내며 모든 병과 모든 약한 것을 고치는 권능을 주셨다. 추수할 것이 많음을 보시고 제자들을 부르신 것이다. 그 이름은 이러하다. 베드로와 그 형제 안드레, 야고보와 그 형제 요한, 빌립과 바돌로매, 도마와 세리 마태, 알패오의 아들 야고보와 다대오, 가나안인 시몬과 가룟 유다 곧 예수를 판 자이다. 예수께서는 자신이 해오신 일들을 제자들도 할 수 있도록 그들에게 권능을 부여해주셨다.

예수께서 이 열둘을 보내시며 명하신 것은 '천국이 가까웠다!'고 전파하라는 것이고, 병든 자를 고치며 죽은 자를 살리며 문둥이를 깨끗하게 하며 귀신을 쫓아내라는 것이다. 그리고 이스라엘 집의 잃어버린 양에게만 가되 그들의 전파를 받아들이지 않고 그들을 영접지 않는 자들은 그날 받을 심판이 크다고 말씀하셨다. "내가 진실로 너희에게 이르노니 심판 날에 소돔과 고모라 땅이 그 성보다 견디기 쉬우리라". 이 말씀은 열두 제자를 보내신 것에 적용될 뿐 아니라 주 예수님이 다시 오실 때까지 보내심을 받은 자들 모두에게 적용된다.[1-15절]

보내심 받은 자들이 받을 핍박에 대해 말씀하시다

그리고 그들을 보내는 것이 양을 이리 가운데 보냄과 같다고 하시며 뱀같이 지혜롭고 비둘기같이 순결하라고 하셨다. 그리고 그들이 받을 핍박과 비방에 대하여 말씀하시면서 그들이 아무리 비방과 핍박을 당해도 종이 상전보다 더 당하는 것은 아니니 두려워하지 말라고 하신다. 또 몸은 죽여도 영혼은 능히 죽이지 못하는 자들을 두려워하지 말고 오직 몸과 영혼을 능히 지옥에 멸하시는 자를 두려워하라고 하시며, 참새 한 마리도 너희 아버지께서 허락지 아니하시면 땅에 떨어지지 않는다고 하신다. 하나님 아버지께서는 보내심 받은 제자들의 머리털 하나까지도 다 세시는 분이시다. 누구든지 사람 앞에서 예수를 시인하면 그분도 하늘에 계신 아버지 앞에서 그를 시인하실 것이고, 누구든지 사람 앞에서 주 예수님을 부인하면 주님도 하늘에 계신 아버지 앞에서 그를 부인하실 것이다. [16-33절]

화평이 아닌 검을 주러 오시다

주 예수님은 우리에게 화평이 아니라 검을 주러 오셨다고 하신다. 복음을 전하면서 사역을 할 때 가까운 사람들 간에 원수가 생겨난다. 그러므로 주님을 따르려면 부모나 처자나 심지어 자기 자신까지도 부인해야 한다.

누구든지 예수를 영접하면 그분을 보내신 아버지를 영접하는 것처럼, 예수의 보내심을 받은 자들을 영접하면 곧 예수를 영접하는 것이다. 또 누구든지 제자의 이름으로 이 소자 중 하나에게 냉수 한 그릇이라도 주는 자는 결단코 상을 잃지 않을 것이라고 하신다. [34-42절]

11장

세례 요한의 제자들에게 대답하시다

예수께서 열두 제자에게 가르치기를 마치시고 여러 다른 동네에서도 가르치시며 전도하시려고 그곳을 떠나셨다. 헤롯에 의해 옥에 갇힌 요한은 예수께서 하신 일들을 듣고 제자들을 예수께 보내어 "오실 그이가 당신이오니까, 우리가 다른 이를 기다리오리이까?"라고 여쭈어보라고 했다. 이 질문은 그의 원래 소임을 완전히 뒤집는 말이다. 그러나 주님은 감옥에서 약화된 그분의 선주자 요한을 책망하지 않으시고 "너희가 가서 듣고 보는 것을 요한에게 고하되 소경이 보며 앉은뱅이가 걸으며 문둥이가 깨끗함을 받으며 귀머거리가 들으며 죽은 자가 살아나며 가난한 자에게 복음이 전파된다 하라 누구든지 나를 인하여 실족하지

아니하는 자는 복이 있도다"라고 말씀하셨다. [1-6절]

세례 요한에 대해 말씀하시다

요한의 제자들이 떠난 후에 예수께서 무리에게 세례 요한을 칭찬하는 말씀을 하셨다. "그는 선지자보다도 나은 자이다. 세례 요한보다 더 큰 자가 일어난 적이 없다. 오리라 한 엘리야가 곧 이 사람이다." 그러나 요한의 때부터 천국은 침노를 당하고 있으며 천국에서는 극히 작은 자라도 세례 요한보다 크다고 하셨다.

또 요한과 주 예수님이 그 시대 사람들에게 동일하게 오해와 비방을 당하고 있음을 말씀하셨다. 사람들은 요한이 먹지도 않고 마시지도 않자 귀신들렸다 하고, 주 예수님은 오셔서 먹고 마시니 먹기를 탐하고 포도주를 즐기는 사람이요 세리와 죄인의 친구라고 했다는 것이다. [7-19절]

회개치 않은 고을들에 화가 있을 것이다

예수께서 권능을 가장 많이 베푸신 도시인 고라신과 벳새다가 회개치 않는 것을 보시고 그들에게 화가 있을 것이라 하시며 책망하셨다. 심지어 구약의 두로와 시돈, 소돔보다도 더 큰 심판이 임하게 될 것이라고 하셨다. 이는 주님 자신이 오셨는데 회개치 않는 것은 이전 시대의 어떤 죄보다도 중하다는 뜻이다. [20-24절]

수고하고 무거운 짐진 자들아 다 내게로 오라

그러나 그러한 상황에도 주 예수님은 아버지께 감사와 찬미의 기도를 올리셨다. "옳소이다 이렇게 된 것이 아버지의 뜻이니이다". 그러시면서 그분의 내면에는 참 안식이 있음을 선포하셨다. 그럴 뿐 아니라 그분께 오는 자는 다 쉼을 얻을 것이라고 하셨다. "수고하고 무거운 짐 진 자들아 다 내게로 오라 내가 너희를 쉬게 하리라". 그분이 그렇게 하실 수 있는 것은 그분의 마음이 온유하고 겸손하시기 때문이다. 주님은 사람들에게 그분의 멍에를 메고 그분의 온유와 겸손을 배우라고 하셨다. 우리는 주님께 갈 때 쉼을 얻을 수 있고 그분으로부터 진정한 겸손과 온유를 배울 수 있다. [25-30절]

12장

인자는 안식일의 주인이니라

예수께서 제자들을 데리고 밀밭 사이로 가실 때 제자들이 시장하여 이삭을 잘라먹었다. 그러자 바리새인들이 이 장면을 보고 예수께 당신의 제자들이 안식일을 어긴다고 정죄했다. 밀 이삭을 잘라 손바닥으로 비비는 것도 일종의 일이니 모든 일을 쉬어야 하는 안식일에 결코 해서는 안 될 일이라는 말이다. 그러자 예수님은 다윗 시대에 다윗과 함께한 자들이 성전에 들어가 진설병을 먹은 것이 죄가 되지 않았음을 예로 들어 그들을 가르치셨다(삼상 21:4-6 참조). 주님은 성전보다 크신 분이며 안식일의 주인이시다. 주님은 그분이 자비를 원하시고 제사를 원치 아니하노라 하신 뜻을 그들이 알았더라면 무죄한 자를 정죄하지 않았을 것이라 하셨다. 이는 형식적인 종교생활보다 사람들에게 자비를 베푸는 것이 진정한 신앙이라는 말씀이다. [1-8절]

안식일에 선을 행하는 것이 옳으니라

그곳을 떠나 그들의 회당에 들어가니 한쪽 손이 마른 사람이 있었다. 바리새인들은 예수께서 안식일에 뭔가를 하시면 송사하려고 따라다니면서 엿보고 있다가 예수께 물어보았다. "안식일에 병 고치는 것이 옳습니까?" 예수님은 "안식일에 양 한 마리가 구덩이에 빠졌으면 붙잡아 내지 않겠느냐? 사람이 양보다 얼마나 더 귀하냐! 안식일에 선을 행하는 것이 옳다."고 대답하셨다. 그리고서 그 한쪽 손 마른 병자에게 손을 내밀라고 말씀하셨고, 그가 예수님의 말대로 손을 내밀자 곧 다른 손과 같이 회복되어 온전하게 되었다. [9-13절]

바리새인들이 나가서 어떻게 하여야 예수를 죽일까 의논하니 예수께서 아시고 거기를 떠나가셨으며 많은 사람들이 그분을 따라갔다. 예수께서는 그들의 병을 다 고쳐 주시고 자기를 나타내지 말라고 주의를 주셨는데, 이것은 선지자 이사야로 하신 말씀을 이루시려는 것이었다. [14-17절]

"보라 나의 택한 종 곧 내 마음에 기뻐하는바 나의 사랑하는 자로다
내가 내 성령을 줄 터이니 그가 심판을 이방에 알게 하리라
그가 다투지도 아니하며 들레지도 아니하리니

아무도 길에서 그 소리를 듣지 못하리라
상한 갈대를 꺾지 아니하며 꺼져가는 심지를 끄지 아니하기를
심판하여 이길 때까지 하리니
또한 이방들이 그 이름을 바라리라"[18-21절]

성령을 훼방하는 자는 결코 사함을 얻지 못한다

그때에 사람들이 귀신 들려서 눈멀고 벙어리가 된 사람을 데리고 왔고, 예수께서 고쳐주셨다. 귀신은 사람을 쓸모없게 만들어 버린다. 사람이 보지도 못하고 말도 못 한다면 무엇을 할 수 있겠는가! 벙어리가 말하고 눈먼 자가 눈을 뜨게 된 것을 본 무리는 그가 메시아 곧 다윗의 자손이 아니냐고 하였지만, 바리새인들은 시기로 가득하여 그가 귀신의 왕 바알세불을 힘입어 귀신을 쫓아낸 것이라고 했다. 언제든지 종교 세계에서 기득권익자들은 비뚤어진 생각을 갖게 된다.

그들의 말에 예수님은 어떻게 사단이 사단을 쫓아내느냐고 하시며, 그분이 하나님의 성령을 힘입어 귀신을 쫓아내는 것이면 이미 하나님의 나라가 임한 것이라고 하셨다. 그리고 이렇게 성령을 훼방하는 것은 이 세대에도 오는 세대에도 용서받지 못할 심각한 죄라고 말씀하셨다. 오늘날도 이런 죄를 짓는 사람들이 많다. 그들이 그렇게 말하는 것은 그 나무가 악한 나무이기 때문이며, 사람은 마음에 가득한 것을 입으로 말한다고 하셨다

"사람이 무슨 무익한 말을 하든지 심판날에 이에 대하여 심문을 받으리니 네 말로 의롭다 함을 받고 네 말로 정죄함을 받으리라". 모든 말은 다 심판날에 심문을 받을 것이므로 우리는 말을 조심해야 하며, 특히 성령을 훼방하는 말은 해서는 안 된다. 이런 말은 바리새인이나 서기관들처럼 종교적으로 이해관계를 가진 사람들이 속에 독한 시기와 악을 품고 있어서 범하기 쉬운 죄이므로 매우 조심해야 한다.[22-37절]

요나의 표적

바리새인들과 서기관들이 표적 보여주시기를 청하자 예수께서는 요나의 표적 외에는 보일 표적이 없다고 하시면서 그분의 죽음과 부활을 암시하셨다. 또

한 남방 여왕이 솔로몬의 지혜로운 말을 들으려고 땅 끝에서 왔던 일을 말씀하시며 그분은 요나 보다, 솔로몬 보다 더 큰 분이라고 하셨다.[38-42절]

더러운 귀신이 사람에게서 나갔을 때에 물 없는 곳으로 다니다가 쉬지 못하고 다시 그에게 들어올 때는 저보다 더 악한 귀신 일곱을 데리고 들어와서 그 사람의 나중 형편이 전보다 더 심하게 된다고 하시면서 이 악한 세대가 이렇게 될 것이라 하셨다.[43-45절]

하늘에 계신 내 아버지의 뜻대로 행하는 자

그때 예수의 모친과 동생들이 예수를 찾으러 왔는데, 한 사람이 예수께 당신의 모친과 동생들이 찾아왔다고 하자 "누가 내 모친이며 동생들이냐 하늘에 계신 내 아버지의 뜻대로 행하는 자가 내 형제요 자매요 모친이니라"고 하셨다. 우리는 하나님의 뜻을 행할 때만이 그분의 골육지친, 즉 그분의 형제가 될 수 있음을 명심하자. 바리새인들처럼 외면적인 열심이나 표면적인 하나님과의 관계, 하나님 나라를 자랑하지 말라. 내면에서 하나님의 뜻을 행하려는 마음을 가져야 한다.[46-50절] 하나님의 왕국은 하나님의 뜻을 행하는 그러한 자들의 것이다.

13장

천국에 대한 여러 비유들

마태복음은 천국 복음이다. 5-7장은 천국 백성의 성품에 대하여, 8-12장은 천국을 이루시는 사역을 하시고, 13장은 천국의 현재 지상에서의 외형에 대한 것이다. 24-25장은 그리스도의 재림과 더불어 가져올 천국의 구체적 실현이다. 26-28장은 천국을 이루기 위한 그분의 죽음과 부활, 땅끝까지의 천국 복음 전파의 명령이다.

5장은 산 위에서, 13장은 바닷가에서, 24장은 감람산에서 하신 말씀이다. 13장에서 주 예수님은 집에서 나가서 바닷가에 앉아 말씀하시고서 다시 집에 들어와 말씀을 해설해주셨다.

큰 무리가 예수께로 모여들자 배에 올라가 앉으시고 온 무리는 해변에 있었는데, 이때 여러 가지 비유를 통해 천국을 가르치셨다. 이 비유는 겉으로는 쉬운 것 같지만 결코 이해하기가 쉽지 않다.[1-2절]

씨 뿌리는 자의 비유 : 네 종류의 밭

첫 번째 비유는 씨 뿌리는 자의 비유로서 네 종류의 땅에 대한 것이다. 사람들이 하나님의 말씀을 듣는다고 해서 다 결실하는 게 아니라는 말씀이다. 밭(마음)이 좋아야 한다. 마음에 딱딱한 것(돌밭)이 없고, 세상적인 통행(길가)으로 분주하지 않고(조용히 주의 말씀을 묵상하는 태도), 세상의 염려와 재리의 유혹(가시덤불)이 없어야 한다.[3-23절]

천국의 외형에 대한 비유 : 가라지, 겨자씨, 가루 서 말 속에 넣은 누룩

두 번째 비유에서는 천국의 외형을 말씀하시는데, 거기에는 알곡도 있지만 가라지가 섞여 있어서 구분하기가 어려울 정도라고 하신다. 가라지를 뽑다가 알곡까지 뽑을 수 있다는 말씀이 그것이다. 오늘날 사람들이 하나님의 교회가 왜 이렇게 부패했느냐고 묻는데, 그것은 이미 주님이 예언하신 바이다. 그러나 추수 때(주님의 재림시)가 오면 가라지는 보내심 받은 천사들에 의해 단으로 묶여져 불에 던져질 것이다.[24-30절]

또 겨자씨 비유가 있고 고운 가루의 비유가 있는데, 다 원래의 모습이 변형되고 변질된 것을 말한다. 천국의 원래 성질은 작고 순수한 것인데, 마귀의 역사로 큰 나무가 되어버리고 누룩으로 부풀려진 것이 오늘날 천국의 외형이다. 그러나 주님이 다시 오실 때 알곡과 가라지는 구분이 될 것이다. 또 그때에는 모든 불법적인 정권, 죄를 짓게 하는 조직, 도구, 무기들, 모든 넘어지게 하는 것들과 불법을 행하는 자들을 거두어 풀무불에 넣으시고 의인들은 아버지의 나라에서 해와 같이 빛날 것이다.[31-43절]

천국에 대한 세 가지 비유 : 밭에 감추인 보화, 좋은 진주를 구하는 장사, 각종 물고기를 모는 그물

다음은 밭에 감추인 보화의 비유이다. 천국은 이 시대에 감추어 있다. 주 예수님은 밭(세상)에 감춰져 있는 보화(천국)를 발견한 후, 숨겨두고 기뻐하며 돌아가서 그 보화를 얻기 위해 자기 소유를 다 팔아 그 밭을 사셨다. 그 밭에 보화가 감추어 있다는 것을 아시기 때문이다. 그분이 오셔서 죽으신 것은 세상 사람 모두를 위해서이다(요일 2:2). 그러나 그분을 진실로 영접하여 그 씨를 자라게 한 자들에게만 천국이 이루어진다.[44절]

또한 천국은 마치 좋은 진주를 구하는 장사꾼과 같아서 그가 지극히 값진 진주 하나를 만나고는 가서 자기의 소유를 다 팔아 그 진주를 샀다. 먼저는 주님이 천국이라는 보화를 얻기 위해 자신의 전부를 드려 세상(밭)을 구속하신 이야기이고, 다음은 좋은 진주를 구하는 상인이 극히 값진 진주 하나를 만나서 그것을 얻기 위해 그의 전부를 다 드린 이야기이다. 주님께서 이 비유를 깨닫는 지혜를 주시기 바란다.[45-46절]

마지막으로, 천국은 마치 바다에 쳐서 각종 물고기를 모는 그물과 같다. 그물에 물고기가 가득하게 되면 물 가로 끌어내고 앉아서 좋은 것은 그릇에 담고 못된 것은 버린다. 주 예수님은 세상 끝에 오셔서 의인 중에 섞여 있는 악인을 갈라내어 풀무불에 던져 넣으실 것이라고 하신다.[47-50절]

천국의 제자 된 서기관

예수께서 이 모든 비유를 말씀하신 후 제자들에게 깨달았느냐고 물으시니 그렇다고 대답했다. 예수님은 천국의 제자 된 서기관들은 마치 새것과 옛것을 그 곳간에서 내어오는 집주인과 같다고 하셨다. 즉 구약이든 신약이든 하나님의 말씀에 능통하여 사람들에게 천국을 가르치고 전파해야 한다는 말씀이다.[51-52절]

고향에서 배척당하시다

예수께서 이 모든 비유를 마치시고 거기를 떠나 고향으로 돌아가 거기서도 그들의 회당에서 가르치시니 고향 사람들이 놀라서 말했다. "이 지혜와 이런 능력이 어디서 났느냐? 이 사람은 그 목수의 아들이 아니냐? 그 어머니는 마리아, 그 형제들은 야고보, 요셉, 시몬, 유다가 아니냐? 그 누이들은 다 우리와 함께 있지 않느냐?" 그리고서 예수를 배척했다. 특히 예수님의 고향 사람들이 그렇게 한 것이다. 주 예수님은 이 땅에 오셨을 때 사람들에게 철저히 외면당하고 무시당하셨다[53-58절]. "그가 자기 땅에 오매 자기 백성이 영접지 아니하였으나 영접하는 자 곧 그 이름을 믿는 자들에게는 하나님의 자녀가 되는 권세를 주셨으니"(요 1:11-12).

14장

세례 요한이 목 베임을 당하다

당시 유대의 분봉왕 헤롯은 예수의 활동에 매우 긴장했다. 그는 자기가 죽인 세례 요한이 살아나서 그 영이 활동한다고 생각했다. 헤롯은 자기의 친동생 빌립의 아내 헤로디아를 아내로 취하여 살았는데, 세례 요한이 그 일을 잘못되었다고 지적하자 이를 괘씸하게 여긴 헤로디아가 자신의 딸을 시켜서 헤롯에게 세례 요한의 목을 달라고 했던 것이다. 물론 헤롯도 죽이고자 했지만 백성을 두려워하여 차마 손을 대지 못하고 옥에 가두어 두고 있었는데, 그의 생일 연회석 가운데서 헤로디아의 딸이 춤을 추어 기쁘게 하자 헤롯은 그녀에게 무엇이든지 달라는 대로 주겠다고 했고, 그 어미 헤로디아는 딸에게 요한의 목을 달라 하라고 시켰다. 그렇게 해서 요한은 목 베임을 당해 죽은 것이다.[1-12절]

떡 다섯 개와 물고기 두 마리로 무리를 먹이시다

예수께서 그 말을 들으시고 배를 타고 떠나 빈 들로 가시니 무리가 듣고 여러 고을로부터 걸어서 좇아갔다. 예수께서 큰 무리를 보시고 불쌍히 여기시며 그중에 있는 병인들을 고쳐주셨다. 저녁이 되어 제자들이 예수께 사람들로 마을에 들어가 음식을 사 먹게 해야 한다고 말씀드렸더니 주님은 제자들에게 "너희가 먹을 것을 주라"고 하셨다. 그리고서 주 예수님은 그들에게 있는 떡 다섯 개와 물고기 두 마리를 가지고 하늘을 우러러 축사하시고 떼어 사람들에게 나누어주셨는데, 여자와 아이 외에 오천 명을 먹이고도 남아 그 남은 조각을 모으니 열두 바구니에 가득 찼다.[13-21절]

예수께서 물 위로 걸어가시다

예수께서 곧바로 제자들을 재촉하여 그분이 무리를 보내는 동안에 배를 타고 앞서 건너편으로 가게 하시고, 무리를 보내신 후에 기도하러 따로 산에 올라가셨다. 배가 이미 육지에서 멀리 떠났는데 파도가 치니 제자들이 힘들어하고 있었다. 밤중에 예수께서 바다 위로 걸어서 제자들에게 오시자 제자들은 그분을 유령이라 생각하고 무서워 소리를 질렀다. 주님은 "내니 두려워 말라!"고 하셨다. 베드로가 "주여, 만일 주님이시라면 나를 명하여 물 위로 오라 하십시오."라고 하자 주님은 "오라!" 하셨다. 나는 주 예수님 외에 물 위를 걸어본 사람은 아마도 베드로밖에 없을 것이라고 생각한다. 그가 물 위로 걸어서 예수께로 가는 도중에 바람을 보고 무서워 바다에 빠져 갔다. 그는 "주여, 나를 구원하소서!" 하고 소리 질렀고, 예수께서는 즉시 손을 내밀어 붙잡아주시면서 "믿음이 적은 자여, 왜 의심하였느냐?"고 말씀하셨다. 그리고 그것을 보고 있던 배에 있는 사람들은 예수께 절하면서 그에게 "진실로 하나님의 아들이로소이다"라고 했다.[22-33절]

게네사렛에서 병자들을 고치시다

게네사렛 땅에 이르자 사람들이 예수님을 알아보고 주변 온 지역에 소식을 전하였는데, 사람들이 모든 병든 사람들을 데리고 와서 예수의 옷가에라도 손을 대게 해달라고 간구했고 손을 대는 자마다 모두 나음을 얻었다.[34-36절]

15장

장로들의 유전으로 하나님의 계명을 폐하는 것을 지적하시다

15장에는 다시 바리새인과 서기관들이 주 예수님의 사역에 대해 꼬투리를 잡는 것이 나온다. 그들은 예수께 와서 "왜 당신의 제자들은 빵을 먹을 때에 장로들의 유전에 따라 손을 씻지 않느냐"고 했다. 당시 유대교는 구약의 씻는 규례를 확대하여 다양하게 씻는 규례를 만들어 놓고 실행하던 참이었다. 그러자 예수님은 "너희는 어찌하여 너희 유전으로 하나님의 계명을 범하느냐"고 하시면서 "하나님께서는 네 부모를 공경하라 하셨는데 너희는 부모에게 드릴 것을 이미 하나님께 드렸으니 부모를 공경할 것이 없다 하여 너희 유전으로 하나님의 말씀을 폐하는구나" 하셨다. 그 유전이 결국 하나님의 계명을 어기는 것이 되었다고 지적하시는 것이다.

오늘날도 사람들은 하나님의 말씀을 자신들에게 편리하게 조금씩 변형시켜 사람들의 교훈과 교리로 바꾸어놓는 일을 하곤 한다.(원래의 계명은 '부모를 공경하라', '아비나 어미를 훼방하는 자는 반드시 죽으리라'는 것이다) 주님은 이사야 선지자의 말을 인용하여 결국 그렇게 하는 것들이 '입술로는 나를 존경하되 마음은 내게서 먼' 외식적인 신앙임을 지적하셨다. 그리고 그런 것들은 사람의 계명이며 하나님을 헛되이 섬기는 것이라고 하셨다.[1-9절]

또한 주님은 입으로 들어가는 것이 사람을 더럽게 하는 것이 아니라 사람 속에서 나오는 것이 사람을 더럽게 한다고 하셨다. 겉을 씻는 것을 종교 규례로 만들어 열중하는 사람들에게, 사람에게 중요한 것은 속의 악을 씻어야 함을 말씀하시는 것이다. 이 말이 바리새인들에게 걸림이 되었는데, 이것에 대하여 주님은 천부께서 심은 것이 아니면 다 뽑힐 것이라고 하시며 그냥 두라고 하셨다. 그리고 소경이 소경을 인도하면 둘 다 구덩이에 빠진다고 하셨다. 오늘날도 하나님의 말씀을 사람의 교훈으로 바꾸어 헛되이 예배 활동하는 사람들이 많다.[10-20절]

가나안 여자의 딸을 고쳐주시다

예수께서는 다시 두로와 시돈 지방으로 가셨는데, 이방인인 가나안 여자 하나가 자기 딸이 귀신들렸다고 하면서 불쌍히 여겨달라고 했다. 예수께서 자신은 이스라엘의 잃어버린 양에게로 보내심을 받았다고 하자 그녀는 자신이 이방개일지라도 자녀의 상에서 떨어지는 부스러기는 먹을 수 있는 것이 아니냐고 했다. 주님은 그녀의 믿음을 칭찬하시며 그 딸을 고쳐주셨다.[21-28절]

많은 병자를 고치시다

예수께서 갈릴리 호숫가에 가셔서 절뚝발이, 불구자, 소경, 벙어리 등을 다 고쳐 주셨다. 사람들은 거기서 벙어리가 말하고 불구자가 나으며 소경이 눈 뜨는 것을 보았다고 기록한다.[29-31절]

떡 일곱 개와 물고기 두 마리로 사천 명이 넘는 무리를 먹이시다

이 장에서 주 예수님은 다시 한 번 남자만 사천 명이 넘는 무리를 떡 일곱 개와 작은 생선 두 마리로 배불리 먹이고 남은 조각을 일곱 광주리나 거두는 이적을 베푸셨다.[32-39절]

16장

바리새인과 사두개인의 누룩을 주의하라

바리새인들과 사두개인들이 와서 예수를 시험하여 표적 보이기를 청했다. 주님은 시대를 분별하지 못하는 것을 꾸짖으시면서, 악하고 음란한 그 세대를 위해서는 요나의 표적 곧 주님의 죽으심과 부활만이 유일한 표적이라고 말씀하

시고 그들을 떠나가셨다.[1-4절]

제자들이 건너편으로 갈 때 남은 떡을 가져가는 것을 잊었는데, 주님이 제자들에게 바리새인들과 사두개인들의 누룩을 주의하라고 경계하시자 제자들은 주님이 떡에 대해 말씀하시는 줄 알고 서로 의논하여 우리가 떡 가져오는 것을 잊었다고 말했다. 주님은 그들의 믿음 없음을 꾸짖으시며 두 번이나 주님의 이적을 보고도 깨달음이 없느냐고 하셨다. 주님이 말씀하시는 바리새인의 누룩이란 그들의 외식적인 가르침을 말하고(천국은 하나님의 참된 진리의 말씀이 전파될 때 이루어진다), 사두개인들의 누룩이란 현세적인 신앙을 말한다. 그러므로 그들은 외적인 기적과 능력을 보기 원했던 것이다.[5-12절]

주는 그리스도시요 살아 계신 하나님의 아들이시니이다

주 예수님은 가이사랴 빌립보 지방에 이르러 비로소 제자들에게 사람들이 그분을 누구라 하느냐고 물으셨다. 16장은 마태복음의 분수령이 되는 장이다. 여기까지 주님은 많은 가르침을 주시고 기적을 행하시고서 이제 사람들이 그분을 누구라 하느냐고 물으신다. 결국 구원이란 예수가 누구신지를 계시로 아는 것이다. 천국도 이 지상에 구원자 되시며 메시아 되신 참된 왕 예수를 아는 자들이 일어날 때 생겨난다. 이것이 바로 주 예수께서 원하시는 바이다. 이때 베드로가 "주는 그리스도시요 살아계신 하나님의 아들이시니이다"라고 고백하자, 주님은 "바요나 시몬아, 네가 복이 있도다 이를 네게 알게 한 이는 혈육이 아니요 하늘에 계신 내 아버지시니라"고 말씀하셨다. 누구든지 예수를 그리스도로 아는 자는 복 있는 자다. 그리고 그것은 바로 하늘 아버지께서 알게 해주신 것이다.

주님은 그가 받은 그리스도에 대한 계시를 반석으로 하여 그 위에 교회를 세우실 것을 말씀하시고 그에게 천국 열쇠를 맡기신다. 교회는 바로 예수가 누구신지를 계시로 아는 자들에 의해 세워진다. 천국 또한 그러하다.(여기서 천국과 교회는 바꾸어 쓸 수 있는 단어로 쓰였다, 18,19절) 여기서 열쇠는 복수이며, 사도행전에서 두 번(오순절 날 다락방에서, 고넬료 집에서) 주님은 베드로를 통해 이 열쇠들을 사용해서 성령 시대, 교회 시대, 천국을 열게 하셨다.[13-20절]

예수께서 처음으로 그분의 죽음과 부활을 말씀하시다

이때부터 비로소 예수께서는 자신이 대제사장과 장로들과 서기관들에게 고난을 받고 죽임을 당할 것이며 제 삼일에 살아날 것을 가르치셨다. 그때, 베드로가 인간적인 생각으로 "주여, 그리 마옵소서!" 하며 말리자, 예수께서 "사탄아, 내 뒤로 물러가라! 너는 나를 넘어지게 하는 자로다! 네가 하나님의 일을 생각지 않고 사람의 일을 생각하는도다!" 하시며 그를 꾸짖으셨다.

그리고서 제자들에게 "아무든지 나를 따라오려거든 자기를 부인하고 자기 십자가를 지고 나를 좇을 것이니라"고 하셨다. 또 누구든지 제 목숨을 구원코자 하면 잃을 것이요 누구든지 주님을 위해 제 목숨을 잃으면 얻으리라고 하셨다. 확실히 주님을 따르는 길은 간단하지 않다. 우리는 주님을 위해 기꺼이 우리 목숨을 잃을 수 있는가? 주님은 잃는 자는 얻는다고 하신다. 그리고 인자가 아버지의 영광으로 다시 오실 때에 각 사람의 행위대로 갚아준다고 하신다. 여기서의 베드로처럼 인간적인 사상으로 가득하여 자기를 위해 살고 섬기는 자는 결코 그날에 주님께 영광의 상을 얻지 못할 것이다. 우리 모두에게 주님의 긍휼이 필요하다.[21-28절]

17장

예수께서 영광스러운 모습으로 변형되시다

1절의 '엿새 후'란 예수께서 제자들에게 그분이 죽으실 것과 부활하실 것을 가르치신 날로부터일 것이다. 그때 주님은 높은 산(변화산)에 올라가셔서 세 제자들(베드로, 야고보, 요한) 앞에서 그 모습이 변형되셨다. 그것은 왕국(왕권을 가지고 오심)의 나타남을 미리 보여주신 것이다(16:28, 참조). 그곳에서 변형되신 예수는 모세와 엘리야와 함께 말씀하고 계셨다. 장차 올 왕국에는 시간적 요소가 없을 것이며 모든 성도의 몸이 변화될 것이며 그곳에서 다 주님과 만날 것이니 구약의 거룩한 하나님의 종들과 주님이 말씀하고 계실 것이 분명하다.[1-3절]

이는 내 사랑하는 아들이니 너희는 오직 저의 말을 들으라

베드로는 그 광경을 보고 정신이 현황하여 "우리가 여기 있는 것이 좋사오니 초막 셋을 짓되 하나는 주를 위하여, 하나는 모세를 위하여, 하나는 엘리야를 위하여 하리이다"라고 했다. 여기서 베드로는, 모세와 엘리야가 아무리 훌륭한 주의 종들이라고 해도 그들을 주님과 동격으로 놓는 실수를 하였다. 오늘날도 그런 실수를 하는 교회나 신자들이 많다. 그때 홀연히 빛난 구름이 저희를 덮으며 구름 속에서 소리가 나기를, "이는 내 사랑하는 아들이니 너희는 오직 저의 말을 들으라"고 하셨다. 제자들이 눈을 들어 보니 오직 예수 외에는 아무도 보이지 않았다. 우리는 예수 외에는 아무도 보지 말아야 하고 그분의 음성만을 들어야 한다.[4-8절]

오리라 한 엘리야가 세례 요한이라고 말씀하시다

그제서야 제자들은 예수께서 그리스도(메시아)이심을 확신하고, 구약 성경 마지막에는 왕국이 임하고 메시아가 오기 전에 엘리야가 먼저 와야 한다는 말씀이 있는데(말 4:5) 왜 엘리야가 오지 않았느냐고 물었다. 그때 주님이 엘리야가 이미 왔으되 사람들이 알지 못하고 임의로 대우했다고 하시며 인자도 이와 같이 그들에게 고난을 받을 것이라 하시니, 그제야 제자들이 오리라 한 엘리야가 세례 요한인 줄을 깨달았다.[9-13절]

너희가 만일 믿음이 한 겨자씨만큼만 있으면

다음 구절들에는 예수께서 간질병자를 고쳐주신 이야기가 있다. 그가 자주 불에도 넘어지고 물에도 넘어졌는데, 그 아버지가 그를 제자들에게 데려갔지만 제자들이 능히 고치지 못했다고 하면서 주님께 고쳐달라고 간청했다. 예수께서 대답하시기를, "믿음이 없고 패역한 세대여 내가 얼마나 너희와 함께 있으며 얼마나 너희를 참으리요 그를 이리로 데려오라" 하셨다. 예수께서 꾸짖으시니 귀신이 나가고 아이가 그때부터 나았다. 여기서도 간질병의 아이는 귀신의 문제였다. 귀신은 하나님이 창조하신 사람을 아무 쓸데없게 만든다. 제자들이 조용히 예수께 와서 왜 자기들은 '고치지 못했느냐'가 아니라 '쫓아내지 못했느냐'고 묻자 "너희 믿음이 적은 연고니라 너희가 만일 믿음이 한 겨자씨만큼 있으면 이 산을 명하여 여기서 저기로 옮기라 하여도 옮길 것이요 또 너희가 못할 것이 없으리라"고 대답하셨다. 우리에게 필요한 것은 다른 것이 아니라 믿음이다. 만일 우리에게 믿음이 있다면 산이라도 그 앞에서 옮겨질 것이다.[14-20절]

죽음과 부활을 말씀하시다

갈릴리에 모일 때에 예수께서 제자들에게 다시 한 번 그분이 사람들의 손에 넘기워 죽임을 당하고 제 삼일에 살아나리라고 말씀하셨다. 주 예수님은 십자가로 가시기 전에 최소한 세 번 자신의 죽음과 부활을 말씀하셨다.[22-23절]

성전세를 내시다

가버나움에 왔을 때 성전세를 받는 어떤 사람들이 베드로에게 "너희 선생[예수]이 반 세겔을 내지 않느냐"고 묻자 베드로가 "내신다!" 하고 집에 들어가니 예수께서는 베드로가 무슨 대화를 하고 오는지 다 알고 계셨다. 예수께서 먼저 베드로에게 물으셨다. "네 생각은 어떠냐? 세상 왕들이 누구에게 정세와 관세를 물리느냐? 자기 아들에게냐, 타인에게냐?" 베드로는 타인에게 물린다고 대답했다. 예수는 천지의 주재이신 하나님의 아들이시므로 성전세인 반 세겔을 낼 필요가 없다는 것을 가르치신 것이다. 그리고서 주 예수님은 "그러나 우리가 저희로 오해케 하지 않기 위하여 네가 바다에 가서 낚시를 던져 맨 먼저 오르는 고기를 가져 입을 열면 돈 한 세겔을 얻을 것이니 가져다가 나와 너를 위해 주라"고 하셨다.

베드로는 아마 바다에 가서 낚시질을 하면서 경솔한 입을 반성하며 예수님이 과연 어떤 분이신지를 다시 한 번 생각했을 것이다. 그리고 과연 전능한 하나님이신 예수께서 말씀하신 대로 바다에 가서 낚시를 내리니 얼마 지나지 않아서 고기 한 마리가 낚이고 그 입에 한 세겔이 물려 있어서 그것으로 성전세 걷는 사람에게 자기와 주님을 위해 납부했을 것이다.[24-27절]

18장

어린아이같이 자기를 낮추는 자

이 지점에 왔을 때 제자들은 천국에 관심이 생기기 시작했다. 그들은 예수께 나아와 천국에서는 누가 큰가를 물었다[1절]. 그때 예수께서 어린아이 하나를 불러 그들 가운데 세우시고 "너희가 돌이켜 어린아이들과 같이 되지 아니하면 결단코 천국에 들어가지 못하리라"[3절]고 하시면서 어린아이같이 자기를 낮추는 자가 천국에서 큰 자라고 말씀하셨다. 천국은 이 세상과 반대의 원리이다.

"또 누구든지 내 이름으로 이런 어린아이 하나를 영접하면 곧 나를 영접함이니"[5절]. 사실 예수를 영접하는 자들은 어린아이 같은 자들을 영접하는 낮은 마음을 가진 자라고 하신다. "누구든지 나를 믿는 이 소자 중 하나를 실족케 하면 차라리 연자 맷돌을 그 목에 달리우고 바다에 빠뜨리우는 것이 나으니라"[6절]. 작은 자를 소홀히 하고 큰 자를 주목하며 좇는 자는 예수를 영접하지 못할 뿐 아니라 소자를 실족케 한다. 이렇게 작은 자 하나를 실족케 하는 자들은 장래 그 형벌이 심각하다. 주님은 작은 자들을 실족케 하는 자들에게 매우 큰 화가 있을 것이라고 말씀하시면서 주 안의 작은 자들을 업신여기지 말라고 말씀하신다.

오늘 교회 안에서도 부와 권력을 중시하고 조직 전체를 지키려는 의도로 소자 하나 정도는 가차 없이 내쫓거나, 나가도 별로 주의하지 않고 소홀히하는 것이 다반사이다. 주님은 길을 잃은 어린 양 한 마리를 귀히 여기시고 그를 찾으러 오신 분이라고 말씀하신다. 그분은 문제가 없는 아흔아홉 마리 양을 산에 두시고 잃은 양 한 마리를 찾아 나선 분이시다. 그분은 불쌍한 자, 작은 자를 관심하신다. 소자 중 하나라도 잃어버리는 것은 하나님의 뜻이 아니라고 하신다. 오늘날 교회는 무엇을 관심하는가? 잃어버린 양 한 마리인가, 문제가 없고 든든한 아흔아홉 마리의 양인가?[1-14절]

네 형제가 죄를 범하거든

다음은 형제가 죄를 범하면 어떻게 하는가에 대한 말씀이다. 먼저 사람들에게 알릴 것이 아니라 그 사람과만 상대하여 그를 권면하라고 하신다. 들으면 그 형제를 얻게 되는 것이요 듣지 않으면 한두 사람을 더 데리고 가서 두세 증인의 입으로 말마다 증거하게 하라고 하신다. 만일 그들의 말도 듣지 않고 회개하지 않으면 교회에 말하고 교회의 말도 듣지 않으면 이방인과 세리와 같이 여기라고 하신다. 주 안의 사귐을 갖지 말라는 뜻이다. 죄는 전염성이 있어서 교회에 죄악(누룩)이 남아 있게 해서는 안 된다(고전 5장 참조). 주님은 두세 사람이라도 그분의 이름으로 모이는 곳에 함께하시는 분이다. 교회는 이 땅에서 하늘의 주님과 함께 묶고 푸는 권세를 가지고 있다.[15-20절]

너희가 중심에서 형제를 용서하지 않으면

베드로는 형제가 죄를 범하면 몇 번이나 용서해주어야 하는지 주님께 물으면서 일곱 번 정도 용서하면 되느냐고 했다. 그러자 주님은 일흔 번씩 일곱 번이라도 용서하라고 하셨다. 주 예수님은 용서의 하나님이시다. 우리는 매일 실수를 하고 매일 용서를 구하는 사람들이면서 남의 실수는 한 번도 용서하기를 어려워한다.

그래서 주님은 비유로 천국은 그 종들과 회계하려 하던 어떤 임금과 같다고 하셨다. 회계할 때 일만 달란트 빚진 자 하나를 데려오니 갚을 것이 없었다. 그래서 주인은 그에게 그 몸과 처와 자식들을 다 팔고 소유도 다 팔아 갚으라고 하였다. 그 종이 엎드려 절하며 사정을 하자 주인은 일만 달란트를 다 탕감하여 주었다. 일만 달란트를 오늘날의 화폐로 정확하게 계산하기는 어렵다.(한 달란트가 한 노동자의 20년 간의 품삯이므로 일만 달란트는 20만 년 간의 품삯이다. 일만 달란트는 한화로 3조 5천억 원이라고 계산하는 사람도 있다). 우리가 하나님 앞에 범한 죄는 이와 같아서 도저히 갚을 수도, 계산할 수도 없다. 그렇게 어마어마한 빚을 탕감 받은 이 종은 나가서 자기에게 겨우 백 데나리온 빚진 동관 하나를 만나 빚을 갚으라고 멱살을 잡고 흔들어댔다. 그 동관이 조금 더 기다려달라고 사정을 하였지만 허락지 않고 빚을 갚도록 옥에 가두었다.(백 데나리온은 대략 1천만 원 정도라고 한다). 그것을 본 동관들이 심히 민망하여 주인에게 가서 그 사실을 말했다. 그러자 주인이 그를 불러다가 "악한 종아, 네가 빌기에 네 돈을 다 탕감하여 주었는데 내가 너를 불쌍히 여김과 같이 네 동관을 불쌍히 여김이 마땅치 아니하냐?" 하면서 심히 노하여 그 빚을 다 갚도록 저를 옥졸들에게 붙였다.

이 비유를 말씀하신 후에 주님은, "너희가 각각 중심에서 너희 형제를 용서하지 않으면 내 천부께서도 너희에게 이와 같이 하시리라"고 하셨다. 즉 용서하지 않는 죄가 얼마나 큰가를 가르치신 것이다. 우리는 인생을 사는 동안 다 용서하자. 용서하고 또 용서하자. 일흔 번씩 일곱 번이란 셀 수 없는 용서를 말한다. 무한한 용서의 사람들이 되기 바란다.[21-35절]

19장

이혼에 대한 교훈

그때 바리새인들이 예수께 나와서 그분을 시험하려고 아내를 내어버리는 것에 대하여 질문했다. 당시에 유대인들은 걸핏하면 아내를 버린 것 같다. 그것은 구약의 율법을 오용한 것으로 보인다(신 24:1). 그러자 예수님은 "사람을 지으신 이가 본래 저희를 남자와 여자로 만드시고 말씀하시기를 이러므로 사람이 그 부모를 떠나서 아내에게 합하여 그 둘이 한 몸이 될지니라 하신 것을 읽지 못하였느냐 이러한즉 이제 둘이 아니요 한 몸이니 그러므로 하나님이 짝지어주신 것을 사람이 나누지 못할지니라"고 교훈하셨다.[4-6절]

그들은 더 질문했다. "그러하면 어찌하여 모세는 이혼 증서를 주어 내어버리라 명하였나이까?" 예수께서 "모세가 너희 마음의 완악함을 인하여 아내 내어버림을 허락하였거니와 본래는 그렇지 아니하니라"[7-8절]고 말씀하셨는데, 여기 '본래'가 중요한 말씀이다. 이어서 예수님은 누구든지 음행한 연고 외에 아내를 내어버리고 다른 데 장가드는 자는 간음하는 것이라고 하셨다.

제자들은 예수님의 이 말씀을 듣고 "만일 사람이 아내에게 이같이 할진대 장가들지 않는 것이 좋삽나이다"[10절]라고 말했다. 이것은 당시 흔하게 아내를 버리는 풍조가 있었다는 것을 증명한다. 예수님은 천국을 위하여 스스로 독신이 된 사람도 있다고 하셨다. 바울이 그런 사람일 것이다. 그는 결혼을 하지 않고 온 일생을 드려 주님을 섬겼다. 무엇을 위해서인가? 천국을 위해서다. 그러나 바울은 다 자기처럼 되라고는 하지 않았다(고전 7장 참조).

천국은 어린아이 같은 자들의 것이다

그때 사람들이 어린아이들을 데리고 와서 예수께 안수해달라고 하자 제자들이 꾸짖었다. 그러나 예수께서는 어린아이들이 그분께 오는 것을 막지 말라고 하시면서 천국은 어린아이 같은 자들의 것이라고 하셨다. 그분은 천국이 어떤 곳인가를 너무나 잘 아셨다. 천국은 확실히 단순한 어린아이 같은 사람들이 가득한 곳이다. 머리 굴리고 이런 일 저런 일로 골치 아프고 뒷 담화하고 정치하는 자들이 가득한 곳은 천국이 아니다.[13-15절]

부자 청년이 근심하며 돌아가다

어떤 사람이 주님께 와서 무슨 선한 일을 해야 영생을 얻느냐고 물었다. 주 예수님이 "네가 생명에 들어가려면 계명들을 지키라 살인하지 말라, 간음하지 말라, 도적질하지 말라, 거짓 증거하지 말라, 네 부모를 공경하라, 네 이웃을 네 몸과 같이 사랑하라" 하시자 그 청년은 자기가 이 계명들을 다 지켰는데 아직도 무엇이 부족하냐고 물었다. 청년은 자신을 잘 모르는 사람의 대표이다. 그러자 주 예수님은 "네가 온전하고자 할진대 가서 네 소유를 팔아 가난한 자들을 주라 그리하면 하늘에서 보화가 네게 있으리라 그리고 와서 나를 좇으라"고 말씀하셨다. 그 청년은 재물이 많으므로 이 말씀을 듣고 근심하며 돌아갔다.[16-22절]

사람으로서는 할 수 없으되 하나님으로서는 다 하실 수 있느니라

예수님은 제자들에게 부자는 천국에 들어가기가 어렵다고 하셨다. 부자는 어린아이처럼 단순하게 될 수 없다. 웃는 것도 매우 조심해야 한다. 천국은 그런 사람들이 있는 곳이 아니다. 예수께서 약대가 바늘귀로 들어가는 것이 부자가 천국에 들어가는 것보다 쉽다고 하시자 제자들이 듣고 놀라면서 그러면 누가 구원을 얻을 수 있겠느냐고 질문하였다. 그러자 예수님은 사람으로서는 할 수 없지만 하나님으로서는 다 하실 수 있다고 하셨다. 재물을 팔아서 가난한 자들에게 나눠주는 일을 사람 스스로는 할 수 없지만 하나님은 하게 해주실 수 있다는 뜻이다.[23-26절] 청년은 자기의 힘으로 율법을 지켜보려고 한 사람의 대표이다.

베드로는 주님께 자신이 모든 것을 버리고 주를 따랐으니 무엇을 얻을 것인가를 물었다. 예수님은 세상이 새롭게 되어 인자가 영광의 보좌에 앉을 때[재림 때] 그들도 열두 보좌에 앉아 열두 지파를 다스릴 것이라고 하셨다. 그날 상급을 받고 면류관을 받는 원칙은 이 세상에 사는 동안 주님을 위하여 얼마나 버렸는가에 비례한다. "내 이름을 위하여 집이나 형제나 자매나 부모나 자식이나 전토를 버린 자마다 여러 배를 받고 또 영생을 상속하리라". 여러분은 주 예수의 이름을 위해 무엇을 버렸는가?[27-29절]

20장

품꾼들을 포도원에 들여보내시다

20장은 천국의 보상 문제를 비유로 말씀하신다. 포도원의 주인이신 주님은 하루에 한 데나리온의 품삯을 약속하고 품꾼들을 포도원에 들여보내셨다. 주님이 천국의 왕으로 다시 오시는 때는 보상을 하시는 분으로 오신다. 그런데 제삼시(오전 아홉시)에 나가보니 장터에 놀고 서 있는 사람이 또 있었다. 포도원 주인이신 주님은 그들에게 "너희도 포도원에 들어가라 내가 너희에게 상당하게 주리라"고 하시며 포도원 일에 참여시키셨다. 제 육시(12시)와 구시(오후 3시)에도 이와 같이 했는데, 제 십일시(오후 5시)에도 나가보니 서 있는 사람들이 또 있었다.

주님은 시대마다 한 무리 한 무리 사람들을 불러서 그분의 포도원에 들여보내시고 시대 말에도 여전히 들여보내신다. "너희가 어찌하여 종일 놀고 여기 섰느뇨?" "쓰는 이가 없음이니이다." 주님은 그저 할 일 없는 사람을 불러 주님의 포도원에 들여보내신 것이다.[1-7절]

나중에 온 자부터 품삯을 주시다

날이 저물자 포도원 주인이 청지기를 불러 일한 자들에게 품삯을 주라고 했다. 그런데 나중에 온 사람들부터 줄 줄이야! 먼저 와서 하루 종일 뙤약볕 아래서 일한 종들은 저녁나절에 들어와서 오후 5시에 와서 한 시간만 일한 종들이 한 데나리온을 받는 것을 보고 자기들은 당연히 더 많이 받을 것으로 기대했다. 그런데 막상 자신들의 차례가 되어 동일하게 한 데나리온 받고 보니 마음이 상했다. 그래서 주인을 원망하면서 따졌다. "나중 온 이 사람들은 한 시간만 일하였거늘 저희를 종일 수고와 더위를 견딘 우리와 같게 하였나이다". 온 종일 일한 자기들과 어떻게 똑같이 주느냐는 것이다. 주인이신 주님은 '내가 원래 한 데나리온 약속을 하지 않았느냐? 내가 네게 잘못한 것이 없다.'고 하시면서 나중에 일에 참여한 사람에게도 같은 품삯을 주는 것이 그분의 뜻이라고 하셨다. "이와 같이 나중 된 자로서 먼저 되고 먼저 된 자로서 나중 되리라".[8-16절]

죽음과 부활을 세 번째로 말씀하시다

여기서 주님은 십자가로 나아가시기 위해 예루살렘으로 올라가고 계신다(17절). 다른 복음서에 제자들은 매우 두려워했다고 기록하고 있다. 그러면서 주님은 대제사장과 서기관들이 이방인들에게 그분을 넘겨주어 능욕하고 채찍질하고 십자가에 못 박게 할 것이며 제 삼일에 다시 살아날 것을 마지막으로 가르치신다.[17-19절]

인자가 온 것은 섬김을 받으려 함이 아니라

그때에 세배대의 아들들(요한과 야고보)의 어미가 아들들을 데리고 와서 장차 주의 나라에서 한 아들은 주의 우편에, 한 아들은 주의 좌편에 앉게 해달라고 청탁을 했다. 주 예수님은 "너희 구하는 것을 너희가 알지 못하는도다" 하시며 "나의 마시려는 잔을 너희가 마실 수 있느냐"고 말씀하셨다. 그들이 할 수 있다고 하자 예수님은 과연 그들이 그분의 잔을 마실 것인데, 그분 좌우편에 앉는 것은 아버지께서 누구를 위하여 예비하셨든지 그들이 얻을 것이라 하셨다.

다른 제자들은 두 제자가 자기들만 보좌에 앉겠다고 하는 말을 듣고 심히 분했다. 주님은 세상의 집권자들은 사람들을 임의로 주관하고 그 대인들은 권세를 부리지만 '너희 중에는 그렇지 않다'고 하시면서 "너희 중에 누구든지 크고자 하는 자는 너희 종이 되어야 하리라 인자가 온 것은 섬김을 받으려 함이 아니라 섬기려 하고 자기 목숨을 많은 사람의 대속물로 주려 함이니라"고 가르치셨다.[20-28절]

두 소경의 눈을 뜨게 하시다

예수께서 여리고로 들어가실 때 소경 둘이 길가에 앉아 있다가 예수가 지나가신다는 소문을 듣고 "주여, 우리를 불쌍히 여기소서! 다윗의 자손이여!" 하고 외쳤다. 옆에 있던 군중들이 소경들에게 잠잠하라고 꾸짖었지만 그들은 아랑곳하지 않고 계속 소리를 질렀다. 그때 예수께서 머물러 서서 두 소경을 불러 물으셨다. "내가 너희에게 무엇을 하여주기를 원하느냐?" "눈 뜨기를 원합니다." 예수께서 이를 민망히 여기시고 그들의 눈을 만지시니 곧 보게 되어 그들이 예수를 따르게 되었다.[29-34절]

21장

나귀를 타고 예루살렘에 들어가시다

주 예수님은 왕으로 오셨다. 그런데 그분은 겸손한 왕이시다. 주 예수님의 일행이 예루살렘 가까이 와서 감람산 벳바게에 이르렀을 때, 그분은 두 제자를 보내시며 "너희 맞은편 마을로 가라 곧 매인 나귀와 나귀새끼가 함께 있는 것을 보리니 풀어 내게로 끌고 오너라"[2절] 하셨다. 구약 스가랴서에는 메시아가 오셔서 겸손하여 나귀와 나귀새끼를 타신다는 예언이 있다(슥 9:9). 제자들이 가서 예수의 명하신 대로 하여 나귀와 나귀 새끼를 끌고 와서 자기들의 겉옷을 그 위에 얹으니 예수께서 그 위에 타셨다. 사람들은 그들 겉옷을 길에 펴며 다른이는 나무 가지를 베어 길에 펴고 앞에서 가고 뒤에서 따르며 소리 질렀다. "호산나 다윗의 자손이여! 찬송하리로다 주의 이름으로 오시는 이여! 가장 높은 곳에서 호산나!" 하였다. 예수께서 예루살렘에 들어가시니 온 성이 소동하며 '이 사람이 누구인가?' 했다. 사람들은 갈릴리 나사렛에서 나온 선지자 예수라고 비아냥거리기도 했다.[1-11절]

성전을 정결하게 하시다

예수께서는 예루살렘 성전에 들어가 성전 안에서 매매하는 모든 자를 내어 쫓으셨다. 돈 바꾸는 자들의 상과 비둘기 파는 자들의 의자를 둘러엎으시고 그들에게 "내 집은 기도하는 집인데 너희가 강도의 굴혈을 만들었다"고 말씀하셨다. 그런 상황에서도 소경과 저는 자들이 성전에서 예수께 나오니 그들을 고쳐주셨다.

대제사장들과 서기관들이 예수의 하시는 이상한 일(성전에서 매매하는 사람들을 쫓아내시고 돈 바꾸는 자들의 상과 비둘기 파는 자들의 의자를 둘러엎으신 일)과 아이들이 '호산나 다윗의 자손이여' 하고 외치는 소리를 듣고 분이 가득해서 예수께 물었다. "저들이 하는 말을 듣느냐?" 그러자 예수께서 "그렇다 어린 아기와 젖먹이들의 입에서 나오는 찬미를 온전케 하셨나이다 함을 읽어본 일이 없느냐"고 대답하셨다(시 8:2). 시편 8편은 그리스도의 시이므로 이것은 그분이 메시아시라는 직접적인 답변이다. 예수님은 저녁이 되자 예루살렘 성을 벗어나 베다니에 가서 머무셨다.[12-17절]

무화과나무를 저주하시니 곧 말라버리다

다음 날 이른 아침 성으로 들어오시는 길에 시장하셔서 길가에 무화과나무를 보시고 가까이 가셨는데, 열매는 없이 잎사귀만 무성한 것을 보시고 무화과를 저주하시니 무화과나무가 곧 말라버렸다. 제자들이 어찌하여 무화과나무가 말랐는가를 묻자 주님은 "너희가 믿음이 있고 의심치 않으면 무화과나무에게 된 이런 일만 할 뿐 아니라 이 산더러 들려 바다에 던지우라 해도 될 것이요 기도할 때 무엇이든지 믿고 구하는 것은 다 받으리라"고 대답하셨다.[18-22절]

예수님의 권세가 어디로서 난 것인지를 묻다

예수께서 성전에 들어가 가르치실 때 대제사장과 장로들이 나아와 질문했다. "네가 무슨 권세로 이런 일을 하느냐? 또 누가 이 권세를 주었느냐?" 그들이 보기에 예수는 성전에서 사람들을 가르칠 만한 권세가 없는 자였던 것이다. 예수께서 반문하셨다. "요한의 세례가 하늘로서냐, 사람에게로서냐?" 그들은 딜레마에 빠졌다. 모든 백성이 요한을 선지자로 여기고 있는데 사람에게로서라 하면 백성이 무섭고 하늘로부터라 하면 요한이 예수를 메시아로 천거를 했으므로 왜 안 믿느냐고 할 것이니 그들은 "우리가 알지 못한다"고 얼버무렸다. 이에 주 예수님은 "나도 너희에게 이르지 아니하리라"고 말씀하셨다.[23-27절]

두 아들의 비유 : 교권자들 vs 세리와 창기들

그러면서 주 예수님은 한 비유를 말씀하셨다. 한 사람에게 두 아들이 있는데 맏아들에게 "오늘 포도원에 가서 일하거라" 하니 "가겠습니다" 하고서는 가지 않고, 둘째에게도 똑같이 말했는데 그는 "싫습니다" 하더니 나중에 뉘우치고 갔다. 그 둘 중에 누가 아비의 뜻대로 하였느냐고 하셨다. 바리새인들이 '둘째입니다.'라고 대답하자 주님은 세리와 창기들이 너희보다 먼저 하나님 나라에 들어가리라고 말씀하셨다. 당시 유대 지도자들은 맏아들같이 포도원에 들어가겠다고 하고서 가지 않았다. 주 예수님은 다시 요한을 언급하시며 요한이 의의 도로 왔건만 너희 교권자들은 회개하지도, 믿지도 않았고 도리어 세리와 창기들이 믿었다고 하신다.[28-32절]

포도원의 비유 : 세를 준 농부들이 주인의 아들을 죽이다

다시 한 비유를 주셨다. "한 주인이 포도원을 만들고 산울로 두르고 거기에 즙 짜는 구유를 파고 망대를 짓고 농부들에게 세를 주고 타국에 갔는데 실과 때가 되어서 실과를 받으려고 자기의 종들을 보내었더니 한 종은 매우 때리고 하나는 죽이고 하나는 돌로 쳤기에 다시 다른 종들을 처음보다 많이 보냈더니 역시 그들에게도 그렇게 했다. 후에 자기 아들을 보내면서(예수 자신을 가리킴) 저희가 내 아들은 공경하리라 하였는데 농부들이 그 아들을 보고 서로 말하기를 이자는 상속자니 자, 죽이고 그의 유업을 차지하자 하고 그를 잡아서 포도원 밖에 내어쫓아 죽였다". 이 비유를 말씀하시고서 "그러면 포도원 주인이 올 때에 이 농부들을 어떻게 하겠느냐?" 물으시니 그들은 "이 악한 자들을 진멸하고 포도원은 제때에 실과를 바칠 다른 농부들에게 세를 줘야 할 것입니다."라고 답했다. 그들은 이때까지 이 비유가 자신들에 대한 것인지 모르고 대답했다. 결국 그들이 예수를 죽인 것은 기득 권익과 시기로 인한 것이었다.[33-41절]

건축자들의 버린 돌이 모퉁이의 머릿돌이 되시다

예수께서 시편을 인용하여 한 말씀을 더하셨다. "건축자들의 버린 돌이 모퉁이의 머릿돌이 되었나니 이것은 주로 말미암아 된 것이요 우리 눈에 기이하도다 함을 읽어본 일이 없느냐"(시 118:22-23). 지금 유대인의 소위 건축자들은 귀한 성전 건축의 머릿돌이신 주 예수를 버리고 있는 것이다. 그러면서 주님은 "하나님의 나라를 너희는 빼앗기고 그 나라의 열매 맺는 백성이 받으리라 이 돌 위에 떨어지는 자는 깨어지겠고 이 돌이 그 사람 위에 떨어지면 저를 가루로 만들어 흩으리라"고 말씀하셨다. 그것은 결국 유대인들은 그 나라를 빼앗기고 그 나라의 열매를 맺는 백성이 받을 것이라는 말씀이다. 이것은 유대인들에 대한 장래 있을 엄청난 형벌을 암시한다.

그제서야 대제사장과 서기관들은 자기들에 대한 말인 줄 알고 예수를 체포하고자 했으나 백성들이 두려워서 차마 그렇게 못하고 물러갔다.[42-46절]

22장

천국을 왕의 아들의 혼인잔치에 비유하시다

예루살렘에 입성하신 예수께서는 계속 비유로 말씀하고 계시는데, 주로 천국에 대한 말씀이다. 천국은 마치 자기 아들을 위하여 혼인잔치를 베푼 어떤 임금과 같다고 하신다. 즉 하나님께서 당신의 아들을 위하여 베푸신 잔치와 같다는 것이다. 임금이 아들을 위해 베푼 잔치에 사람들을 초청했는데 사람들이 오기를 싫어했다. 그래서 다시 다른 종들을 보내서 상세한 설명을 했다. "내가 오찬을 준비하고 살진 소와 짐승을 잡고 모든 것을 갖추었으니 잔치에 오라!" 그런데 저희들이 돌아보지 않고 밭으로 가고, 돈 벌러 가고, 남은 자들은 종들을 잡아 능욕하고 죽이니 임금이 노하여 군대를 보내어 살인한 자들을 진멸하고 동네를 불살랐다.

그리고서 임금은 혼인잔치는 예비하였는데 청한 사람들은 합당치 않으니 사거리에 가서 사람들을 만나는 대로 불러오라고 했다. 악한 자나 선한 자나 만나는 대로 모두 데려오니 혼인잔치에 손이 가득하였는데, 어떤 사람이 예복을 입지 않고 참여하였다. 임금은 '그 예복을 입지 않은 참여자를 바깥 어두운 데 내어던지라 거기서 슬피 울며 이를 갈 것이라'고 하였다. 그러면서 청함을 받은 자는 많은데 택함을 받은 자는 적다고 말씀하셨다. 혼인잔치에 참여하는 자격은 악한가 선한가의 문제가 아니라 예복을 입었는가 입지 않았는가의 문제이다. 예복은 구주 예수의 십자가 보혈을 통해 만들어진 옷이다. 믿는 자는 입게 된다(갈 3:27). 이는 또한 그날 천국의 혼인잔치에 쫓겨날 자들이 많고 그 축복된 잔치에 참여하게 될 택함받은 자가 놀랍게도 적다는 말씀이기도 하다.[1-14절] 혼인잔치의 예복은 또한 성도들의 일생 옳은 행실로 만들어지기도 한다.(계 19:8)

가이사에게 세 바치는 일로 예수를 시험하다

바리새인들이 헤롯당원들과 함께 짜고 예수를 올무에 걸리게 하려고 가이사에게 세를 바치는 것이 옳으냐고 물었다.(당시 유다국은 로마의 속국이었고 가이사는 로마의 황제를 가리킨다) 만일 세를 바쳐야 한다고 대답하면 예수는 유대인들에게 경멸의 대상이 되고 로마 편을 드는 로마 앞잡이라고 비난받을 것이었다. 반면에 세금을 내지 않아도 된다고 하면 로마인들의 탄핵 대상이 될 것이었다. 그때 주님이 그들의 악함을 아시고 "외식하는 자들아 어찌하여 나를 시험하느냐" 하시며 셋돈 하나를 보이라고 하시니 그들이 데나리온(동전) 하나를 가져왔다. 주님이 그 데나리온에 있는 형상과 글이 뉘것이냐고 물으시자 그들은 가이사의 것이라고 대답했다. 그분은 자신의 호주머니에서 돈을 꺼내지 않으셨다. 그들은 유대인으로서 그들 호주머니에서 로마 동전을 꺼냈는데, 그것은 그들이 로마의 경제권 아래 있다는 것을 스스로 증명한 셈이다. 그때 주님의 입에서 놀라운 말씀이 나왔다. "가이사의 것은 가이사에게, 하나님의 것은 하나님에게 바치라". 그들은 그 대답을 듣고 기이히 여기며 예수를 떠나갔다.[15-22절]

부활이 없다 하는 사두개인들이 계대 결혼문제로 예수를 시험하다

다음, 부활이 없다고 하는 사두개인들이 신명기 25장의 계대 결혼 문제를 가지고 예수께 질문했다.[5-10절] 자식이 없이 죽은 형의 후사를 위해 동생이 형의 아내를 취하고, 그 동생도 자식이 없이 죽어 그다음 동생이 취하여 일곱째까지 그렇게 했다고 가정한다면, 결국 한 여자가 일곱 형제와 결혼생활을 한 셈이 되는데 부활 때에 도대체 누구의 아내가 되느냐고 물은 것이다.

예수께서는 다시 놀라운 대답을 하셨다. “너희가 성경도 하나님의 능력도 모르므로 오해하였다. 부활 때에는 장가도 시집도 아니 가고 하늘의 천사들과 같다.” 그리고 하나님은 아브라함의 하나님, 이삭의 하나님, 야곱의 하나님이시니 죽은 자의 하나님이 아니고 산 자의 하나님이시라고 하셨다. 만일 아브라함, 이삭, 야곱이 부활하지 않는다면 그들이 믿는 하나님은 죽은 자들의 하나님이 된다는 뜻이다. 즉 부활을 부정하기 위해 이런저런 질문을 쏟아낸 사두개인들에게 명쾌한 답변을 주신 것이다. 사람들은 다시 한 번 그분의 가르치심에 놀랐다.[23-33절]

율법 중에 어느 계명이 크니이까

사두개인들을 할 말이 없게 하셨다는 소식을 들은 바리새인들 중 한 율법사가 예수를 시험하려고 이렇게 물었다. “선생님이여, 율법 중에 어느 계명이 크니이까?” 예수께서 대답하시기를, “네 마음을 다하고 목숨을 다하고 뜻을 다하여 주 너의 하나님을 사랑하라 하셨으니 이것이 크고 첫째 되는 계명이요 둘째는 그와 같으니 네 이웃을 네 몸과 같이 사랑하라 하셨으니 이 두 계명이 온 율법과 선지자의 강령이니라”고 하셨다. 구약의 모든 율법을 한 마디로 정리해 주신 것이다.[34-40절]

너희는 그리스도에 대해 어떻게 생각하느냐

하나님의 어린 양이신 예수께 온갖 시험과 질문을 다 쏟아낸 후 입이 닫힌 유대 지도자들에게 마지막으로 예수께서 물으셨다. 그분의 마지막 유일한 질문이다. “너희는 그리스도에 대하여 어떻게 생각하느냐? 누구의 자손이냐?” 그들은 구약의 말씀에 따라 ‘다윗의 자손’이라고 대답했다. 예수께서 이어 한 마디를 더 물으셨다. “그러면 다윗이 성령에 감동하여(시 110:1) 어찌하여 그리스도를 주라 칭하였는가? 다윗이 그리스도를 주라고 하였다면 어찌 또 그의 자손이 되겠는가?” 이 질문에 한 말도 대답하는 자가 없었고 그날부터 감히 그분께 묻는 자도 없었다.[41-46절]

23장

“이에 예수께서 무리와 제자들에게 말씀하여 가라사대”[1절]. 23장은 예루살렘에서 십자가로 가시기 전에 마지막으로 주신 가르치심의 시작이다. 이 장에서부터 25장에 이르기까지 예수님은 당시의 상황을 바라보시며 긴 말씀을 하셨다.

서기관들과 바리새인들의 외식을 꾸짖으시다

첫째로는 당시의 서기관과 바리새인들에 대한 말씀이다. 그것은 16장의 그들의 누룩(교훈)을 조심하라는 말씀과 맥을 같이 한다. 그들은 모세의 자리에 앉아 있었지만 그들의 말과 행실이 달랐다. 그들은 말만 하고 행동하지 않았다. 그들은 무거운 짐을 묶어 사람의 어깨에 지우되 자신들은 한 손가락으로도 움직이려 하지 않았다. 그들은 모든 행위를 사람에게 보이고자 하는 동기로 했으며, 경문을 넓게 하고 옷술을 크게 했다(민 15:37-41 참조, 경문이란 그들이 기도시에 착용하는 성구함을 가리키며, 옷술은 옷의 끝단에 써서 매단 계명들이다). 즉 외양으로 자신들이 경건하며 하나님을 경외하는 것처럼 보이게 하려 했던 것이다.[2-5절]

사람들에게 높임받는 것을 경계하라

그들은 잔치의 상석과 회당의 상좌를 좋아하고 시장에서 문안받는 것과 랍비라 칭함 받기를 좋아했다. 높임 받는 자리와 호칭을 좋아하지 말라는 말씀이다. 주 예수님은 이렇게 말씀하신다. "그러나 너희는 랍비라 칭함을 받지 말라 너희 선생은 하나이요 너희는 다 형제니라 땅에 있는 자를 아비라 하지 말라 너희 아버지는 하나이시니 곧 하늘에 계신 자시니라 또한 지도자라 칭함을 받지 말라 너희 지도자는 하나이니 곧 그리스도니라 너희 중에 큰 자는 너희를 섬기는 자가 되어야 하리라 누구든지 자기를 높이는 자는 낮아지고 누구든지 자기를 낮추는 자는 높아지리라"[8-12절]. 호칭만 형제라 부르는 것은 소용이 없다. 정말 형제처럼 서로 낮아지고 친밀해야 한다.

외식하는 자들 : 금으로, 예물로 맹세하는 자들

13절부터는 화에 대하여 말씀하신다. 외식하는 서기관과 바리새인들은 천국 문을 닫고 자기도 들어가지 않고, 들어가려는 자들도 들어가지 못하게 막는다. 또 그들은 교인 하나를 얻기 위해 바다와 육지를 두루 다니다가 생기면 그들보다 배나 더 지옥 자식이 되게 한다. 맹세하는 일에 있어서 그들이 성전보다는 금으로, 제단보다는 예물로 맹세하는 것을 중시하는 것을 말씀하시며 '외식의 본질'에 대해 말씀하신다. 무엇으로 맹세하는 것이 중요한 것이 아니라 누구를 향하여 맹세하는지를 생각해보라는 것이다. 그들의 모든 예배와 종교생활의 중심은 금이나 예물, 즉 물질에 있다. 실상 성전으로 맹세하는 것은 성전 자체가 아니라 그 안에 계신 분에게 맹세하는 것이요, 하늘로 맹세하는 것은 하늘이 아니라 보좌에 계신 하나님께 맹세하는 것이다.[13-24절] 그러나 외식자들의 예배의 마음에는 하나님이 없고 물질만 있다.

대접의 겉은 깨끗이 하되 속은 탐욕과 방탕으로 가득함

성경에는 본질적인 중요한 진리들이 있고 비본질적이며 작은 것들이 있는데, 외식하는 자들은 하루살이 같은 작은 것으로 큰 낙타 같은 일들을 대치한다. 십일조 같은 것은 매우 크게 여기며 율법의 가장 본질이 되는 믿음과 긍휼과 의는 소홀히 했다. 주님은 이런 사람들에게 화가 있다고 하신다. 그런 자들은 잔과 대접의 겉은 깨끗케 하되 속은 탐욕과 방탕으로 가득하다[25절]. 주님은 먼저 속을 깨끗게 하면 겉도 깨끗할 것이라고 하신다. 신앙의 본질은 소홀히 하고 외식적인 종교 행위에 치중함에 대한 경고이다.[23-26절]

회칠한 무덤 : 겉으로는 아름답게 보이나 속에는 죽은 사람의 뼈와 더러운 것이 가득하다

회칠한 무덤은 겉으로는 아름답게 보이나 속에는 죽은 사람의 뼈와 온갖 더러운 것이 가득하다[27절]. 이와 같이 외식하는 서기관들과 바리새인들도 겉으로는 사람에게 옳게 보이지만 안으로는 외식과 불법이 가득하다는 것이다. 선지자들의 무덤을 쌓고 의인들의 비석을 꾸미나 실상 그들을 핍박하고 죽인 자들이다. "화 있을진저 외식하는 서기관들과 바리새인들이여 너희는 선지자들의 무덤을 쌓고 의인들의 비석을 꾸미며 가로되"[29절]. 그들은 선지자들의 무덤을 쌓고 의인들의 비석을 꾸미면서 조상 때에 우리가 있었더라면 그들의 피를 흘리는 데(선지자들을 핍박하고 죽이는 데) 참여하지 않았을 것이라 했다. 그러나 주님은 그들이 그런 말을 하는 자체가 선지자들을 죽인 자들의 자손임을 스스로 증거하는 것이라고 하셨다. 그러시면서 그들이 동일한 핍박을 계속할 것이라고 말씀하신다. 그것은 사도 시대에 그대로 이루어졌다. 그들은 모세나 선지자들을 높이며 주 예수를 죽이고 스데반을 죽이고 야고보도 죽게 하였으며 많은 주의 종들을 죽이거나 핍박하였다. 주 예수님은 아벨의 피로부터 사가랴의 피까지 그들에게 다 돌아갈 것이라고 경고하셨다. 그것이 이 세대에 다 이루어질 것이라고 하시니 정말 무서운 말씀이다[36절].

그 모든 말씀들은 A.D. 70년 로마 타이터스 장군에 의해 예루살렘이 초토화됨으로 완전히 이루어졌다("너희 집이 황폐하여 버린 바 되리라"-38절). 그럼에도 주 예수님은 예루살렘을 향하여 우신 적이 있고, 그들을 사랑하셔서 암탉이 그 새끼를 날개 아래 모으려 한 것같이 그 자녀를 거듭거듭 모으려 했다고 말씀하신다. 유대인들은 주님이 재림하실 때에서야 회개하고 그분이 참 메시아임을 인정할 것이며, 그때까지 그들은 주님을 보지 못할 것이라고 하셨다. 외식에 빠진 유대인들이 받을 무서운 화를 말씀하신 것이 23장의 내용이다.[27-39절]

24장

성전이 무너질 것을 예언하시다

예수께서 성전에서 나와서 가실 때 제자들이 성전 건물들을 가리켜 보이려고 나왔다. 얼마나 아름답고 대단한 건물인지를 말하고 싶었을 것이다. 그때 예수께서 이 건물이 돌 하나도 돌 위에 남지 않고 완전히 무너뜨려질 것이라고 예언하셨다.[1-2절]

재난의 징조

24장은 예수께서 감람산에 앉아서 하신 말씀이다. 성전이 무너질 것이라는 말씀을 들은 제자들은 어느 때에 세상 끝이 올 것인지, 세상 끝에 있을 징조가 무엇인지를 예수께 물었다.[2-3절] 주 예수님은 먼저 사람들의 미혹을 받지 않도록 주의하라고 하시면서 많은 사람이 주의 이름으로 와서 자기가 그리스도라고 하며 사람들을 미혹할 것이라 하셨다. 난리와 난리의 소문을 듣겠지만 너희는 두려워 말라고 하시면서 이런 일이 있어야겠지만 끝은 아직 아니라고 말씀하신다.[3-6절] 오늘날 세상의 정세를 살피며 곧 세상 끝이 온다고 예언하며 사람들을 전적으로 두려워하게 하는 일을 하는 사람들이 있다(살후2:2).

민족이 민족을, 나라가 나라를 대적하여 일어나겠고 처처에 기근과 지진이 있을 것인데 이 모든 것이 재난의 시작이며, 그때에 사람들이 너희를 환난에 넘겨주고 죽일 것이니 너희가 내 이름을 위하여 모든 민족에게 미움을 받으리라고 하셨다. 또 불법이 성하므로 많은 사람의 사랑이 식어질 것이지만, 그러나 끝까지 견디는 자는 구원을 얻을 것이며, 천국복음이 모든 민족에게 증거 되기 위해 온 세상에 전파될 것이니 그제야 끝이 오리라고 말씀하셨다.[7-14절]

대환난 때 있을 일들

다음에 주님은 대환난 시에 있을 일에 대해 예언하신다.("창세로부터 지금까지 이런 환난이 없었고 후에도 없으리라"-21절) 이 예언은 특히 유대인들에 대한 것이다.-"너희의 도망하는 일이 겨울에나 안식일에 되지 않도록 기도하라"[20절] 주 예수께서는 자신의 재림 시에 대하여도 예언하신다. 그리스도가 여기 있다 혹 저기 있다 해도 믿지 말며, 광야에 있다 해도 나가지 말고 골방에 있다 해도 믿지 말라고 하신다. 환난 후에 해가 어두워지고 달이 빛을 내지 아니하고 별들이 하늘에서 떨어지고 하늘의 권능들이 흔들릴 때 인자의 징조가 하늘에서 보이겠고 땅의 모든 족속이 통곡할 것이며 그들이 인자가 구름을 타고 능력과 큰 영광으로 오는 것을 보리라고 말씀하신다.[30절] 이는 계시록의 말씀과도 일치한다(1:7).

예수님의 재림

주님의 재림 시에는 큰 나팔 소리가 있을 것이다. 그때 보내심 받은 천사들은 택하신 자들을 하늘 이 끝에서 저 끝까지 사방에서 모을 것이다. 주님은 무화과나무의 비유를 배우라고 하시면서 그 가지가 연하여지고 잎사귀를 내면 여름이 가까워진 줄 알라고 하신다. 이것은 이스라엘의 회복을 예언하는 것 같으며, 이 일은 이미 이루어진 것이니 지금은 시대의 끝에 와 있다고 말해도 된다. 이 모든 일이 일어나는 것을 보거든 인자가 가까이 곧 문 앞에 이른 줄 알라고 하신다.[32-33절]

예수님의 재림시의 징후

오늘날 예수의 재림의 시점을 어느 때라고 지적하여 예언하는 자들이 있는데 다 잘못된 것이다. 주님의 말씀은 그날과 그 시는 아무도 알지 못하고 아버지만 아신다고 하셨다.[36절] 그리고 주님이 다시 오시는 때의 특징을 말씀하신다. 즉 어느 정도 감지할 수 있게는 하신다. 예수께서는 십자가로 나아가시기 전에 그분의 다시 오심에 대하여 충분한 예언을 하셨다. 노아의 때에 방주에 들어가기까지 사람들이 먹고 마시고 장가들고 시집가고 하다가 다 멸망당했다고 하신다. 또 두 사람이 밭에 있다가 하나는 데려감을 당하고 하나는 버려둠을 당하며, 두 여자가 매를 갈고 있다가 하나는 데려감을 당하고 하나는 버려둠을 당한다고 하신다.[37-41절] 마지막 때에 일어날 휴거를 말씀하시는 것이다. 주님은 그분이 언제 오실지 모르므로 깨어있으라고 하신다. "너희도 예비하고 있으라 생각지 않은 때에 인자가 오리라"[44절] 그렇지만 생각지 않을 때에 오신다는 말씀은 분명하다.

충성되고 지혜 있는 종이 되라

주님은 말세를 만난 주의 종들은 그분의 집 사람들을 잘 목양해야 함을 말씀하시면서 충성되고 지혜 있는 종이 되라고 하신다. 그분의 집 사람들을 맡아 때를 따라 양식을 나눠 주는 종은 주인이 오실 때에 복이 있으며 주인이 그의 모든 소유를 그에게 맡기실 것이라고 하신다. 이는 왕국에서 더 큰 직분을 맡게 될 것이라는 뜻이다.[45-47절]

그러나 주인이 더디 오실 것이라고 생각하여 다른 종들을 때리며 술친구들과 더불어 먹고 마시면 생각지 않은 날 알지 못하는 시간에 그 종의 주인이 돌아와서 그를 처벌하고 외식하는 자가 받는 벌을 받게 하실 것이니 거기서 슬피 울며 이를 갈게 될 것이라고 하신다. 주의 종들은 주님이 다시 오실 때 그분 앞에서 상을 받을 것인지 어두운 데 내어쫓겨 슬피 울며 이를 갈게 될 것인지를 생각해보아야 한다.[48-51절]

25장

주 예수님은 십자가로 나아가시기 전에 천국의 상황에 대하여 조금 더 말씀하신다. 우리는 결코 그분을 다만 삼십 대의 유대 청년이라고 볼 수 없다. 그분은 너무 비밀하고 심오한 예언을 하셨다. 그분은 하늘로부터 온 왕이신 것이 분명하다. 천국은 그때 신랑을 맞으러 나온 열 처녀와 같다고 하셨다. 여기서 중점은 열 처녀에 있다. 22장에서는 왕의 아들이 중점이다. 이야기에 따라 주인공들이 달라지는 것이 천국이다.

열 처녀의 비유 : 지혜로운 다섯 처녀와 미련한 다섯 처녀

여기는 열 처녀 비유인데, 열 처녀 중에 다섯은 지혜롭고 다섯은 미련하다. 지혜로운 다섯 처녀는 신랑을 만날 것을 잘 예비하여 그릇에 기름을 담아 등과 함께 가져가고, 미련한 다섯 처녀는 등을 가졌지만 기름을 예비하지 않았다. 신랑이 더디 오므로 다 졸며 자는데 밤중에 소리가 나기를, "보라, 신랑이로다! 맞으러 나오라!" 하니 그 처녀들이 다 일어나 등을 준비하는데, 미련한 다섯 처녀의 등불이 꺼져가는 것이었다. 그러자 그들은 지혜로운 다섯 처녀에게 기름을 좀 나눠달라 했다. 지혜 있는 자들이 대답하기를, 너희하고 나눠 쓰기에는 부족할 것 같으니 차라리 파는 자들에게 가서 너희 쓸 것을 사 오라고 했다. 그들이 기름을 사러간 동안에 신랑이 오므로 기름을 예비한 다섯 처녀는 혼인잔치에 들어가고, 미련한 처녀들은 문이 닫혀 바깥 어두운 데 내어쫓겼다. 주님의 재림 시에 일어날 일을 경고로 미리 말씀해주신 것이다. 장래 이런 일이 발생할 것이니 깨어 예비하라는 말씀이다.[1-13절]

달란트 비유 : 네가 작은 일에 충성하였으니

그리스도인은 처녀의 신분과 동시에 달란트를 받아 장사해야 하는 종의 신분을 갖고 있다. 주님은 각 사람의 재능에 따라 어떤 이는 다섯 달란트를, 어떤 이는 두 달란트를, 어떤 이는 한 달란트를 주셨다. 그것으로 장사를 잘 해서 이윤을 남기라고 하신 것이다.

오랜 후에 주인이 돌아와서 각각의 달란트를 가지고 어떻게 장사했는지 계산하자고 했다. 다섯 달란트와 두 달란트 받은 자들은 각각 배를 남겨서 주인에게 칭찬을 받았다. 주인은 "잘 하였도다 착하고 충성된 종아 네가 작은 일에 충성하였으니 내가 큰 것으로 네게 맡기리라"고 했다. 문제는 한 달란트 받았던 자다. 그는 그것을 가지고 장사를 하지 않고 땅에 감추어 두었다. 그 결과 그는 주인에게 책망을 받았고("악하고 게으른 종아 네가 마땅히 내 돈을 취리하는 자들에게나 두었다가 나로 돌아와서 내 본전과 변리를 받게 하였을 것이니라"), 주인은 그 한 달란트를 빼앗아 열 달란트 가진 자에게 주라고 하면서 "이 무익한 종을 바깥 어두운 데 내어쫓으라 거기서 슬피 울며 이를 갊이 있으리라"고 말했다.[14-30절]

그날 주님이 다시 오실 때 여러 상황이 벌어진다. 첫째, 처녀로서 주님만 사랑하고 깨어 기름을 예비하며 신실하게 신랑을 기다린 성도들은 혼인잔치를 맛보며 주님의 재림의 축복을 누리게 된다. 둘째, 달란트를 받은 종들로서 자기에게 주신 은사를 사용해서 주의 일을 발전시킨 성도들은 상당한 보상을 얻게 된다. 자신이 말씀의 사역자라면 자기 같은 사람을 최소한 두 명 내지 다섯 명을 만들어내야 한다. 자기에게 주신 말씀의 사역이 하나님 나라의 확장을 위해 더 쓰임받도록 해야 한다. 그렇지 않고 자기의 은사가 작다고 느낀다면 마땅히 다른 은사 받은 자들과 함께 교회에 투여하여 이자가 발생하게라도 해야 한다. 주님은 성도가 받은 달란트를 사용하여 부지런히 장사하여 이를 남기는 것을 좋아하신다. 자기가 받은 은사를 소홀히하고 땅에 묻어두는 것은 악한 일이다.

양과 염소의 분류 : 영원한 복음을 들은 열국 백성의 태도에 따라

마지막으로, 주 예수님은 재림 시에 영광의 보좌에 앉으실 것이며, 모든 민족을 그 앞에 모으실 것이다. 모든 민족이라면 이방인들이다. 이것은 마지막 때 대환난 시기에 일어날 일인데, 그때 '영원한 복음'을 듣고 순종한 이방인들은 양으로 분류되어 하나님께서 창세 전에 예비하신 나라를 상속받게 되며 새 예루살렘의 시민이 된다. 그러나 그때 천사들이 전하는 영원한 복음을 받지 않고 불순종한 이방인들은 염소로 분류되어 영벌('마귀와 그 사자들을 위하여 예비된 영영한 불'-41절)에 처하게 된다. 계시록 14장 6-7절, "또 보니 다른 천사가 공중에 날아가는데 땅에 거하는 자들 곧 여러 나라와 족속과 방언과 백성에게 전할 영원한 복음을 가졌더라 그가 큰 음성으로 가로되 하나님을 두려워하며 그에게 영광을 돌리라 이는 그의 심판하실 시간이 이르렀음이니 하늘과 땅과 바다와 물들의 근원을 만드신 이를 경배하라 하더라".

양으로 분류된 열국 백성은 대환난 때 천사가 전하는 '영원한 복음'을 듣고 하나님의 택한 백성들이 고난을 당할 때 잘 대접해준 자들로 구성된다. 대환난 때 하나님의 택한 백성 이스라엘은 숱한 고난을 당하게 된다. 이들이 굶주리고 헐벗고 병들고 옥에 갇히는 등 많은 핍박과 고난을 당할 때 '영원한 복음'("하나님을 두려워하고 그에게 영광을 돌리라")을 받은 열국 백성은 고난을 당하는 하나님의 택한 백성을 잘 대접한다. 주님은 그들에게 한 것을 곧 자신에게 한 것으로 여기시고[45절] 그들을 축복하셔서 그리스도의 왕국에까지, 더욱이 하나님께 대한 마지막 거역인 곡과 마곡의 전쟁에 참여하지 않은 자들은 새 하늘과 새 땅에까지 데리고 가실 것이다. 25장은 예수께서 재림하실 때 일어날 상황을 자세히 예언하신다.

이렇게 마태복음은 천국에 대하여 현세에 교회 안에서 영적으로 이루어지는 부분(마5-7장), 이 세상 사람들이 보기 어렵게 감춰어 있고 그래서 외형적으로는 부패한 모습으로 보여지는 부분(13장), 주님께서 재림하실 때에서야 누가 과연 지혜롭게 깨어 기름을 예비하며 신랑을 기다리는 삶을 살았는지, 주님이 주신 성령의 은사를 잘 사용해서 장사를 잘해 이윤을 많이 남겼는지를 보시고 상과 벌을 결정하신다는 부분으로 되어 있다(25장). 이것들은 모두 성도들에 대한 부분이다.

마지막으로, 양과 염소의 분류가 있다. 주님이 다시 오실 때쯤 이 세상에 대환난이 있을 것인데, 그때 주로 하나님의 이스라엘이 극심한 환난을 당하게 되며 그 환난은 '야곱의 환난의 때'라고 예언되어 있다. 그런데 그 3년 반 대환난의 마지막 부분에 기적적으로 천사에 의해 공중에서 복음이 전파되는데, 그 복음을 '영원한 복음'이라고 한다. 그 복음을 듣고 유대인들을 잘 접대해준 열국 사람들은 양으로 분류되어 창세로부터 하나님이 예비하신 만물이 새롭게 된 왕국에 시민으로 참여하게 된다. 성경에는 그때 수많은 유대인과 그리스도인이 순교를 당한다고 예언되어 있다. 그러나 주님은 그 마지막 순간에도 긍휼을 베풀어 천사들에 의해 복음을 전해주시며, 천사들이 전한 말을 듣고 하나님의 백성을 고난 중에 잘 대접해준 열국 사람들은 하나님 아버지께 복을 받고 창세로부터 그들을 위해 예비된 나라를 상속하지만, 그 복음에 불순종하여 하나님의 백성을 못 본 체한 이방인들은 영영한 지옥불에 들어가게 된다. 이것이 주님이 다시 오실 때 모든 민족에게 행하실 심판이다. 25장에는 이러한 비밀스런 예언들이 들어있다. 이것으로 주님의 공적인 가르침은 모두 마쳐지고, 26장부터는 십자가 고난으로 나아가신다.

26장

예수를 죽이려고 의논하다

25장까지에서 주 예수님은 십자가로 나아가시기 전의 모든 말씀을 마치셨다.[1절] 마지막으로 주 예수님은 제자들에게 이틀 후 유월절 날 자신이 십자가에 못 박히기 위해 한 배신자에 의해 팔리실 것을 예언하신다. "너희의 아는 바와 같이 이틀을 지나면 유월절이라 인자가 십자가에 못 박히기 위하여 팔리우리라". 이것은 제자들을 깜짝 놀라게 하는 말씀이 아닐 수 없다. 어떻게 멀쩡한 분이 갑자기 이틀 후에 십자가에 못 박히실 수 있다는 말인가! 또한 어떻게 예수님은 이틀 후에 자신이 십자가에 못 박혀 죽으실 거라는 말씀을 이리도 담담하게 하실 수 있다는 말인가![2절]

한편 대제사장들과 장로들은 가야바라는 대제사장 집의 아문에 모여 예수를 죽일 궁리를 하였는데, 사람들이 예루살렘에 많이 모이는 유월절에는 민요가 일어날 수 있으니 그날은 피하자고 하였다. 그러나 그들의 모의와 상관없이 주 예수님은 말씀대로 어린 양으로서 유월절 날 잡히셨다.[3-5절]

한 여인이 예수의 머리에 향유를 붓다

주님은 베다니에 자주 가셨는데, 문둥이 시몬의 집에 계셨을 때 한 여자가 매우 귀한 향유 옥합을 예수의 머리에 부어 주님의 장사를 예비하였다. 유다를 필두로 한 제자들은 그 여자를 꾸짖으며 그 값비싼 향유를 팔아 가난한 자들을 구제하면 좋을 것을 왜 허비하느냐고 했다. 그러나 주님은 '그녀가 내게 좋은 일을 하였다'고 하시며 '가난한 자들은 항상 너희와 함께 있지만 나는 그렇지 않다'고 말씀하셨다. 그러면서 온 천하에 복음이 전파되는 곳에는 이 여자의 행한 일도 말하여 그녀를 기억하게 할 것이라 하셨다.[6-13절]

유다가 그의 선생인 예수를 팔다

그때 열두 제자 중 하나인 유다가 대제사장에게 가서 예수를 넘겨줄 것인데 얼마를 주겠느냐고 하니 그들이 은 삼십을 쳐주었다. 유다는 배신자의 전형이다. 오늘날도 이 세상에는 수많은 유다들이 있다. 그들은 자기의 선생이요 은혜를 베푼 사람을 자기의 작은 유익을 위해 팔아버린다. 제자들과 마지막 만찬을 나눈 자리에서 주 예수님은 유다가 그분을 팔 것을 말씀하셨고, 그에게는 화가 있을 것이라 하셨다.[14-16절]

마지막 만찬

그리고서 주님은 성찬(주님의 만찬)을 세우셨다. 떡을 떼고 잔을 마시는 일이다. 주님은 이것을 행하여 그분을 기억하라고 하셨다. 그분은 우리가 그분의 고난을 잊지 않기 원하신다. 주님은 그분의 생명을 주시기 위해 살을 찢으셨고 우리의 죄를 사하기 위해 피를 흘리셨다. 그리고 그 피는 언약의 피라고 하셨다.[26-28절]

베드로가 주님을 부인할 것을 말씀하시다

주님은 베드로에게 "오늘밤 닭 울기 전에 네가 세 번 나를 부인하리라" 하셨고, 이에 베드로는 주와 함께 죽을지언정 주를 부인하지 않을 것이라고 장담했다. 그리고 주님은 제자들을 데리고 겟세마네로 향하셨다. [31-35절]

겟세마네에서 기도하시다

예수께서 제자들과 함께 겟세마네라 하는 곳에 이르러 제자들에게서 조금 떨어진 곳에 베드로와 요한과 야고보만 데리고 가셔서 무릎을 꿇고 아버지께 세 번 간절히 기도하시고("아버지여 할 만하시거든 이 잔을 내게서 지나가게 하옵소서 그러나 나의 원대로 마옵시고 아버지의 원대로 하옵소서"), 지금 곧 닥치게 될 일들을 예고하셨다.[36-45절]

예수께서 잡히시다

그때 배신자 유다가 대제사장과 백성의 장로들에게서 파송된 무리와 함께 검과 몽치를 가지고 예수를 잡으러 왔다. 그리고 유다는 함께 온 사람들에게 예수를 잡으라는 신호로 그분이 누구인지 알도록 "랍비여 안녕하시옵니까" 하고 입을 맞추었다. 그러자 주님은 "친구여 네가 무엇을 하려고 왔는지 행하라" 하셨다. 그때 베드로가 잡으러 온 대제사장의 종을 칼로 쳐서 그 귀를 떨어뜨렸다. 주님은 검을 도로 집에 꽂으라고 하시며 그의 귀를 고쳐주셨다. 주님은 그들에게 체포되셨고, 제자들은 다 예수를 버리고 도망했다.[47-56절]

공회 앞에 서시다

예수를 잡은 자들이 예수를 끌고 대제사장 가야바에게 갔다. 베드로는 멀찍이 예수를 좇아가며 그 결국을 보려고 안에 들어가 하속들과 함께 앉아 있었다. 온 공회가 예수를 죽일 증거를 찾았으나 많은 ㅍ 하나도 맞지 않아서 그분을 죽일 적절한 구실을 얻지 못했다. 그때 대제사장이 예수께 직접 물었다. "네가 하나님의 아들 그리스도인지 우리에게 말하라". 예수는 그 말을 부인하지 않고 "네가 말하였다"고 시인하셨다. 그리고 한 말씀을 더하셨다. "내가 너희에게 이르노니 이후에 인자가 구름을 타고 오는 것을 너희가 보리라"[64절] 대제사장은 옷을 찢으며 '더 이상 증인이 필요 없다. 너희가 이 참람한 말을 들었다'고 하며 사람들에게 그들의 생각이 어떤지를 물었다. 사람들은 사형에 해당한다고 대답했다. 결국 예수는 자신이 하나님의 아들이라고 시인한 대가로 죽음의 선고를 받으셨다. 사람들은 예수의 얼굴에 침 뱉으며 주먹으로 치고 손바닥으로 때리면서 너를 친 자가 누군지 맞추어 선지자 노릇을 해보라며 조롱했다.[57-68절]

베드로가 예수를 부인하다

그때 바깥뜰에 앉아 있는 베드로에게 한 하녀가 와서 "당신도 갈릴리 사람 예수와 함께 있었던 사람이다"라고 했다. 그러자 베드로가 모든 사람 앞에서 부인하며 말했다. "나는 도대체 네가 무슨 말을 하는지 모르겠다!" 그러고는 대문까지 나왔는데 다른 하녀가 베드로를 보고 또 말했다. "이 사람은 나사렛 예수와 함께 있었다!" 베드로는 맹세코 부인하며, "내가 그 사람을 알지 못하노라!"고 했다. 그리고 조금 후에 곁에 서있던 사람들이 또 베드로에게 와서 말했다. "당신도 그들 중 한 사람인 것이 틀림없다. 당신의 말씨를 보니 분명하다!" 이에 베드로는 저주하며 "내가 그 사람을 정말로 알지 못한다!"고 맹세했다. 그 말이 끝나자마자 닭이 울었다. 베드로는 예수께서 '닭 울기 전에 네가 세 번 나를 부인하리라' 하신 말씀이 생각나서 밖으로 나가 통곡하며 울었다.[69-75절]

27장

유다가 목매어 죽다

예수님이 체포되시고서 하룻밤이 지났다. 새벽에 대제사장과 장로들이 예수를 죽이려고 모였다. 유다는 그제서야 양심의 가책을 받고 은 삼십을 대제사장에게 도로 갖다 주면서 "내가 무죄한 피를 팔고 죄를 범하였다"고 하니 그들은 "그것이 우리와 무슨 상관이 있느냐 네가 알아서 하라"고 했다. 유다는 은을 성소에 던져 넣고 물러가서 스스로 목을 매어 죽었다. 대제사장들은 그 은을 성전고에 넣어두는 것이 옳지 않다고 하여 그 은으로 토기장이의 밭을 사서 나그네의 묘지를 삼았다. 이는 예레미야의 예언을 응하게 한 것이다.[3-10절]

빌라도가 예수를 십자가에 못 박히게 넘겨주다

예수께서 총독 빌라도 앞에 서시니 총독이 물었다. "네가 유대인의 왕이냐?" 이에 예수님이 "네 말이 옳다."고 하셨다. 총독 앞에서 대제사장들과 장로들이 예수님을 고소했지만 예수님은 아무 대답도 하지 않으셨다. 그분은 털 깎는 자 앞에 잠잠한 어린 양 같으셨다. 잠잠한 예수를 보면서 총독은 기이히 여겼다. 명절을 당하면 죄수 하나를 방면하는 전례가 있어서 빌라도가 백성에게 물었다. "내가 누구를 놓아주기 원하느냐? 바라바냐, 예수냐?" 빌라도는 정치적인 사람이었다. 그는 유대인들이 시기로 예수를 잡아온 것을 알았다. 대제사장들과 장로들이 바라바를 놓아달라고 하자 빌라도가 다시 물었다. "예수를 내가 어떻게 하랴?" 그들이 다 소리 질러 말했다. "십자가에 못 박게 하소서!" 빌라도가 다시금 "그가 무슨 악한 일을 하였느냐?"고 묻자 그들은 더욱 소리를 질렀다. "십자가에 못 박혀야 하겠나이다!" 결국 그 소리가 이겼다.

빌라도는 아무 효험도 없이 민란이 일어나려는 것을 보고 물을 가져다가 무리 앞에서 손을 씻으며 "나는 이 사람의 피에 대하여 무죄하니 너희가 책임지라"고 했다. 그들은 '그 피를 우리와 우리 자손에게 돌리라'고 대답하였다. 빌라도는 강도 바라바를 풀어주고 예수는 채찍질하고 십자가에 못 박히게 넘겨주었다. 이 어떠한 부당한 판결인가![11-26절]

군병들이 예수를 조롱하다

총독의 군병들은 예수를 데리고 관정으로 들어가서 군대를 모으고 그의 옷을 벗기고 홍포를 입히며 가시 면류관을 엮어 그 머리에 씌우고 갈대를 그 오른손에 들리고(왕이면 왕관을 써야 할 것이 아니냐, 왕복을 입어야 할 것이 아니냐, 또 왕의 홀을 가져야 할 것이 아니냐고 조롱하는 의미이다) 그 앞에서 무릎을 꿇고 조롱하며 '유대인의 왕이여 평안할지어다' 하고 침을 뱉으며 갈대를 빼앗아 그의 머리를 때렸다. 그분의 머리에 가시는 더욱 깊이 박히고 피가 머리에서 온 몸으로 흘러내렸다. 우리가 악하게 굴리는 머리 때문에 그분의 거룩한 머리에 고통이 가해진 것이다. 그분의 고통, 조롱당하심, 죽으심은 다 우리를 대신하신 것이다.[27-31절]

골고다에서 십자가에 못 박히시다

희롱하기를 다한 후에 그들은 홍포를 벗기고 도로 그분의 옷을 입혀 십자가에 못 박으려고 끌고 나갔다. 골고다로 오르는 길이 힘에 부치신 예수 대신 그들은 구레네 사람 시몬에게 억지로 예수의 십자가를 지게 하였다. 골고다, 해골이라는 곳에 이르러 쓸개 탄 포도주를 마시게 하니(쓸개 탄 포도주는 일종의 마취제였다) 맛보시고 마시고자 아니하셨다. 그분은 우리의 죄를 위해 대신 받으시는 고통을 경감시키고자 하지 않으셨다. 사람들은 예수를 십자가에 못 박은 후(그분이 이전에도 몇 번 예언하시고 이틀 전에도 말씀하셨던 그대로였다), 그분 옷을 제비 뽑아 나누고 거기 앉아 지켰다. 그 죄의 명패에는 '유대인의 왕 예수'라고 썼다. 그때 마침 두 강도가 십자가에 달렸는데, 하나는 예수님 우편에, 하나는 좌편에 있었다. 지나가는 사람들은 머리를 흔들며 '네가 하나님의 아들이거든 자기를 구원하고 내려오라'고 하였다. 그분이 만일 자기를 구원하고 내려오시면 우리는 구원을 받지 못하고 우리 죄는 영원히 사해질 수 없다. 심지어 십자가에 못 박힌 강도들도 예수를 욕했다.[32-44절]

영혼이 떠나시다

육시(정오) 쯤 되어 온 땅에 어두움이 임하여 구시(오후 3시경)까지 계속되었다. 구시 즈음에 예수께서 '엘리 엘리 라마 사박다니!'(나의 하나님 나의 하나님 어찌하여 나를 버리시나이까) 하시었다. 거기 섰던 어떤 사람들은 '이 사람이 엘리야를 부른다'고 하였다. 그중 한 사람이 달려가서 해융(수분을 머금은 갯솜)을 가지고 신 포도주를 머금게 하여 갈대에 꿰어 마시게 하니 예수께서 다시 크게 소리를 지르시고 영혼이 떠나셨다. 오 주여, 당신은 나의 죄를 위해 비참한 죽음을 죽으셨습니다![45-50절]

새 무덤에 장사되시다

그때 휘장이 위로부터 아래로 찢어져 둘이 되고 땅이 진동하고 바위가 터지고 무덤들이 열리고 잠자던 성도의 몸이 많이 일어나되, 예수의 부활 후에 그들이 무덤에서 나와서 거룩한 성에 들어가 많은 사람들에게 보였다. 이것은 실로 엄청난 사건이다. 그분의 죽음 후에 엄청난 상황들이 발생했다. 로마의 백부장 및 함께 예수를 지키던 자들이 그 광경을 보고 매우 두려워하며 "이는 진실로 하나님의 아들이었도다"라고 고백했다. 예수를 섬기며 갈릴리에서 좇아온 막달라 마리아 등 많은 여자들이 멀찍이 바라보았다. 저물었을 때 부자인 아리마대 요셉이 왔는데 그는 당시 상당한 지위의 고관, 공회원이었으며 예수의 제자였다. 요셉이 빌라도에게 예수의 시체를 달라고 말하자 그가 내어주라고 분부했다. 아리마대 요셉은 예수의 시체를 깨끗한 세마포에 싸고 바위 속에 판 새 무덤에 넣어두고 큰 돌을 굴려 무덤 문에 놓고 갔는데, 막달라 마리아와 다른 마리아가 무덤을 향하여 앉아 있었다.[51-61절]

파수꾼이 무덤을 지키다

다음 날 대제사장들과 바리새인들이 빌라도 앞에 모여서 '저 유혹하던 자가 살았을 때에 사흘 후에 부활할 거라고 했으니 무덤을 사흘까지 단단히 지켜야 한다'고 말했다. 그의 제자들이 와서 시체를 도둑질해 가지고 가서 부활했다고 속이면 후에 유혹이 더 크게 될 것이라고 했다. 그러자 빌라도는 얼마든지 그들의 파수꾼을 세우게 하고 돌을 인봉하여 무덤을 굳게 지키게 하였다. 그렇게 철저히 무덤을 지킨 것은 도리어 예수의 부활을 분명히 증거하게 했다. 하나님께 감사하자! 그분은 죽으셨지만 죽은 자 가운데서 다시 살아나셨다![62-66절]

28장

안식 후 첫날 새벽에 예수께서 부활하시다

주님은 금요일 오후 3시경에 돌아가신 후, 안식 후 첫날(오늘로 말하면 주일이다) 새벽에 부활하셨다. 막달라 마리아와 다른 마리아가 무덤을 보려고 왔다가 큰 지진이 나며 주의 천사가 하늘로부터 내려와 돌을 굴려내고 그 위에 앉아 있는 것을 보았다. 그 형상이 번개 같고 그 옷이 눈같이 희니 파수하던 사람들은 두려워 죽은 자같이 되었다. 그 아침 우주 가운데 가장 위대하고 큰일, 부활의 사건이 일어난 것이다.

천사가 여자들에게 '너희가 십자가에 못 박히신 예수를 찾는 줄 아는데 그는 그의 말씀하신 대로 살아나셨으니 와서 그가 누우셨던 곳을 보라' 하고, 또 '빨리 가서 그의 제자들에게 예수께서 죽은 자 가운데서 살아나셨고 너희보다 먼저 갈릴리로 가실 것이니 거기서 뵈올 것이라 하라' 하였다.[1-7절] 그분의 출생 때처럼, 그분의 부활을 맨 먼저 알린 것은 천사들이다.

부활하신 예수께서 여인들에게 나타나시다

여자들은 두려움과 큰 기쁨으로 무덤을 빨리 떠나 제자들에게 달려갔다. 그 노 중에 예수께서 그들을 만나 '평안하뇨!' 하시니 여자들이 나아가 그분의 발을 붙잡고 경배하였다. 주님 또한 그녀들에게 "무서워 말라 가서 내 형제들에게 갈릴리로 가라 하라 거기서 나를 보리라" 하셨다.[8-10절]

파수꾼들이 부활의 놀라운 소식을 대제사장들에게 고하다

한편 파수꾼들 몇이 성에 들어가서 그 부활의 새벽에 일어났던 놀라운 일을 대제사장들에게 고했는데, 대제사장들은 장로들과 함께 의논하고 그의 제자들이 밤에 와서 우리가 잘 때 시체를 도적질해 갔다고 퍼뜨리게 하였다. 군병들은 돈을 받고 매수되어 대제사장들이 말하는 대로 소문을 내었고, 그 거짓 소문이 마태가 이 복음서를 쓸 당시에도 유대인 가운데 두루 퍼져 있었다. 부활의 소식을 확실하게 듣고도 믿지 않는 사람들이 있을 수 있다는 말이다.[11-15절]

예수께서 갈릴리에서 제자들에게 분부하시다

열한 제자는 약속대로 갈릴리에서 예수의 명하시던 산에 이르러 예수를 뵙고 경배하였는데, 도마처럼 오히려 의심하는 자들도 있었다고 기록한다. 물론 요한복음에서 보면 주님은 의심하는 제자를 동정하여 친히 그분의 옆구리를 만져보게 하셨고 손을 만져보게 하셨다. 그리고 믿도록 도와주셨으며, 보지 않고 믿는 자는 더 복이 있다고 하셨다.

부활하신 예수의 마지막 말씀은 "하늘과 땅의 모든 권세를 내게 주셨으니 그러므로 너희는 가서 모든 족속으로 제자를 삼고 아버지와 아들과 성령의 이름으로 세례(침례)를 주고 내가 너희에게 분부한 모든 것을 가르쳐 지키게 하라 볼지어다 내가 세상 끝날까지 너희와 항상 함께 있으리라"고 하신 것이다. 이 천국복음이 속히 온 세상에 전파되길 기도한다. 아멘.[16-20절]

마가복음

서론

마가복음의 저자 마가는 예수의 직계 제자는 아니었고 베드로의 제자였다. 전승에 의하면 마가는 베드로의 통역을 맡았다고 한다. 그리고 베드로에게서 주 예수의 생애와 사역에 대하여 많은 이야기를 듣고 마가복음을 기록한 것으로 전해 내려온다. 마가의 이름은 요한(행 13:5,13) 또는 마가라 하는 요한(행 12:25; 15:37)으로도 불리웠다. 그는 어머니 마리아와 함께 예루살렘에 살았고, 그의 집은 다락을 갖춘 넓은 공간이어서 주 예수님이 제자들과 함께 최후의 만찬을 가지신 곳으로, 사도행전 1장에서 오순절 때 120명의 제자들이 모여 기도한 장소로, 또 12장에서 베드로를 위해 성도들이 함께 기도한 장소로 사용되었다. 대개 학자들은 예수님이 잡히실 때 벗은 몸으로 도망친 청년을 마가로 보고 있다(막 14:51).

마가복음은 마태복음과 마찬가지로 예루살렘 성전이 파괴되었던 A.D. 70년 이전에 기록되었을 것이다. 마태복음과 마가복음 중 무엇이 먼저 기록되었는지는 정확히 알 수 없다. 본서의 저술 장소는 전통적으로 로마로 보고 있다. 말하자면, 베드로와 마가가 감옥에 있을 때 기록된 듯하다. 마가는 분명히 이방의 그리스도인들을 상대로 이 복음서를 기록했다(3:17, 5:41, 7:11, 15:34 등 참조).

마가복음은 유난히 그리스도의 수난에 중점을 두고 있다. 이 복음서는 네로의 박해가 한참 진행될 때 씌어졌을 것이다. 그때 위기에 처한 성도들이 순교를 당하더라도 용기를 잃지 않고 상황을 직면할 수 있도록 격려하기 위해 본 복음서를 저술한 것으로 보인다. 즉 십자가에서 고난 당하시고 죽으신 그리스도를 제시함으로 성도들에게 순교에 직면할 수 있는 용기를 부여해주고자 한 것이다.

예수를 종으로 묘사한 복음서

그리스도를 묘사함에 있어서 마태는 왕으로, 누가는 온전한 사람으로, 요한은 그분의 신성(神性)을 강조하였다면, 마가는 그분을 종으로 묘사하였다. 그래서 어떤 학자는 특별히 마가복음에는 즉시(immediately)라는 단어가 많이 나온다고 지적하기도 하였다(41회).

1장

하나님의 아들 예수 그리스도 복음의 시작

마가의 복음서에서는 예수의 족보와 출생에 대하여 언급하지 않는다. 다만 하나님의 아들 예수 그리스도 복음의 시작이라고 선포한다. 담대하고 선이 굵은 베드로의 음성이 들리는 듯하다. 예수의 선주자이며 구약의 마지막 선지자인, 신약을 여는 세례 요한이 예수님을 소개하는 것부터 시작된다. “보라 내가 내 사자를 네 앞에 보내노니”. 요한은 광야에서 전파하고 요단강에서 많은 사람들에게 세례를 주었다. 그의 음식은 메뚜기와 석청이었다. 그의 예수에 대한 소개의 중점은 ‘그분은 나보다 능력이 많으신 분이고, 나는 그분의 신발끈을 풀어드리는 것도 감당치 못하겠으며, 나는 물로 세례(침례)를 주지만 그분은 성령으로 세례를 주실 분’이라는 것이다.[1-8절]

요단강에서 세례 받으시고 광야에서 시험 받으시다

예수께서는 갈릴리 나사렛으로부터 요단강에 이르러 요한에게 침례를 받으셨다. 물에서 올라오실 때 하늘이 갈라지고 성령이 비둘기같이 임하였다. 그리고 하늘로서 소리가 나기를 "이는 내 사랑하는 아들이라 내가 저를 기뻐하노라" 하였다. 성령이 예수를 광야로 몰아내심으로 40일을 밤낮 굶주리시면서 마귀에게 시험을 받으시고 들짐승과 함께 계셨는데 천사들이 수종들었다.[9-13절]

복음을 전파하시고 제자들을 부르시다

요한이 잡힌 후 예수께서 갈릴리에서부터 "때가 찼고 하나님의 나라가 가까웠으니 회개하고 복음을 믿으라"고 전파하셨다. 마가가 말하는 하나님의 나라(왕국)는 복음을 믿음과 더불어 시작되는 현세적 개념이다.[14-15절]

갈릴리 해변으로 다니시며 시몬과 그 형제 안드레가 바다에 그물 던지는 것을 보시고 "나를 따라오너라" 부르시니 그들이 그물을 버려두고 예수를 따랐다. 조금 더 가시다가 세배대의 아들들인 야고보와 요한이 배에서 그물을 깁는 것을 보시고 부르시니 그들도 아비 세배대를 삯군들과 함께 버려두고 예수를 따랐다.[16-20절]

권세 있는 새 교훈

예수께서 안식일에 회당에 들어가 가르치셨는데 사람들이 그의 교훈에 놀랐다. 그분의 가르침이 일반 서기관들과 달리 권세 있는 자와 같았다. 마침 회당에 귀신들린 사람이 있어 그가 소리지르니 예수께서 그에게서 귀신을 내쫓으셨다. 더러운 귀신이 그 사람으로 경련을 일으키게 하고 큰 소리를 지르며 나왔다. 이에 사람들이 다 놀라며 "권세 있는 새 교훈이로다 더러운 귀신들을 명한즉 순종하는도다"라고 말했다. 예수의 소문이 갈릴리 사방에 퍼졌다.[21-28절]

귀신 들린 자들과 병자들을 치료하시다

예수께서 회당에서 나오셔서 시몬과 안드레의 집에 들어가셨는데, 시몬의 장모가 열병으로 누워 있었다. 예수께서 그 장모의 손을 잡아 일으키시니 열병이 떠나고 그녀는 즉시 일어나 그들을 수종들었다.[29-31절]

저물어 해질 때에 모든 병자와 귀신들린 자를 예수께 데려오니 예수께서는 귀신들이 말하는 것을 허락지 않으셨다. 그들이 예수가 누구인지를 알았기 때문이다. 귀신들은 대체적으로 사람들이 모르는 것을 안다(행 16:15-18, 19:15, 약 2:19).

전도하기 위해 다른 마을로 떠나시다

새벽에 예수께서 한적한 곳에 가셔서 기도하시는데, 시몬과 함께한 자들이 예수의 뒤를 따라가 모든 사람이 주님을 찾는다고 하자, "다른 마을로 가서 전도하자 내가 이를 위하여 왔노라"고 말씀하셨다. 그리고 온 갈릴리에 다니시며 여러 회당에서 전도하시고 귀신들을 내쫓으셨다. 귀신이 존재하는 곳에 하나님의 왕국이 임할 수 없다(누가복음 11:20, "그러나 내가 만일 하나님의 손을 힘입어 귀신을 쫓아낸다면 하나님의 나라가 이미 너희에게 임하였느니라"). [35-39절]

문둥병자를 깨끗케 하시다

한 문둥병자가 예수께 와서 꿇어 엎드려 간구했다. "원하시면 저를 깨끗케 하실 수 있나이다." 주 예수님은 그에게 손을 대시며 "내가 원하노니 깨끗함을 받으라!" 하셨다. 주님은 그에게 아무에게도 말하지 말라고 엄히 경계하셨으나 그가 다니며 이 일을 많이 전파하는 바람에 주님이 다시는 드러나게 그 동네에 들어가지 못하셨다. 주님은 그냥 한적한 곳에 계셨는데 사방에서 사람들이 찾아왔다. [40-45절]

2장

중풍병자를 치료하시다

수일 후 예수께서 다시 가버나움에 들어가셨는데, 많은 사람이 모여서 문 앞에라도 몸을 움직일 수조차 없었다. 그러자 중풍병자의 침상을 멘 어떤 사람들이 지붕을 뜯고 구멍을 내어 그가 누운 상을 예수 앞에 달아 내렸다. 그때 주님이 그들의 믿음을 보시고 "소자야, 네 죄 사함을 받았느니라" 하셨다. 서기관들은 어찌 하나님 외에 죄를 사할 수 있느냐고 속으로 의논했다. 주님은 그들 마음속의 논의를 아시고 말씀하셨다. "중풍병자에게 네 죄 사함을 받았느니라 하는 말과 일어나 네 상을 가지고 걸어가라 하는 것이 어느 것이 쉽겠느냐 그러나 인자가 땅에서 죄를 사하는 권세가 있는 줄을 너희로 알게 하려 하노라". 그리고서 중풍병자에게 "일어나 네 상을 가지고 집으로 가라" 하시니 그가 곧 상을 가지고 일어나 모든 사람 앞에서 나가니 사람들이 다 놀라 영광을 하나님께 돌렸다. [1-12절]

세리 마태를 부르시다

예수께서 다시 바닷가에 가셔서 사람들을 가르치시고, 더 지나가시다가 세리 마태(알패오의 아들 레위)를 부르셨고 그가 예수를 좇았다. 예수께서 그의 집에 앉아 잡수실 때에 바리새인의 서기관들이 그것을 보고 그 제자들에게 "너희 선생은 어찌 세리와 죄인들과 함께 먹느냐"고 물었다. 그때 예수께서 들으시고 "건강한 자에게는 의원이 쓸데없고 병든 자에게라야 쓸데 있느니라 내가 의인을 부르러 온 것이 아니요 죄인을 부르러 왔노라"고 말씀하셨다.[13-17절]

새 포도주는 새 부대에 넣어야

요한의 제자들과 바리새인들은 금식을 하는데 예수의 제자들은 금식하는 일이 없었다. 어떤 사람이 예수께 물었다. "요한의 제자들과 바리새인의 제자들은 금식하는데 어찌하여 당신의 제자들은 금식하지 않습니까?" 그러자 예수님은 이렇게 답하셨다. "혼인집 손님들이 신랑과 함께 있을 때 금식할 수 있겠느냐? 그러나 신랑을 빼앗길 날이 올 텐데 그때 금식할 것이다. 신랑이 왔는데 기뻐해야지 왜 여전히 금식을 하고 있느냐는 말이다. 생베 조각을 낡은 옷에 붙이면 그 생베가 낡은 옷을 잡아당겨 찢어지게 된다. 새 포도주를 낡은 가죽 부대에 넣지 않는다. 새 포도주가 낡은 가죽 부대를 터뜨려 포도주와 부대를 버리게 되기 때문이다. 새 포도주는 새 부대에 넣어야 한다." 이와 같이 예수의 행하심과 사역은 이전의 금식을 행하는 등 종교적 관념과 완전히 다른 새로운 것들이기에 기존의 관념으로는 받아들이기 어려웠다.[18-22절]

인자는 안식일에도 주인이니라

안식일 날 예수와 함께 제자들이 밀밭 사이로 지나가는데 제자들이 배가 고파 밀 이삭을 잘라 먹었다. 바리새인들은 그것을 정죄하면서 "어찌 안식일 날 하지 못할 일을 하느냐"고 했다. 그때 주님은 아비아달 제사장 때 다윗이 한 일을 말씀하시며 다윗이 제사장 외에는 먹지 못하는 진설병을 먹고 함께한 자들에게 준 사실을 상기시키셨다. 그리고 안식일은 사람을 위하여 있는 것이지 사람이 안식일을 위하여 있는 것이 아니라고 하셨다. "인자는 안식일에도 주인이니라"(28절)고 하셨는데, 안식일'에도(even)'란 그분이 모든 것의 주인이시라는 말씀이다.[23-28절]

3장

안식일에 손 마른 사람을 고치시다

예수께서 다시 회당에 들어가셨는데, 거기에 한 편 손 마른 사람이 있었다. 그날이 안식일인데 사람들은 혹 예수께서 안식일에 병을 고치시는가 송사하려고 엿보았다. 예수께서 그에게 한 가운데 서라 하시고 사람들에게 "안식일에 선을 행하는 것과 악을 행하는 것, 생명을 구하는 것과 죽이는 것, 어느 것이 옳으냐?"고 물으셨다. 그들이 잠잠하자 예수께서 그들 마음의 완악함을 인해 근심하사 노하심으로 저희를 둘러보시고 손 마른 자에게 손을 내밀라 하시니 그 손이 회복되었다. 바리새인들은 헤롯당과 함께 어떻게 하면 예수를 죽일 수 있을까 의논했다. 안식일은 창조 시부터 사람을 위해 있는 날이지 사람의 생명을 죽이기 위해 있는 날이 아니다.[1-6절]

많은 무리가 예수께 나아오다

예수께서 제자들과 함께 바다로 물러가시니 갈릴리에서 큰 무리가 좇으며, 유대와 예루살렘, 이두매, 요단강 건너편, 두로와 시돈 부근에서 허다한 무리들이 예수께서 하신 큰일을 듣고 나아왔다.

무리가 에워싸니 예수께서는 제자들에게 작은 배를 등대하도록 명하셨다. 병에 고생하는 사람들이 어떻게든 예수를 만지려고 하기 때문이었다. 더러운 귀신들도 어느 때라도 예수를 보면 부르짖으며 '당신은 하나님의 아들이십니다!' 하고 외치니 예수께서 자기를 나타내지 말라고 많이 경계하셨다.[7-12절]

열두 제자를 세우시다

또 산에 오르셔서 자기의 원하는 자들을 부르시니 그들이 나아왔다. 거기서 열둘을 세우셨는데 자기와 함께 있게도 하시고 또 보내어 전도도 하게 하시며 귀신을 내쫓는 권세도 있게 하려 하심이었다. 시몬 베드로, 세베대의 아들들인 야고보와 요한(이 두 사람에게는 보아너게 곧 우레의 아들이란 별명을 더하셨다), 안드레와 빌립, 바돌로매와 마태와 도마, 알패오의 아들 야고보, 다대오와 가나안인 시몬, 그리고 예수를 판 가룟 유다이다.[13-19절]

서기관들이 예수를 비방하다

집에 들어가시니 사람들이 다시 모여서 식사할 겨를도 없으셨다. 예수의 친속들이 예수를 붙들러 왔으니 이는 사람들이 예수를 미쳤다고 하기 때문이었다. 예루살렘에서 온 서기관들은 그가 바알세불에게 사로잡혀서 그 우두머리 왕의 힘을 입어 귀신을 쫓아낸다고 하였다. 예루살렘은 당시 종교의 중심지였다.

예수께서 저희를 불러다가 비유로 말씀하셨다. "사단이 어찌 사단을 내어 쫓을 수 있느냐? 집이나 나라나 스스로 분쟁하면 망하지 않겠느냐? 사람이 강한 자를 먼저 결박하지 않고서는 강한 자의 집에 들어가 세간을 탈취하지 못한다. 사람의 모든 죄는 사하심을 얻되 성령을 훼방하는 죄는 영원히 사하심을 얻지 못하고 영원한 죄에 처하게 된다." 이는 그들이 말하기를, 예수가 더러운 귀신이 들렸다고 했기 때문이다. 어떤 죄는 반드시 사망에 처하는 죄가 있고 이에 대하여는 더 이상 구하지 말라고 하셨다(요일 5:16). 죄라고 해서 다 똑같지 않으니 우리는 죄를 두려워해야 한다.[20-30절]

누구든지 하나님의 뜻대로 하는 자가 내 형제요 자매요 모친이니라

때에 예수의 모친과 동생들이 밖에 서서 사람들을 보내서 예수를 찾으니 예수께서 "누가 내 모친이며 동생들이냐?" 하시고 둘러앉은 사람들을 보시며 "내 모친과 동생들을 보라! 누구든지 하나님의 뜻대로 하는 자가 내 형제요 자매요 모친이니라"고 말씀하셨다.[31-35절]

4장

네 종류의 땅에 떨어진 씨의 비유

예수께서 다시 바닷가에서 가르치시니 큰 무리가 모여들었다. 그래서 바다에 떠있는 배에 올라앉으시고 온 무리는 바다 곁 육지에 있었다. 예수께서 여러 가지를 비유로 가르치시는데 그 가르치시는 중에 씨 뿌리는 자의 비유를 말씀하셨다. 주 예수님의 말씀 전파는 씨 뿌리는 것과 같다는 비유이다. 길가에 떨어진 씨, 돌밭에 떨어진 씨, 가시떨기에 떨어진 씨, 좋은 땅에 떨어진 씨가 있다. 그중 좋은 땅에 떨어진 씨만 30배, 60배, 100배의 결실을 하게 된다. 그 비유를 말씀하시고서 예수님은 "들을 귀 있는 자는 들으라"고 말씀하셨다.[1-9절]

비유를 설명하시다

예수께서 홀로 계실 때 함께한 사람들이 열두 제자들로 더불어 그 비유들을 물었다. 주님은, "하나님 나라의 비밀을 너희에게는 주었으나 다른 사람들에게는 비유로 한 것은 그들이 보아도 알지 못하며 들어도 깨닫지 못하고 돌이켜 죄사함을 얻지 못하게 하려 함이니라"고 하셨다. 그리고서 이 기본이 되는 비유를 알지 못하면 어떻게 모든 비유를 알겠느냐고 말씀하셨다.[10-13절] 그리고서 비유를 하나하나 설명해주셨다.[14-20절] 죄사함을 얻는 문제는 하나님의 나라에 들어가는데 매우 중요한 요소이다.

등불을 켜서 등경 위에 두라

사람이 등불을 가져오는 것은 말 아래나 침상 아래 두려는 것이 아니고 등경 위에 두려는 것이라고 하신다. 말이나 침상은 사람의 생존을 위해 필요한 도구들이다. 사람의 생존의 염려가 신자들의 빛을 가릴 수 있다. 숨긴 것은 결국 다 드러난다는 말씀이다. 그가 과연 어떤 그리스도인인가 결국 다 나타나게 된다. "드러내려 하지 않고는 숨긴 것이 없고 나타내려 하지 않고는 감추인 것이 없느니라(For nothing is hidden, except to be revealed; nor has anything been secret, but that it would come to light.)" 좋은 것이든 나쁜 것이든 영원히 감춰어질 수 없다는 두려운 말씀이다. 들을 귀 있는 자는 들으라 하신다.[21-23절]

그리고 말씀을 들을 때 주의 깊게 들으라고 하시며, 우리가 말씀을 듣는 분량은 우리의 듣는 역량에 달려 있다고 하신다. 주님은 우리가 말씀을 들을 수 있는 만큼 주시는 분이다. 말씀을 듣는 역량이 크면 클수록 더 받을 것이고 적으면 있는 것마저 빼앗기게 된다.[24-25절] 말씀을 어느 정도 알았다고 다 되었다고 하지 말라는 말씀이다. 말씀의 깊이와 그 풍성함은 말로 다할 수 없다.

하나님의 나라는 사람이 씨를 땅에 뿌림과 같다

또 하나님의 나라는 사람이 씨를 땅에 뿌리는 것과 같은데, 저가 밤낮 자고 깨고 하는 중에 씨가 나서 자라되 어떻게 된 것을 알지 못한다. 땅이 스스로 열매를 맺되 처음에는 싹이요, 다음에는 이삭이요, 그다음에는 이삭에 충실한 곡식이다. 씨가 자라기 위해서는 시간이 필요하다. 성도는 스스로도 남도 잘 알지 못하는 사이에 자라는 것이 있다. 열매가 익으면 곧 낫을 대는데, 이는 추수 때가 이르렀기 때문이다. 추수 때는 주님의 재림시일 것이다. 적어도 주님의 재림

시에는 알곡은 알곡대로, 쭉정이는 쭉정이대로 신자들의 본 모습이 다 드러날 것이다. 그때까지 이 땅의 신자들 속에서는 생명의 씨가 자라고 있을 것이다.[26-29절]

하나님의 나라는 겨자씨 한 알과 같다

또 예수께서 친히 하나님의 나라를 몇 가지로 비유하셨는데, 첫째는 겨자씨 비유이다. 심길 때에는 땅 위의 모든 씨보다 작은 것인데, 심긴 후에는 자라서 모든 나물보다 커지며 큰 가지를 내니 공중의 새들이 그 그늘에 깃들일 만큼 된다고 하셨다. 하나님의 나라인 교회가 처음에는 겨자씨처럼 작은데 나중에는 비정상적으로 변형된 큰 나무가 되어 새들(마귀)이 깃들이게 된다는 것이다. 마가복음은 고운 가루 등의 비유를 생략하고 이 한 가지만 기록한다.[30-32절]

예수께서 바람과 바다를 명하여 잠잠케 하시다

그날 저물 때에 제자들에게 저편으로 건너가자 하셨는데, 예수도 함께 배에 계셨다. 마침 큰 광풍이 불고 물결이 부딪혀 배에 들어와 가득하게 되었다. 예수께서는 고물에서 베개를 베고 주무셨는데 제자들이 깨우면서 "우리 모두 죽게 되었는데 왜 주무시고만 계십니까!" 하고 외쳤다. 예수께서 깨어 바람을 꾸짖으시고 바다에게 "잠잠하라, 고요하라!" 하시니 바람이 그치고 아주 잔잔하게 되었다. 그리고는 예수께서 제자들에게 "왜 이렇게 무서워하느냐? 어찌 이렇게 믿음이 없느냐?" 하시니 제자들이 심히 두려워하면서 '도대체 이 분이 누구시길래 바람과 바다도 순종하는가!' 했다. 제자들은 주님이 저편으로 가자고 하셨으니 말씀대로 믿으면 되었다.[35-41절]

5장[I]

군대 귀신 들린 사람을 고치시다

예수께서 바다 건너편 거라사 인의 지방에 이르러 배에서 나오시니 곧 무덤 사이에 거하는 귀신 들린 사람을 만나게 되었다.(4장 마지막 부분에서 배를 타고 가실 때 풍랑을 일으킨 주범은 바로 바다 속의 귀신들일 것이다) 그 사람은 무덤 사이에 거처하는데, 너무 거칠고 힘이 세어서 이제는 아무도 쇠사슬로 맬 수가 없게 되었다. 여러 번 고랑과 쇠사슬에 매였어도 쇠사슬을 끊고 고랑을 깨뜨려서 누구도 그를 제어할 수 없게 된 것이다. 그는 밤낮 무덤 사이에서나 산에서나 늘 소리를 지르며 돌로 자기 몸을 상하게 하고 있었다.

그가 멀리서 예수를 보고 달려가서 큰 소리로 부르짖으며 말하기를, "지극히 높으신 하나님의 아들 예수여, 나와 당신과 무슨 상관이 있습니까? 나를 괴롭게 마십시오."했다. 이는 예수께서 이미 "귀신아, 그에게서 나오라!"고 명하셨기 때문이다. 예수께서 물으셨다. "네 이름이 무엇이냐?" "내 이름은 군대니 우리가 많음이니이다." 그러면서 귀신은 이 지방에서 내어보내지 말아달라고 간절히 구했다. 마침 돼지 떼가 산기슭에서 먹고 있었는데 귀신들은 자기들을 차라리 돼지 떼에 들여보내달라고 했다. 그러자 예수께서 그리하라고 허락하시니 군대 귀신들이 나와서 돼지 떼에게로 들어갔는데, 거의 이천 마리나 되는 돼지 떼가 바다를 향하여 비탈로 내리달아 바다에서 몰사했다. 귀신들은 그것이 무엇이라도 몸속으로 들어가기를 원하는 존재이다. 원래 영물로서 몸을 갖고 있던 존재이기 때문일 것이다.

그러나 돼지 떼에게로 들여보내달라고 한 것은 귀신들의 대실수였다. 돼지는 냄새도 심하고 무식하다 보니 인간들처럼 괴이한 속임수도 안 통하고, 사람은 한 사람 속에 이천 마리 귀신이 마구잡이로 함께 살아도 그냥저냥 되었는데, 돼지들은 한 귀신이 한 마리밖에 들어갈 수 없고, 이천 마리가 귀신들의 통제와 속임수가 통하지 않게 되자 몇 마리가 날뛰니 모든 돼지들이 다 함께 날뛰어 온 무리가 정신없이 바다로 뛰어들어 몰사하게 된 것이다. 원래 유대인들에게 돼지 치는 사업은 오늘날 크리스찬이 술집이나 카바레를 운영하는 것처럼 부정한 것이었다.(레위기 11장을 보면 돼지는 부정한 짐승이다) 그러니 주님은 한 번에 두 가지 악을 처리하신 셈이다.[1-20절]

5장[Ⅱ]

귀신 들렸다가 나은 자가 예수의 크신 역사를 널리 전파하다

돼지 치던 자들이 도망하여 읍내와 촌에 가서 사람들에게 소문을 내니 이들이 어떻게 된 일인지를 보러왔다가 귀신들렸던 자가 옷을 입고 정신이 온전하여 앉아 있는 것을 보고 두려워했다. 그 모든 일어난 일을 들은 사람들은 예수께 그 지경에서 떠나시기를 간청했다. 그들은 그 동네의 돼지 치는 사업에 큰 손실이 있게 될 것을 우려하고 또 다음에 무슨 일이 일어날지를 두려워했다. 그들은 차라리 귀신 들린 사람이 그대로 있는 채로, 돼지를 치면서 사는 것이 낫다고 생각한 것이다. 그들은 귀신 들린 사람 때문에 고민도 하고 힘들어 하기도 했지만 막상 그들의 경제생활에 큰 손실이 오자 예수님을 쫓아버렸다. 귀신 들렸다가 나은 자는 예수를 따르고자 했지만, 예수께서는 그에게 집으로 가서 친속에게 주께서 어떤 큰일을 행하셨는지 증거하라고 하셨다. 그는 돌아가서 데가볼리 지역에 이 일을 널리 전파하였다.[14-20절]

야이로의 딸과 혈루증 앓는 여자

다음은 야이로라는 회당장의 딸을 살려주신 이야기이다. 그 집에 가는 도중에, 혈루증으로 앓는 여자가 여러 의사에게 보이면서 고생도 많이 하고 재산도 다 없앴으나 아무 효력이 없었고 상태는 더 악화되었는데, 예수의 소문을 듣고 무리 가운데 섞여 뒤로 와서 그분 옷에 손을 대었다. 옷에만 손을 대어도 낫겠다는 믿음이 있기 때문이었다. 그때 곧 혈루 근원이 마르고 병이 나은 것을 깨달았다. 예수께서는 능력이 자기에게서 나간 것을 아셨다. "누가 내 옷에 손을 대었느냐?" 하시니 제자들은 "무리가 에워싸 밀고 있는데 누가 손을 대었다는 말씀입니까?" 했다. 예수께서 그 여자를 보려고 둘러보시니 여자가 그 앞에 엎드려 모든 사실을 말했다. 그러자 예수께서 "딸아, 네 믿음이 너를 구원하였으니 네 병에서 놓여 건강할지어다" 하셨다.

아직 말씀하고 계실 때 회당장 야이로의 집에서 사람들이 와서 그 딸이 죽었다고 고했다. 예수께서 그 말을 옆에서 들으시고 회당장에게 "두려워하지 말고 믿기만 하라"고 하셨다. 베드로와 야고보와 요한을 데리시고 집에 들어가니 사람들이 죽은 소녀 때문에 울고불고 난리였다. 예수께서 들어가셔서 그 아이가 죽은 것이 아니라 잔다고 하시니 그들이 죽은 것을 알기에 예수를 비웃었다. 예수께서 그 믿지 않는 자들을 다 내어보내신 후에, 부모와 자기와 함께한 제자들을 데리고 아이 있는 곳으로 가셔서 아이의 손을 잡고 "달리다굼!" 하셨다. 이를 번역하면 '소녀야, 일어나라!'는 뜻이다. 소녀가 곧 일어나서 걸으니 나이가 열두 살쯤 되었다. 사람들이 크게 놀라고 놀랐다. 주님은 사람들에게 알리지 말라고 많이 경계하시면서 살아난 소녀에게 먹을 것을 주라고 하셨다.[21-43절]

6장

고향에서 배척당하시다

5장에서는 거라사 지방 등에서 사역을 하셨고, 6장에서는 고향으로 돌아오셨다. 안식일이 되어 회당에서 가르치시니 사람들이 그 지혜와 능력으로 인하여 적지 않게 놀라면서도 마리아와 목수 요셉의 아들이 아니냐, 그 형제들과 누이들이 여기 있지 않느냐 하면서 예수를 배척하였다. 그러므로 예수께서는 선지자가 자기 고향 외에서는 존경을 받지 않음이 없다고 하시며, 거기서는 아무 권능도 행하실 수 없어 다만 소수의 병자만 고치실 뿐이었고, 그들의 믿지 않음을 이상히 여기셨다.[1-6절]

열두 제자를 불러 둘씩 보내시다

예수께서는 그런 불신과 배척의 상황에서도 좌절하지 않고 오히려 열두 제자를 불러 둘씩 보내시며 더러운 귀신을 제어하는 권세를 주시고, 여행을 위해 지팡이 외에는 양식이나 돈을 가지지 말며, 신만 신고 두 벌 옷도 입지 말라고 하셨다. 또 어디서든 뉘 집에 들어가거든 그곳을 떠나기까지 거기 머물며, 그들을 영접지 않고 그들 말도 듣지 않거든 거기서 나갈 때 발에 먼지를 떨어버려 그들에게 증거를 삼으라고 하셨다. 제자들이 나가서 회개하라 전파하고 많은 귀신을 쫓아내며 많은 병인에게 기름을 발라서 고쳐주었다.[7-13절]

세례 요한이 헤롯에게 목베임을 당하다

예수의 이름이 드러나자 헤롯 왕이 듣고 당황했다. 헤롯은 혹시 그가 목을 벤 요한이 살아났나 하고 놀랐다. 그리고서 세례 요한이 어떻게 해서 죽었는지를 상세히 기록한다. 요한은 헤롯이 동생 빌립의 아내 헤로디아를 취한 것을 책망하고 지적했는데, 헤롯보다도 그 악한 여자 헤로디아가 그 딸을 시켜서 헤롯의 생일날 소반에 요한의 목을 가져오게 했다. 헤롯은 세례 요한에게 지적을 당할 때 번민을 느끼면서도 그가 거룩하고 의로운 사람이라는 것을 알기에 옥에는 가두었지만 죽이기는 꺼려했다. 그런데 헤로디아의 딸이 그의 생일날 연석에서 춤을 추어 그를 기쁘게 하므로 그의 소원을 들어준다고 했기에 그 소녀가 요한의 목을 구하자 어쩔 수 없이 요한의 목을 베라고 한 것이었다. 요한의 제자들이 듣고 와서 요한의 시체를 가져다가 장사를 지냈다.[14-29절]

오병이어로 무리를 먹이시고 남은 떡 조각과 생선을 열두 바구니에 거두다

사도들이 예수께 모여 자기들이 다니면서 행한 것과 가르친 것을 낱낱이 보고하니 주님은 그들에게 한적한 곳에 와서 잠깐 쉬라고 하셨다. 그곳은 오고가는 사람들이 많아서 음식 먹을 겨를도 없었기 때문이다. 그래서 배를 타고 따로 한적한 곳에 갔는데, 사람들이 그들이 가는 곳을 보고 모든 마을에서부터 도보로 그곳에 달려와 먼저 기다리고 있었다.

예수께서는 그들의 목자 없는 양 같은 모습을 보시고 불쌍히 여기시어 여러 가지로 가르치셨다. 날이 저무니 제자들이 주님께 "무리를 보내어 동네에 가서 무엇을 사먹게 하는 것이 어떻습니까?"하고 물었다. 그러자 예수님은 "너희가 먹을 것을 주라"고 하셨다. 제자들은 이백 데나리온의 빵을 사다 먹여도 부족할 것이라 했다. 주님은 너희에게 떡이 몇 개나 있는지 가서 보라 하셨고, 제자들이 알아보니 떡 다섯 개와 물고기 두 마리가 있었다. 주님은 제자들에게 그 모든 사람으로 백 명씩, 오십 명씩 떼를 지어 앉게 하라 하시고, 오병이어를 가지고 하늘을 우러러 축사하신 후 나누어주시니 모든 사람이 다 배불리 먹고 남은 떡 조각과 물고기를 열두 바구니에 차게 거두었다. 거기서 오병이어의 기적을 통해 먹은 사람들이 남자만 오천 명이었으니 여자와 아이까지 합하면 족히 만 명은 넘을 것이다.[30-44절]

예수께서 바다 위로 걸으시다

예수께서는 즉시 제자들을 재촉하시고 자기가 무리를 보내는 동안에 배를 타고 앞서 건너편 벳새다로 가게 하시고, 무리와 작별하신 후에 기도하러 산으로 가셨다. 날이 저물었을 때 제자들이 탄 배는 바다 가운데 있고 예수는 홀로 육지에 계시다가 강한 바람 때문에 제자들이 괴롭게 노 젓는 것을 보시고 밤 사경 즈음에(새벽 3시–6시경) 바다 위로 걸어서 제자들에게 오시어 그들 곁을 지나가려고 하셨다. 제자들은 그분이 바다 위로 걸어오자 유령인줄 알고 놀라서 소리를 질렀다. 예수께서 곧 그들에게 말씀하시며 "안심하라, 내니 두려워 말라!" 하시고 배에 오르시니 바람이 그쳤다. 제자들은 그것을 보고 심히 놀랐는데, 그들은 방금 전 오병이어의 기적을 행하신 분이 어떤 분인가를 깨닫지 못하고 도리어 마음이 둔하여졌기 때문이다.[45-52절]

게네사렛에서 병자들을 고치시다

그들이 건너가 게네사렛 땅에 이르러 배를 대고 내리니 사람들이 예수신줄 알고 그 온 동네를 달려 돌아다니며 어디 계시다는 말을 듣는 대로 병든 자를 침상채로 메고 왔다. 어떤 병자든 예수의 옷가에라도 손을 대게 해달라고 간청하니 손을 댄 사람은 모두 병이 나았다. 할렐루야![53-56절]

7장

사람의 전통을 지키느라고 하나님의 명령을 저버리다

종교인들은 자신들의 행습과 전통으로 인하여 매우 쉽게 어떤 관념이 형성된다. 바리새인들과 서기관들은 성경의 규례가 아닌 장로들이 세운 유전을 따라 열심히 손을 씻고 물을 뿌리면서 여러 가지 결례(潔禮)를 행했다. 그런데 예수의 제자들이 씻지도 않고 먹는 등 자기들과 다르게 행동하니 예수께 와서 물었다. "당신의 제자들은 왜 씻지 않고 부정한 손으로 먹느냐?" 주님께서는 이사야의 예언을 인용하시면서 "이 백성이 입술로는 나를 존경하되 마음은 내게서 멀도다 사람의 계명으로 교훈을 삼아 가르치니 나를 헛되이 경배하는도다"[6-7절]라고 하셨다. 그것은 곧 사람의 전통을 지키느라고 하나님의 명령을 저버린다는 말씀이다. 그리고 모세는 "부모를 공경하라, 아비나 어미를 훼방하는 자는 반드시 죽으리라" 했지만, 너희는 "아버지 어머니에게는 안 드려도 하나님께 드리기만 하면 된다"고 하면서 하나님의 명령을 임의로 고쳤다고 하신다.

주님은 밖에서 사람에게로 들어가는 것은 사람을 더럽게 하지 못하고 사람 속에서 나오는 것이 사람을 더럽게 한다고 하시면서 밖을 아무리 씻어도 속이 더러우면 아무 소용이 없으며, 사람의 속에서 나오는 악한 생각, 음란, 도적질, 살인, 간음, 흘기는 눈, 훼방과 교만과 광패, 이 모든 악한 것이 다 속에서 나와서 사람을 더럽게 한다고 말씀하셨다.[1-23절]

이방 여인이 귀신 들린 어린 딸을 데리고 예수께 오다

예수께서 거기를 떠나 두로 지경에 가셔서 한 집에 들어가 아무도 모르게 계시려 하셨으나 숨길 수 없었다. 더러운 귀신 들린 어린 딸을 둔 한 여자가 예수의 소문을 듣고 달려와서 예수의 발 앞에 엎드렸다. 그 여자는 헬라인이고 수로보니게 족속인데 자기 딸에게서 귀신을 쫓아내주시기를 간구했다. 그러나 예수께서는 자녀들(이스라엘 백성)을 먼저 배불리 먹여야 한다고 하시면서(주님은 먼저 유대인을 위하여 오셨다) 자녀의 떡을 취하여 개들에게 주는 것이 마땅치 않다고 말씀하셨다. 그러자 여자는 "옳습니다만 상 아래 있는 개들도 아이들이 먹던 부스러기는 얻어먹습니다."라고 대답했다. 그러자 예수께서 "네가 이 말을 하였으니 돌아가라 귀신이 네 딸에게서 나갔느니라"고 말씀하셨다. 여자가 집에 돌아가 보니 그 아이가 침상에 누워 있는데 귀신이 이미 나갔다는 것을 알았다.[24-30절]

귀먹고 어눌한 사람을 치료하시다

예수께서 다시 두로 지경에서 나와 시돈을 지나고 데가볼리 지경을 통과하여 갈릴리 호수에 이르시니 사람들이 귀먹고 어눌한 사람 하나를 데리고 와서 예수의 안수해주심을 바랐다. 예수께서 그를 따로 데리고 무리를 떠나서 손가락을 그의 양 귀에 넣고 침 뱉어서 그의 혀에 손을 대시며 하늘을 우러러 '에바다'(이는 '열리라'는 뜻이다)하셨다. 그러자 그의 귀가 열리고 혀의 맺힌 것이 풀려 말이 분명하게 되었다. 주 예수님은 아무에게도 이야기하지 말라고 경계하셨으나 사람들은 경계하실수록 널리 전파하니 사람들이 다 놀라서 '그가 다 잘하였다. 귀머거리도 듣게 하고 벙어리도 말하게 했다.'고 하였다.[31-37절]

8장

바리새인과 사두개인의 누룩을 주의하라

오병이어와 같은 기적이 예수님의 사역에서 두 번 있었다. 이번에는 떡 일곱 개와 물고기 두 마리이고 군중의 숫자는 사천 명이며 남은 조각은 일곱 광주리(large baskets)이다. 그 일 후에 예수님은 제자들과 달마누다 지방으로 가셨다.[1-10절]

바리새인들은 예수를 시험하여 하늘로부터 오는 표적을 구하나 예수께서는 탄식하시며 표적을 보여주지 않으셨다.[11-12절]

제자들이 떡 가져오기를 잊어서 배에 떡이 한 개밖에 없었는데, 주님이 바리새인들의 누룩을 주의하라고 하시자 제자들은 떡을 가져오지 않아서 하시는 말씀으로 들었다. 예수께서 아시고 그들에게 "어찌 떡이 없음으로 의논하느냐 아직도 알지 못하며 깨닫지 못하느냐 너희 마음이 둔하냐 너희가 눈이 있어도 보지 못하며 귀가 있어도 듣지 못하느냐 또 기억지 못하느냐" 하시면서 그들에게 물으셨다. "내가 떡 다섯 개를 오천 명에게 떼어줄 때에 조각 몇 바구니를 거두었더냐?" "열 둘이니이다." "또 일곱 개를 사천 명에게 떼어줄 때에 조각 몇 광주리를 거두었더냐?" "일곱이니이다." 그러자 예수께서 "아직도 깨닫지 못하느냐?" 하셨다. 그들은 나중에서야 그것이 바리새인의 교훈을 주의하라는 말씀이라는 것을 이해했다(마 16장 참조).[14-21절] 바리새인의 교훈은 하나님의 말씀을 사람의 말로 바꾸어 가르쳐서 결국 사람의 마음을 하나님으로부터 멀어지게 하는 것이며, 입술로만 하나님을 경배하게 하는 외식하는 신앙을 가리키는 것이다.

벳세다에서 소경을 치료하시다

벳세다에 이르렀을 때 사람들이 소경 하나를 데리고 예수께 나와 손 대시기를 구하니 예수께서 소경을 데리고 마을 밖으로 나가서 눈에 침을 뱉으시고 그에게 안수하면서 무엇이 보이냐고 물으셨다. 그가 우러러보며 "사람들이 보입니다. 나무 같은 것들이 걸어가는 것을 봅니다."하니, 그 눈에 다시 안수하셨다. 그러자 그가 주목하여 보더니 나아서 모든 것을 밝히 보게 되었다. 예수께서는 그를 집으로 보내시며 마을에도 들어가지 말라고 이르셨다.[22-26절]

주는 그리스도시니이다

예수와 제자들이 가이사랴 빌립보 여러 마을로 나가시는 도중에 제자들에게 "사람들이 나를 누구라고 하느냐?"고 물으셨다. "세례 요한, 엘리야, 더러는 선지자 중의 하나라고 합니다."라고 대답하자 주님이 또 물으셨다. "너희는 나를 누구라 하느냐?" 베드로가 대답하기를, "주는 그리스도십니다!"라고 하였다. 그러자 자기의 일을 아무에게도 말하지 말라고 하시면서 인자가 많은 고난을 받고 장로들과 대제사장들과 서기관들에게 버린 바 되어 사흘 만에 살아나야 할 것을 비로소 저희에게 가르치셨다.[27-31절]

누구든지 나와 복음을 위하여 제 목숨을 잃으면 구원하리라

드러내놓고 이 말씀을 하시니 베드로가 예수를 붙들고 "주님, 그런 일이 있어서는 안 됩니다!"라고 하자, 예수님은 제자들을 보시며 베드로를 꾸짖으셨다. "사단아, 내 뒤로 물러가라! 네가 하나님의 일을 생각지 아니하고 도리어 사람의 일을 생각하는도다!"

예수께서 무리와 제자들을 불러 말씀하시기를, "아무든지 나를 따라오려거든 자기를 부인하고 자기 십자가를 지고 나를 좇을 것이니라 누구든지 제 목숨을 구원코자 하면 잃을 것이요 누구든지 나와 복음을 위하여 제 목숨을 잃으면 구원하리라"고 하셨다(마 16장 참조). [32-35절]

9장[I]

영광스런 모습으로 변형되시다

또 제자들에게 "여기 섰는 사람 중에 죽기 전에 하나님의 나라가 권능으로 임하는 것을 볼 자들도 있다"고 하셨다.(이 일은 가이사랴 빌립보의 일 바로 후에 있었다) 그리고 엿새 후에 베드로와 야고보와 요한을 데리고 높은 산에 올라가셨는데, 그들 앞에서 주님의 모습이 변형되셨다. 그 옷이 광채가 나고 말할 수 없이 희었는데, 엘리야가 모세와 함께 그들에게 나타나 예수로 더불어 말씀했다. [1-4절]

"이는 내 사랑하는 아들이니 너희는 저의 말을 들으라"

이때 베드로가 예수께, "랍비여, 우리가 여기 있는 것이 좋습니다. 초막 셋을 짓되 하나는 주를 위하여, 하나는 모세를 위하여, 하나는 엘리야를 위하여 짓게 해주십시오."라고 말씀드렸는데, 이것은 그들이 너무 무서워서 무슨 말을 해야 할지 모르고 한 말이라고 기록한다.

그때 구름 속에서 소리가 나기를, "이는 내 사랑하는 아들이니 너희는 저의 말을 들으라" 하셨고, 주님은 그들에게 인자가 죽은 자 가운데서 살아나기 전에는 본 것을 아무에게도 말하지 말라고 하셨다. 그러나 그들은 그 말의 뜻을 이해하지 못하고 어찌하여 메시아가 오기 전에 엘리야가 먼저 온다고 했느냐고 물었다. 그들은 사실 주 예수를 메시아로 믿지 못하고 있었다는 말이다. 주님은 엘리야가 왔지만 사람들이 자기들 임의로 대했다고 말씀하셨고, 그가 바로 세례 요한이라고 하셨다. [5-13절]

귀신 들린 아이를 치료하시다

그런데 제자들에게 와서 보니 그들이 무리에게 둘러싸여 서기관들과 변론하고 있었다. 온 무리가 예수를 보고 매우 놀라면서 달려와 문안하자 예수께서 무엇을 가지고 논쟁하느냐고 물으셨다. 그러자 무리 중에 한 사람이 대답했다. "벙어리 귀신들린 내 아들을 선생님께 데리고 왔습니다. 선생의 제자들에게 내어쫓아 달라고 하였으나 그들이 능히 하지 못했습니다". 그 아들은 어디서든지 귀신이 저를 잡으면 거꾸러져 거품을 흘리며 이를 갈며 파리해져 간다고 했다.

주님은 믿음이 없는 세대를 한탄하시면서 '그를 내게로 데려오라' 하시니 귀신이 예수를 보고 그 아이로 크게 경련을 일으키게 하자 아이가 땅에 엎드러져 구르며 거품을 흘렸다. 예수께서 그 아비에게 언제부터 이렇게 되었느냐고 물으시자 어릴 때부터라고 했다. 귀신이 아이를 죽이려고 불과 물에 자주 던졌는데 혹 무엇을 할 수 있으면 해달라고 간청했다. 그러자 예수께서 "할 수 있거든이 무슨 말이냐 믿는 자에게는 능치 못할 일이 없느니라"고 하셨다. 그 아이의 아비가 말했다. "내가 믿습니다. 나의 믿음 없음을 도와주십시오!" 주님은 사람들이 달려와 모이는 것을 보시고 "벙어리 되고 귀먹은 귀신아, 내가 네게 명하노니 그 아이에게서 나오고 다시는 들어가지 말라!"고 명하셨다. 그러자 귀신이 그 아이를 심히 경련을 일으키게 하고 나오니 아이가 죽은 것같이 되었다. 그때 예수께서 그 아이의 손을 잡아 일으키시니 그 자리에서 일어났다. 제자들이 물었다. "왜 저희들은 못했습니까?" 예수께서 대답하시기를, "이런 귀신은 기도와 금식 외에는 나갈 수가 없다."고 하셨다(마 17:14-21 전통 본문, 흠정역 참조).[14-29절]

9장[Ⅱ]

예수께서 그분의 죽음과 부활을 두번째로 말씀하시다

그곳을 떠나 예수께서 갈릴리 가운데로 지나서 가시려 했는데, 아무에게도 알리려 하지 않으셨다. 왜냐하면 예수께서 인자가 사람들의 손에 넘기워 죽임을 당하고 죽은 지 삼 일 만에 살아날 것을 말씀하고 계셨기 때문이다. 그러나 제자들은 깨닫지 못하고 그 말씀에 대해 되묻기도 무서워했다.[30-32절]

제자들이 누가 크냐고 서로 다투다

예수께서 가버나움에 이르러 집에 계실 때 제자들에게 물으셨다. "너희가 오는 길에 서로 토론한 것이 무엇이냐?" 그들은 잠잠하고 대답하지를 못했다. 할 말이 없었던 것이다. 그들은 오는 길에 서로 누가 크냐고 다투었다. 예수께서 앉으사 열두 제자를 불러서 말씀하셨다. "아무든지 첫째가 되려고 하면 모든 사람의 끝이 되고 모든 사람을 섬기는 자가 되어야 한다." 그리고서 어린아이 하나를 데려다가 그들 가운데 세우시고 안으시며 말씀하셨다. "누구든지 내 이름으로 이런 어린아이 하나를 영접하면 나를 영접하는 것이요 누구든지 나를 영접하면 나를 영접한 것이 아니라 나를 보내신 분을 영접한 것이다."[33-37절]

우리를 반대하지 않는 자는 우리를 위하는 자니라

요한이 예수께 물었다. "선생님, 우리를 따르지 않는 어떤 사람이 주의 이름으로 귀신을 내어쫓는 것을 보고 우리를 따르지 않아서 그렇게 하지 말라고 금했습니다." 그러자 예수께서 말씀하셨다. "금하지 말라. 내 이름을 의지하여 능한 일을 행하고 바로 나를 비방할 자가 없다. 우리를 반대하지 않는 자는 우리를 위하는 자다."[38-40절]

만일 누구든지 나를 믿는 이 소자 중 하나를 실족케 하면

또한 "누구든지 너희를 그리스도께 속한 자라 하여 물 한 그릇을 주면 그는 결코 상을 잃지 않을 것이다. 또 누구든지 나를 믿는 이 소자 중 하나를 실족케 하면 차라리 연자맷돌을 그 목에 달고 바다에 던져지는 것이 낫다. 만일 네 손이 너를 범죄하게 하거든 찍어버려라. 불구자로 영생에 들어가는 것이 두 손을 가지고 꺼지지 않는 지옥불에 들어가는 것보다 낫다." 발이 범죄하든 눈이 범죄하든 마찬가지이다. 그 지옥불은 구더기도 죽지 않고 불도 꺼지지 않으며, 사람마다 거기서 불로써 소금 치듯 함을 당하게 된다. 사람이 지옥불에 떨어지면 이루 말할 수 없는 고통을 당하게 된다는 말이다.[41-49절]

"소금은 좋은 것이로되 만일 소금이 그 맛을 잃으면 무엇으로 이를 짜게 하리요 너희 속에 소금을 두고 서로 화목하라 하시니라"[50절]

49절과 50절에서 소금이 세 번 나오는데, 그 용법은 다 다르다. 49절의 소금은 지옥불에서의 고통을 더하는 요소로, 50절에서의 첫 번째 소금은 이생에서 성도들에게 적극적인 삶의 요소로 설명한다. 즉 맛을 내는 믿는 이가 되어야 한다는 뜻이다. 마지막 용법은 성도들 간의 관계성에서 부패치 않게 하는 요소를 말한다. 주님은 제자들에게 소금을 두고 서로 화목하라고 하셨다.

10장

이혼에 관하여 : 하나님이 짝지어주신 것을 사람이 나누지 못한다

예수께서 갈릴리에서 떠나 유대 지경과 요단 건너편으로 가시자 많은 사람이 다시 모여들었다.(예수님의 사역의 특징은 한 곳에 오래 머무르시지 않는 것이다) 예수께서는 언제나 그렇듯이 그들을 가르치셨다.

바리새인들이 기다렸다는 듯이 예수를 시험하려고 와서 물었다. "사람이 아내를 버리는 것이 옳습니까? 모세는 이혼증서를 써주고 내어버리기를 허락했습니다."(신명기 24장 1절에서는 사람이 아내에게 수치스러운 일이 생기고 마음에 기뻐하지 않으면 이혼증서를 주어 내어버리라고 했다) 그때 예수님의 답변은 매우 분명했다. "너희 마음의 완악함을 인하여 이 명령을 기록하였지만 창조시로부터(마 19:9, '본래는 그렇지 아니하니') 저희를 남자와 여자로 만드셨으니 하나님이 짝 지어주신 것을 사람이 나누지 못한다." 집에서 제자들이 다시 이 일을 물었다. 예수께서 말씀하시기를, "누구든지 그 아내를 내어버리고 다른 데 장가드는 자는 본처에게 간음을 행하는 것이고 또 아내가 남편을 버리고 다른 데로 시집가면 간음을 행하는 것이다."(오늘날은 이런 죄가 도처에서 발견된다)[1-12절]

어린아이들을 축복하시다

사람들이 예수께서 만져주심을 바라고 어린아이들을 데리고 오니 제자들이 그들을 꾸짖었다. 예수께서는 제자들이 그렇게 하는 것을 보시고 노하셔서 "어린아이들이 내게 오는 것을 용납하고 금하지 말라! 하나님 나라가 이런 자의 것이다. 누구든지 하나님의 나라를 어린아이와 같이 받들지 않는 자는 결단코 (하나님 나라에) 들어가지 못한다!"고 하셨다. 주 예수님은 하나님의 나라를 너무나 잘 아시는 하나님 나라의 왕이시다. 하나님의 나라는 어린아이와 같이 하나님의 나라를 잘 받드는 자들의 것이라고 하셨다. 그리고서 그 어린아이들을 안고 하나 하나 안수하시며 축복하셨다.[13-16절]

재물이 많은 사람

17절부터는 누가복음 18장에 해당하는 말씀을 기록하고 있다. 바로 젊은 관원의 이야기이다. 그는 예수께서 길을 가시는데 달려와서 꿇어 앉아 물었다. "선한 선생님, 내가 무엇을 해야 영생을 얻습니까?" 예수님은 그에게 "하나님 한 분 외에는 선한 이가 없다."하시고 계명을 하나하나 말씀해주셨다. "살인하지 말라, 간음하지 말라, 도적질하지 말라, 거짓 증거하지 말라, 속여 취하지 말라, 네 부모를 공경하라." 그러자 그 청년은 이 모든 계명은 어려서부터 다 지켰다고 말했다. 예수께서 그를 보시고 사랑하여 말씀하셨다. "네게 오히려 한 가지 부족한 게 있으니 가서 네 있는 것을 다 팔아 가난한 자들에게 주어라. 그러면 하늘에서 보화가 네게 있을 것이다. 그리고 와서 나를 따르라!" 그는 재물이 많은 사람이므로 이 말씀을 듣자 슬픈 기색을 띠고 근심하며 돌아갔다.[17-22절]

사람으로는 할 수 없으되

예수께서 둘러보시고 제자들에게 말씀하셨다. "재물이 있는 자는 하나님의 나라에 들어가기가 심히 어렵도다!" 제자들이 그 말씀에 놀라자 예수님은 더 말씀하셨다. "약대가 바늘귀로 나가는 것이 부자가 하나님의 나라에 들어가는 것보다 쉬우니라." 제자들은 더 크게 놀라면서 그러면 누가 구원을 얻을 수 있겠느냐고 했다. 그때 예수님이 "사람으로는 할 수 없으되 하나님으로는 그렇지 않으니 하나님으로서는 다 하실 수 있다."고 하셨다.[23-27절]

오늘날도 이 부자 청년처럼 생각하는 사람이 많다. 교회에서 이런저런 봉사를 많이 하다 보면 천국 가는 게 아니냐는 것이다. 그러나 예수님은 사람이 할 수 없는 존재라는 것을 알려주기 원하신다. 예수께서 그 청년으로서는 할 수 없는 일을 말씀하시자 그는 슬퍼하고 근심하며 돌아갔다. 이것이 하나님께서 모세를 통해 주신 율법의 목적이다. 이 재물이 많은 사람은 실패자의 전형이다. 마땅히 사람은 자신의 할 수 없음을 고백하고 하나님을 의지해야 한다.

나와 및 복음을 위하여

베드로가 물었다. "보십시오. 우리가 모든 것을 버리고 주를 좇았습니다." 그러자 예수께서 "나와 및 복음을 위하여 집이나 형제나 자매나 어미나 아비나 자식이나 전토를 버린 자는 금세에 있어 집과 형제와 자매와 모친과 자식과 전토를 백 배나 받되 핍박을 겸하여 받고 내세에 영생을 받지 못할 자가 없느니라"고 하셨다. "그러나 먼저 된 자로서 나중 되고 나중 된 자로서 먼저 될 자가 많으니라"고 하셨는데, 즉 먼저 믿었다고 유리한 것은 아니라는 말씀이다. 주님과 복음의 일에 있어서 먼저 드리고 먼저 순종하는 자가 앞서게 된다.[28-31절]

세 번째로 죽음과 부활을 말씀하시다

예수께서는 예루살렘으로 올라가는 길에 제자들 앞에 서서 가셨다. 제자들은 그분의 단호한 태도와 발걸음을 보고 놀라고 두려워했다[32절]. 십자가로 나아가시는 그분의 얼굴이 부싯돌같이 강했기 때문이다(사 50:7). 그러시면서 제자들에게 말씀하신다. "보라, 우리가 예루살렘에 올라가노니 인자가 대제사장과 서기관들에게 넘기우매 저희가 죽이기로 결안하고 이방인들에게 넘겨주고 그들은 능욕하고 침 뱉으며 채찍질하고 죽일 것이니 저는 삼 일 만에 살아나리라"[33-34절]. 그분은 자신이 어떻게 죽임당하실 것을 눈에 보듯이 말씀하고 계셨다. 이 세상에 그 누가 자신이 죽을 것을 그렇게 정확히 예언할 수 있겠는가!

인자의 온 것은 섬김을 받으려 함이 아니라

그때 세배대의 아들 야고보와 요한이 예수께 와서 뭔가를 구했다. "주의 영광 중에 저희를 하나는 주의 우편에, 하나는 좌편에 앉게 하여 주옵소서!" 주님은 그들에게, "너희의 구하는 것을 너희가 알지 못하는구나! 너희가 나의 마시는 잔을 마시고 나의 받는 세례를 받을 수 있느냐?"하셨다. 여기의 세례는 십자가의 고난을 의미한다. 그분은 요단강에서 이미 세례를 받으셨기 때문에 더 받으실 필요가 없는데, 이 세례는 그분의 죽음을 가리키는 것이다.

이에 그들이 "할 수 있습니다!"라고 대답하자, 주님은 내 좌우편에 앉는 것은 나의 줄 것이 아니라 아버지께서 누구를 위해 예비하셨든지 그들이 얻을 것이라고 하셨다. 나머지 열 제자들이 듣고 그들에 대하여 분을 냈다.

예수께서 제자들을 불러다가 말씀하셨다. "이방인의 소위 집권자들이 사람들을 임의로 주관하고 그 대인들이 그들에게 권세를 부리는 줄을 너희가 알 것이다. 그러나 너희 중에는 그렇지 않으니 너희 중에 누구든지 크고자 하는 자는 너희를 섬기는 자가 되고 너희 중에 누구든지 으뜸이 되고자 하는 자는 모든 사람의 종이 되어야 할 것이다."하시고, "인자의 온 것은 섬김을 받으려 함이 아니라 도리어 섬기려 하고 자기 목숨을 많은 사람의 대속물로 주려 함이니라"고 하셨다.[35-45절]

소경 바디메오의 눈을 뜨게 하시다

그들이 여리고에 왔는데, 예수께서 제자들과 큰 무리와 함께 여리고에서 나가실 때에 디매오의 아들인 거지 바디매오가 길가에 앉았다가 나사렛 예수시란 말을 듣고 소리를 질렀다. "다윗의 자손 예수여! 나를 불쌍히 여기소서!" 그는 비록 거지였어도 '나사렛 예수여'라고 부르지 않고 '다윗의 자손 예수여'라고 불렀다. 많은 사람이 꾸짖으며 조용히 하라고 했지만 그는 더욱더 소리를 질렀다. 예수께서 머물러 서서 그를 불러오라 하셨다. 그들이 그 소경을 부르며 "안심하고 일어나라! 너를 부르신다." 하니 그가 겉옷을 내어버리고 뛰어 일어나 예수께 나아갔다. 예수께서 그에게 "네게 무엇을 해주기를 원하느냐?"고 하시자, "선생님, 보기를 원합니다!"라고 했다. 예수께서, "가라! 네 믿음이 너를 구원하였다!" 하시니 그가 곧 보게 되어 그 길로 예수를 좇았다.

11장

나귀를 타고 예루살렘에 입성하시다

그들이 예루살렘 가까이 와서 감람산 벳바게와 베다니에 이르렀을 때, 예수께서 제자 둘을 보내시며 "너희는 맞은편 마을로 가서 아무 사람도 타보지 않은 나귀 새끼를 끌어오라. 만일 누가 너희에게 왜 이렇게 하느냐 묻거든 주가 쓰시겠다 하라." 하셨다. 제자들이 주께서 말씀하신 대로 하여 나귀를 끌고 와서 자기들의 겉옷을 그 위에 걸쳐 두니 예수께서 타셨다. 그리고 많은 사람이 자기들의 겉옷을, 또는 밭에서 벤 나뭇가지를 길에 폈다. 앞에서 가고 뒤에서 따르는 자들이 "호산나! 찬송하리로다! 주의 이름으로 오시는 이여! 찬송하리로다! 오는 우리 조상 다윗의 나라여! 가장 높은 곳에서 호산나!" 하고 외쳤다.[1-10절]

열매 없는 무화과나무에게 이르시다

예수께서 예루살렘 성전에 들어가셔서 모든 것을 둘러보시고 저물자 베다니로 나가셔서 주무셨다. 이튿날 베다니에서 나오셨을 때 시장하여 잎사귀가 무성한 무화과나무를 보시고 무엇이 있을까 하여 다가갔더니 잎사귀 외에는 아무것도 없었다. '이는 무화과의 때가 아니기 때문이라'는 말이 첨부되어 있는데, 예수께서는 그 나무에게 "이제부터 영원토록 사람이 네게서 열매를 따먹지 못하리라"고 하셨다. 제자들은 예수께서 하시는 이 말씀을 들었다. 이것은 그냥 하신 말씀이 아니고 비유와 예언에 속한 표적임을 의미한다.[12-14절]

성전을 깨끗하게 하시다

그들이 예루살렘에 들어갔는데, 예수께서 성전에 들어가셔서 성전 안에서 매매하는 자들을 내어쫓으시며, 돈 바꾸는 자들의 상과 비둘기 파는 자들의 의자를 둘러엎으시고 아무나 성전 안으로 기구를 가지고 다니지 못하게 하셨다. 아마 장사하는 데 쓰이는 기구일 것이다. 그리고 가르쳐 말씀하시기를, "내 집은 만민의 기도하는 집이다. 그런데 너희는 내 아버지의 집을 강도의 굴혈로 만들었구나!" 하셨다.[15-17절]

무화과나무가 마르다

대제사장들과 서기관들은 예수를 어떻게 없앨까 궁리했지만, 백성들이 다 그의 교훈을 기이히 여겼기 때문에 그들을 두려워했다. 날이 저무니 예수께서는 다시 성 밖으로 나가셨다.[18-19절]

다음날 아침 다시 예루살렘으로 들어오는 길에 무화과나무를 보니 그 나무가 말라 있었다. 베드로가 "랍비여, 저주하신 무화과가 말랐습니다." 하니, 예수께서 "누구든지 이 산더러 들리어 바다에 던지우라 하며 그 말 하는 것이 이루어질 줄로 믿고 마음에 의심하지 않으면 그대로 되리라"고 하셨다. 여기서 매우 중요한 말씀을 하시는데, "무엇이든지 기도하고 구하는 것은 받은 줄로 여기라 그러면 그대로 되리라"는 것이다. '받을 줄로 여기는 것'이 아니라 '받은 줄로 여기는 것'이다. 이것이 참된 믿음이다. 믿음은 과거 시제이다. 이미 이루어진 것을 믿는 것이다.

그러면서 용서를 가르치셨다. 기도의 응답에서 용서는 매우 중요하다. 기도할 때 누구에게 혐의가 있거든 용서하라고 하신다. 그래야 하늘에 계신 아버지도 너희 허물을 사해주신다는 것이다.[20-25절]

예수께 무슨 권세로 이런 일을 하시는지 묻다

예수께서 예루살렘에 들어가 성전에서 다니시자 대제사장들과 서기관들과 장로들이 나아와 물었다. "무슨 권세로 이런 일을 하느냐?" 주님은 그들에게 "나도 한 가지 물어보겠다" 하시며 "요한의 세례가 하늘로서냐 사람으로서냐?" 하셨다. 그들은 선뜻 대답하지 못하고 서로 의논했다. 하늘로서라고 하면 어찌하여 믿지 않느냐고 할 것이고 사람에게로서라 하면 백성이 요한을 참 선지자로 여기니 백성을 무서워하여 "우리가 알지 못하노라"고 둘러댔다. 그러자 예수께서 "나도 무슨 권세로 이런 일을 하는지 이르지 아니하리라" 하셨다. 그리고 다음 장에서 비유로 대답하신다.

12장[I]

포도원 농부들의 비유

주님은 권세에 대한 질문을 받으시고 대답지 않겠다고 하셨지만, 하나의 비유를 말씀하심으로 그 상황을 명확히 지적하셨다. 한 사람이 포도원을 만들고 울타리를 두르고 포도즙 짜는 구유도 파고 망대도 지어 농부들에게 세를 주고 타국에 갔는데, 때가 되자 농부들에게 포도원 소출을 받으려고 한 종을 보내니 그들이 종을 잡아 때리고 빈손으로 보냈다. 다시 다른 종을 보내니 머리에 상처를 내고 능욕하였고, 또 다른 종을 보내니 그를 죽이고 또 그 외에 많은 종들도 혹은 때리고 혹은 죽였다(이는 다 구약의 참 선지자들을 가리킨다). 마지막으로, 주인은 자기의 사랑하는 아들을 보내면서 '아마 내 아들은 공경하겠지' 하였는데, 포도원 세를 얻은 사람들이 "이자는 상속인이니 자, 죽이자! 그러면 그 유업이 우리의 것이 되리라."고 모의했다. 그리고서 그를 잡아 죽이고 포도원밖에 버렸다.[1-8절]

확실히 당시 교권주의자들이 예수를 죽인 것은 시기로 인한 것이다. 빌라도는 이것을 알고 있었다(막 15:10). 그러면 포도원 주인이 와서 어떻게 하겠는가? 그들을 진멸하고 포도원을 빼앗아 다른 사람들에게 줄 것이라 하셨다. 그러면서 "건축자들의 버린 돌이 모퉁이의 머릿돌이 되었나니 이는 주로 말미암은 것이요 우리의 눈에 기이하도다"고 한 말씀을 읽지 못하였느냐고 하셨다. 그들은 그 비유가 자신들에 대한 것인 줄 알았지만 무리를 두려워해서 잡지 못했다.[9-12절]

가이사에게 세금을 바치는 일로 예수를 시험하다

다음은 바리새인과 헤롯당이 결탁해서 예수께 사람을 보내어 예수를 총독의 권세 아래 붙이려고 시험하는 질문을 했다. "당신은 외모로 사람을 대하지 않고 참으로 하나님의 도를 가르치는 분입니다." 두 팀의 사람들은 예수님께 마치 미끼를 던지듯이 질문을 했다. 그것은 "가이사에게 세를 바치는 것이 옳으니이까, 불가하나이까?"였다. 주님은 그들의 의중을 꿰뚫고 계셨다. 그들에게 "어찌하여 나를 시험하느냐?" 하시고 동전 하나를 보이라고 하셨다. 그들이 데나리온(로마 동전) 하나를 내어 보여주니 "이 화상과 글이 뉘 것이냐" 물으셨다. 그들이 "가이사의 것입니다."라고 하자 예수께서 "가이사의 것은 가이사에게, 하나님의 것은 하나님께 바치라"고 하셨다. 그들은 예수님의 답변에 탄복할 수밖에 없었다.[13-17절]

부활이 없다 하는 사두개인들이 예수를 시험하다

부활이 없다 하는 사두개인들이 예수께 왔다. 그들은 신명기 25장의 계대결혼 문제를 가지고 부활을 부정하고자 간교한 질문을 던졌다. 형이 후사가 없이 죽으면 동생이 형의 아내를 취하여 후사를 세우라고 하였는데, 형이 죽고 동생도 죽고 일곱 형제가 모두 그 여자를 아내로 취했으나 후사가 없이 다 죽고 그 여자도 죽었다면 부활 때에 누구의 아내가 되겠느냐고 물었다. 이 질문으로 사두개인들은 부활의 넌센스를 증명하려 한 것이다. 사두개인들은 내세를 고려하지 않고 현세만 인정하고 사는 사람들을 대표한다.

예수께서는 부활이 있음을 분명히 말씀하셨다. '너희가 성경도 하나님의 능력도 알지 못함으로 오해했다'고 말씀하시면서 "사람이 죽은 자 가운데 살아나면 장가가는 일도 시집가는 일도 없고 하늘의 천사들과 같게 된다"고 하셨다. 또 출애굽기 3장을 언급하시며 하나님은 '아브라함의 하나님이요, 이삭의 하나님이요, 야곱의 하나님이라' 하셨는데, 그들이 만일 죽고 끝났다면 하나님은 죽은 자의 하나님이 되시는 게 아니냐? 그러나 하나님은 죽은 자의 하나님이 아니요 산 자의 하나님이시라고 답변하셨다.[18-27절]

모든 계명 중에 첫째 되는 계명

서기관 중 한 사람이 변론하는 것을 듣고 예수께서 대답을 잘 하시는 줄 알고 한 가지를 물었다. “모든 계명 중에 첫째가 무엇입니까?” 예수께서 대답하시기를, “첫째는 이것이니 이스라엘아 들으라 주 곧 우리 하나님은 유일한 주시라 네 마음을 다하고 목숨을 다하고 뜻을 다하여 주 너의 하나님을 사랑하라 하신 것이요, 둘째는 이것이니 네 이웃을 네 몸과 같이 사랑하라 하신 것이라 이에서 더 큰 계명이 없느니라”하셨다.

서기관이 말하기를, “선생님, 옳습니다. 하나님은 한 분이시요 그 외에 다른 이가 없다 하신 말씀이 참입니다. 또 마음을 다하고 힘을 다하여 하나님을 사랑하는 것과 또 이웃을 제 몸과 같이 사랑하는 것이 전체로 드리는 모든 번제물과 기타 제물보다 낫습니다.”라고 했다.

예수께서 그 지혜 있게 대답하는 것을 보시고 “네가 하나님의 나라에서 멀지 않다”고 하셨다. 그 후에는 감히 묻는 자가 없었다. 그분은 하나님의 어린 양으로서 유월절 며칠 전에 예루살렘에 오셔서 조사를 당하시고 흠 없는 분임이 입증되셨다(출 12장 참조). [28-34절]

예수께서 사람들에게 그리스도에 대해 질문하시다

이제 예수께서 사람들에게 질문하셨다. “어찌하여 서기관들이 그리스도를 다윗의 자손이라고 하느냐? 다윗은 성령에 감동하여 친히 말하되 ‘주께서 내 주께 이르시되 내가 네 원수를 네 발 아래 둘 때까지 내 우편에 앉았으라 하셨도다’ 하였느니라(시 110편) 다윗이 그리스도를 주라 하였는데 어찌 그의 자손이 되겠느냐?” 백성은 예수님의 이 말씀을 즐겁게 들었다. [35-37절] 그분의 유일한 질문은 당신이 과연 누구냐는 것이다(마 16장).

서기관들을 꾸짖으시다

또 예수께서 가르치실 때에 서기관들의 악을 지적하셨다. 그들은 긴 옷을 입고 다니는 것과 사람들 많은 데서 문안 받는 것을 좋아하고, 모임에서 상좌에 앉기를 좋아하며 잔치에서 상석에 앉기를 원한다고 하셨다. 또한 그들은 과부의 가산을 삼키며 외식으로 길게 기도하는 자라고 하셨다. 말하자면 길게 기도하

여 감동시켜 과부의 가산을 삼키려는 것이다.[38-40절]

예수께서 사람들이 연보궤에 돈 넣는 것을 보시다

마지막으로, 예수께서는 연보궤를 대하여 앉으셔서 사람들이 연보궤에 돈 넣는 것을 보셨다. 여러 부자는 많이 넣는데 한 가난한 과부는 두 렙돈 곧 한 고드란트를 넣었다. 렙돈이나 고드란트는 동전의 명칭으로서, 아주 적은 돈이다. 그러나 예수께서는 그것을 보시고 제자들을 불러다가 말씀하셨다. "그들은 다 풍족한 중에서 넣었지만 이 과부는 가난한 가운데서 자기 모든 소유 곧 생활비 전부를 넣었다"고 하셨다. 주님은 확실히 연보의 액수보다 그 사람의 마음과 중심을 보신다.[41-44절]

13장

성전이 무너뜨려질 것을 예언하시다

예수께서 성전에서 나가실 때 제자 중 하나가 "선생님, 보십시오, 얼마나 아름다운 돌입니까! 얼마나 굉장한 건물들입니까!" 그 제자는 성전의 아름다움에 감탄했지만, 예수께서는 "네가 이 큰 건물들을 보느냐? 돌 하나도 돌 위에 남지 않고 다 무너뜨려질 것이다."고 예언하셨다.[1-2절]

말세의 징조들

예수께서 감람산에서 성전을 바라보며 앉으셨을 때에 베드로와 야고보와 요한과 안드레가 조용히 물었다. "어느 때에 이런 일이 있겠으며 징조는 무엇입니까?" 이는 말세를 두고 하는 질문이다. 성전이 완전 훼파되는 때는 말세이기 때문이다. 이에 대한 답변은 마태복음 24장과 누가복음 21장에 있는 것과 동일하다. "너희가 사람의 미혹을 받지 않도록 주의하라. 많은 사람이 내 이름으로 와서 '내가 그로라' 하여 많은 사람을 속일 것이다. 난리와 난리의 소문을 들을 때에 두려워 말라. 이런 일이 있겠지만 아직 끝은 아니다. 민족이 민족을, 나라가 나라를 대적하여 일어나겠고 처처에 지진이 있으며 기근이 있을 것이니 이것이 재난의 시작이다. 너희는 스스로 조심하라. 사람들이 너희를 공회에 넘겨주고 회당에서 매질하고 나를 인해 너희가 총독들과 왕들 앞에 설 것인데, 이것은 그들에게 증거가 되려 함이다."[3-9절]

복음이 만국에 전파되는 것과 가장 큰 환난

또 복음이 먼저 만국에 전파되어야 할 것이다. 사람들이 주의 종들을 끌어다가 넘겨주며 가까운 사람들끼리 밀고하고 죽음에 내어준다고 하였다. 14절부터는 대환난의 광경인데 특히 예루살렘이 그 진원지가 될 것이다. 거짓 그리스도와 거짓 선지자들이 일어나서 이적과 기사를 행하여 할 수만 있으면 택하신 백성을 속이려 할 것이라고 하셨다. 예수님은 이 일들을 말씀하시고서 "너희는 조심하라. 내가 모든 일을 너희에게 미리 말했다."고 하신다.[10-23절]

인자가 오는 것을 보리라

"그때에 그 환난 후 해가 어두워지며 달이 빛을 내지 않으며 별들이 하늘에서 떨어지며 하늘에 있는 권능들이 흔들릴 것이다. 그때에 인자가 구름을 타고 큰 권능과 영광으로 오는 것을 사람들이 볼 것이다. 또 그때에 저가 천사들을 보내어 자기 택하신 자들을 땅 끝으로부터 하늘 끝까지 사방에서 모을 것이다."[24-27절]

무화과나무의 비유를 배우라

또 무화과나무의 비유를 배우라고 하신다. 그 가지가 연하여지고 잎사귀를 내면 여름이 가까운 줄을 알듯이, 그런 일들이 일어나면 인자가 가까이 곧 문 앞에 이른 줄을 알라고 하신다. 그러나 그날과 때는 아무도 모르고 아버지만 아신다고 하였다. 어쨌든 주님의 재림 시에 축복받을 성도들은 깨어 예비하는 자들이다. 집주인이 언제 올는지, 혹 저물 때일지, 밤중일지, 닭 울때일지, 새벽일지 아무도 모르기 때문에, 그가 갑자기 와서 너희의 자는 것을 보지 않도록 하라고 하시면서 "깨어 있으라, 내가 너희에게 하는 이 말이 모든 사람에게 하는 말이니라"고 하신다.[28-37절]

14장

예수를 죽일 방도를 찾다

이틀이 지나면 유월절과 무교절인데, 대제사장들과 서기관들은 부지런히 흉계로 예수를 죽일 방책을 구했다. 그들은 민요가 날까 하여 명절은 피하자고 했으나 그들의 계획과 상관없이 예수님은 그 유월절 날 희생되셨다.[1-2절]

옥합을 깨뜨려 향유를 예수의 머리에 붓다

예수께서 베다니 문둥이 시몬의 집에서 식사하실 때 한 여자가 매우 값진 향유 곧 순전한 나드 한 옥합을 가지고 와서 그 옥합을 깨뜨리고 향유를 예수의 머리에 부었다. 그것을 본 어떤 사람들이 그 여자가 값비싼 향유를 허비한다면서 분내어 서로 말하고 그 여자를 책망했다. 그 향유를 삼백 데나리온에 팔아 가난한 자들에게 나눠주면 더 좋았을 것이라는 말이다. 그러나 예수님은, "가만두어라. 너희가 어찌하여 저를 괴롭게 하느냐? 저가 내게 좋은 일을 하였다."고 하셨다. 주님은 그녀가 한 일을 칭찬하시며 그분의 장례를 미리 준비한 것이라고 하셨다. 그리고 온 천하에 어디서든지 복음이 전파되는 곳에는 이 여자의 행한 일도 말하여 그녀를 기념하겠다고 하셨다.

제자들조차 주님이 누구신지, 그분에게 일어나고 있는 상황이 어떤 것인지 전혀 알지 못했다. 구속의 역사는 오직 예수 그리스도 한 분이 홀로 하신 역사이다.[3-9절]

가룟 유다가 예수를 팔다

그때 열둘 중에 하나인 가룟 유다가 예수를 넘겨주려고 대제사장들에게 가니 그들이 듣고 매우 기뻐하여 돈을 주기로 약조하였다. 그리고 유다는 예수를 넘겨줄 기회를 찾았다.[10-11절]

제자들과 함께 유월절을 지키시다

무교절 첫날 유월절 양 잡는 날에 주님은 제자들과 함께 유월절을 잡수시고자 하셨다. 제자들은 예수님의 말씀대로 물 한 동이를 이고 가는 여자를 만나 객실을 준비하였다. 그때 열둘이 함께 있었고 다 앉아서 먹을 때 주님이 말씀하셨다. "너희 중에 한 사람 곧 나와 함께 먹는 자가 나를 팔리라." 제자들이 근심하면서 하나씩 하나씩 '접니까?'하고 물었다. 주님은 '나와 함께 그릇에 손을 넣는 자'라고 하시면서 인자는 자기에 대해 기록된 대로 가지만 인자를 파는 그에게는 화가 있다고 하시며 그는 태어나지 않는 게 자신에게 좋을 뻔하였다고 하셨다. 이것은 그가 받을 영원한 형벌이 너무나 끔찍한 것임을 말씀하신 것이다.[12-21절]

주님의 만찬을 세우시다

그들이 먹을 때에 예수께서 떡을 축복하시고 떼어 제자들에게 주시며 "받으라 이것이 내 몸이니라" 하셨다. 또 잔을 들어 감사를 드리시고 저희에게 주셨다. 그 잔을 다 마시니 말씀하시기를, "이것은 많은 사람을 위하여 흘리는바 나의 피 곧 언약의 피니라"고 하셨다. 처음이자 마지막인 제자들과 주님의 만찬이었다. 이에 그들이 찬미하고 감람산으로 나갔다.[22-26절]

베드로가 주님을 부인할 것을 예언하시다

예수께서 제자들에게 말씀하시기를, "너희가 다 나를 버리리라 이는 기록된바 내가 목자를 치리니 양들이 흩어지리라 하였느니라" 하셨다. 또 그분이 살아난 후에는 먼저 갈릴리로 갈 것이라고 하셨다. 그때 베드로가 "다른 사람은 다 버리더라도 나는 그렇게 하지 않겠습니다."라고 장담하자, 예수께서는, "오늘 이 밤 닭이 두 번 울기 전에 네가 세 번 나를 부인하리라." 하셨다. 주님은 모든 것을 다 알고 계신다. 베드로는 힘 있게 말하기를 "내가 주와 함께 죽을지언정 부인하지 않겠습니다."고 하였고 다른 제자들도 그와 같이 말했다.[27-30절]

겟세마네에서 기도하시다

그리고 함께 겟세마네로 가셨다. 예수께서 제자들에게 "내가 기도할 동안에 너희는 여기 앉아 있으라" 하시고 베드로, 야고보, 요한을 데리고 가셨는데, 매우 놀라고 슬퍼하시며 말씀하시기를, "내 마음이 심히 고민하여 죽게 되었으니 너희는 여기 머물러 깨어 있으라" 하셨다. 그리고 조금 나아가서 땅에 엎드려 기도하셨다. "아버지께는 모든 것이 가능하오니 이 잔을 내게서 옮기시옵소서 그러나 나의 원대로 마옵시고 아버지의 원대로 하옵소서".[32-36절]

돌아오셔서 제자들이 자는 것을 보시고 베드로에게 말씀하셨다. "시몬아, 네가 한 시 동안도 깨어 있을 수 없더냐? 시험에 들지 않게 깨어 기도하라. 마음에는 원이로되 육신이 약하도다." 그리고 다시 나아가 동일한 말씀으로 기도하시고 와서 보시니 그들이 자고 있었는데, 너무 졸려 눈을 뜨지를 못했다. 그들은 예수께 무엇이라 대답해야 할지를 몰랐다.[37-40절]

동일하게 세 번 기도하신 후, 제자들에게 오셔서 "이제는 자고 쉬라 그만이다 때가 왔도다 보라 인자가 죄인의 손에 팔리우느니라" 하셨다. 그리고 일어나서 함께 가자 하시며 인자를 파는 자가 가까이 왔다고 하셨다.[41-42절]

예수께서 잡히시다

그때 유다가 대제사장들과 서기관들과 장로들에게서 파송된 무리와 함께 왔다. 유다는 그들과 신호를 정해서 그가 입을 맞추는 자가 예수라고 알게 했다. 유다가 예수께 다가와 '랍비여' 하고 입을 맞추니 그들이 예수를 체포했다. 곁에 서 있던 사람 중에 하나가 검으로 대제사장의 종을 쳐서 그 귀를 떨어뜨렸다. (다른 복음서에서는 주님이 그 귀를 만져 치료해주셨다고 말한다)[43-49절]

제자들이 예수를 버리고 도망하다

제자들이 다 예수를 버리고 도망을 갔다. 특히 51-52절의 '벗은 몸에 베 홑이불을 두르고 따라가다가 무리에게 잡히니 베 홑이불을 버리고 벗은 몸으로 도망하였던 청년'에 대해 대다수의 학자들은 그가 이 말씀을 기록한 마가라고 본다. 성경의 기록자들이 자신의 실패를 더욱 철저하게 기록한 것을 보게 된다.[50-52절]

공회 앞에 서시다

그런 정황에서 그들은 예수를 잡아 대제사장에게로 끌고 갔고 거기 대제사장들과 장로들과 서기관들이 다 모였다. 베드로는 예수를 멀찍이 좇아 대제사장의 집에 들어갔다. 그때 그들은 예수를 죽일 증거를 찾으려 했으나 찾지 못했다. 한 사람이 예수가 성전을 헐고 손으로 짓지 않은 다른 성전을 사흘 만에 지으리라 했다고 고소했지만, 그것도 증거로 채택되지 못했다. 대제사장이 여러 말을 물었으나 아무 대답도 없으셨고, 다만 "네가 찬송 받을 자의 아들 그리스도냐?" 하니 "내가 그니라, 인자가 권능자의 우편에 앉은 것과 하늘 구름을 타고 오는 것을 너희가 보리라."고 답변하셨다. 그러자 대제사장은 옷을 찢으며 더 증인이 필요치 않다고 하며, 그들은 다 예수가 사형에 해당하다고 정죄하였다. 그리고서 침을 뱉고 얼굴을 가리고 주먹으로 치고 선지자 노릇을 하라고 조롱했다.[53-65절]

베드로가 예수를 세 번 부인하다

66절부터는 베드로가 주님을 세 번 부인한 일을 기록한다. 마지막에는 베드로가 저주하고 맹세하면서 부인했다고 말한다. 베드로의 가까운 동역자 마가의 글에 베드로의 실패한 이야기가 가장 적나라하게 기록되어 있다. 그는 "닭이 두 번 울기 전에 네가 세 번 나를 부인하리라" 하신 주님의 말씀이 기억되어 생각하고 울었다.[66-72절]

15장

빌라도가 예수께 묻다

새벽에 대제사장과 장로와 서기관들이 온 공회와 상의하고 예수를 결박하여 빌라도에게 넘겼다.(이때 아리마대 요셉은 공회원임에도 그 일에 참예하지 않은 것으로 보인다) 빌라도는 예수께 "네가 유대인의 왕이냐?" 물었고, 예수는 "네 말이 옳도다"라고 대답하셨다. 그리고는 여러 가지 묻는 말에 더 이상 대답이 없으셨다. 예수는 털 깎는 자 앞에 잠잠한 양 같으셨다(사 53장). [1-5절]

빌라도가 예수를 십자가에 못 박히게 넘겨주다

당시에 명절 특사 제도가 있었다. 민란을 일으키고 그 와중에 살인을 저지른 바라바라는 자가 있었는데, 빌라도는 유대인들의 속내를 알면서도 "내가 유대인의 왕을 놓아주기를 원하느냐"고 물었다. 대제사장들은 무리를 충동질하여 바라바를 놓아 달라 하게 하였다. 빌라도는 또 물었다. "그러면 너희가 유대인의 왕이라 하는 예수는 내가 어떻게 하랴?" 다른 성경의 기록을 보면 백성들이 "가이사 외에는 우리에게 왕이 없습니다."(요 19장)라고 아첨하는 말을 하면서 소리 지르기를, "십자가에 못 박혀야 하겠습니다!"라고 했다. 빌라도가 "왜 그러느냐? 그가 무슨 악한 일을 하였느냐?"고 말했지만, 유대인들은 대답은 하지 않고 더욱 소리 지르면서 "십자가에 못 박혀야 하겠습니다!"하고 외쳤다. 그러자 빌라도는 무리에게 만족을 주고자 하여 바라바는 놓아주고 예수는 채찍질하여 십자가에 못 박히게 넘겨주었다.

군병들이 브라이도리온(아람어로 가바다, 박석이라는 뜻)의 뜰 안으로 예수를 데리고 들어가서 온 군대를 모으고 자색옷을 입히고 가시면류관을 엮어 씌우고

'유대인의 왕이여 평안할지어다' 하며 갈대로 그 가시 면류관을 치고 침을 뱉으며 무릎 꿇고 절하였다. 그들은 조롱을 다하고 자색옷을 벗기고 그의 옷을 도로 입히고 십자가에 못 박기 위해 끌고 나갔다.[6-20절]

십자가에 못 박히시다

마침 루포의 아비인 구레네 사람 시몬이 시골에서 왔는데, 군병들은 그로 하여금 억지로 예수의 십자가를 지고 함께 가게 했다.(밤새도록 심문과 곤욕을 당하셔서 이미 매우 지치셨을 것이다) 골고다(해골의 뜻)에 이르러 몰약을 탄 포도주를 드렸으나(당시 마취제로 사용) 예수께서는 마시지 않으셨다.

예수를 "십자가에 못 박고"(제자들은 예수를 십자가에 못 박은 사실을 한 마디로 기록했다) 병정들은 예수의 옷을 나누기 위해 제비를 뽑았다. 때는 제 삼시쯤(오전 9시경)이었다. 십자가 위의 패에는 '유대인의 왕'이라는 죄명을 썼고, 강도 둘이 그 좌우에 있었다. 지나가는 자들은 머리를 흔들며 예수를 모욕하여 "아하, 성전을 헐고 사흘에 짓는 자여, 자신을 구원하여 십자가에서 내려오라!" 하고, 대제사장들과 서기관들도 함께 희롱하면서 "저가 남은 구원하였으되 자기는 구원할 수 없도다! 이스라엘 왕 그리스도가 지금 십자가에서 내려와 우리로 보고 믿게 할지어다." 했으며, 심지어 십자가의 두 강도들도 예수를 욕했다.(그중 하나는 조금 후에 뉘우치고 예수를 믿었다-눅 23:40)[21-32절]

운명하시다

제 육시(정오)가 되니 온 땅에 어두움이 임하여 제 구시(오후 3시경)까지 계속되니, 예수께서 소리를 지르시며 "엘리 엘리 라마사박다니(나의 하나님, 나의 하나님, 어찌하여 나를 버리시나이까!)" 하셨다. 곁에 섰던 자들은 엘리야를 부른다고 하고, 한 사람은 해융(스폰지 같은 것)에 신포도주를 머금게 하여 갈대에 꿰어 마시게 하니 옆에서 '가만 두어라. 엘리야가 와서 저를 내려주나 보자.' 하였다. 예수께서 큰 소리를 지르시고 운명하셨다. 이때 예루살렘 성전, 성소의 휘장이 위에서 아래로 찢어졌다. 예수를 향하여 서 있던 백부장(사형을 집행하던 로마의 중대장 정도)이 그렇게 운명하심을 보고 "이 사람은 진실로 하나님의 아들이었도다!"라고 했다.[33-39절]

멀리서 바라보는 여자들도 있었는데, 그중에 막달라 마리아와 작은 야고보와 요세의 어머니 마리아와 살로메가 있었다. 이들은 예수께서 갈릴리에 계실 때 따르며 섬기던 자들이며, 또 이 외에도 예수와 함께 예루살렘에 올라온 여자들이 많이 있어서 그 광경을 멀찍이 바라보았다.[40-41절]

아리마대 요셉이 예수의 시신을 새 무덤에 넣어두다

이 날은 안식일 전날(오늘날로 말하면 금요일)이므로 저물 때에 아리마대 사람 요셉이 빌라도에게 가서 예수의 시체를 달라고 하니(요셉은 공회원이었고 하나님의 나라를 기다리는 자였다), 빌라도는 예수께서 벌써 죽었을까 하고 이상히 여겨 백부장을 불러서 죽은 지 오래되었느냐고 묻고 요셉에게 시체를 내어주라고 하였다. 요셉이 세마포를 사고 예수를 십자가에서 내려다가 이것으로 싸서 바위 속에 판 무덤에 넣어두고 돌을 굴려 무덤의 입구를 막으니 막달라 마리아와 요세의 어머니 마리아가 예수를 둔 곳을 보았다.[42-47절]

16장

예수께서 살아나시다

안식일이 지나고 첫날 매우 일찍이(오늘날 주일 아침) 막달라 마리아와 다른 마리아와 살로메가 시체에 바를 향품을 준비하고 무덤을 향했다. 그들은 서로 말하기를, "누가 우리를 위하여 무덤 문에서 돌을 굴려줄까?" 했는데, 눈을 들어보니 벌써 돌이 굴려져 있고 그 돌이 아주 컸다. 그녀들은 무덤에 들어가서 흰 옷을 입은 한 청년이 우편에 앉아있는 것을 보고 놀랐다. 청년(천사)이 말하기를, "놀라지 말라. 너희가 십자가에 못 박히신 예수를 찾는구나. 그가 살아나셨고 여기 계시지 않는다. 보라, 그가 누우셨던 곳이니라!" 하였다. 또 이르기를, "가서 그의 제자들과 베드로에게 말하여 예수께서 너희보다 먼저 갈릴리로 가실 것이니 전에 너희에게 말씀하신 대로 거기서 뵈오리라 하라."고 했다.

여자들이 너무 놀라서 떨며 무덤에서 나와 도망하면서 아무에게 아무 말도 하지 못하였다.(요한은 이른 아침에 막달라 마리아가 먼저 가서 예수를 보고 제자들에게 고하였다고 기록했다-요 20장)

예수께서 안식 후 첫날 이른 아침에 막달라 마리아에게 먼저 보이시니 마리아가 가서 예수와 함께하던 사람들이 슬퍼하며 울고 있는 중에 이 일을 알려주었다. 그러나 그들은 예수께서 살아나셨다는 것과 마리아에게 보이셨다는 것을 듣고도 믿지 않았다.[1-11절]

엠마오로 가는 두 제자에게 나타나시다

그 후에 그들 중 두 사람이 걸어서 시골로 갈 때에(엠마오로 추정됨, 눅 24) 예수께서 다른 모양으로 그들에게 나타나셨는데, 두 사람이 가서 남은 제자들에게 말하였으나 역시 믿지 않았다. 그 후 열한 제자가 음식 먹을 때에 예수께서 나타나셔서 그들의 믿음 없는 것과 마음이 완악한 것을 꾸짖으셨는데, 이는 그들이 그분의 살아난 것을 본 자들의 말을 믿지 않았기 때문이다.[12-14절]

만민에게 복음을 전파하라고 명하시다

또 말씀하시기를, "너희는 온 천하에 다니며 만민에게 복음을 전파하라 믿고 세례를 받는 사람은 구원을 얻을 것이요 믿지 않는 사람은 정죄를 받으리라" 고 하시고, 또한 믿는 사람에게는 이런 표적이 따를 것이라 하셨다. "저희가 내 이름으로 귀신을 쫓아내며 새 방언을 말하며 뱀을 집으며 무슨 독을 마실지라도 해를 받지 않고 병든 사람에게 손을 얹은즉 나을 것이다."[15-18절]

예수께서 하늘로 올리우사 하나님 우편에 앉으시다

예수께서 말씀을 마치신 후에 하늘로 올리우사 하나님 우편에 앉으셨다. 할렐루야! 그 후 제자들이 나가서 복음을 두루 전파하였는데 주께서 함께 역사하여 그 따르는 표적들로 하여금 그들이 전하는 말씀을 확증하게 하셨다. 아멘.[19-20절]

누가복음

서론

마가가 베드로의 인도 아래서 마가복음을 기록하였다면, 누가복음은 바울의 사상을 가지고 썼을 것임이 분명하다. 본서의 최초 증언자인 교부 이레니우스도 "바울의 동반자였던 누가는 바울이 전한 복음을 한 책으로 기록하였다" 고 하였고, 터툴리안도 "누가의 복음 형태를 사람들은 일반적으로 바울에게 돌린다."고 하였다. 따라서 누가는 비록 자의로 그 복음서를 기록하였지만, 바울의 뜻을 참작하면서 기록하였으리라 믿는다.

누가복음의 기록 연대에 대하여는 늦은 시기에 기록되었다는 설을 선호하는 사람들이 있고, 그들은 A.D. 70년 이후로 잡는다. 또 하나는 바울이 가이사랴에 2년 간 구류되었던 시기에 기록되었다고 보는 학자도 있다(행 24:27). 분명하지 않으나 누가가 바울과 함께 있을 때인 A.D. 60년 경에 썼을 가능성이 크다. 저자가 많은 사람을 인터뷰하면서 쓴 것으로 보이기 때문이다(눅 1:3). 또 누가복음을 쓴 다음 사도행전을 쓴 것으로 말하기 때문이기도 하다.("데오빌로여 내가 먼저 쓴 글에는", 1:1 참조) 사도행전은 누가가 로마의 감옥에 있을 때(행 28장)

기록했을 것이기 때문이다. 누가복음은 다른 공관복음서(마태복음, 마가복음)와 상당 부분 공유하고 있지만, 약 절반 정도의 내용은 전적으로 누가복음에 만 실려 있는 것이 있다. 누가복음은 그리스도의 복음의 보편성을 강조한다. 즉 주님은 유대인만을 위한 분이 아니라 온 세계의 구주시라는 것이다(2:32, 24:27).

데오빌로라는 한 개인에게 쓴 복음서

누가는 헬라어로 이 글을 기록했을 것이다. '데오빌로'라는 사람에게 '각하'라고 하는 것으로 보아 그는 로마인일 것이며, 또 헬라어를 사용했을 것이라고 본다. 그러므로 누가는 데오빌로를 포함한 이방인 신자들을 위하여 이 복음서를 기록했다고 보아야 한다. 이는 바울이 이방인의 사도임을 볼 때 더욱 그렇게 볼 수 있는 것이다. 당시 세계는 정치적으로 로마의 지배하에 있었지만, 지성인들은 헬라어로 일상생활을 했고 글을 쓸 때는 더욱 그러했다. 그러므로 본서는 바울과 누가가 사역한, 헬라어를 사용하는 이방인 신자들을 위하여 기록한 것임이 분명하다. 바울은 헬라어를 하는 사람들에게 사역하면서 당시 헬라어를 완벽하게 구사하는 누가로 하여금 헬라어로 가장 완전한 복음서 하나를 쓰게 하고 싶은 마음이 있었을 것이다.

그러나 여기서 한 가지 매우 특이한 점, 가볍게 지나쳐서는 안 될 것이 있는데, 이 책이 한 개인에게 쓰였다는 것이다. '데오빌로'란 이름의 뜻은 '하나님의 사랑을 받은 자(a lover of God)'이며, 누가복음은 바로 그에게 쓴 것이다. 여기서 우리는 어떻게 이 위대한 복음서가 한 사람의 독자에게 씌어질 수 있었는지를 생각해보기로 하자. 하나님의 생각과 마음은 우리의 생각, 우리의 마음과 아주 다르다. 적어도 당시 바울과 누가 등의 사역은 그러했다. 그들은 한 사람을 중시하는 사역을 했던 것이다(골 1:28-29).

바울의 동역자요 의사였던 누가가 쓴 것이다

누가는 바울의 충실한 동역자요 조력자이며 의사였다. 그러기에 누가복음을 읽을 때 우리는 바울의 절대적인 태도를 읽어낼 수 있다. 누가복음에 담겨 있는 영(spirit)은 주님을 따르는 자들에게 절대성을 요구한다. 거기에는 15장의 탕자의 비유가 있는가 하면 16장의 청지기 비유가 있다. 하나님의 완전한 구원과 사랑이 있는가 하면 주님을 절대적으로 섬겨야 하는 것이 있다(눅 9:62, "예수께서 이르시되 손에 쟁기를 잡고 뒤를 돌아보는 자는 하나님의 나라에 합당치 아니하니라 하시니라"-눅 14:33, "이와 같이 너희 중에 누구든지 자기의 모든 소유를 버리지 아니하면 능히 내 제자가 되지 못하리라")

기도의 복음서

또한 이 복음서는 기도의 복음서이다. 좋은 누가복음 강해서를 낸 C. A. Coates는 누가복음이 첫 장부터 기도의 향으로 가득한 책이라 하였고, 주 예수님은 기도의 사람으로 적어도 그분이 기도하시는 것이 7회 이상 나온다고 지적하였다. 세례 받으실 때, 5장 16절에서 많은 병자를 고치신 후, 열두 제자를 택하시기 전, 오병이어의 기적을 베푸신 후(9:18), 변화산상에서(9:29), 마리아의 집에서 말씀하신 후(11:1), 십자가 위에서 등이다(23:34, 46). 따라서 누가복음의 기도에 관한 교훈도 매우 깊고 섬세하다. 밤중에 찾아온 친구(11:5-13), 불의 한 재판관과 과부의 비유(18:1-8), 바리새인과 세리의 기도(18:11-13) 등에서도 기도의 강조점을 볼 수 있다. 우리는 여기서도 누가복음에 바울의 사상이 깊이 스며들어 있음을 볼 수 있다. 그는 그의 서신서에서 기도를 매우 강조한 사도였다(골 4:2, 살전 5:17, 엡 6:18 등). 우리가 가장 본받아야 할 사도인 바울이 기도의 사람이었고 기도를 강조한 사실은 우리에게도 매우 기도에 대한 자극제가 된다.

1장[I]

누가복음의 저자는 이방인 의사인 누가이다. 누가는 사도행전 16장 10절에서 바울의 제 2차 전도여행 때부터 동행한 것으로 보인다. 즉 그는 바울의 유럽 전도 여행 시작부터 함께했다. 그는 마케도냐 빌립보 성의 전도부터 바울 사도 옆에서 그림자처럼 그를 따르며 그의 모든 것을 보았다. 그는 오랫동안 바울 곁에 있으면서 바울의 가르침의 영향을 많이 받은 사람이다. 우리는 유대인이 아닌 한 사람 누가에 의해 기록된 성경을 갖고 있는데, 곧 누가복음과 사도행전이다.

우리 중에 이루어진 사실

지금으로부터 2천여 년 전에 우주가 진동할 만한 큰일이 있었는데, 그것이 바로 그리스도의 출생과 사역이다. 당시 그 큰일을 접하고 그에 대하여 글을 쓰려는 사람이 많았을 것이다. 사도들은 당시 그들이 확실하게 믿었던 것들을 후대에 전하려는 의도가 강했던 것을 알 수 있다. 누가는 이를 차례대로 썼다. 좋은 글은 사실적인 글이다. 주 예수님의 출생과 사역이 사실대로 신실하게 전해져야 하므로 순서 있고 조리 있게 쓰고자 한 것이다.

사도들은 말씀의 일꾼들이다. 말씀의 목격자요 말씀을 귀로 들은 증인들이다. 그들은 그들 시대에 일어난 놀라운 복음 역사를 후세에 전하려는 갈망으로 이렇게 글로 표현했다. 누가는 모든 일들을 자세히 살폈다고 했다. 문자적으로는 '추적했다'이다. 그래서 누가는 자기가 쓰고 있는 글들을 완벽하게 이해하고 있다고 표현한 것이다. 목적은 데오빌로에게 그 배운 바가 확실함을 알게 해주려는 것이었다. 성도들은 말씀을 확실하게 깨닫고 알아야 하고 그래야 잘 자랄 수 있음을 기억하자!

선주자 세례 요한의 이야기-그의 출생으로부터

누가복음은 1장은 먼저 예수님이 오시기 6개월 전에 출생한 선주자(forerunner) 세례 요한의 이야기를 기록하고 있다. 그래야 구약에서 계속적으로 예언한 메시아가 바로 예수시라는 것을 증명할 수 있기 때문이다.

5절, **"유대 왕 헤롯 때에 아비야 반열에 제사장 하나가 있으니 이름은 사가랴요 그 아내는 아론의 자손이니 이름은 엘리사벳이라"**. 당시 유대 나라는 로마의 통치하에 있었다. 헤롯은 분봉왕이었는데, 당시 로마 황제 아래서 지역에 따라 분할하여 다스리는 왕들이 있었고 그중 하나가 헤롯이었다. 그는 유대인이 아닌 에돔인으로서 에서의 자손이었다. 유대인들은 정통적인 그들의 왕통을 잃어버렸고 자기들의 주권을 갖지 못한 채 헤롯의 다스림을 받고 있었다. 유다의 왕가는 다윗 혈통인데 모두 끝났다. 이러한 정치적 상황 속에서 말라기 선지자 이후로 400년 동안 선지자가 없었다. 하나님의 말씀이 없이 침묵의 기간이 흘렀다.

그리고 400년 후에 조용히 율법에 따라서 움직이는 성실한 한 가정을 천사가 찾았는데, 그것이 바로 제사장 지파인 레위 지파의 사가랴였고 그의 아내는 엘리사벳이었다. 사가랴가 제사장의 율례에 따라서 자기의 순번에 들어가 성전에서 제사를 드릴 때에 천사가 향단 우편에 나타나서 사가랴에게 말하기 시작했다. 13절, "천사가 일러 가로되 사가랴여 무서워 말라 너의 간구함이 들린지라 네 아내 엘리사벳이 네게 아들을 낳아 주리니 그 이름을 요한이라 하라".

사가랴와 그 아내는 나이가 많았음에도 자식이 없어서 특히 아들을 낳게 해 달라고 많이 기도했던 것 같다. 그 기도가 하나님의 뜻과 맞았다. 하나님께서는 천사를 보내어 사가랴에게 '네 간구함이 들렸다'고 하시면서 아들을 낳을 것이라고 하셨다. 그런데 그는 아브라함이 그랬던 것처럼 '나이가 이렇게 많은데 무슨 아들을 낳는다는 말씀입니까?'라고 하여 믿지 못함으로 아들을 낳기까지 벙어리가 되었다. 제사장이 성소에 들어가 분향하고 벙어리가 되었다면 그가 어떤 이상을 보았다는 뜻이고 하나님을 만났다는 뜻이다. 그리고 천사의 말대로 아내 엘리사벳이 잉태했다.

1장[Ⅱ]

천사 가브리엘이 마리아에게 나타나다

사가랴와 엘리사벳에게 그 일이 있고서 6개월 후에 동일한 천사 가브리엘이 마리아를 찾았다. 마리아는 다윗의 후손이었고(눅 3장) 요셉과 정혼한 사이였는데, 그 또한 다윗의 후손이었다. 그러나 당시는 다윗의 왕통이 끝났을 때였기에 다윗의 후손이라 해도 아무런 위세가 없었다. 요셉은 천대받는 동네 갈릴리 나사렛에서 목수 일을 하고 있었고, 이 요셉이라는 청년과 약혼한 마리아는 아주 정숙한 여자로 알려져 있었다. 그런데 이 천사가 사가랴에게 나타난 지 꼭 6개월 만에 마리아에게 다시 나타나 말한 것이다. "은혜를 받은 자여 평안할지어다 주께서 너와 함께하시도다"[28절]. 마리아는 그 말을 듣고 놀라 이런 인사가 어찌된 것인가 생각하는데, 천사가 다시 말했다. "마리아여 무서워 말라 네가 하나님께 은혜를 얻었느니라 보라, 네가 수태하여 아들을 낳으리니 그 이름을 예수라 하라 저가 큰 자가 되고 지극히 높으신 이의 아들이라 일컬을 것이요 주 하나님께서 그 조상 다윗의 위를 저에게 주시리니 영원히 야곱의 집에 왕 노릇하실 것이며 그 나라가 무궁하리라".[30-33절]

'그 나라가 무궁하리라' 예수의 나라는 망하지 않는다. 한 번 왕이 되시면 영원히 왕 노릇 하시며 그 나라는 영원하다. 마리아가 천사를 통해 이 말을 듣고서 "나는 남자를 알지 못하는데 어떻게 이런 일이 있을 수 있습니까?"라고 묻자 천사는 "성령이 네게 임하시고 지극히 크신 이의 능력이 너를 덮으실 것이니 이러므로 나실바 거룩한 자는 하나님의 아들이라 일컬으리라"고 했다.[34-35절]

처녀가 잉태하여 아들을 낳을 것이요

창세기 3장에서 사람이 타락한 직후에, 하나님께서는 죄로 멸망할 운명에 처한 인류에게 복음을 전하기 시작하셨다. "여자의 후손이 뱀의 머리를 상하게 할 것이다." '여자의 후손'은 무엇인가? 오늘날 모든 인류는 남자로부터 났다. 남자가 없이는 아이가 나올 수 없다. 그런데 사람을 타락시킨 원수 마귀를 깨뜨릴, 그 머리를 상하게 할 구원자는 여자로부터 나온다는 것이다. 인간이 타락한 직후부터 하나님은 이것을 예언하시고 약속해주셨다(창 3:15). 이사야 선지자도 "처녀가 잉태하여 아들을 낳을 것이요 그 이름을 임마누엘이라 하리라"(사 7:14)고 했다. 처녀가 낳은 아들, 그가 바로 하나님이 약속하신 '메시아'이며, 헬라어로는 '그리스도'이다. 그리스도가 바로 인류의 구원자이신 것이다. 구약 성경에서는 그에 대해 거듭 약속하고 있다. 그 그리스도가 이제 이 마리아라는 여자를 통해서 출생하시려는 것이다.

주의 계집종이오니 말씀대로 내게 이루어지이다

마리아는 성실하고 하나님을 경외하는 여자였기에 이런 말씀을 들었을 때 "주의 계집종이오니 말씀대로 내게 이루어지이다"[38절]라고 응답했다. 얼마나 착한 말인가! 인간이 하나님에 대하여 가장 복되고 아름다운 것은 순종이다.

그리고 마리아는 이 말씀을 들은 직후, 빨리 산중에 가서 유대의 한 동네에 이르러 사가랴 집의 엘리사벳에게 문안했다. 엘리사벳은 마리아의 친족이었고, 마리아가 엄청난 말씀에 어안이 벙벙해 있을 때 천사가 엘리사벳이 이미 수태하여 6개월 되었음을 알려주었기 때문에, 마리아는 확인하고 또 자신도 격려 받고 강화되기 위해 그녀를 만나러 갔을 것이다.

내 주의 모친이 내게 나아오니

그때 엘리사벳은 마리아가 들어와 문안함을 들으면서 자기 복중의 아기가 뛰노는 것을 느꼈다. 그러자 엘리사벳이 성령의 충만함을 입고 큰 소리로 말했다. "여자 중에 네가 복이 있으며 네 태중의 아이도 복이 있도다! 내 주의 모친이 내게 나아오니 이 어찌 된 일인고! 보라, 네 문안하는 소리가 내 귀에 들릴 때에 아이가 내 복중에서 기쁨으로 뛰놀았도다! 믿은 여자에게 복이 있도다! 주께서 그에게 하신 말씀이 반드시 이루리라!"[42-45절]. 이것은 기적적인 일이다. 요한은 태중에서부터 예수 그리스도를 알아보고 너무나 기뻐했다. 그는 예수 그리스도를 이 땅에 소개하고 천거하기 위해 기적적인 출생을 한 선지자가 되었다.

1장[Ⅲ]

마리아의 찬양

엘리사벳의 이 말을 들은 마리아는 46절부터 찬양을 한다. "마리아가 가로되, 내 영혼이 주를 찬양하며 내 마음이 하나님 내 구주를 기뻐하였음은 그 계집종의 비천함을 돌아보셨음이라!" 메시아가 오실 때 복음으로 수혜를 받는 사람들은 '비천한' 사람들이다. 비천할 뿐 아니라 주린 자들이다. 53절에서는 "주리는 자를 좋은 것으로 배불리셨으며"라고 했다. 또 두려워하는 사람들이다. 50절에서는 "긍휼하심이 두려워하는 자에게 대대로 이르는도다"라고 했다. 이 땅에 구원자, 메시아가 올 때 어떤 사람이 그 복음의 혜택을 받는가? 경외하는 자들, 비천한 자들, 두려워하는 자들이다. 사람들에게서 영예를 얻지 못하는 사람들, 가난한 사람들이다. 누가복음 4장 18절에도, "주의 성령이 내게 임하셨으니 이는 가난한 자에게 복음을 전하게 하시려고" 했다. 이 복음은 가난한 자들과 관계가 있다.

반면에, 하나님께서 돌아보시지 않는 사람들이 있다. 마음이 교만한 사람들이다. 그리고 권세 있는 자들이다. 51절에서는 "마음의 생각이 교만한 자들을 흩으셨고"라고 했으며, 52절에서는 "권세 있는 자를 그 위에서 내리치셨으며"라고 했다. 53절 하반절에는 "부자를 공수로 보내셨도다"라고 했다. 이런 사람들은 주님이 돌아보지 않으신다. 마리아의 성령 충만한 찬양 속에는 참으로 귀한 복음의 내용들, 비밀들이 들어있다. 그녀는 성령으로 충만되어 하나님의 마음을 드러내는 찬미를 드렸다. 그 내용 속에는 하나님께서 진정 자기 같은 비천한 자를 사용해주신다는 감사와 기쁨이 배어 있다.

요한의 출생

그리고 57절부터는 엘리사벳이 요한을 낳고 서로 기뻐하는 내용이 있으며, 요한의 아버지 사가랴가 아들을 낳은 후에 너무나 기쁘고 성령이 충만해서 찬미를 드리는데, 이 찬미 속에도 하나님의 귀한 복음의 말씀이 들어있다. 사가랴는 여기서 자기 아들인 요한에 대해서 말하기보다는 요한이 증거하기 위해 태어난 바로 그 대상인 그리스도를 많이 말했다.

사가랴의 찬양-구원의 뿔이요 돋는 해이신 그리스도

'구원의 뿔'이란 그리스도를 말한다. 예수 그리스도는 구원하러 오신 분이시다. '예수'라는 말 자체가 히브리어로는 '여호수아'이며, '여호와 구원자'라는 뜻이다. 누구에게서 구원하는가? 원수에게서이다.

복음에 나타난 하나님의 구원은 바로 '죄 사함'이다. "하나님이 세상을 이처럼 사랑하사 독생자를 주셨으니". 예수 그리스도께서 십자가에 달려 피를 흘리심으로 말미암아 사람이 지은 모든 죄를 다 용서하신 것이다. 이미 피는 흘려졌고, 예수님은 십자가에서 돌아가셨다. "다 이루었다!" 말씀하시고 돌아가셨다. 여러분의 모든 죄가 예수의 피로 이미 해결되었다. 값없이 용서되었다. 이것이 바로 복음이다. 복음이란 '좋은 소식'이다. 1장 19절에 '좋은 소식'이라는 말이 있다.

78절 상반절에는 "이는 우리 하나님의 긍휼을 인함이라"고 했다. '긍휼'이라는 말은 헬라어로 '심장'이라는 뜻이다. 하나님께서 천지를 창조하실 때는 그분의 능력으로 창조하셨다. 그래서 구약 성경에서는 '그분의 손가락으로 지으신 하늘' 이라고 말했다. 만물을 지으실 때는 손가락을 사용하셨다. 그런데 죄 사함의 구원을 주시기 위해서는 그분의 손가락을 사용하신 것이 아니라 그분의 '심장'을 사용하셨다. 심장이란 그분의 가장 뜨거운 사랑의 마음이다. 그래서 긍휼이라고 표현한 것이다. 사람의 죄는 그냥 말 한마디로 용서할 수 없으셨다. 천지를 창조하실 때처럼 손가락으로 할 수 없으셨다. 죄 사함에 관한 한 하나님은 커다란 대가를 지불하지 않으면 안 되셨는데, 그분은 가슴이 무너져 내리는 듯한, 심장이 터지는 듯한 아픔을 당하셔야 했다.

"이로써 돋는 해가 위로부터 우리에게 임하여". '돋는 해'란 예수 그리스도를 말한다. 예수가 오시기 전 이 세상은 태양이 없는 어두움 가운데 있었다. 그분이 비로소 태양으로 오신 것이다. 여기서 '임한다'는 말은 영문 성경에서 'visit', 즉 '방문한다'는 뜻이다. 하나님의 긍휼은 하나님께서 위로부터 우리를 방문하시는 것이다. 성경에서 우리에게 말씀하시는 복음은 하나님이 육신을 입고 우리를 방문하셨다는 것이다. 구약에서도 하나님은 사람들에게 방문할 때가 있으셨다. 아브라함에게도 방문한 적이 있으시다. 그러나 그 방문은 일시적인 것이지 항시적인 것이 아니었다. 그러나 신약의 복음에 나타난 하나님의 방문하심은 성육신의 방문이다. 이것은 정말 놀라운 것이다. 이것은 하나님의 뜨거운 심장이요 긍휼이다.

2장[I]

고향으로 가서 호적하라는 영이 내림

"이때에 가이사 아구스도가 영을 내려 천하로 다 호적하라 하였으니". '가이사 아구스도'는 로마의 첫 번째 시저가 된 '옥타비아누스'라는 사람이다. 아구스도란 아우구스투스, 존엄자란 뜻인데, 그는 로마의 모든 통치권을 첫 번째로 거머쥔 황제가 되었다. 그가 바로 여기의 가이사 아구스도이며, 그는 세금을 더 징수할 목적으로 호적을 하라는 명령을 내렸다. 따라서 모든 사람들은 다 자기의 고향으로 가서 호적을 해야 했다. 말하자면, 자신의 주민등록을 정리해야 했던 것이다.

요셉이 정혼한 마리아와 함께 베들레헴으로 올라감

요셉 역시 다윗의 집 족속이기 때문에, 4절에 보면 갈릴리 나사렛 동네에서 유대를 향하여 베들레헴이라는 다윗의 동네로 정혼한 마리아와 함께 호적을 하러 올라갔다. 이런 정치적 배경이 없다면 나사렛 사람이 베들레헴까지 갈 일이 없다. 더구나 만삭된 여인이 그 먼 길을 걸어서(요셉은 목수이며 요셉이나 마리아나 부유한 집 사람들이 아니었기에) 갈 리가 없는 것이다. 그러므로 우리는 여기서 온 세상을 주관하시는 분이 하나님이심을 알 수 있다. 시저인 옥타비아누스가 다스리는 것 같지만, 그 이면에는 하나님의 주권이 작용하고 있다.

베들레헴에 있을 때 마리아의 해산할 기한이 참

갈릴리 나사렛에서 한 처녀가 기묘하게 잉태를 했는데, 구약에 있는 예언이 이루어지게 하기 위해서 그녀는 그 만삭된 몸을 이끌고 베들레헴에 가지 않으면 안 되었다. 6절에 보면 "거기 있을 그때에 해산할 날이 차서"라고 했다. 호적을 하러 올라갔다가 그때 마침 해산을 하게 되었다는 것이다. 오늘날도 여행을 하다가 차에서 출산하는 사람도 있고 비행기에서 출산하는 사람도 있다. 이 마리아는 그때 호적을 하러 다윗의 동네인 베들레헴에 올라갔다가 거기서 출산을 하게 된 것이다.

생각해보라. 이렇게 되었기 때문에 요셉과 마리아가 다윗의 자손인 것이 명백하게 드러난 것이다. 그때 조상 다윗의 후손으로서 호적을 정리한 것이다. 그렇게 되면 그들이 다윗의 족보에 들어있는 것이 분명히 드러나게 되고, 그럴 때 구약 성경에 거듭 예언된 대로 그리스도는 다윗의 혈통에서 태어난다는 것과, 미가서 5장에서 예언된 대로 베들레헴에서 출생하신다는 것이 정확히 들어맞게 된다.

여관이 없어서 짐승의 우리에서 태어나시고 구유에 누이심

그들이 베들레헴에 도착했을 때 다른 많은 사람들도 호적을 하러 와 있었다. 당시에도 오늘날처럼 여관이 있었는데 그곳에는 이미 사람들이 꽉 들어차 있었다. 그들은 가난했고, 요셉은 목수였다. 그곳에 아는 친척도 없고 해서 출산할 곳을 찾다 보니 짐승의 우리 외에는 거할 데가 없었다. 아마도 앞쪽으로 커튼을 하나 치고 동물들은 저쪽으로 보내고 칸막이를 하고 마리아는 해산의 진통을 겪었을 것이다. 영광의 하나님이 구유에 뉘었다고 성경은 기록하고 있다. 오늘 나는 여러분 모두에게 구유에 출생하신 예수 그리스도를 보게 하고 싶다.

영광스러운 그리스도의 출생에 관한 찬양을 감상하자.

오 거룩한 밤, 별 빛이 찬란한데 거룩하신 우리 주 나셨네
오랫동안 죄악에 얽매어서 헤매던 죄인 위해 오셨네
우리를 위해 속죄하시려는 영광의 아침 동이 터온다
경배하라 천사의 기쁜 소리 오 거룩한 밤, 구주가 나신 밤
오 거룩한 밤, 거룩 거룩한 밤

주님은 성령으로 오셔서 우리 속에 거처를 만들기 원하신다

오늘 주 예수님은 성령으로 여러분에게 오셔서 다시 한 번 여러분의 마음속에 태어나고자 하신다. 사람들 마음속에 예수 그리스도께서 태어나시는 것을 우리는 '거듭난다'고 말한다.

여러분은 마음속에 주 예수를 위해서 작은 한 칸의 방이라도 내어드릴 용의가 있는가? 이것이 바로 예수를 믿는 것이다. 예수를 믿는다는 것은 여러분의 존재와 아무 상관없이 그냥 믿는 것이 아니다. 예수를 믿는 것은 여러분의 온 존재를 필요로 한다. 여러분 마음속의 공간을 주 예수께 내어드려야 한다.

여러분이 만일 이러한 복음의 말씀을 듣고 이 시간에 마음을 열어서 '주님, 당시 베들레헴에서 태어나시고자 했을 때 사람들은 방 한 칸도 내어드리지 않고 당신을 짐승의 우리에 몰아넣었는데, 오늘 저희는 저희들의 마음을 주님이 거하실 처소로 내어드리겠습니다. 주님이 영원히 우리 마음을 거처로 삼으셔서 들어와 거하시기 바랍니다.'라고 말한다면, 주님은 여러분 속에 들어가셔서 거하실 것이며 여러분과 더불어 먹고 마실 것이다. 이것이 복음이다.

2장[Ⅱ]

천사들이 구주의 출생을 들판의 목자들에게 알리다

주님이 태어나셨을 때 천사들은 그 기쁜 소식을 누구에게 전했는가? 양 떼를 지키는 목자들이었다. 그분이 구유에 출생하셨을 때 낮은 신분의 사람들이 아니라면 그 누구도 그 말을 듣지 않을 것이다. 누가 구유에 난 사람에게 관심을 갖겠는가? 그래서 복음은 가난한 자들에게 전파되는 것이다.

주 예수님은 여러분이 혹 마음이 약해서 그분께 갈 용기가 없을까 봐 하늘로부터 이 땅에 오실 때에 구유에 태어나시기로 작정하신 것이다. 남에게 멸시받는 여러분! 자신이 아무것도 아니라고 스스로 경멸하는 여러분! 자신은 탕자보다 못한 너무나 큰 죄인이라고 생각하는 여러분! 주님은 겸손하게 짐승이 여물 먹는 곳에 출생하셔서 여러분을 초청하고 계신다. 이것이 복음이다. '나는 이렇게 초라한 곳에 태어난 사람이니 날 어려워하지 말고 가까이 와서 나하고 친구하자.'라고 부르고 계신다. 여관에는 돈을 내야 들어갈 수 있지만 짐승의 우릿간은 입장료가 필요 없다. 복음이란 값없는 것이다.

종의 형체를 취하시고 낮은 신분의 사람으로 오심

예수 그리스도께서 구유에 나신 것은 우연이 아니다. 이는 표적(sign)으로 그 안에는 어떤 의미가 있다. 우연히, 아무 뜻 없이 구유에 나신 것이 아니다. 그러면 어떤 표적인가? 어떤 의미가 있는가? 그분은 만사 만물을 주관하시는 분이기에 왕가에 태어나실 수도 있고 부유한 집에 태어나실 수도 있었는데 왜 구유에서 태어나신 것일까? 그것은 첫째로 주님의 겸손이다. 그분은 이 땅에 오실 때 종의 형체로 오시고 보통 사람들보다도 낮은 신분으로 오셨음을 말해주고 있다.

고운 모양도 없고 풍채도 없은즉

이사야 53장 2절에는, "그는 주 앞에서 자라나기를 연한 순 같고 마른 땅에서 나온 줄기 같아서 고운 모양도 없고 풍채도 없은즉 우리의 보기에 흠모할 만한 아름다운 것이 없도다"라고 말씀했다. 수분이나 영양분이 없는 마른 땅에서 나온 줄기 같으시고 고운 모양이나 풍채도 없고 우리가 흠모할 만한 아름다운 것이 없는 분이셨다는 것이다. 메시아는 사람 눈에 이런 분으로 출생하신다고 했다. 그분은 출생하신 후에도 목수나 어부, 장사꾼 같은 사람들과 어울리고 친구가 되셨다. 그분은 출생하실 때부터 낮고 가난하고 비천한 계층으로 나셨기 때문이다. 그분은 집도 없다고 성경에 기록되어 있다. 여우도 굴이 있고 공중의 새도 거처할 곳이 있는데 인자는 머리 둘 곳이 없다고 하셨다. 이것이 우리같이 가난하고 없는 사람, 죄인을 배려하신 하나님의 사랑이다.

우리 주 예수 그리스도의 은혜-부요하신 자로서 우리를 위해 가난하게 되심

주님은 모든 것을 다 가지신 천지의 주재이신 하나님이시지만 이 땅에 오실 때 구유에 출생하시고 천한 신분으로 오신 것을 생각할 때 우리는 그분을 찬양할 수밖에 없다. 고린도 후서 8장 9절에서는, "우리 주 예수 그리스도의 은혜를 너희가 알거니와 부요하신 자로서 너희를 위하여 가난하게 되심은 그의 가난함을 인하여 너희로 부요케 하려 하심이니라"고 했다. 주님은 이 땅에 가난하게 오셨다. 그분이 구유에 출생하셨기에 가난한 사람의 마음을 끄는 것이다.

죄인들이 먹고 영생할 수 있는 양식으로 오신 그리스도

구유에 태어나신 표적에는 좀 더 비밀스런 의미가 있다. 구유란 음식이 담겨지는 곳이다. 짐승들이 구유에서 음식을 먹는다. 그런데 주 예수님은 거기에 누이셨다. 누가복음 1장 42절에도 같은 사상이 있다. "여자 중에 네가 복이 있으며 네 태중의 아이도 복이 있도다". 여기서 '태중의 아이'는 영어 성경에서 '태중의 열매(the fruit of your womb)'이다. 우리 주 예수님은 죄인들이 먹고 영생할 수 있는 음식으로 이 땅에 오셨다. 그분이 구유에 출생하신 이유가 있다. 가난한 자들도 얼마든지 원하면 그분께 나아갈 수 있도록 낮은 모습으로 오신 것이며, 또 한 가지는 그분이 음식으로 오신 것이다.

요한복음 6장에서도 주님은 계속 말씀하신다. 48절에서 "내가 곧 생명의 떡이라"고 하셨고, 50절에서는 "이는 하늘로서 내려오는 떡이니 사람으로 하여금 먹고 죽지 아니하게 하는 것이니라"고 하셨다. 주님은 이 땅에 하나의 음식으로 오신 것이다. 그분을 먹어야 사람들이 죽지 않는 것이다. 여러분이 만일 여기에 음식이 있는데 이 음식을 먹으면 죽지 않는다고 한다면 그것을 먹지 않겠는가? 51절, "사람이 이 떡을 먹으면 영생하리라 나의 줄 떡은 곧 세상의 생명을 위한 내 살이로라 하시니라". 그런데 유대인이 이것을 이해하지 못했다. 52절, "이러므로 유대인들이 서로 다투어 가로되 이 사람이 어찌 능히 제 살을 우리에게 주어 먹게 하겠느냐". 하지만 주님은 그들에게 여전히 말씀하셨다. 53-55절, "인자의 살을 먹지 아니하고 인자의 피를 마시지 아니하면 너희 속에 생명이 없느니라 내 살을 먹고 내 피를 마시는 자는 영생을 가졌고 마지막 날에 내가 그를 다시 살리리니 내 살은 참된 양식이요 내 피는 참된 음료로다".

주 예수님은 우리 죄인들의 영생하는 양식이 되기 위해서 이 땅에 오셨다. 주 예수를 믿는다는 것은 주 예수를 생명으로 내 안에 받아들이는 것이다. 주님은 사람의 음식이 되기 위해 오셨다는 것을 잊지 말자.

2장[Ⅲ]

1. 큰 기쁨의 소식, 그리스도

그리스도가 이 땅에 오신 것보다 큰 기쁨의 소식은 없다. 소망 없는 인류에게 소망을 가져오신 분이며, 인류의 비극을 근본적으로 폐하신 분이 바로 그리스도이다. 아담이 가져온 죄와 그에 대한 모든 저주, 심판을 다 해결해주시고 축복을 되찾아 주시기 위해 오신 분이기에 우리는 그분을 기쁨으로 맞이해야 한다. 하나님의 모든 축복을 가지고 이 땅에 한 분이 오시기 때문이다. 그분은 창세기 3장의 뱀의 머리를 깨뜨릴 여자의 씨이시고, 또 아브라함의 자손으로서 천하 만민이 그를 통하여 복을 받게 하기 위해 오실 아브라함의 씨이다[갈 3장]. 예수께서 돌아가시기 전에 그분은 축복의 잔을 들어 제자들을 축복하셨다. 이것은 인류 가운데 작은 일이 아니다. 예수 믿는 여러분에게는 축복된 미래가 있다. 어떤 어려움이 있을지라도 저주는 없다. 그러므로 주 안의 성도는 어떤 상황에도 근심과 걱정이 필요 없다.

이 땅의 사람들이 평화가 없음은 죄로 말미암은 것이다. 그분이 이 땅에 오신 것은 십자가로 원수 된 것을 없애고 그분의 피로 모든 죄를 사하고 멀어졌던 사람을 가깝게 하고 화평케 하기 위함이다. 그러나 오늘 이 땅은 그리스도의 보혈의 은혜를 받아들이지 않기에 평화가 없다. 예수 그리스도는 어려운 사람들에게 희망을 가져오신 분이다. 절망한 자의 벗으로 오신 분이다.

2. 하늘에 영광

예수님이 오시기 전, 사람의 타락으로 버려진 이 땅은 하나님이 기뻐하실 만한 광경이 하나도 없었다. 그러나 예수 그리스도께서 오심으로 이 땅은 하나님이 관심하시고 사랑하시는 광경으로 변하게 되었다. 그분의 아들이 이 세상에 사셨기 때문이다. **마태복음 3장 16-17절, "예수께서 세례를 받으시고 곧 물에서 올라오실새 하늘이 열리고 하나님의 성령이 비둘기같이 내려 자기 위에 임하심을 보시더니 하늘로서 소리가 있어 말씀하시되 이는 내 사랑하는 아들이요 내 기뻐하는 자라 하시니라".**

그리스도께서 오셨을 때 비로소 하늘이 활짝 열렸으며 하늘의 하나님은 이 땅에 그분을 기쁘시게 하는 자가 있어 좋으셨다. **요한복음 8장 29절, "나를 보내신 이가 나와 함께하시도다 내가 항상 그의 기뻐하시는 일을 행하므로 나를 혼자 두지 아니하셨느니라".**

히브리서 10장에서는 구약 때에 수많은 제물이 드려졌지만 그 제물들은 하나님을 참되게 기쁘시게 하지 못했다고 한다. 그러나 예수께서 오셨을 때 그분은 참된 제물이 되시어 아버지를 기쁘시게 했다. 레위기 1장의 번제에서 우리는 그리스도의 십자가의 죽으심이 우리의 죄를 위한 것만이 아니라 그분의 모든 것을 불태워드림으로 하나님의 기쁨과 영광을 위하는 면이 있음을 본다. 그분이 죽기까지 순종하심에는 하나님의 뜻을 온전히 순종하심으로 죽음까지 견디시며 그분의 모든 기름을 태워 하나님을 기쁘시게 하고 영광을 돌리는 면이 감추어져 있다.

히브리서 10장 4-9절, "이는 황소와 염소의 피가 능히 죄를 없이 하지 못함이라 그러므로 세상에 임하실 때에 가라사대 하나님이 제사와 예물을 원치 아니하시고 오직 나를 위하여 한 몸을 예비하셨도다 전체로 번제함과 속죄제는 기뻐하지 아니하시나니 이에 내가 말하기를 하나님이여 보시옵소서 두루마리 책에 나를 가리켜 기록한 것과 같이 하나님의 뜻을 행하러 왔나이다 하시니라 위에 말씀하시기를 제사와 예물과 전체로 번제함과 속죄제는 원치도 아니하고 기뻐하지도 아니하신다 하셨고(이는 다 율법을 따라 드리는 것이라) 그 후에 말씀하시기를 보시옵소서 내가 하나님의 뜻을 행하러 왔나이다 하셨으니 그 첫 것을 폐하심은 둘째 것을 세우려 하심이니라".

그리스도의 오심은 지극히 높은 곳에서는 하나님께 영광이요 땅에서는 기뻐하심을 입은 자들 중에 평화이다(눅 2:14). 예수가 오심으로 이 땅에는 진정한 평화가 오게 되었다.

3. 율법 아래 출생하여 율법을 이루신 그리스도

22절부터는 예수 그리스도께서 율법 아래 출생하신 것에 대해 기록하고 있다. 율법에 의하면, 남자 아기가 태어나면 첫 번째 아이는 하나님께 드려야 했다(민 3장 참조).

예수는 이처럼 유대인의 남자로 출생하셨기에 당시 율법 아래서 율법의 모든 것을 지키는 방식으로 행하셨다. 그분은 이스라엘 백성의 구원자만이 아니시라, 온 인류의 구원자이시다. 그렇지만 그분은 구약에서 선지자들이 예언한 대로 하나님의 약속을 지키는 식으로 율법 아래 출생하셨고, 결국은 율법 아래 있던 이스라엘 백성을 속량하셨다. 그분은 할례도 받으셨다. 사실 주님은 그런 것을 할 필요가 없으셨다. 죄가 없는 분이시기 때문이다. 하지만 육체를 제거하는 의식인 할례를 받으셨다. **로마서 15장 8절, "내가 말하노니 그리스도께서 하나님의 진실하심을 위하여 할례의 수종자가 되셨으니 이는 조상들에게 주신 약속들을 견고케 하시고".**

우리 주 예수님은 이스라엘 백성을 긍휼히 여기셔서 그들을 구원하고자 오셨기 때문에 그들의 율법 아래서 행해지는 모든 것을 다 순종하셨다는 것을 이해할 수 있다. 그 제물의 내용은 비둘기 한 쌍이나 어린 반구 둘이었다[24절]. **레위기 12장, "이스라엘 자손에게 고하여 이르라 여인이 잉태하여 남자를 낳으면 그 여인의 힘이 어린 양에 미치지 못하거든 산비둘기 둘이나 집비둘기 새끼 둘을 가져다가 하나는 번제물로, 하나는 속죄제물로 삼을 것이요 제사장은 그를 위하여 속할지니 그가 정결하리라"**(2,8절). 주님이 출생하신 집안은 어린 양을 드릴 형편이 못 되는 가난한 집이었다. 주 예수님은 구유에 출생하셨고 목수의 아들이셨기에 제물을 드릴 때도 여유가 없어서 어린 양을 드리지 못하시고 비둘기 한 쌍 혹은 어린 반구(집비둘기) 둘로 제사를 드리신 것이다. 이것을 보아도 주님이 가난한 집에 출생하셨음을 알 수 있다. 그분은 30세가 되실 때까지 가난한 요셉과 마리아 아래서 별로 좋은 식사도 못하시고 좋은 옷도 입지 못하고 목수 아버지의 가정 일을 도우며 지내셨을 것이다.

4. 시므온과 안나의 찬양

이때 성전에 아기 예수를 데리고 들어가니 예루살렘의 경건한 사람 시므온이 아기를 안고 하나님을 찬송했다. "주재여, 이제는 말씀하신 대로 종을 평안히 놓아주시는도다! 내 눈이 주의 구원을 보았사오니 이는 만민 앞에 예비하신 것이요 이방을 비추는 빛이요 주의 백성 이스라엘의 영광이니이다!". 또 아셀 지파 안나라 하는 선지자가 그리스도의 출생을 인해 하나님께 감사하며 예루살렘의 구속을 바라는 모든 사람에게 아기에 대하여 말했다.

5. 소년 예수

40절부터는 소년 예수의 12살 때 있었던 일을 기록한다. 그분은 유월절 절기에 부모와 함께 예루살렘에 올라가셨는데, 절기를 마치고 부모가 고향으로 돌아갈 때에 소년 예수는 예루살렘에 머무셨다. 부모는 예수가 동행 중에 있는 줄로 생각하고 하룻길이나 간 후에 친족과 아는 자 중에서 찾다가 만나지 못하여 사흘을 찾으면서 예루살렘에 돌아가 예수를 만나게 되었는데, 그가 선생들 중에 앉아서 그들에게 듣기도 하시며 묻기도 하시니 듣는 자가 다 그 지혜와 대답을 기이하게 여겼다. 그 부모가 보고 놀라며 모친은 "어찌하여 우리에게 이렇게 하였느냐? 보라, 네 아버지와 내가 근심하여 너를 찾았노라."고 했다. 예수께서는 "왜 나를 찾으셨습니까? 내가 내 아버지 집에 있어야 될 줄을 알지 못하셨습니까?"라고 했다. 그러나 양친은 그 하신 말씀을 깨닫지 못했고, 예수께서는 양친과 함께 내려가 나사렛에 이르러 여전히 순종하여 받드셨으며, 모친은 그 모든 일들을 마음에 두었다.

그리고 예수는 그 지혜와 그 키가 자라가며 하나님과 사람에게 더 사랑스러워 가셨다.

3장[I]

선주자 세례 요한에 대한 예언

이제 그리스도의 복음이 전개된다. 신약의 복음은 세례 요한으로부터라는 것을 알아야 한다. 구약 성경에서는 메시아가 오실 때 예고나 준비 작업 없이 갑자기 오실 것이라고 하지 않는다. 하나님께서 능력의 선주자를 보내셔서 모든 민족을 각성시키고 관심을 모을 것을 예언한다. **이사야 40장 3-5절, "외치는 자의 소리여 가로되 너희는 광야에서 여호와의 길을 예비하라 사막에서 우리 하나님의 대로를 평탄케 하라 골짜기마다 돋우어지며 산마다, 작은 산마다 낮아지며 고르지 않은 곳이 평탄케 되며 험한 곳이 평지가 될 것이요 여호와의 영광이 나타나고 모든 육체가 그것을 함께 보리라 대저 여호와의 입이 말씀하셨느니라"**. 말라기 성경에도 선지자 요한에 대한 예언이 있다. 말라기 4장 5-6上절, "보라 여호와의 크고 두려운 날이 이르기 전에 내가 선지 엘리야를 너희에게 보내리니 그가 아비의 마음을 자녀에게로 돌이키게 하고 자녀들의 마음을 그들의 아비에게로 돌이키게 하리라".

1-2절, **"디베료 가이사가 위에 있은 지 열 다섯 해 곧 본디오 빌라도가 유대의 총독으로, 헤롯이 갈릴리의 분봉왕으로, 그 동생 빌립이 이두래와 드라고닛 지방의 분봉왕으로, 루사니아가 아빌레네의 분봉왕으로, 안나스와 가야바가 대제사장으로 있을 때에 하나님의 말씀이 빈 들에서 사가랴의 아들 요한에게 임한지라"**. 이 구절들에서 예수께서 출생하실 당시의 시대적 죄악상을 발견하게 된다. 세례 요한이 사역할 때 이스라엘을 다스렸던 통치자들과 지배자들의 명단이 제시된다. 티베리우스(Tiberius), 본디오 빌라도(Pontius Pilate), 헤롯과 그의 동생 빌립, 당시의 유대인 대제사장 안나스와 가야바 등이다. 거의 다 악명이 높고 주님을 십자가에 못 박는 일에 동참한 자들이다. 당시 세상은 악인들이 다스리고 있었다. 통치자들이나 일반 백성이나 다 죄악으로 물든 사악한 세태에 신약의 시대, 복음의 시대가 열리고 있었던 것이다. **"하나님의 말씀이 빈 들에서 사가랴의 아들 요한에게 임한지라"**(2下절). 사역자들은 하나님의 말씀을 가진 자들이다.

3절, **"요한이 요단 강 부근 각처에 와서 죄 사함을 얻게 하는 회개의 세례를 전파하니"**. 물론 죄 사함은 믿음으로 이루어지지만 정당한 믿음에는 회개가 수반된다. 회개는 죄악된 삶에서 돌이켜 하나님께로 향하는 것이다.

7절, **"독사의 자식들아 누가 너희를 가르쳐 장차 올 진노를 피하라 하더냐"**. 요한은 세례를 받으러 나오는 무리에게 '독사의 자식들'이라고 했다. 요한은 선지자이다. 구약의 마지막 선지자라고 할 수 있다. 요한의 말에서 우리는 무엇을 배울 수 있는가? 첫째 요한의 말은 매우 정직하고 직선적이다. 세례[침례자] 요한은 그들에게 직선적으로 회개하라고 말했다.

8上절, **"속으로 아브라함이 우리 조상이라 말하지 말라"**. 요한은 세례를 받기 위해 요단강에 나오는 유대인들을 향하여 그들이 속으로 하는 말까지 책망한다. 그들은 '우리는 그래도 선택된 백성이고 아브라함의 자손이고 신앙이 좋은 사람들이다. 이방의 죄인들과는 다르다.'는 생각을 갖고 있었던 것이다. 요한은 그런 생각을 책망하며 회개에 합당한 열매를 맺으라고 했다. 침례만 받는다고 되는 게 아니라 내면의 생각과 외면의 행동이 바뀌어야 한다. 열매가 있는 회개여야 한다는 것이다.

8下-9절, **"내가 너희에게 이르노니 하나님이 능히 이 돌들로도 아브라함의 자손이 되게 하시리라 이미 도끼가 나무뿌리에 놓였으니 좋은 열매 맺지 아니하는 나무마다 찍혀 불에 던지우리라"**. 신분에 관계없이 '열매'가 중요하다. 입으로 회개하는 것은 소용이 없고 회개의 열매를 맺어야 한다. 좋은 열매를 맺지 못하는 상태에서 어떤 일이나 예식이나 형식만 바꾸고 입으로만 신앙고백을 그럴듯하게 하는 것은 아무 소용이 없다. 그런 나무마다 찍혀 불에 던지울 것이라고 했다. 도끼는 근본, 즉 나무뿌리에 대어져야 한다.

10-11절, **"무리가 물어 가로되 그러하면 우리가 무엇을 하리이까 대답하여 가로되 옷 두 벌 있는 자는 옷 없는 자에게 나눠 줄 것이요 먹을 것이 있는 자도 그렇게 할 것이니라 하고"**. 어느 시대든지 사람들에게 가장 문제가 되는 것은 재물이다. 당시 사람들이 하나님을 믿는다고 했지만 아직 그들 속에 하나님을 믿는 참된 믿음이 없었던 것이다. 사람이 진정 회개한다면 근본적인 문제에서 바뀌어야 한다. 세례 요한이 말하는 회개는 바로 그 사람의 근원적인 문제점이 바뀌는 것이다. 거기서 바뀌지 않으면 열매가 없는 신앙이다.

12-13절, **"세리들도 세례[침례]를 받고자 하여 와서 가로되 선생이여 우리는 무엇을 하리이까 하매 가로되 정한 세 외에는 늑징치 말라 하고"**. 왜 세리들을 죄인이라고 부르는가? 정한 세 외에 세금을 더 매겨서 착복하기 때문이다. 그러므로 정한 세 외에는 늑징치 말라고 한다.

14절, **"군병들도 물어 가로되 우리는 무엇을 하리이까 하매 가로되 사람에게 강포하지 말며 무소하지 말고 받는 요를 족한 줄로 알라 하니라"**. '강포하다'는 것은 강제로, 폭력으로 사람들의 돈을 뺏는 것이다. '무소하다'는 거짓으로 다른 사람에게 잘못을 뒤집어씌우는 것이다.

"받는 요를 족한 줄로 알라 하니라". 군인들은 자기들이 받는 월급만 가지고는 만족하지 못하는 성향이 있다는 뜻이다. 인간의 직업과 그 종류별로 그 사람의 문제, 돌이켜야 할 바로 그 뿌리의 죄는 놓아두고 다른 것을 하는 것은 소용이 없다.

15절, **"백성들이 바라고 기다리므로"**. 당시 이스라엘 백성들은 로마의 식민지에 속해 있었는데 너무나 힘든 상황 가운데서 말씀에서 예언한 그리스도를 간절히 바라며 기다리고 있었다. 그때 광야에 한 선지자가 나타났다. 그는 능력 있고 담대한 선지자였으며 이름은 요한이라 했다. 요한은 유약하고 무능한 선지자가 아니었다. 그는 말라기 마지막 장에 예언된 대로 엘리야의 영과 능력으로 이 땅에 와서 어떤 사람들 앞에서도 좌절하지 않고, 굽히지 않고, 담대하게 이스라엘에게 예수 그리스도를 천거하는 사역을 했다. 그때 모든 사람이 요한의 말을 듣고 요한이 혹 오리라 한 바로 그 그리스도인가 심중에 의논했다.

16절, **"나는 물로 너희에게 세례를 주거니와 나보다 능력이 많으신 이가 오시나니 그는 성령과 불로 너희에게 세례를 주실 것이요"**. 이 세례 요한은 우리 사역자의 본이다. 그는 사람들이 '요한이 바로 그리스도인가?' 하며 혼돈스러워할 때 애매모호한 방식으로 처신하거나 우물우물하며 은근히 사람들의 존경을 취하려고 하지 않았다. 요한복음을 보면, 요한은 드러내놓고 분명히 말하기를, '나는 그리스도가 아니다(I'm not the Christ)'라고 했다. 아닌 것은 아니라고 해야 한다. 그럴 때 자신에게 향했던 경외심, 과도한 존경심이 감소될 수 있다. 그럼에도 불구하고 요한은 모든 사람 앞에서 자신은 그리스도가 아니라고 표명했다.

18절, **"또 기타 여러 가지로 권하여 백성에게 좋은 소식을 전하였으나"**. 요한은 사람들에게 여러 가지로 권하여 좋은 소식을 전했다. 좋은 소식이란 복음이다. 세례 요한도 복음을 전한 것이다. 선지자는 요한까지이다. 즉, 구약의 마지막 선지자가 요한인 것이다. 그리고 주님이 오셨다. 요한은 천국이 가까웠다고 선포했다. 주님이 사역을 시작하실 때도 "회개하라 천국이 가까웠느니라"고 하시면서 요한과 같은 말씀을 하셨다. 요한은 헤롯 왕의 패륜적인 부부관계를 지적하여 감옥에 갇혔고, 그 후에 헤로디아의 딸이 헤롯의 생일날 춤을 추어 왕을 기쁘게 하고 선물로 요한의 목을 달라고 함으로써 요한은 목 베임을 당해 죽게 된다. 결국 구약의 마지막 선지자 요한도 다른 많은 선지자들처럼 주님의 사역을 하다가 순교를 당했다.

세례 요한이 구약의 선지자들의 사역을 종결짓는 일을 하다

요한은 구약의 선지자들의 사역을 종결짓는 일을 했는데, 그것은 곧 세례[침례]를 주는 것이었다. 간단히 말하면 '여러분의 죄가 용서받아야 할 뿐 아니라 여러분 자신이 물속에 넣어져서 끝나야 한다.'는 것이다. 구약의 선지자의 역할은 모세로부터 시작해서 사람들의 죄악을 드러내는 것이다. 그들이 죄인임을 확인시켜 주는 것이다. 결국 그 일의 종결자가 세례 요한이었다. 그는 사람들을 물속에 집어넣음으로써 '너희는 고칠 수 없고 죽기에만 합당한 존재들이다.'라는 것을 알려주었던 것이다. 물론 그 이전의 선지자들도 다 그 일을 했지만 그중에서도 요한은 가장 통렬하게 직접적으로 사람들의 죄악을 지적해낸 사람이었다고 할 수 있다. 주님도 그런 면에서 세례 요한을 칭찬하셨다. 여자가 낳은 자 중에 세례 요한보다 더 큰 자가 없다고 하셨다. 왜 그렇게 말할 수 있는가? 그의 사역이 그러했기 때문이다. 그는 주님과 시간적으로 가장 가까울 뿐 아니라 그의 사역은 아주 투명하고 깨끗했다.

당시 세례를 받으러 나오는 사람들에게 그는 '독사의 자식'이라고 말했다. 그들이 겉으로는 결코 독사의 자식 같지 않았을 것이다. 주님을 아주 잘 믿는 사람들처럼 거룩한 모양으로 나왔을 것이다. 그러나 요한은 그들을 독사의 자식이라고 불렀다. '너희는 아브라함의 자손이라는 자부심을 가지고 있겠지만 실상은 속에 독이 가득한 존재들이다. 하나님은 이 돌들로도 아브라함의 자손을 만드실 수 있다. 이미 도끼가 나무뿌리에 놓였으니 좋은 열매 맺지 않는 나무마다 찍혀 불에 던지울 것이다.'라고 했다. 요한은 결코 변죽을 울리는 말을 하지 않았다. 그래도 자기의 사역에 찬동해서 침례를 받아보겠다고, 말씀을 한번 들어보겠다고 사람들이 몰려오는데 그들을 향해서 독사의 자식들이라고 할 수 있겠는가? 쉽지 않은 일이다.

요한은 그들이 무슨 생각을 하고 있으며 그들의 근본적인 문제가 무엇인지 직선적으로 지적하는 일을 했다. 이처럼 요한은 예수님 앞서 길을 평탄케 하며 예비하는 선구자의 사역을 했다. 요한은 근본적으로 도끼를 그 뿌리에다 대는 사역을 했다. 문제가 있는 나무의 잎사귀를 몇 개 떼어내는 것이 아니고 못된 열매를 몇 개 따는 일이 아니었다. 가지를 몇 개 자르는 일도 아니었다. 그는 뿌리를 겨냥했다. '너희들은 존재 자체가 잘못되었다. 너희들의 근본 문제를 해결해야지 대충 좋다고 하지 말라.'고 한 것이다. 요한은 결국 옥에 갇혔고 목 베임을 당했다. 그것이 악한 세상의 참된 선지자에 대한 대우였다.

예수께서 세례를 받으시다

21上절, **"백성이 다 침례를 받을새 예수도 침례를 받으시고"**. 주님은 죄가 없으셨다. 죄를 모르는 분이셨다. 그럼에도 주님은 물속에 들어가셔서 요한에게 세례[침례]를 받으셨다. 죄로 가득하고 사악한 독사의 자식들은 잘 믿는 사람처럼 요한에게 나아왔다. 그러나 주님은 죄가 없는 분인데도 장사 지내는 것을 의미하는 침례의 물속으로 들어가신 것이다. 하나님의 아들이신 예수도 물에 내려가서 침례를 받으셨다!

21下절, **"기도하실 때에 하늘이 열리며"**. 물에서 세례 받으실 그때 주님은 기도하셨다. 어떤 사람들은 예수님이 침례를 받으신 것은 뭔가 모본을 보이려고 그렇게 하셨다고 생각할지 모르지만 그렇지 않다. 주님은 죄 없으신 분이지만 진지하고 진실한 마음으로 기도하시면서 침례 받으셨다는 것을 생각해보기 바란다. 그분은 이스라엘의 백성들, 죄인들과 자신을 구분하지 않으셨다. '나는 다르다. 나는 죄가 없다. 나는 하나님의 아들이다.' 하면서 자신을 다른 사람들과 분리하지 않으셨다. 그분은 사람으로, 이스라엘 남자로 출생하셨고, 사람의 신분을 버리지 않으셨다. 그리고 사람으로서 기도하시면서 침례를 받으셨다. 하나님의 아들이라는 선포는 예수님 자신이 하신 것이 아니다. 예수님은 사람들과 똑같이 죄인처럼 물속에 장사 지내는 침례를 받으셨지만, 자기를 부인하는 침례를 받으셨지만, 그때 하늘이 열리고 성부의 음성이 들렸다. 아버지께서 그를 인정하신 것이다.

예수님이 침례를 받으시고 기도하실 때 하늘이 열리며 성령이 비둘기같은 형체로 그 위에 강림하시더니 하늘로서 소리가 나왔다. "너는 내 사랑하는 아들이라. 내가 너를 기뻐하노라!" 사람이 죽음의 위치에 있을 때만이 하늘이 열린다. 자신을 죽음에 두지 않는 사람은 결코 하늘이 열리는 것과 성령의 비둘기를 체험할 수 없다. 사람은 더 큰 능력과 역사를 원하지만, 예수님은 자신을 낮추고 부인하는 깊은 죽음을 택하셨다. 그분은 인류를 위한 사역의 노정을 걸어가시기 위해 성령으로 충만되셔야 했다. 누구든지 하나님을 섬기려면 성령 충만을 받아야 하며, 이를 위해서는 자신을 죽음에 두어야 한다.

3장[Ⅲ]

예수님의 족보

23-38절, "예수께서 가르치심을 시작할 때에 삼십 세쯤 되시니라 사람들의 아는 대로는 요셉의 아들이니 요셉의 이상은 헬리요 그 이상은 맛닷이요 그 이상은 레위요 그 이상은 멜기요…그 이상은 셈이요 그 이상은 노아요 그 이상은 레멕이요 그 이상은 므두셀라요 그 이상은 에녹이요 그 이상은 야렛이요 그 이상은 마할랄렐이요 그 이상은 가이난이요 그 이상은 에노스요 그 이상은 셋이요 그 이상은 아담이요 그 이상은 하나님이시니라".

이것은 예수님의 족보이다. 여기 75명의 이름이 나온다. 누가복음은 예수님으로부터 아담까지 올라가는 족보이고, 마태복음은 아브라함으로부터 예수님까지 내려가는 족보이다. '사람들의 아는 대로는 요셉의 아들이니'[23절]라는 말은 원전에서 '법적으로 말하면'이라는 뜻이다.

또한, 다른 사람들 앞에는 관사가 있지만 요셉 앞에는 관사가 없다. 그가 법적으로는 예수의 족보에 들어가지만 사실상 그럴 자격이 없다는 것이다. 예수는 남자가 아닌 여자의 씨이시기 때문이다. 요셉은 사람들이 말할 때에 아버지일 뿐 실제로는 예수님과 아무 관계가 없다. 그러므로 우리는 마태복음과 누가복음에서 진귀한 기록을 보게 된다. 지금으로부터 이천여 년 전, 한 분이 남자와 관계없이 성령으로 잉태되시고 여자에게서 출생하셨다는 것이다.

"그 이상은 셋이요, 에노스요, 아담이요, 그 이상은 하나님이시라"[38절]. 성경보다 정확하게 인류의 근원을 밝혀놓은 책은 없다. 성경은 아담 이상은 하나님이시라고 분명하게 기록하고 있다. 피조물인 사람들 가운데 하나님께서 75대를 거쳐서 사람으로 태어나셨다는 것이다. 성경은 그것을 모호하게 말하지 않고 정확하고 분명하게 말하고 있다.

이천여 년 전에 이 땅에 사람으로 출생하신 그 특별한 분의 이름이 예수시다. 그분의 태어나심이 매우 특별하지만 분명 사람이셨다. 그분은 물속에 들어갔다가 나오셨고, 사탄에게 시험받으셨고, 갈릴리 해변에 다니시며 제자들을 부르셨다. 하늘에서 음성이 나서 말씀하기를, "이는 내 사랑하는 아들이라" 하셨다. 하나님의 아들이신데 또 사람이신 것이다. 이런 분이 인간 세상에 사셨다는 것이다. 성경은 우리에게 이것을 말씀해주고 있다. 참으로 놀라운 일이다. 이런 분을 사람들은 십자가에 못 박아 죽였다. 이 사실은 누구도 부정하지 못하고 있다. 인류는 그분을 죽였지만 그분을 도무지 부정하지 못하고 있다. B.C.란 'Before Christ', 즉 '주전(예수 그리스도 이전)'이라는 뜻이고, A.D.는 'Anno Domini', 즉 '주님의 해'라는 뜻이다.

누가복음은 그분의 족보를 분명하게 밝히고 있다. 우리나라도 그렇지만 유대인은 족보를 대단히 중시하는 민족이다. 그러므로 이런 것을 거짓으로 기록할 수가 없다. 유대인은 거짓 족보를 만들 가능성이 없는 사람들이다. 마태복음은 아브라함부터 내려오는데, 주로 유대인들을 위한 복음서이다. 그러므로 그들에게는 예수님이 다윗과 아브라함의 씨라는 것만 증명하면 된다. 구약 성경에 기록된 그분에 대한 예언이 맞으면 된다. 하지만 누가는 알다시피 사도 바울의 동역자이다. 그는 온 세계 선교에 사명을 가지고 있었다. 그러므로 예수는 유대인만을 위한 구주가 아닌 온 인류의 구주이셔야 한다. 그래서 아브라함을 넘어서 아담까지 거슬러 올라간 것이다. 아담은 온 인류의 조상이다.

31절에 예수가 다윗의 자손이라는 것이 나오는데, 마태복음은 다윗의 아들 솔로몬을 말하고(요셉은 다윗의 아들 중 솔로몬의 자손이다), 누가복음은 다윗의 또 다른 아들인 나단을 말한다(마리아는 다윗의 아들 중 나단의 자손이다). 그러므로 예수 그리스도는 요셉 쪽으로나 마리아 쪽으로나 다윗의 자손이신 것이다. 나단에게서 나온 사람이 헬리이고 또 마리아이다. 만일 마리아가 다윗의 자손이 아니라면 그것에 의문을 제기할 사람이 있었을 것이다. 하지만 예수님은 법적으로 보더라도 다윗의 자손이시고 실질적으로도 다윗의 자손이시다. 다윗의 씨에서 메시아가 나온다는 구약 성경의 예언이 그대로 이루어진 것이다. 그분이 천국을 이루실 분이고 하나님의 뜻을 이루실 분이다. 그분이 기름부음 받으신 자 그리스도이시다. 그분이 인류의 구주이시고, 우리는 그분의 십자가의 피로 죄를 용서받고 성령으로 새롭게 된 사람들이다.

4장[I]

예수께서 광야에서 마귀에게 시험을 받으시다

예수께서는 성령의 충만함을 입어 요단강에서 돌아오셔서 광야에서 사십일 동안 성령에게 이끌리시며 마귀의 시험을 받으셨다. 그 40일 동안 예수께서는 아무것도 잡수시지 못하고 인간의 배고픔의 한계점에 이르셨을 것이다. 그때 마귀가 시험하러 왔다.

첫 번째 시험-이 돌들에게 명하여 떡덩이가 되게 하라

"네가 만일 하나님의 아들이어든 이 돌들에게 명하여 떡덩이가 되게 하라". 마귀는 예수께 '하나님의 아들'이라고 했다. 그분이 사람이시면 마귀에게 큰일이기 때문이다(창 3:15). 온전한 사람, 하나님의 사람, 합당한 사람, 정상적인 사람이 이 땅에 나타나면 그가 반드시 사탄을 처단한다는 것을 알기 때문이다. 그래서 마귀는 '당신이 하나님의 아들인 것은 인정하겠지만 사람이라고는 하지 마시오.'라고 한 것이다. 참된 사람이 나타나면 마귀의 끝 날이 오기 때문에 그자는 사람을 두려워한다. 사람이 바로 마귀의 권세를 이길 존재이기 때문이다(창 1:26-29). 이때 예수님은 참 사람으로서, 인간의 대표로서, 인류의 또 하나의 새로운 머리로서 시험을 받으셨다. 첫 사람 아담은 에덴에서 시험에 실패함으로 많은 사람에게 죄와 사망을 유전시켰다. 그런데 두 번째 사람 예수는 마귀의 시험을 이기셨다. 결국 그로 인하여 대적을 이길 왕국을 세우실 것이다.

두 번째 시험-내게 절하면 세상 권세와 영광이 네 것이 되리라

마귀는 예수님께 순식간에 천하만국을 보이며 이 모든 권세와 영광이 자기 것이라고 말했는데 예수님도 그것을 부정하지 않으셨다. 그러므로 현재의 이 세상은 마귀가 사로잡고 있는 것이 분명하다(요일 5:19). 예수님도 마귀를 일컬어 '이 세상 임금', '세상의 권세 잡은 자'라고 하셨다. 오늘날 이 세상을 다스리는 자는 사탄 마귀인 것이다. "네가 만일 내게 절하면 다 네 것이 되리라"[7절]. 이것이 천하만국을 얻는 조건이었다. 사실 천하만국은 다 그리스도의 권세 아래 있어야 맞다. 그런데 천하만국을 얻는 방법은 그것이 아니다. 마귀는 간단하게 자기에게 절하라고 했지만, 주님은 그것을 얻기 위해 십자가에서 죽으셨다. 그에게 절하기만 하면 죽지 않고도 간단히 얻을 수 있다고 하는 것이 마귀의 유혹이다. 그러나 십자가는 하나님의 뜻이며 그분은 먼저 십자가에서 죽으심으로 많은 사람의 죄를 속량하셨다. 그분은 수많은 사람들을 구속하시어 왕국의 전사들이 되게 하실 것이며, 그들로 하여금 마귀를 깨뜨릴 일을 하러 오셨다(요일 5:8, 계 12:5-12). 그러나 마귀는 한사코 십자가로 가지 못하도록 유혹하는 말을 하고 있다. 베드로도 '그리 마옵소서.' 라고 했다가 '사단아!'라는 꾸짖음을 들었다.

예수 그리스도는 십자가에서 죽으심으로 나라를 얻으신다. "내가 땅에서 들리면 모든 사람을 내게 이끌겠노라"(요 12:32). 그분은 십자가에서 돌아가심으로써 사람들을 그분께로 모으신다. 그들을 구속하시고 주님의 사랑으로 감동시키고 순종하게 만들고 성령으로 새롭게 하시는 모든 결과를 얻으시려면 예수님은 죽으셔야 한다. 그래야만 그분의 참다운 왕국이 이루어지는 것이다. 그런데 마귀는 그렇게 하지 말고 내게 절만하면 된다고 하는 것이다. 그때 주님의 대답은 어떠했는가? "주 너의 하나님께 경배하고 다만 그를 섬기라". 경배는 곧 섬김이다. 사단은 '내게 절만하라'고 말했지만, 사실은 절하면 섬기게 된다. 이것은 이 세상의 명예나 권세나 영광의 문제이다. 왜 이 세상 사람들이 마귀에게 굴복하는가? 첫째가 먹는 것 때문이고, 둘째는 이 세상의 권세 때문이다. 예수를 믿는다고 하면서 아직도 물질의 유혹과 세력에서, 세상의 명예와 부귀와 권력에서 벗어나지 못한 사람은 아직 사단의 속박 아래 노예가 되어 있다는 것을 알아야 한다.

세 번째 시험-성전 꼭대기에서 뛰어내리라

세 번째 시험은 영적인 것이었다. 첫째는 육신적인 필요, 둘째는 세속의 권세와 영광에 대한 것이었다면, 셋째는 영적인 교만에 대한 것이었다. 마귀는 주님을 성전 꼭대기에 세우고 "네가 만일 하나님의 아들이어든 여기서 뛰어내리라"고 하면서 말씀까지 인용했다. 주님이 '기록하기를' 하시며 말씀을 인용하셨듯이, 그도 똑같이 '기록하기를' 하면서 성경을 인용하고 있다. 마귀도 성경을 잘 안다. 시편 91편의 말씀을 두 절이나 인용했다. "기록하였으되 하나님이 너를 위하여 그 사자들을 명하사 너를 지키게 하시리라 하였고 또한 저희가 손으로 너를 받들어 네 발이 돌에 부딪히지 않게 하시리라 하였느니라". 이 상황에 얼마나 그럴듯하게 적용되는 말씀인가! 하지만 예수님은 "주 너의 하나님을 시험치 말라 하셨느니라"고 대답하셨다.

4장[Ⅱ]

마귀의 시험을 이기신 후 갈릴리에서 사역을 시작하심

예수님은 요단강에서 세례를 받으시고 성령의 충만함을 입으셨으며, 그것이 그분의 사역의 준비였다. 즉, 왕으로서, 제사장으로서 기름부음을 받으신 것이다. 그런 다음 광야에서 40일 동안 성령에게 이끌리시며 마귀에게 시험을 받으셨다. 그날들 동안 아무것도 드시지 못하고 주리셨을 때 마귀가 와서 시험했으며 주님은 그 시험을 모두 이기셨다. 그리고 이제 갈릴리에서부터 사역을 시작하신다. 이것 또한 주 예수님의 겸손이요 낮아지심이다. 갈릴리는 예루살렘에서 멀리 떨어진 시골이고 사람들이 알아주지 않는 곳이었다. 예수께서는 '이방의 갈릴리'라 불리던 곳에서 사역을 시작하신 것이다.

"성령의 권능으로 갈릴리에 돌아가시니…친히 그 여러 회당에서 가르치시매 뭇 사람에게 칭송을 받으시더라". 회당이란 오늘날 예배당처럼 유대인들이 가는 곳마다 율법서를 읽으며 자기들의 신앙을 지키고자 했던 곳이다. 우리가 기억해야 할 것은, 주 예수님은 일상적인 하나님의 백성의 모임을 중요시하셨다는 것이다. '이것은 성전이 아니지 않느냐? 변형된 모임이 아니냐? 나는 그런 곳에 가지 않는다. 성전에서 모여야 의미가 있지 무슨 회당에서 모이는가?' 하지 않으셨다. 16절에서도 '규례대로' 들어가셨다고 했는데, 이는 항상 그렇게 하셨다는 것이다. 주님은 그들의 그런 규례도 존중하셨음을 나타낸다.

예수께서 자라나신 곳 나사렛에서 배척당하시다

16절, **"예수께서 그 자라나신 곳 나사렛에 이르사"**. 예수께서는 나사렛에서 사역을 시작하신 것이 아니다. 갈릴리 여러 회당을 다니시며 사역을 하셨고 많은 사람들에게 알려지셨다. 그런 다음에 자라나신 곳, 나사렛에 오셨다. "안식일에 자기 규례대로 회당에 들어가사". 예수는 요단강에서 침례 받고 성령의 충만함을 입으셨으며 그때 성령이 형체로 비둘기같이 임하셨다고 했다. 그런 다음 성령에게 이끌려 광야에서 40일 동안 마귀에게 시험을 받으시고 갈릴리에서 사역을 시작하셨으며 사람들에게 조금씩 알려지게 되셨다. 그리고 자라나신 곳인 나사렛에 이르러 회당에 들어가신 것이다.

17-19절, **"선지자 이사야의 글을 드리거늘 책을 펴서 이렇게 기록한 데를 찾으시니 곧 주의 성령이 내게 임하셨으니 이는 가난한 자에게 복음을 전하게 하시려고 내게 기름을 부으시고 나를 보내사 포로 된 자에게 자유를, 눈먼 자에게 다시 보게 함을 전파하며 눌린 자를 자유케 하고 주의 은혜의 해를 전파하게 하려 하심이라 하였더라"**. 예수님이 이사야 61장을 인용하여 하나님으로부터 받은 사역이 무엇인지를 사람들에게 표명하고 선언하시는 대목이다. 주님은 말씀을 그대로 읽어주셨다.

"주의 성령이 내게 임하셨으니 이는 가난한 자에게 복음을 전하게 하시려고"[18절]. 예수님은 원래 성령으로 잉태되셨지만 요단강에서 다시 기름부음을 받으셨다. 복음은 어떤 사람에게 영접되고 환영받는가? 가난한 자들이다. "나를 보내사". 예수님은 성령으로 충만케 되신 후에 보내심을 받으셨다. "포로 된 자에게 자유를". 죄의 포로, 죄의 노예가 되었던 것에서 자유케 되는 것이다. 이처럼 주 예수님의 복음은 가난한 자에게 전파되어 포로 된 자를 자유케 하고 눈먼 자를 다시 보게 한다. 포로 되고 억눌리고 눈먼 자들은 하나님의 왕국을 위해 창조된 사람이지만 하나님의 뜻과 왕국을 위한 선한 싸움을 싸울 수 없다.

"주의 은혜의 해를 전파하게 하려 하심이라". '주의 은혜의 해'란 구약 성경에 나오는 '희년'을 말한다. '하나님이 열납하시는 해'라는 뜻이다. 이는 50년마다 돌아오는 해로서 영어로는 '쥬빌리(Jubilee)'라고 한다. 희년의 나팔이 울릴 때 이스라엘 백성들 중에 원래의 자기 땅을 잃어버렸던 자들이 모두 자기 땅을 되찾게 된다.

예수께서 주의 성령이 임하여 하시는 말씀이 바로 지금이 그 은혜의 해라는 것이다. 오늘날 복음을 전한다고 하면서 죄 사함만 말하는 사람들이 있다. 그들은 죄 사함을 얻어 멸망치 않고 지옥에 가지 않는 것을 최상으로 삼는다. 그러나 이 말씀에서 복음은 많은 묶인 사람을 해방하며 잃어버린 기업을 되찾는 것까지를 포함한다는 사실을 알게 된다.

20절, **"책을 덮어 그 맡은 자에게 주시고 앉으시니 회당에 있는 자들이 다 주목하여 보더라"**. 우리 주 예수님이 이 말씀을 읽을 때에 사람들이 주목하여 보았다.

21절, **"이에 예수께서 저희에게 말씀하시되 이 글이 오늘날 너희 귀에 응하였느니라 하시니"**. 이사야의 이 예언이 지금 성취되었다는 말씀이다. 가난한 자에게 복음이 전파되고 포로 된 자가 자유케 되고 눈먼 자가 눈을 떠서 보게 되는 희년이 왔다는 것이다.

22절, **"저희가 다 그를 증거하고 그 입으로 나오는바 은혜로운 말을 기이히 여겨 가로되 이 사람이 요셉의 아들이 아니냐"**. 왕국의 복음은 사람의 잘못을 지적하고 정죄하는 무거운 말씀이 아니라 은혜로운 말씀이다. 은혜로운 말을 들은 나사렛 사람들은 자기들이 아는 동네 사람 요셉의 아들 입에서 그런 말이 나오자 기이하게 여겼다.

4장[Ⅲ]

23절, **"예수께서 저희에게 이르시되 너희가 반드시 의원아 너를 고치라 하는 속담을 인증하여 내게 말하기를 우리의 들은바 가버나움에서 행한 일을 네 고향 여기서도 행하라 하리라"**. 이것은 무슨 말씀인가? 그들이 비아냥거리면서 이렇게 말한다는 것이다. '이 사람이 요셉의 아들이 아니냐'고 하는 것은 예수님을 평상시 알고 지내던 요셉의 아들로만 여겨 무시하고 그 말을 더 이상 받아들이려 하지 않는 말투이다. 이에 주님은 그들 속에 있는 말을 드러내셨다.

24절, **"또 가라사대 내가 진실로 너희에게 이르노니 선지자가 고향에서 환영을 받는 자가 없느니라"**. 선지자는 고향에서, 가까이에서 항상 부딪히는 사람들에게 인정받기가 어렵다. 예수님도 마찬가지셨다. 정작 예수님이 자라셨던 그 고향 사람들은 그분을 인정하기 싫어했다.

25-27절, **"내가 참으로 너희에게 이르노니 엘리야 시대에 하늘이 세 해 여섯 달을 닫히어 온 땅에 큰 흉년이 들었을 때에 이스라엘에 많은 과부가 있었으되 엘리야가 그중 한 사람에게도 보내심을 받지 않고 오직 시돈 땅에 있는 사렙다의 한 과부에게 뿐이었으며 또 선지자 엘리사 때에 이스라엘에 많은 문둥이가 있었으되 그중에 한 사람도 깨끗함을 얻지 못하고 오직 수리아 사람 나아만뿐이니라"**. 구약 성경의 엘리야와 엘리사, 두 선지자의 사건을 인용하여 말씀하셨다. 당시 온 땅에

가뭄이 들어 기근으로 어려울 때 엘리야가 도왔던 과부는 이스라엘 사람이 아니라 시돈 땅의 사렙다 과부였다. 엘리사 선지자 역시 이스라엘 사람 중에 있는 문둥이를 고친 것이 아니라 수리아 사람 나아만을 고쳐주었다. 이스라엘 사람들은 선택한 백성이기에 하나님의 돌보심을 얻을 위치에 있었지만 그렇지 못했던 것처럼, 당시 나사렛 사람들은 하나님의 축복을 받을 위치에 있건만 예수님을 외모로 보고 멸시하며 배척한 것이다.

28절, **"회당에 있는 자들이 이것을 듣고 다 분이 가득하여"**. 이 말을 듣고 그 고향 사람들은 분이 가득했다(filled with). 예수님은 성령으로 가득하셨지만 그들은 분으로 가득했다.

29-30절, **"일어나 동네 밖으로 쫓아내어 그 동네가 건설된 산 낭떠러지까지 끌고 가서 밀쳐 내리치고자 하되 예수께서 저희 가운데로 지나서 가시니라"**. 그들은 예수님을 동네 밖으로 쫓아냈다(casting out of the city). 예수님은 사역의 시작부터 자신의 동네 사람들에게 배척당하셨다. 예수의 첫 번째 대적자들은 바로 자라나신 동네 사람들이었다.

고향 나사렛에서 배척당하시고 다시 가버나움으로 가시다

가버나움은 예수께서 사역을 시작하신 곳인데, 거기서 사역하시다가 그분이 자라나신 동네인 나사렛에 가셨고 그곳에서 배척을 당하여 다시 가버나움으로 가셨다. 그리고 안식일에 가르치실 때에 사람들은 그 가르치시는 말씀에 권세가 있으므로 놀랐다.[31-32절]

그때 회당에 더러운 귀신 들린 사람이 있었는데, 크게 소리 지르며 "아, 나사렛 예수여, 우리가 당신과 무슨 상관이 있습니까? 우리를 멸하러 왔습니까? 나는 당신이 누구인 줄 아는데 하나님의 거룩한 자입니다." 귀신들은 예수님이 누구신지도 알고 그분이 왜 오셨는지도 알았다. 그러자 예수님은 귀신들을 꾸짖으시고 그에게서 나오라고 하셨다. [34-35절]

36절, **"귀신이 그 사람을 무리 중에 넘어뜨리고 나오되 그 사람은 상하지 아니한지라"**. 귀신들이 하는 일은 결국 사람을 죽이고 멸망시키는 것이다. 그때 사람들이 말했다. 37절, **"다 놀라 서로 말하여 가로되 이 어떠한 말씀인고 권세와 능력으로 더러운 귀신을 명하매 나가는도다 하더라 이에 예수의 소문이 그 근처 사방에 퍼지니라"**.

회당에서 사역을 마치신 예수께서는 베드로의 장모의 열병을 치료하셨다. 열병을 꾸짖으셨다는 말은 그 병의 배후에 마귀가 있다는 뜻이다. 그녀는 병이 나은 후 예수를 섬겼다.[38-39절] 많은 경우 사람의 질병은 마귀와 귀신으로부터 온다.

40절, **"해 질 적에 각색 병으로 앓는 자 있는 사람들이 다 병인을 데리고 나아오매 예수께서 일일이 그 위에 손을 얹으사 고치시니"**. 이 말씀을 볼 때에도 예수께 나오는 사람, 예수님을 의지하는 사람은 고침을 받는다. 여러 사람의 귀신들린 것을 쫓아내시니 귀신들이 사람에게서 빠져나가면서 소리를 질렀다. "당신은 하나님의 아들이십니다!" 귀신들이 먼저 그분이 하나님의 아들 그리스도이신 것을 알았는데, 주 예수님은 그들의 말 하는 것을 허락지 않으셨다. 하나님께서 그 아들을 보내심은 천사들을 위한 것이 아니라 타락한 사람을 위한 것임이 분명하다. 사람은 그분이 하나님의 아들이신 것을 시인하면 구원을 받지만 귀신들은 소용이 없다. 하나님은 타락한 천사나 귀신들을 구원할 계획이 없으시다.

42절, **"날이 밝으매 예수께서 나오사 한적한 곳에 가시니 무리가 찾다가 만나서 자기들에게서 떠나시지 못하게 만류하려 하매"**. 주님께서는 이렇게 일하신 후에 '한적한 곳'에 가셨다고 기록하고 있다. 큰 역사를 하시고 많은 사람을 치료하심으로 유명하게 되셨지만, 그분의 성품은 그런 것을 좋아하지 않으셨다. 다만 조용하게 아버지께 나아가 기도하셨다. 예수님이 병을 많이 고쳐주시자 그곳 사람들은 예수님을 그곳에 더 체류하시도록 붙들어놓으려고 했다. 그러나 예수님은 한 곳에 붙잡혀 계시는 분이 아니시다.

43절, **"내가 다른 동네에서도 하나님의 왕국 복음을 전하여야 하리니 나는 이 일로 보내심을 입었노라"**.

5장[I]

어부들을 제자로 부르시다

5장 1절부터 상고할 내용은 베드로가 예수님을 만나서 고기를 엄청나게 많이 잡은 사건인데, 이것은 세 가지 사건과 관계되는 것처럼 보인다. 하나는 마태복음 4장과 마가복음 1장에서 예수님이 갈릴리를 지나가시다가 그들이 고기 잡는 것을 보시고 "나를 따라오너라. 내가 너로 사람 낚는 어부가 되게 하리라." 하셨던 장면이다. 또 하나는 요한복음 21장에서 제자들이 디베랴 바닷가에서 고기를 잡고 있을 때 '배 오른 편에 그물을 던지라'고 하셔서 153마리의 고기를 잡은 사건이다. 누가복음 5장은 고기를 많이 잡은 것으로 따지자면 요한복음 21장의 이야기와 흡사한 면이 있고, 또 제자들을 불러서 '나를 따라오너라 내가 너희로 사람 낚는 어부가 되게 하리라'는 말씀의 내용을 보면 마태복음과 마가복음의 말씀과 비슷하다.

어떤 학자들은 누가복음의 이 사건이 마태복음 4장과 마가복음 1장에서 주님이 갈릴리 바닷가를 지나가시다가 베드로, 요한, 야고보, 안드레를 부르실 때의 내용과 일치한다고 한다.

요한복음 1장에도 두 제자가 나온다. 요한은 자기를 포함했다. 원래 세례 요한의 제자들이었던 그들이 주님을 만났다. 이렇게 본다면 베드로, 요한, 이들은 어부였지만 주님의 제자가 되기 위해 세례 요한을 먼저 만나 준비 과정을 거친 것 같다. 그리고 준비된 그들은 하나님의 어린 양을 보라고 했을 때 즉시 예수님을 따라갔다. 예수님이 계신 곳을 알고 싶다고 했던 그 사건이 요한복음 1장에 기록되어 있다.

이 누가복음 5장의 사건도 마태복음 4장이나 마가복음 1장과는 조금 다른 것 같다. 어느 것이 먼저인지는 잘 모른다. 어쩌면 마태복음 4장일 수도 있고 어쩌면 그 이전에 요한복음 1장의 사건이 있었을 수도 있다. 그래서 주님이 처음 만났을 때 따르라고 하셨는데 다시 집으로 가서 고기 잡는 일을 하다가 어쩌면 누가복음 5장에서 다시 한 번 베드로를 만났을 수도 있다. 즉 요한복음 1장이 베드로나 요한과의 첫 번째 만남이고, 그다음 마태복음 4장이 두 번째, 누가복음 5장이 세 번째로 보는 것은 매우 자연스러운 해석이다.

5장[Ⅱ]

누가복음 5장에서는 무리가 예수님을 옹위했고, 거기서 예수님은 하나님의 말씀을 전하고 계셨다. 그때 게네사렛 호숫가에서 어부들이 배에서 나와 그물을 씻고 있었다. 예수께서 한 배에 오르셨는데(이 말은 마태복음이나 마가복음에는 없다) 그 배는 시몬의 배였다.

3절, **"예수께서 한 배에 오르시니 그 배는 시몬의 배라 육지에서 조금 떼기를 청하시고 앉으사 배에서 무리를 가르치시더니"**. 당시 주님의 강단은 '배'였다. 많은 사람들 때문에 예수님은 배를 육지에서 조금 띄워 그 위에서 가르치신 것이다.

4절, **"말씀을 마치시고 시몬에게 이르시되 깊은 데로 가서 그물을 내려 고기를 잡으라"**. 예수님은 배를 빌려 쓰셨는데, 배를 빌려달라고 양해를 구하는 말씀 없이 올라타신 것으로 봐서 베드로와는 초면이 아닌 것 같다. 베드로도 예수님은 당연히 자신의 배에 오르실 수 있는 분이고 예수님이 배를 띄우라고 명령하실 수 있는 분이라고 여긴 것을 볼 때, 그 이전에도 접촉이 있었고 이미 따르기로 되어 있던 분으로 보이는 것이다. 그런 상황에서 주님은 배에서 말씀 강론을 하셨던 것이며, 배를 쓰셨기 때문에 그 값을 내주려는 마음도 있으셨을 것이다. 그래서 베드로에게 깊은 데로 가서 그물을 내리라고 하셨다.

5절, **"시몬이 대답하여 가로되 선생이여 우리들이 밤이 새도록 수고를 하였으되 얻은 것이 없지마는 말씀에 의지하여 내가 그물을 내리리이다 하고"**. 베드로는 이때 말씀을 듣고서 깨달았다기보다는 전부터 예수님이 누구신지 이미 알고 있었던 것 같다. 그 말씀을 듣고 즉시 말씀에 의지해서 순종할 수 있었다는 것은 베드로가 예수님의 말씀을 들은 적이 있고 예수님을 조금 알았다는 것이다.

6-7절, **"그리한즉 고기를 에운 것이 심히 많아 그물이 찢어지는지라 이에 다른 배에 있는 동무를 손짓하여 와서 도와 달라 하니 저희가 와서 두 배에 채우매 잠기게 되었더라"**. 배가 두 척이었는데 한 번 그물을 던졌을 때 두 배에 가득 채워 잠길 정도로 잡혔다. 성도들은 주님을 섬길 때 자기 힘이 부족하면 기꺼이 다른 사

람들의 도움을 요청할 수 있어야 한다.

8절, **"시몬 베드로가 이를 보고 예수의 무릎 아래 엎드려 가로되 주여 나를 떠나소서 나는 죄인이로소이다 하니"**. 여기서 베드로는 완전히 예수님 앞에 엎드렸다. 과거에도 그는 예수님이 보통 분이 아니시라는 것을 알았을 것이고 그분의 말씀도 많이 들었을 것이다. 하지만 그때 예수님을 알았던 것은 제대로 안 것이 아니었다.

9-10절, **"이는 자기와 및 함께 있는 모든 사람이 고기 잡힌 것을 인하여 놀라고 세베대의 아들로서 시몬의 동업자인 야고보와 요한도 놀랐음이라 예수께서 시몬에게 일러 가라사대 무서워 말라 이제 후로는 네가 사람을 취하리라 하시니"**. 여기서 안드레는 나오지 않는다. 이 사건이 마태복음 4장의 부르심 후에 일어난 일이라면 주님은 베드로를 두세 번 계속 부르셨다고 보아야 한다.

11절, **"저희가 배들을 육지에 대고 모든 것을 버려두고 예수를 좇으니라"**. 모든 것을 버리고 좇은 것도 두 번째일 수 있다. 그전에도 한 번 좇았다가 다시 돌아갔는데, 이제 이런 역사를 보자 완전히 버려두고 좇았다.

5장[Ⅲ]

문둥병자를 깨끗케 하시다

12절부터는 문둥병자를 깨끗케 하신 일이 있는데, 예수님은 그를 고쳐주시고서 제사장에게 가서 깨끗케 된 것을 증거하고 모세의 명한 대로 예물을 드리라고 하셨다. 예수님은 오셔서 당시 모세의 계율을 깨지 않으시고 그들 가운데 시행되는 것을 다 존중해주셨다. 그러자 예수의 소문이 퍼지고 허다한 사람들이 말씀도 듣고 병도 고치러 왔으나 예수님은 물러가 한적한 곳에서 기도하셨다. 예수님은 많은 군중이 자신을 따르는 것을 보고 흥분하지 않으셨다.[12-16절]

중풍병자를 고치시다

또 하루는 가르치실 때 갈릴리 각촌과 유대와 예루살렘에서 나온 바리새인들과 교법사들이 앉았는데 병을 고치는 주의 능력이 예수와 함께했다. 그때 사람들이 한 중풍병자를 메고 와서 예수 앞에 들여놓고자 하였으나 사람들이 많아서 메고 들어갈 수가 없었다. 그래서 지붕에 올라가 기와를 벗기고 병자를 침상 채 예수 앞에 달아내렸다. 예수께서 그들의 믿음을 보시고 "이 사람아, 죄 사함을 받았느니라!"고 하셨다. 서기관들과 바리새인들이 하나님 한 분 외에 누가 죄를 사할 수 있는가 하면서 마음에 의논하니 예수께서 "네 죄 사함을 받았느니라 하는 말과 일어나 걸어가라 하는 말이 어느 것이 쉽겠느냐"고 물으셨다. 그러면서 그에게 "일어나 걸어가라!"고 명하셨다. 그러자 그 사람이 그 누웠던 침상을 가지고 하나님께 영광을 돌리며 자기 집으로 돌아갔다. 모든 사람이 놀라며 "오늘날 우리가 기이한 일을 보았다"고 하였다. 그분은 하나님이시다. 말씀 한 마디에 모든 만물이 복종한다.[17-26절]

레위라고 하는 세리 마태를 부르시다

그 후에 레위라고 하는 세리 마태의 집에 들어가셔서 세리들과 다른 사람들과 함께 큰 잔치하니 바리새인들과 서기관들이 예수께서 세리와 죄인들과 함께 먹고 마신다고 예수를 비방하였다. 그때 예수께서 "건강한 자에게는 의원이 필요 없고 병든 자에게라야 쓸데 있으니 내가 의인을 부르러 온 것이 아니요 죄인을 불러 회개시키러 왔노라" 하셨다.[27-32절]

혼인집 손님들과 신랑

바리새인과 그 서기관들이 말하기를, "요한의 제자들은 자주 금식하며 기도하고 바리새인의 제자들도 그렇게 하는데 왜 당신의 제자들은 먹고 마시냐"고 하였다. 예수님은 혼인집 손님들이 신랑과 함께 있는데 금식할 수 있겠느냐고 하시며 그분이 신랑으로 오신 분임을 말씀하셨다. 그러나 신랑을 빼앗길 날이 올 것인데 그때는 금식할 것이라고 하셨다. 그 일은 그분이 십자가에 돌아가시고 부활 승천하신 후에 일어났다. 그들은 10일 동안 금식하며 전적으로 기도에 힘썼다.

새 옷과 낡은 옷, 새 포도주와 낡은 가죽 부대, 묵은 것과 새 것

또 주님은 비유로 말씀하셨다. 새 옷에서 한 조각을 떼어 낡은 옷에 붙이는 자가 없다고 하시면서 그러면 옷만 찢어질 뿐이고 새 옷에서 찢은 조각이 낡은 것에 합하지 않는다고 하셨다.[33-36절]

또 새 포도주를 낡은 가죽 부대에 넣는 자가 없다고 하시면서 그렇게 하면 새 포도주가 가죽 부대를 터뜨려 포도주도 쏟아지고 부대도 버리게 되므로 새 포도주는 새 부대에 넣어야 할 것이라 하셨다. 묵은 포도주를 마시고 새것을 원하는 자가 없는데 이는 묵은 것이 좋다 함이라고 하셨다. 이 말씀들은 이해하기가 쉽지 않다. 금식이나 절기를 지키는 것 등은 율법 아래서 행해지는 일들이다. 주 예수님을 따르는 자들은 새 생명의 사람들이다 보니 은혜와 활력이 넘친다. 이 새로운 생명과 새로운 에너지는 옛 것과 종류가 달라서 서로 맞지 않는다. 새 생명은 발효하는 힘이 있다. 그래서 낡은 가죽 부대는 새 포도주를 감당하지 못한다. 새 포도주의 발효하는 힘이 부대를 터뜨리기 때문이다.

사람들은 옛 것을 마셨을 때 새것을 원하지 않는 습성이 있다. 지금 주 예수님은 새로운 시대로의 전환을 말씀하고 계신다. 그분의 사역은 옛 것과 전혀 다르다. 무궁한 생명의 능력으로 사역을 하시는 것이요 사람의 속을 완전히 바꿔 놓는 사역을 하시는 것이다. 이것은 완전히 새로운 것이기에 옛 습관을 가진 자들이 받아들여 전환하기가 어려운 것이다. 그러므로 옛 것을 마신 사람들은 자신의 옛 종교적 습성이 고치기 어려운 것임을 알고 주님의 긍휼을 바라며 한 걸음씩 새로운 시대를 향하여 전진해야 한다.[37-39절]

6장[I]

안식일에 제자들이 밀 이삭을 잘라 손으로 비비어 먹다

1절, **"안식일에 예수께서 밀밭 사이로 지나가실새 제자들이 이삭을 잘라 손으로 비비어 먹으니"**. 제자들은 주님과 함께 전도활동을 하고 다니다가 배가 고픈 나머지 이삭을 잘라 손으로 비비어 먹었다. 바리새인들은 이삭을 잘라서 비비는 것을 일로 생각하여 안식일을 범했다고 정죄한 것이다.

3-4절, **"예수께서 대답하여 가라사대 다윗이 자기와 및 함께한 자들이 시장할 때에 한 일을 읽지 못하였느냐 그가 하나님의 전에 들어가서 다만 제사장 외에는 먹지 못하는 진설병을 집어 먹고 함께한 자들에게도 주지 아니하였느냐"**. 이는 다윗 시대에 있었던 일이다. 다윗은 유다 지파이며 제사장이 아니었다. 진설병은 오직 레위 지파 제사장들만 먹을 수 있었다. 당시 다윗은 사울에게 쫓기면서 어려

운 상황에 처했을 때 자신을 따르는 자들과 함께 성전에 들어가 제사장들만 먹을 수 있는 진설병을 자기도 먹고 자기와 함께한 자들에게도 주었다. 구약에 단 한 번 있었던 이 일을 인용하시면서 예수님은, "인자는 안식일의 주인이니라"[5절]고 하셨다. 안식일에 제자들이 이삭을 잘라먹은 일에 대해서, 다윗이 시장할 때 성전에 들어가 진설병을 먹은 사건을 들어서 그들에게 답한 것은 주님이 아니면 결코 할 수 없는 대답이었다. 그러면서 예수께서는 '인자는 안식일의 주인이니라'고 말씀하셨다. 이는 그분이 하나님 자신이라는 말씀이다.

안식일에 한 편 손 마른 사람을 고치시다

또 다른 안식일 날 예수께서 회당에 들어가셔서 가르치실 때 오른손 마른 사람이 있었는데, 바리새인들은 예수께서 안식일 날 병을 고치시는지를 엿보고 있었다. 그때 주님은 그들의 생각을 아시고 손 마른 사람에게 일어나라 하시고 그들을 돌아보며 물으셨다. "내가 너희에게 묻노니, 안식일에 선을 행하는 것과 악을 행하는 것, 생명을 구하는 것과 멸하는 것 어떤 것이 옳으냐?" 하시고 그 환자에게 손을 내밀라 하시니 그가 손을 내밀매 손이 회복되었다. 바리새인들이 분기가 가득 차서 예수를 어떻게 죽일꼬 의논했다.[6-11절]

예수께서 밤이 새도록 기도하시고 열둘을 택하여 제자 삼으시다

이때에 예수님은 기도하시러 산으로 가셔서 밤이 새도록 하나님께 기도하시고 날이 밝으니 제자들을 부르셔서 그중에 열둘을 택하여 사도라 칭하셨다. 예수님은 제자들을 선택하는 데 있어서 하나님 아버지와 상의하시는 기도를 하신 것 같다. 베드로부터 가룟 유다까지 예수님은 한 사람 한 사람을 놓고 기도하셨을 것이다. 예수님은 처음부터 가룟 유다가 그분을 팔 자인 것을 아셨다.[12-16절]

17절에서는 예수께서 평지에 내려오시니 허다한 제자의 무리와 예수의 말씀도 듣고 병 고침을 얻으려는 많은 백성이 사방에서 왔다고 했다. 즉, 사역의 필요가 있었다는 것이다. 그런데 이 제자들은 부유한 가문, 명문 가문, 귀족 가문의 출신이 아니었다. 바리새인이나 서기관도 아니었다. 제사장이나 통치자나 장로 출신도 아니었다. 다 배우지 못한 서민 계층의 사람들이며 가난한 사람들이었다. 사도행전 4장 13절에서 사람들은 베드로와 야고보가 기탄없이 말하는 것을 듣고 그들을 본래 학문 없는 범인이라고 알았다가 놀라워했다고 한다.

복과 화에 대해 선포하시다

20-23절, "가난한 자는 복이 있나니 하나님의 나라가 너희 것임이요, 이제 주린 자는 복이 있나니 너희가 배부름을 얻을 것임이요, 이제 우는 자는 복이 있나니 너희가 웃을 것임이요, 인자를 인하여 사람들이 너희를 미워하며 멀리하고 욕하고 너희 이름을 악하다 하여 버릴 때에는 너희에게 복이 있도다 그날에 기뻐하고 뛰놀라 하늘에서 너희 상이 큼이라". 그러나 화가 있는 자들이 있는데, 부요한 자들, 배부른 자들, 웃는 자들, 지금 칭찬만 받는 자들이다. 그들은 과거 거짓 선지자들과 같은 사람들이다[24-26절].

그들의 도덕성의 표준을 말씀하시다

27-38절, "너희 원수를 사랑하며, 너희를 미워하는 자를 선대하며, 너희를 저주하는 자를 위하여 축복하며, 너희를 모욕하는 자를 위하여 기도하라. 네 이 뺨을 치는 자에게 저 뺨도 돌려대며, 네 겉옷을 빼앗는 자에게 속옷도 금하지 말라. 무릇 네게 구하는 자에게 주며, 네 것을 가져가는 자에게 다시 달라지 말며, 남에게 대접을 받고자 하는 대로 너희도 남을 대접하라. 너희가 만일 너희를 사랑하는 자를 사랑하면 칭찬받을 것이 무엇이냐? 죄인들도 이같이 한다. 너희가 받기를 바라고 사람들에게 빌려주면 칭찬받을 것이 무엇이냐? 죄인들도 빌려준 그대로 받고자 하여 죄인에게 빌려준다. 오직 너희는 원수를 사랑하고 선대하며, 아무것도 바라지 말고 빌려주라. 그러면 너희 상이 클 것이요 또 지극히 높으신 이의 아들이 되리니 그는 은혜를 모르는 자와 악한 자에게도 인자로우시다. 너희 아버지의 자비하심같이 너희도 자비하라. 비판치 말라 그리하면 너희가 비판을 받지 않을 것이요, 정죄하지 말라 그리하면 너희가 정죄를 받지 않을 것이요, 용서하라 그리하면 너희가 용서를 받을 것이요, 주라 그리하면 너희에게 줄 것이니, 곧 후히 되어 누르고 흔들어 넘치도록 하여 너희에게 안겨 주리라. 너희의 헤아리는 헤아림으로 너희도 헤아림을 도로 받을 것이다."

소경 된 인도자나 거짓 선생을 삼가라고 하시다

마지막으로, 소경 된 인도자나 거짓 선생을 삼가라고 하신다. 소경이 소경을 인도하면 둘 다 구덩이에 빠지기 때문이다.[39절] 인도자의 중요성에 대한 말씀이다. 오늘날 신앙생활하는 많은 사람들이 인도자의 중요성을 간과하면서 인생을 낭비하고 있음을 본다.

형제의 눈 속의 티는 보고 자신의 눈 속의 들보를 보지 못함

또 형제의 작은 흠은 보면서 자신에게 있는 큰 문제는 보지 못하는 것이 우리 사람이다.[41-42절]

열매를 보고 나무를 안다

그리고 그 열매를 보고 그 사람이 어떤 사람인가를 안다고 하셨다. 인도자를 알아보는 지혜를 말씀하신 것이다. 또 선한 사람은 마음의 쌓은 선에서 선한 말을 내고 악한 자는 그 쌓은 악에서 악한 말을 내는데, 이는 사람이란 마음에 가득한 것이 입으로 나오는 법이기 때문이다.[43-45절]

20절의 말씀 이하는 다 연결되어 있다. 첫째로 주의 가르침은 행하지 않는 자에겐 아무 소용이 없는 가르침으로 구성된다. 원수를 사랑한다든지, 뺨을 돌려댄다든지, 구하는 자에게 준다든지 하는 것들이다. 행하지 않으면 아무 소용 없는 말씀이다.

다음은 인도자를 조심하라는 말씀과 먼저 자신 눈 속의 들보를 빼어야 형제의 눈 속의 티를 뺄 수 있다는 말씀, 마음에 선을 쌓느냐 악을 쌓느냐에 따라 입에서 나오는 말이 결정된다는 말씀, 그리고 어떤 열매를 맺는가를 보면 그 나무를 알 수 있다는 말씀도 다 연결되어 있다.

말씀하시는 바를 듣고도 행치 않는 자들에게 경고하시다

6장 39절부터의 마지막 부분은 마태복음 7장 후반의 내용과 일치한다. 사람들이 당시 '주여, 주여' 하면서도 하나님의 뜻을 행하지 않았다. 오늘날도 하나님의 말씀을 듣고 머리로 좀 이해하고 끝나는 것으로 신앙생활하는 사람이 많다. 그것은 매우 심각한 결과를 가져온다. 하나님의 말씀을 잘 듣고 행하는 자들은 집을 짓되 깊이 파고 주초를 반석 위에 놓은 사람과 같아서 큰 물이 나서 탁류가 그 집에 부딪혀도 잘 지은 연고로 요동케 못한다. 그러나 듣고 행하지 아니하는 자는 주초 없이 흙 위에 집 지은 사람과 같아서 탁류가 부딪힐 때 집이

무너져 파괴됨이 심하다고 하였다.[46-49절]

우리는 이것이 어떻게 인도자들과 관계되는지를 생각해 보아야겠다. 이 세상에는 소경 된 인도자들이 있다. 그들을 조심해야 한다. 따르는 사람, 배우는 사람이 아무리 잘 배우고 전진한다 해도 선생을 앞서지 못한다. 온전히 배운다고 해야 그 선생과 같게 될 뿐이다.[40절]

그러면 소경 된 인도자의 특징은 무엇인가? 첫째, 행실은 없고 지식만 가르치는 자들이다. 둘째, 남의 잘못만 밝혀내는 자들이다. 이것은 연결되어 있다. 말하자면, 바리새인들처럼 외식하는 인도자들인 것이다. 오늘날도 다른 사람들의 부패를 지적하면서 마치 자신들은 무오하고 깨끗한 것처럼 착각하는 사람들이 많이 있는데, 그들이 바로 소경 된 인도자들을 둔 무리이다. 따라서 그들의 열매는 좋을 리 만무하다. 그리고 그들을 잘 분석해보면 속에 악을 쌓고 또 쌓는다. 정말 좋은 인도자들은 그들 속에 선을 쌓아간다. 그리고 이런 선한 인도자들에게 배운 사람은 결코 모래 위에 집을 짓지 않는다. 그러므로 그리스도인의 일생에 인도자보다 중요한 존재가 없다 해도 과언이 아니다.[39-49절]

7장[I]

백부장의 하인을 고치시다

가버나움은 예수님이 사역하시던 도시 중 하나이다. 이 말씀에서 나오는 '어떤 백부장'은 이스라엘 사람이 아니라 이방인이다. 이는 9절의 말씀을 통해서 증명이 된다. "이스라엘 중에서도 이만한 믿음은 만나지 못하였노라". 이 사람은 이방인이며 로마 군대의 장교였다. 백부장이라면 백 명 정도 거느리는 장교이다. 그에게 사랑하는 종이 있었는데 병들어 죽어가고 있었다. 그래서 그의 병을 고쳐주고 싶었던 것이다. 오늘날 군대에 이런 일이 있기란 매우 희귀할 것이다. 그런데 이 백부장이 예수님에 대한 소문을 듣게 되었다. 그는 구약 성경을 조금 알고 이스라엘 백성이 믿는 신앙을 어느 정도 알았다. 이는 그가 유대인을 사랑하며 그들을 위해서 회당을 지어준 것을 보면 알 수 있다.[5절] 회당을 지어주었다는 것은 그곳에서 유대인들이 무엇을 하는지 알았다는 것이고, 유대인들이 믿었던 신앙을 귀하게 여겼다는 것이다. 백부장은 유대인들 가운데 역사하신 하나님을 알았고 또한 메시아에 대한 약속과 예언들도 알았을 것이다. 이스라엘을 지배하는 지배 국가의 장교가 피지배국의 백성을 위해 회당을 지어준 것은 예사로운 일이 아니다.

그는 이 민족을 사랑했고 예수님을 선지자로 알고 있었다. 백부장은 예수님이 메시아이신지는 잘 몰랐겠지만, 그분이 병자를 고치시는 것을 보고 절대적인 주권자로서 능력을 가진 분임을 알았던 것이다. 그는 자기의 사랑하는 종이 병들어 죽게 되었을 때에 유대인 장로 몇을 예수님께 보내어 오시기를 청했다. 그는 로마의 장교이면서 유대인 장로들을 사귀었고, 그들을 예수님께 보내어 자신의 종을 구원해 달라고 청하였던 것이다.

지배국의 세력을 가진 로마 장교가 약소하고 불쌍한 피지배 민족의 사람들을 사랑하고 회당을 지어준 것은 특이한 일이었다. 그 당시에 유대인들이 돈이 없었기 때문에 아마도 백부장은 이들이 모일 장소를 지어주었을 것이다. 그리고 이 같은 사람이기에 그의 간청대로 그 종을 구원해 주는 것이 합당하다고 말씀드린 것이다.

이방 백부장의 믿음을 기이히 여기고 칭찬하시다

그런데 여기서 백부장은 주 예수님이 그 집에 오시는 것을 감당할 수 없다고 하면서 다만 자신의 종이 나을 수 있도록 말씀만 해주시길 원했다. **"예수께서 들으시고 저를 기이히 여겨 돌이키사 좇는 무리에게 이르시되 내가 너희에게 이르노니 이스라엘 중에서도 이만한 믿음은 만나지 못하였노라 하시더라 보내었던 사람들이 집으로 돌아가 보매 종이 이미 강건하여졌더라"**[9-10절]. 이렇게 사람이 감동할만한 이야기는 주님도 감동하시고, 사람이 칭찬할만한 일은 주님도 칭찬하심을 잊지 말아야 한다. 따라서 우리는 그렇게 칭찬받을 만한 일을 늘 해야 한다. 이스라엘의 믿는다는 사람들 중에도 이만한 믿음을 가지고 있는 사람이 없었다. 그런데 이방인 중에 이스라엘 백성보다 더 주님을 놀라게 하는 사람이 있음을 보시고 예수님은 기이히 여기셨다.

마태복음에는 여기 본문과 같은 말씀에 한 구절이 덧붙여 있다. **마태복음 8장 11-12절, "또 너희에게 이르노니 동서로부터 많은 사람이 이르러 아브라함과 이**

삭과 야곱과 함께 천국에 앉으려니와 나라의 본 자손들은 바깥 어두운 데 쫓겨나 거기서 울며 이를 갊이 있으리라". 이 말씀에서는 유대인들보다도 이방인들 중에서 믿는 자들이 많을 것임을 보여주고 있다. 이스라엘의 본 자손들은 바깥 어두운 데로 쫓겨나고 많은 이방인들이 아브라함과 이삭과 야곱과 함께 천국에 앉아서 천국 잔치를 누린다는 말씀이다. 오늘날 우리는 예수님의 예언적인 말씀이 이루어지고 있는 것을 볼 수 있다. 이것은 주 예수님의 다시 오심과 동시에 천국에서 일어나게 될 일이다. 천국에서는 이 땅에서 우리가 생각하는 것과는 전혀 다른 현상이 벌어질 수 있다.

우리는 이미 다른 곳에서 장래 천국이 다만 믿었다고 들어가는 곳이 아니라는 점을 많이 말했다. 여기 바깥 어두운 데는 불못과는 구별된다. 나는 불못에 떨어진 불신 영혼들의 고통은 슬피 울며 이를 가는 것보다 훨씬 더 심각할 것으로 본다. 사람마다 불로 소금 치듯 한다는 지옥의 고통 속에서 어떻게 한가하게 슬피 울고 이를 갈 수 있겠는가!

백부장의 사랑과 친절, 겸손한 태도

여기서 우리가 묵상해 보아야 할 점이 몇 가지 있다. 주님은 중풍병 걸린 사람 개인의 믿음보다도 환자를 침상째 들고 온 사람들의 믿음을 보시고 중풍병자를 치료하셨다. 백부장의 하인이 병에 걸렸는데, 하인이 먼저 백부장에게 '예수님이 오시면 제가 나을 수 있다.'고 말하지 않았다. 오히려 백부장이 예수님께 요청을 하였다. 자신의 문제나 자식의 문제도 아닌 그의 종의 일인데, 이러한 사랑과 친절은 쉽지 않은 것이다.

또한 백부장의 겸손한 태도를 배울 수 있다. 우리는 하나님께서는 교만한 자를 대적하시고 겸손한 자에게 은혜를 주신다는 것을 알고 있다. 백부장이 이러한 은혜를 얻게 된 이유가 있다면 겸손이다. 왜 직접 예수님께 가지 않고 장로들을 보냈는가? 이것은 자기가 이방인으로서 감히 예수님께 직접 나아갈 수 있는 사람이 못 된다고 여긴 것이다. 백부장은 7절에서 "내가 주께 나아가기도 감당치 못할 줄을 알았나이다"라고 했다. 백부장은 자신이 로마의 장교라고 하면서 계급장을 차고 당당한 모습으로 예수님께 나아가지 않았다. 이 사람은 오히려 믿는다는 유대인들보다 주님께 대한 경외심이 더욱 있었다. 백부장은 자신이 감히 예수 그리스도를 만날 수도 없는 사람이라고 생각했다. 예수님을 자신의 집에 모실만한 자격이 없다는 것이다.

백부장은 '내가 유대인들을 위해서 회당을 지어주었으니 당당히 예수님께 나아가서 부탁할 수 있다.'고 말하지 않았다. 유대인들은 예수님께 그가 은혜를 얻기에 합당하다고 소개를 했으나 정작 백부장은 예수님께서 자기 집에 오시는 것조차 감당할 수 없다고 했다. 그는 예수님께서 말씀만 하시면 죽은 자도 살리며 없는 것도 있게 하시는 전능자로서 권세가 있다는 것을 믿었다. 그래서 하인을 낫게 해달라고 간청한 것이다. 이것을 볼 때 겸손과 믿음은 함께하는 것 같다. 겸손한 자에게 은혜를 주시니 큰 믿음을 갖는 것도 은혜가 아니겠는가!

7장[Ⅱ]

나인 성 과부의 외아들을 살리시다

나인 성 과부의 이야기는 사복음서 중에서 누가복음에 만 있는 내용이다. 나인 성 과부의 아들이 죽어서 장례 행렬이 성에서 나오고 있는데, 예수님과 제자들은 나인 성으로 들어가다가 성에서 나오는 장례 행렬과 마주친 것이다. 남편이 없기에 자식만을 바라보고 살아온 과부는 외아들에 대한 애착심과 기대와 소망이 남다를 수밖에 없다. 그 과부는 독자를 자신의 생명과도 같이 아끼고 사랑했을 것이다. 그런데 그 아들이 죽어서 사람들이 그 관을 메고 나오는 중이었고 예수님은 제자들과 허다한 무리와 함께 나인 성에 들어가고 계셨다.

하나는 사망의 행렬이고 하나는 예수님과 함께하는 생명의 행렬이었다. 이 두 행렬이 마주쳤다. 이것이 복음이다. 사망으로 나아가는 인생이 예수님을 만나는 날이 죽은 자가 살아나는 날이다. 인생이 변화되는 날이다. 예수님을 만나자 슬픈 장례 행렬이 기쁜 생명의 행렬로 바뀌게 된다. 슬픔이 기쁨으로 변한다. 예수님을 만날 때 비참한 인생이 끝나고 새로운 인생이 시작된다.

13절, **"주께서 과부를 보시고 불쌍히 여기사 울지 말라 하시고"**. 불쌍한 과부를 보고 울지 말라고 위로하실 분은 예수님밖에 없다.

14절, **"가까이 오사 그 관에 손을 대시니 멘 자들이 서는지라 예수께서 가라사대 청년아 내가 네게 말하노니 일어나라 하시매"**. 주님은 언제나 문제의 근원에 손을 대신다. 주님은 회당장 야이로의 딸도 일으켜 세우셨다. 죽은 나사로도 살리셨다. 나인 성 과부의 아들도 살리셨다. 성경은 이렇게 죽은 세 사람을 살리신 것을 기록하고 있다.

15-17절, **"죽었던 자가 일어앉고 말도 하거늘 예수께서 그를 어미에게 주신대 모든 사람이 두려워하며 하나님께 영광을 돌려 가로되 큰 선지자가 우리 가운데 일어나셨다 하고 또 하나님께서 자기 백성을 돌아 보셨다 하더라 예수께 대한 이 소문이 온 유대와 사방에 두루 퍼지니라"**.

누가복음

7장[Ⅲ]

세례 요한의 제자들에게 대답하시다

18절, **"요한의 제자들이 이 모든 일을 그에게 고하니"**. 요한은 지금 감옥에 있다. 얼마 지나지 않아 헤롯에 의해서 목 베임을 당하고 죽게 된다. 요한은 예수 그리스도에 앞서 선주자로서 그분을 소개하는 사역을 했고 회개의 세례를 전파하는 사역을 했다. 요한은 충성된 선지자였다. 그런데 감옥에 갇혀서 죽을 날을 기다리는 형국이 된 것이다. 그때 요한의 제자들이 예수님이 기적을 많이 베푸신다는 소식을 그에게 전해 주었다. 요한의 제자들은 요한이 하나님의 어린 양과 메시아로 천거한 예수님이 나인 성의 과부도 살리시고 많은 다른 이적도 행하셨다는 것을 요한에게 보고했을 것이다.

19-20절, **"요한이 그 제자 중 둘을 불러 주께 보내어 가로되 오실 그이가 당신이오니이까 우리가 다른 이를 기다리오리이까 하라 하매 저희가 예수께 나아가 가로되 세례 요한이 우리를 보내어 당신께 말하기를 오실 그이가 당신이오니이까 우리가 다른 이를 기다리오리이까 하더이다 하니"**. 요한은 감옥에서 죽게 되자 예수님을 떠보는 듯한 말을 했다. 요한은 예수님이 '오실 그분'이고, 하나님의 어린 양이시며, 하나님이 보내신 그리스도임을 천거하는 사명을 수행했다. 사람들이 예수 그리스도를 받아들이도록 길을 닦는 일을 한 사람이 요한이다. 그런데 그가 감옥에 들어가 있으면서 제자들을 보내어 이러한 질문을 한 것이다.

어떤 학자는 요한이 아니라 요한의 제자들이 흔들렸기 때문이라고 말하기도 한다. '요한은 예수님의 길을 예비하는 선지자였는데 주님이 다른 많은 사람들은 구원해 주시면서 요한은 그냥 내버려 두셨다. 이것을 보고 그 제자들은 예수님께서 하나님의 어린 양과 구원자 메시아로 오셨다는 믿음이 흔들리게 되었다. 그래서 요한의 제자들이 주 예수님께 물어본 것이다.'라고 해석한다. 또 어떤 학자들은 요한의 믿음이 흔들렸다고 한다. 요한에게 의심이 일어났기 때문에 이러한 말을 했다는 것이다. '예수님께서 메시아라면 왜 나를 죽게 내버려 두시는가?' 그리고 어떤 사람은 요한이 의심한 것은 아니고 예수님께서 메시아라는 것은 분명히 알지만 자기를 구해 달라고 독촉하는 의미로 제자들을 보냈다고 한다.

이 말씀에 대한 해석은 고대 영적인 대가들이 있었던 교부시대부터 나뉘어졌다. 요한이 흔들렸다는 해석과 그렇지 않고 제자들을 위한 것이라는 해석으로 나뉘었다. 예수께서 24절부터 요한을 칭찬하는 말씀을 하신다. "너희가 무엇을 보려고 광야에 나갔더냐? 바람에 흔들리는 갈대냐?" 이 말씀을 볼 때 요한은 갈대가 아니라는 말이다. 그렇기 때문에 사람들은 이 말씀을 요한이 예수님을 의심하며 말하지 않았다는 근거 구절로 제시하고 있다. 그래서 자신이 감옥에 있고 죽을 날이 가까이 왔기에 당신이 오실 분이라면 자신을 구해주셔야 된다는 의미로 제자들을 보냈다는 것이다. 그런데 어떤 사람들은 요한의 말 속에 의심하고 흔들린 게 있다고 본다.

예수께서 "요한에게 고하되 소경이 보며 앉은뱅이가 걸으며 문둥이가 깨끗함을 받으며 귀머거리가 들으며 죽은 자가 살아나며 가난한 자에게 복음이 전파된다 하라"[22절]고 하셨다. 이 말을 요한에게 가서 하라고 하신 것이다. 요한 자신이 흔들렸기에 예수님께서 이러한 말씀을 전하라 하셨던 것으로 보는 견해가 있다. 반면 요한은 의심이 없었고 예수께서 자신을 구해주시길 바라는 마음에서 제자들을 보냈다는 견해도 타당성 있어 보인다.

나의 견해는 요한이 매우 충성스러웠으나 조금이나마 흔들리는 마음이 있었을 것이라고 생각한다. 어쩌면 후에 오순절을 경험한 사도들이나 오늘날의 우리보다 세례 요한의 예수 그리스도에 대한 인식은 짧았을 것이다. 그것을 어떻게 증명할 수 있는가? 사도행전 19장에 요한의 제자들이 나온다. **사도행전 19**

장 2-3절, **"가로되 너희가 믿을 때에 성령을 받았느냐 가로되 아니라 우리는 성령이 있음도 듣지 못하였노라 바울이 가로되 그러면 너희가 무슨 세례를 받았느냐 대답하되 요한의 세례로라"**. 그들은 성령이 있는 것도 알지 못했다. 그래서 바울이 그들에게 설명을 해주었다. 아볼로 같은 사람도 뭔가 지식이 있었지만 부족해서 브리스길라와 아굴라가 데려다가 더 가르쳤다. 당시 요한이 예수 그리스도를 천거하는 일을 했지만 예수 그리스도에 대한 지식은 그렇게 충분하거나 많지 않았다는 것이다. 적어도 요한이 아는 그리스도에 대한 지식은 신약의 성도들에 미치지 못한다(눅 7:28, "내가 너희에게 말하노니 여자가 낳은 자 중에 요한보다 큰 자가 없도다 그러나 하나님의 나라에서는 극히 작은 자라도 그보다 크니라 하시니").

한 죄인인 여자가 예수의 발에 향유를 붓다

36절부터는 한 바리새인이 예수님을 자기 집에 초청해서 식사를 접대한 이야기가 나온다. 그때 한 여인이 향유 담은 옥합을 가지고 와서 예수의 뒤로 그 발 곁에 서서 울며 눈물로 그 발을 적시고 자기 머리털로 씻고 그 발에 입 맞추고 향유를 부었다. 그 여자가 막달라 마리아인지는 말하지 않았다.

바리새인은 예수님을 초청하긴 했지만 이 광경을 보고 속으로 이 사람이 선지자라면 자기를 만지는 이 여자가 누구며 어떠한 자 곧 죄인인 줄을 알았으리라 했다. 그때 예수님이 비유로, 오백 데나리온 빚진 자와 오십 데나리온 빚진 자가 있는데 갚을 길이 없어서 둘 다 탕감해주었다면 누가 더 탕감해준 자를 사랑하겠느냐고 물으셨다. 바리새인이 자기 생각에는 많이 탕감을 받은 자라고 했다. 주님이 옳다고 하시면서 그녀가 죄 용서를 받은 느낌이 그만큼 큰 것이라고 말씀해주셨다. 그러기에 오늘날 누가 주님을 더 사랑하고 섬기는가? 자신의 죄를 용서받았다는 느낌이 큰 사람이다. 얼마나 큰 죄인인 나를 구원해주셨는가에 대한 감사가 깊을수록 주님을 더 사랑하게 된다.

8장[I]

1절, **"이후에 예수께서 각 성과 촌에 두루 다니시며 하나님의 나라를 반포하시며 그 복음을 전하실새 열두 제자가 함께 하였고"**. 예수님이 오신 것은 하나님의 왕국을 이 세상에 이루기 위한 것이었고, 이를 위해 첫 번째로 하신 일은 복음을 전하신 것이다. 첫 번째가 복음이다. 오늘날 어떤 사람들은 단지 말씀만 가르치면 된다고 한다. 말씀을 전하는 것이 복음과 연관이 없다는 이야기는 아니다. 가르치려면 먼저 복음을 전해서 믿는 자들이 생겨나야 한다. 그분의 일생 사업이 다른 모든 것보다 우선해서 복음 전하신 것임을 깨달아야 한다. 이것이 가장 중요하다.

여자들이 자기들의 소유로 예수님의 사역을 돕다

이 복음 사역에 어떤 사람들이 함께했는가? 주님은 이 일을 혼자 하시지 않았다. 열두 제자가 함께 했다. 그리고 귀신이 나간 여인과 병 고침을 받은 어떤 여자들이 함께했다. 일곱 귀신이 나간 막달라인 마리아와 요안나와 수산나는 이곳 외에는 나오지 않는다. 여기에 왕국 복음 사역에 함께했던 사람들이 기록되어 있다. 복음 사역에 함께한 열두 제자가 있고 또 물질로 섬긴 사람들이 있다. 제자들은 대부분 어부였고 다 버리고 주님을 따랐기 때문에 아무것도 없었다. 귀신이 나간 사람과 병 고침을 받은 사람들이 주로 물질로 섬긴 것이다. 복음을 위해서는 물질도 필요하다.

막달라 마리아는 일곱 귀신이 들렸었다. 귀신은 실제로 존재하며, 마귀와 귀신은 실존하는 세력이다. 그녀는 매우 슬픈 여인이었으나 주님을 만난 후에 완전히 치료되어 기쁨이 넘쳤고 주님을 지극히 사랑하였다.

그다음 구사의 아내 요안나가 나온다. 구사는 헤롯의 청지기였다. 헤롯은 왕인데 왕의 청지기라면 오늘날 대통령 궁 비서관쯤 될 것이다. 말하자면, 요안나는 왕의 청지기의 아내였다. 또 수산나가 그녀와 함께했는데 이들이 자기들의 소유로 주님을 섬겼다.

8장[Ⅱ]

씨 뿌리는 자의 비유

이 부분은 마태복음 13장, 마가복음 4장에 해당하는 천국의 비유이다. 씨 뿌리는 비유에서 배워야 할 첫 번째 교훈은, 말씀을 듣는 사람들이 어떤 자세를 취해야 하는가이다. 이 비유는 하나님의 말씀을 듣는 사람과 전하는 사람 모두에게 교훈이 된다. 말씀을 전하는 사람은 모든 땅이 다 좋을 것이라고 기대해서는 안 된다. 길가에 앉아서 듣는 사람도 있고 돌을 밭에 가득 쌓아 놓고 듣는 사람도 있고 가시떨기 덤불에서 듣는 사람도 있고 마음이 옥토 상태에서 듣는 사람도 있다는 것을 알아야 한다. 이러한 것을 모르면 결실이 없는 것을 보고 낙심을 하게 된다. 당시 주 예수님이 말씀을 전하셔도 모든 사람이 듣고 다 순종한 것은 아니다. 사도 바울의 사역을 보아도 그러하다. 어차피 네 가지 종류의 밭이 있게 마련이다.[4-15절]

15절, **"좋은 땅에 있다는 것은 착하고 좋은 마음으로 말씀을 듣고 지키어 인내로 결실하는 자니라"**. 좋은 땅이 되려면 말씀을 받는 태도부터 달라야 한다. 이것은 매우 중요한 말씀이다. 말씀을 들을 때에 착해야 한다. 영어로는 '정직하다'는 뜻이다. 사람이 정직하다는 것은 매우 중요하다. 말씀을 들을 때에 정직하게 들어야 한다. 그리고 좋은 마음이 있어야 한다. 말씀을 듣는 마음이 정직하고 좋은 마음, 부드러운 마음이어야 한다.

또 마태복음에 보면 말씀을 깨닫는 것을 중요시했다. **마태복음 13장 23절, "좋은 땅에 뿌리웠다는 것은 말씀을 듣고 깨닫는 자니"**. 좋은 땅의 또 하나의 특징은 말씀을 받아들이는 것이다. **마가복음 4장 20절, "좋은 땅에 뿌리웠다는 것은 곧 말씀을 듣고 받아 삼십 배와 육십 배와 백 배의 결실을 하는 자니라"**. 마태복음은 '깨닫는 것'을 말하고, 마가복음은 '받아들이는 것'이 중요하다고 했다. 누가복음은 '말씀을 듣고 지키는 것'을 말하는데, 이는 영어로 '간직한다'는 의미이다. 헬라어로 같은 단어가 데살로니가 전서 5장 21절에서는 '좋은 것은 취하고'라는 표현에 쓰였다. **"범사에 헤아려 좋은 것을 취하고 악은 모든 모양이라도 버리라"**. 취하고 간직하는 것은 들은 말씀을 굳게 잡는 것을 말한다.

8장[Ⅲ]

등불을 켜서 등경 위에 두라

16절, **"누구든지 등불을 켜서 그릇으로 덮거나 평상 아래 두지 아니하고 등경 위에 두나니 이는 들어가는 자들로 그 빛을 보게 하려 함이라"**. 좋은 땅으로서 말씀을 잘 받은 사람들은 사역자와 은사자들이 된다. 말씀은 그들에 의해서 열매를 맺는다. 그들을 등불이라고 한다. 등불은 그릇으로 덮어서는 안 되고 평상 아래 두지 않고 등경 위에 두어야 한다. 그릇이나 평상은 우리 인생의 일상생활을 위해 필요한 도구들이다. 그리스도인이 말씀과 생명을 얻으면 빛을 얻은 것인데, 오직 일상적 삶을 위해서만 존재하면 그 빛을 가리게 된다. 등불은 켜서 많은 사람에게 비추기 위해 존재한다.

17절, **"숨은 것이 장차 드러나지 아니할 것이 없고 감추인 것이 장차 알려지고 나타나지 않을 것이 없느니라"**. 말씀의 유익을 받은 사람은 불이 켜진 등불이기 때문에 남에게 유익을 끼칠 수 있도록 생명의 말씀을 밝혀야 한다. 빌립보서 2장 16절에서 바울은 '생명의 말씀을 밝혀'라고 했다. 등불이라면 반드시 빛을 비추어야 한다. 하나님의 말씀을 받을 뿐만 아니라 선행을 해야 한다. 말씀을 가지고 있을 뿐만 아니라 말씀을 전하고 나타내야 한다. 이것이 바로 등불이 되는 것이다. 하나님께서 우리에게 재능을 주셨는데 묻어두어서는 안 된다. 또한 그들의 상태는 언젠가 주님 앞에서라도 다 나타나게 된다.

18절, **"그러므로 너희가 어떻게 듣는가 스스로 삼가라 누구든지 있는 자는 받겠고 없는 자는 그 있는 줄로 아는 것까지 빼앗기리라 하시니라"**. 하나님의 말씀을 어떻게 듣는가가 중요하다. 모든 것의 뿌리, 기초는 듣는 것에 있다. 그러므로 예수님은 듣는 것을 조심하라고 하신다. 우리는 남아 있는 열매가 있게 해야 한다. 우리의 수고와 재능이 열매를 맺어야 한다. 있는 자는 더 받게 되고 없는 자는 그 있는 것까지 빼앗긴다는 말씀이 이곳저곳에 있다(마 25:28, 눅 19:24). 이 말씀은 이 시대에도 그대로 적용될 것이다. 말씀을 많이 얻은 자는 더욱 얻게 되고, 말씀을 받고서도 그 말씀이 자라거나 발전되지 않은 사람은 있던 것까지 빼앗기게 될 것이다.

8장[Ⅳ]

예수의 모친과 동생들-하나님의 말씀을 듣고 행하는 자들

19-21절, **"예수의 모친과 그 동생들이 왔으나 무리를 인하여 가까이 하지 못하니 혹이 고하되 당신의 모친과 동생들이 당신을 보려고 밖에 섰나이다 예수께서 대답하여 가라사대 내 모친과 내 동생들은 곧 하나님의 말씀을 듣고 행하는 이 사람**

들이라 하시니라". 사실 혈육 관계보다 더 중요한 것은 하나님의 말씀을 듣고 행하는 자들이다. 그들이 예수님의 모친이요 동생이 되는 사람들이다. 우리는 말로만, 지식으로만 그리스도인 생활을 해서는 안 된다. 반드시 행함이 있어야 한다. 이것이 진실한 그리스도인이며 주님이 기뻐하시는 그리스도인이다.

바람과 바다를 잔잔케 하시다

22절, **"하루는 제자들과 함께 배에 오르사 저희에게 이르시되 호수 저편으로 건너가자 하시매 이에 떠나"**. 예수께서 어느 날 제자들과 함께 배를 타셨는데 '호수 저편으로 건너가자'고 말씀하셨다. 영문 성경에는 "우리가 호수 저편으로 건너가자[Let us go over to the other side of the lake]"라고 되어 있다. 예수님은 그분과 제자들이 함께 건너가자고 말씀하신 것이다.

23절, **"행선할 때에 예수께서 잠이 드셨더니 마침 광풍이 호수로 내리치매 배에 물이 가득하게 되어 위태한지라"**. 여기의 제자들은 대부분 어부들이다. 그러므로 배가 위태롭게 되고 파도가 일면 어떻게 해야 한다는 것을 잘 아는 자들이다. 그런데 평상시보다 상당히 큰 광풍이 불고 또 배에 물이 들어와서 배가 잠길 정도가 되니 심히 당황했다.

24절, **"제자들이 나아와 깨워 가로되 주여, 주여, 우리가 죽겠나이다 한대 예수께서 잠을 깨사 바람과 물결을 꾸짖으시니 이에 그쳐 잔잔하여지더라"**. 여기의 제자들은 믿음이 없는 자들을 대표하고 있다. 방금 말씀을 굳게 잡아야 한다는 말씀을 들었지만 대부분 성도들은 금방 듣고 잊어버리고 말씀대로 행하지 못한다. 막상 위급한 상황이 벌어지니 방금 들은 말씀과 믿음이 다 어디 갔는지 없어져 버렸다. 그저 당황하여 '주여, 우리가 죽게 되었습니다!'라고 부르짖었다. 주님은 바람과 물결을 꾸짖으시고 잔잔하게 하신 다음, 제자들에게 '너희의 믿음이 어디 있느냐'라고 꾸짖으셨다. 제자들에게 믿음이 없다는 것이다. 이것이 25절의 말씀이다. 그 상황에서 말씀보다 자신의 상태가 앞서기 때문이다.

25절, **"제자들에게 이르시되 너희 믿음이 어디 있느냐 하시니 저희가 두려워하고 기이히 여겨 서로 말하되 저가 뉘기에 바람과 물을 명하매 순종하는고 하더라"**. 우리 주 예수를 어떤 분으로 아는지가 믿음이며, 또 바로 전에 들은 '우리가 호수 저편으로 건너가자'고 하신 말씀을 믿는 것이 믿음이다. 그분은 전능한 하나님이시다. 어떤 것도 다 하실 수 있는 하나님이시다.

8장[V]

귀신들린 자를 고치시다

예수님이 제자들과 함께 배를 타고 호수를 건너서 가기로 한 목적지가 거라사인의 땅이었다. 왜 거라사인의 땅으로 가셨는가? 그것은 귀신들린 사람 하나를 구해주시기 위해서였다. 그에게서 귀신을 쫓아내시려는 것이다. 왜 무시무시한 광풍이 일고 배가 뒤집힐 정도의 상황이 되었는가? 성경에 기록되지는 않았지만, 추측건대 귀신들린 사람 속에는 2000마리의 귀신이 살고 있었고 그 귀신들이 그렇게 방해를 했을 것이다. 지금 주 예수님이 제자들과 함께 귀신을 쫓아내려고 오신다는 것을 그자들은 알고 있었을 것이다. 그러므로 사탄과 연합한 이 귀신 떼가 바다의 광풍을 일으켰을 가능성이 있는 것이다. 주님이 바람과 물결을 꾸짖으셨다고 했는데, 꾸짖었다는 것은 그 대상이 일종의 인격체였다는 것을 암시한다.

그리고 이 귀신은 주님을 알아보았다. 사람들은 알지 못했지만 귀신은 알고 있었다. 그래서 그 귀신들린 사람이 예수를 보고 그 앞에 엎드려 큰 소리로, "지극히 높으신 하나님의 아들 예수여, 나와 당신과 무슨 상관이 있나이까!"라고 부르짖었던 것이다. 여기 귀신들린 사람은 그 속에 귀신이 살고 있었으므로 오래 옷을 입지 않고 집에 거하지도 않고 무덤 사이에 거했다.

"이는 예수께서 이미 더러운 귀신을 명하사 이 사람에게서 나오라 하셨음이라". 주님은 이미 귀신을 쫓아내려는 목적을 갖고 이곳으로 건너오셨다. 이 귀신들린 자가 예수를 보자마자 자기를 괴롭게 하지 말라고 했는데, 그것은 주님이 이미 귀신에게 그 사람에게서 나오라고 명하셨기 때문이다. 이 귀신은 예수님께 무저갱으로 들어가라 하지 마시기를 간구했다.

귀신은 사람을 사로잡아 그를 지배함으로써 하나님의 목적을 좌절시키고 사람을 파멸시키려는 목적을 갖고 있다. 그들은 인간의 몸에서 쫓겨나 물질계에서 끊어지는 것보다는 차라리 돼지에게로 들어가기를 원했다.

이 귀신은 사람보다 잘 아는 것이 있다. 그것은 예수님이 누구신지를 아는 것이다. 귀신들은 영물이다. 주님이 오시니 귀신들이 그 사람 속에 있지 못하게 되자 무저갱에는 들어가지 말게 해달라고 하면서 저 돼지 떼에게라도 들어가게 해달라고 하는 것이다.

32-33절, **"마침 거기 많은 돼지 떼가 산에서 먹고 있는지라 귀신들이 그 돼지에게로 들어가게 허하심을 간구하니 이에 허하신대 귀신들이 그 사람에게서 나와 돼지에게로 들어가니 그 떼가 비탈로 내리달아 호수에 들어가 몰사하거늘"**. 마가복음 5장 13절에는 "허락하신대 더러운 귀신들이 나와서 돼지에게로 들어가니 거의 이천 마리 되는 떼가 바다를 향하여 비탈로 내리달아 바다에서 몰사하거늘"이라고 되어 있다. 귀신 이천 마리가 한 사람 속에 들어가 있었던 것이다. 막달라 마리아에게는 귀신 일곱이 들어가 있었다. 한 사람 속에 하나의 귀신만 들어가는 것이 아니라 여러 마리가 들어갈 수 있다는 것이다. 그래서 사람이 다중 인격자가 되는 것이다. 여기 이 사람에게는 귀신이 이천 마리가 들어가 있었고, 그래서 수가 많아 그 이름이 군대라고 했다. 그 귀신들이 나와서 돼지 이천 마리 속에 들어갔는데, 돼지는 미련하고 말도 못 하기 때문에 거기에 들어가 봐야 별 소용이 없다. 그 자들은 하나님의 뜻을 좌절시키기 위해 사람 속에 들어가 사람을 망치는 것을 주된 목적으로 한다.

34-35절, **"치던 자들이 그 된 것을 보고 도망하여 성내와 촌에 고하니 사람들이 그 된 것을 보러 나와서 예수께 이르러 귀신 나간 사람이 옷을 입고 정신이 온전하여 예수의 발 아래 앉은 것을 보고 두려워하거늘"**. 귀신 들렸던 사람에게서 귀신을 쫓아내어 예수님이 구원해 주시니까 정신이 온전하게 되었다. 옷을 입고 정신이 온전하여 예수의 발 앞에 앉아서 말씀을 들을 수 있게 된 것이다. 귀신 들린 사람은 차분하게 앉아 있을 수 없다. 머릿속에 온갖 잡스런 생각이 왔다 갔다 하고 몸이 뒤틀리기 때문이다.

36절, **"귀신 들렸던 자의 어떻게 구원 받은 것을 본 자들이 저희에게 이르매"**. 구원이란 정신이 말짱하게 되는 것만이 아니라 예수 앞에 앉아 있는 것이다.

37-39절, **"거라사인의 땅 근방 모든 백성이 크게 두려워하여 떠나가시기를 구**

누가복음

하더라 예수께서 배에 올라 돌아가실새 귀신 나간 사람이 함께 있기를 구하였으나 예수께서 저를 보내시며 가라사대 집으로 돌아가 하나님이 네게 어떻게 큰일 행하신 것을 일일이 고하라 하시니 저가 가서 예수께서 자기에게 어떻게 큰일 하신 것을 온 성내에 전파하니라". 귀신 들린 사람보다 더 어려운 종류의 사람들이 있는데, 여기에 나오는 돼지 이천 마리를 치는 사업주들이다. 그들은 돼지 치는 사업을 했는데, 성경적으로 당시 유대인들은 돼지 치는 사업을 해서는 안 되었다. 귀신 들린 사람보다 더 치료하기 어려운 사람들이 있으니 바로 먹고사는 생업에 완전히 매인 사람들이다. 그런 사람들에게서는 그냥 떠나실 수밖에 없으셨다. 여기서 배워야 하는 교훈이 크다. 자신들의 삶과 먹고 사는 문제를 가장 크게 여기는 사람들의 생업의 문제와 부딪혔을 때는 예수님이 조용히 떠나신다. 그들은 이미 자기 배를 신으로 삼고 주님을 밀쳐낸 자들이다.

8장[Ⅵ]

회당장 야이로의 딸과 혈루증 걸린 여자

41-42절, **"이에 회당장인 야이로라 하는 사람이 와서 예수의 발 아래 엎드려 자기 집에 오시기를 간구하니 이는 자기에게 열두 살 먹은 외딸이 있어 죽어감이러라 예수께서 가실 때에 무리가 옹위하더라"**. 회당장은 당시에 존경받는 사람이다. 우리나라로 말하면 동네 유지이다. 그런데 그가 예수님의 발아래 엎드렸다. 우리는 7장에서 백부장의 믿음을 공부했는데, 주님은 이 백부장의 믿음을 보시고 칭찬하셨다. 백부장이 "주께서 저희 집에 오시는 것을 감당할 수 없습니다. 말씀만 하옵소서." 했을 때 백부장의 믿음을 보시고 하인의 병을 고쳐주셨다. 그런데 여기 회당장은 백부장만한 믿음이 없다. 주님은 백부장의 믿음을 보시고 "내가 이스라엘 중에 이만한 믿음을 만나보지 못했다."고 하셨다. 백부장은 이방인이었다. 그런데 여기 회당장은 유대인이다. 이 유대인 회당장은 주님이 집에 꼭 오셔야 할 것 같았다. 백부장은 주님이 오시지 않아도, 말씀만 하셔도 내 하인이 낫는다는 믿음이 있었다. 그는 '나도 내 수하의 사람을 오라고 하면 오고 가라고 하면 가는데 당신은 상전 중에 상전이고 우주의 주인이신데 나으라고 말씀만 하면 낫는 것이지 꼭 저희 집에 오실 필요가 없습니다."라고 한 것이다.

43절, **"이에 열두 해를 아무에게도 고침을 받지 못하던 여자가"**. 마가복음 5장

25-26절에서는 더 자세하게 설명하고 있다. "열두 해를 혈루증으로 앓는 한 여자가 있어 많은 의원에게 많은 괴로움을 받았고 있던 것도 다 허비하였으되 아무 효험이 없고 도리어 더 중하여졌던 차에". 여기 여인은 많은 의원에게 많은 괴로움을 받았고 있던 것도 다 허비하였지만 아무 효험이 없고 도리어 더 중하여졌다고 말한다. 그런데 이 여인이 예수의 소문들 들었다.

44절, **"예수의 뒤로 와서 그 옷가에 손을 대니 혈루증이 즉시 그쳤더라"**. 이 여자는 예수님 앞에 담대히 나아올 수도 없고 사람들 앞에 나설 수도 없었다. 자기 스스로를 부정한 여자라고 생각했을 것이다. 그럼에도 예수의 뒤로 가서 그 옷이라도 만지면 자신의 병이 나을 거라는 생각이 들었다. 예수님이 많은 병인을 치료하신 것을 소문으로 듣고 그대로 믿은 것이다.

45-47절, **"예수께서 가라사대 내게 손을 댄 자가 누구냐 하시니 다 아니라 할 때에 베드로가 가로되 주여 무리가 옹위하여 미나이다 예수께서 가라사대 내게 손을 댄 자가 있도다 이는 내게서 능력이 나간 줄 앎이로다 하신대 여자가 스스로 숨기지 못할 줄을 알고 떨며 나아와 엎드리어 그 손 댄 연고와 곧 나은 것을 모든 사람 앞에서 고하니"**. 이 여인의 믿음은 회당장 야이로의 믿음과도 좀 다르다. 이렇게 다양한 믿음이 있다. 이 여인은 주님 앞에 와서 제대로 고백할 수도 없는 사람이고 누가 손을 대었느냐고 하셨을 때도 두려워했다. 두려워 떨면서 예수님 옷 가를 만졌는데 주님의 능력이 그녀에게 역사하신 것이다. 여기서 우리가 알 수 있는 것은 주님은 큰 믿음도 존중하시고 연약한 믿음에도 역사해 주신다는 것이다. 이 여인이 치료받은 것은 이 여인과 주님만 알지 다른 사람들은 알지 못했다. 주님이 '내게 손을 댄 자가 누구냐'고 하시자 이 여자는 스스로 숨기지 못할 줄 알고 떨면서 나아와 손을 댄 까닭과 곧 나은 것을 모든 사람 앞에서 말했다.

48절, **"예수께서 이르시되 딸아 네 믿음이 너를 구원하였으니 평안히 가라 하시더라"**. 이 여인은 치유와 평안을 얻고 가게 되었다. 이것은 마치 우리가 속으로 탄식하며 주님을 불러본 것과 같다. 오늘날 우리가 주님의 옷을 만질 수는 없지만, 너무 지치고 힘들 때 혼자서 가냘픈 목소리로 주님을 부르면서 '저 좀 도와주세요.' 하는 것과 같다. 그러한 연약한 믿음에도 주님은 역사해 주신다. 겨자씨만 한 믿음만 있어도 주님은 도와주신다.

49절, **"아직 말씀하실 때에 회당장의 집에서 사람이 와서 말하되 당신의 딸이 죽었나이다 선생을 더 괴롭게 마소서 하거늘"**. 회당장 야이로라는 사람에 대해서 생각해보자. 예수님이 그 동네에 오셨을 때 야이로라는 회당장은 예수님을 환영하고 받아들이면서 "제 딸이 죽어가고 있으니 저희 집에 좀 와주세요."라고 했다. 그런데 가는 도중에 예수님이 혈루증 앓는 여인과 대화하시며 시간을 지체하시자 그는 마음이 조급해졌을 것이다. '이 사람도 중요하지만 내 딸은 죽어가고 있는데, 이러고 계시면 안 되는데, 빨리 가셔야 하는데.' 하면서 마음을 졸이고 있었을 것이다. 그런데 집에서 사람이 와서 "당신의 딸이 죽었습니다. 선생을 더 괴롭게 마소서." 하는 것이다.

50절, **"예수께서 들으시고 가라사대 두려워 말고 믿기만 하라 그리하면 딸이 구원을 얻으리라 하시고"**. 예수께서 야이로의 딸이 죽어가고 있었다는 것과 이제 야이로의 딸이 죽었다는 것을 알지 못하셨을까? 물론 주 예수님은 다 알고 계셨다.

51절, **"집에 이르러 베드로와 요한과 야고보와 및 아이의 부모 외에는 함께 들어가기를 허하지 아니하시니라"**. 우리 주님이 큰 역사를 하실 때는 무리를 물리치신다. 정말 마음을 함께할 수 있는 동역자 외에는 함께하는 것을 허락지 않으셨다.

52-53절, **"모든 사람이 아이를 위하여 울며 통곡하매 예수께서 이르시되 울지 말라 죽은 것이 아니라 잔다 하시니 저희가 그 죽은 것을 아는 고로 비웃더라"**. 예수님이 죽은 것이 아니라 잔다고 하니까 사람들은 '잔다니 무슨 말인가? 죽은 것인데.' 하며 비웃었다.

54절, **"예수께서 아이의 손을 잡고 불러 가라사대 아이야 일어나라 하시니"**. 마가복음에서는 예수님이 아람어로 '달리다굼!'이라 하셨다. 번역하면, "소녀야, 내가 네게 말하노니 일어나라!"이다(막 5:41). 마가는 주님이 말씀하신 그대로를 기록하였다.

55절, **"그 영이 돌아와 아이가 곧 일어나거늘 예수께서 먹을 것을 주라 명하신**

대". 죽은 아이가 살아났다. 잠자다가 깨어난 것이 아니다. 그 영이 돌아와 아이가 일어났다는 것은 죽었던 아이가 살아난 것을 말한다. 예수님은 아이에게 먹을 것을 주라고 하셨다.

56절, **"그 부모가 놀라는지라 예수께서 경계하사 이 일을 아무에게도 말하지 말라 하시니라"**. 주님은 이렇게 큰일을 하시고서도 아무에게도 말하지 말라고 하신다. 이것이 주님의 성품이다. 주님은 부모의 믿음을 보고도 딸을 살려주신다.

9장

열두 제자를 보내시다

9장에서는 예수께서 제자들을 불러 모으셔서 귀신을 제어하며 병을 고치는 능력과 권세를 주시고, 하나님의 나라를 전파하며 앓는 자들을 고치게 하려고 그들을 내어보내셨다. 그러시면서 제자들에게 여행을 위하여 아무것도 가지지 말며 지팡이, 주머니, 양식, 돈, 두 벌 옷 등을 가지지 말라 하셨다. 어느 집에 들어가든지 거기서 유하다가 거기서 떠나라 하셨다. 그리고 누구든지 제자들을 영접지 않으면 그 도시에서 떠날 때 발에서 먼지를 떨어버려 그들에게 증거를 삼으라 하셨다. 제자들이 나가 각 촌에 두루 다니며 곳곳에 복음을 전하고 병을 고쳤다.[1-6절]

헤롯이 심히 당황해하다

분봉왕 헤롯이 이 모든 일을 듣고 심히 당황해했는데, 이는 자기가 죽인 세례 요한이 다시 살아났다고도 하고 엘리야가 나타났다고도 하고 옛 선지자가 다시 살아났다고도 하기 때문이었다. 헤롯은 자기가 요한의 목을 베었는데 이 사람이 누구냐고 하였다. 사도들이 자기들의 행한 일을 예수께 고하니 예수께서 그들을 데리시고 벳세다라는 고을로 떠나가셨으나 무리가 알고 따라왔다. 예수께서는 그들을 영접하시고 하나님 왕국의 일을 말씀하시고 병 고칠 자들을 고쳐주셨다.[7-11절]

떡 다섯 개와 물고기 두 마리로 오천 명이 넘는 무리를 먹이시다

날이 저물어 갈 때 열두 제자가 예수님께 와서, 무리를 보내어 마을과 촌에 가서 먹을 것을 얻게 해야 되지 않겠느냐며 이곳은 빈 들이라고 했다. 예수께서는 제자들에게 '너희가 먹을 것을 주라'고 하시며, 그들에게 있는 떡 다섯 개와 물고기 두 마리를 가지고 하늘을 우러러 축사하시고 떼어 제자들에게 주어 무리 앞에 놓게 하시니 남자만 오천 명이 넘는 사람들이 다 배불리 먹고 남은 조각을 열두 바구니에 차게 거두었다.[12-17절]

베드로가 예수님이 하나님의 그리스도라고 고백하다

예수께서 따로 기도하실 때에 제자들이 주님과 함께 있었는데 그들에게 물으셨다. "무리가 나를 누구라 하느냐?" "세례 요한이라 하고 더러는 엘리야라, 더러는 옛 선지자 중의 하나가 살아났다 합니다." 그때 예수께서 "너희는 나를 누구라 하느냐?" 하셨고, 베드로가 대답하기를, "하나님의 그리스도시니이다." 라고 했다. 주님이 들으시고(마태복음 16장에는 베드로에 대한 칭찬이 있다) 아무에게도 이르지 말라고 경계하셨다.[18-21절]

주 예수님의 죽음과 부활을 말씀하시다

그리고 '인자가 많은 고난을 받고 장로들, 대제사장들, 서기관들에게 버린 바 되어 죽임을 당하고 제 삼일에 살아나야 하리라'고 말씀하셨다. 또 무리에게 말씀하시기를, "누구든지 나를 따라오려거든 자기를 부인하고 날마다 자기 십자가를 지고 나를 좇을 것이니라" 하셨으며, "누구든지 제 목숨을 구원하려고 하면 잃을 것이요 누구든지 나를 위하여 제 목숨을 잃으면 구원하리라"고 하셨다.[23-24절]

영광스런 모습으로 변형되시다

또한 여기 섰는 자들 중에 죽기 전에 하나님 나라가 임하는 것을 볼 자들도 있다고 하셨는데, 이 부분은 마태복음의 16-17장의 부분과 일치한다. 그 말씀을 하신 후 팔 일쯤 되어 베드로와 요한과 야고보를 데리시고 기도하러 산에 올라가셨는데, 기도하실 때에 그 용모가 변화되고 그 옷이 희어져 광채가 났다. 문득 보니 두 사람이 예수와 함께 말하고 있는데 모세와 엘리야였다. 그들은 장차 예수께서 예루살렘에서 별세하실 것을 말씀하고 있었다.

베드로, 요한, 야고보는 피곤하여 졸다가 아주 깨어 그 광경을 보고서 베드로가 말했다. "주여, 우리가 여기 있는 것이 좋사오니 우리가 초막 셋을 짓되 하나는 주를 위하여, 하나는 모세를 위하여, 하나는 엘리야를 위하여 하겠습니다." 그러나 자기의 하는 말을 자기도 알지 못했다고 한다. 그때 구름이 와서 그들을 덮어 구름 속으로 들어가게 되었는데, 구름 속에서 소리가 났다. "이는 나의 아들 곧 택함을 받은 자니 너희는 그의 말을 들으라!" 소리가 그치니 오직 예수만 보이시더라고 했다. 제자들이 잠잠하여 그 본 것을 그때에는 아무에게도 말하지 않았다.[28-36절]

귀신 들린 아이를 고치시다

그 다음날 산에서 내려오시니 큰 무리가 맞이하는데, 그중 한 사람이 귀신 들린 자기 외아들을 돌아봐 달라고 소리 질러 말했다. 먼저 예수님의 제자들에게 데려왔는데 그들이 능히 귀신을 쫓아내지 못하니 예수님더러 해달라는 것이다. 예수께서 "믿음이 없고 패역한 세대여" 하고 한탄하시면서 "네 아들을 이리 데려오라" 하셨다. 귀신이 그 아이를 쓰러뜨리고 심한 경련을 일으키게 하니 예수께서 더러운 귀신을 꾸짖으시고 아이를 낫게 하여 그 아버지에게 도로 주셨다. 사람들은 이것을 보고 다 하나님의 위엄에 놀랐다.[37-43절]

자신의 죽음을 예고하시다

예수께서 제자들에게 "이 말을 귀에 담아 두라 인자가 장차 사람들의 손에 넘기우리라" 하셨지만, 제자들은 이 말씀을 알지 못했고(그들이 깨닫지 못하게 숨김이 되었다) 또 묻기도 두려워했다.[43下-45절]

제자 중에 누가 크냐는 변론이 일어나다

제자 중에 누가 크냐는 변론이 일어났다. 예수께서 그 마음에 변론하는 것을 아시고 어린아이 하나를 데려다가 자기 곁에 세우시고 말씀하셨다. "누구든지 내 이름으로 이 어린아이를 영접하면 곧 나를 영접하는 것이요 또 누구든지 나를 영접하면 곧 나 보내신 이를 영접하는 것이라 너희 모든 사람 중에 가장 작은 그이가 큰 자니라"[47-48절].

너희를 반대하지 않는 자는 너희를 위하는 자다

요한이 예수님께 여쭈어보았다. "주여, 어떤 사람이 주의 이름으로 귀신을 내어쫓는 것을 우리가 보고 우리와 함께 따르지 않으므로 금했습니다." 예수께서 말씀하시기를, "너희를 반대하지 않는 자는 너희를 위하는 자다"라고 하셨다.[49-50절]

사마리아인의 한 촌에서 예수를 받아들이지 않다

예수께서 승천하실 기약이 차가므로 예루살렘을 향하여 올라가기로 굳게 결심하시고 사자들을 그분 앞서 보내시니 그들이 가서 예수를 위하여 예비하려고 사마리아인의 한 촌에 들어갔다. 그런데 예수께서 예루살렘을 향하여 가시는 까닭에 사마리아 사람들은 받아들이지 않았다. 제자인 야고보와 요한이 그것을 보고, "우리가 불을 명하여 하늘로서 내려와 저 사람들을 멸하라 할까요?" 했다. 예수께서 그들을 돌아보시며 꾸짖으시고 함께 다른 촌으로 가셨다.(어떤 사본에는 '너희가 무슨 정신으로 말하는지 모르는구나 인자는 사람의 생명을 멸하러 온 것이 아니요 구하러 왔노라' 하셨다는 말씀이 있다.)[51-56절]

예수를 따르려면

길을 가실 때 어떤 사람이 예수님께 말했다. "어디로 가시든지 저는 따르겠습니다." 예수님은 그에게 "여우도 굴이 있고 공중의 새도 집이 있는데 인자는 머리 둘 곳이 없다."고 하셨다. 또 다른 사람에게는 "나를 좇으라." 하셨는데, 그가 먼저 가서 부친을 장사 지내고 오겠다고 하자 예수님은, "죽은 자들로 자기의 죽은 자들을 장사하게 하고 너는 가서 하나님의 왕국을 전파하라!" 하셨다. 또 어떤 사람이 주님을 좇으려 하는데 먼저 자기 가족을 작별하게 해달라고 하자, "손에 쟁기를 잡고 뒤를 돌아보는 자는 하나님의 나라에 합당치 않다." 하셨다.

10장

칠십 인을 세워 보내시다

주 예수님은 열두 제자만 보내신 것이 아니라 70제자도 보내신 적이 있다. 근데 그 칠십 인들이 나중에 무엇을 했는지 알 수 없다. 한때 주님의 일을 했지만 나중에 아무런 흔적이 없는 사람들이 있을 수 있다. 주님은 추수할 것들이 많으니 추수의 주인에게 청하여 일꾼들을 보내어 달라 하라고 하셨다. 그들을 보내시면서 주신 말씀[3-12절]은 마태복음 10장 말씀과 같다.

보내심을 받은 제자들의 말을 듣는 것은 바로 주님의 말씀을 듣는 것이고, 그들을 저버리는 자들은 주님을 저버리는 것이며, 주님을 저버리는 자들은 주 예수님을 보내신 하나님 아버지를 저버리는 것이라 하셨다. 따라서 오늘날도 참되게 주님의 보내심을 받은 종들을 저버리는 것은 매우 심각한 일이다.[16절]

칠십 인이 기뻐 돌아와서 보고하다

70인이 기뻐 돌아와서 주의 이름으로 귀신들이 자신들에게 항복하더라고 했다. 예수께서는 이미 알고 계신다고 하시며 하늘에서 번개같이 사단이 떨어지는 것을 보았다고 하셨다. 여기서 우리는 땅의 귀신의 역사와 하늘의 사탄이 연결된 것을 본다. 오늘 우리가 사람들 속에서 마귀의 세력을 쫓아내면 하늘에서 사단이 떨어진다. 주님은 어떻게 공중 권세 잡은 세력을 하늘에서 축출하시는가? 이 땅에서 주님의 이기는 자들이 귀신들린 자들, 마귀에게 사로잡힌 자들을 풀어 해방할 때 하늘에서 지위를 잃고 떨어진다. 따라서 마귀의 공중 권세는 이 땅에서 그의 추종자들이 있기에 가능한 것이다. 이는 계시록 12장에서 증명이 된다.

주님은 그들에게 뱀과 전갈과 원수의 능력을 제어할 권세를 주셨으니 아무도 그들을 해할 자가 없으리라고 하시면서 그러나 귀신들이 항복하는 것으로 기뻐하지 말고 너희 이름이 하늘에 기록된 것으로 기뻐하라고 하셨다.[17-20절]

예수께서 성령으로 기뻐하며 아버지께 기도하시다

이때에 예수께서 성령으로 기뻐하시며 말씀하시기를, "천지의 주재이신 아버지여, 이것을 지혜롭고 슬기 있는 자들에게는 숨기시고 어린아이들에게는 나타내심을 감사합니다. 옳습니다! 이렇게 된 것이 아버지의 뜻입니다." 하셨다. 이 구절은 마태복음 11장의 구절들과 같다. 당시에 주님께서 능력을 가장 많이 베푸신 고을들(고라신과 벳세다)이 회개하지 않을 때 하신 기도이다[13-15절]. 또 어떤 고을은 하늘까지 높아져서 주님의 말씀을 받지 않았다고 하신다.(가버나움, 15절)

이어서 "내 아버지께서 모든 것을 내게 주셨으니 아버지 외에는 아들이 누군지 아는 자가 없고 아들과 또 아들의 소원대로 계시를 받는 자 외에는 아버지가 누군지 아는 자가 없습니다." 하시고, 제자들을 돌아보시며 조용히 말씀하셨다. "너희의 보는 것을 보는 눈은 복이 있다. 많은 선지자와 임금이 너희 보는 것을 보고자 하였으나 보지 못하였으며 너희 듣는 것을 듣고자 하였으나 듣지 못하였다." 중요한 것은 어떤 대단한 일보다도 하나님을 아는 것이요 하나님의 왕국에 대한 비밀이다. 하나님의 왕국의 복음을 받는 자들도 있고 받지 않는 자들도 있다.[22-24절]

누가 내 이웃인가

한 율법사가 일어나 예수님을 시험하여 물었다. "선생님, 내가 무엇을 하여야 영생을 얻겠습니까?" 예수께서 "율법에 무엇이라 기록되었으며 네가 어떻게 읽느냐?"고 물으시니 "네 마음을 다하고 목숨을 다하고 뜻을 다하고 힘을 다하여 주 너의 하나님을 사랑하고 또한 네 이웃을 네 몸같이 사랑하라 하셨습니다."라고 대답했다. 예수께서는 "네 대답이 옳다. 이를 행하라. 그러면 살리라." 하셨다. 그러자 그 율법사는 자기를 옳게 보이고 싶어서 "누가 내 이웃입니까?" 하고 물었다. 주 예수님은 비유로 한 이야기를 들려주심으로 그에게 답변해 주셨다.[25-29절]

"어떤 사람이 예루살렘에서 여리고로 내려가다가 강도를 만났는데 강도들이 그 옷을 벗기고 때려 거반 죽은 것을 버리고 갔다. 마침 한 제사장이 그 길로 내려가다가 그를 보고 피하여 가고 또 레위인도 그곳에 이르러 그를 보고 피하여 지나갔다. 그런데 어떤 사마리아인은 여행하는 중에 거기 이르러 그를 보고 불쌍히 여겨 가까이 가서 기름과 포도주를 그 상처에 붓고 싸매고 자기 짐승에 태워 주막으로 데리고 가서 돌보아주고 이튿날에 데나리온 둘을 내어 주막 주인에게 주며 말하기를 '이 사람을 돌보아주라. 부비가 더 들면 내가 돌아올 때 갚으리라.' 했다. 네 의견에는 이 세 사람 중에 누가 강도 만난 자의 이웃이 되겠느냐?"

그 율법사가 대답했다. "자비를 베푼 자입니다." 예수께서는 "가서 너도 이와 같이 하라." 하셨다. 이 말씀은 사실 이해하기가 쉽지 않다. 왜 예수님은 이런 말씀을 주셨는가? 우리 인간은 다 강도를 만나 거의 죽게 된 사람과 같다. 그런데 그런 사람을 진정 돌보아줄 이웃이 누구란 말인가? 주 예수님이시다. 사실은 우리는 먼저 우리에게 다가오신 진정한 이웃 예수를 만나서 치유를 받아야 한다. 둘째는 우리가 치유를 받은 후 주 예수님이 하신 것처럼 다른 사람을 돌봐주어야 한다.

사마리아인은 당시에 신분이 천했다. 만일 이 율법사가 진정으로 불쌍한 사람의 이웃이 되려면 주 예수님처럼 낮은 신분이 되어야 한다. 당시 사람들은 주 예수를 사마리아 사람이라, 혹은 귀신이 들렸다고 했다. 그분은 나사렛 사람으로 멸시를 당하셨다. 예수님은 그런 신분으로 죄로 죽어가는 사람들을 치유하기 위해 이 땅에 여행하러 오셨고, 다 죽어가는 사람을 위해 십자가에 달려 기름과 포도주를 쏟아 치유해주신 분이다. 그 기름과 포도주는 자기 자신을 온전히 쏟아부으신 것이다.[30-37절]

모든 것을 버리고 주님을 좇은 믿음의 선진들

바울은 원래 신분이 좋았다. 바리새인이고 유대교에서 잘 나가던 사람이었다. 그러나 그는 주님을 위해 기꺼이 사마리아 사람같이 되었다. 진정 주님을 섬기려 하면 좋은 신분을 지속적으로 유지할 수 없다.

마르다와 마리아

예수님 일행이 길을 갈 때에 한 촌에 들어가시니 마르다라는 여자가 자기 집으로 영접했다. 그에게 마리아라는 동생이 있는데, 그저 주님 발아래 앉아 말씀을 듣고 있었다. 마르다는 준비하는 일이 많아 마음이 분주한데 동생이 도와주지 않고 말씀만 듣고 있자 "주님, 내 동생이 나 혼자 일하게 두는 것을 생각지 않으십니까? 가서 저를 도우라고 명하십시오." 했다. 주님이 대답하시기를, "마르다야, 마르다야, 네가 많은 일로 염려하고 근심하는데, 몇 가지만 하든지, 아니면 한 가지라도 충분하다. 마리아는 이 좋은 편을 택하였으니 빼앗기지 않을 것이다." 하셨다. 주 예수님이 가장 중요하고 좋게 여기시는 일은 주님 발아래서 말씀을 잘 듣는 것이다. 그저 일이나 봉사에 치중하여 말씀 듣는 것을 소홀히 여기는 자들은 주님을 따르는 길에서 실패하기 쉽다.[38-42절]

11장

기도를 가르치시다

누가복음에는 주 예수께서 기도하셨다는 말씀이 유난히 많다. 제자들은 예수님이 기도하시는 것을 유심히 보다가 질문을 했다. "주님, 요한이 자기 제자들에게 기도를 가르친 것같이 우리에게도 가르쳐주십시오." 예수께서 제자들에게 이렇게 기도를 하라고 가르치셨다. **"너희는 기도할 때에 이렇게 하라. 아버지여, 이름이 거룩히 여김을 받으시오며 왕국이 임하옵시며 우리에게 날마다 일용할 양식을 주옵시고 우리가 우리에게 죄 지은 모든 사람을 용서하오니 우리 죄도 용서해주시고 우리를 시험에 들게 하지 마옵소서."**[1-4절] 성도로서 기도하는 것은 가장 중요한 한 가지일이다. 기도를 할 줄 모르면 아이가 나이가 들고 자라나도 부모님께 아무 말을 못하는 것과 같다.

기도할 때 간절한 마음으로 하라

기도에서 중요한 것은 미사여구나 성경적인 어떤 말씨를 사용하는 것 보다도 자신의 필요에 대하여 간절하고 절실한 마음으로 하는 것임을 비유로 말씀해주셨다. **"너희 중에 누가 벗이 있는데 밤중에 그에게 가서 '떡 세 덩이를 좀 빌려다오. 내 벗이 여행하던 중에 내게 왔는데 나한테는 먹일 것이 없다.' 하면, 그 벗이 집 안에서 '나를 괴롭게 하지 말아라. 문도 이미 닫았고 아이들도 다 자려고 누웠으니 일어나서 네게 줄 수가 없다.'고 하겠느냐? 그가 비록 벗이기 때문에 일어나 주지는 않을지라도 네가 너무 간절하게 구하기 때문에 일어나서 필요한 만큼 줄 것이다."**[5-8절] 주님은 또 기도할 때 구하고, 찾고, 문을 두드리라고 하시면서, 구하는 자마다 받을 것이요, 찾는 자가 찾을 것이요, 두드리는 자에게 열릴 것이라고 하신다. 즉 기도할 때 한 두 번 기도하고 안되면 그만두는 것이 아니라 구하고, 찾고, 두드리라고 하신다. 끊임없이 주님께 구하고 찾고 두드리는 자가 얻는다는 뜻이다. '아버지라면 아들이 생선을 달라 할 때 뱀을 주지 않을 것이며, 알을 달라고 할 때 전갈을 주지는 않을 것이다. 인간이 악할지라도 자식에게는 좋은 것으로 줄줄 아는데, 하물며 너희 천부께서 구하는 자에게 성령을 주시지 않겠느냐'고 하신다.[9-13절] 어쨌든 기도하는 자가 좋은 것을 천부로부터 얻는다.

예수께서 바알세불을 힘입어 귀신을 쫓아낸다고 폄하하고 멸시하다

예수께서 한 벙어리 귀신을 쫓아내시니 벙어리가 말을 했다. 무리들이 그것을 보고 기이히 여겼으나 그중 더러는 '저가 귀신의 왕 바알세불을 힘입어 귀신을 쫓아내는 것이라'고 폄하하며 멸시하였다. 예수께서 그들의 생각을 아시고 말씀하셨다. "스스로 분쟁하는 나라마다 황폐하여지며 스스로 분쟁하는 집은 무너지게 된다. 너희 말이 내가 바알세불을 힘입어 귀신을 쫓아낸다 하니 만일 사단이 스스로 분쟁하면 그의 나라가 어떻게 서겠느냐? 내가 바알세불을 힘입어 귀신을 쫓아내면 너희 아들들은 누구를 힘입어 쫓아내느냐? 그러므로 그들이 너희 재판관이 될 것이다. 그러나 내가 만일 하나님의 손을 힘입어 귀신을 쫓아내는 것이면 하나님의 나라가 이미 너희에게 임하였다." 하나님의 나라는 귀신의 세력과 악한 자가 축출되고 그리스도의 영과 진리가 성도들 안에서 세력을 잡는 곳에 세워진다.[14-20절]

주님은 여기서 "나와 함께하지 않는 자는 나를 반대하는 자이며 나와 함께 모으지 않는 자는 헤치는 자다." 하시며 지금 이스라엘 사람들의 형편을 비유로 말씀하신다. 어떤 사람에게서 더러운 귀신이 나갔을 때 물 없는 곳으로 다니며 쉬기를 구하되 쉴 곳을 얻지 못하고 말하기를 '내가 나온 내 집으로 돌아가리라' 하고 와보니 그 집이 소제되고 수리되어 있었다. 그러므로 가서 그보다 더 악한 귀신 일곱을 데리고 들어가서 거하니 나중 형편이 더욱 심하게 되었다. 이것은 필경 이스라엘을 두고 하신 말씀이다. 그들은 한때 귀신들린 상태에 있었는데, 엄청 더럽고 포악하고 형편이 없었다. 특히 열왕 시대(므낫세 때 정점에 이름)에 그러했다. 그러다가 바벨론에 포로 되어 유배생활을 했고, 그 후로 하나님께서 에스라, 느헤미야 등의 사역을 통해 그들을 예루살렘으로 돌아오게 하셔서 더러운 귀신들을 쫓아내셨다. 그런데 이제 다시 더 악한 귀신 일곱 마리가 깨끗이 소제되고 수리된 이스라엘 집으로 들어와서 형편이 전보다 더 심하게 되었다고 말씀하시는 것 같다.[23-26절]

복이 있는 자-하나님의 말씀을 듣고 지키는 자

이 말씀을 하고 계시는데 무리 중에 한 여자가 음성을 높여 '당신을 밴 태와 당신을 먹인 젖이 복이 있다!'고 하였다. 그러자 예수께서 말씀하시기를, "오히려 하나님의 말씀을 듣고 지키는 자가 복이 있다."고 하셨다. 가끔 여인들은 이렇게 직관적이면서도 인간적인 말을 잘한다.[27-28절]

악한 세대가 표적을 구하나

무리가 모였을 때 예수께서 말씀하시기를, "이 세대는 악한 세대이다. 그래서 표적을 구하는데 요나의 표적밖에는 보일 표적이 없다." 하시고, "심판 때에 남방 여왕이 일어나 이 세대 사람을 정죄할 것이니 이는 그가 솔로몬의 지혜로운 말을 들으려고 땅 끝에서 왔기 때문인데 솔로몬보다 더 큰 이가 여기 있으며, 심판 때에 니느웨 사람들이 일어나 이 세대 사람을 정죄할 것이니 이는 그들이 요나의 전도를 듣고 회개했기 때문인데 요나보다 더 큰 이가 여기 있다."고 하셨다. 그러나 솔로몬보다, 요나보다 더 큰 이가 말씀을 해도 그들은 회개하지 않았다.[29-32절]

눈은 몸의 등불이다

"누구든지 등불을 켜서 움 속에나 말 아래 두지 아니하고 등경 위에 두나니 이는 들어가는 자로 그 빛을 보게 하려 함이니라". 사람은 많은 사람을 비출 수 있는 등불이 될 수 있다. 그러기 위해서는 등불을 켜서 자신의 움막에나 먹고살기 위한 도구 아래 두어서는 안된다. 등경 위에 두어야 한다. 그리고 우리의 눈이 순전해야 하며, 그럴 때 우리 몸 전체가 빛으로 가득하게 된다. 그러나 눈이 나쁘면 온몸도 어둠으로 가득하게 된다. 이 세상의 삶과 물질을 바라고 사랑하게 되면 어둡게 된다. 명예와 세상 자랑도 마찬가지이다. 주님은 성도들이 온몸이 밝아 어두운 데가 조금도 없기를 바라신다.[33-34절]

"그러므로 네 속에 있는 빛이 어둡지 아니한가 살피라. 네 온 몸이 빛으로 가득하여 조금도 어두운 부분이 없으면 등불의 광선이 너를 비출 때와 같이 네 몸 전체가 밝을 것이다." 주 예수의 빛이신 말씀으로 우리 전체를 비추게 허락해야 한다. 우리 마음속에 주 예수님만 있다면 온몸이 빛으로 가득하게 된다.[35-36절]

외식하는 바리새인을 책망하시다

예수께서 말씀하실 때에 한 바리새인이 자기와 함께 점심 잡수시기를 청하므로 들어가 앉으셨는데, 잡수시기 전에 손을 씻지 않으시는 것을 이 바리새인이 보고 이상히 여겼다. 당시 바리새인들에게는 씻는 규례가 많았는데 예수께서 식사 전에 손을 씻지 않으시니 의아하게 여기며 바라본 것이다.

이 기회를 잡아 주님은 말씀하셨다. "너희 바리새인은 지금 잔과 대접의 겉은 깨끗이 하는데 너희 속은 탐욕과 악독이 가득하다. 어리석은 자들아, 밖을 만드신 분이 속도 만들지 않으셨느냐! 오직 그 안에 있는 것으로 구제하라. 그리하면 모든 것이 너희에게 깨끗할 것이다." 속에 가득한 탐욕과 악독은 그대로 두고 겉만 씻는다고 해서 사람이 깨끗해지는 것이 아니라는 말씀이다. 그러나 안의 깨끗함으로 구제하면 밖의 것은 저절로 깨끗해질 것이라고 하신다. 바리새인들의 속은 어두움으로 가득했다는 말씀이다.[37-41절]

바리새인과 율법사들에게 경고하시다

11장 마지막 부분에는 가장 강렬한 주님의 말씀의 경고가 들어 있는데, "화 있을진저 너희 바리새인이여!" 하시며 시작된다. "너희는 박하와 운향과 모든 채소의 십일조를 드리되 공의와 하나님께 대한 사랑은 버렸다. 그러나 이것도 행하고 저것도 버리지 않아야 한다. 너희는 회당의 높은 자리와 시장에서 문안받는 것을 좋아한다. 또 너희는 평토장한 무덤 같아서 그 위를 밟는 사람이 알지 못한다."[42-44절]

여기까지 말씀하시자 한 율법사가 예수께 말했다. "선생님, 이렇게 말씀하시니 우리까지 모욕하시는 것입니다." 그러자 예수께서 이번에는 율법사를 향하여 경고하신다. "화 있을진저 또 너희 율법사여!" 하시면서 "너희는 지기 어려운 짐을 사람에게 지우고 너희는 한 손가락도 이 짐에 대지 않는다. 너희는 선지자들의 무덤을 쌓는데, 그들을 죽인 자도 너희 조상들이다. 이와 같이 너희 조상들은 (선지자들을) 죽이고 너희는 (선지자들의 무덤을) 쌓으니 너희가 너희 조상의 행한 일에 증인이 되어 그것을 옳게 여기는구나. 이러므로 하나님의 지혜가 말씀하시기를, 내가 선지자와 사도들을 그들에게 보낼 것인데 그중에 더러는 죽이며 또 핍박할 것이라 하셨다. 창세 이후로 흘린 모든 선지자의 피를 이 세대가 담당하되 곧 아벨의 피로부터 제단과 성전 사이에서 죽임을 당한 사가랴의 피까지 할 것이다. 율법사인 너희들은 지식의 열쇠를 가져가고 너희도 들어가지 않고 또 들어가고자 하는 자도 막았다."

거기서 나오실 때 서기관들과 바리새인들이 맹렬히 달라붙어 여러 가지 주제로 힐문하고 그 입에서 나오는 것을 책잡으려고 목을 지켰다.[45-54절]

12장

바리새인들의 누룩 곧 외식을 주의하라

이러한 상황 아래서 수많은 사람들이 모여들어 서로 밟힐 만큼 되었는데, 그 때 예수께서 먼저 제자들에게 말씀하셨다.

"바리새인들의 누룩 곧 외식을 주의하라. 감추인 것이 드러나지 않을 것이 없고 숨은 것이 알려지지 않을 것이 없다. 너희가 어두운 데서 말한 모든 것이 광명한 데서 들리고 너희가 골방에서 귀에 대고 말한 것이 집 위에서 전파될 것이다. 내가 내 친구 너희에게 말하는데, 몸을 죽이고 그 후에는 능히 더 못하는 자들을 두려워하지 말라. 마땅히 두려워할 자가 누구인지 알려줄 것이니 그분을 두려워하라. 그분은 죽인 후에 또한 지옥에 던져 넣는 권세를 갖고 계신다. 내가 참으로 말하건대, 바로 그분을 두려워하라! 참새 다섯이 앗사리온 둘에 팔리지 않느냐? 그러나 하나님 앞에서는 그 하나라도 잊어버린 바 되지 않는다. 너희에 대해서는 머리털까지도 다 세신 바 되었으니 두려워하지 말라. 너희는 많은 참새보다 귀하다. 내가 또한 너희에게 말하는데, 누구든지 사람 앞에서 나를 시인하면 인자도 하나님의 사자들 앞에서 그를 시인할 것이요 사람 앞에서 나를 부인하는 자는 하나님의 사자들 앞에서 부인될 것이다."[1-9절].

수만 명의 무리가 모여들었지만 예수께서는 많은 군중에 흥미를 갖지 않으시고 제자들에게 먼저 말씀하셨다. 만일 오늘날 어떤 사역자 앞에 수만 군중이 모였다면 곁에 있는 스텝들 몇 명을 여전히 관심할지 의문이다. 주 예수님은 먼저 가까이 있는 제자들을 바라보시며 바리새인들의 누룩을 주의하라고 하신다. 말하자면, 수많은 사람들이 지향하는 신앙이 외식적인 것이라는 말씀이다. 소수일지라도 진실하게 길을 걸어가는 것이 귀하다. 그러다 보니 사람들은 속과 겉이 다르게, 즉 겉으로만 그럴듯하게 행한다. 주님은 이어서 감추인 것이 그날 다 드러난다고 하셨다. 어두운 데서 말한 것이 광명한 데서 들리고 숨은 것이 다 알려진다고 하셨다.

주님은 사람을 두려워하지 말라고 하시면서, 주님의 사람들은 하나님께서 머리털까지 세실 정도로 보호하실 것이니 정직하게 두려움 없이 진리를 선포하라고 하신다. 혹 사람들에게 끌려갈지라도 뭐라고 대답할지 염려하지 말라고 하신다. 성령께서 다 할 말을 주신다는 것이다.[1-12절]

삼가 탐심을 물리치라

13절에서는 무리 중에 한 사람이 주님께 말했다. "선생님, 내 형에게 말씀해서 유산을 나와 나누라고 하십시오." 이 사람은 머릿속이 온통 돈으로 가득하다. 어떻게 주님의 그 귀한 가르침을 받으면서 이런 말이 나올 수 있는가! 그러자 주님은, "이 사람아, 누가 나를 너희의 재판장이나 물건 나누는 자로 세웠느냐?" 하시고 "삼가 모든 탐심을 물리치라. 사람의 생명이 그 소유의 넉넉한 데 있지 않다."고 하셨다.

그리고서 비유로 말씀하셨다. "한 부자가 풍년이 들어 소출이 풍성하니 속으로 생각하기를, 곡식 쌓아둘 곳이 없으니 어떻게 하나? 내가 이렇게 하면 되겠구나. 내 곡간을 헐고 더 크게 지어 내 모든 곡식과 물건을 거기 쌓아두어야겠다. 그리고서 내 영혼에게 여러 해 쓸 물건을 많이 쌓아두었으니 평안히 쉬고 먹고 마시고 즐거워하자 할 것이다." 그때 하나님은 말씀하신다. "어리석은 자여, 오늘 밤에 네 영혼을 도로 찾을 것이니 그러면 너희 예비한 재물이 뉘 것이 되겠느냐?" 주님은 자기를 위해 재물을 쌓아두고 하나님께 대하여 부요치 못한 자가 이와 같다고 하신다. 사람은 보이는 육신과 물질적 존재가 전부가 아니다. 사람은 보이지 않는 영이 있는 존재이다. 따라서 우리는 물질만 부요하다고 살 수 있는 것이 아니다. 하나님은 사람의 영혼을 하룻밤에도 거두어 가실 수 있는 분이다. 보이지 않는 하나님을 위해 투자하지 않고 보이는 재물에만 투자하는 사람은 매우 어리석은 사람이다.[13-21절]

염려하지 말라

그리고서 마태복음 6장의 말씀과 유사한 말씀을 하신다. "너희 목숨을 위해 무엇을 먹을까, 몸을 위해 무엇을 입을까 염려하지 말라, 목숨이 음식보다 중하고 몸이 의복보다 중하다." 사람은 거꾸로 생각하며 산다. 즉 밖의 물질적인 것을 위해 목숨과 몸을 다 희생하며 산다. 목숨과 몸은 주를 위해 있으며 주님으로부터 받은 것이다. 마땅히 주를 위해 살아야 한다. 까마귀를 생각하라고 하시며 심지도 않고 거두지도 않고 골방도 없고 창고도 없으나 하나님께서 기르시는데 너희는 새보다 얼마나 더 귀하냐고 하신다. 또 염려한다고 해서 너희 키를 한 자라도 더 할 수 있느냐, 지극히 작은 것 하나도 할 수 없으면서 어찌 다른 것을 염려하느냐, 백합화를 생각해보아라, 실도 만들지 않고 짜지도 않는데 솔로몬의 모든 영화로운 의복도 이 꽃 하나만 못하다. 오늘 있다가 내일 아궁이에 던져지는 들풀도 하나님이 이렇게 입히시는데 하물며 너희이겠느냐 믿음이 적은 자들아 하시며 오직 너희는 먼저 그의 나라를 구하라 그리하면 이런 것을 너희에게 더하실 것이라 하신다.[22-31절]

"적은 무리여, 무서워 말라 너희 아버지께서 그 왕국을 너희에게 주시기를 기뻐하시느니라 너희 소유를 팔아 구제하여 낡아지지 아니하는 주머니를 만들라…너희 보물 있는 곳에는 너희 마음도 있느니라"[32-34절].

누가복음에는 특히 재물에 대한 말씀이 많다. 결국 이 좁은 생명의 길을 가는 사람들에게 무엇이 장애가 되는가? 재물을 사랑하는 것이다. 누가복음의 재물에 대한 기록은 마태복음보다 훨씬 더 자세하고 강하다. 이렇게 좁은 길을 진실하게 가는 사람들은 많지 않다. 주님은 너희 소유를 팔아 구제하여 낡아지지 않는 주머니를 만들라고 하신다. 그리고 너희 보물 있는 곳에는 네 마음도 있다고 하신다. 재물을 위해서만 사는 사람은 어리석은 사람이다. 32절의 그 나라를 유업으로 받는 '적은 무리'는 누구인가? 여기 12장에 의하면 외식하는 자들이 아닌, 물질의 유혹을 벗어나서 그분의 왕국을 위해 기꺼이 모든 것을 팔아 낡아지지 아니하는 주머니를 만드는 자들이다.

깨어 주인을 기다리라

주님은 그분이 다시 오실 때를 생각하시면서, 허리에 띠를 띠고 등불을 켜고 서 있으라 하신다. 주님이 도적같이 오실 것이기 때문이다. 그분이 오시면 충성된 종들을 자리에 앉히고 수종 들어주신다고 하셨다. "이러므로 너희도 예비하고 있으라 생각지 않은 때에 인자가 오리라!" 이 모든 말씀들은 이 세상에 사는 참 지혜로운 방법을 알려준다. 이생의 삶을 위하여 재물을 바라고 살면서 동시에 주님의 재림을 기다리는 삶을 살 수는 없는 일이다.

지혜롭고 진실한 청지기

베드로가 물었다. "주께서 이 비유를 우리에게 하신 것입니까, 아니면 모든 사람에게도 하신 것입니까?" 주님은 누구라고 특정하여 말씀하지 않으시고 다만 지혜롭고 진실한 청지기가 되어 주인에게서 그 집 종들을 맡아 때를 따라 양식을 나누어줄 자가 누구냐고 하신다. 주인이 오실 때에 종들이 이렇게 하는 것을 보면 그 종이 복이 있을 것이며, 주인이 모든 소유를 그에게 맡길 것이라고 하셨다.[41-44절]

그러나 그 종이 주인이 더디 오실 것이라 생각하여 노비를 때리며 먹고 마시고 취하게 되면, 생각지 않은 날 알지 못하는 시간에 주인이 오셔서 그를 엄히 때리고 불신자들이 받는 벌을 받게 할 것이라고 하신다. 불신자들의 받는 벌은 불못의 유황불이다(계 20장). 신자들 중에도 악한 종들은 이러한 징계를 당할 것이라는 말씀이다. 그리고 주인의 뜻을 알고도 예비하지 않고 그 뜻대로 행하지 않은 종은 많이 맞을 것이요 알지 못하고 맞을 일을 한 종은 적게 맞을 것이라 하셨다. 주님은 많이 받은 자에게는 많이 찾으시고 많이 맡은 자에게는 많이 달라 하실 것이다. 주님으로부터 말씀과 은혜와 은사를 많이 받은 자에게는 많이 달라고 하신다는 것이다. 다 불신자들에게 하신 말씀이 아니라 신자들에게 주신 경고이다.[45-48절]

예수께서 죽음과 부활을 통해 이 땅에 불을 던지실 것임

그분은 받으실 세례가 있고 그 세례(십자가의 죽음과 부활)를 통해서 이 땅에 불을 던지실 것이다. 그러기까지는 답답해하신다. 그리고 불이 던져지면 세상에 화평이 아니라 분쟁이 시작될 것이라 하셨다. 오순절 날 이 땅에 불이 던져졌다.[49-53절]

시대를 분간하고, 화해하기를 힘쓰라

54-59절은 주님을 만날 준비를 할 것을 교훈하신다. 주님이 언제 오실지 시대를 분변할 줄 알아야 하고, 주님을 만날 것을 대비하고 기다리는 자들은 사람들과 화해하고 용서하기를 힘써야 한다. "네가 너를 고소할 자와 함께 재판관에게 갈 때에 길에서 화해하기를 힘쓰라 호리라도 남김이 없이 갚지 않고서는 결단코 저기서 나오지 못하리라". 심판대에서 재판관이신 하나님 앞에 서기 전에 이 땅에 살아 있을 동안 성도들 간에 조금이라도 거리낌이 없도록 화해하고 용서하라는 말씀이다.

13장[I]

너희도 회개하지 않으면 이같이 망할 것이다

예수님 당시에도 사건 사고가 많이 있었다. 두어 사람이 예수께 와서 빌라도가 제물에 갈릴리 사람들의 피를 섞었다고 고했다. 그들은 까닭 없이 죽은 것이다. 주님은 이 죽은 사람들이 다른 갈릴리 사람들보다 죄가 더 많아서 그렇게 된게 아니라고 하셨다. 또 실로암이라는 곳에서 망대가 무너져서 열여덟 명이 죽었는데, 이들 또한 예루살렘의 다른 사람들보다 죄가 더 많아서 그렇게 된 것이 아니라고 하셨다. 주님은 '너희도 회개하지 않으면 이같이 망할 것이라'고 하시면서 비유로 말씀하셨다.[1-5절]

열매 맺지 못하는 무화과나무의 비유

한 사람이 포도원에 무화과나무를 심었는데, 와서 이 무화과나무에서 열매를 구했으나 얻지 못했다. 과원 지기에게 '내가 삼 년을 와서 열매를 구했는데 얻지 못하니 찍어버리라.' 했다. 여기서 포도원 주인은 하나님이시고 과원 지기는 주 예수님이시다. 주 예수님은 하나님 아버지께 올해 한 해만 더 참아 주시면 두루 땅을 파고 거름을 줄 것이니 그 후에 실과를 열면 봐주시고 그렇지 않으면 찍어버리시라고 하셨다.[6-9절] 이 비유는 무슨 뜻일까? 어쨌든 이유 없이 죽은 사람들이 문제가 아니라 그 나라 전체가 회개할 필요가 있다고 하신다. 무엇을 회개해야 하는가? 하나님이 역사하신 만큼 소출이 없다는 것이다. 하나님은 종들을 보내 말씀도 주시고 많은 역사도 하셨다. 또 여러모로 축복도 주셨다. 그런데 하나님께 합당한 열매를 드리지 못했다. 앞에서 말한 것 같은 안타깝고 슬픈 일이 발생했을 때 믿는 이의 태도는 어떠해야 하는가? 회개해야 한다. 다른 사람만 정죄하지 말라! 바로 우리와 당신, 모두의 문제이다. 그들이 특별히 죄를 지은 것이 아니다. 우리 모두가 하나님께 그분이 원하시는 상당한 열매를 드리지 못한 것이다. 그분은 그만큼 우리를 위해 수고하셨는데, 그리고 우리에게 열매를 기대하셨는데 우리는 그에 상당한 결과를 드리지 못했다. 그러므로 회개가 필요하다. 주님은 그 사건들이 갈릴리 모든 사람, 예루살렘 모든 사람의 문제이며, 그래도 회개하지 않으면 장래 모두에게 같은 재앙이 올 것이라고 하신다. "너희도 이와 같이 망하리라!" 두려운 말씀이 아닐 수 없다.

13장[Ⅱ]

안식일에 등 굽은 여자를 고치시다

안식일에 한 회당에서 가르치시는데 18년 동안을 귀신들려 앓으며 꼬부라져 조금도 펴지 못하는 한 여자가 있었다. 예수께서 보시고 "여자여, 네가 네 병에서 놓였다." 하시면서 안수하시니 여자가 곧 펴고 하나님께 영광을 돌렸다. 회당장이 예수께서 안식일 날 병 고치시는 것을 보고 분내어 무리에게 말했다. "일할 날이 엿새가 있으니 그동안에 와서 고침을 받을 것이요 안식일에는 말 것이다." 그러자 예수께서 대답하셨다. "외식하는 자들아, 너희가 각각 안식일에 자기의 소나 나귀나 마구에서 풀어내어 이끌고 가서 물을 먹이지 않느냐? 18년 동안 사단에게 매인 아브라함의 딸을 안식일 날 풀어주는 것이 합당치 아니하냐?" 그러자 반대하는 자들은 부끄러워하고 온 무리는 주 예수의 하시는 모든 영광스러운 일을 인하여 기뻐하였다. 왜 주님은 소나 나귀의 예를 들으셨을까? 두 가지이다. 하나는 사람은 그분의 소유라는 말씀이다. 둘째는 그들에게 재물에 대한 애착이 있을 뿐 사람을 살리고자 하는 선한 마음이 없음을 말씀하신다.

하나님의 나라를 겨자씨와 누룩의 비유로 설명하시다

그러므로 예수께서 말씀하시기를, "하나님의 왕국이 무엇과 같을꼬 내가 무엇으로 비할꼬" 하시며 하나님의 왕국을 비유로 말씀하셨다. 하나님의 나라(왕국)는 마치 사람이 채전에 갖다 심은 겨자씨 한 알 같은데(매우 작음) 자라 나무가 되어 공중의 새들이 깃들었다고 하신다. 또 여자가 가루 서 말속에 갖다 넣어 전부 부풀게 한 누룩과 같다고 하셨다. 이것을 어떤 학자들이나 설교자들은 교회의 발전된 모습이라고 하는데, 발전은 발전이지만 변형된 발전이요 변질된 발전이다. 즉 이 시대의 교회의 잘못된 발전의 모습을 그린 것이다.[18-21절]

누룩은 주님이나 바울이나 좋은 용법으로 사용하신 적이 없다. 바리새인의 누룩을 주의하라(마 15장), 적은 누룩이 온 덩이를 부풀게 한다(고전 5장)는 말씀을 보면 그렇다. 따라서 오늘날 교회는 이렇게 겉만 화려하고 크지 속은 매우 부패해 있다. 새들이 가지에 깃들인다는 것은 마귀가 깃들인다는 것을 말한다. 누룩을 넣었다는 것은 원래의 순수한 것이 아니라 불의와 죄와 사악함으로 전체가 변질되었다는 것을 의미한다. 비정상적인 발전이다. 왜 비정상적으로 발전하는가? 많은 사람이 주님을 외면적으로 믿기 때문이다. 앞의 바리새인들 같다. 재물을 사랑하고 이생을 사랑하는 것에 의해 참 신앙은 멀어지는 것이다. 그러므로 누가복음은 적은 무리가 아버지의 왕국을 받을 것이라고 하였다.[12:32]

13장[Ⅲ]

좁은 문으로 들어가기를 힘쓰라

예수께서 각성 각촌으로 다니며 가르치시는데 어떤 사람이 물었다. "구원 얻는 자가 적습니까?" 예수께서 말씀하시기를, "좁은 문으로 들어가기를 힘쓰라 들어가기를 구하여도 못하는 자가 많으리라"고 하셨다. 구한다고 다 되는 것은 아니다. 그렇다고 구하지 않아야 한다는 말도 아니다. 진심으로 찾고 구해야 한다는 말씀이다. 이 말씀은 특히 예루살렘을 두고 하신 말씀이다. 집 주인이 일어나 문을 한번 닫으면 후에 밖에 서서 문을 두드리며 '주여, 열어주소서.' 해도 주인은, '나는 너희가 어디로서 온 자인지 알지 못한다.' 할 것이라고 말씀하셨다. 그때 너희가 '우리는 주 앞에서 먹고 마셨으며 주는 또한 우리 길거리에서 가르치셨습니다.' 할지라도 주인은 '나는 너희가 어디로서 왔는지 알지 못한다. 행악하는 모든 자들아, 나를 떠나가라!' 할 것이라 하셨다. 이것은 불신자들을 두고 하시는 말씀이 아니다. 불신자들을 가리켜 그들이 생전에 주 앞에서 먹고 마시고 가르침 받은 자들이라고 말할 수 없다.

"아브라함과 이삭과 야곱과 모든 선지자는 하나님 나라에 있고 오직 너희는 바깥에 쫓겨난 것을 볼 때에 거기서 슬피 울며 이를 갈게 된 것이다. 사람들이 동서남북으로부터 와서 하나님 왕국의 잔치에 참석할 것인데 나중 된 자로서 먼저 되고 먼저 된 자로서 나중 될 자도 있다."고 하신다. 그러므로 먼저 되었다고 자만하지 말아야 한다.[22-30절]

예루살렘을 두고 탄식하시다

바로 그때 어떤 바리새인들이 예수께 다가와서 말했다. "나가서 여기를 떠나십시오. 헤롯이 당신을 죽이려 합니다." 그러자 주님은, "가서 저 여우에게 말하라. 오늘과 내일 내가 귀신을 쫓아내며 병을 낫게 하다가 제 삼일에 나의 최종지점에 이를 것이다. 그러나 오늘과 내일과 모레는 내가 갈 길을 가야 할 것이니 선지자가 예루살렘 밖에서는 죽는 법이 없다."고 하셨다. 즉 그분은 아직 갈 때가 안 되셨고 죽으실 때는 예루살렘에 들어가실 것임을 암시하셨다. 그분은 그분의 돌아가실 때, 돌아가시는 곳을 다 알고 계셨다.[31-34절]

그분은 헤롯을 여우라고 표현하셨다. 어떤 인간은 사람이 아니라 짐승 같은 느낌을 준다. 하나님께서는 예루살렘을 지극히 사랑하셨다. "예루살렘아, 예루살렘아, 선지자들을 죽이고 네게 파송된 자들을 돌로 치는 자여, 암탉이 제 새끼를 날개 아래 모음같이 너희의 자녀를 모으려 한 일이 몇 번이냐? 그러나 너희가 원치 않았다." 주님이 예루살렘 성의 황폐와 멸망을 예언하시며 애석해하신 것이다. "보라, 너희 집이 황폐하여 버려질 것이다. 너희가 주의 이름으로 오시는 이를 찬송하리로다 할 때까지는 나를 보지 못할 것이다."라고 하시는 이 예언은 A.D. 70년 로마 타이터스 장군의 예루살렘 함락으로 완전히 성취되었고, 장래 주님이 다시 오실 때에나 예루살렘은 회개할 것이다.

14장[Ⅰ]

안식일에 고창병 든 사람을 고치시다

안식일에 예수께서 바리새인의 한 두령의 집에 떡을 잡수시러 들어가셨는데, 그들이 가까이서 예수를 엿보고 있었다. 주님 앞에 고창병 든 한 사람이 있었다. 고창병은 헬라어로 '히드로피코스'로서 '물'에서 파생된 단어이다. 간단하게 말하면 이 병은 몸에 물이 차는 병이다. 손과 발에 물이 차서 붓고 복수가 차오르는 병이다. 따라서 이 병에 걸린 사람은 움직이기도 어렵고 숨쉬기도 어려워 몸이 늘 힘든 상태에 있다.

그 집에는 율법사들과 바리새인들 같은 스파이들이 있었는데, 그들은 예수님을 책잡기 위해 엿보고 있었다. 주님이 그들에게 대답하여 말씀하시기를, "안식일에 병 고쳐주는 것이 합당하냐, 아니하냐?" 하셨다. 그들이 잠잠하자 예수께서 그 사람을 데려다가 고쳐 보내셨다. 그리고서 그들에게 말씀하셨다. "너희 중에 누가 아들이나 소가 우물에 빠졌으면 안식일에라도 곧 끌어내지 않겠느냐?" 그들은 이 말에 아무 대답도 못했다.

주 예수님과 이 종교인들의 차이는 무엇인가? 그들 속에는 사람에 대한 애정이 없고 종교적 계율을 지키는 것만 가득하다. 바리새인들과 율법사들은 그런 병든 사람을 자식이나 소로 생각지도 않는다. 한 마디로 사랑이 없는 것이다. 신앙의 본질을 상실한 채 그들의 종교 체계를 유지하기 위한 규칙과 습관에 빠진 것이다. 이런 일은 오늘날에도 얼마든지 있을 수 있다.

14장[Ⅱ]

이 세상에 살 동안에 자신을 낮추라

청함을 받은 사람들이 상좌를 택하는 것을 보시고 그들에게 비유로 말씀하셨다. "네가 누구에게나 혼인잔치에 청함을 받았을 때에 상좌에 앉지 말라. 그렇지 않으면 너보다 더 높은 사람이 올 경우에 너를 청한 자가 와서 너더러 이 사람에게 자리를 내어주라 할 것이니 그때에 네가 부끄러워 말석으로 가게 될 것이다. 청함을 받았을 때 차라리 가서 말석에 앉으라. 그러면 너를 청한 자가 와서 너더러 '벗이여, 올라앉으라.' 할 것이니 그때에야 함께 앉은 모든 사람 앞에 영광이 있을 것이다." 이 세상에서 살 동안 자신을 낮추라는 말씀이다. 주님이 오시는 날 완전 뒤집힐 수가 있기 때문이다. 우리 그리스도인들, 특히 사역자들은 그날 당할 엄청난 수치를 염두에 두어야 할 것이다. "누구든지 자신을 높이는 자는 낮아지고 자신을 낮추는 자는 높아질 것이다."[7-11절]

또 예수님은 그분을 초대한 사람에게 말씀하셨다. "네가 점심이나 저녁이나 베풀거든 벗이나 형제나 친척이나 부한 이웃을 청하지 말라. 왜냐하면 그 사람들이 너를 청하여 네게 되갚을 수 있기 때문이다. 잔치를 배설하거든 차라리 가난한 자들과 병신들과 저는 자들과 소경들을 청하라. 그러면 그들이 갚을 것이 없기 때문에 네게 복이 될 것이니, 의인들의 부활 시에 네가 갚음을 받게 될 것이다."[12-14절]

복음은 잔치를 배설하고 사람들을 초대한 것이다

어떤 사람이 큰 잔치를 배설하고 많은 사람을 초대했는데, 잔치할 시간에 그들에게 종을 보내어 모든 것이 준비되었으니 오라고 했다. 그런데 초대받은 모든 사람들이 하나같이 사양하면서 하나는 밭을 샀으니 나가 보아야겠다 하고, 하나는 소 다섯 겨리를 샀으니 시험하러 가야 한다 하고, 또 하나는 장가 들어서 가지 못하겠다고 했다.

종이 돌아와 주인에게 그대로 보고하니 집주인이 노하여 그 종에게 "빨리 시내 거리와 골목으로 나가서 가난한 자들과 병신들과 소경들과 저는 자들을 데려오라!" 했다. 종이 와서 명하신 대로 했는데도 자리가 있다고 하자 주인이 종에게 길과 산울가로 나가서 사람을 강권하여 데려다가 내 집을 채우라고 했다. 그러면서 전에 청하였던 그 사람들은 하나도 잔치를 맛보지 못하리라 하였다. 복음 잔치로의 초청을 거절하는 것이 얼마나 큰 손실인지를 보여준다.[15-24절]

14장[Ⅲ]

제자가 되는 길

25절에서, 허다한 무리가 함께 가는데 예수께서 돌이켜 그들에게 말씀하셨다. "누구든지 내게 오는 자가 자기 부모와 처자와 형제와 자매와 및 자기 목숨까지 미워하지 아니하면 능히 내 제자가 되지 못하고 누구든지 자기 십자가를 지고 나를 좇지 않는 자도 능히 나의 제자가 되지 못한다." 하시며 두 가지 비유를 주셨다. 하나는 망대를 세우는 비유이고, 다른 하나는 전쟁의 비유이다. 둘 다 우리의 절대적이고 전적인 태도를 요구한다.[25-32절]

망대를 짓다 보니 돈이 많이 들어가서 중도에 포기하는 사람에 대해, 왜 미리 앉아서 망대를 지을 비용을 계산하지 않았느냐고 하신다. 결국 모든 소유를 쏟아붓지 않으면 완공할 수 없는데[33절], 그저 조금씩 투자해보다가 중단하면 사람들이 비웃지 않겠느냐는 것이다. 전쟁도 마찬가지이다. 어차피 대적은 우리보다 수가 많다. 죽기 살기로 하지 않으면 전쟁을 이길 수 없다. 그러니 미리 생각해보고 전쟁을 시작했어야 한다는 말씀이다.

결론은 무엇인가? 소금이라면 짜야 한다. 소금이라고 하면서 이것도 아니고 저것도 아니면 도대체 어디에 쓰겠는가? 소금이 그 짠맛을 잃으면 땅에도 거름에도 쓸데없어 내버리게 된다. 예수님이나 바울이나 인생을 보류하지 않고 온 존재를 쏟아부으면서 길을 가셨다.

15장

잃어버린 한 마리 양의 비유

모든 세리와 죄인들이 말씀을 들으러 가까이 나아오니 바리새인들과 서기관들이 원망하면서 "이 사람이 죄인을 영접하고 음식을 같이 먹는다 하더라"고 말했다. 그때 주신 말씀이 복음을 전할 때면 사용하는 누가복음의 세 비유, 곧 잃어버린 양과 잃어버린 동전과 잃어버린 아들의 비유이다.

"너희 중에 어느 사람이 양 일백 마리가 있는데 그중에 하나를 잃으면 아흔아홉 마리를 들에 두고 그 잃은 것을 찾기까지 찾아다니지 않겠느냐 또 찾은즉 즐거워 어깨에 메고 집에 와서 벗과 이웃을 불러 모으고 말하되 나와 함께 즐기자 나의 잃은 양을 찾았노라 하리라…이와 같이 죄인 하나가 회개하면 회개할 것 없는 의인 아흔아홉을 인해 기뻐하는 것보다 더하리라"[4-7절]

잃었다가 찾은 한 드라크마의 비유

"한 여자가 열 드라크마(로마 은전)가 있는데 그중 하나를 잃으면(한 드라크마는 한 데나리온에 해당하며, 하루 품삯이다) 등불을 켜고 집을 쓸며 찾기까지 부지런히 찾지 않겠느냐? 또 찾으면 벗과 이웃을 불러 모으고 '나와 함께 즐기자 잃은 드라크마를 찾았다'고 할 것이다. 이와 같이 죄인 하나가 회개하면 하나님의 사자들 앞에 기쁨이 된다."

아버지 집에 돌아온 탕자의 비유

어떤 사람이 두 아들이 있는데 그 둘째가 재산 중에서 자기에게 돌아올 몫을 달라고 했다. 그래서 아버지가 그 살림을 각각 나눠주었는데, 그 후 며칠이 못 되어 둘째 아들이 재물을 다 모아가지고 먼 나라에 가 거기서 허랑방탕하여 그 재산을 다 허비했다. 다 없이한 후에 그 나라에 크게 흉년이 들어 그 둘째 아들은 궁핍하게 되었다. 그 나라 백성 중 하나에게 붙여 사니 그가 저를 들로 보내어 돼지를 치게 했는데, 저가 돼지 먹는 쥐엄 열매로 배를 채우고자 해도 주는 사람이 없었다. 그러자 스스로 돌이켜 '내 아버지에게는 양식이 풍족한 품꾼이 얼마나 많은가! 나는 여기서 굶주려 죽는구나!' 하고, 돌아가서 아버지에게 '내가 하늘과 아버지께 죄를 얻었으니 이제 아버지의 아들 자격이 없고 그저 품꾼의 하나로 받아달라고 해야겠다.' 생각하고 발걸음을 옮겨 아버지 집으로 향했다.

아직 서로 거리가 먼데 아들을 기다리던 아버지는 아들이 돌아오는 것을 보고 측은히 여겨 달려 나가서 목을 안고 입을 맞추며 반가워하니 아들은 미리 준비했던 말을 꺼낸다. "아버지, 제가 하늘과 아버지께 죄를 범했으니 이제부터는 아들이라고 할 수도 없습니다." 하는데, 아버지는 종들에게 "제일 좋은 옷을 내어다가 입히고 손에 가락지를 끼우고 발에 신을 신겨라. 그리고 살진 송아지를 끌어다가 잡으라. 우리가 먹고 즐기자. 이 내 아들은 죽었다가 다시 살아났으며 내가 잃었다가 다시 얻었노라."고 했다. 그 아들은 "나를 그냥 품꾼의 하나로 써 주십시오."라는 말은 꺼내지도 못했다.

맏아들이 밭에 있다가 집에 가까이 오니 풍류와 춤추는 소리가 들렸다. 한 종을 불러 이게 무슨 소리냐고 물으니 대답하기를, 집 나간 당신의 동생이 돌아왔는데 아버지가 그의 건강한 몸을 다시 맞아들이게 되어 살진 송아지를 잡았다고 했다. 그저 아버지는 아들이 건강하게 돌아온 것만도 기뻐서 잔치를 벌인 것이다. 맏아들이 노하여 집에 들어가고 싶어 하지 않자 아버지가 나와서 들어가자고 권하니, 맏아들이 아버지께 말했다. "내가 여러 해 아버지를 섬겨 명을 어긴 적이 없는데 나를 위해서는 염소 새끼라도 주어 내 친구들하고 즐기라 하신 적이 없더니 아버지의 살림을 창기와 함께 먹어버린 동생이 오니까 살진 송아지를 잡으셨군요." 아버지가 맏아들에게 말하기를, "얘야, 너는 항상 나와 함께 있으니 내 것이 다 네 것이지만 이 네 동생은 죽었다가 살아났고 잃었다가 찾았으니 우리가 즐거워하고 기뻐하는 것이 마땅하지 않느냐?"고 했다. 우리는 여기서 하나님 아버지의 마음을 읽을 수 있다. 하나님은 죄인 하나가 회개하고 돌아오는 것을 얼마나 원하시는지!

16장

옳지 않은 청지기의 비유

16장은 구원의 은혜를 받고 주님을 섬기는 종들이 하나님 앞에 마땅히 가져야 할 태도에 대하여 말씀하셨다. 즉 그들은 자신들이 은혜를 받을 뿐 아니라 다른 사람들에게 그 받은 은혜를 나누어주어야 한다는 것이다.

이 말씀도 비유로 하셨는데, 어떤 부자에게 청지기가 있는데 그가 주인의 소유를 허비한다는 말이 그 주인에게 들렸다. 여기의 주인은 하나님을 가리킬 것이다. 주인이 그를 불러 "내가 네게 대하여 들은 이 말이 어떻게 된 것이냐? 네가 하던 일을 여기까지 계산하자. 너는 여기 사무를 더 이상 계속하지 못할 것이다." 하자, 그 청지기는 속으로 '주인이 내 직분을 빼앗으니 무엇을 하지? 땅을 파자니 힘이 없고 빌어먹자니 부끄럽구나. 내가 할 일을 알았다. 이렇게 하면 직분을 빼앗긴 후에 그들이 나를 자기 집으로 영접하겠지.' 하고서 주인에게 빚진 자들을 낱낱이 불러다가 먼저 온 자에게 물었다. '네가 내 주인에게 얼마나 졌느냐?' '기름 백 말입니다.' '그러면 여기 네 증서를 가지고 빨리 앉아 오십이라 써라.' 이런 식으로 밀 백 석짜리는 팔십으로 줄여주었다. 그러면 나중에 주인에게 해고된 후에 그들이 자기들 집으로 영접해서 잘 대우해줄 거라는 계산에서였다.

주인은 이 옳지 않은 청지기가 일을 지혜 있게 해서 칭찬했는데, 주님은 이 세대의 아들들이 자기 시대에는 빛의 아들들보다 더 지혜롭기 때문이라고 하신다. 그러시면서 주님은 불의의 재물로 친구를 사귀라고 하신다. 그러면 돈이 없어질 때에 그 친구들이 영원한 처소로 너희를 영접할 것이라는 말씀이다. 왕국에서는 돈이 필요 없다. 그때 이 세상에 사는 동안 우리가 베푼 물질로 복음을 받은 친구들은 영원한 처소에서 우리를 환영할 것이다. 어차피 이 시대에 우리 손에 있는 재물은 우리의 것이 아니다. 주인의 것이다. 우리 손에 있을 때 그것을 복음을 위해 쓰는 것이 지혜롭다. 그 물질을 사용해서 많은 영혼을 주님께 인도해야 한다는 말씀이다. [1-9절]

이어서 주님은 말씀하신다. "지극히 작은 것(돈)에 신실한 자는 큰 것에도 신실하고 지극히 작은 것에 불의한 자는 큰 것에도 불의하다. 너희가 만일 불의 한 재물을 사용하는 데 신실하지 않으면 누가 참된 것으로 너희에게 맡기겠느냐? 너희가 만일 남의 것을 사용하는 데 신실하지 않으면 누가 너희의 것을 너희에게 주겠느냐?"[10-12절] 현 시대의 재물은 어차피 불의한 것이고 잠시적인 것이니 남의 것이라는 뜻이다. 실상 그 재물은 오늘 우리 것이 아니라 하나님의 것이다. 잠시 맡겨주신 것이다. 그러나 그날 주님이 재림하시면 참으로 우리의 소유가 된다. "집 하인이 두 주인을 섬길 수 없으니 혹 이를 미워하고 저를 사랑하거나 혹 이를 중히 여기고 저를 경히 여길 것이다. 너희가 하나님과 재물을 겸하여 섬길 수 없다."[13절] 이 세상에 사는 동안 그리스도인이 과연 무엇을 위해 금전을 사용하는가에 대한 말씀이다.

돈을 좋아하는 바리새인들이 이 모든 말씀을 듣고 비웃다

그러나 바리새인들은 돈을 좋아하다 보니 이 모든 말씀을 듣고 비웃었다. 그러니까 상기의 주님의 비유는 분명 돈에 관계된 말씀이다. 즉 복음을 전하려면 돈이 필요하다는 말씀이다. 선교를 위해서도 돈이 필요하고 많은 영혼을 구하기 위해서도 돈이 필요하다. 주님은 바리새인들에게 말씀했다. "너희는 사람 앞에서 스스로 옳다고 하는 자들이나 너희의 마음을 하나님께서는 다 아신다. 사람 중에 높임을 받는 그것은 하나님 앞에 미움을 받는 것이다." 돈을 가지고 사람들 앞에서 높임을 받을 것이 아니라 영혼을 구하는 데 사용해야 한다. 바리새인들은 돈을 움켜쥐고 돈을 사랑하면서도 겉으로는 하나님을 최고도로 위한다고 생각하며 스스로 옳다고 믿고 있었던 것이다.[14-15절]

복음만이 사람들을 하나님의 나라로 인도함

주님은 율법이 사람들을 하나님 나라에 인도하지 못하며, 복음만이 사람들을 하나님 나라에 들어가게 한다고 강조하신다. 그러니 복음을 위해서는 모든 것을 다 바칠 수 있는 것이다. 그러나 당시 바리새인들은 이 세상을 천국으로 삼고자 했으며, 그저 세상에서 더 향락을 누리고 살기를 바라기에 아내를 버리고 다른 여자를 취하는 일을 했다. 그것에 대하여 주님은 간음이라고 분명히 정죄하셨다. [16-18절]

부자와 거지 나사로의 이야기

그런 다음, 부자와 나사로의 비유를 주신다. 이 비유는 결코 믿는 자는 나사로처럼 천국에 가고 불신자는 부자처럼 지옥에 간다고 말하는 것이 아니다. 이는 앞에 바리새인들을 두고 하시는 말씀이다. 즉 그들이 이 땅에서 부자처럼 호의호식을 한다는 것이다. 그럼 나사로는 누구인가? 복음을 위해 물질을 다 사용하여 가난하게 된 사람을 뜻한다. 언제 그들의 차이가 발생하는가? 죽었을 때이다.

22절은 거지가 죽어 천사들에게 받들려 아브라함의 품에 들어가고, 부자도 죽어 장사되었다고 말한다. 나사로는 천사에 의해 받들려 아브라함 품에 갔다. 죽을 때부터 그 지위가 달라진다는 말씀이다. 부자는 천사에 의해 받들려갔다는 말이 없다. 그냥 음부 깊은 곳으로 떨어져 버린 것이다.

죽은 후에 부자는 고통스러운 곳, 목이 말라도 물 한 방울도 마실 수 없는,

유황불이 펄펄 끓는 지옥에 떨어지게 된다. 나사로는 가장 행복한 곳에서 위로를 받게 된다. 어떻게 하면 고통받는 곳에 빠지지 않을 수 있는가? 그것은 주님의 청지기 비유 곧 복음을 위해 물질을 사용하고 가난하게 살라는 16장 전반부에 그 해답이 있다.[19-31절]

17장[Ⅰ]

소자를 실족케 하는 자에 대한 화

1-2절, **"예수께서 제자들에게 이르시되 실족케 하는 것이 없을 수는 없으나 있게 하는 자에게는 화로다 저가 이 작은 자 중에 하나를 실족케 할진대 차라리 연자 맷돌을 그 목에 매이우고 바다에 던지우는 것이 나으리라"**. 우리는 누가복음에서 먼저는 죄인이 예수 그리스도를 믿고 구원받는 문제, 즉 주 예수를 만나서 용서받고 죄 씻음을 받고 생명을 얻는 문제를 말하고 있음을 알게 된다. 그다음에는 구원받은 사람들이 주님을 섬기는 문제를 다룬다. 구원을 받았으면 주님을 섬겨야 한다. 누가복음 15장은 잃어버린 자를 찾는 것으로서 구원받는 내용이다. 이제 17장은 구원받은 사람의 섬기는 문제를 말한다. 어떻게 섬길 것인가 하는 것이다.

섬김에 있어서 첫째로 중요한 것은 다른 사람을 실족케 하지 않는 것이며, 다른 사람을 주님 앞에 세우고 주님께 나아가게 하고 주님을 사랑하도록 인도해 주는 것이다. 다른 사람 가운데 특히 작은 자를 소홀히 하지 않는 것이 중점이다. 결코 작은 자 중에 하나라도 낙심케 하거나 뒤로 물러서거나 걸려 넘어지게 하는 일을 해서는 안 된다. 실족케 한다는 것은 걸려 넘어지게 한다는 것이다.

"실족케 하는 것이 없을 수는 없으나". 실족하게 하지 않기가 매우 어렵다는 것이다. 하나님을 믿고 섬긴다는 우리가 먼저 알아야 할 것은 우리가 사람을 실족케 하지 않아야 한다는 것이다.

네 형제가 죄를 범하거든

3-4절, **"너희는 스스로 조심하라 만일 네 형제가 죄를 범하거든 경계하고 회개하거든 용서하라 만일 하루 일곱 번이라도 네게 죄를 얻고 일곱 번 네게 돌아와 내**

가 회개하노라 하거든 너는 용서하라 하시더라". 두 번째는 용서하는 문제이다. 우리가 자칫하면 타인을 실족하게 하는데, 형제가 죄를 범한 경우는 어떻게 하는가? 우리가 하나님을 섬기는 데 있어서 첫째는 남을 실족하게 하지 말아야 하고, 두 번째는 죄를 범한 사람들을 잘 다루어야 한다. 우리가 이 땅에서 생활하다 보면 타인에게 죄를 범하게 된다. 다른 사람도 우리에게 죄를 범하게 된다. 그러면 죄를 범한 사람을 대할 때 어떻게 해야 하는가? 이것이 주님을 섬기는 사람에게 있어서 두 번째로 주의할 점이다.

또한 여기서 '경계하라'는 말은 영어로 'rebuke'로서 책망하고 권면하라는 뜻이다. 명백하게 죄를 지었을 때는 그냥 지나가지 말라는 것이다. 그냥 눈감아주지 말고 말을 해주라는 것이다. 마태복음 18장을 보면 죄를 지은 사람에게는 잘못된 점을 회개하도록 권면을 해주어야 한다. 듣지 않으면 한두 사람을 더 데려가서 증인을 세워 권면해주어야 한다. 갈라디아서 6장을 보면 온유한 마음으로 그렇게 하라고 했다. 우리도 그 사람과 동일한 죄를 지을 가능성이 있는 사람이기 때문에, 그를 바로잡을 때 자신은 그런 죄를 짓지 않을 사람처럼 하지 말고 겸손하고 온유한 마음으로 하라고 했다. 어쨌든 죄를 지은 사람을 보았을 때 그것을 바로잡으며 권면하고 책망해야지 그것을 그냥 지나쳐서는 안 된다고 성경은 가르친다.

너희에게 겨자씨 한 알만한 믿음이 있었더면

5절, **"사도들이 주께 여짜오되 우리에게 믿음을 더하소서 하니"**. 사도들은 이때만 해도 말씀에 대한 이해가 부족했다. 그들은 하루에 일흔 번씩 일곱 번이라도 용서해주라는 말씀을 듣고는 '아, 이것은 우리가 할 수 있는 일이 아닙니다. 주님, 우리에게 믿음을 더해주세요. 지금의 우리로서는 안 됩니다.'라고 기도한 것이다. 6절부터는 주님의 대답이다.

6절, **"주께서 가라사대 너희에게 겨자씨 한 알만한 믿음이 있었더면 이 뽕나무더러 뿌리가 뽑혀 바다에 심기우라 하였을 것이요 그것이 너희에게 순종하였으리라"**. '너희에게 겨자씨 한 알만한 믿음이 있었더면' 주님은 참 이해하기 어려운 답변을 하셨다. 우리 같으면 '주님, 우리에게 믿음을 더해 주소서.' 할 때, '그래, 내가 너희에게 믿음을 더해주겠다.'라고 해야 대화가 될 것 같은데, 주님은 여기서 '너희에게 겨자씨 한 알만한 믿음이 있었더면'이라고 하셨다. 이것은 그들이 지금 더 큰 믿음을 요구할 필요가 없다는 뜻이다. 그들에게는 이미 믿음이 있으며 그 믿음으로 충분하다는 말씀이다.

'이 뽕나무더러 뿌리가 뽑혀 바다에 심기우라 하였을 것이요 그것이 너희에게 순종하였으리라'. 뽕나무에게 그렇게 말한다고 뽑혀서 바다에 심겨지는가? 이해할 수 없는 말씀이다. 이것은 당시에 유대인들 사이의 속담적인 표현이었는데, 극복할 수 없는 난관을 이겨냈을 때, 큰일을 해냈을 때 이런 말을 했다고 한다. 또 당시 병을 잘 치료하는 의사를 치켜세울 때 '저 사람은 산을 뿌리째 뽑는다.'는 말을 했다고 한다. 즉, 불가능을 가능하게 한다는 뜻이다.

어떻게 우리가 사람을 실족케 하지 않을 수 있는가? 어떻게 사람들을 용서할 수 있는가? 제자들은 어렵다고 생각했다. 그런데 주님은 어렵지 않다고 하신다. 겨자씨만 한 믿음만 있어도 이 뽕나무더러 뽑혀서 바다에 심기우라 해도 그대로 된다고 하셨다. 결국 우리 속에 무엇이 있기에 사람들을 실족케 하는가? 교만 때문이다. 용서치 못하는 좁은 마음과 미움 같은 악한 것들이 있기에 사람들을 실족케 하는 것이다.

왜 용서하지 못하는가? 바로 그런 악한 것들이 뽕나무가 심겨져 있듯이 우리 속에 뿌리를 내리고 있기 때문이다. 그런데 우리에게 작은 믿음만 있어도 그런 악한 교만들이 뿌리째 뽑혀서 저 바다에 심겨지듯 할 것이고 그 대신 우리 속에 사랑과 용서와 인내와 겸손과 온유 같은 것이 심겨질 것이라 하신다. 주님은, '여러분이 현재 갖고 있는 믿음으로 충분히 용서할 수 있다. 어떤 사람도 용서할 수 있다. 단지 여러분이 용서하고자 하는 마음만 가지면 된다.'라고 하시는 것 같다. 그러면서 주님은 한 말씀을 더하셨다.

17장[Ⅱ]

종의 도리

7-8절, "너희 중에 뉘게 밭을 갈거나 양을 치거나 하는 종이 있어 밭에서 돌아오면 저더러 곧 와 앉아서 먹으라 할 자가 있느냐 도리어 저더러 내 먹을 것을 예비

하고 띠를 띠고 나의 먹고 마시는 동안에 수종 들고 너는 그 후에 먹고 마시라 하지 않겠느냐". 여기서 주님은 그분을 섬기는 것을 밭을 가는 것과 양을 치는 것으로 비유하셨다. 밭을 가는 것은 보다 기본적인 일이고 양을 치는 것은 양육하는 일이다. 주님을 섬기는 데 있어서는 밭을 가는 것처럼 기초를 다루는 사람들이 있고, 그 위에 뭔가 더 세우고 양육하는 사람들도 있다. 그런데 이렇게 주를 섬기는 사람들이 밭에서 돌아오거나 양을 치고 돌아오면 앉아서 먹으라고 하겠느냐고 하신다. 주인의 먹을 것을 준비하고 주인이 식사하는 동안 시중을 들고 나중에 먹어야 하지 않겠느냐고 말씀하신다.

9-10절, **"명한 대로 하였다고 종에게 사례하겠느냐 이와 같이 너희도 명령받은 것을 행한 후에 이르기를 우리는 무익한 종이라 우리의 하여야 할 일을 한 것뿐이라 할지니라"**. 이 말씀은 무엇을 의미하는가? 여기서 주님은 사람들이 교만해지고 사람들을 실족케 하고 용서를 못하고 잘못되는 이유를 비유로 가르치시는 것이다. 사람들이 잘못되는 큰 원인은 무엇인가? 주님을 섬긴다고 일하고 봉사하고서는 나름대로 뭔가를 했다는 자부심을 갖기 때문이다. '내가 밭을 갈았다, 내가 양을 쳤다, 이 교회가 있기까지 내가 뭔가를 했다.'고 하는 것이다. 교회 안에서 문제를 일으키고 성도들 가운데 분열과 갈등을 야기하고 실족하게 하는 대다수의 원인은 교만인데, 그 교만은 바로 자신이 뭔가 했다는 공로의 축적에서 비롯되는 것이다. 내가 밭을 갈았다는 것이다. 이런 것이 결국 교만을 형성하게 되는 것이다.

내가 뭔가를 했다는 생각, 그로부터 나오는 보상심리나 반대급부를 바라는 정신이 그 속에 깔려 있는 것이다. 겉으로 드러내지 않더라도 그것이 자부심으로 속에 자리잡고 있는 것이다. 그러므로 주님은, '너희가 밭을 갈고 양을 쳤어도 아직 할 일이 있다. 아직 주인이 식사를 하지 않으셨으니 식사 시간에 시중을 들어야 한다. 종들의 할 일이 끝나지 않았다. 주님이 오실 때까지 계속 섬겨야 한다. 그러고도 자신이 뭔가 했다고 하지 말고 마땅히 할 일을 한 것뿐이며 무익한 종이라고 해야 한다.'고 말씀하시는 것이다.

17장[Ⅲ]

문둥병자 열 명이 깨끗게 함을 받다

11-19절은 예수께서 예루살렘으로 가실 때에 사마리아와 갈릴리 사이로 지나가시는 길에 문둥병자 열 명이 예수를 만나 치료받은 이야기다. "예수 선생님이여, 우리를 긍휼히 여기소서!" 주님이 사마리아와 갈릴리 사이로 지나가시는데 문둥병자 열 명이 주님께 나아와 간청했다. 사람이 한센 병이라고 하는 이 문둥병에 한 번 걸리면 아주 치명적이다. 문둥병자는 사람들에게 가까이 갈 수도 없다. 구약 성경에서 문둥병자들은 멀리 떨어져서 '가까이 오지 말라! 나는 부정한 사람이다!'라고 외쳐야 했다. 손발이 썩어 문드러지는 천하에 어려운 병에 걸린 열 명이 예수님이 지나가신다는 말을 듣고 가까이 가지도 못하고 멀리 서서 부르짖었다. "보시고 가라사대, 가서 제사장들에게 너희 몸을 보이라 하셨더니 저희가 가다가 깨끗함을 받은지라". 이것은 무슨 말인가? '네 몸이 나았다, 내가 치료했다.'는 말씀도 없으시고 다만 가서 제사장에게 보이라고 하셨다.

이때는 아직 구약과 신약의 경계 시점이었다. 구약의 율법에서는 문둥병자가 나으면 제사장에게 가서 점검을 받고 문제가 없다는 확인을 받아야 했다. 바로 그 일을 하라고 하신 것이다. 그리고 문둥병자들은 그 말씀에 순종해서 갔다. 주님의 말씀을 믿은 것이다. 정말 주님을 믿었다면 이처럼 순종이 필요하다. 이들은 가다가 나았다. 그중 한 사람이 자기의 나은 것을 보고 큰 소리로 하나님께 영광을 돌리면서 돌아와 예수의 발아래 엎드려 감사를 드렸다.

치료받은 사마리아인이 감사를 드리다

"예수의 발아래 엎드리어 사례하니 저는 사마리아인이라 예수께서 대답하여 가라사대 열 사람이 다 깨끗함을 받지 아니하였느냐 그 아홉은 어디 있느냐". 주님은 열 사람이 다 나은 것을 아셨다. 이 말씀이 왜 이곳에 있을까? 이 말씀을 기록한 누가는 왜 이 이야기를 이곳에 두었을까? 이것 역시 우리의 교훈을 위해서 있다. 하나님을 섬기는 사람들에게 꼭 필요한 말씀이기 때문에 여기에 기록해 놓으신 것이다. 여기에는 어떤 교훈이 숨겨져 있을까?

문둥병자는 자기 일생의 가장 큰 문제가 문둥병이었다. 그런데 그것을 해결해줄 분이 바로 예수라고 믿었던 것이다. 하나님의 말씀에 의하면 어떤 문제든지 예수 앞에 가져가면 해결된다. 이 문둥병자들은 적어도 이러한 믿음이 있었다. 자기 문제를 해결해줄 사람은 예수라는 것을 알았다. '주님, 나는 문둥병으로 오랫동안 고생했습니다. 나를 치료해주십시오.'라고 정확하게 기도하지도 못했다. 다만 '예수 선생님이여, 우리를 긍휼히 여기소서.'라고 했을 뿐이다. 주님은 자세히 얘기하지 않아도 무슨 말인지 다 아신다. 그냥 그들을 보시고 치료해주셨다. 이것은 단순한 믿음과 순종의 문제이다. 믿었기 때문에 그들은 제사장에게 간 것이다. 예수님께 그 말씀을 들으면서 다만 믿고 갔다. 이것이 믿음이다. 그런데 치료받은 후 이방인 한 명만 감사하러 예수께 왔다. 많은 사람들이 일생의 가장 큰 문제를 해결해주신 주님께 감사를 드릴 줄 모른다는 말씀이다. 유대인들 문둥환자 아홉 명은 치료받은 것을 당연히 여기고 주님께 돌아와 엎드려 감사치 않았는데, 그것은 일종의 종교적 교만 때문일 것이다. 그들은 육신의 문둥병 치료는 받았으나 영혼의 구원을 받지 못한 것으로 보인다[19절].

17장[Ⅳ]

20-21절, **"바리새인들이 하나님의 나라가 어느 때에 임하나이까 묻거늘 예수께서 대답하여 가라사대 하나님의 나라는 볼 수 있게 임하는 것이 아니요 또 여기 있다 저기 있다고도 못하리니 하나님의 나라는 너희 안에 있느니라"**. 주님은 하나님의 나라에 대해서 여러 번 말씀하셨다. 구약 시대의 많은 선지자들이 이스라엘 나라가 바벨론 등의 여러 나라로부터 침략을 당하고 말할 수 없는 고통을 당할 때에 계속적으로 한 예언이 이스라엘 나라가 반드시 회복된다는 것이었다. 그들은 메시아가 와서 모든 것을 다시 복구시켜 주고 의와 공평과 평화와 사랑으로 다스리시는 아름다운 나라가 세워진다고 예언했다. 그래서 이스라엘 민족은 메시아가 오시기를 간절히 대망했다. 그가 오시면 이스라엘 나라는 온 세계에 우뚝 서고 온 세계의 중심이 되며 그때에서야 지상에 불법과 죄와 모든 악이 물러가고 그야말로 의와 공평으로 다스리는 참된 통치가 이루어진다. 그때는 심지어 짐승들의 맹독성도 사라지고 질병도 사라지고 완전히 평화로운 시대가 온다고 예언되었다. 그 하나님의 나라가 언제 도래할 것인가를 바리새인들이 물었던 것이다.

예수께서 하나님의 나라가 임하는 것에 대해 말씀하시다

"예수께서 대답하여 가라사대 하나님의 나라는 볼 수 있게 임하는 것이 아니요". 이 말씀은 이해하기가 쉽지 않다. 주님의 대답은 사람들이 듣고서 얼른 이해할 수 있는 말씀이 아니다. 간단하게 말씀하시지만 그 뜻이 매우 깊기에 다른 여러 군데의 성경과 대조하면서 읽어야 그 뜻을 이해할 수 있지, 이 구절만 읽어서는 무슨 말씀을 하고 계시는지 이해하기가 어렵다.

하나님의 나라는 두 단계로 임한다. 첫 단계는 볼 수 없게 임한다. 그래서 볼 수 있게 임하는 것이 아니라고 하신 것이다. 두 번째 단계는 볼 수 있게 임한다. 24절부터 보면 "번개가 하늘 아래 이 편에서 번뜻하여 하늘 아래 저 편까지 비췸같이 인자도 자기 날에 그러하리라"고 했다. 이때는 예수 그리스도께서 참 왕으로서, 다스리는 분으로서, 심판자로서 이 땅에 오시는 것이 명명백백하게 보여진다는 것을 말하고 있다.

"또 여기 있다 저기 있다고도 못하리니 하나님의 나라는 너희 안에 있느니라". 이 '너희 안에'라는 말씀을 '너희 마음 안에'라고 생각하는 사람이 많다. 하지만 여기의 '너희 안에'라는 헬라어 단어는 사람들의 마음 안을 가리키는 '엔'이나 '에이스'가 아니라 '엔토스'로서 '너희 가운데(in your midst)'를 뜻한다. 이는 무슨 말인가? 바리새인들이 하나님의 나라가 언제 임하느냐고 묻자 '이미 너희 가운데 있다'라고 대답하신 것이다.

누가복음 11장 20절에서는 "그러나 내가 만일 하나님의 손을 힘입어 귀신을 쫓아내는 것이면 하나님의 나라가 이미 너희에게 임하였느니라"고 했다. 이것은 무슨 의미인가? 예수 그리스도께서 성령의 권능으로 귀신을 쫓아내고 마귀를 쫓아내는 일을 하시는데 그것이 바로 하나님의 나라가 임하는 것이라고 하시는 것이다. 일맥상통하는 말씀이다. 그러므로 '하나님의 나라는 너희 가운데 있다'는 말씀은 예수 그리스도께서 성령의 능력으로 존재하시는 영역이 하나님의 왕국이라는 의미이다.

그리스도께서 계시면 하나님의 왕국이 있다. 그리스도께서 계시지 않는 곳에는 하나님의 왕국이 없다. 교리나 지식이 아니라 능력으로 임해야 한다. 즉 귀신이 쫓겨나가야 한다. 주님의 권세가 세워져야 한다. 주님이 첫 번째 오셨을 때 그분은 하나님의 나라를 갖고 오셨지만 사람들은 하나님의 나라가 임한 것을 알지 못했다. 왜냐하면 초림 하셨을 때 그분은 볼 수 있는 권능으로, 다스리는 왕으로 오시지 않았기 때문이다. 물론 그분은 왕이시지만 초림 시에는 물질적으로 세계를 다스리는 왕으로 오신 것이 아니라 구속주로 오셨다. 먼저 우리 죄인의 죄를 대속하기 위해 십자가에 돌아가시기 위해서 오신 것이기에 사람들의 눈으로는 그분에게서 다스리는 왕의 모습을 볼 수 없었다. 그러나 그분의 능력, 곧 귀신을 쫓아내는 성령의 능력은 임하셨기에 그 나라가 이미 그들 가운데 존재한다는 뜻으로 이렇게 말씀하신 것이다.

하나님의 왕국은 이처럼 두 단계로 임한다. 첫 번째 오실 때는 씨를 뿌리는 방식으로 오셨다. 주님은 하나님의 나라는 밭에 씨를 뿌리는 것 같다고 하셨다. 밭에 씨를 뿌려서 자라게 되면 처음에 잎사귀가 나고 열매를 맺는데 다 익어야 추수를 하는 것이다. 하나님의 나라는 씨를 땅 속에 뿌려서 자라나게 하는 과정이 있어야 하기에 그것이 추수할 때라야 드러나게 된다. 하나님의 나라는 주님이 재림하실 때에서야 보여지는 것이다. 그때가 바로 추수 때이다. 지금은 예수님이 오셔서 비밀스럽게 보이지 않는 방식으로 씨를 뿌리는 시대이다. 그래서 주님께서는 '하나님의 나라는 자기 밭에 씨를 뿌리는 것과 같다, 그 곡식이 자라는데, 다 익었을 때는 추수한다.'고 하신 것이다. 따라서 이 시대에는 하나님의 나라가 감추어져 있다.

17장[V]

예수께서 다시 오실 때의 광경

22절, **"또 제자들에게 이르시되 때가 이르리니 너희가 인자의 날 하루를 보고자 하되 보지 못하리라"**. 이 말씀은 주님이 바리새인들에게 하신 말씀이 아니라 제자들에게 하신 말씀이다. "때가 이르리니". 무슨 때인가? 주님은 그들과 육신적으로 함께 계시지만 항상 함께 계시지는 않을 것이다. 언젠가 하나님의 아들이 육신을 입고 이 땅에 오셨다는 것을 알고 찾아서 보고 싶어 하는 사람들이 있을 텐데 보지 못할 것이라는 말씀이다. "너희가 인자의 날 하루를 보고자 하되 보지 못하리라". 이 말씀은 마태복음 9장이나 누가복음 5장에도 있는데, 주님이 육신을 입고 이 땅에 거하시는 것이 보통 일이 아님을 말씀하는 것이다. 그것이 얼마나 큰 축복인가! 그런데 그런 날은 오래가지 않는다. 얼마 안 있으면 이제 이 땅에서 주님을 만나볼 수 없게 되는 것이다. 그렇게 주님은 이 땅에 계시다가 언젠가 떠나실 것을 말씀하고 계신다.

23절, **"사람이 너희에게 말하되 보라 저기 있다 보라 여기 있다 하리라 그러나 너희는 가지도 말고 좇지도 말라"**. 예수 그리스도께서 떠나신 뒤에 그분을 볼 수 없기 때문에 많은 거짓 그리스도가 나타날 것이다. 주님이 계시지 않는 동안에 거짓 그리스도들과 거짓 선지자들이 나타나서 '여기 있다, 저기 있다'고 말하게 된다. 그런 곳에는 가지 말라고 하셨다.

24절, **"번개가 하늘 아래 이 편에서 번뜻하여 하늘 아래 저 편까지 비췸같이 인자도 자기 날에 그러하리라"**. 이 구절부터는 주님의 재림에 대하여 기록하고 있다. 이는 매우 주의 깊게 읽어야 한다. 인자는 예수 그리스도이다. 그분이 제자들을 떠나시고 보이지 않게 되었을 때 많은 거짓된 일들이 일어나지만, 그분이 다시 오실 때는 그렇게 비밀스럽게 오시지 않고 번개가 하늘 아래 이 편에서 번뜻하여 하늘 아래 저 편까지 비췸같이 오실 것이며 모든 천사들을 데리고 아버지의 영광으로 이 땅에 임하실 것이기에 그때까지는 미혹되지 말라는 말씀이다. 오늘날 자기가 그리스도라고 하며 비밀스럽게 활동하는 사람들이 있다면, 다 적그리스도이고 마귀에 속한 이단인 줄 알면 된다.

25절, **"그러나 그가 먼저 많은 고난을 받으며 이 세대에게 버린 바 되어야 할지니라"**. 이는 주님이 아직 이 땅에 계시면서 돌아가시기 전에 하신 말씀이나. 그분은 많은 고난을 받고 이 세대에게 버림을 받으신다는 것이다. 이것이 그분이 이 땅에 오신 첫 번째 목적이다. 즉, 그분은 구속주로 오셨다. 십자가에 달려 돌아가시고 피를 흘리셨다. 죄인들의 죄를 용서하고 구원하기를 원하셨기 때문이다.

26-29절, **"노아의 때에 된 것과 같이 인자의 때에도 그러하리라 노아가 방주에 들어가던 날까지 사람들이 먹고 마시고 장가들고 시집가더니 홍수가 나서 저희를 다 멸하였으며 또 롯의 때와 같으리니 사람들이 먹고 마시고 사고팔고 심고 집을 짓더니 롯이 소돔에서 나가던 날에 하늘로서 불과 유황이 비 오듯 하여 저희를 멸하**

였느니라". 이 부분의 말씀은 주님이 다시 오실 때의 광경이다. 26절의 '인자의 때'는 주님이 재림하실 때를 말한다. 주님께서는 마태복음 24장이나 누가복음 다른 곳에서 주님 다시 오실 때의 광경을 여러 가지로 말씀하셨다. 그때는 이 땅에 기근이 많아지고 지진이 많아지고 전쟁의 소문이 일어나고 또 전염병이 많이 생긴다고 했다.

노아나 롯은 하나의 예표로서, 그 시대가 심판을 받은 것이다. 노아의 때에는 홍수로 심판을 받았고 롯은 그가 살던 소돔이 유황불로 심판받아 멸망했다. 이것은 하나의 예표이다. 이 시대 말에 온 세상이 심판받고 온 세상이 멸망할 것을 예표하는 것이다. 그러므로 주님은 시대 말이 바로 '노아의 때나 롯의 때와 같다'고 하신다. 주님이 오실 때의 도덕적 상태를 말하는 것이다. 노아의 때는 어떠했는가? 사람들은 여전히 먹고 마시고 시집가고 장가갔다.

롯의 때에도 사람들은 똑같이 먹고 마시고 사고팔았다. 또 곡식을 심고 집을 지었다. 이 모든 것이 죄를 짓는 것이 아닌데, 마땅히 해야 할 일인데, 왜 이것이 심판 때의 표징이라는 것인가? 이는 그것이 주님이 다시 오실 때의 사람들의 특징이기 때문이다. 사람들에게는 오직 그것밖에 없다. 그리고 애들 장가보내고 시집보내고 집 짓는 것에 모든 관심을 쏟는다. 시대가 점점 그렇게 되어가고 있다. 그런데 노아의 시대나 롯의 시대에 바로 그랬다는 것이다.

30절, **"인자의 나타나는 날에도 이러하리라"**. 지금 주님의 말씀의 중심은 무엇인가? 하나님의 나라가 언제 임하느냐는 질문에 대한 답을 하시는 중이다. 주님의 나라는 먼저 보이지 않는 방식으로 지금 이루어져가고 있으며, 재림하실 때에는 나타나게 될 터인데, 그때 이 세상의 상태가 바로 이와 같다는 것이다. 그래서 깨어있는 사람들은 주님이 오실 때를 눈치 채고 알 수 있는 것이다. 두드러진 특징은 도덕적 해이와 부패이다. 세계정세를 대입하는 등 많은 다른 방식으로 말세를 주장하는 사람들이 있다.

31절, **"그날에 만일 사람이 지붕 위에 있고 그 세간이 집 안에 있으면 그것을 가지러 내려오지 말 것이요 밭에 있는 자도 이와 같이 뒤로 돌이키지 말 것이니라"**. 주님이 지상에 재림하실 때에는 무엇을 가지러 집 안으로 내려가지 말아야 한다.

살림살이를 생각하지 말고 밭에서 마무리해야 할 일도 하지 말라는 것이다.

32-36절, **"롯의 처를 생각하라 무릇 자기 목숨을 보존하고자 하는 자는 잃을 것이요 잃는 자는 살리리라 내가 너희에게 이르노니 그 밤에 두 남자가 한 자리에 누워 있으매 하나는 데려감을 당하고 하나는 버려둠을 당할 것이요 두 여자가 함께 매를 갈고 있으매 하나는 데려감을 당하고 하나는 버려둠을 당할 것이니라"**. 시대의 마지막, 주님의 재림시에 휴거가 발생한다. 계시록에는 이 말씀이 매우 자세히 기록되어 있다. 창세기 19장에는 롯에 대한 말씀이 나온다. 그리고 롯의 처의 이야기도 나온다. 여기서 주님이 말씀하시는 것은 무엇인가? 주님이 다시 오실 때에 어떤 사람들은 주님에 의해서 들림받아(휴거) 받아들여지고 어떤 사람들은 거절된다. 34-35절에는 "그 밤에 두 남자가 한 자리에 누워 있으매 하나는 데려감을 당하고 하나는 버려둠을 당할 것이요 두 여자가 함께 매를 갈고 있으매 하나는 데려감을 당하고 하나는 버려둠을 당할 것이니라"고 했다. 데려감을 당하는 자들은 좋은 것이다. 보좌 앞으로, 천국으로, 그분의 혼인잔치의 누림으로, 축복으로 데려감을 당하는 것이다.

37절, **"저희가 대답하여 가로되 주여 어디오니이까 가라사대 주검 있는 곳에는 독수리가 모이느니라 하시니라"**. "주여, 어디오니이까?" 제자들은 주님이 다시 오시는 곳이 어디냐고 물었다. "주검 있는 곳에 독수리가 모이느니라". 독수리가 모이는 곳이다. 이 말씀 역시 여기만 봐서는 이해하기가 어렵다. 성경의 다른 부분의 말씀들을 연결해서 봐야만 알 수 있다. 주님은 즉답이 아닌 비유를 사용하시는 경우가 많다. 이것은 결국 인류의 마지막 전쟁인 아마겟돈 전쟁을 가리킨다. '주검'은 시체이다. 예수님이 재림하실 때 많은 시체가 생기게 된다. 주 예수께서 공중으로부터 오셔서 예루살렘을 둘러싸고 있던 적그리스도와 그 군대를 그분의 입의 기운으로 죽이실 것이기 때문이다. 그때 얼마나 많은 피가 흐르는지 그 피가 말굴레까지 닿는다고 했다. 그리고 그때 새들을 불러서 왕들과 장군들의 시체를 먹도록 내어주게 된다. 이것이 계시록에는 '새들의 잔치'라고 표현되어 있다. 본 구절에서는 그 상황을 간단하게 한 마디로 하셨다. 주 예수님의 지상 재림의 장소는 예루살렘 동편 감람산일 것이다. 스가랴 14장 4절, "그날에 그의 발이 예루살렘 앞 곧 동편 감람산에 서실 것이요".

18장[I]

과부의 기도

이미 말한 바처럼 누가복음은 기도가 많은 책이다. 1장부터 기도로 시작된다. 11장에 주님이 가르쳐주신 기도가 있고, 친구에게 떡을 빌리려고 강청하는 기도가 나온다. 그리고 여기 18장에는 과부가 재판관에게 원한을 풀어달라고 간청하는 비유가 나온다. 어떤 사람이든지 인생을 살면서 원한이 맺힌 것이 있을 수 있다. 너무나 억울하고 분하며, 꼭 해결하면 좋을 일들이다. 한이 없는 사람이 어디 있겠는가? 주님께 지속적으로 간청하며 기도하라는 뜻이다.

여기의 재판관은 그렇게 좋은 사람이 아니다. 하나님도 두려워하지 않고 사람도 무시하는 사람이다. 그런데 한 과부가 원한을 풀어 달라고 계속 졸라대니, 재판장은 얼마 동안 듣지 않다가 이 과부가 너무 나를 번거롭게 하니 그녀의 원한을 풀어주리라고 한다. 여기서 주님은 기도의 비결을 가르쳐주신다. "불의 한 재판관의 말 한 것을 들으라! 하물며 하나님께서 그 밤낮 부르짖는 택하신 자들의 원한을 풀어주시지 않겠느냐?" 하시며 속히 풀어주실 것이라고 하신다. 그러나 인자가 올 때에 세상에서 믿음을 보겠느냐고 하신다. 이렇게 들어주실 때까지 구하는 것도 믿음이다.[1-8절] 주님은 결국 원한을 풀어주시고 낙망하지 않고 끝까지 구하는 그의 믿음을 귀히 보신다는 뜻이다.

세리의 기도

다음은 세리와 바리새인의 기도이다. 이것도 비유이다. 꼭 의롭고 신앙생활을 잘 한 사람만 기도할 수 있는가? 기도할 수 있는 사람의 자격은 무엇인가? 결국 자신을 하나님 앞에 낮추는 자가 좋은 기도자란 뜻이다. 바리새인은 당당하게 기도했다. 따로서서 "하나님이여, 나는 토색, 불의, 간음하는 자들과 같지 않음을 감사합니다. 이 세리와도 같지 않음을 감사합니다. 나는 이레에 두 번 금식하고 소득의 십일조를 바칩니다."라고 했다. 그러나 세리는 감히 눈을 들어 하늘을 우러러보지도 못하고 다만 가슴을 치며 "하나님, 저를 불쌍히 여기십시오. 저는 죄인입니다."라고 했다. 주님은 바리새인보다 세리가 의롭다 함을 받고 내려갔다고 하셨다. 세리가 의롭다 함을 받은 것이다. 우리는 이것을 일반적인 말씀처럼 읽어서는 안 된다. 그러면서 주님은 무릇 자기를 높이는 자는 낮아지고 자기를 낮추는 자는 높아지리라고 하셨다. 사람이 하나님 앞에 겸손함이 가져오는 축복이 얼마나 큰지를 알려주는 말씀이다.[9-14절]

하나님의 나라는 어린아이 같은 자들의 것이다

그때 사람들이 예수의 만져주심을 바라고 심지어 자기의 어린 아기들까지 데리고 오니 제자들이 보고 꾸짖었다. 그러나 예수께서는 어린아이들을 불러 가까이 오게 하시고 "어린아이들의 내게 오는 것을 용납하고 금하지 말라 하나님의 왕국이 이런 자의 것이니라"고 하셨다. 그분은 천국의 왕이시므로 천국을 잘 아신다. 그곳은 어떤 곳일까? 능구렁이들이나 정치꾼들이 없는 곳이다. 뒤에서 작업하고 뒤통수치는 자들이 없는 곳이다. 천진난만하고 순진무구한 어린아이들의 분위기이다. 하나님의 나라를 어린아이들처럼 받들지 않는 자는 결단코 그곳에 들어가지 못한다고 하셨다.[15-17절]

부자 관원의 이야기

어떤 관원이 예수께 와서 물었다. "내가 무엇을 하여야 영생을 얻으리이까?" 10장의 율법사와 매우 비슷한 질문이다. 거기서는 주님이 여리고로 내려가다 강도 만난 사람의 이야기를 들려주셨다. 여기 18장에서는 청년 관원에게 재산을 다 팔아서 가난한 자들에게 나눠주고 나를 좇으라고 하셨다. 그랬더니 그 청년이 재산이 많아서 근심하더라고 했다. 다른 복음서에는 그가 근심하며 돌아갔다고 했다(마 19:22, 막 10:22). 예수께서 재물이 있는 자는 천국에 들어가기가 약대가 바늘귀로 들어가는 것보다 어렵다고 하셨다. 듣는 자들이 물었다. "그런즉 누가 구원을 얻을 수 있습니까?" 주님은 무릇 사람의 할 수 없는 것을 하나님은 하신다고 말씀하셨다. 그 젊은 관원은 하나님의 하실 수 있음을 믿어야 했다. 그 청년은 자신이 그렇게 해야 한다 여기고 생각해보니 도저히 아까워서 재산을 팔 수가 없었다. 그래서 고민하며 떠나갔다. 그러나 하나님께 의탁하고 기도하면 하나님께서는 재산을 다 팔 마음도 주시고 또 기꺼이 그렇게 할 수 있도록 인도해주신다. 과연 그것을 원하느냐가 문제이다.[18-27절]

18장[Ⅱ]

하나님의 나라를 위해 모든 것을 버리고 주님을 좇은 자들

베드로가 주님께 물었다. 베드로는 그 청년이 근심하면서 가자 자신의 처지를 생각하면서 여쭙듯이 말한 것 같다. "우리는 모든 것을 다 버리고 주를 좇았습니다." 주님께서 말씀하시기를, "하나님의 왕국을 위해 집이나 아내나 형제나 부모나 자녀를 버린 자는 금세에 있어 여러 배를 받고 내세에 영생을 받지 못할 자가 없다."고 하셨다.[28-30절]

예수께서 세 번째로 그분의 죽음과 부활을 말씀하시다

그리고 예수께서는 이제 예루살렘에 올라가려고 하신다. "인자가 이방인들에게 넘기워 희롱을 당하고 능욕을 받고 침 뱉음을 당할 것이며 저희는 채찍질하고 죽일 것이니 삼 일 만에 살아나리라"고 하셨다. 그러나 제자들은 이 말씀을 깨닫지 못했다. 그때는 이 말씀이 감추어져 있었다.[31-34절]

한 소경의 눈을 뜨게 하시다

여리고에 이르니 한 소경이 길가에서 구걸하다가 나사렛 예수께서 지나가신다는 것을 듣고 소리를 지르기 시작했다. "다윗의 자손 예수여! 나를 불쌍히 여기소서!" 앞서가는 자들이 잠잠하라고 해도 더욱 소리를 질렀다. 예수께서 데려오라고 하시고 무엇을 하여 주기를 원하느냐고 물으셨다. "주여, 보기를 원합니다!" 그러자 주 예수께서 말씀하셨다. "네 믿음이 너를 구원하였느니라." 소경이 곧 눈이 떠지고 보게 되어 영광을 돌리며 예수를 좇으니 백성이 다 이 광경을 보고 하나님을 찬양했다. 누구든지 오늘날도 진정으로 주를 찾고 부르짖으면 주님이 해결해주신다.[35-43절]

19장[I]

삭개오 이야기

그 유명한 삭개오의 이야기가 이 장에 있다. 나는 대학생 때 이 말씀을 듣고 눈물로 크게 회개한 적이 있다. 삭개오는 여리고의 세리장이었고 돈이 인생의 전부인 줄 알고 살았다. 그러나 마음이 공허했다. 그는 여리고에 예수님께서 지나가신다는 말을 들었다. 그분을 한 번 꼭 만나보아야겠다고 생각했다. 혹시 이분이 나의 인생에서 해답이 될 수도 있다고 생각했다. 그런데 막상 거리로 나가 그분의 가시는 행렬을 보려 하니 사람이 너무 많았다. 그의 약점은 키가 작다는 것이었다. 그러니 자연 군중들 뒤에 서서 사람들의 뒤통수만 볼 수밖에 없었다. 오늘날도 주 예수를 보기 위해 찾는 사람들 눈에 주님은 보이지 않고 열심 내는 사람들의 뒷모습만 보이는 경우는 얼마든지 있다. 그래서 실망하여 돌아서는 사람들도 있다. 그러나 삭개오는 달랐다. 나는 이것이 바로 선택받은 백성의 표시라고 생각한다.

그리고 그는 방법을 찾아냈다. 그 방법은 바로 뽕나무에 올라가는 것이었다. 큰 부자이고 세리장이라는 그의 체면도 생각하지 않았다. 그의 목표는 주님을 한 번 보는 것이었기 때문이다. 그는 예수라는 분을 보려고 했더니 사람이 너무 많고 자기 키는 작으니 어쩔 수 없다고 돌아서지 않았다. 그는 예수라는 분이 돈과 명예보다 더 나은 뭔가가 있는 것 같다고 생각했다. 힘들게 뽕나무에 올라가서 예수를 보려고 내려다보니 그 순간 놀랍게도 주 예수께서 삭개오를 부르셨다. "삭개오야, 속히 내려오라! 내가 오늘 네 집에 유하여야 하겠다!" 삭개오는 놀랐다. 어떻게 이 많은 군중 가운데서 나를 알고 부르실까? 주 예수님은 과연 누가 그분을 진실로 찾는 자인지를 아신다.

그는 뽕나무에서 급히 내려와 매우 즐거워하며 예수를 영접했다. 문제는 예수를 영접하는 것이다. 삭개오는 예수가 누구신지 잘 알았을까? 어쩌면 잘 몰랐을 수도 있다. 그러나 그 순간 쇠붙이가 자석에 끌리듯이 삭개오는 예수께 끌렸고 너무 그분이 좋았다. "그분이 나 같은 죄인 세리를 찾으시다니!" 그 자체로 그는 너무 감격했다. 그리고 그분을 모시고 집으로 갔다. 그때 사람들은 수군거렸다. "저가 죄인의 집에 유하러 들어갔도다." 삭개오는 그런 말에 개의치 않고 서서 주님께 말씀드렸다. "주님, 내 소유의 절반을 가난한 자들에게 주고 뉘게 토색한 일이 있다면 네 배나 갚겠습니다." 주님께서는 사전에 삭개오에세 한 마디도 하지 않으셨는데 삭개오는 주 예수님을 영접하자마자 이렇게 변했다. 어떤 죄인이라도 예수 그리스도를 마음에 영접하면 구원을 받는다.

그는 예수를 영접하자 자신이 어떻게 해야 할 것을 알았다. 이것이 주님의 택하신 자의 표시이다. 믿은 지 십 년이 되어도, 이십 년이 되어도 믿기 전의 좋지 않은 습관과 기질을 그대로 갖고 있는 것은 택하신 자의 표시가 없는 것이다. 주님은, "오늘 구원이 이 집에 이르렀으니 이 사람도 아브라함의 자손임이로다" 하셨다. 그리고 "인자는 잃어버린 자를 찾아 구원하러 왔다"고 말씀하셨다.[1-10절]

19장[Ⅱ]

은 열 므나의 비유

당시 사람들은 예수님의 말씀을 듣고 하나님의 왕국이 금방 다가올 줄로 생각하고 있었다. 그때 주님은 므나의 비유를 말씀하셨다. 어떤 귀인이 왕위를 받아 가지고 오려고 먼 나라로 가면서 종 열 명을 불러 열 므나를 각각 하나씩 나눠주면서 그가 돌아올 때까지 장사하라고 했다. 그런데 백성이 그 귀인을 미워하여 사자를 뒤로 보내어 그가 왕이 되는 것을 원하지 않는다고 했다. 그런데 귀인(주 예수를 말함)이 돌아와서 그 종들이 각각 어떻게 장사했나를 알고자 하여 그들을 불렀다. 한 사람은 한 므나로 열 므나를 남겼다고 하고, 또 한 사람은 다섯 므나를 남겼다고 했다. 귀인은 열 므나 남긴 종에게는 열 고을 권세를 차지하라 하고, 다섯 므나 남긴 자에게는 다섯 고을 권세를 주었다.[11-19절]

게으르고 악한 종에 대한 심판

그런데 또 다른 사람은 한 므나를 수건으로 싸서 두었다가 귀인에게 말하기를, "여기 당신의 한 므나가 있습니다. 나는 당신이 엄한 사람인줄 알고 무서워하여 수건으로 싸두었습니다."라고 하면서 "당신은 두지 않은 것을 취하고 심지 않은 것을 거두는 분입니다."라고 했다. 그날 주님 앞에서 심판을 받을 때 이런 일이 벌어질 것을 예상할 수 있다. 많은 사람들이 지식이 없는 것이 아니다. 성경을 모르는 것도 아니다. 문제는 무엇인가? 게으른 것이다. 그리고 말씀을 순종해야 할 말씀으로 적극적으로 적용하지 않고, 자신의 게으름을 변명하는 말로 엉뚱하게 적용하는 것이다.

그때 주님은 말씀하신다. "악한 종아, 내가 네 말로 너를 판단하겠다. 나를 그렇게 엄한 사람인 줄 알았다면 내 은을 은행에 두었다가 그 이자라도 찾게 해야 하지 않았겠는가?" 그리고 섰는 사람들에게 그의 한 므나를 빼앗아 열 므나 가진 자에게 주라고 하셨다. 우리는 주 예수님이 효율을 중시하시고 부지런한 것을 좋아하시는 분이라는 것을 안다. 그러니 그날 주님의 심판대에서 많이 수고하고 뭔가 이득을 남긴 종들은 자신들의 수고한 것 이상의 권세와 축복을 받게 될 것이다. 게으른 자들에게 주어질 뻔했던 모든 은사들과 권세들까지 다 신실한 자들에게 돌아갈 것이다. 그리고 '나의 왕 됨을 원치 않던 저 원수들을 이리로 끌어다가 내 앞에서 죽이라.'고 하셨다.[20-27절]

19장[Ⅲ]

예루살렘을 향하여 가시고 나귀새끼를 타고 입성하시다

이 말씀을 하신 후에 예수께서는 예루살렘을 향하여 앞서가셨다. 그리고 베다니에 가까이 오셨을 때 제자 둘을 보내시며 맞은편 마을로 가서 사람들이 타보지 않은 나귀를 풀어 끌고 오라고 하셨다. 주인이 혹 물어보면 "주가 쓰시겠다" 하라 하셨고 그대로 되었다. 그리고 나귀를 타고 예루살렘에 입성하시니 사람들이 겉옷을 벗어 나귀 위에 걸쳐놓고 예수를 태우고 또 가실 때 자기들의 겉옷을 길에 폈다. 온 제자의 무리가 예수를 찬송했다. "찬송하리로다! 주의 이름으로 오시는 이여, 하늘에는 평화요 가장 높은 곳에는 영광이로다!" 이는 다 성령의 감동이 있었기에 가능했던 일들이다. 어떤 바리새인들이 예수께 제자들을 책망하라고 하자 "이 사람들이 잠잠하면 돌들이 소리 지르리라" 하셨다.[28-40절]

예루살렘 성을 보시고 우시다

예루살렘 가까이 오시자 성을 보시고 우시며 "날이 이르면 원수들이 토성을 쌓고 사면으로 포위하고 너와 네 자녀들을 땅에 메어치며 돌 하나도 돌 위에 남기지 않을 것이니 이는 너희를 권고하는 날을 너희가 알지 못했기 때문이라."고 하셨다. 주님은 그분을 모르고 불신하며 핍박하던 예루살렘을 사랑하셨다.[41-44절]

성전에서 장사하는 자들을 내쫓으시다

성전에 들어가셔서 장사하는 자들을 내쫓으시면서 "내 집은 기도하는 집이 되리라 하였거늘 너희는 강도의 굴혈을 만들었도다." 하셨다. 이때 대제사장, 서기관들, 백성의 두령들 가운데는 그를 죽이려고 꾀하는 분위기가 고조되어 있었다. 그러나 백성들이 예수의 말씀을 귀 기울여 들으므로 기회를 찾지 못했다.[45-48절]

20장[Ⅰ]

예수께서 대제사장과 서기관과 장로들에게 시험받으시다

20장부터는 주 예수께서 예루살렘에 들어가셔서 십자가에 달리시기 전까지 시험당하시는 장면이 시작된다. 성전에서 가르치실 때에 대제사장과 서기관과 장로들이 와서 그분이 무슨 권세로 이런 일을 하는지, 이 권세를 준 이가 누구인지 말하라고 했다. 아무런 자격도 구비하지 못한 나사렛 목수의 아들에 불과한 사람이, 그들이 보기에 종교적인 직무를 수행하고 사람들을 가르치고 하니, 그들은 당시 대제사장이나 공회로부터 인정받지 못한 자가 무슨 신분으로 이런 일을 하는지 매우 거슬렸다.

그때 주님이 "나도 한 말을 묻겠다. 요한의 세례가 하늘로서냐 사람에게로서냐?" 하셨다. 당시 세례 요한은 어쨌든 예수를 하나님의 어린 양으로, 하나님의 아들로, 그리스도로 천거하는 일을 했던 선지자이고, 모든 백성이 그를 선지자로 여겼다. 비록 그가 헤롯에게 살해당하였지만 그의 선지자 역할은 그 순교로 인하여 약화되지 않고 더 강화되었을 것이다. 헤롯 왕의 부적절한 결혼 관계를 직언하다가 목이 잘려 죽었으니 당시 그 누가 요한을 하늘로부터 온 선지자가 아니라고 말할 수 있었겠는가? 그들의 질문을 받은 주 예수님은 사람이 감히 상상 못할 질문을 하신 것이다. "요한의 세례가 하늘로서냐, 사람에게로서냐?" 여기서 예수께 질문한 자들은 그분이 누구신지 모르고 함부로 질문한 것이다. 예수께서 그들에게 물으시자 그들은 서로 논의를 하여 진실을 가렸다. '만일 하늘로서라고 말하면 왜 믿지 않느냐고 할 것이고, 사람에게로서라고 하면 백성들이 돌로 칠 것이다.' 하면서 대답을 회피했다. '어디로서인지 알지 못하노라.' 그러자 예수께서도 "나도 무슨 권세로 이런 일을 하는지 너희에게 말하지 않겠다." 고 하셨다. 이는 사람이 가히 할 수 있는 대답이 아니다.[1-8절]

악한 포도원 농부들의 비유

그러면서 주님은 비유로 말씀하셨다. 한 사람이 포도원을 만들고 농부들에게 세를 주고 타국에 갔더니 때가 되어서 소출을 받으려고 한 종을 보내니 심히 때리고 거저 보내었다. 다시 다른 종 을 보내니 그도 심히 때리고 능욕하여 거저 보내고, 세 번째 종을 보내니 상하게 하여 내쫓아 버렸다.

포도원 주인이 "이번에는 내 사랑하는 아들을 보내리라 그러면 그들이 공경하리라" 했더니, 그 농부들이 상의하기를, "이는 상속자니 그를 죽이고 그 유업을 우리의 것으로 만들자" 하고 포도원 밖에 내쫓아 죽였다.(이것은 그들이 속에서 주 예수를 전혀 모르는 것이 아니라는 뜻도 된다. 다만 인정하고 싶지 않고, 시기 때문에 죽였다는 것을 정확하게 드러내는 말이다.)

"그러면 이 포도원 주인이 어떻게 하겠느냐 그 농부들을 진멸하고 포도원은 다른 사람들에게 주리라" 하시니, 그들 대답이 "그런 일이 있어서는 절대 안 되지요!"라고 했다. 이것이 바로 종교적인 사람들의 무책임하고 양심 없는 말이다. 주님이 그들을 바라보시며 말씀하셨다. 여기서 '그들을 바라보셨다'는 말은 매우 감동적이다. "그러면 기록된바 건축자들의 버린 돌이 모퉁이의 머릿돌이 되었느니라" 함은 어찌 된 말씀이냐고 물으셨다. 또 다른 성경을 인용하시면서 그런 악한 농부들같이 행한 자들(건축자들)의 받을 운명에 대하여 결론을 지으신다. "무릇 이 돌 위에 떨어지면 깨어지겠고 이 돌이 사람 위에 떨어지면 저를 가루로 만들어 흩으리라"(단 2:34, 35).[9-18절]

이런 말씀을 하나하나 지혜로 답하시고 예언하시고 가르치신 분이 십자가로 가신 분이라는 것을 상상이나 할 수 있겠는가!

20장[Ⅱ]

가이사에게 세 바치는 일로 예수를 시험하다

19절을 보면 서기관들과 대제사장들이 18절까지의 비유가 자신들에 대한 것임을 알아차렸다는 기록이 있다. 그래서 예수를 즉시 체포하고자 했으나 백성을 두려워했다. 그들은 기회를 엿보면서 예수를 총독의 권세와 치리 하에 붙이려는 음모를 꾸몄다. 그래서 당시 로마 정부에서 부과하는 유대인의 세금 문제를 가지고 정탐들을 보내서 질문하게 했다. 그들은 먼저 예수께 아첨하는 말을 늘어놓았다. 꼭 낚시 밥을 바늘 끝에 꿰는 자들 같다. "선생이여, 당신은 바로 말씀하시고 가르치시며 사람을 외모로 취하지 않으시고 참으로서 하나님의 도를 가르치는 분이십니다. 우리(유대인)가 가이사(로마 정부)에게 세를 바치는 것이 가합니까, 불가합니까?" 불가하다 하든지, 바쳐야 마땅하다 하든지, 둘 중 어떤 답변을 해도 걸려들게 하는 질문이다. 불가하다고 하면 그들의 계획대로 총독의 재판을 면하지 못하게 된다. 바쳐야 마땅하다고 하면 로마 정부 편에 선

자로 여겨 유대인들로부터 큰 미움을 당하게 된다.[19-22절]

가이사의 것은 가이사에게, 하나님의 것은 하나님께 바치라

그때 주님이 하시는 것을 보면 깊은 감동을 준다. 예수께서는 그들의 간계를 아시고 "데나리온 하나를 내게 보이라" 하셨다. 그분은 돈을 자신의 호주머니에서 꺼내신 것이 아니다. 그들은 얼른 꺼내어 보여드렸을 것이다. 그들의 호주머니에서 로마의 화폐가 나왔다는 것 자체가 그들이 로마의 정권과 경제권 아래 있다는 것을 증명하는 것이다. 주님은 그런 돈이 호주머니에 없어도 사시는 분이다. 주님은 동전을 보시면서 '이 화상과 이 글이 뉘것이냐'고 물으셨다. 그러자 그들은 생각할 것도 없이 '가이사의 것'이라고 대답했다. 그들은 그분이 어떻게 말씀을 하실지 꿈에도 상상하지 못했다. 그때 그분의 입에서 이천 년 이상 사람들 가운데 회자되는 대 명언이 나온다. "그런즉 가이사의 것은 가이사에게, 하나님의 것은 하나님께 바치라!" 그들은 낚시에 실패한 사람들처럼 그분을 책잡지 못하고 잠잠하게 되었다. 그러나 나중에 예수님을 빌라도에게 끌고 가서는 이 말을 왜곡시켜 가이사에게 세를 내지 말라 했다고 고소했다(눅 23:2).[23-26절]

부활이 없다 하는 사두개인들의 질문

27절부터는 부활이 없다고 하는 사두개인들이 나온다. 율법에 형이 후사가 없이 죽으면 그 동생이 형의 아내를 취해서 형의 후사를 이어야 한다는 계대결혼의 규례가 있다. 그런데 사두개인들이 가정(假定)을 세우기를, 맏형이 자식이 없이 죽어서 둘째가 형수를 취했는데 둘째도 자식을 낳지 못하고 죽었고, 이렇게 해서 셋째, 넷째 일곱째까지 다 자식이 없이 죽었다면 부활 때에 누구의 아내가 되느냐는 것이었다. 머리를 짜고 또 짜낸 질문이다. 이들은 '부활이라는 게 도대체 말이 되느냐, 이생뿐이지.' 하면서 부활을 부정하려고 나름 절묘한 질문을 만들어낸 것이다.[27-33절]

그러자 예수님은, "이 세상의 자녀들은 장가도 가고 시집도 가지만 저 세상과 및 죽은 자 가운데서 부활함을 얻기에 합당히 여김을 입은 자들은 장가가고 시집가는 일이 없다. 그들은 다시 죽을 수도 없는데 이는 천사와 같고 부활의 아들들로서 하나님의 아들들이기 때문이다. 하나님을 아브라함, 이삭, 야곱의 하나님이라고 하는데, 그들이 부활하지 않는다면 하나님은 죽은 자의 하나님이 되시는 것이 아니냐? 하나님에게는 모든 사람이 살았다."고 하셨다. 서기관 중 어떤 이들이 그 말씀을 듣고 '선생님이 하시는 말씀이 옳습니다.'라고 했다. 그들은 감히 더 물을 수가 없었다.[34-40절]

예수께서 그들에게 그리스도가 누구신지를 물으시다

그리고 이제 마지막으로 예수께서 사람들에게 한 가지 질문을 하신다. "사람들이 어찌하여 그리스도를 다윗의 자손이라 하느냐? 다윗이 친히 그리스도를 주라고 불렀는데(시 110:1) 어찌 다윗의 자손이 되겠느냐?" 주님의 대화는 언제나 그분이 어떤 분이신가를 생각해보게 한다. 그분은 다윗의 후손이신 것이 확실하며(롬 1:3) 동시에 그분의 근본은 태초에, 상고에 있다. 그분은 바로 하나님이시므로 다윗의 주가 되시는 것이다(미 5:2).[41-44절]

서기관들을 조심하라

모든 백성이 들을 때에 주 예수께서는 제자들에게 말씀하셨다. "긴 옷을 입고 다니는 것을 원하며 시장에서 문안 받는 것과 회당의 상좌와 잔치의 상석을 좋아하는 서기관들을 조심하라. 그들은 과부의 가산을 삼키며 외식으로 길게 기도하니 그 받는 판결이 더욱 중할 것이다." [45-47절]

그것은 제자들도 자칫 잘못하면 빠질 수 있는 함정이 되기 때문이다. 주님은 십자가로 가시기 전 사람들에게 온갖 시험을 당하시면서도 후에는 그분의 이름이 온 세상에 높여질 것도 아시고 또 그분을 빌미삼아 많은 사람들이 높은 명성을 얻으며 사람들의 추앙을 받으며 부패한 길을 걸어가게 될 위험도 아셨다. 그래서 제자들(후에 그분을 섬기게 될 모든 사람을 포함하여)에게 주의를 주신 것이다.

21장

가난한 과부의 연보를 칭찬하시다

누가복음 후반부에 왔다. 예수님은 연보궤 옆에 서계시면서 부자들의 연보하는 것도 보시고 한 가난한 과부가 드리는 것도 보셨다. 그 과부는 연보궤에 두 렙돈만을 넣었지만 주님은 그녀의 연보를 칭찬하셨다. (두 렙돈은 매우 적은 돈이다. 참새 두 마리에 한 앗사리온이라고 했는데, 렙돈은 당시 앗사리온보다도 적은 화폐 단위였다. 따라서 두 렙돈은 참새 한 마리 값도 안 되는 금액이다.) 그리고 그것이 그녀의 생활비 전부였다는 것도 아셨다. 그러나 부자들은 풍족한 중에서 그냥 연보한 것이다. 어쩌면 오늘날에도 유사한 상황이 벌어지고 있을 것이다. 이것이 역사의 아이러니라고밖에 말할 수 없다. 이천 년 전이나 오늘이나 같다. 주님은 상황이 이렇게 될 것을 이미 아셨다.[1-4절]

재난의 징조

5절부터의 말씀은 마태복음 24장, 마가복음 13장의 말씀과 거의 동일하다. 사람들이 성전의 아름다운 것들을 말하고 있을 때 주님은 그 성전이 돌 하나도 돌 위에 남지 않을 정도로 무너지게 될 것이라고 하셨다. 제자들은 어느 때에 이런 일이 있을 것인지를 물었고 주님은 자세하게 말씀해주셨다.

첫째는, 많은 사람이 주님의 이름으로 와서 자기가 그리스도라 하며 때가 가까웠다 하겠지만 그들을 좇지 말라 하셨다. 난리와 난리의 소문을 들을 때에 두려워 말라고 하시며 이 일이 먼저 있어야 하겠지만 끝은 곧이어 오지는 않는다고 하셨다. 또 민족이 민족을, 나라가 나라를 대적하여 일어나겠고, 처처에 큰 지진과 기근과 온역이 있겠고, 또 무서운 일과 하늘로서 큰 징조들이 있을 것이라 하셨다. 민족 간의 전쟁(한국의 6.25 전쟁, 시리아 내전, 이디오피아 내전, 이집트 내전, 캄보디아의 킬링필드 등), 국가 간의 전쟁들이 이미 일어났고 또 진행 중에 있다. 처처에 큰 지진들이 있고 기근과 전염병들이 있다. 근래에 특히 조류 독감, 사스, 메르스, 지카 바이러스 등 엄청 많은 전염병들이 생겨나고 있다. 지진과 해일도 수없이 많다. 또 무서운 일들과 하늘로서 큰 징조들이 나타날 것이라고 하셨다.

그리고 마지막 때에 그리스도인들이 무서운 핍박을 당하게 될 것인데 그것들이 도리어 증거가 될 것이라고 하셨다. 끌려갔을 때 자신을 방어하기 위해 무슨 말을 할까 미리 준비하지 말라 하시며 "내가 너희의 모든 대적이 능히 대항하거나 변박할 수 없는 구재(구변)와 지혜를 너희에게 주리라" 하신다.

"심지어 부모와 형제와 친척과 벗이 너희를 넘겨주어 너희 중에 몇을 죽이게 하겠고 또 너희가 내 이름을 인하여 모든 사람에게 미움을 받을 것이나 너희 머리털 하나도 상치 아니하리라 너희의 인내로 너희 영혼을 얻으리라" 하셨다. [5-19절]

예루살렘에 임할 환난과 인자의 오심

예루살렘이 적그리스도의 군대에 포위되면 그때 멸망이 가까운 줄을 알라 하신다(계 19장 참조). 그때 유대에 있는 자들은 산으로 도망할 것이며, 예루살렘 성 안에 있는 자들은 나갈 것이며, 촌에 있는 자들은 성 안으로 들어가지 말라고 하시며, "이 날들은 기록된 모든 것을 이루는 형벌의 날이니라" 하셨다. 그날에는 아이 밴 자들과 젖먹이는 자들에게 화가 있을 것이며, 백성이 칼날에 죽임을 당하고 이방에 사로잡혀 가게 될 것이며, 예루살렘은 이방인의 때가 차기까지 이방인들에게 짓밟힐 것이라 하셨다.

일월성신에는 징조가 있겠고, 땅에서는 민족들이 바다와 파도의 우는 소리(무서운 해일들)를 인하여 혼란한 중에 곤고하리라 하신다. 사람들이 세상에 임할 일을 생각하고 무서워하며 기절할 것인데, 이는 하늘의 권능들, 곧 천체의 무수한 별들과 달이 변하고 흔들릴 것이기 때문이다. 바로 그때에 사람들이 인자가 구름을 타고 능력과 큰 영광으로 오는 것을 볼 것이다. 사람들은 지상에 재림하시는 주 예수를 바라보며 큰 통곡을 하게 된다(계 1장, 슥 12장 참조). "이런 일이 되기를 시작하거든 일어나 머리를 들라 너희 구속이 가까웠느니라". 주 예수님은 반드시 재림하신다는 것을 믿으라![20-28절]

무화과나무에서 배울 교훈

주님은 무화과나무의 비유를 배우라고 하시면서 무화과(이스라엘을 뜻함) 나무에 싹이 나면 여름이 가까운 줄을 알라고 하신다. 이천 년 간 없었던 이스라엘 나라가 극적으로 다시 회복되었는데(1949년 건국), 이사야 선지자도 이것을 예언한 바 있다. "후일에는 야곱의 뿌리가 박히며 이스라엘이 움이 돋고 꽃이 필 것이라 그들이 그 결실로 지면에 채우리로다"(사 27:6). "내가 진실로 너희에게 말하노니 이 세대가 지나가기 전에 모든 일이 다 이루리라" 하시고, "천지는 없어져도 내 말은 없어지지 않을 것이라" 하셨다.[29-33절]

항상 기도하며 깨어 있으라

34-36절은 경계의 말씀이다. **"너희는 스스로 조심하라 그렇지 않으면 방탕함과 술 취함과 생활의 염려로 마음이 둔하여지고 뜻밖에 그날이 덫과 같이 너희에게 임하리라 이 날은 온 지구상에 거하는 모든 사람에게 임하리라 이러므로 너희는 장차 올 이 모든 일을 능히 피하고 인자 앞에 서도록 항상 기도하며 깨어 있으라 하시니라".** 장차 올 이 모든 일을 피하고 '인자 앞에 선다'는 것은 분명 대환난 전에 있을 이기는 자의 휴거를 가리킨다(계12, 14장 참조). 충성된 성도들은 이 땅에 대환난이 임하기 전에 보좌 앞으로 들림받아 인자 앞에 서게 될 것이다. 성경에 휴거는 분명 예언되어 있다. 우리 마지막 시대의 성도들은 휴거를 기대하며 소망할 수 있다.

37-38절, **"예수께서 낮이면 성전에서 가르치시고 밤이면 나가 감람원이라 하는 산에서 쉬시니 모든 백성이 그 말씀을 들으려고 이른 아침에 성전에 나아가더라".**

누가복음

22장[I]

유다가 배신하다

유월절이라 하는 무교절이 가까우니 대제사장들과 서기관들은 예수를 무슨 방책으로 죽일까를 연구했는데, 이는 그들이 백성을 두려워했기 때문이다. 예수님은 그야말로 유월절 어린 양으로 오셔서 그날 잡히시게 되는데, 그때 이 일에 앞장선 것이 마귀이다. 마귀가 유다에게 들어갔다. 왜 유다에게 들어갔을까? 마귀는 자기와 비슷한 자를 좋아하기 때문이다. 돈을 좋아하는가? 쉽게 마귀의 밥이 될 수 있다. 분을 잘 내는가? 마귀가 좋아한다. 거짓말을 잘 하는가? 마귀와 같은 성질이다. 유다는 돈을 받기로 하고 예수를 넘겨줄 시점을 찾게 된다. 오늘날도 자기 주군이나 선생을 배신하는 자들은 대개가 돈 때문에 그렇게 한다. 그러면서도 배신에 대하여 다른 이유를 들어 거짓말을 한다.[1-6절]

유월절을 예비하다

유월절 양을 잡는 날에 주님은 베드로와 요한을 동네에 보내시면서 물동이를 가지고 가는 사람을 만나게 되면 그 집에 따라 들어가서 그 집주인에게 예수님과 제자들이 함께 유월절을 먹을 객실이 어디 있느냐고 하면 그가 자리를 베

푼 큰 다락방을 보일 것이니 거기서 예비하라 하셨다.[7-13절]

마지막 만찬

때가 이르니 예수께서 사도들과 함께 앉으셔서 "내가 고난을 받기 전에 너희와 함께 유월절 먹기를 원하고 원하였다"고 하셨다. 그리고 유월절이 하나님 나라에서 이루기까지 다시 먹지 아니하리라고 하셨다.[15-16절]

그리고 잔을 받으사 사례하시고 이것을 가져다가 너희끼리 나누라고 하시면서 이제부터 그분은 하나님의 나라가 임할 때까지 포도나무에서 난 것을 다시 마시지 않을 것이라 하셨다.[17-18절]

또 떡을 가져 사례하시고 떼어 그들에게 주시면서 **"이것은 너희를 위하여 주는 내 몸이라 너희가 이를 행하여 나를 기념하라"** 하셨다.[19절]

저녁 먹은 후에 잔도 이와 같이 하여 말씀하시기를, **"이 잔은 내 피로 세운 새 언약이니 곧 너희를 위하여 붓는 것이라"** 하셨다.[20절]

그러나 그 자리에 주님을 파는 자도 함께 있다고 하시면서 그에 대하여 주님은, "인자는 이미 작정된 대로 가거니와 나를 파는 그 사람에게는 화가 있으리라" 하셨다. 그들은 '우리 중에서 이런 일을 할 자가 누구일까' 하면서 서로 물었다. 유다가 그들 중에 있을 때는 그럴 사람으로 보이지 않았던 모양이다.[21-23절]

제자들이 그중 누가 크냐고 다투다

그런데 그들은 주께서 그런 심각한 말씀을 하시는 중에도 누가 크냐고 다투었다. 그러자 예수께서 "이방인의 임금들은 저희를 주관하며 그 집권자들은 은인이라 칭함을 받으나 너희는 그렇지 않을지니 너희 중에 큰 자는 젊은 자와 같고 두목은 섬기는 자와 같을지니라"[24-26절]고 하셨다. 젊은 자는 아무래도 나이든 사람에게 함부로 하지 못한다. 교회 안에서 함부로 하는 자들은 아직 섬기는 자라 할 수 없다. 주님은 그분이 앉아서 먹는 자가 아니고 섬기는 자라고 하신다.

그리고 제자들의 미래에 대하여 말씀하신다. "내 아버지께서 나라를 내게 맡기신 것같이 나도 너희에게 맡겨 이스라엘 열두 지파를 다스리게 하겠다." 장래 주님 재림시의 이스라엘 열두 왕은 이미 정해졌다. 바로 열두 제자들이다. 그것은 그들이 주 예수께서 시련을 당하시는 중에 늘 함께했기 때문이다[28-30절]. 오늘날도 주님의 시련 중에 참으며 함께 고난받는 자들은 이방 나라를 다스리는 왕들이 될 것이다(딤후 2:12).

베드로가 사단에게 시험당할 것을 말씀하시다

그리고서 주님은 베드로에게 말씀하신다. "시몬아, 시몬아, 보라 사단이 밀 까부르듯 하려고 너희를 청구하였으나 그러나 내가 너를 위하여 네 믿음이 떨어지지 않기를 기도하였노니 너는 돌이킨 후에 네 형제를 굳게 하라"[31-32절]. 주님은 지금 사단이 시몬(베드로)을 밀 까부르듯 하려고 청구하고 있다고 하시면서 주님이 그를 위해 믿음이 떨어지지 않기를 기도했다고 하신다. 곧 그는 사단의 시험에 떨어질 것이다. 그렇지만 주님의 기도로 회복될 것인데, 돌이킨 후에는 형제들을 굳게 하라고 하신다. 그러자 베드로는, "무슨 말씀입니까? 내가 주와 함께 옥에도, 죽는 데도 갈 것을 준비했습니다!"라고 했다. 주님은 "베드로야, 오늘 닭 울기 전에 네가 세 번 나를 모른다고 부인하리라"[33-34절] 하셨다.

제자들에게 전대와 검을 가지라 하시다

35-37절 "내가 너희에게 전대와 주머니와 신도 없이 보내었을 때에 부족한 것이 있었더냐? 가로되 없었나이다. 이르시되 이제는 전대 있는 자는 가질 것이요 주머니도 그리하고 검 없는 자는 겉옷을 팔아 살지어다 기록된바 저는 불법자의 동류로 여김을 받았다 한 말이 내게 이루어져야 하리니 내게 관한 일이 이루어져감이니라"

22장[Ⅱ]

예수께서 습관을 좇아 기도하러 감람산에 가시다

"예수께서 나가사 습관을 좇아 감람산에 가시매 제자들도 좇았더니". 예수께서는 습관적으로 감람산에 가셔서 기도하셨던 것 같다. 주님은 제자들에게 시험에 들지 않게 기도하라고 하시고서 돌 던질 만큼 떨어진 곳에 가서 무릎을 꿇고 기도하셨다. **"아버지여, 만일 아버지의 뜻이어든 이 잔을 내게서 옮기시옵소서. 그**

러나 내 원대로 마옵시고 아버지의 원대로 되기를 원하나이다". [39-42절]

그때 천사가 하늘로부터 예수께 나타나 힘을 도왔다. 예수께서 힘쓰고 애써 더욱 간절히 기도하시니 땀이 땅에 떨어지는 핏방울같이 되었다. 기도 후에 일어나 제자들에게 가서 슬픔을 인하여 잠든 것을 보시고 '어찌하여 자느냐? 시험에 들지 않게 일어나 기도하라.' 하셨다. [43-46절]

예수께서 잡히시다

아직 말씀하고 계시는데 한 무리가 오는데 열둘 중에 하나인 유다라는 자가 그들 앞에 서서 와서 예수께 입을 맞추려고 가까이 다가왔다. 그때 예수께서 그에게 먼저 말씀하셨다. "유다야, 네가 입맞춤으로 인자를 파느냐?" 곁에 있던 제자들이 그 될 일을 보고 "주여, 우리가 검으로 치리이까?" 했다. 그리고서 그 중에 한 사람이 대제사장의 종을 쳐 그 오른편 귀를 떨어뜨렸다. (사실 주님이 검과 전대를 준비하라 하신 것은 이렇게 하라는 뜻이 아니었다.) 그러나 예수께서는 '멈추어라! 이것까지 참으라.' 하시고 귀를 만져 낫게 해주셨다. [47-51절]

주 예수님은 그분을 잡으러 온 대제사장들과 성전의 군관들과 장로들에게 말씀하셨다. "너희가 강도를 잡는 것같이 검과 몽치를 가지고 나왔느냐? 내가 날마다 너희와 함께 성전에 있을 때에 내게 손을 대지 않았다. 그러나 이제는 너희 때요 어두움의 권세이다." 사탄의 어두움의 권세가 최후 발악을 하고 있다. 그러나 유다의 일도, 베드로의 시험당함도, 그들이 예수를 잡으려고 활동하는 것도 다 전지전능하신 하나님의 허락하심이 없으면 일어날 수 없다. [52-53절]

베드로가 하녀 앞에서 예수를 모른다고 부인하다

그들이 예수를 잡아끌고 대제사장의 집으로 들어가니 베드로도 멀찍이 따라 들어갔다. 감옥에도, 죽는 데도 함께 가겠다고 장담했는데 멀찍이 따라간 것이다. 사람들이 뜰 가운데 불을 피우고 함께 앉아 있는데 베드로도 그 가운데 앉아 불을 쬐고 있었다. 한 하녀가 불빛을 향하여 앉은 베드로를 보고 "이 사람도 예수와 함께 있었다."고 하니, 베드로가 "이 여자야, 무슨 소리냐? 나는 그를 알지 못한다!"라고 했다. 조금 후에 다른 사람이 그를 보고 "너도 그 당이다." 하자, 베드로는 "이 사람아, 나는 아니야!"라고 했다. 한 시 쯤 후에 또 한 사람이 장담하여 말했다. "이 사람도 갈릴리 사람이야. 확실히 그와 함께 있었어!" 베드로가, "이 사람아, 나는 네가 지금 뭘 말하고 있는지 모르겠다."라고 말하는 그때 닭이 울었다. "주께서 돌이켜 베드로를 바라보시니"[61절]. 그때 포승줄로 묶이신 주님이 돌이켜 베드로를 바라보신 것이다. 주님은 과연 어떤 눈으로 베드로를 바라보셨을까? 그때 베드로는 "오늘 닭 울기 전에 네가 세 번 나를 부인하리라"고 하신 주님의 말씀이 생각나서 밖에 나가 심히 통곡을 했다.[54-62절]

예수를 희롱하고 때리다

예수를 지키는 자들이 예수를 희롱하고 때리며 그분의 눈을 가리고 물었다. "선지자 노릇을 해봐라. 너를 친 자가 누구냐?" 이 외에도 그들은 많은 말로 예수를 욕했다.[63-65절]

대제사장들과 서기관들에게 심문을 받으시다

날이 새었다. 그 어둡고 참담한 밤이 그렇게 지나간 것이다. 대제사장들과 서기관들은 예수를 공회로 끌어들여 "네가 그리스도여든 우리에게 말하라"고 했다. 그러자 예수께서 "내가 말할지라도 너희가 믿지 않을 것이요 내가 물어도 너희가 대답지 않을 것이다. 그러나 이제 후로는 인자가 하나님의 권능의 우편에 앉아 있으리라" 하셨다. 그분이 그리스도이심을 말씀하신 것이다. 그들이 다시 확인했다. "네가 그럼 하나님의 아들이냐?" 주님이 대답하셨다. "너희 말과 같이 내가 그니라." 그들은 예수를 죽일 완벽한 증거를 잡았다고 확신했고 더 이상의 증거가 필요없다고 했다. 그분의 사형 죄목은 그분이 자신을 하나님의 아들이요 그리스도시라고 시인하신 것이었다.

23장[I]

빌라도 앞에 서시다

우리나라 시간으로 목요일 저녁에 잡히신 주님은 밤새 한 잠도 못 주무시고 대제사장 집에서 희롱을 당하시고 맞기도 하셨다. "무리가 다 일어나 예수를 빌라도에게 끌고 가서". 새벽에 한 무리 사람들이 예수를 빌라도에게 끌고 간 것이다. 그리고 예수를 백성을 미혹하는 자로, 가이사에게 세 바치는 것을 금하는 자로 고소를 했다. 빌라도가 예수께 물었다. "네가 유대인의 왕이냐?" 주님은 "네 말이 옳도다" 하셨다. 빌라도는 대제사장과 무리에게, "내가 볼 때 이 사람에게는 죄가 없다."고 했다. 그러자 무리가 더 강력하게 말했다. "저가 온 유대에서 가르치고 갈릴리에서부터 시작하여 여기까지 와서 백성을 소동케 합니다." 빌라도는 듣고 그가 갈릴리 사람이면 헤롯의 관할에 속한 것을 알고 헤롯에게 보냈다.[1-7절]

헤롯 앞에 서시다

그때 헤롯은 예루살렘에 있었는데, 예수를 보고 기뻐했다. 예수에 대한 소문을 들었으므로 보고자 한 지 오래였고 또 무슨 이적이라도 볼까 했기 때문이다. 여러 말로 물었지만 예수께서 아무 말도 대답지 않으시니 대제사장들과 서기관들은 그 앞에서 힘써 고소했다. 헤롯은 그 군병들과 함께 예수를 업신여기고 희롱하며 빛난 옷을 입혀 빌라도에게 다시 보냈다. 헤롯과 빌라도가 전에는 원수지간이었는데, 죄수 되신 예수님을 두고서 당일에 서로 친구가 되었다.[8-12절]

사형 선고를 받으시다

빌라도는 대제사장들과 관원들을 다시 불러 모으고 말했다. "너희가 이 사람이 백성을 미혹케 하는 자라고 끌고 왔는데 내가 사실을 조사해보아도, 또 헤롯에게로 보내보아도 죄를 찾지 못하고 도로 보냈다. 보라, 그가 행한 것은 죽일 일이 없다. 그러니 그냥 때려서 놓겠다." 빌라도는 예수를 놓아주려고 한 것이다.[13-16절]

당시 바라바라고 하는, 민란과 살인을 인해 옥에 갇힌 자가 있었는데, 유월절 같은 큰 명절에 특사해주는 제도가 있어서 바라바와 예수 둘 중 하나를 놓아주겠다고 했다. 그러자 무리가 일제히 소리 지르며 바라바를 놓아달라고 했다. 빌라도가 예수를 놓아주고자 하여 다시 그들에게 말했지만, 그들은 더욱 소리 지르며 "저를 십자가에 못 박게 하소서! 저를 십자가에 못 박게 하소서!" 했다. 빌라도는 세 번째 말했다. "이 사람이 무슨 악한 일을 하였는가? 나는 저에게서 죽일 죄를 찾지 못했다. 그냥 때려서 놓겠다!" 그러나 그들이 큰 소리로 재촉하여 십자가에 못 박기를 구하니 결국 그들의 소리가 이겼다. 이에 무능한 빌라도는 그들의 구하는 대로 사형을 언도하고 바라바를 풀어주고 예수는 십자가에 못 박히게 내어주었다.[18-25절]

구레네 사람 시몬에게 십자가를 지고 가게 하다

그들이 예수를 끌고 골고다로 향해 갈 때, 밤새 심문과 조롱과 곤욕을 당하신 예수님은 기력이 다 빠져 도저히 십자가를 짊어지고 가실 수가 없었다. 그때 구레네 사람 시몬이 시골에서 오는데 그를 잡아 그에게 십자가를 지워 예수를 좇게 했다[26절].

가슴을 치며 슬피 우는 여자의 큰 무리가 따라오다

그리고 백성과 및 예수를 위하여 가슴을 치며 슬피 우는 여자의 큰 무리가 따라왔다. 그러나 예수께서는 돌이켜 그들을 향하여 말씀하셨다. "예루살렘의 딸들아, 나를 위하여 울지 말고 너희와 너희 자녀들을 위하여 울라. 보라, 날이 이르면 사람이 말하기를 수태 못하는 이와 해산하지 못한 배와 먹이지 못한 젖이 복이 있다 하리라" 하시며 장차 예루살렘에 닥칠 큰 환난을 예언하셨다.[27-29절]

십자가상에서 기도하시다-"아버지여 저들을 용서하여 주소서!"

그때 십자가형을 받게 되는 사람이 예수님 말고도 행악자 둘이 더 있었다. 해골(골고다)이라는 곳에 이르러 예수를 십자가에 못 박고 두 행악자도 그렇게 하니 하나는 우편에, 하나는 좌편에 있었다. 이에 예수께서는 무지한 저들을 위해 기도하셨다. "아버지여, 저들을 용서하여 주옵소서. 저들은 자기의 하는 일을 알지 못합니다." 그 로마 병정들은 예수를 못 박고 그분의 옷을 제비뽑아 나누었다. 백성들은 서서 구경하고 관원들은 비웃으며 "저가 남은 구원하였는데 하나님의 아들이라면 자기를 구원하라."고 했다. 군병들도 희롱하면서 나아와 신포도주를 주며 '네가 유대인의 왕이라면 너를 구원하라.'고 했다. 그분 위에는 '유대인의 왕'이라는 죄패가 있었다.[32-38절]

십자가에 달린 행악자 중 하나가 예수를 믿다

십자가에 달린 행악자들 중 하나는 예수를 비방하면서 "네가 그리스도라면 너와 우리를 구원하라."고 했는데, 다른 하나는 그를 꾸짖으면서 "네가 동일한 정죄를 받고도 하나님을 두려워하지 않느냐? 우리는 행한 죄 값을 응당 받는 것이지만 이 분이 행한 것은 옳지 않은 것이 없다."고 하며, "예수여, 당신의 나라에 임할 때에 나를 생각하소서."라고 했다. 예수께서 그에게 말씀하시기를, "내가 진실로 네게 이르노니 오늘 네가 나와 함께 낙원에 있으리라" 하셨다.[39-43절]

성소의 휘장이 한 가운데가 찢어지며 예수께서 운명하시다

때가 육시[낮 12시, 정오] 쯤 되어 해가 빛을 잃고 온 땅에 어두움이 임하여 제 구시[오후 3시경]까지 지속되더니 성소의 휘장이 한 가운데가 찢어졌다. 그때 예수께서 큰 소리로, "아버지여, 내 영혼을 아버지 손에 부탁하나이다!" 하시고 운명하셨다. 백부장이 이 모든 된 일을 보고 하나님께 영광을 돌리며 "이 사람은 정녕 의인이었도다!"라고 고백했다. 이를 구경하러 모인 사람들도 가슴을 두드리며 돌아가고 예수를 아는 자들과 갈릴리로부터 따라온 여자들도 다 멀리 서서 이 일을 보았다.[44-49절]

아리마대 사람 요셉이 예수의 시체를 세마포로 싸서 장사하다

공회 의원으로서 선하고 의로운 요셉이라 하는 사람이 있는데, (그는 그들의 결의와 행사에 찬성하지 않았다.) 그도 하나님의 나라를 기다리던 자였다. 그가 빌라도에게 가서 예수의 시체를 달라고 하여 이를 십자가에서 내려 세마포로 싸고 사람을 장사지낸 적이 없는 바위에 판 무덤에 넣어두었다. 이 날은 오늘로 말하면 금요일, 안식일 전 날인데 시간상으로는 거의 안식일이 되어가고 있었다. 갈릴리에서 온 여자들은 그 무덤과 그의 시체를 어떻게 두었는지 보고 돌아가 향품과 향유를 준비했다. 그리고 다음 날은 안식일이고 계명대로 그날은 다 쉬었다.[50-56절]

24장

살아나시다

안식 후 첫날 새벽에 여자들이 예비한 향품을 가지고 무덤에 갔는데, 돌이 무덤에서 굴려 옮기운 것을 보고 무덤에 들어가니 예수의 시체가 보이지 않았다. 이를 인해 근심할 때 빛나는 옷을 입은 두 사람(천사들)이 여자들에게 "어찌하여 산 자를 죽은 자 가운데 찾느냐?"고 하며 예수님의 부활을 증거했다. 여자들이 두려워 얼굴을 땅에 대니 그 두 사람이 말하기를, "여기 계시지 않고 살아나셨다. 갈릴리에 계실 때에 너희에게 어떻게 말씀하셨는지를 기억하라! 예수께서 '인자가 죄인의 손에 넘기워 십자가에 못 박히고 제 삼일에 다시 살아나야 하리라' 하셨다." 하자, 그들은 예수의 말씀을 기억하고 무덤에서 돌아가 열 한 사도와 다른 사람들에게 고했으니, 이 여자들은 막달라 마리아, 요안나, 야고보의 모친 마리아이며 또 저희와 함께한 다른 여자들도 이것을 사도들에게 고했다. 사도들은 그 여자들의 말이 허탄한 듯이 보여 믿지 않았지만, 베드로는 일어나 무덤에 달려가서 구푸려 들여다보니 세마포만 보였다. 그는 그 된 일을 기이하게 여기며 집으로 돌아갔다.[1-12절]

엠마오로 가는 두 제자에게 나타나시다

그날에 제자들 중 둘이 예루살렘에서 이십오 리 쯤 되는 엠마오라는 촌으로 가면서 이 모든 된 일을 서로 이야기했다. 그들이 서로 이야기하면서 문의할 때에 예수께서 가까이 이르러 그들과 동행하셨는데, 그들의 눈이 가려져서 예수신 줄 알아보지 못했다. 예수께서 먼저 말을 건네셨다. "너희가 길 가면서 서로 주고받고 하는 이야기가 무엇이냐?" 그러자 두 사람이 슬픈 빛을 띠고 머물러서더니 그중 한 사람인 글로바가 대답했다. "당신이 예루살렘에 살면서 근일 거기서 된 일을 혼자 알지 못합니까?" 예수께서 "무슨 일이냐?" 하시니, "나사렛 예수의 일인데 그는 하나님과 모든 백성 앞에서 말과 일에 능하신 선지자입니다. 그런데 우리 대제사장들과 관원들이 사형 판결에 넘겨주어 십자가에 못 박았습니다. 우리는 이 사람이 이스라엘을 구속할 자라고 바랐습니다. 이뿐 아니라 이 일이 일어난 지가 사흘째인데 우리 중 어떤 여자들이 우리를 놀라게 했습니다. 그들이 새벽에 무덤에 갔다가 그의 시체는 보지 못하고 그가 살아나셨다고 하는 천사들의 나타남을 보았다는 것입니다. 또 우리와 함께한 자 중에 두어 사람(베드로와 요한)이 무덤에 가서 과연 여자들의 말한 바와 같다는 것을 보았으나 예수는 보지 못했습니다."[13-24절]

이때 주님이 말씀하셨다(그분이 바로 부활하신 예수이셨다). "미련하고 선지자들의 말한 모든 것을 더디 믿는 자들이여, 그리스도가 이런 고난을 받고 자기의 영광에 들어가야 할 것이 아니냐!" 그리고 모세와 및 모든 선지자의 글로 시작하여 모든 성경에 쓴바 자기에 관한 것을 자세히 풀어 가르치셨다.[25-27절]

그들이 가려는 촌에 가까이 가니 예수께서는 더 가려 하시는 것같이 하셨다. 그러자 그들이 강권하여 말했다. "우리와 함께 유하십시다. 때가 이미 저물었습니다." 주님이 그들과 함께 유하러 들어가셨는데, 함께 음식을 잡수실 때에 떡을 가지사 축사하시고 그들에게 주시니 그들의 눈이 밝아져 주 예수님인줄 알아보았다. 그때 바로 예수께서는 그들의 시야에서 사라지셨다. 그들은 서로 말했다. "길에서 우리에게 성경을 풀어주실 때에 우리 마음이 뜨겁지 않더냐?" 곧 그 시로 일어나 예루살렘에 돌아가 보니 열 한 사도와 그와 함께한 자들이 모여 있어 말하기를, "주께서 과연 살아나시고 시몬에게 나타나셨다!"고 했다. 두 사람도 길에서 된 일과 예수께서 떡을 떼심으로 자기들에게 알려지신 것을 말했다 [28-35절]

부활하신 예수께서 열한 제자에게 나타나시다

이 말을 할 때에 예수께서 친히 그들 가운데 서서 "너희에게 평강이 있을지어다!" 하셨다. 그들이 놀라고 무서워하여 그 보는 것을 영으로 생각하니, 예수께서 말씀하시기를, "어찌하여 두려워하며 어찌하여 마음에 의심이 일어나느냐. 내 손과 발을 보고 나인줄 알라. 또 나를 만져보라, 영은 살과 뼈가 없으되 너희 보는 바와 같이 나는 있느니라." 하시고 손과 발을 보이시는데, 그들은 너무 기뻐서 오히려 믿지 못하고 기이하게 여길 때에 "여기 무슨 먹을 것이 있느냐?" 하셨다. 구운 생선 한 토막을 드리니 받으시고 그 앞에서 잡수셨다.[36-43절]

또 말씀하시기를, "내가 너희와 함께 있을 때에 너희에게 말한바 곧 모세의 율법과 선지자들의 글과 시편에 나를 가리켜 기록된 모든 것이 이루어져야 하리라 한 말이 바로 이것이라." 하시고 그들의 마음을 열어 성경을 깨닫게 하셨다. [44-45절]

또 "이같이 그리스도가 고난을 받고 죽었다가 제 삼일에 죽은 자 가운데서 살아날 것과 또 그의 이름으로 죄 사함을 얻게 하는 회개가 예루살렘으로부터 온 족속에게 전파될 것이 기록되었으니 너희는 이 모든 일에 증인이라" 하셨다. 복음은 바로 예수 그리스도의 죽음과 부활이다. 그 복음을 믿은 결과는 '죄 사함'이다.[46-48절]

이제 마지막 승천하시기 전 주님의 말씀이다. "볼지어다, 내가 내 아버지의

약속하신 것을 너희에게 보내리니 너희는 위로부터 능력을 입히울 때까지 이 성에 유하라" 하셨다.[49절]

하늘로 올리우시다

"예수께서 저희를 데리고 베다니 앞까지 나가사 손을 들어 저희를 축복하시고 저희를 떠나 하늘로 올리우시니 저희가 그에게 경배하고 예루살렘에 돌아가늘 성전에 있어 하나님을 찬송하니라".[50-53절]

요한복음

서론

마태, 마가, 누가복음은 공관복음으로서 예수 그리스도를 사람으로(왕, 종, 사람) 서술했지만, 요한은 예수 그리스도가 사람일 뿐 아니라 하나님이심을 증거했다. 즉, 그리스도의 신성을 강조하여 요한복음을 기록한 것이다. 마태, 마가, 누가, 세 권의 공관복음은 A.D. 50-60년, 어쨌든 70년 이전에 기록되었을 것이며, 요한복음은 그로부터 20-30년 후인 90년경에 기록되었다.

요한은 주 예수님의 열두 제자 중 하나이고 가장 오래 살아서 요한복음과 서신서들과 계시록을 기록했다. 그는 갈릴리 어부 출신임에도 그 글이 대단히 깊고 비밀한 계시를 담고 있다. 요한복음을 주신 하나님께 감사드린다.

1장

태초부터 계신 말씀이 육신이 되시다

요한 사도는 주 예수님에 대하여 태초부터 계신 말씀, 곧 하나님이시라고 했다. 요한 일서에서는 그분을 영원한 생명이라고 했다(1:1). 이 세상에 참으로 특별한 한 분이 계셨다. 수천억 인류 가운데 하나님이 사람 되셔서 세상에 거하셨던 적이 있는데(1:14), 오직 그분 안에만 생명(zoe)이 있었고 그 생명은 또한 사람들의 빛이라고 했다. 유일한 빛이다. 그런 분이 이 세상에 오셨는데 세상은 그로 말미암아 지은 바 되었다(그분이 창조주시라는 말이니 이 말씀은 천지가 진동할 말이다). 그러나 세상이 그를 알지 못하였고 자기 땅에 오셨음에도 사람들은 그분을 영접하지 않았다. 그러나 예수를 영접하는 자(그분은 사람들이 속에 영접할 수 있는 분이다) 곧 그 이름을 믿는 자들에게는 하나님의 자녀가 되는 권세를 주신다. 이 세상에서 하나님의 자녀가 되는 것보다 큰일이 없고, 이는 하나님의 가장 큰 사랑이다(요일 3:1).[1-12절]

'말씀이 육신이 되어 우리 가운데 장막을 치시매 우리가 그 영광을 보니 아버지의 독생자의 영광이요 은혜와 진리가 충만하더라'[14절] 우리는 말씀이신 하나님이 사람의 모양으로, 육신입고 오셔서 우리들 가운데 오신 분이 예수라는 것을 알게 된다. '우리가 다 그의 충만한데서 받으니 은혜 위에 은혜로라' '은혜 위에 은혜'라는 말은 우리가 그분에게서 은혜를 받고 또 받을 수 있다는 말이다. 은혜는 신약에서 가장 보배로운 말이다. 구약의 모세를 통해서는 율법을 주셨지만, 예수께서는 우리에게 은혜와 진리를 가져오셨다. 요한은 우리가 다 그에게서 은혜를 받으니 '은혜 위에 은혜러라'고 말한다. 오늘 우리는 예수를 통하여 충만한 은혜를 받을 수 있다.[16-17절]

세례 요한은 참 빛이신 예수를 소개하는 자로서 사역을 했다. 그가 말한 것 중에 가장 뛰어난 말은 "보라, 세상 죄를 지고 가는 하나님의 어린 양이로다!"이다. 우리는 이 사실을 '보아야' 한다. 우리의 모든 죄를 하나님의 어린 양이신 예수께서 지고 가셨다는 것이다. 얼마나 감사드리고 찬양해야 할 일인가![29-34절]

예수께서 안드레, 베드로, 빌립, 나다나엘을 부르시다

요한복음에는 예수께서 베드로, 안드레, 요한, 빌립, 나다나엘 등을 처음 만나시는 장면이 다른 복음서와 다르게 묘사된다. 여기의 시점은 다른 복음서에서 예수님이 그들을 만나시던 시점보다 좀 이른 것일 수 있다.

빌립을 만나신 것은 요한복음에만 기록되어 있다. 빌립은 벳세다 사람으로서 자기 동네 친구 나다나엘(바돌로매)을 주님께 인도했는데, 그는 간단한 말로 친구에게 예수님을 소개했다. "모세가 율법에 기록하였고 여러 선지자가 기록한 그 이(메시아)를 만났으니 요셉의 아들 나사렛 예수라."(빌립이 나사렛 예수, 요셉의 아들이라고 소개한 것은 그리 정확한 정보가 아니다. 예수님은 정확히 말하면 처녀 마리아에게서 출생하신 것이지 요셉의 아들은 아니다.) 나다나엘은 그 말을 듣고 "나사렛에서 무슨 선한 것이 날 수 있느냐?"고 했다. 그러자 빌립은 그냥 "와 보라!(come and see!)"고 했다. 이렇게 한두 마디 말로도 전도가 가능하다.

예수께서 나다나엘이 자기에게 오는 것을 보시고 "보라, 이는 참 이스라엘 사람이라 그 속에 간사한 것이 없도다"라고 하셨다. 그분은 분명 사람의 중심을 아시는 참 하나님이시다. 나다나엘이 어떻게 자기를 아시느냐고 묻자, 예수님은 빌립이 그를 부르기 전에 그가 무화과나무 아래 있을 때에 보았다고 하셨다. 주님은 이미 그를 보시고 그가 아버지의 택하신 자라는 것을 아셨다. 나다나엘이 "랍비여, 당신은 하나님의 아들이시요 당신은 이스라엘의 임금이십니다." 하자, 예수님은 "내가 너를 무화과나무 아래서 보았다 하므로 믿느냐? 이보다 큰일을 보리라 진실로 진실로 너희에게 이르노니 하늘이 열리고 하나님의 사자들이 인자 위에 오르락내리락하는 것을 보리라." 하셨다. 예수님은 하늘을 땅으로, 땅을 하늘로 연결하는 사닥다리이시다. 우리는 예수님을 통해 하늘이 열리는 것을 보게 된다.[35-51절]

2장

가나의 혼인잔치 : 물로 포도주를 만드시다

갈릴리 가나에 혼인이 있어 예수의 어머니가 거기 계시고 예수와 그 제자들도 초청되셨다. 그런데 혼인잔치가 무르익을 무렵 포도주가 바닥이 났다. 인생에서 가장 좋은 때는 혼인 때이고, 혼인잔치의 즐거움은 포도주에 있는데 그것이 동난 것이다. 우리 인생도 똑같다. 가장 좋다고 느껴지는 순간, 인생의 쾌락은 잠깐이면 끝나버린다. 그런 상황에서 예수의 어머니 마리아가 예수께, "저 사람들에게 포도주가 없다!"고 했다. 주님은 어머니에게 "여자여, 나와 무슨 상관이 있습니까! 내 때가 아직 이르지 않았습니다."라고 하셨다. 이것은 어머니 마리아가 예수께서 기적을 행하여 포도주를 만드실 수 있는 분으로 믿었다는 말이다. 마리아는 그곳 하인들에게 "너희에게 무슨 말씀을 하시든지 그대로 하라."고 일러주었다. 이것이 먼저 믿은 사람들이 나중 믿은 사람들을 도와주는 말이다. 그때 예수께서 항아리 여섯에 물을 가득 채우라고 명하셨고, 다 채우니 이제는 떠서 연회장에게 갖다 주라고 하셨다. 연회장은 물로 된 포도주를 맛보고 어디서 났는지 알지 못하나 물을 떠온 하인들은 알았다. 연회장이 신랑을 불러 "사람마다 먼저 좋은 포도주를 내고 취한 후에 낮은 것을 내는데 그대는 지금까지 좋은 포도주를 두었도다."라고 했다. 예수께서는 이 처음 표적을 갈릴리 가나에서 행하여 하나님의 영광을 나타내시니 제자들이 믿었다. 이 일은 전능하신 창조자만이 하실 수 있는 일이다.

마태복음이 주 예수님의 천국의 교훈을, 마가복음이 주 예수님의 능력을, 누가복음이 은혜를 많이 말하는 것에 비하여 요한복음은 하나님의 영광을 많이 말한다(11:40 등). [1-12절]

성전에서 장사하는 자들을 내쫓으시다

유대인의 유월절이 가까이 다가오니 예수께서도 예루살렘에 올라가셨다. 그런데 성전 안에서 소와 양과 비둘기 파는 사람들과 돈 바꾸는 사람들의 앉은 것을 보셨다. 유월절은 하나님께서 이스라엘 백성을 애굽에서 이끌어내실 때, 어린 양을 잡아 그 피를 문 인방과 좌우 설주에 바르고 양고기를 집 안에서 먹으며 애굽의 장자를 멸하는 그 밤에 애굽에서 탈출하는 것을 기념하는 날이다. 즉 하나님께서 그들을 위해 어떤 일을 행하셨는가를 기념하고 감사드리는 날인 것이다. 그런데 세월이 흐르다 보니 그 본래 뜻은 없어지고 겉의 형식만 남아서, 제물을 드리기에 편리하도록 성전 안에서 소나 양 같은 짐승을 팔고 또 가난한 사람들을 위해 비둘기를 파는 장사꾼들이 포진하고 있었던 것이다. 아마도 돈 바꾸는 자들은 성전세가 반 세겔이니 단위가 큰 돈을 가져온 사람들을 위해 돈을 바꾸어주고 있었던 것 같다.

주 예수님은 노끈으로 채찍을 만들어 양이나 소를 다 성전에서 내쫓으시고 돈 바꾸는 사람들의 돈을 쏟으시며 상을 엎으시고 비둘기 파는 사람들에게 "이것을 여기서 가져가라! 내 아버지의 집으로 장사하는 집을 만들지 말라!" 고 하셨다. 제자들은 성경 말씀에 '주의 전을 사모하는 열심이 나를 삼키리라' 한 것을 기억했다. 오늘날 교회를 돈벌이 수단으로 생각하는 자들이 많다. 소위 주님의 일을 한다는 사람들이 직장 생활을 하는 사람들보다 돈 욕심이 더 많은 것을 보기란 어렵지 않다. 주 예수님이 오늘 여기 계신다면 다 채찍으로 내쫓으실 상황이다. 유대인들은 예수께서 하시는 일을 보고 이해하지 못했다. 비정상적인 상황이 오래 가면 사람들은 그 상황에 익숙해져서 도리어 정상적인 것을 이상하게 여기는 법이다.[13-17절]

"너희가 이 성전을 헐라 내가 사흘 동안에 일으키리라"

유대인들이 예수께, "네가 이런 일을 행하니 무슨 표적을 우리에게 보이겠느냐?"고 물었다. 예수께서 대답하시기를, "너희가 이 성전을 헐라. 내가 사흘 동안에 일으키리라." 하셨다. 유대인들은 이 말씀의 성전을 물질적인 성전으로 생각하면서 사십 육 년 동안 지은 성전을 어떻게 삼 일 동안에 일으킨다고 하느냐 했다. 그러나 예수님은 성전 된 자기 육체를 가리켜 말씀하신 것이었다. 예수께서 죽은 자 가운데서 살아나신 후에야 제자들이 이 말씀하신 것을 기억하고 성경과 예수가 하신 말씀을 믿었다.[18-22절]

예수께서는 모든 사람 속에 있는 것을 아신다

유월절에 예수께서 예루살렘에 계시면서 표적을 행하셨고 많은 사람이 그것을 보고 믿었으나 예수님은 그 몸을 저희에게 의탁지 않으셨으니 그것은 친히 모든 사람을 아시기 때문이며, 또 친히 사람의 속에 있는 것을 아시므로 사람에 대하여 아무의 증거도 받으실 필요가 없으셨기 때문이다. 예수님은 전지전능하시며 사람을 지으신 하나님이시다. 굳이 이 사람이 이렇다, 저 사람은 저렇다고 말씀드리지 않아도 다 아신다는 말씀이다.[23-25절]

3장

니고데모에게 거듭남에 대해 말씀하시다

바리새인이요 유대인의 관원인 니고데모가 밤에 예수께 찾아와 말했다. "랍비여, 우리가 당신은 하나님께로서 오신 선생인 줄 압니다. 하나님께서 함께하지 않으시면 당신이 행하시는 이 표적을 아무라도 할 수 없기 때문입니다." 예수께서 그에게 대답하시기를, “사람이 거듭나지 않으면 하나님 나라를 볼 수 없다.” 그에게 더 많은 지식이 필요한 게 아니라 거듭나야 한다고 말씀하신 것이다. 니고데모는 이 말씀에 어리둥절했다. “사람이 늙으면 어떻게 날 수 있습니까? 두 번째 모태에 들어갔다가 태어날 수 있다는 것입니까?” 예수께서 대답하시기를, “사람이 물과 성령으로 나지 않으면 하나님 나라에 들어갈 수 없다. 육으로 난 것은 육이요 성령으로 난 것은 영이니 내가 네게 거듭나야 하겠다 하는 말을 이상하게 여기지 말라.” 하셨다. 여기의 거듭난다는 것은 헬라어로 ‘위로부터 태어난다’는 것이다. 육신으로 태어나는 것은 백 번을 다시 태어나도 육일 뿐 거듭나지 못한다. 사람이 하나님 나라에 들어가려면 성령으로, 위로부터 태어나야 한다.[1-8절]

하늘에서 내려오셨지만 여전히 하늘에 계시는 분

니고데모가 “어찌 이런 일이 있을 수 있습니까”라고 물으니, 예수님은 “네가 이스라엘 선생으로서 이런 일을 알지 못하느냐?” 하시면서 우리 아는 것을 말하고 본 것을 증거하지만 너희가 우리 증거를 받지 않는다고 하셨다. 또 주님은 “내가 땅의 일을 말하여도 너희가 믿지 않는데 하물며 하늘 일을 말하면 어떻게 믿겠느냐 하늘에서 내려온 자 곧 인자 외에는 하늘에 올라간 자가 없다”고 하셨다. (‘하늘에 올라간 자’를 어떤 사본에는 ‘하늘에 있는 자’라고 한다. 즉 예수님은 하늘에서 내려오셨지만 여전히 하늘에 있는 분이시라는 말이다.) [9-13절]

저를 믿는 자마다 멸망치 않고 영생을 얻으리라

어떻게 하면 거듭나는가? 모세가 광야에서 뱀을 든 것같이 인자도 들려야 한다고 하시면서, 이는 저를 믿는 자마다 영생을 얻게 하려 하심이라고 하셨다. 그리고 신약의 복음의 핵심 구절을 말씀하신다. **“하나님이 세상을 이처럼 사랑하사 독생자를 주셨으니 이는 저를 믿는 자마다 멸망치 않고 영생을 얻게 하려 하심이니라”**. 예수를 믿는 것이 바로 거듭나는 길이다. 구약 민수기 21장에서 원망하는 이스라엘 백성들을 불뱀이 나타나 물어 죽였다. 그때 하나님은 모세에게 장대에 놋뱀을 만들어 달라고 하시면서 불뱀에 물린 자마다 그 놋뱀을 바라보면 살리라고 하셨다. 뱀에 물려 독이 퍼져가는 사람들이 그 장대 위에 달린 놋뱀을 바라보니 정말로 다 낫고 살아나게 되었다.[14-16절]

십자가에 달리신 예수를 바라보면 산다

우리 인생은 에덴 동산에서 뱀에 물려 죄의 독소가 퍼지면서 죽음에 이르는 병이 들었다. 그런 인생을 구하시기 위해 주 예수께서 장대(십자가)에 높이 달리셨다. 누구든지 죄의 독소로 죽어가는 영혼들은 구원받기 위해 십자가에 달리신 예수를 바라보면 산다. 주님은 죄 있는 육신의 모양을 지니셨지만 죄가 없는 분이셨다. 그분은 불뱀 같은 모양이시지만, 죄의 독소가 없는 놋뱀이시다. 그분을 바라봄이 바로 구원(거듭남)이다. 누구든지 그분을 바라보기만 하면 산다(1:29). 우리를 위해 십자가에 달리신 예수를 바라본다면 누구든지 구원을 얻는다. 이사야 45장 22절, "땅 끝의 모든 백성아, 나를 앙망하라(바라보라)! 그리하면 구원을 얻으리라. 나는 하나님이라 다른 이가 없음이니라."

빛이 세상에 왔으나 사람들이 빛으로 오지 않음

그러나 믿지 않는 자는 하나님의 독생자의 이름을 믿지 않으므로 벌써 심판(정죄)을 받았다고 하신다. 그 정죄(심판)는 곧 빛이 세상에 왔는데 사람들이 자기 행위가 악하므로 빛보다 어두움을 더 사랑한 것이다. 악을 행하는 자마다 빛을 미워하여 빛으로 오지 않는데, 이는 그 행위가 드러날까 함이며, 진리를 좇는 자는 빛으로 오는데, 이는 그 행위가 하나님 안에서 행한 것임을 나타내려 함이다.[17-21절]

"그는 흥하여야 하겠고 나는 쇠하여야 하리라"

이 일들이 있은 후에 예수께서 제자들과 유대 땅으로 가서 함께 유하시며 세례를 주셨다. 요한도 살렘 가까운 에논에서 세례를 주었는데 거기에 물들이 많아 사람들이 와서 세례를 받았다. 그때는 아직 요한이 옥에 갇히지 않았었다. 요한의 제자 중에서 한 유대인으로 더불어 결례에 대하여 변론이 되었는데, 그들이 요한에게 와서 말했다."랍비여, 선생님과 함께 요단 강 저편에 있던 자 곧 선생님이 증거하시던 자가 세례를 주니 사람이 다 그에게로 갑니다"

그때 요한이 대답했다. "만일 하늘에서 주신 바가 아니면 사람이 아무것도 받을 수 없다. 내가 말한바 나는 그리스도가 아니요 그의 앞에 보내심을 받은 자라고 한 것을 증거할 자는 너희다. 신부를 취하는 자는 신랑이지만, 서서 신랑의 음성을 듣는 친구가 크게 기뻐하니 나는 이러한 기쁨이 충만하다. 그는 흥하

여야 하겠고 나는 쇠하여야 할 것이다."[22-30절]

"위로부터 오시는 이는 만물 위에 계시고"

"위로부터 오시는 이는 만물 위에 계시고, 땅에서 난 이는 땅에 속하여 땅에 속한 것을 말한다. 하늘에서 오시는 이는 만물 위에 계시는데, 그가 그 보고 들은 것을 증거하되 그의 증거를 받는 이가 없다. 그의 증거를 받는 이는 하나님을 참되시다 하여 인침을 받았다. 하나님께서 보내신 이는 하나님의 말씀을 하는데, 이는 하나님께서 성령을 한량없이 주시기 때문이다. 아버지께서 아들을 사랑하셔서 만물을 다 그 손에 주셨으니, 아들을 믿는 자는 영생이 있고 아들을 순종치 아니하는 자는 영생을 보지 못하고 도리어 하나님의 진노가 그 위에 머물러 있다." 이것이 세례 요한이 예수님에 대하여 한 마지막 증거이다.[31-36절]

4장

사마리아 여자에게 생수를 주기 원하시다

요한복음 3장은 거듭남에 대하여, 4장은 그리스도인의 만족에 대하여 기록한다. 주 예수께서는 부도덕한 사마리아 여인에게 생수를 주시기 위해 사마리아로 통행하셔야 했다(He had to pass through Samaria). 행로에 피곤하신 예수님은 수가의 우물가에 앉으셔서 사마리아 여자가 오기를 기다리셨다. 주님이 먼저 와서 이 죄 많은 여자를 기다리신 것은 매우 감동적이다. 주님은 삭개오가 뽕나무에 올라가서 그분을 기다릴 때에도 먼저 그를 바라보며 부르셨다.

그 여자는 남편을 다섯 번이나 바꿔가면서 인생의 만족을 찾아 헤맸다. 이 남편이 나를 만족케 할까? 저 남편이 나를 만족케 할까? 다섯 번이나 결혼했다가 이혼하고서 이제는 그냥 어떤 남자와 동거생활을 하고 있는 중이다. 그러나 그녀는 여전히 목말랐다. 그녀는 아무 동료도 없이(그 소문난 부도덕한 여인과는 아무도 어울리려 하지 않았을 것이다) 그날 정오(제 6시), 한창 날이 뜨거울 때 홀로 물동이를 이고 우물가에 왔다. 그리고 구주를 만나게 되었다. 주 예수님이 먼저 말을 거셨다. "내게 물 좀 줄 수 있느냐?" 그녀는 곧 예수께서 유대인이시라는 것을 알았다. 당시 혼혈족이 된 사마리아인들과는 상대도 하지 않던 유대인이 말을 걸어오자 "어찌 유대인인 당신이 나 같은 사마리아 여자에게 물을 달라고 하십니까?" 했다. 그러자 주님은 오히려 "네게 물 좀 달라 하는 이가 누구인 줄 알았더면 네가 그에게 생수를 구하였을 것이요 그가 생수를 네게 주었을 것이다." 하셨다. 그 여자는 주님께, "주여, 물길을 그릇도 없고 이 우물은 깊은데 어디서 이 생수를 얻겠습니까?" 하고 물었다. 주님은 그녀에게 "이 물을 먹는 자마다 다시 목마를 것이다. 그러나 내가 주는 물을 먹는 자는 영원히 목마르지 않을 것이니, 내가 주는 물은 그 속에서 영생하도록 솟아나는 샘물이 될 것이다."라고 하셨다.

그녀는 그럼 그 물을 자기에게 주어 마시게 하여 다시는 이곳에 물 길러 오지 않게 해달라고 했다. 그것은 그녀가 목마를 뿐 아니라 삶에 지쳤음을 시사한다. 주님은 다만 한 가지 '가서 네 남편을 불러오라.' 하셨다. 주님이 남편을 불러오라 하시니 그 여자는 남편이 없다고 했다. 주님은 그녀의 남편이 없다는 말이 옳다고 하시면서 그녀가 남편 다섯이 있었으나 지금 있는 자는 그녀의 남편이 아니니 그 말이 사실이라고 하셨다. 그것은 그분이 누구신지 알려주시는 것이다. 주 예수님의 대화는 오직 한 목표이다. 그분 자신이 누구신지를 사람에게 알게 하시는 것이다.

그녀는 자기 앞에 있는 이분이 자기의 인생을 다 알고 있다는 것에 놀랐다. 그리고 선지자라고 생각하여 예배 문제를 가지고 논했다. 그렇게 부도덕한 여자일지라도 성경 지식이 조금은 있었다. "어디서 예배해야 합니까? 우리 조상들은 이 산에서 예배했는데 당신네들은 예배할 곳이 예루살렘에 있다고 합니다." [1-20절]

예수께서 그분이 메시아이심을 알려주시다

예수께서 말씀하셨다. "여자여, 내 말을 믿으라. 이 산에서도 말고 예루살렘에서도 말고 너희가 아버지께 예배할 때가 올 것이다. 아버지께 참으로 예배하는 자들은 영과 진리로 예배할 때가 오는데 곧 이때이다. 아버지께서는 이렇게 자기에게 예배하는 자들을 찾으신다. 하나님은 영이시니 예배하는 자가 영과 진리로 예배해야 할 것이다." 여기까지 말씀하시자 그 여자는 "메시아 곧 그리스도라 하는 이가 오실 줄을 압니다. 그가 오시면 모든 것을 우리에게 알려주실 것입니다." 먼저 씨를 뿌리고 경작하는 일이 있었기에 주님이 추수하기가 쉬우셨던 것이다. 즉 그 여인은 선지자나 메시아에 대한 사전 지식이 있었다. 주님은 그녀에게 "네게 말하는 내가 바로 그로라." 하셨다(I am He).

요한복음 3장의 거듭나는 문제가 그분이 누구신지를 믿는 것이 길이듯이, 4장의 목마른 인생이 만족을 얻는 문제도 예수가 누구신지를 아는 것이다. 예수가 누구신지를 아는 것이 인생의 해답이다. 주 예수님은 이 세상에 왜 오셨는가? 사람들에게 영생을 주러 오셨고 목마른 인생들에게 목마름을 해갈해주는 생수를 주러 오셨다. 그러니 주 예수를 믿는 자들은 목마름이 없게 된다. 그런데 오늘 실상은 어떠한가? 많은 그리스도인이 예수를 믿었는데 아직도 목말라 한다. 재물에 목마르고, 권세에 목마르고, 명예에 목말라 하는 것을 도처에서 본다. 왜 그런가? 그것은 이 세상 물의 참 본질을 모르고 아직도 그 물을 갈구하기 때문이다. 그러나 어느 날 주님이 주신 생수를 마실 때 모든 목마름은 사라진다.[21-26절]

왕의 신하의 아들을 고치시다

이틀 후에 예수께서 거기를 떠나 갈릴리로 가시며 친히 증거하시기를 선지자가 고향에서는 높임을 받지 못한다 하시고 갈릴리에 오셨는데, 갈릴리 사람들이 예수를 영접했다. 이는 명절에 갔다가 예수께서 명절 중 예루살렘에서 하신 모든 일을 보았기 때문이다. 그러므로 예수님은 "너희는 표적과 기사를 보지 못하면 도무지 믿지 아니하는구나!" 하고 다소 책망하듯이 말씀하셨다. 그때 왕의 신하가 아들이 죽기 전에 내려와 달라고 간청하니 예수께서 "가라, 네 아들이 살았다!" 하셨다. 이 일을 통해 그와 그의 온 집이 다 주 예수를 믿게 되었으며, 이것이 예수께서 유대에서 갈릴리로 오신 후 행하신 두 번째 표적이다.[43-54절]

5장

베데스다 못가에서 삼십팔 년 된 병자를 고치시다

그 후에 유대인의 명절이 되어 예수께서 예루살렘에 올라가셨다. 예루살렘에 있는 양문(sheep gate) 곁에 '베데스다'라 하는 못이 있는데 거기 행각(portico), 다섯이 있고 그 안에 많은 병자, 소경, 절뚝발이, 혈기 마른 자들이 누워 물이 움직이기를 기다리고 있었다. 거기에 천사가 가끔 못에 내려와 물을 휘젓는데, 움직인 후에 먼저 들어가는 자는 어떤 병에 걸렸든지 낫게 되기 때문이었다.

이것이 율법의 특징이다. 율법은 지키기만 하면 복을 얻지만 그것을 지킬 수 없다는 데 문제가 있다. 그렇게 물이 동할 때 신속히 들어갈 수 있다면 그는 이미 환자가 아니다. 소경, 절뚝발이, 혈기 마른 자, 38년 된 환자가 어떻게 물이 움직이는 순간을 잡아서 빨리 들어갈 수 있겠는가?

그런데도 병자들은 막연히 물이 동할 때를 기다리며 누워 있었다. 오늘날 주님이 누군지 모른 채 막연히 그저 교회를 다니다보면 뭔가 되겠지 하는 사람들과 같다. 주님은 그의 병이 오래된 것인 줄 아시고 "네가 낫고자 하느냐?"고 물으셨다. 오래 신앙생활을 해도 아무 변화가 없고 치유가 없게 되면 이제 나을 소망도 없게 된다. 그저 누워 있는 것은 어디 갈 데도 없고 일말 막연한 기대가 있기 때문이다. 그럴 때 한 가지 질문은 "네가 낫고자 하느냐?"이다. 당연히 낫고 싶어서 거기 있는데 이것은 또 무슨 말씀인가? 환자로 오래 있다 보면 나을 소망도 없어진다. 그런데 그 환자는 아직도 그 못에 들어갈 생각으로 가득 차 있다. 주님은 그를 향하여 "일어나 네 자리를 들고 걸어가라!" 하신다. 주님의 능력은 한 마디 말씀이다. "일어나 네 자리를 들고 걸어가라!" 그분은 하나님이시다. 말씀으로 만물을 지으셨다. 한 말씀이면 만물이 창조되고 세움을 입는다.[1-9절]

내 아버지께서 일하시니 나도 일한다

예수께서 병자를 고치신 날은 안식일이었다. 유대인들은 예수께서 안식일에 이런 일을 행하신다 하여 예수를 핍박하였다. 그러자 예수께서 말씀하셨다. "내 아버지께서 일하시니 나도 일한다." 유대인들이 이런 이유로 예수를 죽이고자 하였으니 곧 예수께서 자기를 하나님과 동등 된 분으로 여기시기 때문이었다.

이 반대자들의 말에서도 우리는 예수께서 자신이 하나님의 아들이시라고 하신 것을 알 수 있다. 얼마나 큰 비밀인가? 사람으로 오신 예수가 하나님이시라니! 결국 여기에서 주님은 자신을 완전히 나타내셨다. 예수님이 38년 된 병자를 고치신 것은 임의로 하신 일이 아니었다. 병자를 일으키신 일은 아들이 하신 일이지만 그분은 아버지와 하나였다.[9-18절]

아버지께서는 아들에게 모든 것을 맡기셨다

19-23절에서 예수님은 다시 아버지와의 관계를 말씀하신다. 아들은 아버지의 일을 다 보고 계시고, 아버지께서 행하시는 일을 아들도 행하시며, 아버지는 아들을 사랑하셔서 자신의 행하시는 것을 다 아들에게 보이신다. 아버지께서 죽은 자를 일으키심같이 아들도 일으키시고 아버지는 아들에게 모든 심판을 맡기셨다. 이는 아버지를 공경하는 것처럼 아들을 공경하게 하려 하심이라고 한다. "진실로 진실로 너희에게 이르노니 내 말을 듣고 또 나 보내신 이를 믿는 자는 영생을 얻었고 심판에 이르지 아니하나니 사망에서 생명으로 옮겼느니라". 주님의 유일한 목적은 사람들로 하여금 자신을 믿어서 영생을 얻게 하시는 것이다. 아들(예수)과 아들을 인하여 아버지를 믿은 자는 이미 사망에서 생명으로 옮겨졌고 이미 영생을 얻었다.

6장

오병이어로 남자만 오천 명이 되는 무리를 먹이시다

요한복음 6장에는 오병이어의 기적이 기록되어 있다. 큰 무리가 예수님을 따랐다. 병인들을 고치시는 표적을 보았기 때문이다. 마침 유월절이 가까웠는데, 예수님은 큰 무리가 자기에게로 오는 것을 보시고 빌립에게 말씀하셨다. "우리가 어디서 떡을 사서 이 사람들을 먹게 하겠느냐?" 빌립이 대답하기를, 조금씩 나눠준다 해도 이백 데나리온의 떡도 부족하다고 했다. 그때 제자 중에 안드레가 주님께 말했다. "여기 한 아이가 보리떡 다섯 개와 물고기 두 마리를 가지고 있습니다. 그러나 그것이 이 많은 사람에게 얼마나 되겠습니까?" 그러나 주 예수께서 사람들로 잔디밭에 앉게 하시고 축사하신 후 나눠주어 먹게 하시니 다 배불리 먹고 남은 조각이 열두 바구니에 찼다. 그런 기적을 보고서 유대인들은 예수를 왕으로 삼고자 했으나 예수께서는 혼자 산으로 가셨다.[1-15절]

바다 위로 걸으시다

주님은 제자들을 바다 건너로 먼저 보내시고 밤에 바다 위로 걸어서 오셨다. 제자들은 예수께서 바다 위로 걸어 배에 가까이 오시는 것을 보고 두려워했으나 "나다. 두려워 말라"는 말씀을 듣고 기뻐하며 영접했다.[16-21절]

"내가 곧 생명의 떡이니라"

다음 날, 기적을 보고 떡을 먹고 만족한 많은 이들이 주님을 따라왔다. 그때 주 예수님이 말씀하셨다. "너희가 나를 찾는 것은 표적을 본 까닭이 아니요 떡을 먹고 배부른 까닭이라." 주 예수님은 그분이 이 땅에 오신 것은 영생하는 양식을 주시기 위한 것이라고 하셨다. 그럼 주 예수께서 보이신 표적은 무엇일까? 오병이어의 기적의 비밀이다. 그것은 간단히 말해서 조상들이 광야에서 만나를 먹은 것과 같은데 이러한 일이 의미하는 바는 아들이 만나처럼 하늘에서 내려오셔서 사람을 살게 하는 영생의 떡을 주실 것임을 상징하는 것이다.

주 예수께서 이 땅에 오신 것은 아버지의 뜻을 행하려 하심인데, 그것은 사람들에게 생명의 떡을 주어서 영원히 주리지 않게 하고, 생수를 주어서 영원히 목마르지 않게 하는 것이라 하셨다. 아버지의 뜻은 아들을 보고 믿는 자마다 영생을 얻는 것이다.

주님은, "나를 믿는 자는 영생을 가졌나니 내가 곧 생명의 떡이니라"고 하셨다. 조상들이 광야에서 먹은 만나는 하나의 상징이고, 실제의 영생의 떡은 주 예수님의 살이다. "내 살은 참된 양식이요 내 피는 참된 음료로다"(요 6:55). 당시 유대인들은 이 말씀을 이해하지 못했다. 어떻게 사람이 자기 살을 주어 먹게 하겠느냐고 했다. 그러자 예수님은 "살리는 것은 영이니 육은 무익하니라 내가 너희에게 이른 말이 영이요 생명이라"고 하셨다.[22-65절]

"영생의 말씀이 여기 계시오매 우리가 뉘게로 가오리까"

그렇게 내세적인 말씀, 영생의 말씀을 하시니 사람들이 많이 물러가고[66절] 다시는 예수와 함께 하지 않았다. 오늘날도 같다. 현세의 축복을 말하는 설교에는 수많은 사람이 몰린다. 그러나 내세와 영생을 얻는 말씀에는 귀를 귀울이지 않는다. 주 예수께서는 열두 제자에게도 물으셨다. "너희도 가려느냐?" 그때 베드로가 대답한다. "영생의 말씀이 여기 계시오매 우리가 뉘게로 가오리까?" 그러나 주 예수님은 그 열둘도 다가 아니라 하시며 그중에 배신자가 있음을 말씀하셨다. 그는 은 삼십에 눈이 멀어 주와 선생이 된 예수를 대제사장과 장로들에게 팔았다. 현세적인 신앙은 참으로 위험하다. 결국 그런 현세적인 신앙자들이 주 예수님을 파는 데까지 나아갔고, 결국은 주님의 기적의 떡과 고기를 맛본 수

많은 사람들이 그날 주 예수님을 십자가에 못 박으라고 외쳤다.[66-71절]

7장

형제들이라도 예수를 믿지 않았다

그 일 후에 예수께서 갈릴리에서 다니시고 유대에서 다니려 하지 않으셨는데, 그것은 유대인들이 죽이려 하기 때문이었다. 당시 유대인들에게서 예수에 대한 적대감이 더욱 더 크게 생겨나고 있었다. 그때 예수의 형제들은 유대인의 명절인 초막절이 다가오자 예수께, "당신이 하는 일을 제자들도 보게 여기를 떠나 유대로 가십시오. 사람들에게 알려지기를 원하면서 묻혀서 일하는 사람이 없습니다."라고 했다. 이렇게 말한 것은 그 형제들이라도 예수를 믿지 않기 때문이었다. 예수의 가장 가까운 친척들도 그분을 이해하지 못하고 믿지 않았다. 그러자 예수님은, "내 때는 아직 이르지 않았지만 너희 때는 늘 준비되어 있다. 세상이 너희를 미워하지 못하고 나를 미워하는 것은 내가 세상의 행사를 악하다고 증거하기 때문이다."라고 하셨다.

이 말씀을 하시고 갈릴리에 머물러 계시다가 형제들이 예루살렘에 먼저 올라가고 주님도 올라가셨지만 비밀히 하셨다. 명절 중에 유대인들이 예수를 찾으면서 그가 어디 있느냐고 했다. 무리 중에서 예수님에 대한 수군거림이 많았는데 혹은 좋은 사람이라 하고 혹은 무리를 미혹하는 사람이라 했다. 당시 사람들의 예수에 대한 평가는 엇갈리고 있었다.[1-13절]

주 예수님의 교훈이 하나님께로서 온 것임을 말씀하시다

이미 명절 중간이 되어 예수께서 성전에 올라가서 사람들을 가르치셨다. 주된 내용은 그분의 가르침이 하나님께로서 왔다는 것이었다. 사람이 하나님의 뜻을 행하려 한다면, 주 예수님의 교훈이 하나님께로서 왔는지 그분 스스로 말하는 것인지 알 것이라고 하신다[17절]. 주님은 38년 된 병자를 살리는 등 하나님의 영광만을 구하시는데, 그들은 종교적 관념과 시기로 주님을 죽이려 하고 도리어 예수께서 귀신이 들렸다고 비방하였다. 7장 전반부에는 이와 같이 사람들의 불신과 무지, 그리고 그리스도께서 자신을 선포하시는 것이 있다("내가 스스로 온 것이 아니라 나를 보내신 이는 참이시니 너희는 그를 알지 못하나"-7:28). 예수는 하나님의 뜻을 행하려 오셨고 그분은 하나님이 보내신 그리스도시다.[14-24절]

'이 사람이 그리스도인가'

예수께서 그리스도(메시아)이신지가 논쟁점이었다. 이것이 인류에 던져진 유일한 질문이다. 사람이라면 이 중대한 질문에 답을 해야 한다. 이것이 영생과 멸망의 분수령이다. 예수의 하신 일을 본 유대인들이 예수에 대하여 그리스도가 오시더라도 그러한 표적을 행할 수 있겠는가 하니 예수의 그리스도이심을 인정하는 분위기와 말과 수군거림이 바리새인들에게 들렸다. 대제사장들과 바리새인들은 예수를 잡으려고 하속들을 보냈는데, 예수께서는 "내가 너희와 함께 조금 더 있다가 나를 보내신 이에게로 돌아가겠노라" 하셨다. 주 예수님은 하나님의 그리스도시요, 분명 우리 인생을 죄에서 구하기 위해 오신 어린 양이시다. [25-36절]

"나를 믿는 자는 그 배에서 생수의 강이 흘러나리라"

명절 끝 날에 예수께서 서서 외치셨다. "누구든지 목마르거든 내게로 와서 마시라!" 이것은 4장의 말씀과 비슷한 것 같지만 그 중점은 생수의 강이 흘러나는 데 있다. 예수를 믿는 자들은 생수를 얻은 자들이고 또 그 배에서 생수의 강이 흘러나오는 자들이다. 이 생수의 강은 믿을 때 받을 성령을 가리켜 말한 것이다. 성령은 한 군데 머물지 않고 생명수의 강이 흐르듯 믿는 자들을 통하여 땅끝까지 흐르게 된다. 흘러나가지 않는 생명은 참된 생명으로 볼 수 없다.[37-38절]

대제사장들과 바리새인들은 믿지 않다

7장 후반부에는 예수님이 누구신지에 대한 여러 추측들이 나온다. 혹은 선지자라 하고, 혹은 그리스도라 하며, 또 어떤 이들은 그리스도가 어찌 갈릴리에서 나오겠느냐, 성경에서는 그리스도가 다윗의 씨로 베들레헴에서 나올 것이라 하지 않았느냐면서 예수를 인하여 무리 중에서 쟁론이 되기도 했다. 당시 유대인들 가운데 예수가 누구인가 하는 것이 그들 논제의 중심이었다. 오늘날도 사람들이 예수가 누구인가를 아는 것이 복음의 중점이요, 구원과 멸망의 분깃점이다. 예수에 대한 분명한 인식과 앎은 영생을 가져온다(요 17:1). 그중에는 예수를 잡고자 하는 자들도 있으나 손을 대는 자가 없었다.

대제사장들과 바리새인들이 예수를 잡아오라고 하속들을 보냈는데, 이들이 그냥 돌아왔다. 어찌하여 잡아오지 않았느냐고 하자 하속들은 "그 사람이 말하는 것처럼 말한 사람은 이때까지 없었습니다."라고 했다. 그러자 바리새인들이 "너희도 미혹되었느냐?" 하면서 비아냥거렸다. 그중에 전에 예수께 왔던 니고데모가 그들에게 말했다. "우리 율법은 사람의 말을 듣고 그 행한 것을 알기 전에 판결하느냐?" 그러자 그들은 니고데모에게 "너도 갈릴리에서 왔느냐?" 했다.[45-52절]

8장[I]

간음하다가 현장에서 잡힌 여자가 끌려오다

7장 마지막 절과 8장 1절은 "다 각각 집으로 돌아가고 예수는 감람산으로 가시다"라고 한다. 예수님을 이렇게 저렇게 논단하던 자들은 다 돌아갈 집이 있었지만, 주 예수님은 이 땅에서 돌아갈 집이 없으셔서 감람산으로 가신 것이다. 그리고 아침에 다시 성전에 들어오시니 백성이 다 예수께 나아왔고 예수님은 앉아서 그들을 가르치셨다. 그때 서기관들과 바리새인들이 간음 중에 잡힌 여자 하나를 끌고 와서 가운데 세우고 예수께 말했다. "선생님, 이 여자가 간음하다가 현장에서 잡혔소. 모세는 율법에 이런 여자를 돌로 치라 명했는데 선생은 어떻게 말하겠소?" 그들은 어떻게 하든지 예수를 고소할 조건을 얻으려고 이렇게 말한 것이다. 평소 사랑을 가르치시는 예수님, 죽이지 말라고 하면 모세의 율법을 배반하는 자라고 고소당할 것이고, 돌로 쳐 죽이라고 하면 당신이 늘 가르치던 사랑은 어떻게 된 것인가 하며 비웃을 것이다.[2-6上절]

"너희 중에 죄 없는 자가 먼저 돌로 치라"

그러자 예수님이 몸을 굽혀 손가락으로 땅에 뭔가를 쓰셨는데 그들은 계속 따지듯 물었다. 그분은 인간을 지으신 창조주시니 인간을 가장 잘 아신다. 어떻게 해야 사람의 열이 가라앉는지를 의사보다 잘 아신다. 그분이 무슨 글씨를 쓰셨는지 모르지만(성경이 그것을 말하지 않기에) 그것은 중요하지 않다. 그 열을 내며 따져대는 사람들은 별 수 없이 주 예수님의 손가락을 따라 땅에 쓰시는 글씨를 읽어야만 했고, 그러면서 그들의 뜨거운 머리가 식으면서 잠잠해져 갔다. 그러시더니 잠시 몸을 펴시고 "너희 중에 죄 없는 자가 먼저 돌로 쳐라" 하셨다. 나는 혹시 '이 세상에 죄 없는 자가 과연…'이라고 쓰셨을까 생각해본다. 마무리짓지 않은 글이지만 뭔가 생각해보도록 쓰시지 않았을까? 그럴 때 사람들은 생각이 좀 차분해진다. '무슨 말을 하려는 거지?' 그런데 다시 주님이 몸을 굽히시고 손가락으로 땅에 쓰시는 것이었다. 그러자 그들은 주님의 말씀을 듣고 양심의 가책을 받아 어른으로 시작하여 젊은이까지 하나씩 하나씩 물러갔다. 그 자리에 예수와 그 여자만 남게 된 것이다. 그때 예수께서 굽혔던 몸을 일으키고 여자 외에 아무도 없는 것을 보시고 "여자여, 너를 고소하던 그들이 어디 있느냐? 너를 정죄한 자가 없느냐?" 하셨다. 여자가 "없습니다."라고 대답하자, 주 예수님은 "나도 너를 정죄하지 아니하노니 가서 다시는 죄를 범치 말라!" 하셨다.[6下-11절]

"나도 너를 정죄하지 아니하노니"

예수님은 확실히 죄인의 구주이시다. 여기서 가장 주님의 은혜를 얻은 자는 누구인가? 사람들의 눈에 가장 몹쓸 여자, 돌에 맞아 죽을 여자였다. 그런데 주님은 그런 여자에게 말을 거시고 은혜의 말씀을 주셨다. 얼마나 은혜로운 구주이신지! "너를 정죄한 자가 어디 있느냐?" "없나이다." "나도 너를 정죄하지 아니하노니". 주 예수님은 정죄하러 오신 분이 아니라 구원하러 오신 분이다. 이 세상에 죄인을 정죄할 자격이 있다면 죄 없는 예수시다. 그러나 그분은 정죄하시 않고 구원하러 오신 것이다. 당신이 만일 말할 수 없는 죄인이라고 느낀다면 주 예수를 만날 자격이 있다. 주님은 당신을 친절하게 받아주실 것이다.

"이제부터는 더 이상 죄를 짓지 말라!" 죄를 용서받은 자, 구주를 만난 자는 그 후의 삶이 완전히 바뀌어야 한다.

8장[Ⅱ]

"나는 세상의 빛이니 나를 따르는 자는 생명의 빛을 얻으리라"

그리고서 예수님은 다시 한 번 말씀하셨다. "나는 세상의 빛이니 나를 따르는 자는 어둠에 다니지 아니하고 생명의 빛을 얻으리라". 요한복음의 중점은 역시 생명에 있다. 여기 또 바리새인들이 왔다. 이들은 끝까지 예수님을 물고 늘어졌다. "네가 너를 위하여 증거하니 네 증거는 참되지 않다." 그러자 예수께서 대답하셨다. "내가 나를 위하여 증거해도 내 증거가 참되니 나는 내가 어디서 왔으며 어디로 가는지를 알기 때문이다. 그러나 너희는 내가 어디서 왔으며 어디로 가는지를 알지 못한다. 너희는 육체를 따라 판단하지만 나는 누구도 판단하지 않는다. 만일 내가 판단해도 내 판단은 참되니 이는 내가 혼자 있는 것이 아니요 나를 보내신 이가 나와 함께 계시기 때문이다."

예수께서 계속해서 아버지에 대해 말씀하시니 그들이 물었다. "네 아버지가 어디 있느냐?" 예수님이 대답하시기를 "너희는 나를 알지 못하고 내 아버지도 알지 못한다. 나를 알았더라면 내 아버지도 알았을 것이다."[12-19절]

"내가 '그'인줄 믿지 아니하면 너희 죄 가운데서 죽으리라"

그리고서 예수님은 다시 말씀하셨다. "내가 떠날 것인데 너희는 나를 찾다가 너희 죄 가운데서 죽겠고 내가 가는 곳에 너희는 오지 못할 것이다." 그러나 유대인들은 여전히 동문서답이었다. "저가 자결하려는가?" 예수님은 다시 말씀하셨다. "너희는 아래서 났고 나는 위에서 났으며 너희는 이 세상에 속하였고 나는 이 세상에 속하지 않았다. 이러므로 내가 말하기를 '너희가 너희 죄 가운데서 죽을 것이라' 한 것이다. 너희가 만일 내가 '그'인줄 믿지 않으면 너희 죄 가운데서 죽을 것이다." 그들이 다시 물었다. "네가 누구냐?" 예수께서 말씀하시기를, "나는 처음부터 너희에게 말하여 온 자다." 예수님은 처음부터 말씀하신 분, 곧 여호와 하나님이시다. 왜 그들 바리새인들과 서기관들은 예수를 믿지 못하였는가? 그들의 판단이 잘못되었기 때문이다. 악독과 시기와 미움이 가득한 자들의 눈에는 주님이 보이지 않고 진리가 보이지 않는다. 그들이 깨닫지 못하자 예수님은 말씀하시기를, "너희는 인자를 든 후에 내가 그인 줄 알고 또 내가 스스로 아무것도 하지 않고 오직 아버지께서 가르치신 대로 이런 것을 말하는 줄도 알 것이다. 나를 보내신 이가 나와 함께하신다. 내가 항상 그가 기뻐하시는 일을 행하므로 나를 혼자 두지 않으신다."고 하셨다. 이 말씀을 하시니 많은 사람이 믿었다.[21-30절]

예수는 누구인가

우리는 여기서 그분이 왜 자신을 '그(He)'라고 하셨는지를 보겠다. 신약의 예수는 바로 구약의 그분(He)이시다. 잠시 삼위일체에 대해 이야기해보자. 성부와 성자와 성령은 구별은 되지만 일체, 곧 한 본질이라는 뜻에서 삼위일체 하나님이라고 한다. 세 위격(three persons)으로 구별은 되지만 본질(one substance or one essence)에서는 하나라는 말이다. 그래서 구약의 하나님은 신약의 예수와 본질상 나눌 수 없는 분이다. 히브리서 1장 3절에서는 예수를 "하나님의 영광의 광채시요 본체의 형상이시라"고 했다. 하나님이 태양이시라면 예수님은 태양에서 발산되는 광채(radiance)시라는 말이다. 하나님의 본체를 보려면 예수를 보아야 한다. 가령 도장이 하나님의 본체시라면 그 도장을 찍은 모양(형상)은 그리스도이시다. 이것이 '본체의 형상'이라는 뜻이다. 따라서 본질상 아버지와 아들은 하나이다.

미가서 5장 2절은, "베들레헴 에브라다야 너는 유다 족속 중에 작을지라도 이스라엘을 다스릴 자가 네게서 내게로 나올 것이라 그의 근본은 상고에, 태초에니라"고 한다. 그분의 근원은 태초이며, 그분은 영원에서 오신 분이다. 영원한 나라에서 나오신 분이다.

그분은 이 땅에 오셔서 많은 기적을 행하셨다. 수많은 병자를 고치시고, 죽은 자를 살리시고, 바다 위를 걸으시고, 바람과 파도를 잔잔케 하셨다. 그리고 오병이어로 오천 명을 먹이시고도 그 남은 조각이 열두 바구니나 되었다. 다 전능자가 아니면 할 수 없는 일들이다. 무엇을 나타낸 것인가? 그분이 하나님과 함께 계시다가 우리에게 오신 아들 하나님이시라는 것이다. 그러니 그분은 사실 하나님 자신이시다. 성경은 그것을 이렇게 저렇게 증거하고 있다. 복음이란 간단히 말해서 예수가 바로 그분이시라는 것을 말하는 것이다. 요한복음 8장 24절에서 예수님은 '내가 그(I am He)'인줄 믿지 않으면 너희 죄 가운데 죽으리라고 하셨다. "I AM', 이것이 구약의 여호와의 이름이다. 'Jehovah' 란 바로 'I AM(나는 이다)'라는 뜻이다. 신약에서 예수님은 그분 자신이 구약의 여호와시라고 말씀하신다.

출애굽기 3장에서 모세가 호렙산 가시덤불에 나타나신 여호와를 말하는데, 말씀을 보면 여호와라고 했다가 여호와의 사자라고 했다가 또 하나님이라고 한다. 그 한 분을 이렇게 저렇게 바꾸어 부르는 것이다. 여호와의 사자란 그리스도를 말한다. 즉 그분이 그분이라는 말이다. 성경은 창조주 하나님, 그분의 아들 예수를 말해주고 있는데, 그 아들은 나타난 하나님이시고 그 보이지 않는 근원은 성부 하나님으로서 본질상 하나이시다(요 10:30).

"진리가 너희를 자유케 하리라"

예수께서는 그분을 믿은 유대인들에게 말씀하셨다. "너희가 내 말에 계속 거하면 너희는 참으로 내 제자이며 진리를 알 것인데 진리가 너희를 자유케 할 것이다." 그들이 대답했다. "우리는 아브라함의 자손이어서 남의 종의 된 적이 없는데 어찌 우리가 자유케 될 것이라 하십니까?" 주 예수님은 바리새인들이 그렇게 공격하고 비판하고 대드는 것이 그들이 죄의 종이기 때문이며 그들 속에 진리가 없기 때문이라고 말씀하시는 것이다. 인생이 죄에서 벗어나는 길은 그분이 누구이신지를 아는 것이다. 그것이 바로 진리다. 진리는 어떤 교리나 철학이나 과학이 아니라 예수 자신이며(14:6) 예수를 아는 것이다. 진리를 알면 죄에서 해방된다.

오늘날 사람들에게 필요한 것은 진리이다. 진리가 없으므로 사람들 속에 죄가 들어 있고 죄의 종 노릇을 하는 것이다. 그들 유대인들은 아브라함의 자손임을 자랑했다. 그러나 주 예수님은 그들 속에 진리가 없어서 주 예수를 죽이려 한다고 말씀하신다. 그들은 예수를 죽이려는 살인충동이 가득했다. 왜냐면 그분이 그들의 종교적 관념을 무너뜨리는 사람이라고 생각했기 때문이다. 또 그들은 자신의 육신의 조상을 자랑하였지만 주님은 육신적 출생이 중요한 것이 아니라 영적 출생이 중요함을 말씀하시면서 그들의 조상은 사실 아브라함이 아니라 마귀라고 하신다[44절]. 그들이 주장하는 대로 하나님께서 그들의 아버지였으면 예수를 사랑하였으리라고 하신다[42절]. 이는 그분이 하나님께로서 오셨기 때문이다. 예수님은 스스로 오신 것이 아니요 아버지께서 그분을 보내셨다고 하신다. 그들이 예수님의 말을 깨닫지 못하는 것은 예수님의 말씀을 들을 줄 알지 못하기 때문이다.

"아브라함이 나기 전부터 내가 있느니라"

하나님께 속한 자는 하나님의 말씀을 들으며, 그들이 듣지 않는 것은 하나님께 속하지 않았기 때문이라고 하셨다[47절]. 또한 "너희는 그를 알지 못하되 나는 아노니 만일 내가 알지 못한다 하면 나도 너희같이 거짓말쟁이가 되리라 나는 그를 알고 또 그의 말씀을 지키노라 너희 조상 아브라함은 나의 때 볼 것을 즐거워하다가 보고 기뻐하였느니라 …예수께서 가라사대 진실로 진실로 너희에게 이르노니 아브라함이 나기 전부터 내가 있느니라"[58절]. 이 말을 들은 유대인들은 돌을 들어 예수를 치려 했으나 예수께서 숨어 성전에서 나가셨다[59절].

이런 놀라운 말씀이 요한복음 8장에 기록되어 있다. 나는 이런 책이 세계에서 지금까지 가장 많이 읽히고 이천 년 이상 보존되어 왔다는 것에 놀라움을 금치 못한다. 성경은 도덕이나 철학, 교양을 말하는 책이 아니다. 다만 예수라는 사람이 하나님과 자신이 하나라고 계속 말씀하시는 책이다. 즉 '내가 바로 창조자 하나님이다'라고 하시는 것이다. 그러나 당시 유대인들은 극렬하게 그를 반대하고 믿지 않았다. 오히려 그들은 그분을 당시 유대인들에게 멸시당하던 사마리아 사람이라 했고, 혹은 귀신들렸다고 비방했다. 주님은 그들이 그렇게 말하는 것은 하나님께 속하지 않았기 때문이라고 하신다. 그리고서 그분은 놀라운 말씀을 하셨다. "누가 나를 죄로 책잡겠느냐(Who can convicts Me of sin)?" 한 번도 죄를 지은 적이 없는 전혀 죄가 없으신 분이라는 말이다. 그러면서 그분은 "사람이 내 말을 지키면 영원히 죽음을 보지 아니하리라"고 하셨다. 그들은 조상 아브라함도 죽고 다 죽었는데 영원히 죽음을 보지 않는다니 네가 아브라함보다 크냐고 하였다. 그러자 예수님은 다만 '아브라함이 나기 전부터 내가 있느니라(I AM)'고 하셨다. 예수는 'I was' 가 아니라 'I AM(여호와)'이시다. 그분은 자신이 하나님의 아들 곧 여호와이심을 끝까지 말씀하셨다. 그리고 바리새인들, 유대인들은 끝까지 반대하였다. 결국 이 문제는 그분을 죽음(십자가)으로 이끌었다.

9장

"내가 세상의 빛이로라"

예수께서 길을 가시다가 날 때부터 소경 된 사람을 보셨다. 제자들은 그 사람의 소경 된 것이 자신의 죄 때문이냐, 부모의 죄 때문이냐를 물었다. 예수께서는 "그에게서 하나님의 하시는 일을 나타내고자 함이라"고 대답하셨다. "때가 아직 낮이매 내가 세상에 있는 동안에는 세상의 빛이로라". 주 예수님은 빛이시고 그분이 이 땅에 계시던 동안은 낮이었다. 그때 그분의 빛의 덕을 본 사람들은 셀 수 없이 많다.[1-5절]

날 때부터 소경 된 자를 고치시다

그 말씀을 하시고 예수께서는 땅에 침을 뱉아 진흙을 이겨 그의 눈에 바르시고 실로암 못에 가서 씻으라고 하셨다. 그는 말씀대로 가서 씻고 밝은 눈으로 왔다. 당시 사람들은 그가 눈 뜬 것을 믿기 어려워했다. 혹은 '그 사람이라 하며 혹은 아니라 그와 비슷한 사람이라' 했다. 그의 말이 "내가 그로라" 하니, 그러면 네 눈이 어떻게 떠졌느냐고 물었다. 그가 대답하기를 "예수라 하는 그 사람이 진흙을 이겨 내 눈에 바르고 나더러 실로암에 가서 씻으라 하기에 가서 씻었더니 보게 되었노라"고 했다.[6-11절]

사람들은 그를 데리고 바리새인들에게 갔는데, 바리새인들도 이 일에 대하여는 둘로 나뉘어 쟁론했다. 소경의 눈을 뜨게 한 것은 작은 일이 아니기 때문이다. 유대인들은 그의 부모를 불러서 확인했으나 그의 부모는 아들이 소경으로 난 사실만 확인해주었다. 당시 예수를 그리스도로 시인하면 출교시키기 때문에 두려웠던 것이다.[13-23절]

눈 뜬 소경이 유대교에서 출교되다

그들은 눈 뜬 그 사람을 다시 불러서 묻기를 "우리는 그가 죄인인 줄 아는데 어떻게 생각하냐?"고 하자, 그가 "나는 그가 죄인인지 모르지만 내가 소경이었다가 보는 것은 확실하다."고 했다. 그들은 재차 물었다. "그가 네게 무엇을 어떻게 했기에 눈을 떴는가?" "당신들도 그의 제자가 되려고 합니까?" 그러자 그들은 욕하면서 "너는 그의 제자나 우리는 모세의 제자라."고 했다. 눈 뜬 사람은 "이상하다. 이 사람이 내 눈을 뜨게 하였는데 당신들은 그가 어디서 왔는지를 알지 못하다니! 하나님은 죄인의 말을 듣지 아니하고 경건하여 그 뜻대로 행하는 자를 들으시는 줄 우리가 안다. 또 창세 이후로 소경으로 난 자의 눈을 뜨게 한 적이 없는데(창조 이후 구약 시대 그렇게 많은 기적이 있었어도 소경의 눈을 뜨게 한 일은 한 번도 없었다), 이분이 하나님으로부터 오시지 않았으면 어떻게 내 눈을 뜨게 하겠느냐?"고 했다. 그러자 바리새인들이 "건방지게 죄인으로 난 놈이 감히 우리를 가르치느냐?"면서 그를 축출시켰다.[24-34절]

예수께서 유대교에서 출교된 눈 뜬 소경을 만나시다

예수께서 그가 유대교에서 출교되었다는 말을 듣고 그를 만나 물으셨다. "네가 인자를 믿느냐?" "그가 누구십니까? 내가 믿겠습니다." "네가 그를 보았거니와 지금 말하는 자가 그이니라."고 하셨다. 그때 그 눈 뜬 자가 "주여, 내가 믿나이다." 하고 절했다. 주님은 사실 육신의 눈이 뜨는 것보다 주님을 보는 눈을 뜨는 것이 더 중요하다고 하셨다[39절]. 종교 조직의 울타리에서 나와야 주님을 밝히 볼 수 있다. 종교 조직 안에서는 기득권익을 지키기 위한 시기와 교만 때문에 주님을 볼 수가 없다. 그들은 하나님을 믿는다 하지만 사실은 하나님을 버리고 사람 모세를 붙들고 있다.[35-41절]

10장

양의 문이요 선한 목자이신 예수

주님은 눈 먼 소경을 치료하신 후, 그분 자신이 양의 문이시며 주님보다 먼저 온 자는 다 절도요 강도이므로 양들이 듣지 않았다고 하신다. 또 주님이 문이시기 때문에 누구든지 주님을 통해 들어가면 구원을 얻고 들어가며 나오며 꼴을 얻으리라고 하신다. 도적이 온 것은 죽이고 멸망시키려는 것뿐이고, 주님이 오신 것은 양에게 생명을 얻게 하고 더 풍성히 얻게 하시려는 것이다.[7-10절]

삯군의 특징은 무엇인가? 이리가 올 때 양들을 버리고 도망한다는 것이다. 삯군은 참된 목자가 아니며 양도 자기 양이 아니다. 오늘날도 자기 양이 아닌 자들을 붙들고 있는 자들이 많다. 그러므로 이리가 양을 잡아먹거나 상하게 해도 양을 돌아보지 않는다. 그러나 선한 목자는 양을 위해 목숨을 버린다. 예수님은 "나는 선한 목자라 선한 목자는 양들을 위하여 자기 목숨을 버리거니와"라고 하셨다. 예수께서 그분의 양을 아시고 양도 목자이신 그분을 아는 것이 바치 아버지께서 아들 예수를 아시고 예수께서도 아버지를 아는 것과 같다고 하신다. [11-15절]

유대인과 이방인이 한 목자 아래서 한 무리가 될 것을 예언하시다

16절에서는 교회의 생성을 예언하신다. 유대교라는 우리에 있던 유대인들 중 주님의 음성을 듣고 우리에서 나온 자들과, 원래 그 우리에 들지 않은 이방인들이 함께 한 무리가 되어 한 목자 아래 있을 것이라 하셨는데, 이것은 유대인과 이방인이 한 머리이신 그리스도 아래 한 몸을 이룰 것이라는 말이다. 이어서,

"아버지께서 나를 사랑하시는 것은 내가 다시 목숨을 얻기 위해 목숨을 버림이라…나는 버릴 권세도 있고 다시 얻을 권세도 있으니 이 계명은 내 아버지에게서 받았노라" 하셨다. 이 말씀 때문에 유대인 중에 다시 분쟁이 일어났다. 혹은 말하기를 그는 귀신들린 자니 그의 말을 듣지 말라 하고, 혹은 귀신 들린 자가 어떻게 소경의 눈을 뜨게 하느냐고 했다.[16-21절]

유대인들이 예수를 돌로 치려 하다

예루살렘에 수전절(구약 시대 에스더에 의해 유다국이 멸망할 위기에서 구출된 것을 기념하는 절기)이 이르렀는데, 예수께서 솔로몬 행각에 다니셨다. 유대인들은 예수님께 언제까지 우리 마음을 의혹케 할 것이냐고 따졌다. 예수님은 일관되게 말씀하신다. "내가 내 아버지의 이름으로 하는 모든 일들이 나를 증거한다. 내 양이라면 나를 믿고 따를 것이다. 내가 그들에게 영생을 주리니 그들은 결코 멸망치 않으며 아무도 내 손에서 그들을 빼앗을 수 없다. 그들을 내게 주신 내 아버지는 만유보다 크시니 아무도 아버지 손에서 그들을 빼앗을 수 없다. 나와 아버지는 하나이다." 그때 사람들은 다시 돌을 들어 예수를 치려하였다.

예수께서 대답하셨다. "내가 아버지께로 말미암아 여러 가지 선한 일을 너희에게 보였거늘 그중에 어떤 일로 나를 돌로 치려 하느냐?" 유대인들이 대답하기를, "선한 일로 인해 우리가 너를 돌로 치려는 것이 아니라 신성모독을 인함이니, 네가 사람이 되어 자칭 하나님이라 하기 때문이다."[22-33절]

예수께서 행하시는 일을 보고 믿다

예수께서 그들에게 대답하셨다. "너희 율법에 기록한바 '내가 너희를 신이라 하였노라' 하지 않았느냐? 하나님의 말씀을 받은 자들을 신이라 하셨는데 하물며 아버지께서 거룩하게 하셔서 세상에 보내신 자가 '나는 하나님 아들이라' 하는 것으로 너희가 어찌 하나님을 모독한다 하느냐? 만일 내가 내 아버지의 일을 행하지 않거든 나를 믿지 말라. 그러나 내가 행하거든 나를 믿지 않더라도 그 일은 믿으라. 그러면 너희가 아버지께서 내 안에 계시고 내가 아버지 안에 있음을 깨달아 알 것이다." 그러므로 그들이 다시 예수를 붙잡으려고 했으나 예수께서는 그들 손에서 벗어나 다시 요단강 저편 요한이 처음으로 세례를 주던 곳에 가셔서 거기 거하셨다. 많은 사람들이 예수께 와서 말하기를, "요한은 아무 표적도 행하지 않았지만 요한이 이 사람을 가리켜 말한 것은 다 참이다."라고 했다. 거기서 많은 사람이 예수를 믿었다.[34-42절]

11장

죽은 나사로를 살리시다

주 예수께서는 베다니의 마리아, 마르다, 나사로의 집을 사랑하셨다. 하나님께서 이렇게 특별히 사랑하시는 사람들이 있다는 것이 놀랍다. 그런데 그분이 사랑하시는 가정에도 어려움이 있을 수 있다. 그것은 곧 나사로가 죽을 병에 걸린 것이었다. "그 누이들이 예수께 사람을 보내어 말하기를 '주여, 보시옵소서. 사랑하시는 자가 병들었나이다.' 하니". 예수께서 들으시고 "이 병은 죽을 병이 아니라 하나님의 영광을 위함이요 하나님의 아들로 이를 인하여 영광을 얻게 하려 함이다."라고 말씀하셨다. 예수께서 본래 마르다와 그 동생 마리아와 나사로를 사랑하셨는데 그 소식을 듣고도 이틀이나 계시던 곳에 더 머무르셨다.[1-6절]

그 후에 제자들에게 "유대로 다시 가자." 하시니 제자들이 "랍비여, 방금도 유대인들이 돌로 치려했는데 또 그리로 가시려 하십니까?"라고 물으니, 예수께서 대답하시기를, "낮이 열두시가 아니냐? 사람이 낮에 다니면 이 세상의 빛을 보므로 실족하지 않는다. 그러나 누구든 밤에 다니면 실족하는데, 이는 그 사람 속에 빛이 없기 때문이다." 하셨다. 이 말씀을 하신 후에 "우리 친구 나사로가 잠들었다. 그러나 내가 깨우러 간다."고 하셨다. 제자들은 그 말씀을 듣고 "주여, 잠들었으면 낫겠습니다."라고 했다. 예수님은 그의 죽음을 가리켜 말씀하셨지만 그들은 잠들어 쉬는 것을 말씀하시는 것이라 생각했다. 그러자 예수께서 '나사로가 죽었다'고 분명하게 말씀하셨다.[7-14절]

나는 부활이요 생명이니

예수께서 와서 보시니 나사로가 무덤에 있은 지 이미 나흘이 되었다. 그러나 주님께는 아무 상관이 없다. 그분이 세상에 계실 동안에는 빛이 있고 하나님의 능력이 그대로 존재하기 때문이다. 베다니는 예루살렘에서 한 오 리쯤 되는데, 그때 많은 유대인들이 마르다와 마리아에게 그 오라비의 일로 위문하러 왔다. 마르다는 예수 오신다는 말을 듣고 곧 나가서 맞이했지만, 마리아는 집에 앉아 있었다. 사실 마르다와 마리아는 둘 다 주님을 온전히 믿지 못했고, 마르다는 조금 원망했다. 주님이 여기 계셨더라면 죽지 않았을 것이라 하였다. 그러면서 좀 애매한 말로 "그러나 나는 이제라도 주께서 무엇이든지 하나님께 구하시는 것을 하나님이 주실 줄 압니다."라고 했다. 그러자 예수님은 "네 오라비가 다시 살 것이다." 하셨다. 마르다가 다시, "마지막 날 부활에는 다시 살 줄을 내가 압니다."라고 하자, 예수님은 "나는 부활이요 생명이니 나를 믿는 자는 죽어도 살겠고 무릇 살아서 나를 믿는 자는 영원히 죽지 않을 것이다. 이것을 네가 믿느냐?" 하셨다. 그에 대해 마르다는 다소 분명치 않은 말로 대답했다. "그렇습니다. 주는 그리스도시요 세상에 오시는 하나님의 아들이신 줄을 내가 믿습니다." [17-27절]

사람들의 불신을 인해 통분히 여기시다

그 말을 하고서 마르다는 돌아가서 가만히 마리아를 불러 말했다. "선생님이 오셔서 너를 부르신다." 마리아가 급히 일어나 나가니 유대인들은 곡하러 가는 줄로 생각하고 따라갔다. 그런데 마리아는 예수 계신 곳에 와서 그 발 앞에 엎드려 말했다. "주께서 여기 계셨더라면 내 오라비가 죽지 않았겠습니다." 예수께서는 마리아의 우는 것과 또 함께 온 유대인들의 우는 것을 보시고 그 영 안에서 통분히 여기시고 민망히 여기셨다.

예수께서 나사로의 무덤 앞에서 눈물을 흘리시니 유대인들이 말했다. "보라, 그를 얼마나 사랑했는가!" 그중에 어떤 사람들은 "소경의 눈을 뜨게 한 이 사람이 그 사람은 죽지 않게 할 수 없었더냐?" 했다. 예수께서 다시 한 번 속에서 통분히 여기시며 무덤에 가시니 무덤이 굴이어서 그 입구를 돌로 막아놓고 있었다. 예수께서 돌을 옮겨 놓으라 하시니 마르다가 말했다. "주여, 죽은 지가 나흘이 되었으니 벌써 냄새가 납니다." 마르다 역시 자신의 한계에서 자신의 생각대로 말하고 있는 것이다. 예수께서 말씀하셨다. "내 말이 네가 믿으면 하나님의 영광을 보리라 하지 않았느냐?"

돌을 옮겨 놓으니 예수께서 눈을 들어 우러러 보시고 말씀하셨다. "아버지여, 내 말을 들으신 것을 감사하나이다. 항상 내 말을 들으시는 줄을 내가 알았나이다. 그러나 이 말씀을 하옵는 것은 둘러선 무리를 위함이니 곧 아버지께서 나를 보내신 것을 저희로 믿게 하려 함이니이다." 이 말씀을 하시고 큰 소리로, "나사로야, 나오라!" 하셨다. 그러자 죽은 나사로가 수족을 베에 동인 채로 나오는데, 그 얼굴이 수건에 싸여 있었다. 예수께서 "풀어놓아 다니게 하라!" 하셨다. 당시 많은 사람들이 예수의 하신 일을 보고 믿었으나 그중 어떤 자는 바리새인에게 가서 예수의 하신 일을 고했다.[28-46절]

예수를 죽이려고 모의하다

그러므로 대제사장들과 바리새인들이 공회를 모으고 말했다. "이 사람이 많은 표적을 행하니 우리가 어떻게 하겠느냐? 만일 저를 이대로 두면 모든 사람이 저를 믿을 것이요 그리고 로마인들이 와서 우리 땅과 민족을 빼앗아 가리라." 타당성이 없어 보이는 이유를 대며 예수님을 죽이는 쪽으로 여론을 몰고 가려 했다. 이 날부터 그들은 예수를 죽이려고 모의했다. 예수께서 한 가지 기적을 행하시면 한 단계씩 핍박이 가중되었다.

그러므로 예수께서 다시는 유대인들 가운데 드러나게 다니지 않으시고 거기를 떠나 빈 들 가까운 곳인 에브라임이라는 동네에 가서 제자들과 함께 유하셨다. 여기서 우리는 사무엘서에 기록된 다윗의 도망 다니던 모습이 생각난다. 그분은 참 다윗이시다.

유대인의 유월절이 가까우니 많은 사람이 자신을 성결케 하기 위해 유월절 전에 예루살렘으로 올라갔는데, 그들이 예수를 찾으며 성전에 서서 서로, "너희 생각에는 어떠냐? 그가 명절에 오지 않겠느냐?"고 이야기했는데, 이는 대제사장들과 바리새인들이 누구든지 예수 있는 곳 을 알거든 고하여 잡게 하라 명령했기 때문이었다.[47-57절]

12장[I]

예수의 발에 향유를 붓다

예수님은 하나님의 계획에 따라 움직이는 분이시다. 그분은 그 살벌한 상황에서 유월절 엿새 전에 예루살렘에서 오 리쯤 되는 베다니에 오셨다. 흠 없으신 어린 양으로 검증되신 후 우리를 위한 제물이 되시기 위함이다. 이 부분에 올 때 우리는 마음이 숙연해지지 않을 수 없다. 복음서를 쓴 요한도 그런 마음이었을 것이다.

그 집은 예수께서 죽은 자 가운데서 살리신 나사로가 있는 곳이다. 거기서 예수를 위하여 저녁 식사를 준비하는데 누이 마르다는 일을 보고 나사로는 예수와 함께 앉은 자 중에 있었다. 그리고 마리아는 지극히 비싼 향유 곧 순전한 나드 한 근을 가져다가 예수의 발에 붓고 자신의 머리털로 그의 발을 씻으니 향유 냄새가 집에 가득하였다. 제자 중에 연보궤를 맡은 가룟 유다는 돈 욕심이 많아서 마리아의 행동이 이해가 가지 않았다. '저 비싼 향유를 저렇게 허비하다니' 그는 마리아에게 "이 향유를 어찌하여 삼백 데나리온에 팔아 가난한 자들에게 주지 않았느냐?"고 책망하듯이 말했다. 그는 실상 가난한 자들을 위해서 말하는 것이 아니라 돈궤를 맡았기 때문에 거기 넣는 것을 훔쳐가기 위해서였다. 그자는 그의 선생이신 주 예수를 배반하여 판 자요 돈궤를 맡아 거기 넣는 것을 훔쳐가곤 하던 자였다. 주님은 그가 그렇게 하는 것을 아셨지만 끝까지 유다에게 재정을 맡기신 것 같다.

그러므로 예수께서 말씀하셨다. "저를 가만두어 나의 장사할 날을 위하여 이를 두게 하라." 오늘날 우리 모두는 마리아에게 헌신의 빚을 졌다. 주님은 그녀가 향유를 바른 발로 골고다 길을 걸어가셨고 십자가에 오르셨다. 주님은 복음이 전파되는 곳에는 그녀의 행한 일도 말하여 기념하라고 하셨다.

당시 죽은 나사로가 살아난 사건은 파장이 컸다. 많은 사람이 그 작은 마을 베다니에 예수가 계신 줄을 알고 왔는데, 이는 예수 때문만이 아니라 죽은 자 가운데서 살리신 나사로도 보려는 것이었다. 그러므로 대제사장들은 나사로까지 죽이려고 모의하니 나사로 까닭에 많은 유대인이 가서 예수를 믿기 때문이었다.[1-11절]

나귀를 타고 예루살렘에 입성하시다

그 이튿날에는 명절에 온 큰 무리가 예수께서 예루살렘으로 오신다는 말을 듣고 종려나무 가지를 가지고 맞으러 나와 외쳤다. "호산나! 찬송하리로다! 주의 이름으로 오시는 이 곧 이스라엘 왕이시여!" 예수께서는 한 어린 나귀를 만나서 타고 들어가셨다. "이는 기록된바 시온 딸아 두려워말라 보라 너의 왕이 나귀새끼를 타고 오신다 함과 같더라". 예수는 이스라엘의 왕이시지만 겸손하게 어린 나귀를 타고 입성하셨다. 제자들은 당시에 이 일을 깨닫지 못하다가 예수께서 죽으시고 부활하신 후에야 이 일이 메시아에 대하여 구약에 기록된 것임이 생각났다고 말한다.

당시 상황을 겉으로 볼 때는 예수님의 인기가 대단했다. 나사로를 죽은 자 가운데서 살리신 것을 본 사람들은 그 일을 증거하고, 무리는 그 표적 행하신 것을 듣고 예수를 열렬히 환영하고, 바리새인들조차도 이제는 온 세상이 그를 좇으니 더 이상 그를 어떻게 하려고 해도 소용없다고 할 정도로 예수님의 사역이 절정에 이른 순간이었다. 심지어 명절에 예배하러 온 몇몇 헬라인들도 제자 중 하나인 빌립에게 가서 예수를 좀 뵙게 해달라고 청원할 정도였다.[12-22절]

한 알의 밀이 땅에 떨어져 죽으면 많은 열매를 맺느니라

그때 예수님의 어조와 음성은 내내 분명하셨다. "인자가 영광을 얻을 때가 왔도다(이는 죽음과 부활을 가리키는 말씀이다) 한 알의 밀이 땅에 떨어져 죽지 아니하면 한 알 그대로 있고 죽으면 많은 열매를 맺느니라 자기 생명을 사랑하는 자는 잃어버릴 것이요 이 세상에서 자기 생명을 미워하는 자는 영생하도록 보존하리라 사람이 나를 섬기려면 나를 따르라 나 있는 곳에 나를 섬기는 자도 거기 있으리니 사람이 나를 섬기면 내 아버지께서 저를 귀히 여기시리라 지금 내 마음이 민망하니 무슨 말을 하리요 아버지여 나를 구원하여 이때를 면하게 하여 주옵소서 그러나 내가 이를 위하여 이때에 왔나이다 아버지여 아버지의 이름을 영광스럽게 하옵소서 하시니 이에 하늘에서 소리가 나서 가로되 내가 이미 영광스럽게 하였고 또 다시 영광스럽게 하리라 하신대".

곁에 서서 들은 무리는 우레가 울었다고도 하며 또 어떤이들은 천사가 그에게 말했다고 했다. 예수께서 그들에게 대답하시기를, "이 소리가 난 것은 나를 위한 것이 아니요 너희를 위한 것이니라"고 하셨다. (이 부분은 다른 복음서의 겟세마네 기도와 일치하는 내용이다.)

예수님의 사역이 이 땅에서 절정에 이른 것처럼 보이는 때에 예수님은 십자

가에서 고난받고 죽으실 것을 말씀하고 계셨다. [23-30절]

12장[Ⅱ]

인자가 땅에서 들려야 하리라

"이제 이 세상의 심판이 이르렀으니 이 세상 임금이 쫓겨나리라 내가 땅에서 들리면 모든 사람을 내게로 이끌겠노라". 예수께서는 죽고 부활하신 후에야 사람들을 그분께로 이끄시겠다는 뜻이다. 이렇게 말씀하신 것은 그분이 어떠한 죽음으로 죽으실 것을 보이신 것이다. 그러자 사람들은 대답하기를, "우리는 율법에서 그리스도가 영원히 계신다 함을 들었는데 너는 어찌하여 인자가 들려야 하리라 하느냐? 이 인자는 누구냐?"고 했다. 주님은 "아직 잠시 동안 너희 중에 빛이 있으니 빛이 있을 동안에 다녀 어두움에 붙잡히지 않게 하라. 어두움에 다니는 자는 그 가는 바를 알지 못한다. 너희에게 아직 빛이 있을 동안에 빛을 믿으라. 그리하면 빛의 아들이 되리라." 하셨다. [31-36절]

유대 사람들이 믿지 아니하다

예수께서는 이 말씀을 하시고 그들을 떠나가서 숨으셨다. 예수님이 이렇게 많은 표적을 그들 앞에서 행하셨는데도 그들은 그분을 믿지 않았는데, 이것은 선지자 이사야의 말씀을 이루려는 것이다. "주여, 우리에게 들은 바를 누가 믿었으며 주의 팔이 뉘게 나타났나이까?"[38절]

그들이 믿지 못하는 것에 대해 이사야는 또 이렇게 말했다. "저희 눈을 멀게 하시고 저희 마음을 완고하게 하셨으니 이는 저희로 하여금 눈으로 보고 마음으로 깨닫고 돌이켜 내게 고침을 받지 못하게 하려 함이라"[40절]

그러나 관원 중에도 예수를 믿는 자가 많았지만 바리새인들 때문에 드러나게 말을 하지 못했는데, 이는 출교를 당할까 두려워했기 때문이다. 오늘날도 동일한 상황이 있다. 사람들에게 무시당할까 하여 참을 말하는 것을 두려워한다. 사람의 영광을 하나님의 영광보다 더 사랑하기 때문이다. [42-43절]

나를 믿는 자는 나 보내신 이를 믿는 것이다

예수님의 전파는 일관되다. 우리는 이에 대하여 깊은 인상을 받게 된다. "나를 믿는 자는 나를 믿는 것이 아니요 나를 보내신 이를 믿는 것이며, 나를 보는 자는 나를 보내신 이를 보는 것이니라 내가 내 자의로 말한 것이 아니요 나를 보내신 아버지께서 나의 말할 것과 이를 것을 친히 명령하여 주셨으니 나는 그의 명령이 영생인줄 아노라. 그러므로 내가 말하는 것은 아버지께서 내게 말씀하신 그대로 말하는 것이라." [44-50절]

우리는 하나님 아버지께서 사람들에게 영생을 주시려고 예수를 보내신 것을 알고 감사해야 한다. 또 하나님은 주 예수를 세상에 보내셔서 이 땅에 사는 동안도 어둠 속에 다니지 않고 빛 가운데 행하게 하셨다. 주 예수님이 빛으로 세상에 오셨으니 그분을 따르는 자는 어두움에 다니지 않는다. 만일 어떤 사람이 교회를 다닌다 하지만 실제로는 돈을 따라 간다면, 그는 분명히 어둠 속에 다니는 자이다. 그것은 그의 속에서 양심이 증거할 것이다. 누구에게 주장하거나 변명할 필요가 없다. 주님이면 주님, 돈이면 돈이지 그 중간은 없다. 당신은 주님을 위해 사는가, 돈을 위해 사는가? 주님은 세상을 심판하러 오시지 않고 구원하러 오셨으니 주님을 믿고 구원을 받아야 한다. 오늘 믿지 않으면 반드시 그날 심판을 받게 된다고 말씀하신다.[47-48절]

13장

제자들의 발을 씻기시다

13장부터는 본격적으로 십자가로 나아가기 일 주일 전 쯤에 하신 일들을 기록한다(사실은 12장부터 예루살렘에 입성하셨다). "유월절 전에 예수께서 자기가 세상을 떠나 아버지께로 돌아가실 때가 이른 줄 아시고 세상에 있는 자기 사람들을 사랑하시되 끝까지 사랑하시니라"[1절]. 그분은 이제 세상을 떠나 아버지께로 돌아가실 것을 아시고 제자들을 더욱 사랑하셨다. 그것은 요한이 가장 먼저 느꼈을 것이다. 그는 매우 섬세한 사람이다. 그리고 마귀는 유다 속에 예수를 팔려는 생각을 넣었다. 사람이 마귀의 시험에 들지 않으려면 마귀와 비슷한 생각을 버려야 한다. 특히 돈을 머릿속에서 제해야 한다. 음란, 살기, 분노도 마찬가지다. 그는 돈을 사랑하다가 돈 마귀에 걸려들었다. 예수님이 돈으로 보인 것이다.

"저녁 먹는 중 예수는 아버지께서 모든 것을 자기 손에 맡기신 것과 또 자기가 하나님께로부터 오셨다가 하나님께로 돌아가실 것을 아시고"[3절]. 예수님은 아버지께서 모든 것을 자기 손에 맡기신 것을 아셨다. 그리고 저녁 잡수시던 자리에서 일어나 겉옷을 벗고 수건을 가져다가 허리에 두르시고 대야에 물을 담아다가 제자들의 발을 씻기시고 그 두르신 수건으로 발을 닦아주셨다. 예수님은 누구를 시키지 않고 손수 대야의 물과 수건을 준비하여 제자들의 발을 씻기신 것이다.

그런데 베드로에게 이르자 그가 주님을 말리며 말했다.

베드로 "주여, 주께서 제 발을 씻기시다니요!"

예수님 "내가 하는 것을 지금은 알지 못해도 후에는 알 것이다."

베드로 "내 발을 절대로 씻기지 못하십니다."

예수님 "내가 너를 씻기지 않으면 네가 나와 상관이 없다."

베드로 "주여, 그러면 내 발뿐 아니라 손과 머리도 씻겨주옵소서!"

예수님 "이미 목욕한 자는 발만 씻으면 된다. 온 몸이 깨끗하다."[8-10절]

주님을 믿고 구원받은 자들은 온 몸을 씻은 자들이고(유다는 아니라고 하셨다), 언제라도 더럽혀질 수 있는 발을 씻는 생활을 해야 주님과 늘 교통을 가질 수 있다는 말씀이다. 그러니 성도들과의 교제도, 주님께 드리는 기도도, 참여하는 예배도 사실은 생활 가운데서 더럽혀진 우리의 발을 씻는 일들이다. 그럴 때 잠시 뭔가로 막혀 있던 주님과의 관계가 회복된다(요일 1장 참조). 주님은 발을 다 씻겨주신 후에 다시 옷을 입으시고 '선생인 내가 이렇게 본을 보인 것처럼 너희도 이렇게 해야 한다'고 하셨고 '너희가 이것을 알고 행하면 복이 있으리라'고 하셨다.[12-17절]

"내가 너희를 다 가리켜 말하는 것이 아니라 내가 나의 택한 자들이 누구인지 앎이라 그러나 '내 떡을 먹는 자가 내게 발꿈치를 들었다' 한 성경을 응하게 하려는 것이니라". 예수님은 그분이 택한 자들이 누구인지 아신다. 그런데 이 모든 일들을 미리 말씀하시는 것은 그 일이 이루어지는 것을 볼 때 예수님이 그인 줄, 곧 하나님 자신이신 줄을 제자들로 믿게 하려는 것이라고 하셨다. 예수님은 거듭 말씀하셨다. "내가 진실로 진실로 너희에게 이르노니 나의 보낸 자를 영접

하는 자는 나를 영접하는 것이요 나를 영접하는 자는 나를 보내신 이를 영접하는 것이니라".[18-20절]

너희 중 하나가 나를 팔리라

예수께서 이 말씀을 하셨을 때 그 심령에 괴로워하며 증거하셨다. "내가 진실로 진실로 너희에게 이르노니 너희 중 하나가 나를 팔리라." 그러자 제자들은 서로 보며 누구에게 대하여 말씀하시는지 의심했다. 베드로가 예수님 품에 기대어 있던 제자(이 복음서를 기록한 요한)에게 머릿짓을 하여 "말씀하신 자가 누구인지 말하라."고 했다. 그가 예수님 가슴에 기댄 채로 "주여, 누구입니까?" 하니 예수께서 "내가 한 조각을 찍어다가 주는 자가 그니라." 하시고 한 조각을 찍어다가 가룟 유다에게 주시니 조각을 받은 후 곧 사단이 그 속에 들어갔고, 예수님은 유다에게 "네 하는 일을 속히 하라."고 하셨다. 그래서 요한은 유다인 것을 알았을 수 있다.

그럼에도 거기 앉은 제자들은 이 말씀을 무슨 뜻으로 하시는지 전혀 알지 못하고, 어떤 제자들은 유다가 돈궤를 맡았으므로 명절에 쓸 물건을 사라고 하시나 보다, 혹은 가난한 자들에게 무엇을 주라고 하시나 보다 생각했을 뿐이다. 유다는 그 조각을 받고서 곧 나갔고 때는 밤이었다.[21-30절]

새 계명을 주노니 서로 사랑하라

그가 나간 후에 예수께서 말씀하셨다. "지금 인자가 영광을 얻었고 하나님도 인자를 인하여 영광을 얻으셨도다 만일 하나님이 저로 인하여 영광을 얻으셨으면 하나님도 자기로 인하여 저에게 영광을 주시리니 곧 주시리라 소자들아, 내가 아직 잠시 너희와 함께 있겠노라"[31-33上절]. 제자들을 '소자들(Little children)'이라고 부르시는 예수님의 음성에는 얼마 안 있으면 두고 떠날 제자들을 향한 깊고도 섬세한 애정이 배어 있다.

"새 계명을 주노니 서로 사랑하라 내가 너희를 사랑한 것같이 서로 사랑하라 너희가 서로 사랑하면 이로써 사람들이 너희가 내 제자인줄 알리라"[34-35절]. 이렇게 주님은 그 자리에서 새 계명을 주셨다. 십자가의 죽음으로 나아가시기 전이다. 그러니 그리스도인들은 주 예수님이 서로 사랑하라는 계명을 어느 자리에서 주셨는가를 생각해보고 무겁게 이 계명을 받아야 한다.

베드로가 주님을 부인할 것을 이르시다

이때 시몬 베드로가 "주여, 어디로 가시나이까(Quo vadis, Domine)?" 하고 물었다. 주님이 베드로에게 "나의 가는 곳에 지금은 따라올 수 없으나 후에는 따라오리라" 하시자 베드로는 어찌하여 지금은 자기가 따를 수 없느냐면서 자기는 주님을 위해 목숨까지 버릴 것이라고 했다. 그러자 주님은 오늘밤 닭 울기 전에 네가 나를 세 번 부인할 것이라고 하셨다. 주님은 다 알고 하시는 말씀이고 베드로는 자신을 모르고 하는 말이다. 전승에 의하면 베드로는 거꾸로 십자가에 매달려 순교했다고 한다.[36-38절]

14장

내가 곧 길이요 진리요 생명이니

주 예수는 사랑이 많으신 하나님이시고 위로가 가득한 분이시다. 그분은 근심하는 제자들의 얼굴을 보시며 말씀하셨다. "너희는 마음에 근심하지 말라 하나님을 믿으니 또 나를 믿으라 내 아버지 집에 거할 곳이 많도다 내가 먼저 가서 처소를 예비하여 너희를 나 있는 곳에 있게 하리라". 도마가 그 길을 알려달라고 하자 주님은, "내가 곧 길이요 진리요 생명이니 나로 말미암지 않고서는 아버지께로 올 자가 없느니라 너희가 나를 알았더면 내 아버지도 알았으리로다 이제부터는 너희가 그를 알았고 또 보았느니라" 하셨다. 주님의 죽음과 부활은 그분이 누구이신지를 나타내는 대단히 큰 사건이 아닐 수 없다. 그로 인해 하나님의 사랑, 구원, 능력, 모든 것이 나타나게 되었다.[1-7절]

나를 본 자는 아버지를 보았거늘

주 예수님이 이렇게 분명한 말씀을 하고 계시는데도 빌립이 "아버지를 우리에게 보여주십시오. 그리하면 족하겠습니다."라고 하자 주님은 좀 놀라시며, "빌립아, 내가 이렇게 오래 너희와 함께 있었는데 네가 나를 알지 못하느냐? 나를 본 자는 아버지를 보았거늘 어찌하여 아버지를 보여달라고 하느냐?" 하셨다.

주님은 제자들이 어떻게 그분을 믿을 수 있는지 도움을 주는 말씀을 하신다. "나는 아버지 안에 있고 아버지는 내 안에 계신 것을 네가 믿지 아니하느냐? 내가 너희에게 이르는 말이 스스로 하는 것이 아니라 아버지께서 내 안에 계셔 그의 일을 하시는 것이다. 그것을 믿지 못하겠거든 행하는 그 일을 인하여 나를 믿으라."[8-11절]

그리고서 놀라운 말씀을 주신다. "나를 믿는 자는 나의 하는 일을 저도 할 것이요 또한 이보다 큰 것도 하리니 이는 내가 아버지께로 가기 때문이다. 너희가 내 이름으로 무엇을 구하든지 내가 시행하리니 이는 아버지로 하여금 아들을 인하여 영광을 얻으시게 하려 함이다. 내 이름으로 무엇이든지 구하면 그 일들을 통해 아버지는 아들을 인해 영광을 얻으실 것이다. 내 이름으로 무엇을 구하면 내가 시행할 것이다." 즉 예수께서 아버지께로 돌아가면 더 큰일들을 하도록 도와주시겠다는 약속이다. 그리고서 '너희가 나를 사랑하면 나의 계명을 지킬 것이라'고 하신다.[12-15절]

보혜사를 보내실 것을 약속하시다

구체적으로 주 예수께서는 그분이 가셔서 보혜사를 보내주시겠다는 놀라운 약속을 하셨는데, 나는 그날이 부활의 날이요, 또 오순절 날이라고 믿는다. "내가 아버지께 구하겠으니 그가 또 다른 보혜사를 너희에게 주사 영원토록 너희와 함께 있게 하시리니 저는 너희와 함께 거하심이요 또 너희 속에 계시겠음이라 내가 너희를 고아와 같이 버려두지 아니하고 너희에게로 오리라 조금 있으면 세상은 다시 나를 보지 못할 터이로되 너희는 나를 보리니 이는 내가 살았고 너희도 살겠음이라".[16-19절]

또한 "그날에는 내가 아버지 안에, 너희가 내 안에, 내가 너희 안에 있는 것을 너희가 알리라"고 하시고, "나의 계명을 가지고 지키는 자라야 나를 사랑하는 자니 나를 사랑하는 자는 내 아버지께 사랑을 받을 것이요 나도 그를 사랑하여 그에게 나를 나타내리라"고 하셨으며, 또 아버지께서 예수의 이름으로 보내실 보혜사 곧 성령이 오시면 주님께서 하신 모든 말씀들을 생각나게 해주실 것이라 하셨다. 그리고서 "평안을 너희에게 끼치노니 곧 나의 평안을 너희에게 주노라 내가 너희에게 주는 것은 세상이 주는 것 같지 아니하니라 너희는 마음에 근심도 말고 두려워하지도 말라"고 하셨다.[20-27절]

"내가 갔다가 너희에게로 온다 하는 말을 너희가 들었나니 나를 사랑하였더면 내가 아버지께로 가는 것을 기뻐하였을 것이다. 아버지는 나보다 크시기 때문이다." 주님은 아들이 아버지께로 가는 것이 제자들에게 매우 좋은 것이라고 가르쳐주신다. 미리 이런 말씀을 하시는 것은 말씀하신 일들이 이루어질 때 믿을 수 있게 도와주시려는 것이다. 이제는 그들과 말씀을 많이 하지 않으실 것인데, 이는 이 세상 임금이 올 것이기 때문이다. 그분이 십자가로 나아가시는 것은 아버지를 사랑하시는 것과 오직 아버지의 명대로 하시는 것을 세상으로 알게 하려 함이라고 하신다. 그리고서 제자들에게 "일어나 여기를 떠나자!"고 하셨다. 오, 사랑의 주님![28-31절]

15장

나는 포도나무요 너희는 가지니

주님은 십자가로 가시기 전 14장부터 긴 말씀을 남기셨다. 14장에서는 주님을 믿는 제자들이 그날에 성령을 받을 것이라고 말씀하셨다. 그렇게 된 후 하나님 아버지와 주 예수님과 믿는 우리의 관계는 어떻게 되는가? 그것이 15장의 포도나무의 비유이다.

"내가 참 포도나무요 내 아버지는 그 농부라 무릇 내게 있어 과실을 맺지 아니하는 가지는 아버지께서 이를 제해버리시고…"[1-2절] 주 예수님은 포도나무이시고 아버지는 그 농부이시며 우리는 포도나무의 가지이다. 가지인 우리에게 가장 중요한 일은 포도나무에 늘 붙어 있는 것이다. 그리스도께 붙어 있지 않고서는 열매를 맺을 수 없으며 아무것도 스스로 할 수 없다[5절]. 가지가 포도나무에서 떨어져 무엇을 할 수 있겠는가! 결코 열매를 맺을 수 없다. 오늘 날 어떤 사람들은 열매를 맺기 위해 많은 활동과 움직임이 있어야 한다고 하지만, 그보다 먼저 성경은 가지로서 포도나무에 견고히 붙어 있음을 강조한다.

우리는 13장에서 발을 씻겨주는 것을 배웠다. 늘 주님께 잘 붙어 있기 위해서는 발을 씻어야 한다. 14장에 의하면 주님을 길과 진리와 생명으로 받아들여야 하고, 보내주시는 보혜사를 받아들여야 하며, 주님의 새 계명('서로 사랑하라')을 지켜야 한다. 그럴 때 실제적으로 주님께 늘 붙어 있게 된다. 사도들의 가르침과 성도들과의 성령 안의 교통 안에 늘 머무는 것은 가지에 잘 연결된 현상으로 볼 수 있다(요일 1장 참조).

"내 안에 거하라 나도 너희 안에 거하리라 사람이 내 안에 거하지 아니하면 가지처럼 밖에 버리워 말라지나니 사람들이 이것을 모아다가 불에 던져 사르느니라"[4-6절]. 결국 그리스도인의 사명은 열매를 많이 맺는 것이다. 건전한 성도라면, 건강한 가지라면 분명 열매를 많이 맺게 된다. 그래야 아버지께서 영광을 받으시고 우리는 주님의 제자가 되는 것이다. 사실상 열매가 하나도 없는 사람을 하나님은 결코 가지라고 하지 않으실 것이다.

포도나무에 붙어 있는 가지의 특징 : 주님의 사랑 안에 거함

포도나무에 정상적으로 붙어 있는 가지들의 생활은 주님의 사랑 안에 거하는 것이다. 그 포도나무와 가지 안에 흐르는 진액의 본질은 사랑이라고 말할 수 있다. 주님은, "아버지께서 나를 사랑하신 것같이 나도 너희를 사랑하였으니 나의 사랑 안에 거하라 내가 아버지의 계명을 지켜 그의 사랑 안에 거하는 것같이 너희도 내 계명을 지키면 내 사랑 안에 거하리라"고 하셨다. 즉 그리스도 안에 거하는 가지들은 주의 계명을 지키는 자들이며 주의 사랑 안에 거하는 자들이다. 주님의 말씀을 지키지 않는 자들은 주님을 사랑하는 자들이 아니다.

포도나무의 가지인 사람들에게는 기쁨이 있다. 그러나 어떤 사람이 돈을 벌려는 욕심으로 가득하다면 그의 마음엔 틀림없이 기쁨이 없다. 주님은 사랑 다음에 기쁨을 말씀했다[11절]. 포도나무이신 그리스도의 사랑의 진액이 흐르는 가지는 분명 기쁨으로 가득하다. 또 주님은 우리를 당신의 친구 삼으셨다. 그러므로 포도나무이신 주님께 정상적으로 붙어 있다면, 주님은 그분의 마음의 비밀을 다 알려주신다고 하셨다[14-15절]. 종한테는 안 알려주셔도 친구에게는 다 알려주신다. 하나님의 비밀을 알고자 한다면 예수와 친근한 친구가 되라. 포도나무에 붙어 있으라. 주님을 깊이 알게 될 것이다.

과실을 맺도록 택하심

또한 주님은 "너희가 나를 택한 것이 아니요 내가 너희를 택하였고 또 세웠나니 이는 너희로 가서 과실을 맺게 하고 또 너희 과실이 항상 있게 하여 내 이름으로 아버지께 무엇을 구하든지 다 받게 하려 함이니라"고 하셨다[16절].

그리고 "내가 이것을 너희에게 명함은 너희로 서로 사랑하게 하려 함이라"고 하신다. 진정 복음이 전해지는 곳, 열매를 맺는 곳은 사랑이 충만한 곳이다[17절]. 포도나무 가지들은 서로 사랑한다. 그 사랑은 친구를 위하여 목숨을 버리는 사랑이다. 오늘날 교회가 복음이 전파되지 않는 것은 그리스도의 참된 사랑의 결여라는 사실을 알아야 한다. 사실 마태복음과 마가복음, 누가복음에서는 십자가 죽으심과 부활 후 복음 전파를 부탁하신다. 그러나 요한복음은 십자가로 나아가시기 전에 복음 전파를 말씀하시되 생명의 방식으로 하신다. 복음 전파란 외적인 활동이 아니며 포도나무이신 그리스도께 붙어 있으면 절로 과실을 맺는다고 말씀하신다. 포도나무와 가지에는 친구를 위해 목숨을 버리신 그리스도의 사랑의 진액이 흐른다. 주 예수님은 죄인의 구주로 죽으시기 전 그들의 친구가 되셨다. 복음은 죄인을 위해 목숨을 버리신 주 예수의 사랑이 흐르는 흐름 속에 전파된다. 우리는 이를 사도행전에서 읽을 수 있다.

종이 상전보다 크지 못하다

주님은 세상이 주님께 택하심받고 세우심받아 열매 맺는 자들을 미워할 것이라고 하시며 용기를 주신다. '종이 상전보다 크지 못하다'는 말씀은 우리가 아무리 핍박과 미움을 받아도 상전이신 주님만큼은 아닐 거라는 위로의 말씀이다. 사람들이 핍박하는 것은 그들이 나 보내신 아버지를 모르기 때문이고, 나를 미워하는 것은 또 내 아버지를 미워하는 것이라고 하셨다. 사람들은 연고 없이 예수를 미워했다. 이 세상에 창조주이시며 사람을 사랑하셔서 목숨을 버리신 하나님을 미워하는 사람들이 있다는 것이 놀랍다. 전능하시고 사랑과 인자가 가득하신 분인데 왜 그분을 미워하는가! 그것은 이생에 대한 사랑과 삶과 재물 때문일 것이다. 또 인간의 육체와 하나님은 반대되기 때문이다(롬 8:7-8). 두려운 일이다.[18-25절]

16장

앞으로 당할 일을 미리 일러주시다

주님은 제자들에게 복음을 전하라고 부탁하시면서 실족하지 않도록 섬세한 말씀을 주신다. "사람들이 너희를 출회(out cast)할 뿐 아니라 때가 이르면 무릇 너희를 죽이는 자가 생각하기를 이것이 하나님을 섬기는 예라 하리라". 주님은 그들이 이런 일을 하는 것은 아버지와 아들 예수를 모르기 때문이라고 하셨다. 일을 당하기 전에 주님이 이런 말씀을 미리 주시는 것은 그런 일을 당할 때 주님이 하신 말씀이 기억나게 하시려는 것이다.[1-4절] 바울 사도는 이런 일을 참 많이 당했다.

내가 떠나가는 것이 너희에게 유익이라

주님은 지금 그분을 보내신 아버지께로 가는데 제자들은 감히 어디로 가시느냐고 묻지 못하고 도리어 마음에 근심이 가득했다. 그래서 주님은 그분이 떠나가시는 것이 실상 그들에게 유익이라고 하신다. 그분이 떠나가지 않으시면 보혜사가 그들에게 오시지 않을 것이며, 가시면 주님이 보혜사를 그들에게 보내실 것이기 때문이다.[5-7절]

죄에 대하여, 의에 대하여, 심판에 대하여 세상을 책망하시리라

그리고 보혜사 성령이 오시면 죄에 대하여, 의에 대하여, 심판에 대하여 세상을 책망하실 것이라고 하신다. 죄에 대한 책망은 그들이 주 예수님을 믿지 않기 때문이고, 의에 대한 책망은 이제 주 예수님이 아버지께로 가니 제자들이 다시는 그분을 보지 못하기 때문이며, 심판에 대한 책망은 이 세상 임금이 심판을 받았기 때문이다.[8-11절]

오순절 날 성령의 부어지심을 받은 교회의 특징은 무엇인가? 당시 유대인들이나 믿지 않는 사람들이 그들을 볼 때 양심에 찔림(책망)을 받게 된다는 것이다. 의에 대해서도 마찬가지이다. 의에 대해서라 함은 '내가 아버지께로 가니 너희가 나를 다시 보지 못하기 때문이라'고 하셨다. 성령을 받은 사람들이 이 땅에 나타났을 때, 그리스도로 인하여, 하늘로 올라가신 분으로 인하여 의의 사람들이 이 땅에 산출되는 것이니, 그때 그들은 성령 받은 교회의 의(義)를 보고 부끄러움과 책망을 받게 되는 것이다. 또 심판에 대한 책망이란 우리 주 예수님이 십자가에서 이 세상 임금인 사탄을 심판하셨기 때문이다. 성령이 임하셔서 성령을 받은 무리가 일어날 때, 모든 사탄 마귀의 궤계, 모든 거짓된 교리들, 거짓된 사상들, 거짓된 이단적인 무리들이 드러나게 되고 심판을 받게 된다. 거짓 교회와 이단들이 판치는 것을 심판하는 길은 그것을 일일이 지적해내는 것도 중요하겠지만, 더욱 중요한 것은 참되게 성령을 받은 교회와 성도들이 일어나는 일이다.

진리의 성령이 너희를 모든 진리 가운데로 인도하시리니

또한 진리의 성령이 오시면 믿는 이들을 모든 진리 안으로 인도하실 것인데, 이는 그가 자의로 말하지 않고 무엇이든 그가 들은 것을 말씀하실 것이기 때문이다. 그분은 또 장래 일을 말씀하실 것이다. "조금 있으면 너희가 나를 보지 못하겠고 또 조금 있으면 나를 보리라". 즉 성령과 주님은 하나라는 말씀이다. 성령을 보는 것이 곧 주님을 보는 것이다. 또한 성령이 오시는 역사는 마치 아이를 해산하는 것 같다고 하신다. "여자가 해산하게 되면 그때가 이르렀으므로 근심하나 아이를 낳으면 세상에 사람 난 기쁨을 인하여 그 고통을 다시 기억지 아니하느니라 지금은 너희가 근심하나 내가 다시 너희를 보리니 너희 마음이 기쁠 것이요 너희 기쁨을 빼앗을 자가 없느니라". 주님의 십자가에 죽으심과 부활과 승천, 성령의 강림을 통하여 이 모든 말씀(아이를 해산한 기쁨)이 실제가 될 것이다.[13-22절]

내 이름으로 구하라

"그날에는 너희가 아무것도 내게 묻지 아니하리라". 성령께서 오시면 모든 것을 알게 될 것이므로 더 이상 묻지 않을 것이다. "내가 진실로 진실로 너희에게 이르노니 너희가 무엇이든지 아버지께 구하는 것을 내 이름으로 주시리라 지금까지는 너희가 내 이름으로 아무것도 구하지 아니하였으나 구하라 그리하면 받으리니 너희 기쁨이 충만하리라". 기도 또한 성령 안의 기도가 되니 응답이 되고 능력 있게 되는 것이다.[23-24절]

내가 세상을 이기었노라

지금까지는 비유로 말씀하셨지만 때가 이르면 더 이상 비유로 말씀하지 않고 아버지에 대한 것을 명백히 말씀하실 것이라고 하신다. "그날에 너희가 내 이름으로 구할 것이요 내가 너희를 위하여 아버지께 구하겠다 하는 말이 아니니 이는 너희가 나를 사랑하고 또 나를 하나님께로서 온 줄 믿은 고로 아버지께서 친히 너희를 사랑하심이니라" 하시고서 "내가 아버지께로 나와서 세상에 왔고 다시 세상을 떠나 아버지께로 가노라" 하셨다.[25-28절]

주님이 이렇게 말씀하시니 제자들이 "지금은 명백하게 말씀하시고 아무 비유도 하지 않으시니 우리가 지금에야 주께서 모든 것을 아시고 또 사람의 질문을 기다리시지 않는 줄 아나이다 이로써 우리는 당신이 하나님께로서 오셨다는 것을 믿삽나이다"라고 말했다. 예수께서 대답하시기를, "이제는 너희가 믿느냐? 보라, 너희가 다 각각 제 곳으로 흩어지고 나를 혼자 둘 때가 올 것인데 벌써 왔다. 그러나 내가 혼자 있는 것이 아니라 아버지께서 나와 함께 계신다. 이것을 너희에게 말하는 것은 너희로 내 안에서 평안을 갖게 하려는 것이다. 세상에서는 너희가 환난을 당하지만, 담대하라! 내가 세상을 이기었노라." 하셨다. [29-33절] 제자들은 삼 년 반 동안이나 주 예수님을 따라다니며 보고 배웠지만 이 마지막 순간에 와서야 예수께서 하나님께로서 오셨다는 것을 믿는다고 고백했다. 사람이 주님을 아는 데에는 시간이 많이 걸린다.

십자가로 나아가실 때 예수께서는 아버지와 함께 가셨다[32절]. 그러나 십자가에서 죄에 대해 심판을 받으시는 그 무서운 순간에는 하나님께서 잠시 그를 버리셨다. 주 예수님은 늘 하나님을 아버지라고 부르셨는데, 그 시간만큼은 아버지라 부르지 못하시고 "엘리, 엘리, 라마사박다니!(나의 하나님, 나의 하나님, 어찌하여 나를 버리시나이까!)" 하셨다. 그때는 예수께서 죄를 짊어진 하나의 어린 양으로서 아사셀 양이 광야에 버려진 것처럼 우리의 심판을 담당하셔야 했기 때문이다.

17장

아들 예수 그리스도의 기도

하나님의 귀하신 아들 예수 그리스도께서는 14장부터 긴 말씀을 하시고 마지막에 기도하셨다. 그 기도 내용이 17장에 기록되어 있다. 그 기도는 처음부터 하나님께서 하실 일을 말한다. "아버지여, 때가 이르렀사오니 아들로 아버지를 영화롭게 하게 하옵소서!" 우리의 기도는 아버지의 뜻을 위한 것이어야 한다. 아버지는 아들에게 만민을 다스리는 권세를 주셔서 그분이 택하신 모든 사람에게 영생을 주고자 하셨다. 여기서 주님은 영생을 정의하시는데, '영생은 유일하신 참 하나님과 그의 보내신 자 예수 그리스도를 아는 것'이라고 하신다. 아는 것에 중점이 있다.[1-3절]

이제 아들을 아버지와 함께 영화롭게 하옵소서

"아버지께서 내게 하라고 주신 일을 내가 이루어 아버지를 이 세상에서 영화롭게 하였사오니 아버지여 창세 전에 내가 아버지와 함께 가졌던 영화로써 지금도 아버지와 함께 나를 영화롭게 하옵소서 세상 중에서 내게 주신 사람들에게 내가 아버지의 이름을 나타내었나이다 그들은 아버지의 것이었는데 내게 주셨으며 그들은 아버지의 말씀을 지키었나이다 지금 그들은 아버지께서 내게 주신 것이 다 아버지께로서 온 것인 줄 알았나이다 나는 아버지께서 내게 주신 말씀들을 그들에게 주었사오며 그들은 이것을 받고 내가 아버지께로부터 나온 줄을 참으로 알며 아버지께서 나를 보내신 줄도 믿었사옵나이다"[4-8절].

주 예수님의 이 기도는 그분의 제자들을 위한 것이다[9절]. 여기서 우리는 사역자로서 우리에게 주신 영혼들을 얼마나 소중히 여겨야 하는가를 배울 수 있다.

그들로 우리 안에 하나가 되게 하옵소서

"나는 세상에 더 있지 아니하오나 그들은 세상에 있사옵고 나는 아버지께로 가옵나니 거룩하신 아버지여, 내게 주신 아버지의 이름으로 그들을 보전하사 우리와 같이 저희도 하나가 되게 하옵소서"[11절]. 내가 아버지와 하나이듯 그들도 다 하나가 되게 해달라는 기도이다.

"지금 내가 아버지께로 가오니 내가 세상에서 이 말을 하옵는 것은 그들로 내 기쁨을 그들 안에 충만히 가지게 하려 함이니이다 내가 아버지의 말씀을 그들에게 주었사오매 세상이 그들을 미워하였사오니 이는 내가 세상에 속하지 아니함같이 저희도 세상에 속하지 아니함을 인함이니이다"[13-14절]. 주님이 아버지의 말씀을 그들에게 주었으므로 세상이 그들을 미워했는데, 그것은 주님이 세상에 속하지 않은 것같이 그들도 세상에 속하지 않기 때문이라고 하신다.

"내가 구하는 것은 그들을 세상에서 데려가시기를 위함이 아니라 오직 악에 빠지지 않게 지켜주시기를 위함이니이다 그들을 진리로 거룩하게 하옵소서 아버지의 말씀은 진리니이다…내가 구하는 것은 이 사람들만 위한 것이 아니라 또 그들의 말을 통하여 나를 믿는 사람들도 위한 것이니"[15-20절].

주님의 이 기도는 이 세상을 떠나시기 전 마지막에 드린 기도였다. 어쩌면 겟세마네에서의 기도보다 더욱 내면적인 마지막 기도일 것이다.

또한 주 예수님은 그들이 그리스도 안에서 하나가 되기를 바라는 기도를 하셨다. "아버지께서 내 안에, 내가 아버지 안에 있는 것같이 그들도 다 하나가 되어 우리 안에 있게 하시어 세상으로 아버지께서 나를 보내신 것을 믿게 하옵소서"[21절]. 하나가 되는 것은 무엇보다 아버지께서 아들을 보내신 것을 믿고 아버지께서 아들을 사랑하신 것과 아들이 믿는 이들을 사랑하신 것을 아는 것에서 출발하며, 또 믿는 이들이 아버지께서 창세 전에 아들에게 주신 영광을 보는 것에 있다[23-24절].

저희는 아버지의 것이로소이다

25절은 세상과 제자들을 구분하는 말씀이다. "의로우신 아버지여, 세상이 아버지를 알지 못하여도 나는 아버지를 알았삽고 그들도 아버지께서 나를 보내신 줄을 알았삽나이다". 예수께서 아버지를 아신 것이 큰일이었듯이 제자들이 아버지께서 보내신 아들을 아는 것도 매우 큰일이다. "내가 아버지의 이름을 그들에게 알게 하였고 또 알게 할 것인데, 이는 아버지께서 나를 사랑하신 사랑이 그들 안에 있고 나도 그들 안에 있게 하려는 것입니다."[26절]

요한복음 17장의 기도는 예수 그리스도와 믿는 이들이 하나가 되는 것에 중점이 있다. 예수께서 십자가로 가시는 데에는 분명한 목적이 있다. 그것은 아버지의 사랑과 그리스도 자신이 믿는 이들의 마음속에 거하게 하려는 것이다. 이는 매우 비밀스러운 것이며 하나님께서 사람 속에 어떻게 거하시는가를 계시한다. 사람과 하나님은 그분 안에서 하나 되고 연합할 수 있는 관계임을 인해 하나님께 감사하고 찬양한다.

18장

아버지께서 주신 사람을 하나라도 잃지 않으시다

"예수께서 이 말씀을 하시고 제자들과 함께 기드론 시내 저편으로 나가시니 거기 동산이 있는데 제자들과 함께 들어가시다 거기는 예수께서 제자들과 가끔 모이

시는 곳이므로 예수를 파는 유다도 그곳을 알더라 유다가 군대와 및 대제사장들과 바리새인들에게서 얻은 하속들을 데리고 등과 홰와 병기를 가지고 그리로 오는지라"[1-3절].

요한의 기록에는 주님의 겟세마네 기도가 빠져 있는데, 그 기도 내용은 12장 27절부터 30절에 있는 말씀과 유사하며, 그 시점은 18장 1절에 있다. 요한은 사건의 순서를 중요시한 것 같지 않고 그 내용과 본질을 중시해서 복음서를 기록한 것 같다. 즉 그는 영감을 중시한 것으로 보인다. 다른 복음서에는 겟세마네에서 기도한 후 나오시다가 잡히신 것으로 기록되었는데(마 26:43-47 참조), 요한복음에는 예수께서 제자들과 함께 곧바로 기드론 시내를 건너 동산으로 들어가신 것이 나오고, 그 기도 내용이 생략되어 있고, 곧 바로 유다가 대제사장과 바리새인들의 보낸 부하들을 데리고 랜턴과 횃불과 무기를 가지고 주님을 잡으러 왔다고 말한다.

예수께서는 그 당할 일을 아시고 "너희가 누구를 찾느냐?" 물으셨고, 그들은 "나사렛 예수라"고 했다. 예수께서 "내가 그로라" 하시자 그 담대함과 위엄으로 인해 그들은 물러가서 땅에 엎드러졌다. 예수께서 다시 한 번 "누구를 찾느냐?" 하셨고, 그들은 "나사렛 예수라"고 했으며, 예수께서는 "내가 바로 그 사람이라고 했으니 나를 찾거든 이 사람들의 가는 것은 용납하라"고 하셨다. 주 예수님은 한 사람이라도 잃어버리지 않기를 바라셨고 그것은 구약에도 예언되어 있다. 주님은 우리를 위한 구속을 홀로 감당하셨다. 제자들을 끝까지 지켜주고자 하신 주님의 이러한 사랑을 우리는 결코 잊어서는 안 된다. 이것이 오늘 목자들의 자세여야 한다.[4-9절]

이때 시몬 베드로가 검을 빼서 '말고'라는 대제사장의 종을 쳐서 그 오른편 귀를 베어버렸다. 예수께서 베드로에게 "검을 집에 꽂으라" 하시고 "아버지께서 주신 잔을 내가 마시지 않겠느냐" 하셨다. 세배대의 아들들과 그 어미에게 "너희가 내 잔을 마실 수 있느냐"고 하셨을 때의 '내 잔'이란 바로 이 십자가의 잔이요 고난의 잔인 것이 분명하다.[10-11절]

예수께서 잡히시다

그러자 로마 군대와 천부장과 유대인의 부하들이 예수를 체포하여 결박했는데, 이때부터 주님은 풀려나지 못하시고 결국은 십자가에서 돌아가시게 된다. 그들은 예수를 결박하여 대제사장 가야바의 장인인 안나스에게 끌고 갔다.[12-14절]

베드로가 예수를 부인하다

시몬 베드로는 칼을 빼어 혈기와 객기를 부렸지만 혈기가 빠지고 좀 위축된 상태에서 다른 제자 하나와 예수를 따랐는데 좀 멀찍이서 따라갔다(타 복음서 참조). 그중에 대제사장과 아는 사이인 제자는 그 집 뜰에 들어갔는데 베드로는 못 들어가고 문 밖에 서 있었다. 그러자 그 다른 제자가 나가서 문 지키는 여자에게 말해서 베드로를 데리고 들어왔다. 문 지키는 여종이 베드로에게 말했다. "너도 이 사람의 제자 중 하나가 아니냐?" 그러자 베드로는 "나는 아니라"고 했다. 날이 춥다 보니 종과 하속들이 숯불을 피우고 서서 쬐고 있는데 베드로도 함께 서서 쬐었다.

대제사장이 예수께 묻다

한편 체포되신 예수님 이야기가 나온다. 대제사장이 예수께 그분의 가르침에 대하여 물으니 예수께서 대답하시기를, "내가 드러내놓고 세상에 말했다. 모든 유대인들의 모이는 회당과 성전에서 항상 가르쳤고 은밀히는 아무것도 말하지 않았는데 어찌하여 내게 묻느냐? 들은 자들에게 물어보라. 그들이 내가 하던 말을 안다." 하셨다. 그러자 곁에 섰는 부하 한 사람이 손으로 예수를 때리면서 "네가 감히 대제사장에게 이렇게 대답하느냐?"고 했다. 예수님은 "내가 말을 잘못했으면 그 잘못한 것을 증거해라. 그러나 잘했다면 네가 왜 나를 치느냐?" 하셨다. 안나스가 예수를 결박한 그대로 대제사장 가야바에게로 보냈다. 그 밤에 예수는 묶인 채로 이리저리 끌려 다니시며 수치와 모욕을 당하셨다. 그분은 하나님의 아들이신데 그분이 이렇게 당하신 것은 우리의 죄를 인한 것이다. 그분의 구속을 받은 제자들인 우리는 결코 이 일을 잊어서는 안 된다.[19-24절]

베드로가 다시 예수를 부인하다

25절부터는 베드로의 실패한 이야기가 나온다. 요한은 베드로와 늘 함께한 사람인데, 이것을 기록할 때 다른 복음서에 비해 적은 분량으로 기록했다.

베드로가 서서 불을 쬐고 있는데, 사람들이 "너도 그 제자 중 하나가 아니냐"고 하자 베드로는 부인하면서 "나는 아니라"고 했다. 베드로가 귀를 베어버린 사람의 일가인 대제사장의 종 하나가 말했다. "네가 그 사람과 함께 동산에 있던 것을 내가 보지 않았느냐?" 베드로는 조금 전의 그 용기는 다 어디로 가고 다시 또 부인했다. 다른 복음서를 보면 "나는 그를 모른다."고 하였다. 그때 곧 닭이 울었다. 다른 복음서는 베드로가 주님이 하신 말씀이 생각나서 밖에 나가 심히 통곡하였다고 기록한다.

예수께서 빌라도 앞에 서시다

새벽에 사람들은 예수를 가야바에게서 총독의 관정으로 끌고 가서 그를 고소했다. 그때 유대인들은 유월절 잔치를 먹고자 하여 더럽혀지지 않으려고 관정 안으로는 들어가지 않았다. 그러니까 빌라도 총독이 그들과 대화하기 위해 밖으로 나오게 된 것이다. 그가 "너희 법대로 재판하라." 하니 유대인들이 "우리는 사람을 죽이는 권이 없습니다."라고 했다. 유대인들이 예수를 죽이려고 끌고 온 것이라는 말이다.

이에 빌라도가 예수께 물었다. "네가 유대인의 왕이냐?" 예수께서 대답하시기를, "네가 스스로 하는 말이냐, 다른 사람이 나에 대하여 네게 한 말이냐?" 하시자, 빌라도는 "네 나라 사람과 대제사장들이 너를 내게 넘겼으니 네가 무엇을 하였느냐?"고 물었다. 예수께서 "내 나라는 이 세상에 속한 것이 아니다. 내 나라가 이 세상에 속한 것이었더면 내 종들이 싸워 나로 유대인에게 넘기우지 못하게 했을 것이다. 내 나라는 여기에 속한 것이 아니다."라고 하셨다. 그러자 빌라도가 "그럼 네가 왕이냐?"고 물었다. 예수께서 "네 말과 같이 내가 왕이다. 내가 이를 위해 났고 이를 위하여 세상에 왔으니 곧 진리에 대하여 증거하는 것이다. 진리에 속한 자는 내 음성을 듣는다."고 하셨다. 이에 빌라도는 별 감흥이 없이 "진리가 무엇이냐?"고 묻고 대화를 끝냈다. 주님은 확실히 그분의 진리의 왕국을 이 땅에 세우러 오셨다! 이 말을 하고 빌라도는 유대인들에게 나가서 말했다. "나는 그에게서 아무 죄도 찾지 못하였다." 그 비열하고 무능력한 로마 총독은 관정과 뜰을 들어갔다 나왔다 하며 예수를 재판하는 일을 했다.[28-38上절]

유대인들이 바라바를 풀어주라고 소리 지르다

유월절에는 죄수 하나를 방면하는 전례가 있었다. 그래서 빌라도는 당시 민란을 일으킨 유명한 죄수 바라바와 예수(그는 예수를 유대인의 왕이라고 불렀고, 십자가 위의 죄수 명패에도 '유대인의 왕'이라 적었다.) 중 누구를 놓아주기 원하느냐고 물었다. 유대인들은 이방인 총독 빌라도에게 "이 사람이 아니라! 바라바라!"고 소리를 질렀다. 이것이 하늘에서 오신 귀한 분에게 이 무지하고 죄악 된 세상 사람들이 드린 대우이다. 아! 너무 슬프고 아프다. 이는 다 우리의 죄악으로 인함이다(사 53:5). [39-40절]

19장

예수께서 사형 선고를 받으시다

당시 십자가형을 받은 사람들은 먼저 채찍으로 때렸다. "그가 채찍에 맞음으로 우리가 나음을 입었도다"(사 53:5). 그분은 우리가 질병으로 고생하지 않고 나음을 입도록 채찍에 맞으셨다. 군병들은 예수께 자색옷을 입히고 가시로 면류관을 만들어 그 머리에 씌우고 "유대인의 왕이여, 평안할지어다." 하며 조롱했다. 우리의 많은 부끄러운 죄악을 인하여 그분이 대신 수치를 당하신 것이다.

빌라도가 이번에는 예수를 관정에서 데리고 나와, "보라, 이 사람을 데리고 너희에게 나온 것은 내가 그에게서 아무 죄도 찾지 못했다는 것을 알려주려는 것이다."라고 했다. 죄가 없으면 죽이지 않으면 되는데 빌라도는 무능하고 무책임한 사람이었다.

예수께서 가시 면류관을 쓰고 자색옷을 입고 나오시니 빌라도가 그들에게 "보라, 이 사람이로다!" 하자 대제사장들과 하속들이 예수를 보고 소리 질렀다. "십자가에 못 박게 하소서! 십자가에 못 박게 하소서!" 이에 빌라도는 "너희가 데려다가 십자가에 못 박으라. 나는 그에게서 죄를 찾지 못하였다."고 거듭 말했다. 이에 유대인들이 대답하기를, "우리 법대로 하면 그가 당연히 죽어야 하는데, 이는 그가 사람이 되어 하나님의 아들이라고 말했기 때문이다."라고 하자 빌라도는 더욱 두려워했다. 다시 관정 안에 들어가서 예수께 물었다. "네가 어디서 왔느냐?" 예수께서 대답하지 않으시자 빌라도는 "내게 말하지 않느냐? 내가 너를 놓을 권세도 있고 십자가에 못 박을 권세도 있는 줄 알지 못하느냐?"고 했다. 예수님은 다만 "위에서 너에게 권세를 주지 않으셨다면 나를 해할 권세가 없었을 것이다. 그러므로 나를 네게 넘겨준 자의 죄는 더 크다."고 대답하셨다. 빌라도는 예수를 방면하고자 애를 썼지만 유대인들이 소리를 지르며 "이 사람을 놓으면 가이사(당시 로마 황제를 말함)의 충신이 아닙니다. 자기를 왕이라 하는 자는 가이사를 반역하는 것입니다."라고 외쳤다.

빌라도가 이 말을 듣고 박석(히브리 말로 가바다)이라는 재판석에 앉으니, 오늘날로 말하면 금요일 아침 9시쯤 되었을 것이다. 유대인들은 소리를 지르면서 예수를 없이하라고 했다. 빌라도가 "내가 너희 왕을 십자가에 못 박으랴" 하자 대제사장들이 "우리에게는 가이사 외에는 왕이 없습니다."라고 대답했다. 이에 빌라도는 예수를 십자가에 못 박히게 넘겨주었다.[1-16절]

십자가에 못 박히시다

그들이 예수를 맡았으므로 예수께서 자기 십자가를 지고 해골(골고다)이라는 곳에 나아가시니 그들이 거기서 예수를 십자가에 못 박았는데, 다른 두 사람도 그와 함께 좌우편에 못 박으니 예수는 가운데 계셨다. 빌라도는 죄패에 '유대인의 왕'이라고 썼는데, 히브리, 로마, 헬라 말로 기록하였다. 대제사장들이 빌라도에게 '유대인의 왕'이라 하지 말고 '자칭 유대인의 왕'이라 쓰라고 했으나 빌라도는 '내가 쓸 것을 썼다'고 대답했다.[17-22절]

군병들이 예수의 옷을 제비뽑아 나눠가지다

군병들이 예수를 십자가에 못 박고 그의 옷을 각각 나눠 가졌으며 속옷은 위에서부터 통으로 짠 것이어서 제비뽑아 가져갔다.[23-24절]

사랑하시는 제자에게 어머니를 부탁하시다

십자가 곁에는 그 모친과 이모와 글로바의 아내 마리아와 막달라 마리아가 있었는데, 십자가에 달리신 예수는 그 모친과 사랑하시는 제자(요한)가 곁에 섰는 것을 보시고 그 모친께 "여자여, 보소서. 아들입니다." 하시고 또 그 제자에게 "보라, 네 어머니라." 하셨다. 그때부터 그 제자가 예수의 모친을 자기 집에 모셨다.[25-27절]

"다 이루었다!"

이렇게 하신 후, 예수께서는 모든 것이 이미 이루어진 것을 아시고 기록된 말씀을 응하게 하시려고 "내가 목마르다" 하시니 사람들이 신포도주를 머금은 해융(스폰지 같은 것)을 우슬초에 꿰어 예수의 입에 대어 주었고, 예수께서는 신포도주를 받으신 후 "다 이루었다!" 하시고 머리를 숙이시고 영혼이 돌아가셨다.[28-30절]

창으로 옆구리를 찌르다

이 가슴 아픈 지점에서 여러분과 우리의 죄가 다 제해졌다. 우리의 죄악을 용서하기 위해 그분이 죽임을 당하신 것이다(롬 5:8). 이 날은 예비일(금요일 오후 3시경)인데 유대인들은 그 안식일이 큰 날이므로 안식일에 시체들을 십자가에 두지 않으려고 빌라도에게 그들의 다리를 꺾어 치워달라고 요청했고, 군병들이 다른 죄수 둘은 다리를 꺾어 죽음을 확인했으며, 예수는 이미 죽은 것을 보고 다리를 꺾지 않고 창으로 옆구리를 찌르니 곧 피와 물이 쏟아졌다.

"이를 본 자가 증거하였으니 그 증거가 참이라". 요한은 십자가 가까이서 이 모든 광경을 친히 보고 증거한 것이다. 이 일들이 이렇게 된 것은 '그 뼈가 하나도 꺾이우지 않으리라' 한 성경을 응하게 하려는 것이며, 또 다른 성경에서는 '저희가 그 찌른 자를 보리라'고 했다.[31-37절]

아리마대 요셉이 새 무덤에 예수를 두다

아리마대 요셉은 당시 공회원(유대인 중 상당한 지위) 중 하나로서 예수의 제자였다. 그가 유대인들을 두려워해서 피하여 다녔는데, 이 일 후에 빌라도에게 가서 예수의 시체를 달라 하니 빌라도가 허락했다. 일찍이 예수께 밤에 찾아왔던 니고데모도 몰약과 침향 섞은 것을 백 근쯤 가지고 왔다. 구약의 예언대로 예수께서 돌아가신 후에는 지위가 있고 부유한 사람들이 그분의 장사를 돌본 셈이다. 아리마대 요셉은 예수의 시체를 가져다가 유대인의 장례법대로 니고데모가 가져온 향품과 함께 시체를 세마포로 싸고, 예수께서 십자가에 못 박히신 곳에 동산이 있는데 그 동산 안에 있는 (자기가 사둔) 새 무덤에 예수의 시체를 두었다. 이사야 선지자는 그리스도께서 부자의 묘실에 장사될 것을 예언했고 그대로 이루어졌다(사 53:9).[39-42절]

20장

예수께서 살아나시다

일곱 귀신 들렸다가 주님께 치유받은 막달라 마리아는 파탄난 자기 인생을 온전히 회복시켜주신 예수님이 너무 고마웠다. 그래서 예수님이 복음을 전파하러 다니실 때 여러 자매들과 함께 물질로 섬겼고, 십자가에 못 박히시기 전에 예수님 발에 향유를 발랐고, 그의 일생을 드려서 주님을 섬겼다. 그리고 십자가에 못 박혀 죽으시던 자리에도 함께했다.

"안식 후 첫날 이른 아침 아직 어두울 때에 막달라 마리아가 무덤에 와서 돌이 무덤에서 옮겨간 것을 보고 시몬 베드로와 예수의 사랑하시던 그 다른 제자에게 달려가서 말하되 사람이 주를 무덤에서 가져다가 어디 두었는지 우리가 알지 못하겠다 하니". 막달라 마리아는 마음이 온통 예수님께 있었기에 안식 후 첫날 이른 아침 아직 어두울 때에 예수님의 무덤에 달려간 것이다.

베드로와 그 다른 제자(요한)가 막달라 마리아의 말을 듣고 나가서 둘이 같이 달음질하여 무덤으로 갔는데, 그 다른 제자가 베드로보다 더 빨리 달려서 먼저 무덤에 이르렀지만 구푸려 세마포 놓인 것을 보고서 들어가지는 않았다.

뒤따라온 베드로가 무덤에 들어가 보니 예수님의 시체를 쌌던 세마포가 놓여 있고 또 머리를 쌌던 수건은 다른 곳에 따로 개켜져 있었다. 그때에야 무덤에 먼저 왔던 그 다른 제자도 들어가 보고 믿었다고 말한다. 그럼에도 그들은 예수께서 죽은 자 가운데서 다시 살아나야 하리라고 기록된 말씀을 아직 알지 못하고 그냥 자기들 집으로 돌아갔다.[1-10절]

부활하신 예수께서 마리아에게 나타나시다

그러나 마리아는 빈 무덤 밖에 서서 울고 있었다. 그때 흰옷 입은 두 천사가 예수의 시체 뉘었던 곳에 하나는 머리 편에, 하나는 발편에 앉아 있었다. 천사들이 마리아에게 "여자여, 왜 우느냐?"고 물었다. 마리아가 "사람이 내 주를 가져다가 어디 두었는지 모르겠습니다." 하고 뒤로 돌이켜 예수의 서 계신 것을 보았으나 예수신 줄 알지 못했다. 예수께서 말씀하시기를, "여자여, 어찌하여 울며 누구를 찾느냐?" 하시니 마리아는 그분이 동산지기인 줄 알고 "당신이 옮겨갔거든 내게 알려주시오. 내가 가져가리다." 했다. 그때 예수께서 "마리아야!"

부르시니 마리아가 돌이켜 "랍오니여"(선생님!) 하고 불렀다. 그제서야 마리아는 알았다. 예수님은 부활하셨고 마리아는 첫 번째로 부활하신 주를 만나는 영광을 얻은 것이다. 주님은 그분을 사랑하고 간절히 찾는 사람에게 자신을 나타내신다. "너희가 전심으로 나를 찾고 찾으면 나를 만나리라"(렘 29:13).[11-16절]

예수께서 마리아에게 말씀하시기를, "나를 만지지 말라. 내가 아직 아버지께 올라가지 않았다. 너는 내 형제들에게 가서 내가 내 아버지 곧 너희 아버지, 내 하나님 곧 너희 하나님께로 올라간다 하라." 하셨다. 부활하신 주님과 제자들이 한 아버지에게서 난 친 형제가 된 것이다.[17-18절]

부활하신 예수께서 제자들에게 나타나시다

이 날 곧 안식 후 첫날 저녁 때 제자들은 유대인들을 두려워하여 모인 곳의 문들을 닫고 있었는데, 예수께서 오셔서 가운데 서서 말씀하셨다. "너희에게 평강이 있을지어다." 이 말씀을 하시고 손과 옆구리를 보여주시니 제자들이 주님을 보고 기뻐했다. 예수님은 이제 시공을 초월하시며 닫은 문을 열지 않고도 들어오시는 분이 되신 것이다.

예수께서 또 말씀하시기를, "너희에게 평강이 있을지어다. 아버지께서 나를 보내신 것같이 나도 너희를 보내노라." 하시고서 그들을 향해 숨을 내쉬며 "성령을 받으라! 너희가 뉘 죄든지 사하면 사하여질 것이요 뉘 죄든지 그대로 두면 그대로 있으리라!" 하셨다.[19-23절]

도마가 의심하다

열두 제자 중 하나인 디두모라 하는 도마는 예수께서 오셨을 때 함께 있지 않았는데, 다른 제자들이 그에게 "우리가 주님을 보았다." 하니까 도마가 "내가 그 손의 못자국을 보며 내 손가락을 그 못자국에 넣으며 내 손을 그 옆구리에 넣어보지 않고는 믿지 않겠다."고 했다.

그러므로 성도들은 모임에 빠지면 안 된다. 큰 손실을 당하는 수가 있다. 도마는 부활하신 주님을 만난 제자들의 말을 믿지 못하고 자기가 친히 그 손의 못자국을 보고 그 손가락을 그 못자국에 넣으며 그 손을 옆구리에 넣어보지 않고

서는 믿지 않겠다고 했다.

팔 일 후에 제자들이 다시 집안에 있을 때에 도마도 함께 있고 문들이 닫혔는데 예수께서 오셔서 가운데 서서 말씀하시기를, "너희에게 평강이 있을지어다" 하시고, 도마에게 "네 손가락을 이리 내밀어 내 손을 보고 네 손을 내밀어 내 옆구리에 넣어보라 그리하고 믿음 없는 자가 되지 말고 믿는 자가 되라"고 하셨다. 도마가 고백하기를, "나의 주시며 나의 하나님이시니이다"라고 하자, 주님은 "너는 나를 본 고로 믿느냐 보지 못하고 믿는 자들은 복되도다" 하셨다.[24-29절]

전승에는 그가 인도로 가서 선교하다가 순교했다고 하는데, 내가 인도에 선교하러 갔을 때 마드라스라는 도시에 '도마 교회'라는 예배당이 있는 것을 본 적이 있다.

이 책을 기록한 목적은 예수께서 하나님의 아들 그리스도이심을 믿게 하려는 것이다

요한 사도는 말하기를, 예수께서 이 책에 기록된 것뿐 아니라 다른 표적들도 많이 행하셨으나 오직 이것을 기록한 목적은 "너희로 예수께서 하나님의 아들 그리스도이심을 믿게 하려 함이요 또 너희로 믿고 그 이름을 힘입어 생명을 얻게 하려 함이라"고 했다. 이 글을 읽으면서 여러분이 만일 예수가 보통 사람이 아닌 하늘로부터 오신 하나님의 아들이심을 믿는다면 여러분은 이미 영생을 얻은 것이다.

21장

부활하신 예수께서 일곱 제자에게 나타나시다

21장은 요한복음의 부록(appendix)과 같은 말씀으로, 부활하신 예수께서 디베랴 바다에서 제자들에게 자신을 나타내신 일을 기록했다.

시몬 베드로와 디두모라 하는 도마와 갈릴리 가나 사람 나다나엘과 세베대의 아들들과 또 다른 제자 둘이 함께 있었는데, 베드로가 "나는 물고기 잡으러 가겠다." 하니 그들이 "우리도 함께 가겠다." 하고 다 함께 나가 배에 올랐는데 그 밤에 아무것도 잡지 못했다. 그들은 부활하신 주님으로부터 땅 끝까지 나아가 복음을 전하라는 명을 받았지만(마 28장, 막 16장 참조), 당장 가족 생계 때문에 원래 직업으로 돌아간 것이다. 그러나 날이 새도록 한 마리도 못 잡았다. 그들은 원래 전문 어부들이었는데 그들의 생활 터전인 디베랴 바다에서 한 마리도 못 잡은 것이다.

날이 새어갈 때에 예수께서 바닷가에 서 계셨지만 제자들은 예수신 줄을 알지 못했다. 그때 예수께서 말씀을 건네셨다. "얘들아, 너희에게 고기가 있느냐?" 그들이 없다고 대답하자 주님은 "그물을 배 오른편에 던지라. 그러면 얻을 것이다."라고 하셨다. 그들이 말씀대로 그물을 던지자 고기가 많아 그물을 들 수 없을 정도였다. 제자들은 아직까지도 주님의 음성에 익숙지 않은 것 같다. 누가 그들을 "얘들아(Children)!" 하고 부르겠는가! 그런데 고기가 잡히지 않아 정신이 다른 데 있었는지 그 다정한 음성을 듣고도 주님을 못 알아본 것이다. 예수님은 그들을 꾸짖지 않으시고 처음 그들을 부르실 때를 회상하도록(눅 5:3-11) 그렇게 하신 것 같다. 예수의 사랑하시는 그 제자가 베드로에게 "주님이시다!" 하자 베드로는 벗고 있다가 겉옷을 두르고서 바다로 뛰어내렸다.

다른 제자들은 육지에서 그리 멀지 않아서 작은 배를 타고 고기 든 그물을 끌고 왔다. 그런데 육지에 올라와보니 놀랍게도 이미 숯불이 있는데 그 위에 생선이 놓였고 빵도 있었다. 말하자면 예수께서 밤새도록 고기 잡느라 분투하는 제자들을 위해 아침 식사를 미리 준비해놓으신 것이다. 그러나 예수께서는 지금 잡은 생선도 좀 가져오라고 하신다. 그들의 것을 좀 보태서 덜 무안하게 하신 거라고 생각한다. 그제서야 시몬 베드로가 배에 올라가서 그물을 육지에 끌어올리니 가득히 찬 고기가 일백 쉰 세 마리였다. 이렇게 고기가 많은데도 그물이 찢어지지 않았다.[1-11절]

예수께서 이미 제자들을 위해 조반을 준비해두시다

예수께서 제자들에게 말씀하셨다. "조반을 먹으라." 제자들은 그분이 주님이신 줄 알기 때문에 당신이 누구냐고 감히 묻는 자가 없었다. 예수께서 가셔서 빵을 가져다가 그들에게 주시고 생선도 그렇게 하셨다. 이것은 그야말로 오늘날 목양의 본이다. 너무나 섬세하고 자상한 본이다. 부활하신 예수님을 제자들은 알 듯도 하고 모를 듯도 했던 것 같다. 말하자면 외면이 아닌 내면적인 경험을 통해서만 주님이시라는 것을 알게 되기 때문이다. 제자들은 그들을 돌보시는 분이 그들의 선생이요 주이신 예수님이시라는 것을 속에서 알았을 것이다. 이것이 예수께서 죽은 자 가운데서 살아나신 후에 세 번째로 제자들에게 나타나신 사건이다.[12-14절]

베드로에게 '내 양을 먹이라'고 부탁하시다

아침 식사 후에 예수께서 베드로에게 물으셨다. "요한의 아들 시몬아, 네가 이것들보다 나를 더 사랑하느냐?" 베드로가 대답했다. "주여, 그렇습니다. 내가 주를 사랑하는 줄 주님이 아십니다." 그러자 주님이 "내 어린 양을 먹이라." 하셨다. 주님이 먼저 제자들을 목양의 본을 보이시고 그들에게 다른 어린 양들을 먹이라고 하신다. 두 번째 물으신 후에 "내 양을 치라."고 하셨다. 세 번째에도 동일하게 물으시니 베드로가 근심하는 얼굴로 "주여, 모든 것을 아시니 내가 주를 사랑하는 줄을 주께서 아십니다."라고 대답하자, 예수께서 베드로에게 "내 양을 먹이라."고 하셨다.

먼저 은혜를 받고 주 예수님의 양육을 받은 사람들은 마땅히 어린 양들을 먹이고 양육을 해야 한다. 이 지점에서 베드로는 변했다. 담대하게 주님을 사랑한다고 말하지 못하고 다만 주님이 자기 마음을 아신다고 말한다. '제가 죽기까지 주님을 사랑한다고 장담해봤자 소용이 없습니다. 주님이 나를 잘 아십니다.'라고 한 것이다. 이와 같이 베드로는 실패를 통해서 배운 흔적이 있다.[15-17절]

"내가 진실로 진실로 네게 이르노니 젊어서는 네가 스스로 띠 띠고 원하는 곳으로 다녔거니와 늙어서는 네 팔을 벌리리니 남이 네게 띠 띠우고 원치 아니하는 곳으로 데려가리라." 이 말씀을 하신 것은 베드로가 어떠한 죽음으로 하나님께 영광을 돌릴 것을 가리키신 것이다. 이 말씀을 하시고서 예수님은 베드로에게 "나를 따르라!" 하셨다. 주님이 여럿이 아니라 실패했던 베드로 한 제자를 얼마나 마음을 다해 철저하게 양육하시는가를 보면 참 감동적이다.[18-19절]

"주여, 이 사람은 어떻게 됩니까?"

베드로는 아마도 자신이 일찍 순교할 것을 예감하게 하는 말을 듣고 약간 걱정스러운 마음도 들었던 것 같다. 그리고 돌이켜 예수의 사랑하시는 그 제자(이 복음서의 저자 요한)가 따르는 것을 보고 "주여, 이 사람은 어떻게 되겠습니까?" 라고 묻자 "내가 올 때까지 그를 머물러 있게 할지라도 네게 무슨 상관이냐? 너는 나를 따르라." 하셨다. 우리는 남을 상관하지 말고 주님을 따라야 한다. 그것은 그 제자가 죽지 않는다는 것이 아니라 '다른 사람을 상관 말고 너는 나를 따르라'는 말씀이다.[20-23절]

"우리는 그의 증거가 참인 줄 아노라"

요한은 마지막 구절에서 이 일을 기록한 제자가 이 사람이라 하면서 우리는 그의 증거가 참인 줄 안다고 했다. 자기를 가리킨 것이다. 우리는 요한 사도의 성실한 기록을 인해 참으로 하나님께 감사드린다. 갈릴리 어부들을 불러 제자 삼으시고 귀한 종들로 만드시고 귀한 그리스도의 증인들이 되게 하시고 영생의 말씀을 우리에게 전달하게 하여주신 우리의 주되신 복되신 하나님께 감사와 영광을 돌린다.[24-25절]

사도행전

서문

사도행전의 저자는 바울의 동역자이며 의사였던 누가이며, 기록 시점은 사도 바울이 로마의 감옥에 있을 때(행 28장)로 보는 학자들이 대다수이다. 즉 A.D. 67년경일 것이며 누가복음을 기록한 후일 것이다(행 1:1).

사도행전은 예루살렘에서 120문도가 성령을 받은 것을 시작으로 해서 제자들이 그야말로 목숨을 걸고 유다와 사마리아와 땅 끝까지 예수 그리스도의 증인이 되는 이야기이다. **12장까지**는 주로 베드로를 중심으로 한 예루살렘 사도들의 사역이 중심이 되고 **13장부터 28장까지**는 이방 세계를 향한 사도 바울의 선교가 중심 내용이 되고 있다.

사도행전 1장부터 28장까지의 내용을 분석해 보면, 겉으로 볼 때는 많은 이야기가 전개되는 것 같지만 그 중심에는 '말씀의 확장'이 있다. 복음이 전파되어 확장되어 나가는 것을 기술한 것에 그 기록의 목적이 있는 것이다. **1장부터 6장 6절까지가 한 단락**인데, 그것은 예루살렘에서 시작된 복음이 온 예루살렘을 복음화한다는 내용이다. 6장 7절에는 "하나님의 말씀이 점점 왕성하여 예루살렘에 있는 제자의 수가 더 심히 많아지고"라고 했다.

두 번째 단락은 6장 8절부터 9장 30절까지이다. "그리하여 온 유대와 갈릴리와 사마리아 교회가 평안하여 든든히 서 가고 주를 경외함과 성령의 위로로 진행하여 수가 더 많아지니라"(9:31). 사도행전 1장 8절에서는 복음을 예루살렘에서 유대로, 유대에서 사마리아로, 사마리아에서 땅 끝까지 전하라는 말씀이 나온다. 그리고 9장 31절에서는 복음이 '유대와 갈릴리와 사마리아'까지 나아갔음을 알 수 있으며, 성도들의 수가 더 많아졌다고 했다.

다음 단락은 9장 32절에서부터 12장 24절까지이다. 이 부분에서는 복음이 팔레스타인으로부터 시리아 지역의 안디옥까지 들어간 것을 말해준다. 12장 24절은 "하나님의 말씀은 흥왕하여 더하더라"고 말한다. 말씀이 흥왕해서 점점 더 나아가 안디옥까지 이른 것이다. 11장에서 바나바는 다소의 사울을 데려가서 안디옥에서 사역을 하다가 13장에서 보내심을 받았다. 안디옥에까지 하나님의 말씀이 확산되어 나아간 것이다. 사도행전에서 복음의 확장을 '말씀의 흥왕'이라고 표현한 것을 유의해 보아야 한다.

그다음은 12장 25절부터 16장 5절까지이며, 시리아 안디옥에서부터 소아시아에 이르기까지 복음이 전파되는 내용이다. "이에 여러 교회가 믿음이 더 굳어지고 수가 날마다 더하니라"(16:5). 소아시아까지 복음이 이른 것이다. 그리고 6절부터는 바울이 아시아에서 복음을 전하려고 했지만 성령께서 금하시므로 결국 유럽, 마게도니아로 가게 되는 내용을 기록한다.

16장 6절부터 19장 20절까지가 다음 단락이다. 여기서는 마게도니아를 거쳐 헬라까지 복음이 전파된 것을 볼 수 있다. 이렇게 한 지역 한 지역 복음이 확장될 때마다 성경은 한 마디씩 언급한다. 19장 10절에서는 "이같이 두 해 동안을 하매 아시아에 사는 자는 유대인이나 헬라인이나 다 주의 말씀을 듣더라"고 했다. 그리고는 19장 20절을 보면 "이와 같이 주의 말씀이 힘이 있어 흥왕하여 세력을 얻으니라"고 한다.

19장 21절부터 28장까지는 복음이 로마에까지 확장되었다는 내용이다. 28장 마지막 절을 보면 "담대히 하나님 왕국을 전파하며 주 예수 그리스도께 관한 것을 가르치되 금하는 사람이 없었더라"[31절]고 한다. 말씀이 온 세계로 확장되어가고 로마에까지 이르렀지만 금하는 사람이 없었다는 것이다. 당시는 세계적인 도시 로마까지만 복음이 나가면 땅 끝까지 나아갔다고 생각한 것 같다. 혹은 서바나(스페인)가 땅의 끝인 줄 알았을 수도 있다. 어쨌든 서바나에서의 전도 기록은 없고 바울이 가고자 한 것은 로마서에서 읽을 수 있다. 바울은 주님의 명령을 좇아 땅 끝까지 나아가고자 했음에 틀림없다. 그러나 그는 로마에 수감되었고 그 나머지는 다른 사역자들에게 맡겨져야 했다.

그러므로 사도행전은 결국 **하나님의 말씀이 예루살렘으로부터 시작해서 온 세상을 향해 퍼져나간 것을 기록한 책**이다. 그래서 사도행전 기자는 복음이 어떻게 퍼져나갔는가에 중점을 두고 이 사도행전을 기록했다. 사도행전적인 사역은 퍼져나가는 사역이요 끊임없이 나아가는 사역이다.

1장

부활하신 후 사십 일을 이 땅에 계시면서 그분이 해 받은 후에 다시 사셨음을 사도들에게 많은 증거로 보이시며 하나님 나라의 일을 말씀하시다

누가는 복음서를 쓸 때 한 사람 데오빌로 각하에게 썼고, 사도행전을 쓸 때에도 동일한 인물에게 썼다. 한 사람을 위해 사역할 줄 모르면 많은 사람에게 사역할 수 없다. 내가 글을 쓰거나 말을 해서 그가 어떻게 되기를 바란다는 말인가? 이것이 사역자의 근본적인 심정이다. 누가는 데오빌로 각하가 복음서를 읽고 배운 바를 확실히 깨달아 알기 원했다(눅 1:4). 1-3절은 누가복음과 사도행전의 기록 간격을 설명한다. 예수께서는 죽고 부활하신 후 40일 동안 지상에 계셨는데 때때로 나타났다가 사라지시곤 했다. 그것은 그분이 육신으로 계실 때와는 분명 다른 그 무엇이 있음을 시사한다. 어쨌든 그분은 자신이 다시 사셨음을 제자들에게 확실한 많은 증거로 보여주실 필요가 있으셨다. 그러면서 그 동안 하나님 왕국의 일을 말씀하셨다. 하나님의 왕국은 분명히 신약 성경에서 가장 큰 제목이다.[1-3절]

예루살렘을 떠나지 말고 아버지의 약속하신 것을 기다리라

그리고 사도들에게 예루살렘을 떠나지 말고 아버지의 약속하신 것을 기다리라고 하셨다. 그것이 바로 성령 세례(baptism)이다. 그래야 그들은 능력을 받아 예루살렘과 유대와 사마리아와 땅 끝까지 가면서 예수의 증인이 될 수 있다. 복음은 머물러 있어서는 안되며 땅끝까지 퍼져 나가야 한다.[4-8절]

예수께서 하늘로 올리우시다

이렇게 말씀하신 주 예수님은 제자들이 보는 데서 하늘로 올라가셨다. 제자들이 하늘로 올리우시는 예수님을 자세히 바라보는데 두 천사가 나타나서 지금 이렇게 하늘로 올리우신 예수는 하늘로 가심을 본 그대로 오실 것이라고 말했다.[9-11절]

제자들이 마음을 같이하여 기도에 전혀 힘쓰다

제자들이 그렇게 간절히 기도할 수 있었던 것은 그리스도의 죽으심과 부활, 승천의 사실이 너무 생생하였기 때문이다. 그들은 불과 얼마 전 예수의 십자가의 죽으심과 부활을 목도하고, 바로 전 감람산에서 구름을 타고 하늘로 오르시는 예수를 바라본 자들이다. 주님을 하늘로 전송하고 곧 바로 돌아와 모인 것이다. 그들의 마음속에 예수의 죽으심과 부활 승천은 하나의 교리가 아니라 방금 다 함께 목도한 사실들이다. 아무도 부정할 수 없는 사실들의 증인이었던 그들은 예루살렘에 돌아와 평소 유하는 다락에 가서 함께 모였다. 베드로, 요한, 야고보, 안드레, 빌립, 도마 등이 있고 예수의 모친 마리아와 예수의 아우들도 함께 거기 있었다. 그들은 온전히 한 마음 한 뜻으로 전혀 기도에 힘썼다. 이것은 주님의 오순절 성령 강림의 예비였다.[12-14절]

유다 대신 맛디아가 열두 제자 중 하나가 되다

거기 다락에 모인 무리는 120명 가까이 되었고 베드로가 그 형제들 가운데 일어나서, 유다가 이 직무의 한 부분을 맡았었는데 이 사람이 불의 삯으로 밭을 사고 그 후에 몸이 곤두박질해서 배가 터져 창자가 다 흘러나오는 비참한 최후를 맞이했다고 했다. 베드로는 시편을 인용하면서, 그의 거처로 황폐케 하라고 한 말씀과 그의 직분을 타인이 취하게 하라는 말씀대로 요한의 세례의 시점부터 함께 다니던 사람들 가운데 한 사람을 뽑아 열두 제자의 수를 채우기로 한다.(시

69:25, 109:8) 사도들의 일은 모두 임의적인 것이 없고 말씀에 근거한 것이다. 그래서 두 사람을 천거받았는데 곧 바사바라 하고 별명은 유스도라고도 하는 요셉과 맛디아였다. 그들이 제비를 뽑으니 맛디아가 뽑혔고 그가 궐이 난 열두 제자의 수를 채웠다.[15-26절]

2장[I]

성령이 임하시다

주 예수께서 십자가에 못 박혀 돌아가신 날이 유월절 날이고, 그로부터 50일째 되는 날이 오순절이다. 구약의 용어로는 칠칠절 혹은 초실절이다(출 34:22). 오순절(Pentecost)이란 오십(50)이라는 헬라어의 변형이다.

예수께서 승천하신 후 백이십 문도가 다락방에서 간절히 한 마음으로 금식하며 기도할 때 홀연히 하늘로부터 급하고 강한 바람 같은 소리가 나서 저희 앉은 온 집에 가득하게 되었다. 그리고 불의 혀같이 갈라지는 것이 저희에게 보여 각 사람 위에 임하여 있었는데 저희가 다 성령의 충만함을 받아 각각 다른 방언으로 말하기를 시작했다.

그때가 마침 명절이므로 천하 각국으로부터 온 경건한 유대인들이 예루살렘에 머물고 있었는데, 제자들이 각각 자기 나라 방언으로 말하는 것을 듣고 소동하여 기이히 여기면서 "아니, 이 말하는 사람이 다 갈릴리 사람들이 아니냐? 우리가 우리 각 사람의 난 곳 방언으로 듣게 되는 것이 어쩐 일이냐?" 했다. 어떤 이들은 그들이 새 술에 취하였다고 조롱했다.[1-13절]

베드로가 열한 사도와 같이 서서 소리 높여 말하다

베드로가 열한 사도와 같이 서서 소리를 높여 말했다. "이 사람들이 취한 것이 아니라 선지자 요엘로 말씀하신 것이 응한 것이다. 하나님께서 말씀하시기를, '말세에 내가 내 영으로 모든 육체에게 부어주리니 너희의 자녀들은 예언할 것이요 너희의 젊은이들은 환상을 보고 너희의 늙은이들은 꿈을 꾸리라 그때에 내가 내 영으로 내 남종과 여종에게 부어주리니 저희가 예언할 것이요 누구든지 주의 이름을 부르는 자는 구원을 얻으리라' 하였느니라".[14-21절]

또 그는 예수 그리스도에 대하여 증거했다. "하나님께서 나사렛 예수로 큰 권능과 기사와 표적을 너희 가운데 행하게 하시어 너희 앞에서 그를 증거하셨다. 그분은 하나님의 정하신 뜻과 미리 아신 대로 내어준 바 되셨고, 너희는 법 없는 자들의 손을 빌어 그를 못 박아 죽였다. 그러나 하나님께서 그를 사망의 고통에서 풀어 살리셨으니 이는 그가 사망의 세력에 매여 있을 수 없기 때문이다."

그리고서 시편 16편 8-11절을 인용하여 그리스도의 부활을 증거했다. "내가 항상 내 앞에 계신 주를 뵈었음이여 나로 요동치 않게 하기 위하여 그가 내 우편에 계시도다 이는 내 영혼을 음부에 버리지 아니하시며 주의 거룩한 자로 썩음을 당치 않게 하실 것임이로다 주께서 생명의 길로 내게 보이셨으니 주의 앞에서 나로 기쁨이 충만하게 하시리로다".

베드로는 다윗의 이 말이 다윗 자신을 두고 한 말이 아니라고 하면서 다윗의 무덤은 지금도 우리 중에 있다고 말한다. 다윗은 선지자로서 그의 자손 중에서 한 사람을 그 위에 앉게 하실 것임을 알고 미리 보고 그리스도의 부활하심을 말하기를 "저가 음부에 버림이 되지 않고 육신이 썩음을 당하지 아니하시리라"고 한 것이다. 베드로는 이 예수를 하나님께서 살리셨고 우리는 그의 증인들이라고 하면서 하나님께서 그를 오른손으로 높이사 너희가 보고 듣는 이 성령을 부어주신 것이라고 했다.

또 다윗은 하늘에 올라가지 못하였으나 친히 말하기를, '주께서 내 주에게 말씀하시기를 내가 네 원수로 네 발등상이 되게 하기까지 너는 내 우편에 앉았으라 하셨도다' 하였은즉, "이스라엘 온 집이 정녕 알지니 너희가 십자가에 못 박은 이 예수를 하나님께서 다시 살리사 하늘로 올리시고 주와 그리스도가 되게 하셨느니라"고 하였다. 베드로의 이 설교는 대대로 길이 남을 위대한 것이다. 이를 어찌 한낱 갈릴리 어부 출신의 말로 여기겠는가![22-36절]

2장[Ⅱ]

너희가 이 패역한 세대에서 구원을 받으라

베드로의 이 말을 들은 사람들은 마음에 찔려 베드로와 다른 사도들에게 물었다. "형제들아, 우리가 어찌할꼬?" 그들은 불과 한두 달 전에 나사렛 예수를 죽이는 데 동참하거나 십자가를 보고 함께 비웃고 조롱하던 자들이었을 것이다. 그런 사람들이 오늘 요엘서의 성취로 성령이 부어짐을 보고 예수의 부활 승천과 높여지심, 주와 그리스도 되심을 듣고 엄청난 충격을 받았을 것이다. 그러면서 그들은 당혹스런 심정으로 베드로와 사도들에게 "형제들아, 우리가 어찌할꼬?" 했다. 이런 태도는 참 좋은 것이다. 베드로가 말했다. "너희가 회개하여 각각 예수 그리스도의 이름으로 세례를 받고 죄 사함을 얻으라 그러면 성령을 선물로 받을 것이다"라고 했다. 그러면서 여러 말로 증거하며 "너희가 이 패역한 세대에서 구원을 받으라!"고 했다. 설령 우리가 어떤 죄를 지었더라도, 심지어 주 예수를 십자가에 못박는데 참여한 엄청난 죄를 지었을지라도 진정으로 회개하면 죄사함을 받을 수 있다.

그런 동시에 우리는 예수를 대적하고 십자가에 못 박은 세상에 대해 태도를 분명히 해야 한다. 그 말을 받은 사람들은 세례를 받았으며, 이 날 제자의 수가 삼천 명이나 더해졌다. 이들은 사도의 가르침을 받아 서로 교제하며 떡을 떼며 기도하기를 온전히 힘썼다.[37-42절]

믿는 사람이 모든 물건을 서로 통용하다

사람들은 이런 역사를 보고 두려워하는데, 사도들에 의해 많은 기사와 표적이 나타났다. 그리고 믿는 사람들이 다 함께 있어서 모든 물건을 서로 통용하고 재산을 팔아서 각 사람의 필요를 따라 나눠주었다. 그들은 날마다 이집 저집에서 모이기도 하고 또 마음을 같이 하여 성전에 모이기를 힘썼다. 오순절 성령의 부어지심 이후 유대교적 세력이 약화되어 성전에서 그리스도인이 자유롭게 모일 수 있는 분위기가 형성되었던 것 같다. 또 집에서 떡을 떼고 기쁨과 순전한 마음으로 음식을 먹고 하나님을 찬미하고 온 백성에게 칭송을 받으니 주께서 구원받는 사람들을 날마다 더하게 하셨다. 이것이 초대교회의 부흥이었다. 오늘날도 교회가 참되게 부흥하려면 이러한 성령의 현저한 역사가 일어나야 한다.[43-47절]

근대의 몇몇 부흥 이야기

1900대 초 웨일즈에서, 미국 아주사에서, 1949년 경 스콧틀랜드 작은 섬 루이스에서 부흥이 있었다는 기록을 읽었다. 그 부흥의 특징은 말씀과 기도, 겸손과 순종, 죄악에서 떠난 정결한 삶, 처음 사랑의 회복, 회개와 헌신, 간절한 부흥의 열망 등이었다. 각 곳의 부흥의 특징은 믿지 않는 자들이 회개하고 하나님의 왕국 안으로 들어오는 것이었다. 웨일즈가 그랬다. 당시 극장들이 문을 닫고 감옥에 죄수가 없게 되었다고 기록한다. 지식적으로 좀 더 나은 가르침을 배워가지고, 부족한 사람들을 약간씩 도와주는 식이 아니라, 하늘로부터의 성령께서 역사하사 어두움에 머물러 있던 사람들 가운데 빛과 능력으로 역사하시는 강력한 하늘 왕국의 임재였다. 결코 사람들의 대단한 계획이나 열심, 활동에 의한 것이 아니었다. 1907년 한국의 평양 대부흥도 그러하고 웨일즈 부흥도 그러했다. 한 두 사람의 간절하고 진실한 기도와 회개, 겸비와 눈물, 순종과 헌신이 이 땅을 크게 움직이게 하는 부흥을 가져온 것을 본다.

아주사 부흥을 위해 그들이 붙들고 기도한 구절은 "내 이름으로 일컫는 내 백성이 그 악한 길에서 떠나, 스스로 겸비하고, 기도하여, 내 얼굴을 구하면, 내가 하늘에서 듣고, 그 죄를 사하고 그 땅을 고칠찌라."(역대하7:14)의 구절이었다. 루이스 섬의 부흥의 시작은 나이든 할머니 두 분이 "내가 갈한 자에게 물을 주며 마른 땅에 시내가 흐르게 하며"(사44:3) 말씀을 붙들고 간절히 부흥을 위해 기도한 결과였다고 한다.

3장

베드로가 나면서 앉은뱅이 된 자를 고치다

제 구시 기도 시간이란 우리나라로 말하면 오후 3시쯤에 갖는 기도회를 가리킨다. 그들은 성전에서 기도회를 가졌다. 초대의 사도들은 매일 시간을 정해 놓고 기도를 하였다. 예수님의 부활 후에 상황이 바뀌어 예수 믿는 사람들이 성전을 차지하고 기도회를 가졌다는 것이 놀랍다. 베드로와 요한은 마침 기도회에 가려고 성전 안으로 들어가려던 참이었다. 사람들은 나면서 앉은뱅이 된 자를 메어다가 성전 미문에 두고 구걸하게 했는데, 그때 베드로와 요한이 성전에 들어가려는 걸 보고 구걸하니 베드로와 요한이 그를 주목하면서 "우리를 보라!" 하고, "은과 금은 내게 없거니와 내게 있는 것으로 네게 주노니 곧 나사렛 예수의 이름으로 걸으라!" 하며 일으키니 발과 발목이 힘을 얻고 뛰어 서서 걸으며 함께 성전으로 들어가며 걷기도 하며 뛰기도 하며 하나님을 찬미하였다. 그러므로 모든 백성이 그 걷는 것과 하나님을 찬미하는 것을 바라보고 원래 그가 누구

인가를 알기에 기이히 여기며 놀라워했다.[1-10절]

베드로가 솔로몬 행각에서 그리스도를 전파하다

나은 사람(앉은뱅이였다가 일어난)이 베드로와 요한을 붙잡으니 모든 백성이 크게 놀라며 달려 나아가 솔로몬 행각이라는 곳에 모였다. 베드로가 이것을 보고 백성들에게 말했다. "이스라엘 사람들아, 이 일을 왜 기이히 여기느냐? 우리 개인의 권능과 경건으로 이 사람을 걷게 한 것처럼 왜 우리를 주목하느냐? 아브라함과 이삭과 야곱의 하나님이 그 종 예수를 영화롭게 하셨느니라. 너희가 그를 넘겨주고 빌라도가 놓아주기로 결안한 것을 너희가 그 앞에서 부인하였으니 너희가 거룩하고 의로운 자를 부인하고 도리어 살인한 사람을 놓아주기를 구하여 생명의 주를 죽였도다. 그러나 하나님께서 죽은 자 가운데서 살리셨으니 우리가 이 일에 증인이로다. 그 이름을 믿으므로 그 이름이 너희 보고 아는 이 사람을 성하게 하였나니 예수로 말미암아 난 믿음이 너희 모든 사람 앞에서 이같이 완전히 낫게 하였느니라"고 했다.

또한 "형제들아, 너희가 알지 못해서 그리하였으며 너희 관원들도 그리한 줄 아노라. 그러나 하나님께서 모든 선지자들의 입으로 미리 예언하신 것을 이같이 이루셨느니라. 그러므로 너희가 회개하고 돌이켜 너희 죄 없이함을 받으라. 이같이 하면 유쾌하게 되는 날이 주 앞으로부터 이를 것이요 또 주께서 너희를 위해 예정하신 그리스도 곧 예수를 보내시리니 하나님이 영원전부터 거룩한 선지자들의 입을 의탁하여 말씀하신바 만유를 회복할 때까지는 하늘이 마땅히 그를 받아두리라. 모세가 말하되, 주 하나님이 너희를 위하여 너희 형제 가운데 나 같은 선지자 하나를 세울 것이니 너희는 무엇이든지 그 모든 말씀을 들을 것이니라. 누구든지 그 선지자의 말을 듣지 아니하는 자는 백성 중에서 멸망받으리라 하였고 또한 사무엘 때부터 옴으로 말한 모든 선지자도 이때를 가리켜 말하였느니라. 너희는 선지자들의 자손이요 또 하나님께서 너희 조상으로 더불어 세운 언약의 자손이니 아브라함에게 이르시기를 땅 위의 모든 족속이 너의 씨를 인하여 복을 받으리라 하셨으니 하나님께서 그 종을 세워 복 주시려고 너희에게 먼저 보내사 너희로 하여금 돌이켜 각각 그 악함을 버리게 하셨느니라".[11-26절]

4장[I]

교권주의자들이 사도들을 박해하기 시작하다

성전 문에서 앉은뱅이를 치료한 후에 베드로가 한편의 메시지를 전함으로써 또 오천 명의 사람들이 구원을 받았다. 이때부터 사도들의 전도와 사역에 대한 반대와 박해가 시작된다. 반대자들은 주로 교권주의자들, 곧 제사장들, 성전 맡은 자들, 사두개인들이었다. 그들은 사도들이 백성을 가르치는 것과 예수를 들어 죽은 자 가운데서 부활하는 도(말씀) 전하는 것을 싫어하여 그들을 잡아 이튿날까지 감옥에 가두어 두었다. 그리고는 다음 날 관원들과 장로들과 서기관들이 예루살렘에 모였고 예수를 죽이는 데 앞장섰던 대제사장 안나스와 가야바와 요한과 알렉산더 및 대제사장의 문중이 다 참여했다. 그리고 사도들을 가운데 세우고 예수께 했던 것과 똑같은 질문을 하였다. "너희가 무슨 권세와 누구 이름으로 이 일을 행하였느냐?"[1-7절]

베드로가 예수 그리스도를 증거하다

이때 베드로가 성령이 충만하여 말한다. "백성의 장로들과 관원들아, 만일 여러분이 이 병자에게 행한 선한 일에 대하여 오늘 우리에게 질문하면, 너희와 모든 백성들은 알라. 너희가 십자가에 못 박고 하나님이 죽은 자 가운데서 다시 살리신 나사렛 예수 그리스도의 이름으로 이 사람이 건강하게 되어 너희 앞에 섰느니라." 이어서 "이 예수는 건축자들의 버린 돌로서 모퉁이의 머리돌이 되었느니라. 다른 이로서는 구원을 얻을 수 없나니 천하 인간에 구원을 얻을 다른 이름을 우리에게 주신 일이 없음이라."고 했다. 베드로의 설교는 참 좋다. 이 사람이 두어 달 전 예수님을 세 번 부인하고 또 예수님이 부활하신 후에도 다른 제자들을 데리고 고기 잡으러 가서 예수님을 만나 세 번이나 '나를 사랑하느냐'는 질문을 받은 사람인가 싶다. 또한 그의 설교는 매우 직선적이어서 좋다. 전혀 우회적이거나 지식적이지 않고 완곡한 표현이 없다. 짤막하면서도 요점이 분명하고 그들의 상황에 완전히 적중하는 설교이다.[8-12절]

대제사장들과 관원들이 위협하나 사도들이 담대하게 증거하다

그들 대제사장들과 관원들은 베드로와 요한의 유창한 설교를 듣고 본래 무식한 사람인 줄 알았다가 기이하게 생각하고 또 그들이 전에 예수와 함께 있었던 것도 알고 앉은뱅이였다가 일어난 사람도 있고 하니 뭐라 할 말이 없어서 그저 공회에서 그들을 내쫓았다. 그리고 그들끼리 상의하기를, "이 자들을 어떻게 할까? 저희로 인하여 유명한 표적 나타난 것이 예루살렘 모든 사람에게 알려졌으니 우리도 부인할 수 없다. 이것이 민간에 더 퍼지지 못하게 저희를 위협하여 더 그 이름으로 말하지 못하게 하자". 하고 사도들을 불러 다시는 예수의 이름으로 아무 사람에게도 말하지 말고 가르치지도 말라고 하였다. 그러자 베드로와 요한이 대답했다. "하나님 앞에서 너희 말 듣는 것이 하나님 말씀 듣는 것보다 옳은가 판단하라. 우리는 우리가 보고 들은 것을 말하지 않을 수 없다." 관원들은 백성들을 인해 어떻게 벌할 도리가 없으니 다시 위협하는 말을 하고 사도들을 놓아주었다. 그 앉은뱅이였다가 일어난 사람은 사십여 세나 되었다.[13-22절]

4장[Ⅱ]

사도들과 모든 제자들이 일심으로 하나님께 기도하다

사도들이 풀려나 그 동류들에게 가서 제사장들과 장로들의 말을 다 고하자 모든 제자들이 듣고 일심으로 하나님께 소리를 높여 말했다. "대주재여, 천지와 바다와 그 가운데 만유를 지으신 이시요, 또 다윗의 시 가운데 '어찌하여 열방이 분노하며 족속들이 허사를 경영하였는고! 세상의 군왕들이 나서며 관원들이 함께 모여 주와 그 그리스도를 대적하도다.' 하신 그분이십니다(시 2:1-2). 헤롯과 빌라도는 이방인과 이스라엘 백성과 함께 합동하여 하나님의 기름부음 받은 거룩한 종 예수를 거스려 하나님의 권능과 뜻대로 이루려고 예정하신 그것을 행하려고 이 성에 모였습니다. 주여, 이제도 저희의 위협함을 들으시고 또 종들로 하여금 담대히 하나님의 말씀을 증거하게 하시고, 손을 내밀어 병을 고치게 하옵시고, 표적과 기사가 거룩한 종 예수의 이름으로 이루어지게 하옵소서."

이 기도는 정말 좋다. 사실 대제사장들과 관원들의 위협 배후에는 헤롯과 빌라도가 있으며, 제자들에 대한 핍박은 바로 그들이 십자가에 못 박은 예수를 핍박하는 것이다. 이렇게 기도하고 나니 모인 곳이 진동하더니 무리가 성령이 충만하여 담대히 하나님의 말씀을 전하였다.[23-31절]

믿는 무리가 한 마음과 한 뜻이 되어 물건을 서로 통용하다

믿는 무리가 한 마음 한 뜻이 되어 모든 물건을 서로 통용하고 제 재물을 조금이라도 제 것이라 하는 이가 하나도 없더라고 하였다. 소위 유무상통이었다. 사도들이 큰 권능을 얻어서 주 예수의 부활을 증거하니 무리가 큰 은혜를 얻어서 그중에 궁핍한 자가 하나도 없었으니 이는 재산 있는 자들이 다 팔아서 판 값을 가져다가 사도들의 발 앞에 두고 각 사람의 필요에 따라 나누어 주었기 때문이다.[32-35절]

여기 바나바라는 사람이 나온다. 그는 구브로 사람이고 레위 지파 사람이며 원래 이름은 요셉인데 사도들이 바나바(위로자라는 뜻)라고 불렀다. 그가 밭이 있는데 팔아서 사도들의 발 앞에 두었다. 온전히 헌신한 자가 아니고는 결코 주님을 섬길 수 없다.[36-37절]

5장[I]

아나니아와 삽비라가 엎드러져 혼이 떠나다

아나니아와 삽비라의 이야기가 나온다. 그들도 많은 이들의 헌신하는 분위기에 휩쓸렸다. 그리고서 그 흐름을 타고 밭을 팔았다. 그런데 다 바치자니 아까운 생각이 들어 얼마를 감춘 것이다. 언제나 성령의 역사가 현저한 곳에 마귀는 누룩을 집어넣고 부패케 하는 역사를 하는 것을 본다. 베드로는 심령 안에서 그 일을 이미 다 알고 있었다. 그래서 아나니아를 꾸짖었다. "어찌하여 사단이 네 마음에 가득하여 성령을 속이고 땅 값 얼마를 감추었느냐? 땅이 그대로 있을 때 네 땅이 아니며 판 후에도 네 임의로 하는 것을 누가 말리겠느냐? 그런데 왜 이런 일을 마음에 두었느냐? 사람에게 거짓말을 한 것이 아니요 하나님께 한 것이다." 사람의 헛된 욕심과 망상, 거짓말은 사단으로부터 나온다. 사단은 교회의 새로운 시작과 부흥의 역사에 아나니아와 삽비라를 통해 부패균을 집어넣고자 했다.

아나니아는 이 말을 듣고 엎드러져 죽었고 이 일을 듣는 사람들이 다 크게 두려워했다. 우리는 여기서 하나님의 종들의 위엄을 본다. 진정한 하나님의 종들은 하나님과 하나이다. 하나님 앞에 거짓말이 가장 두려운 것이다. 이에 젊은 사람들이 그의 시신을 메어다가 장사를 지냈다. 세 시간 쯤 후에 그 아내가 일어난 일을 알지 못하고 들어오니 베드로가 그 아내 삽비라에게 물었다. "네 땅 판 값이 이것뿐이냐?" "예, 이것뿐입니다." 베드로가 그녀에게 말했다. "너희가 어찌하여 함께 꾀하여 주의 영을 시험하느냐? 보라, 네 남편을 장사하고 오는 사람들의 발이 문 앞에 이르렀으니 또한 너를 메어가리라." 그녀도 곧 베드로의 발 앞에 엎드러져 혼이 떠났다. 젊은 사람들이 들어와 그녀가 죽은 것을 보고 메어다가 그 남편 곁에 장사 지냈다. 온 교회와 이 말을 듣는 사람들이 다 크게 두려워했다.[1-11절]

사도들의 손으로 표적과 기사가 많이 행해지다

사도들의 손으로 민간에 표적과 기사가 많이 행해지니 믿는 사람이 다 마음을 같이 하여 솔로몬 행각에 모이고 그 나머지는 감히 그들과 상종하는 사람이 없으나 백성이 칭송했다. 믿고 주님께 돌아오는 사람들이 많아 남녀의 큰 무리가 더해졌다. 심지어 병든 사람을 메고 거리에 나가 침대와 요에 뉘이고 베드로가 지나갈 때에 혹 그 그림자라도 덮일까 바랐고, 예루살렘 부근의 허다한 사람들도 모여 병든 사람과 더러운 귀신에게 괴로움을 당하는 사람을 데리고 와서 다 나음을 얻었다.[12-16절]

사도들이 옥에 갇히나 주의 사자가 옥문을 열어 끌어내다

대제사장과 사두개인들의 당파가 마음에 시기가 가득하여 일어나서 사도들을 옥에 가두었으나 주의 사자가 밤에 옥문을 열고 끌어내면서 "가서 성전에 서서 이 생명의 말씀을 다 백성에게 말하라"고 했다. 그들이 듣고 새벽에 성전에 들어가서 가르치는데 대제사장과 그와 함께 있는 사람들이 와서 공회와 이스라엘 족속의 원로들을 다 모으고 사람을 옥에 보내어 사도들을 잡아오라고 했다.

관속들이 가서 감옥에 들어가 보니 옥문은 든든히 잠겼는데 열고 보니 아무도 보이지 않았다. 그대로 보고하니 성전 맡은 자와 제사장들이 그 말을 듣고 도대체 어떻게 된 일인지 의아해할 때, 한 사람이 와서 그들이 성전에서 사람들을 가르친다고 했다. 성전 맡은 자와 관리들이 같이 가서 사도들을 잡아왔으나 강제로 하지 못하는 것은 백성이 돌로 칠까 두려워했기 때문이다. 이미 복음 진리의 세력은 예루살렘에서 커져가고 있었다.[17-26절]

5장[Ⅱ]

사도들을 끌어다가 공회 앞에 세우다

공회원들이 사도들을 데려다가 공회 앞에 세우니 대제사장이 물었다. "우리가 이 이름(예수의 이름)으로 가르치지 말라고 엄금하였는데 너희가 너희 교를 예루살렘에 가득하게 하니 이 사람의 피를 우리에게 돌리려 함이다." 베드로와 사도들이 대답하기를, "사람보다 하나님을 순종하는 것이 마땅하니라. 너희가 나무에 달아 죽인 예수를 우리 조상의 하나님이 살리시고 이스라엘로 회개하고 죄사함을 받게 하시려고 그를 오른손으로 높이사 임금과 구주로 삼으셨느니라. 우리는 이 일에 증인이요 하나님이 자기를 순종하는 자들에게 주신 성령도 그러하니라."고 했다. 그들은 이 한 가지 한 가지가 다 체험적이고 사실이었다. 십자가와 부활이 그랬고 오순절 성령이 그러했다.[27-32절]

가말리엘이 조언하다

그들이 듣고 극도로 분노하여 사도들을 없이하려고 할 때 바리새인 중 교법사 가말리엘이 사도들을 잠시 나가 있으라 하고 그들에게 말했다. "이전에 드다가 일어나 스스로 자랑하니 사백여 명이 따랐는데 그가 죽임을 당하자 좇던 자들이 다 흩어져 없어졌고, 갈릴리 사람 유다도 백성을 꾀어 좇게 하다가 그도 망하니 좇던 사람들이 다 흩어졌다. 이 사람들도 그냥 내버려두라. 이들의 소행과 사상이 사람에게서 났으면 무너질 것이요 하나님께로서 났으면 무너지지 않고 도리어 하나님을 대적하는 것이 될까 한다."고 하였다. 무리가 그 말을 옳게 여겨 사도들을 불러들여 채찍질하고, 예수의 이름으로 말하는 것을 금하고 풀어주니 사도들은 주의 이름으로 능욕받는 일에 합당한 자로 여기심을 기뻐하면서 공회 앞을 떠났다. 그들은 날마다 성전에 있든지 집에 있든지 예수를 그리스도라 가르치기와 전도하기를 쉬지 않았다.[33-42절]

6장

일곱 집사를 택하여 세우다

오순절의 놀라운 부흥의 역사 속에서도 마귀는 계속 틈을 노리고 있었다. 첫째가 아나니아와 삽비라를 통해 교회 안에 거짓과 위선을 들여오려고 한 것이다. 그러나 베드로와 사도들은 강했으며 거짓을 용납하지 않았다. 둘째는 6장의 헬라파 유대인들이 자기의 과부들이 그 매일 구제에서 누락되므로 히브리파 사람을 원망한 것이다. 유대인 중에는 히브리말을 쓰는 자들이 더 많아 그들이 주류를 이루어 구제 봉사를 한 것 같다. 그러자 헬라파 사람들이 '우리는 뭐냐?'라며 원망을 한 것이다.[1절]

이런 일이 있자 열두 사도는 모든 제자를 불러 말했다. "우리가 하나님의 말씀을 제쳐놓고 공궤를 일삼는 것이 마땅치 않으니". 사도들은 헬라파 사람들이 원망한다고 나무라거나 왜 그들을 구제에서 빠뜨렸느냐고 책망하지 않고 먼저 왜 이런 상황이 있게 되었는지를 생각해보았다. 그리고 자신들을 돌아보면서 말씀과 기도를 소홀히하고 음식 나누어주는 일 등을 일삼는 것이 마땅치 않다는 것을 알았다. 그래서 성령과 지혜가 충만하여 칭찬 받는 사람 일곱을 택하여 이 일은 그들에게 맡기고 우리는 기도하는 것과 말씀 전하는 것에 전무하리라 했다. 온 무리가 이 말을 듣고 기뻐하면서 믿음과 성령이 충만한 스데반, 빌립 등 일곱을 택하여 사도들 앞에 세우니 사도들이 기도하고 그들에게 안수했다. 교회에 말씀과 기도가 부족한 채 일만 하게 되면 원망이 생길 수 있다. 우리는 이 일을 깊이 생각해보아야 하며 기꺼이 섬길 수 있도록 충성된 자들을 세워 위임해주어야 한다. 위대한 설교자 스데반과 전도자 빌립은 바로 이 일곱 집사 중에 있었던 사람들이다. 이러므로 하나님의 말씀이 점점 왕성해져서 예루살렘에 제자의 수가 엄청 많아지고 허다한 제사장 무리도 이 도에 복종했다.

스데반이 잡히다

스데반은 집사로 안수받았는데 은혜와 권능이 충만하여 사람들 가운데 큰 기사와 표적을 행했다. 그때 리버디노 구레네인, 알렉산드리아인, 길리기아와 아시아에서 온 사람들의 회당이라는 각 회당에서 어떤 자들이 일어나 스데반과 변론하였는데, 스데반의 말을 당해내지 못하자 사람들을 가르쳐 말을 지어내게 했다. 그것은 곧 스데반이 모세와 하나님을 모독하는 말 하는 것을 들었다고 하라는 것이다. 그리고서 백성과 장로들과 서기관들을 충동시켜 잡아 가지고 공회에 이르러 거짓 증인들을 세우니 그들이 말하기를, "이 사람이 이 거룩한 곳과 율법을 거스려 계속 말하는데 그의 말에 이 나사렛 예수가 이곳을 헐고 또 모세가 우리에게 전하여 준 규례를 고치겠다 함을 우리가 들었노라." 했다. 공회 중에 앉은 사람들이 다 스데반을 주목하여 보니 그 얼굴이 천사의 얼굴 같더라고 했다. 그리고서 스데반 집사는 사도행전 7장의 위대한 설교 한 편을 남기고 첫 번째 순교자가 된다.[8-15절]

7장[I]

스데반의 설교: 아브라함부터 모세까지

대제사장이 6장 후반의 거짓 증거들을 듣고 나서 이 모든 말들이 사실이냐고 물었다. 그때 스데반은 긴 한 편의 마지막 설교를 남긴다. 이 설교는 사도의 것도 아니고 장로의 것도 아니다. 사실상 예루살렘 교회의 한 집사의 설교이다. 그러나 이 설교는 사도행전의 큰 부분을 차지했고 성경의 일부가 되었다.

스데반은 유대인의 조상 아브라함이 메소포타미아에 있을 때부터 말한다. **"영광의 하나님이 그에게 보여 가라사대 네 고향과 친척을 떠나 내가 너에게 보일 땅으로 가라 하시니"**. 아브라함은 하나님의 부르심을 받아 고향 갈대아 우르(메소포타미아)를 떠났고, 하란에 거하다가 아버지가 죽은 후 하나님께서 그를 거기서 그들이 현재 거하는 가나안 땅으로 옮기셨다. 그러나 여기서 발붙일 만큼도 유업을 주지 않으시고 다만 이 땅을 아직 자식도 없는 그와 그 자손에게 주신다고 약속하셨다. 하나님께서는 또 그 씨가 다른 땅에 나그네 될 것이며 그 땅 사람이 그들을 종 삼아 사백 년 동안을 괴롭게 할 것인데, 하나님께서 종 삼는 나라를 심판하실 것이고 그 후에 거기서 나와 그분을 섬기리라고 하셨다. 그리고 아브라함에게 할례의 언약을 주셨는데, 그가 이삭을 낳아 여드레만에 할례를 행했으며, 이삭이 야곱을, 야곱이 열두 조상을 낳고, 여러 조상이 요셉을 시기하여 애굽에 팔았으나 하나님이 저와 함께 계셔서 그의 모든 환난에서 건져내셨다. 하나님께서 애굽 왕 바로 앞에서 요셉에게 은총과 지혜를 주시니 바로가 요셉을 애굽과 자기 온 집의 통치자로 세웠다.

그때에 애굽과 가나안 온 땅에 흉년이 들어 큰 고난이 닥치자 그들에게 양식이 없었다. 야곱은 애굽에 곡식이 있다는 말을 듣고 먼저 그 아들들(이스라엘 족속의 조상)을 애굽에 보내었고 또 재차 보내니 요셉이 자기 형제들에게 알려지게 되고 또 요셉의 친족이 바로에게 드러나게 되었다.

요셉이 그 형제들을 보내면서 그 부친 야곱과 온 친족 일흔 다섯 사람을 청하였으므로 야곱이 애굽으로 내려가 결국 그와 그 아들들(이스라엘 조상들)이 거기서 죽었다. 그리고 세겜으로 옮겨져서 아브라함이 세겜 하몰의 자손에게서 은으로 값 주고 산 무덤에 장사되었다.

하나님께서 아브라함에게 약속하신 때가 가까우니 이스라엘 백성이 애굽에서 번성하여 많아졌는데, 요셉을 알지 못하는 새 임금이 왕위에 오르니 그가 이스라엘 족속을 괴롭게 하여 그 어린아이들을 내어버려 살지 못하게 하려 했다. 그때에 모세가 났는데 하나님 보시기에 아름다웠다. 그 부친의 집에서 석 달을 기르다가 하는 수 없이 갈대상자에 역청을 바르고 그 속에 담아 강에 버렸는데 바로의 딸이 가져다가 자기 아들로 길렀다.

모세가 애굽의 학술을 다 배워 그 말과 행사가 다 능했다. 그가 나이 사십이 되자 그 형제 이스라엘 자손을 돌아볼 생각이 났는데, 이스라엘 사람 하나가 애굽 사람에게 원통한 일 당하는 것을 보고 그를 위해 애굽 사람을 쳐 죽였다. 모세는 그 형제들이 하나님께서 자기 손을 빌어 그들을 구원하시려 한다는 것을 깨달으리라고 생각했지만 그들은 깨닫지 못했다. 그 다음날 이스라엘 사람끼리 싸울 때 모세가 와서 화목시키려 하여 '너희는 형제인데 어찌 서로 해하느냐' 하자 그 동무를 해하는 사람이 모세를 밀치면서 '누가 너를 관원과 재판장으로 우리 위에 세웠느냐? 네가 어제 애굽 사람을 죽인 것처럼 또 나를 죽이려느냐?' 했다. 모세는 이 말을 듣고 도망하여 미디안 땅에서 나그네 되어 거기서 아들 둘을 낳았다.

광야에서 사십 년이 차니 천사가 시내산 광야 가시나무 떨기 불꽃 가운데서 그에게 보이니 모세가 그 광경을 보고 기이하게 여겨 알아보려고 가까이 갔다. 그때 주님의 음성이 들렸다. "나는 네 조상의 하나님 즉 아브라함과 이삭과 야곱의 하나님이로라!" 모세는 무서워 감히 알아보지 못했는데 주님이 다시 말씀하셨다. "네 발에 신을 벗으라. 너 섰는 곳은 거룩한 땅이니라. 내 백성이 애굽에서 괴로움받는 것을 보고 그 탄식하는 소리를 듣고 그들을 구원하려고 내려왔으니 지금 내가 너를 애굽으로 보내리라."

사십여 년 전 애굽에서 이스라엘 사람이 누가 너를 관원과 재판장으로 세웠느냐 하며 거절하던 그 모세를 하나님은 가시나무떨기 가운데서 보이던 천사의 손을 의탁하여 관원과 속량하는 자로 보내셨다. 이 사람이 백성을 인도하여 나오게 하고 애굽과 홍해와 광야에서 사십 년 간 기사와 표적을 행하였다. 이스라엘 자손에게 '하나님이 너희 형제 가운데서 나와 같은 선지자를 세우리라' 하던 자가 곧 이 모세이다.[1-37절]

7장[Ⅱ]

지극히 높으신 하나님은 손으로 지은 전에 계시지 않다고 말하다

44절부터는 성막을 건축한 이야기와 가나안에 들어가서 솔로몬이 성전을 건축한 이야기를 한다. 지극히 높으신 하나님은 사람의 손으로 지은 전에 계시지 않는다고 말하면서(그때 스데반은 모세와 성전을 모독했다고 공격을 당하고 있었다), 그는 이스라엘 백성들에게 "목이 곧고 마음과 귀에 할례를 받지 못한 사람들아, 너희가 항상 성령을 거스려 너희 조상과 같이 너희도 하는도다. 너희 조상들은 선지자 중에 누구를 핍박지 않았느냐? 의인이 오시리라 예고한 자들을 그들이 죽였고 이제 너희는 그 의인을 잡아준 자요 살인한 자가 되나니". 그들이 그들의 조상 모세를 높인다 하지만 그의 율법을 받고도 지키지 않았다고 말한다.[44-53절]

스데반이 순교하다

그들은 이 말을 듣고 마음에 찔려 스데반을 향하여 이를 가니 스데반이 성령이 충만하여 하늘을 우러러 주목하여 하나님의 영광과 예수께서 하나님 우편에 서신 것을 보고 "보라, 하늘이 열리고 인자가 하나님 우편에 서신 것을 보노라!" 하니 그들이 큰 소리를 지르며 귀를 막고 그에게 한 마음으로 달려들어 성 밖에 내치고 돌로 치니 증인들이 옷을 벗어 사울이라 하는 청년의 발 앞에 두었다.

여기의 사울이 후의 그 유명한 사도 바울이다. 참 아이러니하다. 한 충성된 증인이 죽던 날 하나님은 한 사람을 주의해서 보고 계셨다. 그 사울이라는 청년은 매우 용의주도한 사람이었음에 틀림없다. 그는 스데반의 순교 장면을 다 보았다. 그의 동역자 누가는 여기서 '그의 얼굴이 천사와 같았더라'는 말을 삽입했고(6:15), 그가 성령이 충만하여 하늘을 우러러 보며 "인자가 하나님 우편에 서신 것을 보노라!"고 부르짖었다고 기록했다. 사도행전을 기록한 누가는 아직 그 자리에 없었을 것이니 분명 사도 바울에게서 그 말을 듣고 기록했을 것이다. 스데반은 돌로 맞아 죽으면서 "주 예수여, 내 영혼을 받으시옵소서!"라고 부르짖었으며, 무릎 꿇고 크게 주님을 부르면서 "주여, 이 죄를 저들에게 돌리지 마옵소서!" 하고 잠들었다. 그는 주 예수님과 같은 기도를 했다. 참 거룩하고 아름다운 순교이다. 여기서 우리는 신약 교회의 첫 번째 순교자의 거룩한 이야기를 대하게 된다.[54-60절]

8장[I]

사울이 교회를 핍박하다

8장 1절은 "사울이 그의 죽임당함을 마땅히 여기더라"고 한다. 어쩌면 누가로 하여금 이 구절을 삽입하게 할 때 바울의 마음은 말할 수 없이 참담했을 것이다. 나는 누가가 바울의 지도 아래서 이 사도행전을 기록하지 않았을까 생각해본다.

스데반의 순교로 인해 그날 예루살렘 교회에 큰 핍박이 일어나서 사도들 외에는 믿는 사람들이 다 유대와 사마리아 모든 땅으로 흩어졌다. 사실 주 예수님은 사도행전 1장 8절에서 예루살렘에만 있지 말고 유대와 사마리아와 땅 끝까지 나아가 주님의 증인이 되라고 하셨다. 그런데 그들은 그냥 예루살렘에 안주하고 있었고, 핍박이 일어나자 결국 흩어지게 된 것이다. 사도들의 행전 같지만 사실은 하늘의 주님과 성령의 역사라고 밖에 볼 수 없다.

3절에 사울의 이야기가 또 나온다. "사울이 교회를 잔멸할새 각집에 들어가 남녀를 끌어다가 옥에 넘기니라". 이 구절을 읽을 때 우리는 과연 이 사람이 사도 바울이 맞느냐고 할 것이다. 참 놀라운 이야기다. 어떻게 그런 사람이 사도가 되었을까? 그래서 바울은 "나의 나 된 것은 하나님의 은혜로 된 것이라"고 했고 "나는 죄인 중에 괴수이고 포행자요 핍박자인데 내가 사도가 된 것은 큰 긍휼을 얻은 것이라"고도 했다.

빌립이 사마리아에 복음을 전파하다

스데반의 이야기가 7장에 있고, 8장에는 빌립의 이야기가 나온다. 이들은 원래 예루살렘 교회의 집사들이었는데 스데반은 설교자로, 빌립은 전도자로 나타났다. 이 빌립이 말하자면 사마리아의 가장 유력한 전도자가 된 것이다. 빌립의 전파로 사마리아의 많은 사람에게 붙었던 귀신들이 떠나고 중풍병자와 앉은뱅이가 나으니 사마리아 성에 큰 기쁨이 있었다고 했다. 오순절 성령 강림의 결과요, 복음의 결과이다.

그 사마리아 성에서 시므온이라는 사람이 전부터 마술을 행하여 사마리아 사람들을 놀라게 했고 자칭 큰 자라고 하니 사람들은 그를 따르며 크신 하나님의 능력이라고 칭송했다. 그런데 그 사람도 빌립의 전도를 듣고 세례를 받고 전심으로 빌립을 따라 다니며 그 나타나는 표적과 능력을 보고 놀랐다.[4-13절]

베드로와 요한이 사마리아에 내려가서 기도함으로 그들도 성령을 받다

한 편 예루살렘의 사도들은 사마리아도 말씀을 받았다는 것을 듣고 베드로와 요한을 보냈다. 그들이 사마리아에 내려가서 그들을 위해 성령 받기를 기도하니, 이는 아직 한 사람에게도 성령 내리신 일이 없고 오직 주 예수의 이름으로 세례를 받을 뿐이었다. 두 사도들이 가서 그들에게 안수하니 성령을 받았다.

시몬이 사도들의 안수함으로 성령 받는 것을 보고 돈을 드리면서 "이 권능을 내게도 주어 누구든지 내가 안수하는 사람은 성령을 받게 하여 주소서." 하자 베드로가 그에게 말했다. "네가 하나님의 선물을 돈 주고 살 줄로 생각하였으니 네 은과 함께 망할지어다. 하나님 앞에 네 마음이 바르지 못하니 이 도에는 네가 관계도 없고 분깃 될 것도 없느니라. 그러므로 너의 이 악함을 회개하고 주께 기도하라. 혹 마음에 품은 것을 사하여 주시리라. 내가 보니 너는 악독이 가득하며 불의에 매인 바 되었도다.

이에 시므온은 "나를 위하여 주께 기도하여 말한 것이 하나도 내게 임하지 말게 하소서."라고 대답했다. 두 사도가 주의 말씀을 증거한 후에 예루살렘으로 돌아가니 사마리아 여러 촌에서 복음을 전했다.[14-24절]

8장[Ⅱ]

빌립은 사마리아에 복음을 전파한 후에 그곳을 어찌 보면 베드로와 요한에게 맡기고 떠났다. 이것은 매우 중요한 의미를 지닌다. 초대교회는 모두 한 교회이고, 한 성령의 부어짐은 베드로와 요한이 사마리아에 왔을 때 비로소 사마리아 성도들에게 임했다. 빌립은 사마리아 교회의 사역자가 되지 않았고, 베드로와 요한은 예루살렘 교회의 주인이 되지 않았다. 또 사마리아도 맡아 주관하지 않았다. 그들은 사마리아서 할 일을 한 후 예루살렘으로 돌아갔다. 다 그리스도를 머리로 하여 각각 직분에 따라 섬겼을 뿐이다. 참 보기 좋은 광경이다. 그들은 다만 각각 성령과 교회의 보내심을 받아서 순종하며 사역을 했다.[25절]

빌립이 에디오피아인에게 복음을 전하다

26절부터는 빌립의 에디오피아 전도를 다룬다. 주의 사자가 빌립에게 "일어나서 남으로 향하여 예루살렘에서 가사로 내려가는 길까지 가라" 했는데 그 길은 광야였다. 일어나 가서 보니 에디오피아 여왕 간다게의 모든 국고를 맡은 큰 권세가 있는 내시가 예배하러 예루살렘에 왔다가 돌아가는데 병거를 타고 선지자 이사야의 글을 읽고 있었다.

그때 빌립이 달려가서 그가 선지자 이사야의 글 읽는 것을 듣고 말했다. "읽는 것을 깨닫습니까?" 내시가 대답했다. "지도하는 사람이 없으니 어찌 깨달을 수 있습니까?" 하고서 빌립을 청하여 병거에 올라 같이 앉으라 했다. 그가 읽던 구절은 마침 이사야 53장이었다. "저가 사지로 가는 어린 양과 같이 끌리었고 털 깎는 자 앞에 있는 어린 양의 잠잠함같이 그 입을 열지 아니하였도다 그 생명이 땅에서 빼앗김이로다". 내시가 빌립에게 선지자가 이것을 말한 것이 누구를 가리키는 것이냐고 물었다. 빌립은 이 글에서 시작하여 예수를 가르쳐 복음을 전했는데, 길 가다가 물 있는 곳에 이르니 내시가 말했다. "보라, 물이 있으니 내가 세례를 받음에 무슨 거리낌이 있느냐?"

병거를 머물게 하고 빌립과 내시가 둘 다 물에 내려가 빌립이 그에게 세례를 주고 둘이 물에서 올라왔는데, 주의 영이 빌립을 이끌어갔다. 내시는 기뻐하면서 길을 갔고 다시는 빌립을 보지 못했다. 빌립은 아소도에 나타나 여러 성을 지나다니며 복음을 전하고 가이사랴에 이르렀다. 사도행전 21장 8절은 빌립이 가이사랴에서 살았고 그에게 네 딸이 있었다고 기록한다. 빌립이 가이사랴에서는 좀 오래 살았던 것 같다. 어쨌든 오순절 성령의 역사 아래 초대교회는 기적이 일상처럼 일어났다. 그리고 그들의 사역은 모두가 절대적이고 온전히 헌신된 것이었다.[26-40절]

9장[I]

사울의 회심 : 하늘로서 빛이 그를 둘러 비추다

사도행전에는 주로 두 사람의 역사에 대한 기록이 있는데, 하나는 베드로이고 다른 하나는 바울이다. 물론 배후에서 역사하시는 진짜 주인공은 성령이시다. 따라서 사도행전을 어떤 사람들은 성령 행전이라고 부른다.

9장에도 사울의 이야기가 이어지는데, 그는 여전히 위협과 살기가 등등하여 대제사장에게 가서 다메섹 여러 회당에 갈 공문을 받아 예수 믿는 사람을 만나면 무론남녀하고 결박하여 예루살렘에 잡아가려고 하던 참이었다. 어떤 사람들은 그가 말을 타고 갔을 것이라고 한다. 그는 확실히 생각만 하는 사람이 아니라 행동하는 사람이고 활동적인 사람임에 분명하다.

그가 다메섹에 가까이 갔을 때 갑자기 하늘로서 빛이 그를 둘러 비추었다. 사울이 땅에 엎드러졌는데 하늘로서 소리가 있어 말하기를, "사울아, 사울아, 네가 어찌하여 나를 핍박하느냐?" 하셨다. 그가 "누구십니까?" 하고 물으니 "나는 네가 핍박하는 예수라. 네가 일어나 성으로 들어가라. 행할 것을 네게 이를 자가 있느니라." 하셨다.[1-6절]

그가 행할 것을 이르시다

이 대화는 참으로 기이하다. 예수님은 사람을 아신다. 그분을 핍박한 것에 대하여는 한 마디도 책망하지 않으시고 다만 "성으로 들어가라. 행할 것을 네게 이를 자가 있느니라." 하셨다. 이것은 보통 사람의 대화로 보면 중간을 삭제해버린 것 같다. 즉 주 예수님은 사울이 몰라서 그렇게 하고 있다는 것을 아셨다는 말이다. 그러므로 예수님은 사울에게 자신을 보여주고 알려주시기만 하면 그가 금세 돌이킬 것을 아셨다. 참 긍휼의 주님이시요 자비의 하나님이시다. 바울은 자기가 긍휼을 입은 것은 알지 못하고 행하였기 때문이라고 했다(딤전 1:13, "내가 전에는 훼방자요 핍박자요 포행자였으나 도리어 긍휼을 입은 것은 내가 믿지 아니할 때에 알지 못하고 행하였음이라"). 사울은 눈은 떴으나 보지 못하고 사람들의 손에 이끌려 다메섹으로 들어갔다.[7-8절]

주께서 아나니아에게 사울을 찾아 안수하라 하시다

주님은 거기 아나니아라고 하는 작은 제자에게도 말씀하셨다. "일어나 직가(Straight Road)라는 거리로 가서 유다 집에서 다소 사람 사울이라 하는 자를 찾으라. 저가 기도하는 중이다. 저가 아나니아라 하는 사람이 들어와서 자기에게 안수하여 다시 보게 하는 것을 보았느니라." 그러자 아나니아가 머뭇거리며 대답했다. "주여, 이 사람에 대하여 내가 여러 사람에게 들었는데, 그가 예루살렘에서 주의 성도에게 적지 않은 해를 끼쳤다 하더니 여기서도 주의 이름을 부르는 모든 자를 결박할 권세를 대제사장들에게 받았나이다."

그러나 주님은 "가라, 이 사람은 내 이름을 이방인과 왕들과 이스라엘 자손들 앞에 전하기 위해 택한 나의 그릇이다. 내 이름을 위하여 해를 얼마나 받아야 할 것을 내가 그에게 보이리라."고 하셨다. 그는 주 예수의 이름을 위해 고난의 종으로 선택되었다. 바울에게 있어서 고난을 받음은 주님이 의탁하신 것이기에 복음을 위하여 수많은 고난을 받되 부끄러워하지 않았다(딤후1:12). 아나니아가 그 집에 들어가서 그에게 안수하면서, "형제 사울아, 주 곧 네가 오는 길에서 나타나신 예수께서 나를 보내어 너를 다시 보게 하고 성령으로 충만하게 하신다." 하니 사울의 눈에서 비늘 같은 것이 벗겨지고 다시 보게 되었으며, 일어나 침례를 받고 음식을 먹으니 강건하여졌다.[10-19절]

하나님은 당신의 종을 친히 세우신다. 그분의 일은 그분이 뜻하시는 대로 친히 하시는 것을 본다. 그분이 하시는 일은 그 누구도 막을 수 없다.

9장[Ⅱ]

사울이 예수가 그리스도라 전하기 시작하다

사울은 눈을 뜬 후 다메섹에 있는 제자들과 며칠을 함께하고 즉시로 회당에 다니며 예수가 하나님 아들이심을 전했다. 그는 정말 즉시로 변했다. 진정 예수를 만나고 그분이 누군지를 아는 사람들은 다 동일한 간증을 지닌다. 사울의 소문을 듣는 사람마다 다 놀랐다. 혹 속여서 참 신자들을 잡으려 하는 것은 아닌가 했다. 그러나 사울은 더욱 힘을 얻어 예수를 그리스도라고 전했고, 여러 날이 지나니 사울이 변한 것이 진짜로 드러났다. 그러자 유대인들은 사울을 잡아 죽여야겠다고 생각하고 공모했다. 그들이 사울을 죽이려고 밤낮으로 성문까지 지키고 있어서 제자들은 밤에 광주리에 사울을 담아서 성 밖으로 달아 내렸다. 그때 유대인들은 왕의 권력까지 이용해서 사울을 잡으려고 했다. 상황은 매우 심각하였다. 나중에 바울은 자신의 약함을 말할 때 이 일을 언급했다(고후 11:32-33). [20-25절]

사울이 예루살렘에 올라가니 바나바가 사도들에게 사울을 소개하다

사울은 예루살렘에 가서 제자들을 사귀고자 했으나 다들 악명이 높았던 사람 사울을 사도들조차 두려워하고 쉽게 믿지 못했다. 그때 바나바가 나서서 사울을 데리고 사도들에게 가서 그가 어떻게 길에서 주를 본 것과 그에게 어떻게 말씀하신 것, 또 다메섹에서 어떻게 담대히 주를 전파하였는가를 말해주었다. [26-27절]

사울이 제자들과 함께 있으면서 예루살렘에 출입하였는데, 거기서도 유대인들에게 말하니 유대인들이 예루살렘에서도 그를 죽이려고 힘썼다. 그러므로 형제들이 그 일을 알고서 사울을 가이사랴로 데리고 와 자기 고향 다소로 보냈다. 사실 유대교에 가장 정통한 사람, 열심이었던 사람이 돌이키면 가장 그들에게 위협적인 존재가 된다. 그러니 기를 쓰고 죽이려고 한 것이다. 그때부터 사울은 형제들의 말을 들으며 겸손하게 순종을 배웠다. 온 유대와 갈릴리와 사마리아에 교회들이 세워져가고 성령의 위로로 전진하면서 제자의 수가 더욱 많아졌다. [28-31]

9장[Ⅲ]

베드로가 중풍병자를 치료하다

그때에 베드로가 사방으로 다니다가 룻다에 사는 성도들에게 내려갔는데, 거기서 중풍병으로 상에 누운 지가 8년 된 애니아라는 사람을 만났다. 베드로가 그에게, "애니아야, 예수 그리스도께서 너를 낫게 하시니 일어나 네 자리를 정돈하라." 하자 곧 일어나니 룻다와 사론에 사는 사람들이 다 그를 보고 주님께로 돌아왔다.[32-35절]

베드로가 다비다를 살리다

욥바에 다비다라는 여제자가 있었는데, 그 이름을 번역하면 도르가였다. 그는 선행과 구제하는 일이 아주 많았는데 그때에 병들어 죽었다. 욥바의 제자들이 베드로가 룻다에 있는 것을 알고 찾아가서 베드로를 모셔왔다. 그리고 시체를 누인 다락에 올라가니 모든 과부들이 베드로 곁에 서서 울며 도르가가 지은 속옷과 겉옷을 보여주니 베드로가 사람을 다 내어보낸 후 무릎을 꿇고 기도하면서 시체를 향하여 "다비다야, 일어나라!" 했다. 그가 눈을 떠서 일어나 앉아 베드로를 바라보았다. 베드로가 손을 내밀어 일으키고 성도들과 과부들을 불러들여 그의 산 것을 보여주니 온 욥바 사람들이 많이 예수를 믿었다.

베드로가 욥바 가죽 장인(匠人) 시몬이라는 사람 집에 여러 날 머물렀다.[36-43절]

사도행전

10장[Ⅰ]

고넬료와 베드로의 환상

사도행전은 12장까지 베드로의 활동이 중심이 된다. 그리고 13장부터 바울의 역사로 넘어간다.

10장에서, 고넬료라 하는 이방인(이탈리아 군대 백부장)은 늘 온 집으로 더불어 기도하고 하나님을 경외하고 백성을 많이 구제한 경건한 사람인데, 하루는 제 9시경 환상 중에 하나님의 사자가 고넬료를 불러 말했다. "네 기도와 구제가 상달되고 기억한 바 되었으니 욥바에 있는 베드로를 청하라. 그는 지금 해변에 있는 피장(皮匠) 시몬의 집에 있다." 다음 날 고넬료는 종 둘을 욥바로 보냈는데, 제 육시에 베드로는 기도하려고 지붕에 올라갔고 마침 정오여서 시장하여 먹고자 하였다. 그때 비몽사몽간에 하늘이 열리며 한 그릇이 내려오는 것을 보니 큰 보자기 같고 네 귀를 메어 땅에 드리웠는데 그 안에 땅에 기는 각색 네 발 가진 짐승과 기는 것과 공중의 나는 것들이 있었다. 그때 또 소리가 나기를, "잡아먹으라!" 했다. 베드로가, "주여, 그럴 수 없나이다. 속되고 깨끗지 아니한 것은 내가 언제든지 먹지 아니하였나이다." 하니, 하나님께서 "내가 깨끗하다 한 것을 속되다 하지 말라."고 하셨다. 이런 일이 세 번 있은 후 그 그릇이 하늘로 올리워 갔다.[9-16절]

베드로가 그 환상이 무슨 뜻인가 생각하고 있는데 마침 고넬료의 종들이 베드로를 찾았다. (당시 수제자이며 사도인 베드로는 비서나 경호원이 없었다. 이것은 매우 중요한 개념이다.) 그때 성령께서 의심하지 말고 그 둘을 따라 함께 가라고 하셨다. 베드로가 종들에게 무슨 일로 나를 찾느냐고 물으니 그들이 백부장 고넬료에 대해 이야기했다. "고넬료는 의인이고 하나님을 경외하는 자이고 유대 온 족속이 칭찬하는 자인데 천사의 지시를 받아 이렇게 온 것이다."

베드로는 그날 밤 그들을 거기 재우고 다음 날 일어나 가이사랴로 갈 때 욥바 두어 형제도 함께 갔다. 가이사랴에 가니 고넬료가 기다리고 있었다. 마침 베드로가 들어가자 고넬료가 맞아 발 앞에 엎드리니 베드로가 "일어서라! 나도 사람이라." 하였다. [23下-26절]

10장[Ⅱ]

베드로가 고넬료의 집에서 하나님의 말씀을 전하다

베드로가 들어가 여러 사람의 모인 것을 보고 입을 열었다. "유대인으로서 이방인을 교제하는 것과 가까이 하는 것이 위법인 줄은 너희도 알겠지만, 하나님께서 내게 지시하시길 '아무도 속되다 하거나 깨끗지 않다 하지 말라' 하셔서 부름을 사양치 않고 왔다. 무슨 일로 나를 불렀느냐?" 고넬료가 그 동안의 경위를 죽 설명하면서 "이제 우리는 주께서 당신에게 명하신 모든 것을 듣고자 하여 다 하나님 앞에 있습니다."라고 했다.

베드로는 과연 천국 열쇠를 가지고 문을 연 사람이다. 오순절에는 다락방에서 유대인에게, 고넬료 집에서는 이방인을 향하여 천국 열쇠로 문을 연 것이다 (마 16장).

베드로의 이방인을 향한 첫 설교이다. "내가 참으로 하나님은 사람의 외모를 취하지 아니하시고 각 나라 중 하나님을 경외하고 의를 행하는 자들을 받으시는 줄을 깨달았도다. 만유의 주 되신 예수 그리스도로 말미암아 화평의 복음을 전하사 이스라엘 자손들에게 보내신 말씀 곧 요한이 그 세례를 반포한 후 갈릴리에서 시작되어 온 유대에 두루 전파된 그것을 너희도 알거니와 하나님이 나사렛 예수에게 성령과 능력을 기름 붓듯 하셨으며 저가 두루 다니며 착한 일을 행하시고 마귀에게 눌린 자를 고치셨으니 하나님이 함께 하셨음이라. 우리는 유대인의 땅과 예루살렘에서 그의 모든 행한 일의 증인이라. 그를 저희가 나무에 달아 죽였으나 하나님이 사흘 만에 다시 살리사 나타내시되 모든 백성에게 하신 것이 아니요 오직 미리 택하신 증인 곧 죽은 자 가운데서 일어나신 후 모시고 음식을 먹은 우리에게 하신 것이라." 하였다. 그분이 우리를 명하시기를, "하나님이 산 자와 죽은 자의 재판장으로 정하신 자가 곧 이 사람인 것을 증거하게 하셨고 저에 대하여 모든 선지자도 증거하되 저를 믿는 사람들이 다 그 이름을 힘입어 죄 사함을 받는다." 하셨다.[34-43절]

고넬료의 집에서 말씀 듣는 모든 사람에게 성령이 임하시다

베드로가 이 말을 할 때 성령이 말씀 듣는 모든 사람에게 내려오시니 베드로와 함께 온 할례받은 자들이 이방인들에게도 성령 부어주심을 인하여 놀랐다. 이는 그들이 오순절의 유대인들처럼 방언을 말하며 하나님 높임을 들었기 때문이다. 이때 베드로는 "이들이 우리와 같이 성령을 받았으니 누가 능히 물로 세례 줌을 금하리요" 하였다. 그리고 그들 모두 예수 그리스도의 이름으로 세례를 받았으며 베드로에게 며칠 더 머물기를 청했다.[44-48절]

11장

베드로가 예루살렘에 올라가 보고하다

유대에 있는 사도들과 형제들이 이방인들도 하나님의 말씀을 받았다 함을 들었다. 베드로가 예루살렘에 올라갔을 때 할례자들이 베드로를 힐난하면서 "네가 무할례자의 집에 들어가 함께 먹었다."고 말했다. 베드로는 그들에게 그동안의 일들을 차근차근 설명해주었다.[1-4절]

그가 욥바 성에서 기도할 때 비몽사몽간에 환상을 보았는데 큰 보자기 같은 그릇이 하늘에서 내려와 그의 앞에 드리웠고 그것을 주목하여 보니 땅에 네 발 가진 것과 들짐승과 기는 것과 공중에 나는 것들이 있었다. 또 음성이 있었는데, 그에게 "베드로야, 일어나 잡아먹으라!" 하셨다. 그래서 베드로가 "주여, 그럴 수 없습니다. 속되거나 깨끗지 않은 물건은 언제든지 내 입에 들어간 일이 없습니다." 하니, 하늘에서 두 번째로 음성이 있어 그에게 대답하기를, "하나님이 깨끗하게 하신 것을 네가 속되다 말라." 하셨다. 이런 일이 세 번 있은 후에 모든 것이 다시 하늘로 끌려 올라갔다.[5-10절]

그때 마침 세 사람이 그가 머물고 있는 집 앞에 서 있었는데, 바로 가이사랴 고넬료 집에서 보낸 사람들이었다. 성령께서 베드로에게 명하시기를, "아무 의심 말고 함께 가라!" 하셨다. 그러므로 여섯 형제도 그와 함께 가서 그 사람 집에 들어가니 그(고넬료)가 말하기를 "천사가 내 집에 서서 말하기를, '사람을 욥바에 보내어 베드로라 하는 시몬을 청하라. 그가 너와 네 온 집의 구원 얻을 말씀을 네게 이르리라' 함을 보았노라"고 했다.[11-14절]

그리고 베드로가 말을 시작할 때에 성령이 그들에게 임하시는데, 처음 오순절 때 유대인들에게 임하신 것같이 하셨다는 것이다. 그때 베드로는 주님의 말씀이 생각났는데, 곧 "요한은 물로 세례를 주었으나 너희는 성령으로 세례 받으리라"고 하신 것이었다. 이어서 그는 "그런즉 하나님이 우리가 주 예수 그리스도를 믿을 때에 주신 것과 같은 선물을 그들에게도 주셨으니 내가 누구관대 하나님을 능히 막겠느냐!"고 했다. 이 말을 듣고 그들은 잠잠하여 하나님께 영광을 돌려 말하기를, "그러면 하나님께서 이방인에게도 생명 얻는 회개를 주셨도다!" 고 했다.[15-18절]

유대인들은 이방인들이 하나님의 말씀을 받았다는 것을 수용하기가 어려웠다. 하기야 항상 주 예수님을 따라다녔던 베드로가 이방인을 받아들이기가 어려웠다면 일반 유대인들이야 오죽했겠는가! 베드로가 이방인들에게 하나님의 말씀을 전하고 그들과 함께 지내고서 예루살렘으로 돌아오니 유대인들은 베드로를 문책했다. 이것을 볼 때 베드로는 확실히 오늘날의 대교회 당회장이나 교황 같은 사람이 아니었다. 베드로는 자신을 오해하고 문책하는 유대인들 앞에서 자

초지종을 자세히 설명했다. 욥바에서 가이사랴까지 동행한 형제들이 베드로를 위하여 좋은 증인이 되어주었을 것이다.

이렇게 자세한 설명이 반복해서 주어진 것은 당시의 상황이 그만큼 힘들었음을 말해준다. 아무튼 고넬료 집에서 말씀 듣는 사람들에게 임하신 성령은 오순절에 임하신 성령과 같으며 동일한 성령 세례(침례)이다. 이것은 매우 중요하다. 이렇게 해서 베드로는 유대인에게는 사도행전 2장에서, 이방인에게는 10장에서 천국 열쇠를 사용한 장본인이 되었으며, 이는 주 예수님이 그에 대해 하신 예언과 일치한다(마 16:19, 여기서 천국 열쇠는 복수로서 열쇠들(Keys)이다).

안디옥에서 수다한 사람들이 믿고 주께로 돌아오다

"때에 스데반의 일로 일어난 환난을 인하여 흩어진 자들이 베니게와 구브로와 안디옥까지 이르러 말씀을 유대인에게만 전하는데 그중에 구브로와 구레네 몇 사람이 안디옥에 이르러 헬라인에게도 주 예수를 전파하니 주의 손이 그들과 함께하시매 수다한 사람이 믿고 주께 돌아오더라"[19-21절]. 이것은 마치 닫혔던 문을 여니 밖에 섰던 사람들이 우루루 안으로 들어오는 것과 같다. 10장에서 베드로는 고넬료 집에서 이방인을 위해 천국 문을 열었다. 주님은 때를 같이 해서 스데반의 순교 이후 흩어진 자들을 통해 이방인들에게 전도를 하게 하심으로 베드로를 통해 열린 천국 문 안으로 수다한 이방인 성도들을 들어오게 하셨다. 이 모든 일의 배후에 성령이 계시다는 것을 이해하기란 어렵지 않다. 하나님을 찬미한다. 오늘날 우리가 들어온 천국 문도 결국은 베드로 사도가 열어준 것이고, 물론 그것은 주님께서 인도하신 것이다.

예루살렘 교회가 바나바를 안디옥에 보내다

예루살렘 교회는 헬라인들 가운데 많은 사람들이 믿고 주님께 돌아왔다는 소문을 듣고 바나바를 안디옥까지 보냈다. 안디옥의 이방인 신자들을 돕기 위해 다정다감하고 인간미가 넘치는 바나바를 보낸 것이다. 그는 그들에게 있는 하나님의 은혜를 보고 기뻐하며 새로 믿은 이방인 어린 신자들에게 굳은 마음으로 주께 붙어 있으라고 권하였다. 여기서 바나바에 대하여 한 마디를 더한다. 이 또한 바나바와 많이 다투고 헤어졌던 바울 사도의 말일 것이니 더욱 아름다운 것이다. "바나바는 착한 사람이요 성령과 믿음이 충만한 자라." 그러므로 큰

무리가 주님께 더해졌다.[22-24절]

바나바가 사울을 안디옥에 데려와 둘이 큰 무리를 가르치다

바나바는 사울을 찾으러 다소에 가서 안디옥에 데려와 둘이서 일 년을 함께 있으며 큰 무리를 가르쳤는데, 안디옥에서 제자들이 비로소 '그리스도인'이라고 불리게 되었다. 그때 선지자들이 예루살렘에서 안디옥에 이르렀는데, 그중에 아가보라 하는 사람이 일어나 성령으로 말하기를, 천하가 크게 흉년이 들리라고 했다. 그리고 글라우디오 황제 때에 그대로 되었다. 안디옥의 제자들은 각각 그 힘대로 유대에 사는 형제들에게 부조를 보내기로 작정하고 이것을 실행하여 바나바와 사울의 손으로 예루살렘 장로들에게 보냈다.[25-30절]

12장

야고보의 순교

그때에 헤롯 왕이 교회 중 몇을 해하고자 하여 요한의 형제 야고보를 칼로 죽였다. 야고보와 요한의 아버지는 세배대이고 어머니는 살로메이다. 주 예수님께 나아와 주의 좌우편에 앉게 해달라고 구하던 자들이다. 주님의 예언대로('과연 이 잔을 마시려니와') 야고보 사도는 사도 중 첫 번째 순교자가 되었다.[1-2절]

투옥된 베드로를 주의 천사가 끌어내다

헤롯은 그(야고보)를 죽이고서 유대인들이 기뻐하는 것을 보고 베드로도 잡아서 옥에 가두어 군사들이 넷씩인 네 패에 맡겨 지키고 유월절이 끝나면 백성 앞에 끌어내 죽이려고 계획했다. 그래서 베드로는 옥에 갇혔고 교회는 그를 위해 간절히 기도했다. 헤롯이 잡아내려고 하는 그 전날 밤에 베드로는 두 군사 틈에 쇠사슬에 매여 자는데 파수꾼들이 문 밖을 지키고 있었다. 그런데 갑자기 주님의 천사가 곁에 서니 옥에 빛이 비취고 또 그가 베드로의 옆구리를 쳐서 깨우며 "급히 일어나라!" 하니 쇠사슬이 그 손에서 벗어졌다. 주님은 이렇게 신실한 종을 묶임에서 풀 수 있는 분이시다. 또 다음 날 죽임을 당할 처지인데도 담담하게 두 군사 틈에 쇠사슬에 매여 자는 베드로도 놀랍다. 성령의 능력을 힘입지 않고는 불가능하다. 천사가 띠를 띠고 신을 들메라 하니 베드로가 그대로 하니 천사가 또 겉옷을 입고 따라오라고 하였다. 베드로는 나와서 따라가면서도 참인 줄 알지 못하고 환상을 보는가 했다. 첫째와 둘째 파수를 지나 성으로 통하는 철문에 이르렀는데 문이 저절로 열렸다. 나와서 한 거리를 지나니 천사가 곧 떠났다. 베드로가 그제야 정신이 나서 "내가 이제야 참으로 주께서 그의 천사를 보내어 나를 헤롯의 손과 유대 백성의 모든 기대에서 벗어나게 하신 줄 알겠노라" 했다. 그리고서 마가라고 하는 요한의 어머니 마리아의 집에 가니 여러 사람이 모여 기도하고 있었다.[1-12절]

베드로가 요한의 어머니 마리아의 집에 가다

베드로가 대문을 두드리니 로데라고 하는 소녀가 영접하러 나왔다가 베드로의 음성인 줄 알고 기뻐하여 문을 미처 열지 못하고 달려 들어가서 "베드로가 대문 밖에 서 있다!" 하니 그들이 "네가 미쳤다."고 말하나 그 소녀가 계속 참말이라 하니 그들이 말하기를, "그러면 베드로의 천사인가 보다!" 하였다.

베드로가 계속 문을 두드리니 그들이 문을 열어 베드로를 보고 놀랐다. 베드로가 그들에게 손짓하여 조용하라 하고 주께서 자기를 옥에서 나오게 한 상황을 말하고 또 야고보와 형제들에게 이 말을 전해주라 하고서 떠나 다른 곳으로 갔다. 날이 새니 군사들은 베드로가 어떻게 되었는지 알지 못하여 적지 않게 소동했고, 헤롯은 그를 찾아도 보지 못하니 파수꾼들을 심문하고 죽이라 명했다. 그리고 헤롯은 유대를 떠나 가이사랴에 내려가서 거했다.[13-19절]

헤롯이 충이 먹어 죽다

헤롯은 두로와 시돈 사람들을 대단히 노여워하였는데, 그들이 왕국에서 나는 양식을 받아 먹고 사는 고로 왕의 침소 맡은 신하 블라스도라는 자를 통해 왕과의 화목을 추구했다. 헤롯이 날을 택하여 왕복을 입고 왕좌에 앉아서 백성을 지도하는데, 백성들이 크게 소리 지르며 "이것은 신의 소리요 사람의 소리는 아니라!" 했다. 헤롯이 영광을 하나님께 돌리지 않으므로 주의 사자가 곧 치니 충이 먹어 죽었다. 베드로를 죽이려던 헤롯이 도리어 죽었다.[20-23절]

하나님의 말씀이 흥왕하여 가다

하나님의 말씀은 흥왕하여 더하여갔다. 바나바와 사울은 예루살렘 교회의 부조의 일을 마치고 안디옥으로 돌아왔다. 이 장은 베드로의 사역의 승리와 교회의 기도의 승리를 말해준다.[24-25절]

13장[I]

첫 번째 전도 여행 : 성령께서 바나바와 사울을 보내시다

13장부터는 본격적으로 사도 바울의 사역이 개시된다. 12장까지에서 베드로의 사역은 별처럼 반짝인다. 그리고 13장부터는 새로운 별이 뜬다. 바울의 원래 이름은 사울이다. 안디옥 교회는 처음에 바나바와 사울이 섬겼는데 점점 사역자가 늘어났다. 바나바와 니게르라 하는 시므온과 구레네 사람 루기오와 헤롯의 젖동생 마나엔과 사울이다(신분이나 종족이 다양하다). 여기서 먼저 바나바와 사역을 해왔던 사울의 이름을 맨 뒤에 적은 것은 매우 인상적이다. 그들이 주를 섬겨 금식할 때에 성령께서 그분이 불러 시키실 일을 위해 바나바와 사울을 따로 세우라고 명하셨다. 주님을 섬기는 일은 언제든지 주님께서 부르시고 명령하시고 세우셔서 하게 하신다. 이 원칙은 매우 중요하다. 이에 그 다섯은 금식하며 기도하고 세 명이 두 사람에게 안수해서 보냈다.[1-3절] 우리는 다시 한번 하나님의 사역은 하나님께서 친히 그분의 뜻대로 하심을 본다. 물론 충성되게 섬기고자 기도하며 헌신하는 자들을 통해서이다.

두 사람은 성령의 보내심을 받아(사도란 보내심을 받은 자라는 뜻이다) 실루기아에 내려가 거기서 배 타고 구브로로 가서 살라미에 이르러 하나님의 말씀을 유대인의 회당에서 전하는데, 마가라고 하는 요한을 조수(helper)로 두었다. 구브로 섬 바보(Paphos)라는 곳에 이르러 유대인 거짓 선지자 박수를 만났는데, 그는 그 섬의 총독 서기우스 바울과 함께 있었다. 이 총독은 지혜로운 사람이라 바나비와 사울을 불러 하나님의 말씀을 듣고자 하였으나 그 엘루마(박수라는 뜻)라고 하는 자가 사도들을 대적하여 총독으로 하여금 예수를 믿지 못하게 힘써 방해하였다. 그때 바울이라고 하는 사울이(이때 이름이 바뀐다) 성령이 충만하여 그를 주목하고 "모든 궤계와 악행이 가득한 자요 마귀의 자식이요 모든 의의 원수여, 주의 바른 길을 굽게 하기를 그치지 아니하겠느냐? 보라, 이제 주의 손이 네 위에 있으니 네가 소경이 되어 얼마 동안 해를 보지 못하리라." 하자 즉시 안개와 어두움이 그를 덮어 인도할 사람을 두루 찾았다. 이에 총독이 그렇게 된 것을 보고 예수를 믿으며 그 가르침을 기이히 여겼다.[4-12절]

바울과 바나바가 비시디아 안디옥에서 전도하다

바울과 동행하는 자들이 바보에서 배를 타고 밤빌리아에 있는 버가에 이르니 요한(마가)은 그들에게서 떠나 예루살렘으로 돌아갔다. 아마 요한은 좀 부잣집 아들이고 곱게 자란 탓에 여러 힘든 일정을 소화하기가 만만치 않았던 것 같다. 그들은 버가를 지나 비시디아 안디옥에 이르러 안식일에 회당에 들어가 앉았다. 그들이 규례대로 율법을 읽고 선지자의 글을 읽은 후 회당장은 "형제들아, 만일 백성을 권할 말이 있거든 말하라." 했다.[13-15절]

바울이 일어나 손짓하며 말하기 시작했다. "이스라엘 사람들아, 하나님을 경외하는 사람들아, 들으라! 이스라엘의 하나님이 우리 조상들을 택하시고, 애굽에서 나그네 되게 하시고, 큰 권능으로 인도하여 내시고, 광야에서 40년 그들의 소행을 참으시고, 가나안 일곱 족속을 멸하시고, 그 땅을 기업으로 주시고(450년 간), 그 후 선지자 사무엘 때까지 사사를 주시고, 그 후에 그들이 왕을 구하여 사울을 40년 간 주셨다가 폐하신 후 다윗을 세우시고는 '그는 내 마음에 합한 자라' 하시고 하나님의 약속대로 그의 씨에서 이스라엘을 위하여 구주를 세우셨으니 곧 예수라. 그분 오시는 앞에 요한이 먼저 회개의 세례를 이스라엘 백성 모두에게 전파하고 그의 달려갈 길을 마칠 때에 그는 자신은 그리스도가 아니라고 하며 예수를 소개하는 말을 했다. [16-25절]

형제들아, 하나님을 경외하는 사람들아, 이 구원의 말씀을 우리에게 보내셨는데 예루살렘 사람들과 관원들이 예수와 및 안식일마다 외우는 선지자들의 말을 알지 못하므로 예수를 정죄하여 선지자들의 말을 응하게 하였다. 죽일 죄를 하나도 찾지 못하였으나 빌라도에게 죽여 달라고 하였으니 성경에 기록한 말씀을 응하게 한 것이다. 후에 나무에서 내려다가 무덤에 두었으나 하나님이 죽은 자 가운데서 그를 살리신지라. 갈릴리로부터 예루살렘에 함께 올라간 사람들에게 여러 날 보이셨으니 그들이 이제 백성 앞에 그의 증인들이다.[26-31절]

우리도 지금 와서 백성 앞에 주신 약속을 여러분에게 전하노니 곧 하나님이 예수를 일으키사 우리 자녀들에게 이 약속을 이루신 것이라. 시편 2편에 '너는 내 아들이라, 내가 오늘날 너를 낳았다.' 하셨고, 또 하나님께서 저를 죽은 자 가운데서 일으키사 다시 썩음을 당하지 않게 하실 것을 가르쳐 말씀하시기를, '내가 다윗의 거룩하고 미쁜 은사를 저희에게 주리라' 하셨고, 또 시편 다른 곳에 '주의 거룩한 자로 썩음을 당하지 않게 하시리라' 하셨다.

다윗은 당시 하나님의 뜻을 좇아 섬기다가 잠들어 그 조상과 함께 묻혀 썩음을 당했지만, 하나님이 살리신 이는 썩음을 당하지 아니하였으니, 그러므로 형제들아, 너희가 알 것은 이 사람을 힘입어 죄 사함을 너희에게 전하는 것이며, 모세의 율법으로 의롭다 함을 얻지 못하던 일에 이 사람을 힘입어 믿는 자마다 의롭다 함을 받는 이것이라." 너무 완전한 복음 전파이다.[32-39절]

13장[Ⅲ]

많은 유대교인들과 유대교에 입교한 자들이 바나바와 바울을 좇다

그러면서 하박국 1장 5절을 인용했다. "보라, 멸시하는 사람들아, 너희는 놀라고 망하라. 내가 너희 때를 당하여 한 일을 행할 것이니 사람이 너희에게 이를지라도 도무지 믿지 못할 일이라." 바울과 바나바가 나가니 사람들이 다음 안식일에도 와서 이 말씀을 해달라고 요청했다. 폐회한 후에 유대인들과 유대교에 입교한 경건한 사람들이 많이 바나바와 바울을 좇으니 두 사도(여기서 그들을 사도라고 칭했다. 따라서 사도는 열두 사도만이 아니다, 바울뿐 아니라 바나바도 사도라 칭했다)가 함께 말하고 항상 하나님의 은혜 가운데 거하라고 권했다.[40-43절]

유대인들이 시기가 가득하여 바울의 말을 반박하고 비방하다

그다음 안식일에는 온 성이 거의 다 하나님의 말씀을 듣고자 모이니 유대인들이 그 무리를 보고 시기가 가득하여 바울의 말한 것을 반박하고 비방하였다. 그때 바울과 바나바(여기서부터 바울의 이름이 바나바 앞에 언급된다)가 담대히 말하기를, "하나님의 말씀을 마땅히 먼저 너희에게 전할 것이로되 너희가 버리고 영생 얻음에 합당치 않게 여기니 우리가 이방인에게로 향하노라"고 했다. 이사야 42장, 46장 구절들을 인용하면서 "내가 너를 이방의 빛을 삼아 너로 땅 끝까지 구원하게 하리라 하셨느니라" 하니 이방인들이 기뻐하면서 하나님의 말씀을 찬송하며 영생을 주시기로 작정된 자는 다 믿더라고 했다. 주의 말씀이 그 지방에 두루 퍼졌다. 이에 유대인과 경건한 귀부인들과 성내 유력자들을 선동하여 바울과 바나바를 핍박하여 그 지경에서 쫓아내니 두 사람이 발에 티끌을 떨어 버리고 이고니온으로 갔다. 그리고 제자들은 기쁨과 성령이 충만했다.[44-52절]

14장

사도들을 좇는 자와 반대하는 유대인들을 좇는 자

이고니온에서 두 사도가 유대인의 회당에 들어가서 전하니 유대와 헬라의 허다한 무리가 믿었다. 순종치 않는 유대인들이 이방인들의 마음을 선동하여 악감정을 품게 하였지만, 두 사도는 굴하지 않고 거기 오래 있으면서 주를 힘입어 담대히 말씀을 전하니 주께서 그들 손으로 표적과 기사를 행하게 하시어 그분의 은혜의 말씀을 증거하셨다. 그 성내 무리가 나뉘어 두 사도를 좇는 자들도 있고 반대하는 유대인들을 좇는 자도 있었다. 이방인과 유대인과 그 관원들이 두 사도를 능욕하며 돌로 치려고 달려드니 그들이 알고 도망하여 이고니온에서 떠나 루가오니아의 두 성 루스드라와 더베와 그 근방으로 가서 거기서 복음을 전했다.[1-7절]

바울이 루스드라에서 나면서 앉은뱅이 된 자를 고치다

루스드라에 나면서 앉은뱅이 된 자, 발을 쓰지 못하는 한 사람이 앉아서 바울이 말하는 것을 듣고 있었는데, 바울이 그를 주목하여 구원받을 만한 믿음이 그에게 있는 것을 보고 큰 소리로 '네 발로 바로 일어서라!' 하니 그 사람이 뛰며 걸었다. 무리가 바울이 행한 일을 보고 놀라 루가오니아 방언으로 소리를 지르며 "신들이 사람의 형상으로 우리 가운데 강림하셨다!" 하면서 좀 노숙한 바나바는 '제우스'라 하고 바울은 말하는 자이니 '헤르메스'라 하였다. 성 밖 제우스 산당 제사장이 소와 화관들을 가지고 대문 앞에 와서 무리들과 함께 두 사도에게 제사를 드리려고 하니 두 사도 바나바와 바울이 옷을 찢고 무리 가운데 뛰어들어 "여러분, 어찌하여 이런 일을 합니까? 우리도 여러분과 같은 성정을 가진 사람입니다. 여러분에게 복음을 전하는 것은 이런 헛된 일을 버리고 천지와 바다와 그 가운데 만유를 지으신 살아계신 하나님께로 돌아오라 하는 것입니다. 지난 세대에는 모든 족속으로 자기의 길들을 다니도록 묵인하셨으나, 그러나 자기를 증거하지 않은 것이 아닙니다. 하나님은 여러분에게 하늘로서 비를 내리시고 결실기를 주시는 선한 일을 하시어 음식과 기쁨으로 여러분 마음을 만족하게 하셨습니다."라고 하면서 겨우 말려 자기들에게 제사 지내지 못하게 하였다. [8-18절]

유대인들이 루스드라에서 바울을 돌로 치다

유대인들이 안디옥과 이고니온에서 좇아와서 무리를 유인하여 돌로 바울을 쳐서 그가 죽은 줄로 알고 성 밖으로 끌어 내쳤다. 복음과 고난은 함께 다닌다. 제자들이 둘러섰을 때 바울이 일어나 성에 들어갔다가 이튿날 바나바와 함께 더베로 가서 복음을 그 성에서 전하고 더베 성에 많은 사람을 제자로 삼고 루스드라와 이고니온과 안디옥으로 돌아가서 제자들의 마음을 굳게 하여 이 믿음에 거하라 권하고(바울은 돌로 맞고서도 자포자기하여 모든 것을 놔두고 멀리 도망 가버리지 않았다. 사도들은 새로 믿은 신자들을 위해 다시 가보았다.), 우리가 하나님 나라에 들어가려면 많은 환난을 겪어야 할 것이라고 했다. 그들은 루스드라, 이고니온, 더베 등 각 교회들에서 장로들을 택하여 세우고 금식기도하면서 그들을 믿은바 주께 부탁하고(그들이 세운 교회를 확실하게 서도록 견고케 한 것이다), 비시디아 가운데로 지나며 밤빌리아에 이르러 버가에서 전파하고(돌로 맞고 핍박을 당했다고 조금도 위축되지 않았다), 앗달리아로 내려가서 배를 타고 안디옥에 도착했다. 보내심 받았던 교회, 안디옥에 돌아와 교회를 모으고 하나님께서 그 동안 함께하신 일들과 이방인들에게 믿음의 문을 여신 것을 말해주고 제자들과 함께 오래 있었다.[19-28절]

15장

이방에 세워진 교회들에게 모세의 법대로 할례받을 것을 요구하다

이방에 세워진 교회들과 예루살렘의 분위기는 사뭇 다른 것들이 있었다. 그것은 유대교적인 배경, 그중에서도 할례에 관한 것 때문이었다. 새로운 역사가 진행되어 나아가는데 기존 낡은 관념이 매우 방해가 되는 것은 어제 오늘 일이 아니다. 유대인들은 이방인들이 예수 믿는 것까지는 허용하되 개종하려면 할례를 받아야 한다는 논조를 견지하고 있었다. 그것은 결국 바나바와 바울이 섬기는 안디옥 교회에까지도 영향을 주어 적지 않은 변론이 일어났다. 언뜻 생각해보아도 이방에 열렬히 복음을 전하고 다닌 바울과 바나바는 쉽게 그런 전통적

관습에서 벗어날 수 있었을 것이다.

결국 이방의 교회들은 이 문제를 위해 바울과 바나바와 몇 사람을 예루살렘에 보내기로 가결하였고, 그들은 교회의 전송을 받고 베니게와 사마리아 여러 동네를 다니며 이방인들이 주께 돌아온 것을 말하였는데, 바리새파 중 어떤 사람들이 일어나서 이방인들에게 할례를 행하고 모세의 율법을 지키라 명하는 것이 마땅하다고 주장했다. 당시 그런 주장들이 여기저기서 만만치 않았다는 이야기이다.[1-5절]

교회의 첫 번째 공의회

예루살렘에서 사도와 장로들이 이 일을 의논하려 모였다. 소위 첫 번째 교회의 공의회라고 말할 수 있다. 많은 변론이 있은 후에 베드로가 일어나 말했다. 주님과 진리를 위해 많은 변론이 자유롭게 전개된 것은 매우 바람직한 일이라고 본다. 그럼에도 거기에 질서가 있어서 베드로가 일어날 때 모든 청중이 조용히 듣게 된다. "하나님이 이방인들로 내 입에서 복음의 말씀을 들어 믿게 하시려고 오래 전부터 너희 가운데서 나를 택하시고 또 마음을 아시는 하나님이 우리에게와 같이 저희에게도 성령을 주어 증거하시고 믿음으로 저희 마음을 깨끗이 하사 저희나 우리나 분간치 아니하셨느니라. 그런데 지금 너희가 어찌하여 하나님을 시험하여 우리 조상이나 우리도 능히 메지 못하던 멍에를 제자들의 목에 두려느냐? 우리가 저희와 동일하게 주 예수의 은혜로 구원받는 줄을 믿노라."고 했다.[6-11절]

온 무리가 가만히 바나바와 바울이 하나님께서 자기들로 말미암아 이방인 중에서 행하신 표적과 기사 고하는 것을 듣고 있더니 말을 마치매 야고보(주님의 동생)가 말했다. "하나님이 처음으로 이방인 중에서 자기 이름을 두시려고 취한 백성에 대하여 시몬(베드로)이 고하였으니 선지자들의 말씀이 이와 합하도다." 그리고서 아모스의 말씀을 인용했다. "이후에 내가 돌아와서 다윗의 무너진 장막을 다시 지으며 그 퇴락한 곳을 다시 지어 일으키리니 내 이름으로 일컬음을 받는 모든 이방인들도 주를 찾게 하려 함이라". 야고보는 의장처럼 결론을 내린다. "내 의견에는 이방인 중에서 하나님께로 돌아오는 자들을 괴롭게 말고 다만 우상의 더러운 것과 음행과 목매어 죽은 것과 피를 멀리하라고 편지하는 것이

가하니라". 그리고 이런 일이 일어난 것은 예로부터 각 성에서 모세를 전하는 자가 있어 안식일마다 회당에서 그 글을 읽기 때문이라고 했다.[12-21절]

당시 유대인들이 이방의 믿는 이들을 받아들이는 일에 상당한 진통을 겪었다는 이야기가 된다. 그러나 전체적인 회의를 거쳐 그들은 통일된 결의를 하게 되며 모두가 따르게 된다.

이에 사도와 장로와 온 교회가 그중에 사람(유다와 실라)을 택하여 편지를 보냈다. "우리 사도와 장로 된 형제들은 안디옥과 수리아와 길리기아에 있는 이방인 형제들에게 문안하노라. 우리가 들으니 어떤 사람들이 우리의 시킨 것도 없이 나가서 말로 여러분을 괴롭게 한다 하기로 사람을 택하여(유다와 실라) 주의 이름을 위해 생명을 아끼지 않는 우리의 사랑하는 바나바와 바울과 함께 너희에게 보내기로 일치 가결하였다. 성령과 우리는 이 요긴한 것 외에는 아무 짐도 너희에게 지우지 않는 것이 옳다고 생각하였다. 다만 우상의 제물과 피와 목매어 죽인 것과 음행을 멀리하며 스스로 조심하라!"[22-29절] 주님을 섬기려면 이들처럼 생명을 아끼지 말아야 한다. 또한 보내심을 받는 것도 배워야 한다. 즉 순종이다.

그들이 예루살렘에서 작별하고 안디옥에 와서 무리를 모은 후에 사도들과 장로들이 작성한 편지를 읽으니 성도들이 듣고 그 위로한 말씀으로 기뻐하였다. 유다와 실라도 선지자였고(신약에도 선지자의 은사는 있다 여러 말씀으로 형제들을 권면하여 굳게 했다. 그리고 얼마간 있다가 전송을 받고 예루살렘으로 돌아갔다. 바울과 바나바는 안디옥에서 머물며 많은 사람을 가르치며 주의 말씀을 전하였다.

두 번째 전도 여행 : 바울과 바나바가 갈라서다

수일 후에 바울이 바나바에게 주의 말씀을 전파한 각 성에 가보자고 하니, 바나바는 마가를 데리고 가고 싶어하고 바울은 밤빌리아에서 도망간 사람을 데리고 가는 것은 합당치 않다고 하여 심히 다투어 갈라서니 바나바는 마가를 데리고 배 타고 구브로로 가고, 바울은 실라를 택한 후 형제들에게 은혜에 부탁함을 받고 수리아와 길리기아 지방을 다녀가며 교회들을 굳게 하였다.

16장[I]

바울이 디모데를 데리고 가다

바울이 더베와 루스드라에도 왔는데, 거기에 디모데라 하는 제자가 있었다. 그의 모친은 믿는 유대 여자였고 그 부친은 헬라인이었다. 디모데는 루스드라와 이고니온에 있는 형제들에게 칭찬받는 자였으므로 바울은 그를 데리고 떠나려고 할 때 그 지경에 있는 유대인을 인해 그를 데려다가 할례를 행했다. 우리는 바울의 융통성에 대하여 다시 한 번 생각하게 된다. 과연 어디까지 융통성을 발휘할 수 있는가? 그것은 오늘날 우리에게도 생각해보아야 할 과제이다.

디모데는 루스드라와 이고니온에서 칭찬을 받는 형제였다고 하는데, 교회에서 칭찬을 받는 사람이 되는 것은 매우 중요하다. 어떤 사람은 교회 안에서 유난히 빤질빤질하고 누구 말도 잘 듣지 않고 인색하다. 거역적인 사람도 있고 기회주의적인 사람도 있다. 그날 주님의 판단도 별반 다르지 않을 수 있으니 성도들은 매우 두려워해야 한다(롬 16장, 요한 삼서 참조). 그들은 여러 성으로 다녀가며 예루살렘 공회의 사도와 장로들의 규례를 저희에게 주어 지키게 하니 여러 교회가 믿음이 더 굳어지며 수가 날마다 더하여갔다.[1-5절]

사도행전

바울이 환상 중에 마케도냐인을 보다

성령이 아시아에서 말씀을 전하지 못하게 하시므로 바울 일행은 브루기아와 갈라디아 땅으로 다녀가 무시아 앞에 이르러 비두니아로 가고자 애썼는데 예수의 영이 허락지 않았다. 무시아를 지나 드로아로 내려갔는데 밤에 환상이 바울에게 보이니 마케도냐 사람 하나가 서서 그에게 청하기를, "마케도냐로 건너와서 우리를 도우라." 하였다. 여기서 우리는 하나님의 인도를 따라 사역하는 사람의 본을 대한다. 사역자는 이리저리 가고자 애를 쓰고 성령은 그러한 사람에게 갈 길을 알리신다. 또 어떤 곳은 가지 못하게 막으시고 환상으로라도 그들을 합당한 곳으로 인도하고자 하신다. 바울은 그 환상을 본 후 형제들과 교제했을 것이며, 하나님께서 마케도냐 사람들에게 복음을 전하도록 부르신 것으로 인정하고 드로아를 떠나 사모드라게로 직행하여 네압볼리로 가고 거기서 빌립보라는 마케도냐 첫 성에 들어가게 된다.(바울이 환상을 본 후에 '우리가'라는 표현이 사용된 것으로 보아 16장 10절 시점에 사도행전 저자 누가가 바울 일행에 합류했을 것이다.) [6-10절]

강가에서 자주 장사 루디아를 만나다

그런데 환상 중에 나타나서 '우리를 도와달라'고 한 마케도냐인은 과연 어디에 있다는 말인가? 그들은 사람을 찾으러 나서야 했다. 안식일에 기도처가 있는가 하여 문밖 강 가에 나가 거기 앉아서 모인 여자들에게 말했는데, 그중 두아디라 성의 자주 장사로서 하나님을 공경하는 여인 루디아가 그 말을 들었고, 주님이 그 여자의 마음을 열어 바울의 말을 잘 듣게 하시므로 그와 그 집이 다 세례를 받고 사도 일행을 강권하여 그 집에 들어와 유하도록 했다.[11-15절]

바울과 실라가 갇히다

바울과 실라는 또 기도하는 곳에 가다가 점하는 귀신 들린 여종 하나를 만났는데, 점으로 주인들을 크게 이익을 끼치는 자였다. 그가 바울과 우리(누가가 자신을 포함시킨 표현이다)를 좇아와서 소리 지르며 "이 사람들은 지극히 높은 하나님의 종으로 구원의 길을 너희에게 전하는 자라!" 했다(귀신들의 하는 말 자체가 틀린 것이 아니다. 그것을 알게 하는 것이 귀신인 것이다). 여러 날을 이렇게 하자 바울이 심히 괴로워하여 돌이켜 그 귀신에게 "내가 네게 명하노니 그에게서 나오라!" 하니 귀신이 그에게서 나왔다. 종의 주인들은 이익의 소망이 끊어진 것을 보고 바울과 실라를 잡아가지고 관원들 앞에 끌어가서 "이들은 유대인들인데 우리 성을 요란케 하여 로마 사람인 우리가 받지도 못하고 행치도 못할 풍속을 전한다."고 고발했다. (빌립보 이방인들이 귀신의 활동은 받아들이고 참 신인 예수를 반대하는 것을 보라. 마가복음 5장의 거라사인의 사람들이 2천 마리나 되는 귀신을 쫓아낸 예수를 제발 그 지방에서 떠나달라고 요청한 것과 같다.) 무리가 일제히 일어나 대적하니 상관들이 옷을 찢어 벗기고 매로 치라 명하여 바울과 실라를 많이 친 후에 옥에 가두고 간수에게 든든히 지키라고 명했다.[16-23절]

우리는 여기서 바울이 왜 2차 여행을 떠나기 전 바나바로 더불어 마가를 데리고 가는 일을 놓고 다투었는지를 생각해보게 된다. 사역은 인정이나 감상으로 하는 게 아니다. 마가는 1차 여행에서 별 일도 없는데 몇 군데 다니다가 좀 힘들자 버가에서 예루살렘으로 돌아가 버렸다. 보라! 여기서 바울이 데려간 실라는 바울과 함께 끌려가 엄청나게 맞았다. 실라는 울지도 않고 도망가지도 않았다. 사실 마가는 주 예수님이 잡히실 때에도 베 홑이불을 두르고 있다가 잡히자 베 홑이불을 내던지고 벗은 몸으로 도망간 사람이다. 고생을 모르고 곱게 자라 유약한 면이 있었던 것 같다. 이런 마가를 데려가지 않으려 했던 바울의 결정을 하나님께서 인정하신 이유를 알 수 있다. 물론 후에 마가가 유용한 주의 종이 된 것은 주지해야 할 사실이다. 그리고 마가는 자신의 부끄러운 이야기를 그의 복음서에 낱낱이 그대로 기록했다(막 14:51).

16장[Ⅱ]

간수와 그의 온 가족이 주 예수를 믿다

간수가 상관의 명을 받아 바울과 실라를 깊은 옥에 가두고 그 발을 착고에 든든히 채웠더니 밤중쯤 되어 바울과 실라가 기도하고 하나님을 찬미하니 죄수들이 다 들었다. 그때 홀연히 큰 지진이 나고 옥터가 움직이고 문이 곧 다 열리며 모든 사람의 매인 것이 다 풀어졌다. 간수가 자다가 깨어 옥문들이 열린 것을 보고 죄수들이 다 도망한 줄 생각하고 자결하려고 칼을 꺼냈다. 그때 바울이 소리를 지르며 "네 몸을 상하게 하지 말라! 우리가 다 여기에 있다!" 하니 간수가 등불을 달라고 하며 뛰어들어가 무서워 떨며 바울과 실라 앞에 부복하고 그들을 데리고 나가서 말하기를, "선생들아, 어찌하여야 내가 구원을 얻으리이까?" 하고 물었다. 바울은 "주 예수를 믿으라! 그리하면 너와 네 집이 구원을 얻으리라!" 하고 주의 말씀을 그 사람과 그 집에 있는 모든 사람에게 전했다.

밤 그 시에 간수가 저희를 데려다가 그 맞은 자리를 씻기고, 그 가족 전체가 세례를 받고 자기 집에 모셔다가 음식을 차려 먹이고, 그와 온 집이 예수를 믿었으므로 크게 기뻐하였다. 날이 새니 상관들이 아전들을 불러 그 사람들을 놓으라 하니, 간수가 바울에게 상관들이 당신들을 풀어주라 명했으니 평안히 가라고 하였다. 바울은 그때 "로마 사람인 우리를 죄도 정죄하지 않고 공중 앞에서 때리고 옥에 구금하였다가 이제는 가만히 우리를 내어보내고자 하느냐? 아니라! 너희가 친히 우리를 데리고 나가야 할 것이다."라고 했다. 그대로 고하니 그 상관들이 그가 로마 사람이라는 말을 듣고 두려워하여 데리고 나가서 성에서 떠나기를 청하니 두 사람은 루디아의 집에 들어가서 형제들을 만나보고 위로하고 떠났다. 빌립보의 전도는 쉽지 않았으나 주님의 역사는 현저했다. 그리스도의 큰 승리이다.[24-40절]

17장

바울이 데살로니가에서 전도하다

17장은 빌립보를 떠난 사도 바울 일행이 암비볼리와 아볼로니아를 거쳐 데살로니가의 유대인 회당에 들어가서 3주에 걸쳐 성경을 강론한 것이 나온다. 데살로니가 교회는 이렇게 해서 생겨난 교회이다. 사도 바울 일행은 그곳 유대인 회당에 가서 그리스도의 죽음과 부활을 증거했다. 경건한 헬라인들과 귀부인들이 믿고 바울과 실라를 좇았으나, 유대인들은 시기로 가득 차서 저자거리의 괴악한 사람들을 데려다가 떼를 지어 소동을 일으키게 하며 바울 일행을 야손이라는 사람 집에서 찾다가 못 찾으니 야손을 불러다 각서를 쓰게 하고 보내주었다.[1-9절]

바울이 베뢰아에서 전도하다

밤에 형제들이 바울 일행을 베뢰아로 보내니 사도 일행은 다시 회당에 들어갔다. 베뢰아 사람은 데살로니가 사람들보다 신사적이어서 간절한 마음으로 말씀을 받고 날마다 성경을 상고하면서 들은 말씀을 성경과 대조해보았다. 그중에 믿는 사람이 많고 헬라인 귀부인과 남자들이 적지 않은데, 데살로니가 유대인들은 바울이 베뢰아에서 전하는 것을 알고 무리를 보내어 소동을 일으키니 형제들이 바울을 내어보내어 바다로 아테네에 가게 했다. 실라와 디모데는 아직 베뢰아에 남아 있었는데 바울은 자기를 아테네까지 데려온 형제들이 돌아가는 편에 실라와 디모데를 자기에게 속히 오라고 명했다.

바울이 아테네에서 전도하다

바울은 아테네에서 형제들을 기다리다가 그 문명의 도시 아테네에 우상이 가득한 것을 보게 되었다. 분한 마음에 회당에 가서 유대인들과 경건한 사람들과 또 저자거리에서는 날마다 만나는 사람들과 변론하니 어떤 에피큐러스와 스토익 철학자들은 바울과 변론하면서 이 말장이가 무슨 말을 하려는가 하고 예수와 몸의 부활을 전하는 것을 무슨 이방신을 전하는 것으로 알았다. 그들은 바울을 데리고 아레오바고로 가면서 너의 말하는 새 교가 무엇인지 말해보라고 했다. 그곳 사람들은 가장 새로운 말 듣기를 좋아했다. 새로운 것을 듣기 좋아한다고 해서 믿음이 좋은 것은 아니다.

바울은 아레오바고 가운데 서서 그들에게 긴 말씀을 전했다

"아덴 사람들아, 너희를 보니 범사에 종교성이 많도다. 내가 두루 다니며 너희의 위하는 것들을 보다가 '알지 못하는 신'에게라고 새긴 단도 보았으니, 그런즉 너희가 알지 못하고 위하는 그것을 내가 너희에게 알게 하리라. 우주와 그 가운데 있는 만유를 지으신 신께서는 천지의 주재시니 손으로 지은 전에 계시지 아니하시고 또 무엇이 부족한 것처럼 사람의 손으로 섬김을 받으시는 것이 아니니 이는 만민에게 생명과 호흡과 만물을 친히 주시는 자이심이라. 인류의 모든 족속을 한 혈통으로 만드사 온 땅에 거하게 하시고 저희의 연대를 정하시며 거주의 경계를 한하셨으니 이는 사람으로 하나님을 혹 더듬어 찾아 발견케 하려 하심이로되 그는 우리 각 사람에게서 멀리 떠나 계시지 아니하도다(렘 29:13, 신 4:29, 우리가 진심으로 찾으면 만날 수 있는 하나님이시다). 우리가 그를 힘입어 살며 기동하며 있느니라. 너희 시인 중에 어떤 사람들의 말과 같이 우리가 그의 소생이라 하니 이와 같이 신의 소생이 되었은즉 신을 금이나 은이나 돌에다 사람의 기술과 고안으로 새긴 것들과 같이 여길 것이 아니니라. 알지 못하던 시대에는 허물치 아니하셨거니와 이제는 어디든지 사람을 다 명하사 회개하라 하셨으니 이는 정하신 사람으로 하여금 천하를 공의로 심판할 날을 작정하시고 이에 저를 죽은 자 가운데서 다시 살리신 것으로 모든 사람에게 믿을만한 증거를 주셨음이니라."[22-31절]

그들이 죽은 자의 부활을 듣고 혹은 냉소도 하고 혹은 이 일에 대하여 네 말을 다시 듣겠다 하니 바울이 그들 가운데서 떠났다. 몇 사람이 바울을 가까이 하며 믿으니 그중에 아레오바고 관원 디오누시오와 다마리라 하는 여자와 또 다른 사람들도 있었다. 아테네에서는 이렇게 한 번 말씀을 전했는데 믿는 자들이 여럿 생겼다.[32-34절] 오순절에 베드로의 설교로 한 번에 수천명이 구원받는 역사도 귀하지만, 바울의 아테네의 아레오바고의 설교로 몇 몇 사람이 구원받는 역사도 귀하다.

18장

바울이 고린도에서 전도하다

그 후 바울은 아테네를 떠나 고린도에 와서 아굴라라 하는 본도에서 난

(native in Pontus) 유대인 하나를 만났다. 당시 글라우디오 황제가 유대인들을 로마에서 축출하는 바람에 본도 지방 출신인 아굴라와 브리스가는 이탈리아에서 고린도로 와서 장막 짓는 사업을 하였는데, 그 업(業)이 바울과 같았다. 바울은 평일은 일을 하고 안식일마다 회당에 가서 유대인과 헬라인들에게 강론하였다. 마침 실라와 디모데가 마케도냐에서 오니 바울이 더욱 말씀에 붙잡혀서 유대인들에게 예수는 그리스도라고 밝히 증거하니 유대인들은 대적하며 훼방하였다. 늘 뭔가 안다는 사람들이나 기득권자들은 쉽지 않다. 그래서 바울은 하나님을 공경하는 사람 디도 유스도(어디를 가든 하나님을 공경하는 자들이 있다)의 집에 갔는데, 그 집이 바로 회당 옆이었다. 회당장 그리스보가 예수를 믿었고 많은 고린도인들이 예수를 믿었다. 밤에 주님이 환상 가운데서 바울에게 말씀하시기를, '이 성에 내 백성이 많다'고 하시며 아무도 해롭게 못할 것이니 두려워 말고 전하라고 하셨다. 바울은 고린도에 1년 6개월을 머무르며 복음을 전했다. 제법 오래 머물며 세운 교회가 고린도 교회이다.[1-11절]

유대인들이 바울을 대적하고 회당장 소스데네를 잡아 때리다

갈리오라는 자가 아가야 총독 되었을 때, 유대인들이 일제히 일어나서 바울을 재판자리로 끌고 와서 이 자가 율법을 어기면서 하나님을 공경하라 한다고 고소하였다. 결국 바울은 고린도에서도 고난을 당하였다. 사도의 고난이 없이 세워진 교회가 없다. 바울이 입을 열려고 하자 총독이 유대인들에게, "무슨 부정한 일이나 괴악한 행동을 한 게 아니고 그저 너희 종교 문제 정도라면 너희 스스로 처리하라. 나는 이런 일에 관여하고 싶지 않다."고 했다. 그리고 재판정에서 유대인들을 쫓아내버렸다. 유대인들이 회당장 소스데네를 잡아 재판 자리 앞에서 때렸는데 갈리오는 그런 일을 상관하지 않았다.[12-17절]

바울이 안디옥으로 돌아가다 : 2차 전도 여행을 마침

바울이 여러 날 더 머물다가 형제들을 작별하고 배 타고 수리아로 떠날 때 브리스가와 아굴라도 함께하였다. 그들은 바울을 만나 삶이 변했다. 바울은 서원이 있어서 겐그레아에서 머리를 깎았다. 그리고 에베소에 와서 회당에 들어가 유대인들과 변론을 하였는데, 여러 사람이 그곳에 오래 머물기를 청했으나 바울은 하나님의 뜻이면 다시 오리라 하고서 에베소를 떠나 가이사랴에 상륙하여 올라가 교회의 안부를 물은 후 안디옥으로 돌아왔다. 여기서 교회란 예루살렘 교회를 말할 것이다. 이것이 바울의 2차 전도 여행의 마침이다.

3차 전도여행 : 아볼로를 만나다

23절부터는 3차 사역 여행의 시작인데, 갈라디아 땅과 브루기아 땅을 차례로 다니며 모든 제자들을 굳게 하였다. 바울은 에베소에서 아볼로라는 제자를 만나게 되는데, 그는 학문이 많은 사람이고 일찍 주의 도를 배운 사람이지만 요한의 사역에 머문 사람이었다. 그가 회당에서 담대히 가르치고 있는 것을 자세히 들은 브리스가와 아굴라는 그를 데려다가 현재 진보한 하나님의 말씀의 진리를 더 가르쳐주니 아볼로가 잘 받아들였고, 그가 아가야로 가고자 하니 바울과 함께한 형제들은 그를 장려하여 그곳 제자들에게 편지하여 영접하라 하였다. 그가 가서 은혜로 말미암아 믿은 자들에게 유익을 주니 이는 그가 성경으로써 예수는 그리스도라고 증거하여 공중 앞에서 유력하게 유대인의 말을 이겼기 때문이다.[24-28절]

오늘날 같으면 어림도 없는 일들이다. 그런 아볼로 같은 성경교사가 천막장사 브리스가와 아굴라에게 말씀의 도움을 받으며 배운 것이나 또 단시간에 새로운 말씀의 도를 배운 아볼로를 자신들이 세운 고린도 교회에 소개하여 말씀의 도움을 받게 하는 일은 오늘날 보기 어렵다.

19장

바울이 에베소에서 전도하다

19장은 바울이 에베소에서 사역하게 된 때부터를 다룬다. 바울은 에베소에서 열두 제자를 만나게 되었는데 그들이 요한의 세례만 알고 성령을 알지 못했다. 18장과 19장 전반부는 진리의 과도기를 다룬다. 아볼로가 그러했고 에베소의 열두 명 정도의 사람이 그러했다. 그들은 좀 더 전진된 하나님의 역사를 받아들이고 성령의 세례를 받았다. 이것은 하나님의 성령의 역사와 매우 밀접한 관계를 가지고 있다.[1-7절]

바울은 회당에 들어가서 3개월 정도 말씀을 전했으나 어떤 사람들은 마음이 굳어 순종치 않고 무리 앞에서 이 도를 비방하였다. 이런 광경은 지금도 그대로 존재한다. 그래서 바울은 그들을 떠나 두란노 서원에서 제자들을 따로 세워 날마다 가르쳤다. 이렇게 2년 간을 가르치니 아시아에 사는 사람들은 유대인, 헬라인 할 것 없이 많은 사람이 주의 말씀을 듣게 되었다.[8-10절]

하나님께서 바울의 손으로 희한한 능력을 행하게 하시니 심지어 사람들이 바울의 몸에서 손수건이나 앞치마 등을 가져다가 병든 사람에게 놓으면 그 병이 떠나고 악귀도 떠났다. 돌아다니며 마술하는 유대인들도 주 예수의 이름을 부르며 "내가 바울의 전파하는 예수를 빙자하여 너희를 명하노라"고 하였다. 유대의 스게와의 일곱 아들도 이러한 일을 하였는데, 악귀가 말하기를 "예수도 내가 알고 바울도 내가 아는데 네 놈들은 누구냐?"고 하면서 그들 위에 뛰어올라 억제하여 이기니 그들이 상하여 벗은 몸으로 도망하였다. 에베소에 거하는 유대인과 헬라인들이 다 이 일을 알고 두려워하며 주 예수의 이름을 높이며 믿은 사람들이 와서 죄를 자복하고 마술을 행하던 사람들이 와서 책을 불사르니 은 오만이나 되었다. 이와 같이 주의 말씀이 흥왕하여 더하여 갔다.[11-20절]

에베소에서 일어난 소동으로 바울이 에베소를 떠나다

21절부터는 바울이 예루살렘에 들어가기를 원하는 것이 나온다. 그는 마케도냐와 아가야를 다녀서 예루살렘에 가기를 의도하였다. 거기를 갔다가 로마도 가보기를 원했다. 그는 디모데와 에라스도 둘을 마케도냐에 보내고 자신은 아시아에 얼마간 더 체류하였다. 그때쯤 되어 이 도를 인해 에베소에 큰 소동이 벌어졌다. 그것은 데메드리오라는 은장색이 아데미(Artemis, 여신 이름)의 은감실(우상을 모셔놓는 작은 장)을 만들어서 돈벌이를 적지 않게 하고 있었는데, 그가 바울의 전파하는 말씀이 자기의 사업에 손실을 끼친나고 생각하여 그 직공들과 이러한 영업하는 자들을 모아 말하기를, "바울이 사람의 손으로 만든 것은 신이 아니라 하니 우리의 영업에 차질이 있을 뿐 아니라 큰 여신 아데미의 전각도 경홀히 여겨지고 아시아와 온 천하가 위하는 여신의 위엄도 떨어질까 하노라!" 고 외치니 사람들이 분이 가득하여 "크다, 에베소 사람의 아데미여!" 하고 외치며 온 성을 요란케 하고 바울의 일행 중 마케도냐 사람 가이오와 아리스다고를 잡아가지고 연극장으로 달려들어갔다. 바울이 따라 들어가려 하니 아시아 관원 중에 친구 된 어떤 사람들이 바울더러 연극장에 들어가지 말라고 말렸다. 사람들이 이 말 저 말 하면서 모였는데 두 시간 동안이나 아데미를 외치며 소리를 질렀다. 서기장이 나서서 무리를 적당히 타일러서 안심시키고 흩어지게 하였다. 그러나 그 소요는 매우 컸다. 그래서 바울은 결국 에베소를 떠나게 되었다. 빌립보, 고린도, 에베소 등지를 볼 때 교회는 순전히 사도들의 고난과 수고로 세워진다.[21-41절]

20장[I]

바울이 마게도냐와 헬라를 여행하다

"소요가 그치매 바울이 제자들을 불러 권한 후에 작별하고 떠나 마게도냐로 가니라"[1절]. 여기의 소요는 19장의 에베소 연극장 사건을 말한다. "바울이 제자들을 불러 권한 후에 작별하고 떠나". 20장 후반부를 보면 알겠지만 당시 사도 바울은 에베소에 3년 가량 있었기 때문에 에베소에서 할 일을 이미 다 했을 때이다. 그래서 그 큰 사건이 벌어지자 그것을 이제 떠날 때가 되었다는 일종의 지시로 받아들였다. 그리고 제자들에게 권면하고서 작별하고 떠났다.

19장 21절을 보면 이미 바울은 마게도냐와 아가야, 그리고 예루살렘과 로마로 나아가고자 하는 행선지를 마음속에 가지고 있었다. 그러므로 에베소에서 모든 일을 마쳤고 큰 사건도 일어났기에 그곳에 있는 성도들을 모아서 마지막으로 권면하고 인사하고 이제 에베소를 떠나려 하는 것이다.

"마게도냐로 가니라". 바울은 에베소를 떠나서 마게도냐로 갔다. 마게도냐에는 빌립보, 베뢰아, 데살로니가가 있다. 여기서 우리가 한 가지 짚고 넘어가야 할 것은, 바울이 이때 에베소에서 곧장 마게도냐로 간 것이 아니라 드로아에 잠깐 들렀다는 것이다. 에베소는 소아시아 지역인데 유럽의 마게도냐 지역 쪽으로 가려면 드로아를 거쳐야 했다. 고린도 후서는 그가 마게도냐에 있을 때에 쓴 것이다. (고린도 전서는 에베소에 3년을 머물다가 마무리할 때쯤에 썼다. 그때 고린도 교회의 상황이 매우 좋지 않았다. 교회 안에 간음을 행한 사건과 소송이 일어난 사건 등 여러 소식이 들려왔고 바울 사도는 매우 상심하여 고린도 전서를 썼다.)

그가 에베소를 떠나서 드로아에 왔는데, 고린도 후서 2장을 읽어 보면 드로아에서 전도할 문이 크게 열렸다고 했다. "내가 그리스도의 복음을 위하여 드로아에 이르매 주 안에서 문이 내게 열렸으되 내가 내 형제 디도를 만나지 못하므로 내 심령이 편치 못하여 저희를 작별하고 마게도냐로 갔노라"(고후 2:12-13). 그는 전도의 문이 열린 것을 뒤로 하고 마게도냐로 갔던 것이다. 이것이 바로 당시의 상황이다.

마게도냐에서 디도를 만나 고린도 교회 소식을 듣고 위로를 얻다

바울은 마게도냐에서 디도를 만났다. 왜냐하면 고린도에서는 드로아보다는 마게도냐로 오는 것이 더 쉽기 때문이다. 그래서 바울은 가고 디도는 옴으로써 만난 지점이 마게도냐였다. 그리고 디도로부터 고린도 교회가 회개하고 바울의 말을 듣고 순종을 잘했다는 것을 듣고 감격하여 바울이 감사의 눈물로 편지를 쓴 것이 고린도 후서이다.

"그 지경으로 다녀가며 여러 말로 제자들에게 권하고"[2절]. 마게도냐 지경으로 이르렀다면 틀림없이 이때 빌립보를 들렀을 테고 어쩌면 디도를 만난 것도 아마 빌립보가 아닌지 추측해볼 수 있다. 바울은 빌립보, 데살로니가, 베뢰아 등지에 이미 세워진 교회들을 다니면서 굳게 하고 권면해주는 일을 했던 것이다. "헬라에 이르러". 이는 고린도를 말한다.

바울이 고린도에 석 달을 머무르다

"거기 석 달을 있다가 배 타고 수리아로 가고자 할 그때에 유대인들이 자기를 해하려고 공모하므로 마게도냐로 다녀 돌아가기를 작정하니"[3절]. 바울은 3개월 동안 고린도에 머물렀다. 먼저 마게도냐에서 고린도 후서를 써서 보낸 뒤에 고린도에 갔다고 봐야 한다. 고린도 교회가 회개를 한 다음에 바울이 고린도에 간 것이다. 그런데 그가 고린도에 갔을 때에 무엇을 기대했는가? 그는 고린도 교회가 회개할 뿐 아니라 연보하기를 기대했다. 그것이 바로 고린도 후서 8장, 9장의 내용이다. 왜 연보가 필요했는가? 당시 유대에 있는 교회들에게 기근이 닥쳤기 때문이다. 그래서 주로 바울이 세웠던 모든 이방의 교회들이 일어나서 기근으로 인해 매우 궁핍하게 된 유대의 성도들을 위해 헌금을 했던 것이다. 그 일을 주도적으로 인도한 사람이 사도 바울이었다.

고린도에 머무는 기간에 로마서를 쓰다

사도 바울은 3개월 동안 고린도에 머무르면서 그리스도인 생활에 있어서 하나의 규범이 되는 가장 귀중한 서신인 로마서를 기록하게 된다. 이때가 사도 바울의 사역에서 가장 완숙기이며 절정기라고 말할 수 있다. 그는 에베소에서 3년 동안 매일매일 성경을 가르쳤다. 성경에 기록되어 있지는 않지만 학자들은 매일 오전 11시부터 오후 4시까지 가르쳤다고 말한다. 어떤 성경에는 각주에 그렇게 씌어 있다. 바울이 오랜 세월을 힘을 다해 사역하고 교회를 많이 세운 연후에 기록한 것이 로마서이다. 그가 에베소에서 3년 가르친 내용의 중점도 로마서일 것이다. 어쩌면 고린도의 혼란한 상황을 볼 때 치유의 길은 복음 진리밖에 없다고 보았을 것이다.

고린도에서 안디옥으로, 다시 예루살렘으로 가고자 하다

"거기 석 달을 있다가 배 타고 수리아로 가고자 할 그때에". 그는 고린도에서 3개월 정도 머문 후에 수리아로 가고자 했다. 수리아는 안디옥이 있는 쪽이다. 사도 바울은 고린도에 있다가 3차 전도여행을 마칠 요량으로 안디옥으로 돌아가고자 했다. 그리고 안디옥에서 예루살렘으로 가려고 했던 것이다. 이유는 무엇인가? 성도들에게서 연보를 거두어 예루살렘의 가난한 성도들을 구제하고자 한 것이다. 그런데 그는 왜 안디옥에 가려고 했는가? 거기가 원래 출발했던 곳이기 때문이다. 그는 항상 안디옥 교회에서 출발했으며 1차, 2차, 3차의 전도여행을 마칠 때면 안디옥으로 다시 돌아왔다. 그는 늘 그렇게 행했다. 바울은 원래가 안디옥 교회의 교사였기에 늘 안디옥, 즉 수리아로 다시 돌아오곤 했던 것이다. 당신이 어디서 떠났다면 그곳을 중요시하는 것이 당연하다. 외국에 선교를 갔다고 해서 떠난 곳을 완전히 잊지 말라! 그것은 바울 같지 않다. 그는 항상 자신을 보낸 교회를 들러 다시 떠나곤 했다.

유대인들이 바울을 해하려고 공모하므로 바울이 마게도냐로 다녀 돌아가기를 작정하다

"유대인들이 자기를 해하려고 공모하므로 마게도냐로 다녀 돌아가기를 작정하니". 그런데 사도 바울을 죽이려고 하는 유대인들의 교활한 공모가 알려졌다. 어쩌면 배를 타면 그 배의 승객으로 위장한 유대인들이 가는 도중에 바울을 바닷물에 던져서 죽일 수도 있었다. 어쨌거나 바울을 죽이고자 하는 계교가 바울에게 알려졌기 때문에 사도 바울은 마게도냐로 돌아가는 것으로 경로를 다

사도행전

시 바꿨다. 그래서 데살로니가를 들렀다가 빌립보를 들르고 다시 드로아로 간 것이다.

"아시아까지 함께 가는 자는 베뢰아 사람 부로의 아들 소바더와 데살로니가 사람 아리스다고와 세군도와 더베 사람 가이오와 및 디모데와 아시아 사람 두기고와 드로비모라"[4절]. 에베소, 버가모 등이 아시아 지역이다. 사도 바울은 고린도 쪽에서 마게도냐 쪽으로, 아시아 쪽으로 가야 했다. 하지만 목표 지점은 아시아가 아니라 예루살렘이었다. 그리고 같이 여행하는 자들의 명단이 나오는데, 곧 베뢰아 사람 부로의 아들 소바더와 데살로니가 사람 아리스다고와 세군도와 더베 사람 가이오와 및 디모데와 아시아 사람 두기고와 드로비모였다. '소바더'라는 사람은 로마서 16장 21절에 나오는 '소시바더'와 같은 사람일 가능성이 크다. 그는 베뢰아 사람이다. 소바더 외에도 아리스다고, 세군도, 가이오, 디모데, 두기고, 드로비모가 있었다. 이렇게 7명 정도 되는 인원이 사도 바울과 동행하게 된 것이다.

형제들과 동역하는 사도 바울

여기서 우리가 주목할 점이 한 가지 있다. 사도 바울은 결코 단독으로 사역하지 않았다는 점이다. 그는 언제나 형제들과 함께했다. 1차 전도여행을 떠날 때 바나바와 함께 갔으며, 바나바만이 아니라 마가도 데리고 갔다. 그리고 2차 전도여행 때도 바나바와는 헤어졌지만 실라를 데리고 갔다. 또 디모데를 추가시켰다. 3차 전도여행 때는 한두 사람이 더 추가되었다. 아굴라와 브리스길라도 일행에 참여하게 되고 또 누가도 함께했다. 누가는 빌립보 사람일 것이라고 생각하는 학자들이 많다. 빌립보에서 '우리'라고 표현했을 때 거기에 누가가 들어 있었다고 보기 때문이다.

바울은 이처럼 여러 사람들과 함께 움직이면서 동역을 했다. (34절을 보면 이런 전도여행을 하는 동안에도 바울은 손수 장막 짓는 일을 해서 자기와 동행들의 필요를 채웠다.) 그리고 이제 아시아를 거쳐 예루살렘에 갈 때도 여러 형제들이 함께했다. 여기 기록된 일곱 명 외에도 더 있을 것이다. 누가도 여기 이름이 적혀 있지 않다. 그렇다면 최소한 9명 이상이 되는 것이다. 바울 일행에는 여러 지역 출신들이 골고루 섞여 있다. 왜 이렇게 여러 지역의 사람들이 함께 움직이는가? 고린도 후서를 통해서 생각해볼 때 이것은 거액의 연보를 다루는 문제와 관련이 있을 것이다. 거액의 연보를 예루살렘 교회에 전달하려고 할 때, 하나님 앞에서 깨끗하다 하더라도 사람들 앞에서는 조심해야 했다. 돈을 취급하는 데 있어서 바울은 그 큰 금액을 혼자 주머니에 넣고 왔다갔다하지 않았다. 우리는 여기서 금전을 다루는 일에 바울의 철저한 면을 배울 수 있다.

드로아에서 이레를 머물다

"그들은 먼저 가서 드로아에서 우리를 기다리더라"[5절]. 일곱 형제들이 먼저 드로아에 가서 사도 바울을 기다렸다. 그리고 6절에서는 "우리는 무교절 후에 빌립보에서 배로 떠나 닷새 만에 드로아에 있는 그들에게 가서 이레를 머무니라"고 했다. 여기 '우리'에는 누가가 포함되어 있다. 또 이름이 적혀 있지 않지만 디도가 함께했을 수 있다.

"우리는 무교절 후에 빌립보에서 배로 떠나 닷새 만에 드로아에 있는 그들에게 가서 이레를 머무니라"[6절]. 그들은 빌립보에서 배를 타고 드로아에 왔다. 배로 5일이 걸리는 여정이었다. 그리고 드로아에서 일 주일을 머물게 된다. 사도행전에는 나와 있지 않지만 여러 성경을 종합해서 볼 때 바울은 먼저 드로아에 들렀었다. 당시 바울은 고린도 교회 때문에 전도할 정신이 없었기에 드로아에서 열린 전도의 문을 두고 마게도냐로 가서 디도를 만났다. 그리고 이제 다시 드로아로 왔다.

20장[Ⅱ]

드로아를 떠나기 전날 밤중까지 강론을 하다

"안식 후 첫날에 우리가 떡을 떼려 하여 모였더니". 안식 후 첫날이란 지금으로 말하면 주일이다. 초대교회는 이제 유대교와 달리 공식적으로 모이는 날을 안식 후 첫날, 곧 주 예수님이 부활하신 날로 정했다. 그래서 그날 떡을 떼러 모인 것이다. 오늘날로 말하자면 주의 날에 모여 주의 만찬(성찬)을 행한 것이다.

"바울이 이튿날 떠나고자 하여 저희에게 강론할새 말을 밤중까지 계속하매". 그들은 일 주일 동안 드로아에 머물고서 월요일에 떠나려고 주일 모임을 밤 늦게까지 오래 한 것이다. 결국 바울은 드로아의 전도를 포기하지 않았다. 일단 마케도냐에 가서 형제 디도를 만나고 다시 돌아오면서 드로아에서 사역을 했다.[7절]

유두고라는 청년을 살리다

그들은 집에서 모였음을 알 수 있다. 당시에는 예배당이나 큰 건물이 없었기에 누군가의 큰 집에서 모였다. 등불을 많이 켰으니까 지금으로 치면 삼 층 정도 되는 집 같다. 예배 시간에 조는 사람은 예나 지금이나 있는데, 유두고라는 청년이 창문틀에 앉아서 졸다가 떨어져 죽었다. 이것을 기록한 누가는 의사였기 때문에 잘못 판단했을 리 없다. "바울이 내려가서…떠들지 말라 생명이 저에게 있다 하고". 바울은 역시 선지자 같다. 구약을 읽어보면 엘리사나 엘리야처럼 죽은 사람을 살린 경우가 있다. 사람에 대한 지극한 사랑이 없으면 이렇게 하지 않는다. 유두고가 떨어지자 얼마나 소란스러웠겠는가! 그때 사도 바울이 '떠들지 말라. 생명이 저에게 있다.'고 했다. 이것은 기적으로 살아난 것으로 봐야 한다.

12절에 "사람들이 살아난 아이를 데리고 와서"라고 기록한 것을 봐도 알 수 있다. 그 청년은 죽었다가 살아난 것이다. "올라가 떡을 떼어 먹고 오랫동안 곧 날이 새기까지 이야기하고 떠나니라"[11절]. 아직 성찬을 차려놓고 떡을 떼지도 않았는데 졸다가 사람이 죽은 것이다. 그래서 이제 사람을 살려놓고 주님을 기념하고 떡을 뗀 후에 날이 새기까지 계속 이야기했다. 어쨌든 성도들은 죽었던 사람이 살아나는 이러한 큰 기적의 역사를 보고 얼마나 큰 확신과 위로를 받았겠는가! 이런 놀라운 사건이 드로아라는 곳에서 일어났다.

바울이 도보로 드로아에서 앗소로 가다

"우리는 앞서 배를 타고 앗소에서 바울을 태우려고 그리로 행선하니 이는 자기가 도보로 가고자 하여 이렇게 정하여 준 것이라"[13절]. 바울을 제외한 누가와 7-8명의 동역자들이 먼저 배를 타고 떠나서 앗소에서 바울을 태우려고 했다. 앗소는 드로아 옆에 있으며 역시 항구이다. 드로아에서 앗소까지는 대략 24마일, 즉 50km 정도 된다. "이는 자기가 도보로 가고자 하여". 다른 사람은 다 배를 태워 보내고 자기는 걸어서 가려고 했다. 왜 바울은 드로아에서 앗소까지 걸어갔을까? 그 이유는 아무도 모른다. 운동삼아 걸으려고 했던 것은 결코 아닐 것이다. 아마도 혼자 걸으면서 조용히 기도하려고 했던 것일까? 주님과 교제하는 시간을 가지려고 했던 것일까? 밤새도록 자지 않고 강론하고서 또 10시간도 넘게 걸리는 그 길을 혼자 걸어서 가겠다니… 잠을 못 잤으니 배 타고 가면서 자면 좋았을 텐데 말이다. 어쨌든 그는 어려움을 자청했다.

20장[Ⅲ]

밀레도에서 에베소 장로들을 오라고 청하다

어쩌면 바울은 드로아에서 앗소까지 긴 시간을 걸으면서 주님과 교제하며 기도하며 밀레도에서 에베소 장로들과 만날 것을 생각했을 것이다. 그리고 예루살렘에 들어갈 결정을 견고하게 하는, 어떻게 보면 주님의 겟세마네 기도 시간처럼 홀로 주님과 친밀하고 진지한 시간을 가졌을 것이다. 그리고서 밀레도에서 에베소 장로들에게 그렇게 결연한 태도로 말할 수 있었을 것이다. 주님을 섬기는 자들에게 조용히 주님과 교제하고 묵상하는 시간은 절대적으로 필요하다.

'이후로는 다시 내 얼굴을 보지 못할 것이다. 내가 떠난 후에 흉악한 이리가 여러분 가운데 들어와서 양떼를 아끼지 않을 것이니 여러분은 교회를 잘 지켜야 한다. 이제 나는 예루살렘으로 가는데, 거기서 무슨 일을 만날는지 알지 못한다. 성령께서 내게 결박과 환난이 기다린다고 하시는데, 나는 은혜의 복음을 증거하는 일을 마치려 함에는 내 생명을 조금도 귀하게 여기지 않는다.'

바울은 앗소 항구에서 형제들을 만나 함께 배를 탔다. 미둘레네에서 하루, 기오라는 곳에서 또 하루, 사모에서 하루 보낸 후 다음날 밀레도 항구에 도착했다. 밀레도는 항구이고 밀레도와 가장 가까운 도시는 에베소이다. 사도 바울은 지금 밀레도에 있는데 오순절 안에 예루살렘에 도착하기 원했고, 지금 에베소에 들르면 예루살렘에 기간 내에 도달하기에 시간이 모자랄 것 같았기에 에베소에 가지 않기로 했다. 그는 드로아에서 하룻밤을 꼬박 새우고, 앗소까지 그 먼 길을 걸어오고, 지금 앗소에서 밀레도로 형제들과 삼사 일 배타고 왔다.

바울은 밀레도에서 에베소에 사람들을 보내서 에베소의 장로들을 오라고 청했다. 몇 명이었는지는 모른다. 열 명, 혹 스무 명쯤 되었는지도 모른다. 19장에서 처음에 바울에게 전도를 받은 사람들 가운데 장로가 된 사람들이 많을 것이다. 그 이후로도 3년 동안 얼마나 많은 사람들이 일어났겠는가! 바울은 에베소의 장로들을 밀레도로 불렀다. 뒤에 나오지만 사도 바울은 에베소 장로들에게 '여러분과 나는 오늘 보면 다시는 보지 못할 것이다. 이것이 여러분을 마지막으로 대하는 것이다.'라고 이야기했다. 사도 바울은 에베소 장로들을 다시 볼 수 없을 것이기에 장로들을 불러서 간곡한 권면의 말씀을 주고자 했다.

바울이 에베소 장로들에게 고별 설교를 하다

"첫날부터 지금까지 내가 항상 너희 가운데서 어떻게 행한 것을 너희도 아는 바니"[18절]. 사역자는 어떤 사람이어야 하는가? 처음부터 끝까지 한결 같아야 한다. 그는 그렇게 에베소에서 3년 이상을 사역했다. 어떤 진리를 가르치는 것, 즉 설교의 내용보다 더 중요한 것이 바로 그의 '행함'이다. '첫날부터 지금까지' 그는 한결같이 행했던 것이다. 곧 모든 겸손과 눈물이며 유대인의 간계를 인하여 당한 시험을 참고 주를 섬긴 것이다. 바울 사도는 겸손했다. 좋은 사역자가 되려면 겸손해야 한다. 사역자는 주님의 종이며 또한 교회의 종이기도 하다.

"유대인의 간계를 인하여 당한 시험을 참고 주를 섬긴 것과"[19절]. 그에게는 많은 시험과 어려움이 있었지만 참고 주님을 섬겼다. 사역자는 성도들에게 유익한 것을 가르쳐 주어야 한다. 진정으로 영적으로 유익한 것들, 그들이 주님 앞에서 생활할 때에 반드시 알아야 할 것들, 꼭 갖춰야 할 것들, 필요한 것들, 모르면 안 될 일들을 하나하나 다 가르쳐 주어야 한다. 그것이 바로 유익한 것이다. 사도 바울은 공중집회에서 사람들을 모아놓고 가르칠 뿐 아니라 개인적으로 집에서 식구들을 모아놓고 가르치는 것을 아주 중요시했다[20절].

"유대인과 헬라인들에게". 사도 바울은 한 민족을 고집하지 않았다. 자기가 유대인이기 때문에 유대인만 사랑하겠다는 것도 아니고, 자기는 이방인의 사도이기 때문에 유대인은 잊어버리겠다는 것도 아니었다. 그는 유대인들에게 많은 핍박을 당했지만 자기 동족을 잊어버리지 않았다. 로마서 9장을 읽어보라.

"하나님께 대한 회개와". 사역자는 사람들을 회개하고 돌이키게 만들 수 있어야 한다. 그 마음이 돌이켜질 수 있는 말씀을 전해주어야 한다. 지금 사도 바울은 에베소의 장로들에게 고별 설교를 하고 있다. 사도가 한 일을 교회가 계속 보존하고 지키며 그대로 전진해 갈 수 있도록 함께 동역해 주는 사람들이 교회의 장로들이다. **"보라, 이제 나는 심령에 매임을 받아 예루살렘으로 가는데"**. 심령에 강권하는 매임을 받아 예루살렘으로 간다는 말은 하나님의 영의 인도함을 받아서 간다는 뜻이다.[21-22절]

바울이 예루살렘을 향해 가려고 하다

사도 바울은 좋은 뜻으로 예루살렘에 가려고 했다. 이방의 물질을 거둬서 유대에 있는 가난한 성도들을 구제하는 것은 외적인 일이다. 내적인 것은 사도 바울이 본 계시를 따르는 것이다. 그것은 에베소서에 기록한 대로 유대인과 이방인이 그리스도 안에서 한 몸이 되었다는 사실이다. 그러나 당시 유대인들은 자기들의 선민의식을 그대로 고수하고 있어서 이방인들을 받아들이려 하지 않았다. 믿는 이방인들에 대해서도 할례 등의 여러 유대인 율법의 규례들을 요구하곤 했다. 이런 상황에서 이방에 교회들을 세웠던 사도 바울은 교회를 세울 뿐 아니라 유대인들에게 이방인들이 실제적으로 받아들여질 수 있도록 노력한 것이다. 때마침 유대 지역에 기근이 임했고, 바울은 이방 교회들로부터 연보를 거두어 유대의 교회에게 전달해줌으로 이방 성도들의 그리스도를 믿은 진실한 마음을 증명하고자 했다. 그럴 때에 유대 성도들이 이방의 성도들에 대해 진정으로 자신들이 믿는 주 예수를 동일하게 믿고 구원받은 형제요 그리스도 안에서 한 몸 된 자들임을 확고하게 받아들일 것이라고 생각했던 것이다.

그래서 사도 바울은 이제 이러한 뜻을 가지고 예루살렘으로 향했다. 이것이 바울이 전하는 복음이요 바울이 이루고자 했던 교회의 건축이었다. 바울의 예루살렘 행은 그렇게 간단한 문제가 아니었다. 어쩌면 그의 마지막 여정이 될 수도 있었고, 실지로 거기서 죄수가 되어 로마의 감옥으로 간 것까지가 사도행전의 역사이다. 그것을 유대인들이 반대했던 것이다. 그래서 그들은 이런 목적으로 예루살렘에 가는 바울을 결박해서 죽이려고 했던 것이다. 결국 그는 결박당하고 죄수가 되어 로마로 끌려가게 된다. 바울 사도는 이런 일이 일어날 것을 미리 알고 있었다. 바울의 이러한 발걸음은 십자가에 못 박혀 죽으실 것을 알고 예루살렘에 들어가신 주 예수님의 발걸음과 흡사하다.

하나님의 은혜의 복음을 증거하는 일을 완수하려 하다

"곧 하나님의 은혜의 복음을 증거하는 일을 마치려 함에는 나의 생명을 조금도

귀한 것으로 여기지 아니하노라"[24절]. 여기서 사도 바울은 자신의 사명이 하나님의 은혜의 복음을 증거하는 일이라고 했다. 그리고 그 사명을 마치기 위해서라면 자기의 생명을 조금도 귀한 것으로 여기지 않는다고 했다. 그래서 예루살렘에 가면 결박과 환난이 있지만 그것이 바로 그가 가야 할 길이기 때문에 어떠한 고난이 있어도 개의치 않겠다는 뜻이다.

파수꾼의 사명

에스겔 33장 6절을 읽어보면 이 파수꾼의 사명에 대한 말씀이 있다. 파수꾼은 큰 소리로 외쳐서 사람들을 다 피하게 해야 하는데 파수꾼이 외치지 않아서 사람이 죽으면 그 피는 파수꾼에게 돌아가게 된다. 하나님의 사역자는 반드시 이러한 심정을 갖고 있어야 한다. 그의 책임은 막중한 것이다. 자기가 맡은 사람들에게 하나님의 뜻을 제대로 전해주지 않아서 그들이 망하게 되면 하나님께서는 그 피를 사역자에게서 찾으신다고 했다.

사도 바울은 에베소 교회의 장로들에게 하나님의 뜻을 다 전했다. 그는 에베소에서 3년 동안 있으면서 가르치고 전했는데 이제는 더 전할 것이 없는 것이다. 바울은 고린도에서 로마서를 썼는데 이때 바울이 어떤 심정을 가졌는지를 보게 된다. **로마서 15장 22절, "그러므로 또한 내가 너희에게 가려 하던 것이 여러 번 막혔더니"**. 로마에 가고 싶었는데 그것이 막혔다는 것이다. 23절, **"이제는 이 지방에 일할 곳이 없고 또 여러 해 전부터 언제든지 서바나로 갈 때에 너희에게 가려는 원이 있었으니"**. '이 지방'은 고린도 지역을 말한다. 사도 바울은 이때쯤에는 더 이상 그 지방에서 일할 곳이 없었다. **19절, "이 일로 인하여 내가 예루살렘으로부터 두루 행하여 일루리곤까지 그리스도의 복음을 편만하게 전하였노라"**. 그는 일할 곳이 없을 정도로 일을 했다. 그리고 바울은 에베소에서도 전할 말씀을 다 전했다고 말한다. **"이는 내가 꺼리지 않고 하나님의 뜻을 다 너희에게 전하였음이라"**[27절]. 그는 위축되지 않고 담대하게 하나님의 말씀을 다 전했던 것이다.

하나님께서 피로 사신 교회를 목양하도록 부탁하다

사도 바울은 에베소 장로들을 다시는 볼 수 없다. 이제 작별의 시간이다. 아시아에는 에베소뿐이 아니라 많은 교회들이 있었다. 그런데 바울처럼 중하고 강력하며 하나님이 귀하게 쓰시는 종이 떠나면 사단이 틈탈 것이 분명하다. 그래서 사도 바울은 장로들에게 '하나님께서 당신의 피로 사신 교회를 여러분에게 치도록 맡기셨으니 일깨어 경성하여 양떼들을 잘 지키십시오.' 라고 마지막 권면을 하고 있는 것이다. 바울이 가장 그들에게 강조하고 일깨워주며 말하는 것은 자기 자신이 어떻게 행했는가 하는 것이었다.

어미가 자기 자녀를 기르듯, 아비가 자녀를 권면하고 위로하듯 하라

사도 바울이 데살로니가의 어린 성도들을 세우는 것을 보아도 마찬가지이다. '내가 여러분을 어떻게 가르쳤는지를 생각해보라. 이를 위해 아첨한 적이 있느냐? 내가 유순한 유모같이 여러분을 그렇게 사랑하지 않았더냐? 아비처럼 훈계하지 않았더냐? 내가 얼마나 옳고 흠 없이 행한 것을 생각해보라.' 그러므로 교회가 온전하게 세워지는 것은 이론에 있지 않다. 사역자의 바르게 행함이 절대적이다.

"하나님이 자기 피로 사신 교회". 교회는 하나님이 자기 피로 사신 것이다. 그만큼 교회는 중요하고 소중한 존재이다. 우주 만물은 하나님의 창조의 능력으로 된 것이고 따라서 하나님은 소유주이시다. 그렇지만 교회는 그분의 힘과 능력으로 얻으신 것이 아니라 그분이 흘리신 피로 사시고 소유하신 것이다. 그러므로 누구든지 하나님의 교회를 자기 목숨보다 귀하게 여기지 않는 사람은 주님이 기뻐하지 않으신다. 하나님께서는 자신이 소중하게 여기시는 교회를 업신여기는 사람을 기뻐하지 않으신다. 또한 주님이 그분의 피값으로 사신 교회는 성도 개개인으로 구성되어 있으므로 성도 하나하나를 귀중하게 여길 줄 모르는 사람은 주의 종이 될 수 없다. 그런 사람은 하나님의 교회를 세울 수 없다. 사도 바울은 삼 년이나 밤낮 쉬지 않고 눈물로 각 사람을 훈계했다고 말한다[31절].

주와 그 은혜의 말씀께 부탁하다

"내가 너희를 주와 및 그 은혜의 말씀께 부탁하노니". 이제 바울 사도는 주님께 교회를 맡길 수밖에 없다. 루터(Luther)는 하나님의 말씀이 순수하게 전파되는 곳에 진정한 교회가 있다고 하였다. 또한 루터는 사역자들에 대하여 그들은 하나님의 말씀을 증거하는 일을 맡은 것 외에는 일반 성도들과 다를 게 없다고 하였다. 또한 사역이란 하나님의 말씀 사역 외에 다른 사역이 없다고 하였는데 그 말은 참으로 옳다. 사역자들은 다른 것을 의지하지 말고 말씀을 의지하라!

또 하나님의 말씀을 전하라! 말씀만이 성도들을 든든히 세울 수 있다. 그 말씀을 듣고 믿는 사람들이 거룩하여지고 기업을 얻는 자들이 된다.

"그 말씀이 너희를 능히 든든히 세우사 거룩케 하심을 입은 모든 자 가운데 기업이 있게 하시리라". 우리 모두가 다 하나님 나라에서 기업을 얻어야 한다. 달음질을 잘할 때 우리는 이러한 놀라운 축복을 얻는 자들이 될 것이다.

자기 손으로 일하여 자기와 동행의 필요를 채운 사도 바울

"이 손으로 나와 내 동행들의 쓰는 것을 당하여". 그는 어떻게 동행들의 필요를 채웠는가? 바울은 '이 손으로'라고 하면서 그의 손을 들어보였을 것이다. 그 손은 일을 많이 한 손이다. 장막을 만들고 천을 염색하면서 형편없이 거칠어진 손이다. 그 손을 들어 보이면서 '내가 이 손으로 일을 해서 내 동행들의 필요를 채웠다. 나는 다만 말씀만 전한 것이 아니다. 나는 받기보다 주기를 힘썼다. 나는 어떤 사람의 의복이나 돈이나 재물을 탐하지 않았다.'고 말한다.

바울 사도에게는 에베소만 중요한 것이 아니다. 에베소 교회만을 위해 존재하는 바울이 아니다. 바울은 예루살렘에 가야 하고 또 로마에도 가야 한다. 로마서 15장을 보면, 바울은 서바나(스페인)에도 가려고 했다. 바울의 심정은 한이 없다.

성도들과 눈물로 작별하다

"이 말을 한 후 무릎을 꿇고 저희 모든 사람과 함께 기도하니 다 크게 울며 바울의 목을 안고 입을 맞추고 다시 그 얼굴을 보지 못하리라 한 말을 인하여 더욱 근심하고 배에까지 그를 전송하니라"[36-38절]. 이러한 눈물은 참 좋은 것이다. 눈물은 사람이 가장 깊이 감동될 때 나오는 것이기 때문이다. 여기에 눈물이 있고 기도가 있다. 얼마나 보기에 좋은가! 시대가 부패하고 하나님의 성령의 역사가 메마를 때 눈물이 없어진다. 전 세대에는 믿음의 영웅들이 눈물을 많이 흘렸다고 한다. 여기서 초대교회 성도들과 사도들의 헤어짐은 참으로 감동을 준다. 이것이 생명의 연결이 아니겠는가! 진정한 사랑이 아니겠는가! 이 눈물이 어찌 슬픔의 눈물만이겠는가! 깊은 겸손, 진정한 사랑, 간절함, 그리고 사도에 대한 존경의 표시였다. 여기 바울의 예언처럼 에베소 장로들과 바울은 그 후 다시 만날 수 없었을 것이다. 바울은 이제 예루살렘에 들어가고 죄수가 되어 결국 순교의 제물이 될 것이다.

21장[I]

바울이 예루살렘을 향하여 여행하다

"우리가 저희를 작별하고". 사도 바울은 20장에서 밀레도에 있었는데, 거기에서 에베소 장로들을 청해서 고별 메시지를 전한 뒤 그들과 작별하고 배를 탔다. 고스, 로도, 바다라는 모두 지명이다. **"베니게로 건너가는 배를 만나서 타고 가다가 구브로를 바라보고 이를 왼편에 두고 수리아로 행선하여 두로에서 상륙하니 거기서 배가 짐을 풀려 함이러라"**[2-3절]. 그들은 배를 타고 여러 도시를 거쳐서 두로에 상륙하였다. 두로는 구약에서부터 유명한 상업 도시이다(두로와 시돈).

배가 두로에 상륙하니 그곳의 제자들을 찾다

"제자들을 찾아". 바울은 두로라는 도시에서 제자들을 찾았다. 바울이 전도해서 두로에 제자들이 생긴 것 같지는 않다. 언제부터인지는 몰라도 두로에 예수 믿는 제자들이 이미 있었던 것이다. 사도 바울이 예루살렘으로 가기 위해서 배를 타고 가다가 두로라는 항구에 내렸을 때 제일 먼저 한 일은 바로 믿는 이들을 찾은 것이었다. 바울은 그 성도들과 함께 일 주일간을 머물렀다.

"그 제자들이 성령의 감동으로 바울더러 예루살렘에 들어가지 말라 하더라"[4절]. 바울은 지금 예루살렘으로 향하고 있다. 두로의 성도들은 성령의 은혜를 받은 사람들로서 은사가 있었는데, 그것은 예언의 은사이다. 그들은 바울이 예루살렘에 들어가면 바울에게 환난의 일이 일어난다는 것을 알았기에 그에게 들어가지 말라고 권했다.

두로의 성도들과 바닷가에서 무릎을 꿇고 기도하다

"이 여러 날을 지난 후 우리가 바닷가에서 무릎을 꿇어 기도하고"[5절]. 두로의 성도들은 바닷가에서 무릎을 꿇어 기도했다. 이때는 사도 바울이 이미 이방 세계에서 널리 알려져 있었다. 따라서 두로에 있는 성도들도 사도 바울에 대해서 알고 있었고 그가 예루살렘에 가면 어려움이 예상된다는 것도 다 알고 있었다.

아마도 그들은 일 주일 동안 함께 있으면서 많은 교제를 나눴을 것이다. 그리고 두로의 성도들은 바울에게서 많은 가르침과 유익을 받았을 것이다. 그들은 바울이 떠날 때 다 그 처자와 함께 성문 밖까지 나와서 전송했고 또 함께 바닷가에서 무릎을 꿇고 기도했다. 남자 어른들만 기도한 것이 아니라 그 아내들과 자녀들도 떠나는 사도를 위해서 함께 기도한 것이다. 주님이 귀하게 사용하시는 종을 성도들이 귀하게 여기며, 사역을 위해서 헌신하고 수고하는 그의 길을 축복해달라고 다함께 무릎을 꿇고 기도하는 모습은 너무나 아름답다. 이때 자녀들에게도 바울을 위해서 함께 기도하는 모습을 보여주는 것은 중요한 일일 것이다. 그렇게 귀한 종을 언제 다시 볼 수 있겠는가! 이것은 훗날 자녀들에게 얼마나 큰 인상으로 남겠는가! 중요한 일이 있을 때 아이들이 잘 모를지라도 함께 무릎 꿇고 기도하는 것은 아이들의 교육을 위해서도 좋고 보기에도 아름답다.

두로의 성도들과 작별하다

"서로 작별한 후". 사도 바울에게는 수많은 작별이 있었고 수많은 떠남이 있었다. 나도 이런 상황을 많이 겪었다. 나도 수많은 작별을 경험했다. 선교와 말씀 증거, 복음 전도를 위해서 탄 비행기 횟수만 따져도 아마도 6-700번이 넘을 것이다. 나는 그때마다 많은 사람들과 헤어져야 했다. **"서로 작별한 후 우리는 배에 오르고 저희는 집으로 돌아가니라"**[6절].

돌레마이에 이르러 형제들에게 안부를 묻다

"돌레마이에 이르러". '돌레마이'는 영어로 '프톨레마이스'이다. "형제들에게 안부를 묻고 그들과 함께 하루를 있다가". 돌레마이라는 곳에도 형제들이 있었다. 바울은 형제들의 안부를 묻고 그들과 하루를 지냈다. 바울 일행은 어디에 가든지 교회와 형제들과 함께하는 것을 본다.[7절]

가이사랴에 이르러 전도자 빌립의 집에서 유하다

"이튿날 떠나 가이사랴에 이르러". 이제 가이사랴라는 곳에 왔다. **"일곱 집사 중 하나인 전도자 빌립의 집에 들어가서 유하니라"**[8절]. 잠시 사도행전 8장으로 가서 빌립에 관한 내용을 살펴보자. 4절에 '그 흩어진 사람들'이 나온다. 5절부터는 빌립이 사마리아에 가서 복음을 전한 내용이 있다. 26절 하반절부터는 그가 에디오피아 내시를 만나서 복음을 전한 것이 나온다. 30절에서는 빌립이 그에게 '달려갔다'고 말하고, 40절에서는 "빌립은 아소도에 나타나 여러 성을 지나 다니며 복음을 전하고 가이사랴에 이르니라"고 한다. 바울 일행이 돌레마이에 도착해서 하루 자고 가이사랴에 갔더니 거기에 전도자 빌립의 집이 있었다. 그래서 그의 집에 들어가 머물렀던 것이다. 빌립은 한동안 복음을 전하며 다니다가 가이사랴에 와서 정착하지 않았나 싶다. 그에게는 네 딸이 있었는데 결혼하지 않은 처녀들로서 다 선지자들이었다.

"여러 날 있더니". 그들은 가이사랴의 빌립의 집에서 여러 날을 지냈다. 당시에는 그리스도인이 다 하나의 교제권 안에 있었으므로 어디를 가든 서로 반가워하고 영접하며 함께하였다. **"한 선지자 아가보라 하는 이가 유대로부터 내려와"**[10절]. '아가보'라는 선지자는 11장에서도 나온 바 있다. (11장 28절, "그중에 아가보라 하는 한 사람이 일어나 성령으로 말하되 천하가 크게 흉년들리라 하더니 글라우디오 때에 그렇게 되니라".)

21장[Ⅱ]

아가보가 바울이 예루살렘에서 결박당할 것을 예언하다

"우리에게 와서 바울의 띠를 가져다가 자기 수족을 잡아매고 말하기를 성령이 말씀하시되 예루살렘에서 유대인들이 이같이 이 띠 임자를 결박하여 이방인의 손에 넘겨주리라 하거늘"[11절]. 지금 누가가 사도행전을 기록하고 있는데, 여기의 '우리'는 바울 일행을 가리킨다. 그는 바울의 띠를 가져다가 자기 수족을 잡아매고 말했다. 아가보라는 선지자는 구약의 선지자들이 하는 것처럼 예언하고 있다. **"예루살렘에서 유대인들이 이같이 이 띠 임자를 결박하여 이방인의 손에 넘겨주리라 하거늘"**. 사도 바울이 예루살렘에 가면 유대인들이 그를 결박해서 이방인의 손에 넘겨줄 것이라고 예언한 것이다. 그의 예언은 맞은 것이지만 실상 이러한 구약적인 선지자의 기능은 신약에 꼭 필요한 은사는 아니다. 신약은 각 사람이 내적으로 주님을 알고 성령의 인도를 받는 것이 귀한 것이지 다른 사람의 예언의 말을 듣고 행동하는 것이 아니다(히 8:12-14, 요일 2:27). 바울도 이미 그의 속에서 그 모든 되어질 일들을 예상하고 있었다.

"우리가 그 말을 듣고". '우리'란 누가를 포함한 바울 일행을 말한다. 바울을 제외한 일행이다. 20장을 볼 때 바울 일행이 상당히 많았음을 알 수 있다. 20장 4-6절, "아시아까지 함께 가는 자는 베뢰아 사람 부로의 아들 소바더와 데살로니가 사람 아리스다고와 세군도와 더베 사람 가이오와 및 디모데와 아시아 사람 두기고와 드로비모라. 그들은 먼저 가서 드로아에서 우리를 기다리더라 우리는 무교절 후에 빌립보에서 배로 떠나 닷새 만에 드로아에 있는 그들에게 가서 이레를 머무니라". 이들이 모두 바울과 함께 여행하는 사람들이다.

"그곳 사람들로 더불어 바울에게 예루살렘으로 올라가지 말라 권하니". '그곳 사람들'은 아가보와 빌립의 예언하는 네 딸들인데, 그들이 바울에게 예루살렘으로 올라가지 말라고 권했다는 것이다.[12절]

주 예수의 이름을 위하여 죽기를 각오하다

"바울이 대답하되 너희가 어찌하여 울어 내 마음을 상하게 하느냐 나는 주 예수의 이름을 위하여 결박받을 뿐 아니라 예루살렘에서 죽을 것도 각오하였노라 하니"[13절]. 사도 바울은 선지자와 형제들의 말을 듣지 않았다. 이 일을 놓고 어떤 학자는 '바울이 형제들의 말을 들었어야 했다. 이렇게 말을 안 듣고 예루살렘에 고집하여 간 것은 바울이 너무 강한 것이다.'라고 한다. 21장 4절에서는 "그 제자들이 성령의 감동으로 바울더러 예루살렘에 들어가지 말라 하더라"고 했다. 즉, 그 제자들이 '성령의 감동'으로 말했는데 바울이 성령의 감동에 순종하지 않았다는 것이다. 반면에 '바울이 그렇게 충성되게 행한 것이 옳은 것이다. 옆에서 사람들이 그렇게 권한 것이 잘못된 것이다.'라고 해석하는 사람들도 있다.

"너희가 어찌하여 울어 내 마음을 상하게 하느냐". 사람들은 울면서 바울에게 가지 말라고 했다. 왜 그랬겠는가? 바울을 사랑하기 때문이다. 예루살렘에서 당할 고통과 고난, 환난이 너무 심하기 때문에 바울을 사랑하는 마음에서 가지 말라고 한 것이다. 그런데 바울은 '나도 안다'고 했다. 예루살렘에 가면 심한 고난을 받을 것을 자신도 알고 있다는 것이다. 그는 20장 22-23절에서 이에 대해 이미 말했다. "보라, 이제 나는 심령에 매임을 받아 예루살렘으로 가는데 저기서 무슨 일을 만날는지 알지 못하노라 오직 성령이 각 성에서 내게 증거하여 결박과 환난이 나를 기다린다 하시나". 그는 결박과 환난이 기다리고 있다는 것을 잘 알고 있었지만 단호하게 말했다. **"나는 주 예수의 이름을 위하여 결박받을 뿐**

아니라 예루살렘에서 죽을 것도 각오하였노라"[13절].

"저가 권함을 받지 아니하므로 우리가 주의 뜻대로 이루어지이다 하고 그쳤노라"[14절]. 바울을 말린 사람들이 옳았을까, 아니면 성령의 감동으로 한 말을 듣지 않고 예루살렘에 간 바울이 옳았을까? 우리는 이런 상황에서 바울의 자세와 바울이 행한 일을 틀렸다고 할 수 없다. 또한 바울을 권하며 만류한 형제들도 틀렸다고 할 수 없다. 이는 다 사랑으로 한 것이기 때문이다. 바울의 그러한 행동은 주님께 대한 사랑이요 충성이다.

여기서 성도들의 태도 또한 매우 아름답다. 죽을 것을 각오하면서 예루살렘에 들어가겠다는 사도 바울에 대해서 더 이상 말리지 않고 '주의 뜻대로 이루어지이다' 하고 그쳤다. 15절, **"이 여러 날 후에 행장을 준비하여 예루살렘으로 올라갈새"**.

과도기적인 시기

앞의 기록은 가이사랴의 빌립의 집에서 있었던 일이다. 바울을 말리는 일을 누가 주도했는가? 아가보라는 선지자이다. 그런데 어떤 사람의 앞일을 예언하면서 '당신은 이렇게 해라. 저렇게 하지 말라.' 하는 것이 신약의 선지자의 기능으로서 옳은 것인가? 우리는 이 시기를 과도기라고 보아야 맞을 것이다.

사도행전의 이 시기에는 아직 구약적인 요소가 섞여 있다. 바울이 이제 예루살렘에 들어가는데, 이 당시의 배경은 아직 완전히 신약으로 넘어간 것이 아니다. 신약적인 선지자의 기능은 하나님의 백성들에게 하나님의 뜻을 알려주고 성도들을 권면하고 위로하는 것이다. 이것이 신약 선지자의 주요 사명이다. 개인에게 '예루살렘으로 가라, 가지 말라.' 하는 것은 주로 구약의 선지자의 기능이다. 신약에는 그런 것이 필요 없다. 신약에서는 성령께서 각 사람 속에 계신다. 신약의 성도들은 기름 부음을 받았고 그 기름 부음이 이미 그들 안에 있다. 요한 일서 2장 27절은, "너희는 주께 받은바 기름 부음이 너희 안에 거하나니 아무도 너희를 가르칠 필요가 없고 오직 그의 기름 부음이 모든 것을 너희에게 가르치며"라고 한다.

신약 시대에는 작은 자부터 큰 자까지 다 하나님을 알고 그 뜻을 이해하며, 각 사람이 주님을 만날 수 있고 그 음성을 들을 수 있다. 이것이 신약 시대이기 때문에 오늘날도 무당이나 점치는 사람에게 가서 하듯이 '내가 어디로 가는 것이 좋으냐, 이사를 가는 것이 좋으냐, 안 가는 것이 좋으냐, 아들을 낳겠느냐, 딸을 낳겠느냐' 등을 물으러 다니는 사람들은 전혀 신약적인 그리스도인이 아니라는 것을 알아야 한다. 신약은 구약과 다르다. 구약 때에는 밖에 있는 율법과 밖에 있는 선지자가 사람들에게 '이렇게 하라, 저렇게 하라.'고 했다. 그러나 신약은 어떠한가? 하나님께서 새 영을, 그분의 법을, 그분의 성령을 사람들 속에 두셔서 각 사람이 하나님을 알 수 있게 하셨고 각 사람이 하나님의 음성을 들을 수 있게 하셨다.

그렇지만 또 개인이 자신에게 온전한 확신이 있다고 해서 너무 함부로 자신의 내적인 결심과 뜻에 따라 행하는 것도 극단적일 수 있다. 신약의 성도들이고 개개인이 하나님의 뜻을 알 수 있을지라도 여전히 겸손한 마음과 성도들과의 열려있는 교제도 매우 필요하고 순종도 필요하다. 그러나 주님의 강한 밀어냄이 있을 경우 어떤 어려움이 있더라도 우리는 순종하지 않을 도리가 없다.

예루살렘에서 나손의 집에 묵으려 하다

"가이사랴의 몇 제자가 함께 가며 한 오랜 제자 구브로 사람 나손을 데리고 가니 이는 우리가 그의 집에 유하려 함이라"[16절]. 가이사랴 사람 몇이 바울의 일행에 추가되었다. 바울이 얼마나 귀한 사도이며 귀한 하나님의 종인가! 그러므로 가이사랴에 있는 성도들이 '우리도 같이 가자.' 해서 합류하게 된 것이다.

"한 오랜 제자 구브로 사람 나손을 데리고 가니 이는 우리가 그의 집에 유하려 함이라". 나손이라는 사람이 있는데 그는 오랜 제자라고 했다. 아마도 바울보다 먼저 믿었을 것이다. 예루살렘에 나손의 집이 있었는데, 바울 일행은 예루살렘에 가면 나손의 집에 묵으려고 그와 함께 간 것이다. 그래도 주님의 섬세한 예비하심이 있음을 감사드린다.

예루살렘에 가서 야고보를 방문하다

"예루살렘에 이르니 형제들이 우리를 기꺼이 영접하거늘"[17절]. 결국 바울은 그가 원하던 곳에 이르렀다. 예루살렘에 가서 형제들을 만난 것이다. **"그 이튿날 바울이 우리와 함께 야고보에게로 들어가니 장로들도 다 있더라"**[18절]. 나손의 집에서 하룻밤을 자고 형제들을 만난 후에 다음 날 야고보가 있는 곳으로 갔다. 야고보는 누구인가? 예수님의 육신의 동생이다. 이는 앞서 15장에서도 나온 그 야고보이다. 당시 예루살렘 교회의 인도자는 베드로가 아니었다. 의장처럼 가장 중요한 사역자로서의 위치를 점하고 있었던 사람은 야고보였다. 전승에 의하면 그는 경건하여 무릎을 꿇고 기도를 너무나 많이 했기에 무릎이 낙타 무릎 같았다고 한다. 그는 또한 야고보서의 저자이다. 야고보서를 보면 그리스도인의 경건한 삶과 실천적인 믿음을 많이 강조하였다. 야고보는 이처럼 그리스도인의 인격적인 삶에 있어서 굉장히 모범적인 사람이었기 때문에 당시 예루살렘 교회는 그를 매우 존경하였던 것 같다. 갈라디아서 2장에서는 그를 기둥처럼 여겼다고 말한다. 그는 당시 유대인 교회의 대표격인 사람이었던 것이다.

"그 이튿날 바울이 우리와 함께 야고보에게로 들어가니". 바울은 예루살렘에 가서 야고보를 만나러 갔다. '우리'는 누가를 비롯한 바울 일행이다.

21장[Ⅲ]

바울이 문안하고 이방 가운데서의 자신의 사역을 낱낱이 고하다

"바울이 문안하고 하나님이 자기의 봉사로 말미암아 이방 가운데서 하신 일을 낱낱이 고하니"[19절]. 여기의 '봉사'는 사역'을 의미한다. 당시 예루살렘에는 성도들이 수만 명 있었으며, 바울은 예루살렘에 갔을 때 그리 대단한 사람이 아니었다.

여기에서 바울은 '내가 이렇게 했다. 내가 이렇게 외국에 다니면서 교회를 많이 세웠다.'고 한 것이 아니라 '하나님께서' 그들을 통해서 이러이러하게 역사하셨다는 것을 하나하나 설명하였다.

"저희가 듣고 하나님께 영광을 돌리고 바울더러 이르되 형제여 그대도 보는 바에 유대인 중에 믿는 자 수만 명이 있으니 다 율법에 열심 있는 자라"[20절]. 그들은 바울을 '형제여'라고 불렀다. 여기 모인 사람들은 당시의 사도들이고 장로들이지만 서로 부를 때에 '형제'라고 했다. 그들은 조용히 바울의 말을 모두 들은 후에 '하나님께 영광을 돌렸다'. 이것은 매우 경건하고 영적인 분위기이다. 우리는 지금도 서구 유럽의 여러 나라, 이탈리아나 오래된 기독교 고장에 가면 그런 영적 기초가 있는 분위기를 대하곤 한다. 이탈리아 성도들은 일상생활에서도 때때로 "글로리아 디디오(Gloria di Dio)!를 외친다. '하나님께 영광!'이라는 말이다. 이런 모습들은 동양인인 우리들이 참으로 배울 만하다.

"네가 이방에 있는 모든 유대인을 가르치되 모세를 배반하고 아들들에게 할례를 하지 말고 또 규모를 지키지 말라 한다 함을 저희가 들었도다"[21절]. 당시 예루살렘에는 수만 명의 유대인 믿는 이들이 있었는데 그들이 바울에 대해서 그리 좋지 않게 말했다는 것이다. 바울이 언제 모세를 배반하라고 했는가? 물론 바울이 말하는 율법은 당시 유대인들이 말하는 율법과는 달랐다. 갈라디아서나 로마서를 피상적으로 읽으면 바울이 율법에 대해서 부정적인 입장을 가진 것처럼 보일 것이다. 그렇지만 사실상 그것이 아니다.

바울은 '율법이란 믿음으로 인도하는 몽학선생이며 그리스도가 왔을 때에 그림자인 율법은 끝난다.'고 했다. 그는 율법에 대해서 이렇게 말했을 뿐 모세를 배반하라고 가르치지는 않았다. 그런데 율법의 관념에 찌들어 있는 그들의 귀에는 바울의 가르침이 모세를 대적하는 것처럼 거슬렸을 것이다. 그래서 바울에 대해 좋지 않은 말을 했던 것이다. 예루살렘에 있는 수만 명의 유대인들은 바울에 대해서 이처럼 좋지 않은 정보를 갖고 있었다. 이 점은 바울 사도에게나 순전한 복음의 전파를 위해서나 후의 이방의 교회들에게나 매우 힘든 요소가 될 수 밖에 없었다.

야고보가 바울에게 서원을 행하도록 권하다

"그러면 어찌할꼬 저희가 필연 그대의 온 것을 들으리니 우리의 말하는 이대로 하라 서원한 네 사람이 우리에게 있으니 저희를 데리고 함께 결례를 행하고 저희를 위하여 비용을 내어 머리를 깎게 하라 그러면 모든 사람이 그대에게 대하여 들은 것이 헛된 것이고 그대도 율법을 지켜 행하는 줄로 알 것이라"[22-24절]. 야고보가 바울에게 권하고 있다. "예루살렘에 유대인 믿는 자들이 수만 명 있는데 그들은 바울이 모세를 대적하고 배반하라 하고 율법을 지키지 말라고 가르친다고 알고 있어서 바울 당신에 대해 상당한 적대감을 갖고 있다. 그러니까 이렇게 해라. 여기에 지금 나실인 서원을 한 네 형제가 있는데 이 사람들을 데리고 성전에 가서 당신도 나실인 서원을 하면 유대인들이 '바울도 와서 이렇게 율법을 지키는구나. 율법의 예식을 행하는구나.' 하면서 바울을 율법을 어기거나 모세를 배반하는 사람이라고 생각지 않을 것이다."

"저희를 데리고 함께 결례를 행하고 저희를 위하여 비용을 내어 머리를 깎게 하라". 누구를 위해서 비용을 내는가? 서원한 네 사람을 위해서다. 민수기 6장을 보면 서원하는 사람에게는 암양, 수양 및 여러 가지 필요한 것이 있다. 그것들을 사려면 돈이 필요한데, 네 사람을 위해서 지불하려면 돈이 많이 든다. 당시 유대에는 기근이 있었기에 사람들이 궁핍했다. 그러므로 야고보는 '네가 이 사람들의 것까지 돈을 내서 해줘라.'고 제의하고 있는 것이다.

여기서 한 가지를 말해보자. 사도 바울은 여기서부터 어려움을 당하게 된다. 죄수의 신분으로 로마까지 압송되는 과정이 사도행전의 마지막 부분이다. 그런데 바울은 그럴 줄 알면서도 왜 예루살렘으로 들어가기를 고집했는가?

그는 야고보에게 가서 연보를 전달했다. 여기에는 기록되어 있지 않지만 다른 서신서를 볼 때 이때 전달한 것이 분명하다. 그런데 사도행전에는 그 돈에 대한 이야기가 나오지 않는다. 누가는 그 일에 대해서 기록하지 않았다. '야고보에게로 가서 바울이 준비한 연보를 내미니 이들이 감사하게 받았다'는 등의 말이 성경에는 없다. 그래서 내가 항상 하는 말이 있는데, 하나님의 역사에서 돈의 지위가 낮다는 것이다. 여기에 만일 돈 이야기가 줄줄이 기록되었다면 성경의 영적 경건성이 매우 떨어지게 될 것으로 생각된다. 그렇다고 해서 사도 바울이 돈을 아무렇게나 다루었는가? 절대로 그렇지 않다. 그는 거액의 연보를 다루는 데 있어서 하나님 앞에서뿐만 아니라 사람 앞에서도 조심했다고 고백했다. 그는 여러 증인들을 데리고 다니면서 돈 문제를 깨끗하게 처리했음을 볼 수 있다. 어쨌든 이런 과정에서 야고보는 바울에게 성전에 가서 나실인 서원을 하라고 권하고 있다. 그러면 유대인 믿는 이들의 마음이 좀 누그러질 것이라고 했다. 그리고 서원이 필요한 사람들의 비용도 감당해주라고 했다.

바울이 서원한 네 사람을 데리고 함께 결례를 행하다

"바울이 이 사람들을 데리고 이튿날 저희와 함께 결례를 행하고 성전에 들어가서 각 사람을 위하여 제사 드릴 때까지의 결례의 만기된 것을 고하니라"[26절]. 구약의 나실인 서원은 성전에서 그 예식을 행하게 된다. 송아지도 드리고 여러 가지 제사를 드리는 것인데 민수기 6장에 자세히 나와 있다. 또한 일 주일, 삼십일 등 서원의 기간도 있다. 그 동안 서원 예식을 하면서 제물을 드리는 것이다. 서원의 날이 다 끝나면 머리를 깎는다. 이것이 구약의 나실인 서원인데, 신약에서 이러한 것이 효과가 있는가? 아무 소용이 없다. 이것은 하나의 그림자일 뿐이다. 바울은 이런 의식을 할 필요가 없다는 것을 너무나 잘 알고 있었다. 갈라디아서에서 그는 그 모든 것이 다 소용이 없다는 것을 말하고 있다. 골로새서에서도 다 그림자라고 말했다. 바울은 이런 것들이 필요가 없다는 것을 너무나 잘 알 뿐만 아니라, 사람들을 그런 모든 율법적인 것과 그림자로부터 실제이신 그리스도께로 돌이키는 사역을 했다.

그런데 예루살렘에 갔을 때 그 분위기와 전체적인 상황 때문에 야고보는 바울에게 이렇게 할 것을 권했고, 바울은 그 상황에서 그의 제안을 받아들였다. 모든 구약의 예식을 하나씩 행한 것이다. 제물도 드리고 양도 잡아가면서 예식을 하였고 이제 만기가 되어 머리를 깎을 일만 남았다. 바울은 그가 전하고 사역하는 가장 중심적인 진리에 관해서는 양보가 없었다. 그러나 사람들의 관념이 따라오지 못하므로 자기 자신이 그들처럼 되기로 했던 것이다.

고린도 전서 9장의 말씀처럼 자신은 율법이 없는 자이지만 율법이 있는 자들에게 갈 때에는 '율법이 있는 자처럼' 간 것이다. 이렇게 이해하는 것이 정확한 것이다. 이는 두려운 상황에서 자신이 죽을까봐 타협하는 것과는 전혀 다른 것이다. 아직 관념이 돌아서지 못하는 많은 유대인들을 향하여 복음을 위한 바울 사도의 융통성이다.

바울이 성전에서 잡히다

"그 이레가 거의 차매 아시아로부터 온 유대인들이 성전에서 바울을 보고 모든 무리를 충동하여 그를 붙들고"[27절]. 칠 일 동안 나실인 서원을 한 것이다. 이때는 오순절 때였기에 예루살렘 성전에는 많은 나라로부터 온 유대인들이 모여 있었다. 절기 때에는 많은 유대인들이 성전으로 모인다. 역사에 따르면, 당시 예루살렘에는 적어도 이백만 명의 사람들이 모여서 오순절을 지켰다고 한다. 바울은 이 오순절에 맞춰서 예루살렘에 오고 싶어했다. 왜 그랬을까? 더 많은 유대인들을 만나서 자신이 전파하는 예수 그리스도, 신약의 진리를 전하고 그들과 화합하고 싶었기 때문이다. 그런데 예루살렘에 가서 그렇게까지 예를 행했는데도 문제가 생겼다. 아시아에서 온 유대인들은 바울에 대해서 잘 알았다. 바울이 아시아를 누비고 다니면서 전도를 하고 교회를 많이 세웠기 때문이다. 그래서 아시아로부터 온 유대인들이 바울을 보고 온 무리를 충동한 것이다.

"외치되 이스라엘 사람들아 도우라 이 사람은 각처에서 우리 백성과 율법과 이 곳을 훼방하여 모든 사람을 가르치는 그 자인데 또 헬라인을 데리고 성전에 들어가서 이 거룩한 곳을 더럽게 하였다 하니 이는 저희가 전에 에베소 사람 드로비모가 바울과 함께 성내에 있음을 보고 바울이 저를 성전에 데리고 들어간 줄로 생각함일러라"[28-29절]. 한 마디로 말하자면, 그들은 바울이 이방인을 데리고 함부로 성전에 들어갔다고 오해를 한 것이다. 따라서 그가 성전을 더럽히는 일을 했다고 생각한 것이다.

"온 성이 소동하여 백성이 달려와 모여 바울을 잡아 성전 밖으로 끌고 나가니 문들이 곧 닫히더라"[30절]. 그들은 바울을 잡아서 죽이고 싶었던 것이다. 하지만 성전에서 죽일 수 없으니 일단 성전의 문을 닫고 밖으로 끌고 나왔다.

"저희가 그를 죽이려 할 때에 온 예루살렘의 요란하다는 소문이 군대의 천부장에게 들리매 저가 급히 군사들과 백부장들을 거느리고 달려 내려가니 저희가 천부장과 군사들을 보고 바울 치기를 그치는지라"[31-32절]. 유대인들은 바울을 끌고 성전 밖으로 나와 엄청 때리고 죽이려고 했다. 거기서 바울은 많이 맞았다. 천부장이 아니었다면 아마도 맞아 죽었을 텐데 다행히 천부장이 군사들을 데리고 와서 유대인들이 바울을 치는 것을 그쳤다.

"이에 천부장이 가까이 가서 바울을 잡아 두 쇠사슬로 결박하라 명하고 누구며 무슨 일을 하였느냐 물으니 무리 가운데서 어떤 이는 이 말로, 어떤 이는 저 말로 부르짖거늘 천부장이 소동을 인하여 그 실상을 알 수 없어 그를 영문 안으로 데려가라

명하니라"[33-34절]. 바울은 선한 뜻으로 야고보의 제안을 받아들여서 결례를 행했다. 그런데 유대인들은 그 상황을 오해하고 그를 성전에서 끌어내어 죽이려고 심하게 때렸고, 그는 천부장에게 구출되어 결박되고 죄수의 몸이 되었다.

"바울이 층대에 이를 때에 무리의 포행을 인하여 군사들에게 들려가니"[35절]. 군인들이 바울을 격리해서 붙들고 가는데도 사람들이 때리려고 달려드니까 군사들이 그를 번쩍 들어서 옮겼다는 말이다. "이는 백성의 무리가 그를 없이 하자고 외치며 따라감이러라"[36절]. 그들은 따라가면서 어떻게든 바울을 죽이려고 했다.

바울이 유대인들 앞에서 스스로 변호하다

"바울을 데리고 영문으로 들어가려 할 그때에 바울이 천부장더러 이르되 내가 당신에게 말할 수 있느뇨 가로되 네가 헬라 말을 아느냐 그러면 네가 이전에 난을 일으켜 사천의 자객을 거느리고 광야로 가던 애굽인이 아니냐 바울이 가로되 나는 유대인이라 소읍이 아닌 길리기아 다소 성의 시민이니 청컨대 백성에게 말하기를 허락하라 하니"[37-39절]. 바울과 천부장의 대화가 시작되었다. 지금 바울은 헬라 말을 하고 있는데, 오늘날로 말하면 한국 사람이 영어를 하는 것과 같다. 바울은 당시에 학식 있는 사람이었으므로 헬라 말로 천부장과 대화를 하고 있었다.

"천부장이 허락하거늘 바울이 층대 위에 서서 백성에게 손짓하여 크게 종용히 한 후에 히브리 방언으로 말하여 가로되"[40절]. 바울은 두 언어, 즉 헬라 말도 하고 히브리 말도 했다. 그는 유대인들이 듣도록 히브리 방언으로 말하기 시작했다. 이제 바울은 층대에 서서 설교를 하는 것이다. 일은 바울의 뜻대로 되지 않았다. 바울은 성전에서 그들에게 받아들여지도록 율법적인 예식을 잘 행해서 유대인들의 마음을 누그러뜨린 다음에 그들에게 진리를 전할 기회를 얻으려고 했는데, 그만 붙잡히게 되었고 군사들에게 포박되어 죄수의 신분이 되어버렸다.

그는 층대 위에 올라가도록 천부장에게 허락을 받았다(천부장은 오늘날로 말하면 로마군의 대대장이나 연대장 정도 되는 사람이다). 그가 거기서 전한 말씀이 다음 22장의 내용이다. 여기서 바울은 자기를 잡아 죽이려고 하는 유대인들에게 자기의 신앙을 고백하고 증거할 수 있는 절호의 기회를 얻은 것이다.

바울은 참으로 충성된 사람이다. 숱한 고난을 받아가며 그 많은 나라를 다니면서 교회를 세운 종이다. 그는 유대인과 이방인이 그리스도의 복음으로 한 몸 되기를 간절히 소원해서 욕을 먹으면서까지 연보를 거두어 예루살렘에 가져다주었다. 유대인들로 마음을 열게 해서 이방의 교회들과 한 몸이 되게 하려는 마음이 간절했기 때문이다. 그러나 막상 예루살렘에 갔을 때, 딱딱하고 무거운 유대교적 관념과 분위기 때문에 말씀을 증거하는 것은 고사하고 그들의 오해를 조금이라도 누그러뜨릴 요량으로 성전에 가서 복음의 신앙과는 맞지도 않은 결례를 일 주일 동안이나 행하면서 시간을 보낼 수밖에 없었다. 그러다가 결국에는 오해를 받아서 잡혔고 엄청나게 두들겨 맞았으며 로마군에게 구출되고 포박된 후에야 잠시나마 말할 기회를 얻은 것이다.

이런 상황에서 예루살렘 교회는 무엇을 하는지, 야고보는 어디에 있는지 전혀 나타나지 않는다. 예루살렘 교회가 사도 바울을 위해서 한 일은 무엇인가? 그가 두들겨 맞을 때 구해주는 사람도 없고 변명하는 사람도 없었다. 21장과 22장을 다 읽어보아도 발견할 수 없다. 거기서 바울은 혼자였다.

22장[I]

바울의 회심한 이야기

바울은 13장에서 안디옥에서 출발하여 널리 이방 세계로 복음을 전하기 위해 다니면서 세 차례의 전도 여행을 통해 소아시아 지역, 유럽 지역, 헬라 지역 등에 많은 교회들을 세웠다. 그 후 21장에서 예루살렘에 들어갔다. 그는 왜 예루살렘으로 들어갔는가? 붙잡히고 결박당하고 환난을 당할 것을 알았음에도 왜 들어갔는가?

바울의 심정을 알기 위해 성경 몇 구절을 보겠다. 로마서 9장 1-2절, "내가 그리스도 안에서 참말을 하고 거짓말을 아니하노라 내게 큰 근심이 있는 것과 마음에 그치지 않는 고통이 있는 것을 내 양심이 성령 안에서 나로 더불어 증거하노니". 사도 바울은 큰 근심과 마음에 그치지 않는 고통이 있었다고 했다.

3절, "나의 형제 곧 골육의 친척을 위하여 내 자신이 저주를 받아 그리스도에게서 끊어질지라도 원하는 바로라". '나의 형제 곧 골육의 친척'이 누구인가? 이스라엘 백성이다. 바울은 자기가 심지어 저주를 받아 그리스도에게서 끊어질지라도 그들이 구원을 받았으면 좋겠다고 했다. 그는 로마서 10장 1절에서 이렇게 고백했다. "형제들아 내 마음에 원하는 바와 하나님께 구하는 바는 이스라엘을 위함이니 곧 저희로 구원을 얻게 함이라".

자기 동족 이스라엘의 구원에 대한 열망으로 가득함

사도 바울은 이방 세계에 다니면서 복음을 전하고 교회를 많이 세웠다. 그는 로마서 11장에서 이방인의 사도가 된 자기의 직분을 영광스럽게 여긴다고 했다. 로마서 11장 13-14절, "내가 이방인인 너희에게 말하노라 내가 이방인의 사도인 만큼 내 직분을 영광스럽게 여기노니 이는 곧 내 골육을 아무쪼록 시기케 하여 저희 중에서 얼마를 구원하려 함이라". 그는 이방에 교회를 많이 세우고 복음을 전하면서도 자기의 동족 이스라엘의 구원에 대한 열망을 내려놓지 않았다. 심지어 이방 세계에 복음을 전하는 것도 결국 이스라엘 백성들로 시기가 나게 하여 하나님께 열심을 내고 회개하여 구원 받기를 바라는 마음 때문이었다고 했다. 바울 사도는 이방인의 사도인 것을 영광스럽게 여기며 기쁘게 그 직분을 수행했지만, 그러면서도 자기 동족에 대한 애틋한 마음, 그들을 사랑해서 구원하고자 하는 마음을 결코 내려놓지 않았다.

바울이 심령에 매임을 받아 예루살렘에 가고자 하다

사도행전 19장에서 그는 예루살렘에 가고 싶어 했다. **"이 일이 다 된 후 바울이 바게도냐와 아가야로 다녀서 예루살렘에 가기를 경영하여 가로되 내가 거기 갔다가 후에 로마도 보아야 하리라 하고"**[21절]. 사도행전 20장에서도 마찬가지이다. **"이는 될 수 있는 대로 오순절 안에 예루살렘에 이르려고 급히 감이러라"**[16절下]. **"보라 이제 나는 심령에 매임을 받아 예루살렘으로 가는데 저기서 무슨 일을 만날는지 알지 못하노라"**[22절]. 그는 계속 예루살렘에 가고 싶어 했으며, 마침내 21장에서 예루살렘에 들어가게 되었다. "예루살렘에 이르니"(21:17).

예루살렘에서 붙잡혀 자신이 회심하게 된 이야기를 동족 앞에서 간증하다

그러나 그는 예루살렘에 와서 어떻게 되었는가? 붙잡혔다. 성전에서 소동이 일어나고 바울에 대해 오해한 사람들이 그를 잡아서 많이 때리고 잡아 죽이려고 할 때에 로마 군인들이 바울을 잡아서 결박하는 바람에 오히려 그들 손에서 벗어나 살아나게 되었다.

층대 위에 선 바울은 자기 족속의 말인 히브리어로 말하기 시작했다.

"부형들아 내가 지금 너희 앞에서 변명하는 말을 들으라 하더라"[22:1]. '부형들아!' 이렇게 부른 것은 무슨 의미인가? 이 사람들은 방금 전까지 바울을 때려서 죽이려고 했던 사람들이다. 그들은 바울에 대해 증오와 악감정이 가득하여 분노하고 있지만, 바울은 그들에 대해서 그런 마음이 없다. '부형'은 영어로 'brothers and fathers', 즉 '형제들과 아비들'이다. 우리나라 말로 '부형들아' 하면 별로 실감이 나지 않는다. 그러나 원문으로 말하면 '형제자매여, 그리고 아비들이여'이다. 군중 가운데는 바울보다 나이가 많은 사람들도 있었을 것이다.

"너희 앞에서 변명하는 말을 들으라." 자신의 말을 좀 들어보라고 한다. 그리고서 히브리 방언으로 말하기 시작했다. 바울은 어떤 상황에 어떻게 해야 할 줄을 아는 사람이다. 만일 거기서 헬라어로 말하면 주위를 환기시키기가 어려웠을 것이다. 내가 동구 유럽에서 한창 복음을 전할 때, 한국어 통역자가 있었지만 일부러 영어로 말하고 영어 통역을 하게 하였다. 한국어로 말할 때는 좀 소란스럽다가 영어로 설교가 흘러나가자 순간 조용해지는 것을 느꼈다. 거기서 언어란 참으로 중요하다는 것을 체험했다. 어디에서는 어떤 말을 해야 하는 경우가 있다.

말라기 선지자부터 예수님 오시기까지는 400년 간의 공백기가 있었다. 말라기가 구약의 마지막 선지자이고 그다음에 세례 요한이 왔는데, 구약에서 신약으로 넘어오는 그 삼사백 년의 공백 기간을 마카비 시대라고 부른다. 그때 마카비라고 하는 한 지도자가 일어나서 유대인을 위한 독립전쟁을 했다. 당시 헬라의 알렉산더 대왕은 모든 나라들을 점령해 나가면서 헬라화하고 있었다. 헬라어를 쓰게 하고 헬라 문화를 퍼뜨렸다. 알렉산더는 여러 나라를 다니면서 도시의 이름도 자기 이름을 따서 '알렉산드리아'로 명명하는 등, 온 세계를 헬라 문화로 통일시키는 데 힘을 기울였다.

하지만 이스라엘 백성들은 구약 성경을 가지고 하나님을 믿는 헤브라이즘, 즉 유일한 하나님을 믿는 신앙을 지키고자 했다. 그래서 한 무리의 열성당

원이 일어났는데, 그들은 헬라 문화에 동화되지 않으려고 힘써 헬라 문화를 차단하면서 '우리는 우리 신앙, 우리 문화를 지키겠다.'라고 했는데, 그들을 가리켜 '바리새인'이라고 한다. 그들의 원래의 취지는 좋은 것이다. 유대인의 율법과 유대 문화를 지키겠다고 일어난 무리이다. 그들은 자기들끼리 '형제'라고 부르며 그렇지 않은 사람들과 자신들을 철저히 분리시켰다. 그들의 이름인 '바리새인'(Pharisee)에는 '분리, 분리주의자'라는 의미가 들어있다.

지금 바울 앞에는 이러한 바리새인들이 많이 있다. 그들은 헬라 말 자체에도 반감이 있지 않았겠는가! 바울은 사실 다소 성에서 자랐기 때문에 헬라 문화에 익숙해 있던 사람이었다. 그래서 그의 입에서 헬라 말이 나올 줄 알았는데 뜻밖에도 유창한 히브리어가 흘러나온 것이다.

"저희가 그 히브리 방언으로 말함을 듣고 더욱 종용한지라 이어 가로되"[2절]. 바울의 입에서 히브리 말이 나오자 유대인들이 갑자기 조용해졌다. 그리고 일단 바울의 말을 경청하기 시작했다. "나는 유대인으로 길리기아 다소에서 났고 이 성에서 자라 가말리엘의 문하에서 우리 조상들의 율법의 엄한 교훈을 받았고". 바울은 자신의 간증을 하고 있다. 가말리엘이라는 사람은 유대인으로서 당시에 가장 유명한 학자였으며, 현대용어로 말하면 가장 우수한 대학의 총장쯤 되는 사람이었다. 바울은 이러한 학문의 도장인 가말리엘 문하에서 배웠다. 당시의 최고 학부를 졸업한 셈이다.

바울이 자신의 이야기를 하다

"오늘 너희 모든 사람처럼 하나님께 대하여 열심 하는 자라". 지금 바울의 말을 듣고 있는 사람들은 바울 사도를 성전에서 때리고 잡아다 죽이려고 했던 사람들이다. 이들은 왜 그렇게 했는가? 하나님께 열심이 있어서이다. 그래서 바울은 그 열심 자체를 인정해주고 있다. 그는 '여러분들이 이렇게 열심이 있는 것처럼 나도 열심이 있었던 사람이다.'라고 간증하고 있다. 바울은 자신을 그들과 동일시하면서 말하고 있다. 히브리 언어로 '나도 여러분처럼 유대인이고, 가말리엘 문하에서, 유대인의 가장 엄한 율법을 가르치는 곳에서 율법을 배운 사람이다.' 라고 했다.

"내가 이 도를 핍박하여 사람을 죽이기까지 하고 남녀를 결박하여 옥에 넘겼노니"[4절]. 사도 바울은 율법을 지식으로 알기만 한 것이 아니다. 지식이 많은 사람은 행동을 하지 않고, 행동을 하는 사람은 머리가 비어 있는 수가 있다. 지식과 행동, 이 두 가지를 겸비하기란 참 어렵다. 많은 것을 알고 있으면서 동시에 자기가 아는 것을 행동으로 실천하는 사람은 드물다. 바울은 주님의 종이 되기 이전에도 자기가 아는 것은 그대로 실천하는 사람이었다. 바울은 알고만 끝나는 사람이 아니었다. 자기가 믿은 대로, 생각한 대로 행동하는 사람이었다. 그래서 그는 자기가 옳다고 믿는 바대로 그리스도인들을 핍박했던 것이다. 나는 인간으로서 가장 이상적이고 성공하는 사람의 특징은 자기가 확신하고 믿는 바를 행하는 사람이라고 생각한다. 이 세상에서도 성공한 사람들의 특징을 보라! 틀림없다. 매우 획기적인 아이디어를 갖고 있다 해도 실행에 옮기지 않는 사람은 아무것도 이루어내지 못한다. 바울은 믿는 바대로 행한 사람이었다.

"내가 이 도를 핍박하여". 이 '도'가 무엇인가? 바로 그리스도를 믿는 믿음이다. 당시에 예수 그리스도를 믿고 교회의 길을 가는 사람들이 바로 이 '도를 좇는 사람들'이다.

"이에 대제사장과 모든 장로들이 내 증인이라 또 내가 저희에게서 다메섹 형제들에게 가는 공문을 받아 가지고 거기 있는 자들도 결박하여 예루살렘으로 끌어다가 형벌 받게 하려고 가더니"[5절]. 거기에 대제사장도 있었다. 그들은 다 바울이 했던 일을 인정할 것이다. 다메섹에 가서 그리스도인들을 잡아오겠다고 공문을 받아 가지고 갔던 바울이 사라진 것이다.

그리스도인들을 잡으려고 다메섹으로 가던 길에 하늘로서 주 예수님의 음성을 듣다

"가는데 다메섹에 가까웠을 때에 오정쯤 되어 홀연히 하늘로서 큰 빛이 나를 둘러 비취매"[6절]. 오정이라면 한낮인데 그때 하늘로서 큰 빛이 그를 둘러 비취었다. 그런데 이 빛은 이 세상에 있는 어떤 빛보다 훨씬 밝은 빛이었다. 이로 보건대 빛은 우리가 보고 아는 빛만 있는 것이 아니다. 하늘에 속한 빛이 가장 밝은 빛이며 이 빛은 우리가 보통 대하는 물질세계의 빛이 아닌 것이 분명하다.

"내가 땅에 엎드러져 들으니 소리 있어 가로되 사울아 사울아 네가 왜 나를 핍박하느냐 하시거늘"[7절]. 누구든지 주님의 큰 빛을 보면 쓰러지게 된다. 이는 9장에서 있었던 일을 간증하는 것이다. 누가는 바울에게서 직접 들은 것을 그대로 기록했다. 동일한 일에 대한 간증이 사도행전 9장, 22장, 26장에 세 번 기록되어 있다.

나는 네가 핍박하는 나사렛 예수라

"내가 대답하되 주여 뉘시니이까 하니 가라사대 나는 네가 핍박하는 나사렛 예수라 하시더라"[8절]. 바울은 자신을 잡아 죽이려는 성난 유대인 군중들에게 '나도 여러분과 같은 신앙을 갖고 있었다. 그래서 나는 그것이 옳은 줄 알고 예수 믿는 사람들을 핍박하고 잡아 죽이는 일을 했었는데, 그때도 내가 다메섹까지 가서 그들을 잡아오려고 하는데 도중에 하늘로서 음성이 들렸고 빛이 나를 둘러 비췄다. 이것이 내가 바뀐 이유다.' 하면서 자기가 겪은 일을 간증하고 있다.

"나는 네가 핍박하는 나사렛 예수라". 그곳의 성난 군중들 가운데는 나사렛 예수를 믿지 않는 사람들이 많았다. 그들에게 바울은 '사람들이 십자가에 못 박아 죽인 예수, 부활하시고 승천하신 예수가 바로 하늘에서 나를 불렀다'고 하면서 자기의 간증을 통해 간접적으로 복음을 전하고 있다.

함께 있던 사람들이 빛은 보면서도 음성은 듣지 못하다

"나와 함께 있는 사람들이 빛은 보면서도 나더러 말하시는 이의 소리는 듣지 못하더라". 디메섹으로 갈 때에도 일행이 있었다. 일행은 바울에게 하는 소리는 못 들었지만 그 빛이 하늘로서 비취는 것은 보았다. 이것은 하나의 간증이기 때문에 '그 사람들 붙잡고 물어봐라. 물어보면 그들이 답변해줄 것이다.'라고 말하고 있다. 그러므로 말도 사람의 귀로 쉽게 들을 수 없는 말이 있다. 오직 하나님이 귀를 열어주시고 들을 수 있게 해주셔야 들을 수 있는 말씀이 있다.

주여 무엇을 하리이까

"내가 가로되 주여 무엇을 하리이까 주께서 가라사대 일어나 다메섹으로 들어가라 정한바 너의 모든 행할 것을 거기서 누가 이르리라 하시거늘"[10절]. "주여, 무엇을 하리이까?" 사도 바울은 확실히 행동파이다. 그는 빛을 보자마자 '그럼 이제 제가 어떻게 해야 하지요?'라고 물었다. 다시 한 번 강조하거니와, 하나님은 보고 들은 바를 행동에 옮기는 사람을 좋아하신다.

바울이 그 빛의 광채를 인해 볼 수 없게 되다

"나는 그 빛의 광채를 인하여 볼 수 없게 되었으므로 나와 함께 있는 사람들의 손에 끌려 다메섹에 들어갔노라"[11절]. 다메섹 도상에서 빛이 그를 둘러 비취어 엎드러졌고 그 빛을 인해서 바울은 눈이 멀게 되었다. 그는 자기 혼자 다메섹에 갈 수 없었다. 그래서 함께 있던 사람들이 바울을 데리고 다메섹 성으로 들어갔다. 이후 사도 바울의 서신들을 읽어볼 때 그가 결코 거짓을 말할 사람이 아닐진대 그의 이 간증은 다 실화이다.

주님이 아나니아에게 사울을 찾아 안수하라고 말씀하시다

"율법에 의하면 경건한 사람으로 거기 사는 모든 유대인들에게 칭찬을 듣는 아나니아라 하는 이가"[12절]. 주님이 사람을 선택하시는 것을 보면 다 뜻이 있다. 아나니아의 이름은 여기 외에 다른 곳에는 기록이 없다. 하지만 하나님께서는 당시 그곳에서 유대인들 가운데 경건하기로 소문난 믿는 이를 찾으신 것이다. 사도행전 9장 11절을 보면, 주님이 그에게 나타나셔서 '직가라 하는 거리로 가서 유다의 집에서 다소 사람 사울이라 하는 자를 찾으라. 저가 기도하는 중이다. 네가 가서 그에게 안수하라.'고 말씀하셨다.

22장[Ⅲ]

너의 보고 들은 것에 증인이 되리라

"내게 와 곁에 서서 말하되 형제 사울아 다시 보라 하거늘 즉시 그를 쳐다보았노라"[13절]. 아나니아는 즉시 그(사울)를 형제라고 불렀다. 그리고 바울에게 말하기를, **"우리 조상들의 하나님이 너를 택하여 너로 하여금 자기 뜻을 알게 하시며 저 의인을 보게 하시고 그 입에서 나오는 음성을 듣게 하셨으니"**라고 했다. 하나님의 자녀들은 그분의 음성을 들을 수 있다. 그리고 주님은 그에게 많은 것을 보여주셨다. 그리스도를 본 사람들이 그분의 증인들이 된다. 오늘 우리가 주의 말씀을 잘 깨닫고 더 선명하게 보았을 때, 역시 예수의 증인들이 될 수 있다. **"너의 보고 들은 것에 증인이 되리라"**[15절].

주의 이름을 불러 세례를 받고 너의 죄를 씻으라

그리고 바울은 주의 이름을 부르며 세례를 받고 죄 씻음을 받았다[16절]. 여기에서 세례받는 행위 자체를 죄를 씻는 것으로 이해해서는 안 된다. 침례의 물이 죄를 씻는 것이 아니다. 사람의 죄를 씻는 것은 예수의 보혈 외에는 없다. 그런데 여기서는 왜 침례를 받으면서 죄를 씻으라고 했는가?

죄 사함을 받는 문제에 대해 여러 면을 생각해볼 수 있다. 첫째는 우리의 죄가 하나님 앞에서 오직 예수의 피로만 용서받을 수 있다는 것이다. 그리고 또 한 가지는 죄를 씻는 문제인데, 이것은 사람들 앞에서의 문제이다. 바울은 많은 예수 믿는 사람들 앞에서 죄를 지었다. 그는 아무도 모르게 혼자 죄를 지은 것이 아니라 수많은 사람들을 잡아 결박하고 핍박하는 일을 했다. 그는 예수 믿는 사람, 예수의 이름을 부르는 사람을 잡으러 다니는 일을 했기 때문에, 그가 진정으로 회개한 표는 '주 예수여, 당신은 주님이십니다.' 하면서 자기 입으로 주 예수의 이름을 부르고 물 속에 침례를 받는 것이다. "주의 이름을 불러 세례를 받고". 세례(침례)야말로 보이지 않는 신앙을 하나님과 사람 앞에 표명하는 방법이다. '내가 주 예수 그리스도를 믿고 주님과 함께 죽었고 함께 부활했다'는 신앙을 나타내는 길인 것이다. 그렇게 표명할 때 사람들은 그가 예수를 믿었다는 확증을 갖게 되며, 또한 사람들이 갖고 있던 불신의 장벽이 제해지는 것이다. 바울은 확실히 그렇게 할 필요가 있었다.

내가 너를 이방인에게 보내리라

후에 바울은 예루살렘에 돌아와서 성전에서 기도했고 주님은 비몽사몽간에 바울에게 말씀하시기를, "너는 속히 예루살렘에서 나가라. 저희는 네가 나에 대하여 증거하는 말을 듣지 않을 것이다." 하셨다. 그래서 바울은 주님께, "주여, 내가 주 믿는 사람들을 감옥에 집어넣고 각 회당에서 때리고 주의 증인 스데반이 피를 흘릴 때에 곁에 서서 찬성하고 옷을 지킨 사람인 줄 저희가 압니다."라고 대답했다. 그러자 주님이 "내가 너를 이방인에게로 보내리라." 하셨다. 바울의 간증을 여기까지 듣던 유대인들은 이 지점에서 화가 머리끝까지 치밀었다. 그들은 '이러한 놈은 살려줄 가치가 없다!'고 떠들며 옷을 벗어 던지고 티끌을 공중에 날렸다.

천부장에게 자신이 로마 시민임을 알리다

그러자 천부장이 바울을 영문 안으로 데려다가 채찍질하라고 포승으로 묶으니, 바울이 "너희가 로마 사람인 나를 죄를 정하지도 않고 채찍질 할 수 있느냐?"고 말했다. 그는 매를 맞지 않아도 될 때에는 공연히 맞지 않았다. 백부장이 듣고 천부장에게 그가 로마 사람이라는데 어떻게 할 것인지를 물으니 천부장이 바울에게 와서 "네가 로마 사람이냐?"고 물었다. 바울이 "그렇다." 하니 천부장이 "나는 돈을 많이 들여서 시민권을 얻었다."고 말하자 바울은 "나는 나면서부터다."고 했다. 그랬더니 천부장은 그가 로마 사람인 것을 알고 결박한 것을 두려워했다. 다음 날 천부장은 결박을 풀어주고 유대인들이 왜 바울을 송사하는지 알고자 하여 제사장들과 온 공회를 모으고 그들 앞에 바울을 세웠다.

23장[I]

바울은 예루살렘에 들어가기를 원했다. 죽는 한이 있어도 들어가고자 했다. 그는 예루살렘에 와서 무엇을 했는가? 성전에 들어가서 유대인의 마음을 얻기 위해 결례를 행하고 그러다가 오해를 받아 붙잡혔다. 그리고 잡힌 상태에서 히브리 말로 자신의 간증을 한다. 이것이 22장의 내용이다. 즉 자신의 출신과 유대교에 있었을 때 열심 있던 이야기, 다메섹 도상에서 주님을 만난 이야기, 아나니아를 통해 침례를 받고 성전에 가서 기도한 이야기, 주님께서 '이들은 네 말을 안 들을 테니 이방인에게로 가라'고 했다는 이야기 등을 하다가 소동이 벌어져 다시 잡히고, 23장에서는 천부장의 배려로 포승을 풀고 간단하게 한두 마디를 한다. 이것이 그가 예루살렘에 와서 한 일 전부이다.

바울이 공회 앞에서 해명하다

그리고 23장에서 바울이 공회 앞에서 자신은 범사에 양심을 따라 하나님을 섬겼다고 간증하니 대제사장 아나니아가 바울 곁의 사람들에게 그 입을 치라고 명했다. 그때 바울이 "회칠한 담이여, 하나님이 너를 치시리라!" 하면서 "네가 나를 율법대로 판단한다고 하면서 율법을 어기고 나를 치라 하느냐?"고 따졌다. 그러자 곁에 선 사람들이 그가 대제사장이라고 말해주었다. 바울은 "나는 그가 대제사장인 줄 알지 못하였다. 기록하였으되, 백성의 관원을 비방하지 말라 하였느니라."고 했다.

바울은 거기에 바리새인과 사두개인 두 파가 모여 있는 것을 보고 "나는 바리새인이요 바리새인의 아들이라 죽은 자의 소망 곧 부활을 인하여 내가 심문을 받노라"고 말하니 바리새인과 사두개인들 사이에 다툼이 생겨 나뉘어졌다. 바리새인 편에서 몇 서기관이 일어나 바울은 악한 것이 없다고 하면서 혹 천사가 그에게 말하였으면 어떻게 하겠느냐고 했다. 큰 분쟁이 생기니 천부장이 바울을 무리 가운데서 빼앗아 영문 안으로 들어가게 했다.[1-10절]

주께서 바울에게 담대하라고 격려하시다

그날 밤 주께서 바울 곁에 서셔서 "담대하라 네가 예루살렘에서 나를 증거한 것같이 로마에서도 증거하여야 하리라" 하셨다. 여기서 우리는 바울이 예루살렘에서 짧게 몇 마디 간증한 것을 주님은 그분을 증거한 것으로 인정하셨다는 것을 보게 된다. 그리고 후에 나오지만, 그가 로마에 가서 한 일도 큰 집회를 열고 대중 앞에서 설교한 것이 아니라 셋집을 얻어서 오는 사람들에게 그리스도와 하나님의 나라를 증거한 것이다. 하나님의 관점은 우리 사람의 생각과 다르다. 그가 목숨을 걸고 예루살렘을 들어갔다는 것 자체가 귀한 것이요 몇 마디로도 주님을 만난 일을 참되게 간증한 것이 증거한 것이요, 로마에 간 것 자체가 주님을 증거한 것이다. 그가 23장에서 대제사장과 약간의 입씨름 비슷한 것을 하고 바리새인들과 사두개인들을 싸움 붙여서 자신을 구출하기도 했지만, 그는 주님으로부터 그분을 증거했다는 확증을 얻었다. 주님의 증거는 다만 말에 있지 않다. 진실한 것을 말하면 된다. 꼭 완벽하고 긴 설교를 하거나 며칠간의 특별집회를 하지 않아도 된다. 간증이 짧아도 좋고 부족해도 좋다. 용기와 충성으로 주님을 위해 하는 일이 곧 그분을 증거하는 것이다.

23장[Ⅱ]

유대인들이 당을 지어 바울을 죽이려고 음모하다

날이 새니 당을 지어 바울을 죽이기 전에는 먹지도 않고 마시지도 않겠다고 맹세한 사람들이 40여 명이 되었다. 그들이 대제사장들과 장로들에게 가서 "우리가 바울을 죽이기 전에는 아무것도 먹지 않기로 굳게 맹세했다"고 하면서 천부장에게 청하여 바울을 당신네들에게 데리고 내려오게 하면 매복하였다가 그가 가까이 오기 전에 그를 죽일 것이라 하였다. 바울의 조카가 그들이 매복한 것을 알고 영문 안으로 들어가서 바울에게 그 말을 전하니 바울이 이 청년을 천부장에게 보내어 말하게 해달라고 부탁했다. 바울의 조카는 천부장에게 내일 유대인들이 바울을 공회로 데려오라고 청할 것인데, 이는 그들이 중도에 매복하였다가 바울을 죽이려는 것이니 그들의 요청에 따르지 말라고 했다.

천부장이 군대를 동원하여 바울을 호송하다

천부장은 청년에게 이 일을 그에게 고했다고 아무에게도 말하지 말라고 하고는 그 밤에 백부장 둘을 불러 가이사랴로 바울을 보내기로 결정했다. 보병 2백 명, 마병 70명, 창군 2백 명을 준비하고 또 바울을 태워 총독 벨릭스에게로 보내기 위해 짐승을 준비하라 명했다. 그러면서 이 천부장 글라우디오 루시아는 벨릭스에게 편지를 써서 그들 편에 들려보내는데, 그 내용은 이렇다. "이 사람 바울은 유대인에게 잡혀죽게 되었는데 내가 구하여다가 무슨 일인가 조사하니 저희 율법 문제에 관한 것일 뿐 죽이거나 결박할 사건이 없음을 발견했습니다. 그러나 이 사람을 해하려는 간계가 있다고 누가 나에게 알게 하여서 곧 당신께로 보내는 것이며 또 송사하는 사람들도 당신 앞에서 그에 대해 말하라고 했습니다." 보병이 명을 받은 대로 밤에 바울을 데리고 안디바드리에 이르고, 이튿날 마병으로 바울을 호송하게 하고 그들은 영문으로 돌아갔다. 그들이 가이사랴에 들어가서 편지를 총독에게 드리니 총독이 읽고 바울에게 어느 영지 사람이냐고 물어 그가 길리기아 사람인줄 알고 "너를 송사하는 사람들이 오면 내가 네 말을 들으리라" 하고 헤롯 궁에 그를 수감하였다.

24장

벨릭스 총독 앞에서 바울을 고소하다

24장에는 바울이 가이사랴에 도착한 일과 대제사장 아나니아가 어떤 장로들과 한 변사 더둘로와 함께 내려와서 총독 앞에서 바울을 고소하는 사건이 나온다. 더둘로라는 변사가 벨릭스 총독 앞에서 그를 한참 추켜세우는 말을 한 후[3-4절], 바울에 대하여 "우리가 보니 이 사람은 염병이라 천하에 퍼진 유대인을 소요케 하는 나사렛 이단의 괴수라 저가 성전을 더럽게 하려 하여 우리가 잡았는데 당신이 심문하시면 우리가 송사하는 이 모든 일을 알게 될 것이다."라고 하였다. 함께 따라온 유대인들도 동조하며 그의 말이 옳다고 주장하였다.

바울이 총독 앞에서 변명하다

총독이 바울에게 머리로 표시하면서 말할 것이 있으면 하라고 하니 바울이 "당신이 여러 해 전부터 이 민족의 재판장 된 것을 내가 알고 내 사건에 대하여 기쁘게 변명합니다. 제가 성전에 간 지 열이틀밖에 되지 않았고 나는 아무하고도 성전에서 변론하거나 소동을 일으킨 일이 없습니다. 저희들이 송사하는 일이 하나도 당신 앞에 내세울 것이 없습니다. 그러나 한 가지 당신께 고백할 것은, 나는 저희가 이단이라고 하는 도를 좇아 조상의 하나님을 섬기고 율법과 선지자의 글을 다 믿고 저희의 기다리는바 하나님을 향한 소망과 의인과 악인의 부활이 있다고 믿습니다. 이를 인하여 나도 하나님과 사람에게 항상 양심에 거리낌이 없기를 힘쓰고 있습니다. 여러 해 만에 내가 내 민족을 구제할 것(그는 사실 이방의 연보를 가지고 예루살렘에 온 것이었다)과 제물을 가지고(성전에서 결례 예식을 하기 위해) 제사를 드리는 중에 소동도 없이 조용하게 성전에 있는 것을 저들이 보았을 겁니다. 다만 아시아에서 온 유대인들이 있었는데, 그들이 만일 반대할 사건이 있다면 마땅히 당신 앞에 와서 송사하였을 것이고, 그렇지 않으면 이 사람들이 내가 공회 앞에 섰을 때에 무슨 옳지 않은 것을 보았는가 말하라 하십시오."라고 했다. 그러면서 바울은 한 마디를 덧붙였다. "오직 내가 저희 가운데 서서 외치기를, 죽은 자의 부활에 대하여 오늘 너희 앞에 심문을 받는다고 한 이 소리가 있을 따름입니다."

바울이 벨릭스와 그 아내에게 의와 절제와 장차 올 심판을 전하다

벨릭스 총독은 이 도에 관한 것을 자세히 아는 사람이었다. 그래서 그는 루시아 천부장이 오면 처리하겠다고 하고 백부장에게 명하며 바울에게 자유를 주고 친구들이 수종드는 것을 금하지 말라고 하였다. 수일 후에 벨릭스는 그 아내인 유대 여자 드루실라와 함께 와서 바울을 불러 그리스도 예수 믿는 도를 배우는데, 바울이 의와 절제와 장차 오는 심판을 전하니 벨릭스가 두려워하면서 "지금은 가라. 내가 기회가 있으면 너를 부르리라."고 하고, 또 바울에게서 혹 돈을 받을까 하여 자주 불러 이야기하였다. 2년 동안 바울은 가이사랴에 구류되었었고 벨릭스는 유대인의 환심을 사기 위해 그가 잘못이 없는 것을 알고도 그대로 가두어 두었는데, 보르기오 베스도라는 새로운 총독이 와서 벨릭스의 직무를 대신하게 되었다.

성경학자들은 히브리서를 누가 썼는지 연구하는데, 그래도 가장 일반적으로 지지받고 있는 것이 히브리서의 기자 역시 사도 바울이라는 것이다. 바울은 히브리서까지 열네 서신을 쓴 것이다. 히브리서 맨 마지막에 디모데를 비롯해서 바울의 동역자들의 이야기가 나온다. 따라서 우리는 히브리서 기자가 바울이 아닐 리 없다고 생각한다. 아볼로가 히브리서를 썼다고는 생각지 않는다. 그렇다면 바울이 언제 히브리서를 썼느냐는 가이사랴에 구류되었던 바로 이 기간이라는 설이 가장 정설로 통한다. 알다시피 신약에서 히브리서의 중요성은 이루 다 말할 수가 없다. 유대교에서 신약의 교회로 전환하는 데 있어서 가장 중요한 진리를 많이 담고 있는 책이 히브리서이다.

지금 벨릭스 앞에서 사도 바울의 말하는 요지가 무엇인가? 그것은 '나도 율법을 믿는다. 나도 선지자를 믿는다. 나도 부활을 믿는다. 나는 선지자, 율법, 모세가 말한 것을 어기고 반대하고 뒤집어엎는 것이 아니다. 오히려 구약의 모든 선지자들의 글이 완성되는 것을 말하고 있다. 이것이 아니면 모든 율법과 선지자들의 글이 완성되지 않으며, 이것은 바로 오늘날 아들 안에서 말씀하시는 음성이다.'라고 하는 것이다. 이것을 말해주고 있는 책이 히브리서이다. 유대교적인 문화와 신약의 개념이 가장 크게 충돌을 일으킨 시점이 언제인가? 바로 이때이다. 이때보다 바울이 심정적으로 괴로움을 느낀 때가 없다. 그는 이때 유대교도들의 반발에 부딪혀서 잡혔고 결국 2년 간 가이사랴에 구류되어 있었다. 그러면서 그는 무슨 생각을 했겠는가?

우리가 조금만 생각해봐도 사도 바울은 동족에 대해 간절한 사랑이 있다. 그래서 죽을 것을 각오하면서까지 예루살렘에 들어간 것이다. 하지만 몇 마디 하지도 못하고 결국 옥에 갇히게 되었다. 그때 거기서 히브리서라고 하는 명저(名著)를 남긴 것이다. 2년이라는 세월을 감옥에서 보냈다고 하지만, 히브리서라는 귀한 서신을 어떻게 2년과, 아니 200년과 바꾸겠는가? 그 책이 이천여 년 동안 그리스도인들을 섬기고 있는 것이다. 누가는 누가복음과 사도행전을 썼는데 그 모든 자료를 그곳에서 사도 바울과 함께 모으지 않았을까 하는 생각도 해본다. 즉, 나는 사도 바울의 문서사역에 있어서 가장 중요한 기간이 바로 이때일 것으로 본다. 벨릭스는 돈을 받을 목적, 유대인의 환심을 살 목적으로 그 귀한 사도를 구류하여 두었지만 바울은 그 귀한 2년이라는 세월을 결코 낭비하지 않았을 것이다.

25장

바울이 베스도 총독 앞에 서다

베스도 총독은 부임하고서 바로 삼 일 후에 가이사랴에서 예루살렘으로 올라갔는데, 그때 대제사장들과 유대인 중 높은 사람들이 바울을 고소했다. 유대인들의 관심사는 오직 그 멀리 가이사랴에 갇혀 있는 바울에게 고정되어 있었다. 그들의 의도는 베스도의 호의로 바울을 예루살렘으로 보내달라고 한 연후에 길에 매복하였다가 죽이려 하였다(놀랍게도 그들의 바울을 죽이고자 하는 살의는 아무것도 할 수 없이 감옥에 갇혀 있던 사람을 향해 2년 내내 계속되고 있었다). 베스도는 그가 현재 가이사랴에 구류된 것을 말해주고, 자신이 오래지 않아 그리로 갈 것이니 그들 중 유력자들이 함께 가서 그 사람에게 옳지 않은 것이 있으면 송사하라고 했다.

베스도는 그들 가운데서 팔 일이나 십 일을 지낸 후에 가이사랴로 가서 다음 날 재판 자리에 앉고 바울을 데려오라 명했다. 그때 예루살렘에서 내려온 유대인들이 여러 가지 중대 사건으로 바울을 송사하였으나 능히 증명하지 못했다. 바울은 "내가 유대인의 율법이나 성전이나 가이사에게 아무 죄를 범한 것이 없다."고 주장하였다. 그러나 베스도 역시 정치가여서 유대인의 마음을 얻기 위해 바울에게 물었다. "네가 예루살렘에 올라가서 이 사건에 대하여 내 앞에서 심문을 받으려느냐?"

바울이 가이사에게 상소하다

바울이 말했다. "내가 가이사의 재판 자리에 섰으니 마땅히 거기(로마)서 심문을 받겠습니다. 당신도 잘 아는 바에 내가 유대인들에게 불의를 저지른 것이 없습니다. 내가 불의를 범하였거나 사특한 죄를 범하였다면 죽기를 사양하지 않을 것이나 사실이 아니라면 나를 그들에게 내어줄 수 없습니다. 내가 가이사에게 호소합니다." 베스도는 배석자들과 상의한 후에 "네가 가이사(황제)에게 호소하였으니 가이사에게 갈 것이니라." 했다.

바울이 아그립바 왕과 버니게 앞에 서다

수일 후에 아그립바 왕과 버니게가 베스도에게 문안하러 가이사랴에 와서 여러 날을 있었는데, 베스도가 바울의 일을 왕에게 말했다. "벨릭스가 한 사람을 구류하여 두었는데, 예루살렘에 있을 때 유대인들이 그를 고소하고 정죄하기에 내가 무릇 피고가 원고들 앞에서 변명할 기회가 있기 전에 내어주는 것은 로마의 법이 아니라고 했다. 그래서 다음 날 재판자리를 베풀고 말해보라고 하니 원고들이 악행의 사건은 하나도 제출하지 않고 오직 자기들의 종교 문제, 즉 예수라 하는 이가 죽은 것을 바울이 살았다고 주장하는 그 일에 관한 문제로 송사하는 것뿐이었습니다. 그래서 내가 바울에게 예루살렘에 가서 이 일에 심문을 받겠느냐고 물으니 황제의 판결을 받기를 원하므로 가이사에게 보내기까지 지켜두라 명했습니다." 그러자 아그립바가 "나도 이 사람의 말을 들어보고 싶습니다." 하니 베스도가 "내일 들으시지요." 했다.

다음 날 아그립바와 버니게가 높은 사람들과 함께 신문소에 와서 바울을 데려오라 했다. 베스도가 아그립바 왕과 여러 사람들에게 말했다. "이 사람은 유대의 많은 사람들이 살려두어서는 안 될 사람이라고 외치는데, 내가 살펴보니 죽일 죄를 범한 것은 없습니다. 그러나 저가 황제에게 호소한다고 하므로 그곳으로 보내기로 작정하였습니다. 그에 대하여 황제에게 확실한 사실을 아뢸 것이 없으므로 아그립바 왕 앞에 세우니 심문하여 혹 황제에게 상소할 자료가 있으면 좋겠습니다. 죄목을 붙이지 않고 죄수를 황제에게 보내는 것은 무리한 일입니다."

26장

바울이 아그립바 왕 앞에서 변명하다

26장은 아그립바 왕 앞에서 바울이 한 간증이다. 이 장 전체를 읽어보면 참 감동이 된다. 바울은 이런 기회를 너무 소중히 여겨 자신의 간증을 했다.

"아그립바 왕이여, 유대인이 송사하는 모든 일을 당신 앞에서 변명하게 된 것을 참으로 다행히 여깁니다. 특히 당신은 유대인의 모든 풍속을 잘 아시고 많은 사람들이 제가 어려서부터 바리새인의 엄격한 생활을 한 것을 다 알 것입니다. 오늘도 여기 서서 심문을 받는 것은 하나님이 우리 조상들에게 약속하신 것을 바라는 까닭입니다. 당신들은 왜 하나님이 죽은 자를 다시 살리는 것을 못 믿을 일로 여기십니까? 나도 나사렛 예수의 이름을 대적하여 예루살렘에서 대제사장의 권세를 얻어 많은 성도를 옥에 가두고 또 죽일 때에 가편 투표도 하였습니다. 또 회당에서 여러 번 형벌하여 강제로 모독하는 말도 하게 하고 심히 격분하여 외국 성까지도 가서 핍박했습니다.

그 일로 대제사장들의 권세와 위임을 받고 다메섹으로 가는데, 정오가 되었을 때 하늘로서 해보다 더 밝은 빛이 나와 내 동행들을 둘러 비추어 다 땅에 엎드러졌는데, 하늘로서 소리를 들으니 히브리말로 "사울아, 사울아, 네가 어찌하여 나를 핍박하느냐? 가시채를 뒷발질하기가 네게 고생이니라."고 하셨습니다. 내가 대답하기를, "주여, 뉘십니까?" 하니 "나는 네가 핍박하는 예수라" 하시고, "일어나 네 발로 서라. 내가 네게 나타난 것은 너로 사역자와 증인을 삼으려 함이니 내가 너를 구원하여 이스라엘과 이방인에게 보내어 그들의 눈을 뜨게 하고 어둠에서 빛으로, 사단의 권세에서 하나님께로 돌아가게 하고 죄 사함과 나를 믿어 거룩하게 된 무리 가운데서 기업을 얻게 하리라." 하였습니다.

"아그립바 왕이여, 그러므로 하늘에서 보이신 이상을 내가 거스르지 아니하고 다메섹과 예루살렘에 있는 사람과 유대 온 땅에 있는 사람들과 이방인에게 이르기까지 회개하고 하나님께로 돌아가서 회개에 합당한 일을 행하라 선전하므로 유대인들이 나를 잡아 죽이고자 하였으나 하나님의 도우심을 받아 내가 오늘날까지 서서 이렇게 많은 사람 앞에 증거하는 것은 선지자들과 모세가 반드시 되리라고 한 것밖에 없으니 곧 그리스도가 고난을 받으실 것과 죽은 자 가운데서 먼저 다시 살아나셔서 이스라엘과 이방인에게 빛을 선전하시리라 하는 것입니다."

바울은 기회를 잡아 자기의 간증과 더불어 복음을 전했다. 그랬더니 베스도 총독이 크게 소리치며 말했다. "바울아, 네가 미쳤구나. 네 많은 학문이 너를 미치게 한 것이다." 그러나 바울은, "베스도 각하여, 내가 미친 것이 아닙니다. 나는 참되고 정신 차린 말을 하고 있습니다. 아그립바 왕께서는 이 일을 아실 것이라 믿습니다. 이 일은 한 편 구석에서 행한 것이 아닙니다. 아그립바 왕이여, 선지자를 믿으십니까? 믿으시는 줄 압니다."라고 했다. 바울의 어조는 매우 간절하고 절실했다. 그러자 아그립바가 말했다. "네가 적은 말로 나를 권하여 그리스도인이 되게 하려는구나!" 바울은, "나의 말이 적으나 많으나 당신뿐 아니라 오늘 내 말을 듣는 모든 사람도 이렇게 결박된 것 외에는 다 나와 같이 되기를 원합니다."라고 했다.

왕과 총독과 함께 앉아 있던 사람들이 일어나면서 서로 말하기를, "이 사람은 사형이나 결박당할만한 일이 없다."고 하면서 아그립바는 베스도에게 "이 사람이 만일 가이사에게 호소하지 않았다면 놓을 수도 있었겠다."고 하였다. 이 또한 정치인들의 무책임한 말이다.

27장

바울이 로마로 호송되다

27장부터는 바울이 로마로 이송되는 장면을 다룬다. 바울 혼자가 아니라 누가도 있고 데살로니가 사람 아리스다고도 함께 있었다. 그들은 그 험한 노정에서 풍랑을 겪으며 고생하는 사도와 함께하는 자들이 되었다. 그들을 인솔한 장교의 이름은 아구사도 부대의 율리오라는 백부장이었다. 그리고 그들이 탄 배의 이름은 아드라뭇데노이다. 다음 날 시돈에 배가 도착하였고, 율리오는 바울이 시돈의 형제들을 만날 수 있도록 선처를 베풀었다. 구약의 유명한 두 도시 두로와 시돈에 형제들이 있으니 참 기쁘다. 이제 시돈을 떠나 구브로 해안과 길리기아와 밤빌리아 바다를 건너서 루기아의 무라 성에 이르러 백부장이 이탈리아로 가는 알렉산드리아 사람들 배를 만나 타게 되었는데, 배가 여러 날 걸려 미항(美港)이라는 곳에 이르렀다.

바울과 그 일행이 탄 배가 풍랑으로 위험하게 되다

바울은 그의 영적 판단으로 이번 여행이 위험하니 지금 가면 심한 타격이 있을 수 있고 생명에도 지장이 있을 수 있다고 말했다. 그러나 백부장은 선주나 선장의 말을 바울의 말보다 더 믿고 출발을 강행시켰다. 처음에는 남풍이 순하게 불어서 득의양양했는데, 얼마 못 되어 유라굴로라는 태풍이 불기 시작했다. 이제 배가 바람에 맞추어 갈 수도 없고 그냥 이리저리 떠다니는 상태에서 가우다라는 작은 섬 아래로 지났다. 사공들은 풍랑이 심해지자 짐을 바다에 버렸다.

그리고 사흘째는 배의 기구들도 다 버렸다. 여러 날 해와 별이 보이지 않고 풍랑이 잦아들지 않자 구원의 여망이 다 없어졌다.

여러 사람들이 오랫동안 먹지 못하였을 때 바울이 말했다. "그때 내 말을 듣고 그레데에서 떠나지 않았더라면 이러한 타격과 손상은 면하고 좋았을 뻔하였다. 내가 너희를 권하노니 이제는 안심하라. 너희 중 생명에는 아무 손상이 없고 오직 이 배 뿐이니라. 나의 속한바 나의 섬기는 하나님의 사자가 어제 밤에 내 곁에 서서 '바울아, 두려워 말라. 네가 가이사 앞에 서야 하겠고 하나님께서 너와 함께 행선하는 자를 다 네게 주셨다.' 하였으니, 여러분이여, 안심하라. 나는 내게 말씀하신 그대로 되리라고 믿노라. 그리고 이 배는 한 섬에 걸리리라."

배에 탄 사람들이 바울로 인해 구원을 얻다

14일째 되었을 때, 밤에 아드리아 바다에 이르러 배가 이리저리 쫓겨 다닐 때 사공들은 육지에 가까워지는 줄로 알고 길이를 재보니 점점 깊이가 얕아지는 것이었다. 사공들이 도망하려고 하니 바울이 백부장과 군사들에게 '이 사람들이 배에 있지 않으면 다 죽는다'고 말했다. 이에 군사들이 구명정 줄을 끊어버리고 한 사람도 도망가지 못하게 했다. 날이 새어 바울이 사람들에게 음식을 먹으라고 권했다. 그리고 빵을 가져다가 모든 사람 앞에서 하나님께 감사하고 떼어 먹기를 시작하니 그들도 다 안심하고 받아먹었다. 그 배에 있는 수는 276명이었다. 배부르게 먹고 곡식을 다 바다에 버려 배를 가볍게 하였다.

날이 세니 어느 땅인지 모르지만 경사진 해안으로 된 항만이 보였다. 배를 거기에 대려고 해안을 향하여 들어가다가 두 물이 합하여 흐르는 곳을 당하여 배가 물결에 깨어져갔다. 군사들은 죄수들이 헤엄쳐 도망갈까 하여 저희를 다 죽이는 것이 좋다 하였으나 백부장이 바울을 구원하려고 저희의 뜻을 막고 헤엄칠 줄 아는 자들을 먼저 물에 뛰어내리게 하고 남은 사람들은 널조각 혹은 배 물건에 의지하여 나가게 하니 모든 사람이 다 구원을 얻었다. 그 배의 사람들과 죄수들 모두 바울로 인하여 구원을 얻은 것이다. 그 풍랑이 이는 바다 한 가운데서 바울은 죄수가 아니라 그리스도의 전사와 같고 위엄 있는 장군과 같았다.

28장

멜리데 섬에 도착하여 보블리오 부친의 열병을 치료하다

그들이 도착한 곳은 멜리데라는 섬이었다. 그 섬의 토인들은 특별한 동정을 베풀어서 비가 오고 날이 차가우니 불을 피워 그 일행을 다 영접해주었다. 바울이 한 뭇 나무를 거두어 불에 넣으니 뜨거운 기운에 독사가 나와서 바울의 손을 물었다. 바울은 원래 손으로 텐트 만드는 일을 하는 사람이고 이런 때도 손수 나무를 주워 불에 넣고 하는 성격이었다. 큰 사도라고 해서 가만히 앉아서 아랫사람들을 부리는 고관 같지 않았다. 토인들은 바울이 독사에 물리는 것을 보고 '이 사람이 살인한 자인가보다, 바다에서는 구원을 받았지만 공의가 살지 못하게 한다.'고 했다. 그런데 아무리 기다려도 바울이 몸이 붓든지 쓰러지든지 하지 않자 생각을 돌려 '신'이라고 말했다.

그 섬에서 제일 높은 보블리오라는 사람이 자신의 토지에 바울 일행을 영접하여 3일 간 친절히 유숙하게 했는데, 보블리오의 부친이 열병과 이질이 걸려 누워 있어서 바울이 들어가 기도하고 안수하여 낫게 하니 섬 가운데 병든 사람들이 많이 와서 고침을 받고 후한 예로 바울 일행을 대접하였다.

로마에서 셋집을 얻어 담대히 하나님 나라를 전파하다

삼 개월 후에 그 섬에서 겨울을 보낸 알렉산드리아 배를 타고 수라구사에 삼 일 있다가 레기온에 이르고 하루 지나서 남풍이 일어나 보디올(현재의 이름은 뽀쭈올리이다)에 이르러 거기서 형제들을 만나 저희의 청함을 받아 칠 일을 머물다가 로마로 갔다.

로마의 형제들이 로마에서 상당한 거리의 압비오 시장과 삼관(Three Inn)까지 맞으러 나왔고, 바울은 그들을 만나 하나님께 감사하고 담대한 마음을 얻었다고 기록한다. 로마에 들어가니 한 군인만 지키게 하고 바울에게 따로 있도록 자유를 주었다.

삼 일 후 바울은 유대인 중 유력한 자들을 불러 모임을 가졌다. "여러분 형제들아, 내가 이스라엘 백성이나 우리 조상들의 규모를 배척한 적이 없는데 예루살렘에서 죄수로 내어준 바 되었다. 로마인들은 나를 놓으려 하였으나 유대인들이 반대하여 할 수 없이 가이사에게 호소한 것이요 내 민족을 송사하려는 것이 아니다. 그래서 여러분과 이야기하려고 초청하였으니 이스라엘의 소망을 인하여 내가 이 쇠사슬에 매인 바 되었다." 그러자 그 유대인 지도자들이 말하기를, "우리는 너에 대하여 어떤 편지도 받은 적이 없고 좋지 않은 말을 들은 것도 없다. 우리는 너의 사상이 어떤지 듣고자 한다. 그런데 이 파는 어디서든지 반대를 당하는 줄 우리가 안다."고 했다.

그들과 일자를 정하고 그의 우거하는 집에 많이 오니 바울이 아침부터 저녁까지 하나님 나라를 증거하고 모세의 율법과 선지자의 말을 가지고 예수를 믿도록 도왔다. 그 말을 듣고 믿는 사람도 있고 믿지 않는 자들도 있었다. 서로 맞지 않아 흩어질 때에 바울이 말하기를, "선지자 이사야가 한 말이 맞다. 이 백성이 듣기는 들어도 도무지 깨닫지 못하고 보기는 보아도 알지 못한다. 이 백성들의 마음이 완악하여져서 그 귀로는 둔하게 듣고 그 눈을 감았으니 이는 눈으로 보고 귀로 듣고 마음으로 깨달아 나의 고침을 받을까 함이라 하였으니, 하나님이 이 구원을 이방인에게 보내실 줄 알라. 저희는 또한 들으리라"고 하였다.

바울이 온 이태를 자기 셋집에 유하며 자기에게 오는 자들을 다 영접하고 담대히 하나님 나라를 전파하며 주 예수 그리스도에 대한 것을 가르치되 금하는 사람이 없었다. 사도행전은 열린 채로 끝난다. 28장이 끝이 아니라는 말이다. 29장, 30장, 300장, 3000장, 사도행전의 역사는 오늘도 계속 기록되고 있다.

| 로마서 |

서문

탁월한 복음의 내용을 담은 로마서

로마서는 사도 바울이 고린도에 머물 때(행 19:21, 20:1-3, 롬 15장 후반, 16:1 참조) 쓴 것이다(A.D. 60년 경). 로마서를 기록한 목적은 로마의 성도들(바울 당시에는 로마가 가장 큰 도시였다)에게 복음의 내용을 철저하게 가르쳐서 그들의 믿음을 공고히 하려는 것이었다. 그는 이 서신에서 믿음으로 의롭다 함을 받는 문제와 성화의 문제를 그 어떤 책보다도 분명하게 다루었다. 또 그는 개인적으로 로마에 가기를 바라는 것을 언급하고(1:11-15, 15:30-32), 마지막으로는 재정적인 협력을 하도록 격려했다(15:22-24, 28-29).

사도 바울이 로마서의 저자이지만 친필로 기록한 것은 아니며 더디오라는 형제가 받아 쓴 것이다(16:22). 바울이 쓴 열네 서신이 성경에 포함되었는데, 이 바울의 서신들 가운데도 복음에 대해 가장 탁월한 내용을 담고 있는 것이 로마서라 하겠다.

신앙의 선배들은 구약에서는 시편이, 신약에서는 바울 서신이 가장 광도(光度)가 높은 말씀이라고 하였다. 그 탁월한 바울 서신들 중에서도 로마서가 차지하고 있는 위치는 매우 중요해서, 콘스탄티노플의 감독이었던 성경해설가 교부 크리소스톰(A.D. 346-407년)은 이 로마서를 일주일에 두 번씩 읽었다는 말이 있고, 어거스틴은 로마서 13장 13-14절을 펴서 읽고 하나님을 알게 되었다고 고백했다.

루터는 로마서에서 이신칭의(以信稱義)의 진리를 발견하고 종교개혁의 횃불이 되었고 로마서를 신약에서 가장 중요한 책이라고 말하였으며, 칼빈은 로마서가 성서의 모든 보화들을 이해하도록 도와주는 열린 문이라고 하였다. 또 영문역 성경번역가인 윌리엄 틴데일은 그의 신약 번역본에서 로마서가 전체 성경을 조명해주는 빛이라고 하였다. 요한 웨슬레는 어느 한 집회에 참석하여 루터의 로마서 서문을 듣고서 구주를 알고 회심하게 되었다. 이렇게 탁월한 영적 지도자들이 이 책을 통하여 도움을 크게 받고 이 책을 귀히 여겨 당대의 진리를 밝히는 데 사용하였다.

로마서를 세 단원으로 나눈다면, 첫 부분은 교리적인 부분이고(1:18-8:39), **두 번째 부분은 유대인에 대한 하나님의 비밀한 섭리를 다루고 있으며**(9:1-11:36), **마지막 부분은 그리스도인의 실제적인 몸의 생활과 사회 구성원으로서의 생활을 말해준다**(12:1-15:13).

1장

복음은 하나님의 아들이다

복음은 하나님의 아들 그리스도 자신이며, 그는 육신으로는 다윗의 혈통에서 나셨고 성결의 영으로는 죽은 가운데서 부활하시어 하나님의 아들로 인정되셨다(declared or designated). 바울 사도는 이 복음을 위해 사도가 되었다고 말한다. 오늘날 복음은 전혀 관심하지 않으면서 스스로 하나님의 종이며 사도라고 자처하는 사람들이 많은데, 복음을 떠난 하나님의 종과 사도는 상상할 수 없다(1:1, 5, 9, 14-17). 바울은 그의 온 일생을 복음을 위해 살았다(행 20:24, 빌 1장 참조). 복음에는 하나님의 의가 나타나며 그 의는 믿음으로만 주어진다. 바울은 1장부터 믿음을 강조한다. 믿음 외에는 의를 얻을 수 있는 길이 없으며, 의인은 믿음에서 믿음에 이른다. 바울은 이 복음이 모든 사람을 구원하는 하나님의 능력이므로 부끄러워하지 않았다.

하나님을 알 만한 것이 사람 속에 있다

첫째로, 바울은 하나님께서 사람들로 하여금 하나님을 알도록 해주셨는데(만드신 만물을 통해 그분의 보이지 않는 신성한 능력을 나타내시고 속에 하나님을 알만한 역량을 주심), 사람이 하나님을 알려 하지도 않고 하나님께 감사하지도, 영광 돌리지도 않았다고 말한다. 그러므로 하나님께서 그들을 마음의 정욕대로 더러움에 내어버려두사 저희 몸을 서로 욕되게 하셨다. 사람이 하나님으로부터 버림받아 떨어지게 되는 가장 더러운 죄악이 음란이다. 인간이 하나님을 모를 때 가장 쉽게 범하는 죄악이 음행인 것이다[26-27절]. 어떤 사람이 교회를 다닌다, 심지어 주님을 섬긴다 해도 음행에서 벗어나지 못한다면, 그는 하나님을 모르는 자요 하나님에게서 아주 멀리 떨어진 자이다.

하나님의 진노가 모든 경건치 않음과 불의에 대하여 나타난다

사람이 하나님을 마음에 두기를 싫어하면 하나님도 그를 상실한 마음대로 버려두셔서 모든 불의와 추악, 탐욕, 악의가 가득하게 되며, 악독, 시기, 분쟁, 비방, 교만, 거역, 무정함에 떨어지게 된다. 어떤 사람이 잘 믿는다고 확신하는데, 선함이 가득한 게 아니라 이런 각종 죄악 안에 있다면, 그는 하나님으로부터 아주 버려진 자가 아닌지 두려워해야 한다. 누구보다도 하나님을 잘 믿는다고 자처했던 바리새인들이 그렇게 악독과 교만으로 가득했었다. 바울은 이것이 하나님을 모르는 죄악된 인생의 현주소라고 말한다. 이렇게 로마서 1장은 하나님을 모르는 자들, 알더라도 부인하는 자들의 상태를 말해준다. 이런 자들에 대해서 하나님의 판결은 사형이라고 단언했다.

2장

하나님의 판단은 공정하시다

남의 잘못과 죄를 잘 비판하고 판단한다고 해서 자신이 의로운 것은 아니며, 결국 남을 판단하는 것으로 스스로를 정죄하게 되는데, 이는 그도 자기가 판단하는 그 일을 하기 때문이다. 그래서 내내 같은 심판을 받게 되는 것이다[2, 3절]. 불의를 행하는 자들은 대개 자기의 악행에 동의하는 자들을 찾게 되는데, 그것을 당 짓는 일이라고 한다. 그러나 당을 지어서 의견을 규합하여 여럿이서 남을 비평하고 판단한다고 해서 그것이 정당화되는 것은 아니며, 결국 하나님의 법대로 진노의 심판을 받게 된다[8절]. 유대인이든 헬라인이든 선을 행하지 않고 악을 행하는 자들은 환난과 곤고의 심판을 받게 된다[9절]. 율법을 가지고 있다고 해서, 율법을 알고 있다고 해서 하나님 앞에 조금도 유리한 위치에 있지 않다고 말한다[11-15절]. 하나님의 구원과 생명이 없이는 결코 사람은 죄를 피할 수 없다(요일 3:5-10). 하나님은 사람들의 은밀한 것들을 그날에 다 심판하실 것이다.

유대인들은 율법을 가진 것을 자랑하나 율법을 지키지 않는다

당시 유대인들은 율법을 의지하고 하나님을 자랑하며 율법의 교훈을 받아 하나님의 뜻을 알고 지극히 선한 것을 좋게 여기며 율법에 있는 지식과 진리의 규모를 가진 자로 자처했다. 그리고 스스로 소경의 길을 인도하는 자요 어두움에 있는 자의 빛이요 어리석은 자의 훈도요 어린아이의 선생이라고 믿었다. 그러나 자기들이 가르치는 그것으로 정작 자신은 가르치지 않았다. 도적질하지 말라고 가르치면서 자기는 도적질하고, 간음하지 말라고 하고서 자기는 간음하며, 우상을 가증히 여긴다고 하는 그가 우상의 전각의 물건을 도적질한 것이다. 율법을 자랑하면서 그가 자랑하는 바로 그 율법을 범하여 하나님을 욕되게 한 것이다[23-24절].

남이 갖지 못한 진리나 영적 실제나 그 무엇을 가졌다고 함부로 자랑할 수 없는 일이다. 어떤 단체는 그리스도인의 하나를 지키는 것이 가장 중요한 일이라며 강조하지만, 정작 그들 자신이 그 하나를 가장 손상시키고 깨뜨린다. 자신들이 표어로 내걸고 자랑하는 그것을 가장 훼손하는 일을 하는 것이 바로 타락한 인간의 육체이다. 인간은 근본적으로 부패했기에 자신들이 목표로 내걸고 선언하는 그것을 이행할 역량이 근본적으로 없다는 것을 알아야 한다.

표면적인 육신의 할례와 이면적인 마음의 할례

사실 할례란 육체를 베어버리는 것을 의미한다. 그러나 할례를 주장하는 자들이 율법을 행하지 않으면 할례를 받지 않은 자들보다 나을 게 없다고 말하며,

도리어 무할례자가 율법의 제도를 지키면 그 무할례를 할례와 같이 여길 것이고, 그가 율법을 온전히 지키면 의문과 할례를 가지고 율법을 범하는 자를 판단할 것이라고 말한다. 성경적이며 선한 주장이나 규례를 가지고 있으면서 스스로 그것을 범하는 자들은 그런 지식을 가지지 않은 자들보다 나을 것이 없다는 뜻이다. 오늘 날도 많은 이들이 성경적으로 스스로 옳다는 것을 내세워 그것으로 자신들을 표방하지만 그것을 지키는 경우는 극히 드물다.

성경은 그러한 표면적 유대인이 유대인이 아니고 표면적 육신의 할례가 할례가 아니라 오직 이면적 유대인이 유대인이며 할례는 마음에 할 것이고, 또 그 칭찬은 사람에게서 나는 것이 아니라 오직 하나님께로서 난다고 한다. 사람이 스스로 옳다, 최고다, 주장하는 것은 의미가 없고 그 칭찬은 하나님께로서 나와야 한다.

3장

하나님의 심판은 의로우시다

3장에서 바울은 마지막으로 궤변론자들을 향해 말하고 있다. 그들은 인간이 불의하게 되어 하나님의 의가 드러난다면 인간에게도 공이 있는 것인데 왜 심판을 하시느냐고 한다. 오늘도 우리가 복음을 전하다보면 궤변론자들이 꽤 있다. 하나님이 사람을 사랑하신다면 왜 선악과를 만들어놓으셨는가, 왜 지옥을 만들어 놓으셨는가 등이다. 이에 대하여 바울은 논쟁을 하지 않는다. 다만 유대인이든 헬라인이든 다 죄 아래 있다고 선언한다. 하나님께 힐문하고자 말이 되지 않는 궤변을 늘어놓는 것에 대하여는 일일이 답변을 할 필요가 없다(롬 9장 참조).

모든 사람이 죄인이다

모든 인류에 대한 하나님의 선언으로서, 시편 14편의 인용이다. "의인은 없나니 하나도 없으며 깨닫는 자도 없고 하나님을 찾는 자도 없고 다 치우쳐 한가지로 무익하게 되고 선을 행하는 자는 없나니 하나도 없도다 저희 목구멍은 열린 무덤이요 그 혀로는 속임을 베풀며 그 입술에는 독사의 독이 있고 그 입에는 저주와 악독이 가득하고 그 발은 피 흘리는 데 빠른지라 파멸과 고생이 그 길에 있어 평강의 길을 알지 못하였고 저희 눈앞에 하나님을 두려워함이 없느니라". 이것이 모든 사람에 대한 하나님의 말씀의 진단이다.

율법의 역할은 모든 사람의 입을 막고 하나님의 심판 아래 있게 하는 것이다

결국 율법의 역할은 모든 사람의 입을 막고 온 세상으로 하나님의 심판 아래 있게 하는 것이다. 율법의 행위로는 하나님 앞에 의롭다 함을 얻을 육체가 없으며 율법은 다만 죄를 깨닫게 하는 것뿐이다. 그 이유는 수백억의 인류 가운데 율법을 완전하게 지킬 수 있는 사람은 한 사람도 없기 때문이다. 모세의 율법을 받은 후 이스라엘 백성의 1500년 역사가 이를 증명했다.

복음은 율법 외에 나타난 하나님의 의이다

복음은 '율법 외에 나타난 하나님의 의'인데 결국 구약의 율법과 선지자들도 이것을 증거했다. 율법과 선지자도 결국 복음을 증거했다는 말씀이 놀랍다. 율법은 그 자체로 사람들의 죄를 드러내는 기능을 할 뿐 구원에 이르게 할 수 없다. 복음으로 주시는 하나님의 의는 율법을 지킴으로 얻어지는 것이 아니며, 율법과 별도로 나타난 의이다. 타락한 사람이 율법을 행함으로는 의를 얻을 수 없기에 하나님은 율법의 노선이 아니라 완전히 다른 차원으로 자신의 의를 나타내셔서 사람을 구원하시는 것이다. 이는 예수 그리스도를 믿음으로 말미암아 모든 믿는 자에게 미치는 '하나님의 의'이니 누구에게든지 차별이 없다.

23-24절은, "모든 사람이 죄를 범하였으매 하나님의 영광에 이르지 못하더니 그리스도 예수 안에 있는 구속으로 말미암아 하나님의 은혜로 값없이 의롭다 하심을 얻은 자 되었느니라"고 말한다. 따라서 사람이 의롭게 되는 것은 우리의 행위와 전혀 무관하다[27-28절].

믿음으로 값없이 의롭다 하심을 얻는다

하나님께서는 예수를 그의 피로 인하여 믿음으로 말미암는 화목제물로 세우셨는데, 이는 하나님께서 길이 참으시는 중에 전에 지은 죄를 간과하심으로 자기의 의로우심을 나타내려 하심이다. 곧 이때에 자기도 의로우시고 또한 예수 믿는 자를 의롭다 하려 하시는 것이다.

우리가 구원받는 데 있어서, 하나님께서 의로우신 방법으로 구원하시는 것이 중요하고 또한 믿는 우리가 의롭게 되는 것이 중요하다. 그분은 불의하게 우리를 구원하실 수 없는 의로운 하나님이시기 때문에 우리를 위해 그 아들의 피를 흘리게 하신 것이다. 그것이 그분의 의요, 우리는 그 피의 공로를 인하여 의롭게 되었으므로 양편이 의를 이룬 것이다.

그러므로 누구도 자기 육체를 자랑할 수 없고 오직 믿음의 법으로 의롭다 하심을 얻게 된다. 믿음이란 우리가 무슨 행위를 하는 것이 아니라 하나님께서 그 아들을 보내사 이루신 구속의 역사를 받아들이는 것이므로 우리 편에서는 아무 노력이 없이 값없이 얻는다[24절]. "그러므로 사람이 의롭다 하심을 얻는 것은 율법의 행위에 있지 않고 믿음으로 되는 줄 우리가 인정하노라"[28절].

하나님은 유대인의 하나님만이 아니라 이방인의 하나님도 되시며, 할례자도 무할례자도 믿음으로 의롭다 하실 분은 하나님 한 분이시다. 믿음이라고 해서 율법을 무시한 것이 아니다. 율법이 아니면 그리스도께서 돌아가실 필요가 없으시다. 하나님은 그 아들로 하여금 율법의 요구를 이루게 하심으로 의를 나타내시고 우리를 의롭게 만드셔서 구원하신 것이다. 따라서 이 믿음은 율법을 폐하지 않고 도리어 굳게 세운다[31절]. 사도 바울은 구약 성경 전체를 통틀어서 이 한 장에 축약시킨 것 같다. 인간의 타락, 아브라함을 믿음의 조상으로 세우심, 모세의 율법, 이스라엘의 실패의 역사, 참 구원의 길은 어떤 선한 행위와 관계없이 오직 하나님께 돌아가는 것, 믿음뿐이다. 구약에는 많은 죄악을 범한 경우에도 주님께 돌이킨 사람을 하나님께서 용서해주시고 은혜를 베풀어주시며 받아들여준 경우가 허다하다. 구약의 이곳저곳에서 하나님의 은혜는 유대인이든 이방인이든 차별이 없이 나타났다.

4장

믿음으로 의롭다 함을 얻은 구약의 예

4장에 와서 바울은 믿음을 더욱 설명한다. 유대인의 조상인 아브라함에 대해 무엇을 말하는가? 아브라함이 하나님을 믿으니 이것이 그에게 의로 여기신 바 되었다고 말한다. 뭔가 일을 한 사람은 그 삯을 은혜로 여기지 않고 마땅히 받을 임금으로 여기겠지만, 아무 일도 안 했는데 경건치 않은 자를 의롭다 하시는 이를 믿는 자에게는 그의 믿음을 의로 여기시는데, 이는 하나님께서 사람의 행위가 아닌 믿음을 의로 여기시기 때문이라고 하였다. 바울은 일한 것이 없이 하나님께 의로 여기심을 받는 사람의 행복에 대하여 다윗이 말한 것을 인용한다. "그 불법을 사하심을 받고 그 죄를 가리우심을 받는 자는 복이 있고 주께서 그 죄를 인정치 아니하실 사람은 복이 있도다"(시 32:1,3). 또 바울은 아브라함이 믿음으로 의롭다 함을 받은 것은 할례시가 아닌 무할례시에 된 일이며, 그것은 아브라함으로 무할례자에게나 할례자에게나 믿음의 조상이 되게 하기 위한 것이라고 말한다. 또한 아브라함의 씨가 세상의 후사가 되리라고 하신 언약은 율법으로 말미암은 것이 아니요 오직 믿음의 의로 말미암은 것이다(이는 갈라디아서에도 동일하게 말하고 있다. 3:18,29, 4:7, 롬 4:16 비교).

17절부터는 아브라함의 믿음에 대하여 상세하게 설명하고 있다. 그는 어떤 하나님을 믿었는가? 죽은 자를 살리시며 없는 것을 있는 것같이 부르시는 하나님을 믿었다. 그는 바랄 수 없는 중에 바라고 믿었으니 '네 후손이 이같으리라' 하신 말씀대로 많은 민족의 조상이 되게 하려 하심을 인함이었다. 그는 백세나 되어 자기 몸이 거의 죽은 것 같고 그의 아내 사라의 태도 죽은 것 같음을 알고도 믿음이 약해지지 않고 하나님의 약속을 굳게 믿어 하나님께 영광을 돌리며 약속하신 그것을 능히 이루실 줄을 확신하였다. 그러므로 이것을 그에게 의로 여기신 것이다[22절]. 믿음이란 근본적으로 자신의 상태나 일의 되어진 결과를 보고 믿는 것이 아니라 단순히 하나님의 말씀을 믿는 것이다. 하나님의 말씀에 만물을 하나님이 말씀으로 창조하셨다고 했으니 그것을 믿는 것이다(히 11:3).

오늘날 우리에게 주신 하나님의 복음의 말씀이 있다. 예수 우리 주를 죽은 자 가운데서 살리신 이를 믿는 것이다. 무엇이 복음의 말씀인가? 우리가 보지도 느끼지도 못하는 것인데, 2천 년 전에 하나님의 아들 예수께서 우리의 죄를 위해 십자가에서 죽으시고 사흘 만에 부활하셨다는 것이다. 그리스도께서는 왜 십자가에서 죽으셨는가? 우리의 죄를 위해서이다. 왜 죽은 자 가운데서 살아나셨는가? 우리의 의롭다 함을 위한 것이다. 복음은 바로 이것을 우리에게 말하고 있다. 오늘 아브라함처럼 이 하나님의 말씀을 믿는 자들은 누구든지 의롭다 함을 받는다[23절]. 로마서 3장과 4장은 이렇게 칭의(justification)에 대하여 가르치고 있다.

5장

의롭다 하심을 받은 결과

그러므로 우리가 믿음으로 의롭다 하심을 얻었으니 우리 주 예수 그리스도로 말미암아 하나님과 화평을 누리라고 말한다. 늘 하나님을 두려워하는 가운데 지내온 우리는 그것이 쉽지 않다고 생각한다. 그러나 우리는 믿음으로 서 있는 이 은혜에 들어왔으니 마땅히 하나님의 영광을 바라고 즐거워해야 한다. 우리는 심지어 환난 중에도 즐거워하는데, 이는 환난은 인내를, 인내는 연단을, 연단은 소망을 이루는 줄 알기 때문이다. 그 소망은 우리 같은 죄인들이 의롭게 될 뿐 아니라 성화되어 하나님의 영광에 이르게 되는 것이며, 그것은 우리에게 주신 성령으로 말미암는다. 다윗이나 바울이나 많은 고난 가운데서 은혜를 넘치게 받아 진리가 더욱 풍성하게 되었다.

11절까지는 우리가 즐거워하는 이유에 대하여 계속 말한다. 그것은 우리가 죄인 되고 원수 되었을 때에 아들 그리스도께서 죽으심으로 우리를 의롭게 하시고 하나님과 화목되게 하셨기에 하나님과 화목된 우리로서는 더욱 그의 생명으로 구원을 얻을 수 있기 때문이다. 하나님은 우리를 의롭다 함이나 화목케 됨을 위해서만 구원하신 것이 아니다. 더욱 그분의 생명에 의해 그분 아들의 형상을 이루게 하려고 구원하신 것이다. 즉 이 구절들부터는 성화를 말하는데, 우리가 성화되어 가는 과정은 기쁨이요 즐거움이어야 한다. 그리스도인의 승리하는 생활은 기쁨 속에 있다.

아담으로 말미암은 죄, 그리스도로 말미암은 은혜와 의

12절부터는 죄의 근원을 말하는데, 뭐든지 근본적인 치료를 하려면 근원을 밝혀내야 한다. 죄를 용서받는 문제는 예수의 피로 되었지만(3장), 근본적으로 생활 가운데서 죄에서 벗어나는 성화(sanctification)의 문제를 말하려면 죄악의 뿌리를 들춰내야 한다. 죄는 한 사람 아담으로 말미암아 세상에 들어왔고 그로 말미암아 사망이 왔다. 죄는 우리가 살면서 범한 하나하나의 죄가 있고 그것들은 응당 하나님 앞에서 용서받아야 한다. 이러한 죄는 로마서에서 복수로 표기되었다(sins). 그 복수의 죄들은 주 예수의 십자가에서 흘리신 피로 용서함을 얻는다. 그러나 우리로 하여금 죄를 짓게 만드는 것은 우리의 본성

속에 있는 것으로서 단수의 죄이다(Sin). 이 본성 속의 죄에서 해방되어야 성화가 이루어진다.

사람으로 하여금 죄를 짓게 하는 본성적인 죄는 어떻게 해서 들어왔는가? 아담으로 말미암은 것이다. 아담 한 사람으로 말미암아 인류 가운데 죄가 왕 노릇 하게 되었고 그 결과 사망이 임한 것이다(12절). 그럼 생명 안에서 왕 노릇 하는 것, 즉 성화는 누구로부터 오는가? 바로 마지막 아담이신 '그리스도'로부터다. 12절부터 21절까지는 바로 이것을 말한다. 한 사람의 순종치 아니함으로 많은 사람이 죄인으로 조성되고 한 사람의 순종하심으로 많은 사람이 의인으로 조성된다(many will be constituted righteous).

한 사람 아담으로 말미암아 본성적 죄인이 되어 죄를 지을 수밖에 없게 되었다면, 한 사람 예수 그리스도, 마지막 아담을 통하여 본성적 의인이 되어 의를 행할 수 있게 된다는 뜻이다. 여기의 의인이 된다는 말은 온전히 의인으로 조성된다는 말이니 다만 죄 사함을 받아 의롭게 되는 것과는 다르다. 이는 성질상 온전히 의인으로 짜여지는 것을 말한다(constituted). 이 구절들에서 '더욱(much more)'이라는 말은 매우 중요하다[15-17절]. 또한 15, 16절의 "이 선물은 그 범죄와 같지 아니하니", "또 이 선물은 범죄한 한 사람으로 말미암은 것과 같지 아니하니"라는 말은 매우 중요하다. 아담으로부터 우리가 얻은 것은 유전(heredity) 혹은 유산(heritage)으로 말미암은 것이요, 그리스도로부터 우리가 얻은 것은 다 선물(gift)이라는 말씀이다. 그러나 이 선물(은사)은 아담으로부터 물려받은 것들보다 훨씬 뛰어나다. 아담보다 그리스도가 더욱 위대하시기 때문이다. 아담 한 사람 때문에 우리 안에서 죄와 사망이 왕 노릇 할 수 있었다면, 그리스도 한 분으로 말미암아 우리는 은혜와 의의 선물을 넘치게 받을 수 있고 더욱 생명 안에서 왕 노릇 할 수 있다. 또 아담 한 사람으로 말미암아 죄로 조성될 수 있었다면 더욱 한 분 예수 그리스도로 말미암아 의로 조성될 수 있다. 이것은 3-4장의 칭의보다 더 본질적 구원, 곧 성화의 이야기의 서론이다.

6장

믿는 이들은 죄에 대하여 죽었고 하나님을 향해 산다

3장과 4장에서 믿음으로 의롭다 함을 받는 것을 말한 바울은 5장 12절부터 성화의 문제를 제기한다. 의롭다 함을 받는 문제는 하나님 앞에서 심판과 영원한 멸망과 지옥을 피하는 문제인 반면, 성화의 문제는 우리의 삶 가운데서 죄를 짓지 않고 의롭고 거룩한 생활을 사는 문제이다. 5장 말미에서 바울은 죄가 더한 곳에 은혜가 더욱 넘쳤다고 말한다. 그리스도께서 우리에게 선물로 주신 은혜와 의는 아담이 물려준 죄악의 양보다 훨씬 크다는 말씀이다. 그러니 혹 많은 죄를 범했다 해도 주님의 은혜는 더욱 넘친다고 한 것이다. 죄가 많아지면 은혜는 더욱 많아진다고 했다(20절, '죄가 더한 곳에 은혜가 더욱 넘쳤나니').

6장에서 바울은 계속 말한다. 그럼 은혜를 더하게 하려고 죄를 짓겠는가? 그럴 수 없다고 한다. 여기서 바울은 십자가의 진리를 가져온다. 죄에 대하여 죽은 우리가 어찌 그 가운데 더 살리요? 이 부분은 우리가 어떻게 사는가의 문제이다. 예수의 죽음과 부활은 우리의 칭의를 위한 것만이 아니라, 성화를 위해서도 필수적이다. 우리가 세례(침례)를 받는 것은 그의 죽음과 연합한 것을 의미한다. 침례는 장사를 뜻하기 때문이다(4절). 죽지 않은 사람은 장사 지낼 수가 없다. 우리가 믿은 후 침례를 받는 것은 그리스도의 죽음에 연합한 사실을 믿기 때문이다. 그러나 침례는 다만 죽음만을 의미하는 것이 아니라 그리스도의 부활에 연합하여 다시 사는 것을 의미한다. "그리스도를 죽은 자 가운데서 살리심과 같이 우리로 또한 새 생명 가운데서 행하게 하려 함이니라"[4절]. 3-4장에서는 그리스도께서 우리 죄(sins)를 위해 이루신 대신 죽으심과 부활의 교리를 말하지만, 6장에서는 죄(sin)에서의 해방을 위해 이루신 그리스도와 연합한 죽음과 부활을 말한다.

6절에서는 "우리 옛 사람이 예수와 함께 십자가에 못 박힌 것은 죄의 몸이 멸하여 우리가 다시는 죄에게 종 노릇 하지 않게 하려 함이니"라고 한다. 그리스도인의 삶에서 죄에게 종노릇하지 않고 사는 문제를 말한다. 그리스도의 죽음이 영단번의 일인 것처럼 우리도 그리스도의 죽음에 연합하여 죽은 것이니 죄에 대하여는 죽은 자로 여겨야 하고, 그분의 부활이 영단번의 일이며 우리도 그리스도의 부활에 연합하여 다시 살아난 것이니 그리스도 예수 안에서 하나님을 대하여는 자신을 온전히 산 자로 여겨야 할 것이다[11절].

자신을 의의 병기로 하나님께 드리라

12절부터는 이런 십자가와 부활의 사실에 입각하여 우리의 일상생활을 어떻게 살아나갈 것인지를 말해준다. 우리는 주와 함께 죽고 부활하였으니 우리의 지체를 불의의 병기로 죄에게 드려서는 안 되고 죽은 자 가운데서 다시 산 자같이 하나님께 드리며 우리의 지체를 의의 병기로 하나님께 드리는 삶을 살아야 마땅하다. 하나님께서 우리를 은혜의 자리로 데려다 놓으셨으니 죄가 다시는 우리를 주관할 수 없다(5:2, 6:14).

율법 아래 있다면 우리는 죄를 지을 수밖에 없다. 그러나 우리가 죄를 짓지 않을 수 있는 것은 은혜 아래 있기 때문이다. 오늘날 우리는 시내산 아래 있지 않고 하늘의 시온 산에 이르렀다(히 12:2). 그리스도의 은혜는 우리로 죄에서 벗어나 하늘 길을 걷게 한다. 신약의 복음은 오늘날 우리가 은혜 아래 있다고 선언한다(5:2). 성경에서 그렇다고 말하면 그렇다고 믿는 것이 믿음이다. 이것은 너무나 귀한 사실이다.

16절부터는 죄의 종이 된 결과와 의의 종이 된 결과를 비교하여 말해준다. 우리가 죄의 종이었다가 의의 종이 된 것은 다른 것이 아니라 다만 복음 진리를 듣고 순종한 결과이니 너희 지체를 부정과 불법에 드리지 말고 의에게 종으로 드리라고 한다. 너희가 죄에게서 해방되고 하나님께 의의 종이 되어 거룩함에 이르는 열매를 맺었으니 그 결과는 영생이라고 한다(5:21). 사망은 죄의 삯(wages)으로 주어지는 것이요, 영생은 그리스도 예수 안에서 주어지는 하나님의 은사(free gift)이다. 복음은 영생이 선물임을 말하고 있다. 의롭다 함에서 성화로, 영생으로 이르는 모든 과정이 다 주 예수 그리스도의 은혜(grace)이다. 모든 것이 은혜요 선물이니 감사함으로 받으면 내 것이 된다.

7장

믿는 이가 율법에서 벗어나 그리스도와 연합하다

로마서 6장은 우리가 죄에 대하여 죽은 것을 말하지만, 7장은 우리가 율법을 향하여 죽은 것을 말한다(갈 2:19). 바울은 우리가 율법에서 벗어났음을 말해주고 있다. 죄에 대하여 죽은 것만 알고 율법을 향해 죽은 것을 모르면 죄에서 온전히 벗어날 수 없다. 죄가 기회를 틈타서 계명(율법)을 가지고 우리를 속이기 때문이다(8-10절). 바울은 말하기를, 여인이 매사에 까다롭고 힘들게 하는 남편과 살다가 그 남편이 죽은 후에는 그에게서 자유하게 되듯이, 우리 옛사람이 그리스도의 몸으로 말미암아 죽임을 당하였기에 율법이라는 까다로운 남편이 있을지라도 우리 옛사람이 죽으면 그로써 율법-남편에게서 해방된다고 한다. 천지가 없어져도 율법은 일점일획이라도 없어지지 않기 때문에, 그리스도께서는 우리를 그 남편(율법)에게서 벗어나게 하려고 그분의 몸으로 말미암아 우리를 죽게 하셔서 그 남편의 법에서 해방되게 하신 것이다.

5, 6절은 매우 중요하다. 5절은 복음을 모르고 율법 아래 있던 우리의 삶을 말하고(육신에 있을 때에는 율법으로 말미암는 죄의 정욕이 우리 지체 중에 역사하여 우리로 사망을 위하여 열매를 맺게 했다), 6절은 "이제는 우리가 얽매였던 것에 대하여 죽었으므로 율법에서 벗어났으니 이러므로 우리가 영의 새로운 것으로 섬길 것이요 의문(문자)의 묵은 것으로 아니할지니라"고 한다. 죽음으로 말미암아 우리는 율법에서도 벗어났다. 따라서 우리는 영의 새로운 것으로 섬길 수 있게 되었다. 복음을 깨달은 후의 성화의 생활을 말하는 것이다.

7절부터는 율법의 용도에 대하여 설명한다. 그러면 율법은 왜 필요한가? 율법은 과연 나쁜 것인가? 바울은 그렇지 않다고 말한다. 율법은 사실 선하고 영적이고 거룩한 것이며 원래는 생명에 이르게 할 목적으로 주어진 것이다[10절]. 문제는 율법이 무엇인지 모르고 율법을 지켜보려고 하다가 죄만 거듭 짓게 된 것이다[9-15절]. 바울은 선을 행하려 하고 율법을 잘 지켜보려고 할수록 더욱 참담하게 실패할 뿐이었다고 고백한다[16-20절]. 하나님이 주신 율법의 기능을 모른 탓이다.

육신 속에 거하는 죄의 법

수많은 실패 끝에 바울은 죄가 우리의 육신 속에 거하는 하나의 법(法)이라는 것을 깨달았다고 고백한다[21절]. 천지가 변하여도 율법은 일점일획이라도 변치 않는 것처럼, 우리 속에 거하는 죄도 우리가 율법을 지켜보려고 애를 쓰면 쓸수록 우리 속에서 더욱 활력 있게 역사하여 우리를 여지없이 실패하게 만드는, 일정한 법칙을 가지고 있다는 것을 안 것이다. 그래서 바울은 우리 자신이 하나님을 기쁘시게 하고자 하는 선한 의지나 육의 힘으로는 도저히 죄를 이길 수 없고 죄의 법을 섬길 수밖에 없다고 고백한 것이다[25절]. 우리가 돌을 하나 들고 오래 서 있을 수 없는 것은 만유인력이라는 법칙 때문이다. 우리가 선한 마음으로 계명을 지켜보려고 애쓰고 노력하지만 근본적으로 죄의 법 아래서 죄를 짓지 않을 수 없는 상태에 있기에(죄가 우리 육체 속에 하나의 법으로 존재하므로, 22-23절), 누군가가 우리를 구출해주지 않으면 죄에서 해방된 삶을 살기란 불가능하다는 것을 알고 "오호라, 나는 곤고한 사람일 뿐이라! 누가 이 사망의 몸에서 나를 건져 내랴!"고 탄식한 것이다[24절].

8장

생명의 성령의 법

우리 마음의 법은 하나님의 법을 지키기 원해도 우리 육신 속에 있는 죄의 법이 더 강해서 선을 행하기 원하는 나를 사로잡아 늘 죄를 범하게 한다. 그러니 우리의 선을 행하고자 하는 노력은 늘 실패요 소용이 없다. 그러므로 7장 마지막의 바울의 고백은 결국 죄를 짓지 않으려는 모든 노력과 율법을 지켜보려는 모든 시도를 내려놓는 하나의 탄식이다. 하나님의 법을 지켜보려고 애쓰는 손을 놓을 때 해방과 구원에 이르게 된다. 이것이 결국 8장의 승리를 가져다준다.

"그러므로 이제 그리스도 예수 안에 있는 자에게는 결코 정죄함이 없나니". 왜 정죄함이 없는가? 생명의 성령의 법이 죄와 사망의 법에서 우리를 해방하기 때문이다. 죄에게서 해방되어 더 이상 죄를 지을 일이 없게 되었으니 정죄를 당할 필요도 없다는 말이다. 하나님께서 우리에게 주신 새 생명도 우리 속에서 하나의 법이 되었다. 바울은 죄도 하나의 법이고 생명의 성령도 법이라고 한다. 죄는 법으로 우리 속에서 작용하는데 성령은 능력으로만 그때 그때 역사하신다면 죄를 이기기가 어렵다. 죄의 성질이 작용할 때마다 성령께서 때맞추어 힘 주시고 능력 주셔서 죄를 이겨야 하기 때문이다. 법은 법으로 해결해야 한다. 손으로 들고 있는 무거운 돌이 아래로 떨어지려는 것은 만유인력의 법칙 때문이다. 그것을 우리의 팔로 들어서 지탱하기란 불가능하다.

우리 속에서 죄가 발동하려고 할 때마다 성령의 능력을 발동시키기 위해 기도하고 힘쓴다면 백발백중 패할 것이다. 그러나 하나님께 감사드린다. 그분을 믿을 때 주신 성령은 법으로 우리 안에 계셔서 죄와 사망의 법이 역사하려고 하면 자동적으로 우리를 죄와 사망의 법에서 해방시키고 자유케 한다. 이 얼마나 감사한 일인가! 죄를 스스로 이겨보려고 시도하는 손만 내려놓으라!

로마서 8장 1-2절을 읽어보자. **"그러므로 이제 그리스도 예수 안에 있는 자에게는 결코 정죄함이 없나니 이는 그리스도 예수 안에 있는 생명의 성령의 법이 죄와 사망의 법에서 너를 해방하였음이라"**.

영의 인도를 따르는 삶

그러면 정상적인 신자들의 생활은 무엇인가? 영의 인도를 따르는 것이다. 우리는 육신을 따라 살아서는 안 되고 우리 안에 거하시는 하나님의 영의 인도를 따라 살아야 한다. 그러기 위해서 먼저 우리의 생각이 영의 생각이 되어야 한다. 베드로처럼 인간적인 생각으로 주님의 십자가 길을 '그리 마옵소서'라고 만류하는 것은 하나님의 일을 생각한 것이 아니라 사람의 일을 생각한 것이다. 따라서 영적인 생활의 첫걸음은 생각이다. 우리 안에 거하시는 그리스도의 부활의 생명과 영은 우리의 죽을 몸도 살리신다. 우리가 육신에 속하여 늘 육의 생각을 하며 살면 사망을 맛보게 되며, 하나님과 원수가 되며, 하나님을 기쁘시게 할 수 없다. 우리가 만일 늘 영의 일을 생각한다면 생명과 평안을 맛보게 된다. 우리는 영의 인도를 받아 하나님의 자녀의 생활을 하며 하나님을 '아바, 아버지!'라고 부른다.

그리스도와 함께한 후사로서 고난도 함께 받음

그런 다음 8장 후반에서 바울은 후사(하나님의 상속자)가 되는 문제를 이야기한다. 하나님의 아들들로서 생활하기 위해서는 영의 인도를 따르면 되지만[14절], 하나님의 영광의 후사가 되려면 고난도 함께 받아야 한다(막 10:30, 행 14:22, 딤후 2:9-13). 피조물들도 하나님의 영광을 상속받을 하나님의 아들들이 나타나기를 기다리고 있으며, 바울은 이 영광의 소망을 보이는 것들보다 더욱 바라며 사모했다[24절]. 피조물들은 지금까지 탄식하며 하나님의 자녀들이 영광의 자유에 이를 날을 기다린다. 만물이 탄식할 뿐 아니라 성령의 처음 익은 열매를 얻은 우리들도 속으로 탄식하며 우리의 몸의 구속을 기다린다.

또한 우리 안의 성령도 우리의 연약함을 도우시는데, 우리는 어떻게 간구해야 할 바를 알지 못하지만 오직 성령께서는 말할 수 없는 탄식으로 우리를 위해 친히 간구하신다.

그 무엇도 우리를 하나님의 사랑에서 끊을 수 없다

우리는 잘 알지 못하지만 우리의 마음을 감찰하시는 이가 성령의 생각을 아시나니 이는 성령이 하나님의 뜻대로 성도를 위해 간구하시기 때문이다. 이 말씀에 보면 우리 속의 탄식이 있고 성령의 간구가 있다. 그러기에 하나님은 우리에게 많은 환경과 고난을 허락하신다. 그러나 우리가 위로를 받을 것은, 우리가 알듯이 하나님을 사랑하는 자 곧 그 뜻대로 부르심을 입은 자들에게는 모든 것이 합력하여 선을 이루기 때문이다. 또 어떤 고난과 핍박과 어려움이 있어도[35-36절], 하나님께서는 가장 좋은 것을 주시는 분이며 그 누구도, 그 어떤 것도 우리를 그리스도 예수 안에 있는 하나님의 사랑에서 끊을 수 없다. 자기 아들을 아끼지 아니하고 우리 모든 사람을 위하여 내어주신 이가 어찌 아들과 함께 모든 것을 우리에게 은사로 주지 않겠는가! 우리로 후사들(만유의 상속자들)이 되게 하기 위해 모든 것을 선물로 주시며 만유가 합력하게 하신다. 주 예수님은 죽으실 뿐 아니라 다시 살아나셔서 하나님 우편에 계시며 이 일이 다 이루어지도록 우리를 위해 간구하고 계신다[34절]. 우리 인생의 아무리 큰 고난이라도 결국 우리로 하나님의 영광의 후사가 되도록 인도하시는 하나님의 섭리임을 인해 하나님께 감사한다.

9장

동족 이스라엘의 구원에 대한 바울의 간절함

바울은 9장부터 동족인 유대인에게로 향한다. 그는 이방에 복음을 전하는 사도로 위임받았지만 동족에 대한 사랑을 잊어버리지 않았다. 그는 동족이 구원받기를 간절히 원했다. 그는 이방인뿐 아니라 유대인들도 구원받기를 너무도 열망했다.

하나님의 선택에 따른 언약의 백성

그러면서 바울은 구약으로부터 하나님의 복음 역사의 예언과 비밀을 말해준다. 언약의 백성은 순전히 선택에 의해 이루어진다는 것이다. 혈육으로 말미암은 아브라함의 씨가 다 그 자녀가 아니며 오직 약속의 자녀라야 참 자녀이다. 이스마엘은 아브라함으로부터 나왔어도 언약의 백성이 될 수 없다. 이삭이든 야곱이든 다 하나님의 약속에 따라 난 자들이다. 하나님은 그들이 태어나기도 전에 에서는 미워하시고 야곱을 택하시고 그를 사랑하셨다. 그분은 그분 자신이 불쌍히 여길 자를 불쌍히 여기고 긍휼히 여길 자를 긍휼히 여긴다고 하셨다. 이것은 다 그분의 택하심으로 말미암은 것이다. 우리가 택하심을 입은 자라면 반드시 긍휼히 여기시고 불쌍히 여겨주신다.

토기장이이신 하나님의 대권

누구든지 이에 대하여 하나님께 왜 그렇게 하시느냐고 따질 수 없다. 그것은 토기장이이신 하나님의 대권이다. 하나님께서는 영광 받을 긍휼의 그릇을 따로 선택하셨으며, 그러한 자들은 이방인 가운데서도 일어날 것이라고 예언되어 있다. 호세아는 "내가 내 백성 아닌 자를 내 백성이라, 사랑치 아니한 자를 사랑한 자라 부르리라 너희는 내 백성이 아니라 한 그곳에서 저희가 살아 계신 하나님의 아들이라 부름을 얻으리라"고 하며, 이사야는 유대인들이 믿음에 의지하지 않고 행위에 의지하다가 부딪힐 돌에 부딪혔다고 했다. "보라 내가 부딪히는 돌과 거치는 반석을 시온에 두노니 저를 믿는 자는 부끄러움을 당하지 아니하리라"(시 118:22, 사 28:16, 벧전 2:6). 믿는 자는 구원을 받으며 부끄러움을 당하지 않는다.

로마서

10장

믿음의 말씀이 구원을 가져옴

10장에서도 바울은 계속해서 이스라엘의 구원을 위해 하나님께 간구한다. 이스라엘 백성의 문제는 무엇인가? 그들이 성경을 안다고 자부하지만 사실상은 눈먼 자들이라는 것이다. 그들은 하나님의 의를 모르고 자신의 의를 세우려고 힘써 하나님의 의를 복종치 않았다. 이 의는 믿음으로 말미암는 의이며, 모든 것을 다 이루신 그리스도의 말씀을 믿는 것이기에 우리가 할 것은 아무것도 없다. 그리스도를 모셔와야 우리의 속죄양이 되실 수 있으니 이 땅에 내려오시라고 하늘에 올라갈 필요도 없고, 다시 살아나셔야 우리가 의롭게 될 수 있으니 부활하시라고 음부에 내려갈 필요도 없다. 그리스도께서는 모든 믿는 자에게 의를 이루기 위해 율법의 마침이 되셨다. 그분의 성육신과 죽으심과 부활로 구원의 역사를 다 이루셨고, 이제 주의 말씀은 우리의 마음과 입에 가까이 오셨다. 이것이 바울이 전파했던 믿음의 말씀이다.

마음으로 믿고 입으로 시인함

그러므로 우리는 입으로 예수를 주로 시인하며 하나님께서 그리스도를 죽은 자 가운데서 다시 살리신 것을 마음에 믿으면 구원을 얻게 된다. 사람이 마음으로 믿어 의에 이르고 입으로 시인하여 구원에 이른다. 말씀이 이미 우리의 입과 마음에까지 왔으니 우리 편에서는 아무것도 할 것이 없고 다만 마음으로 믿고 입으로 시인하면 족하다. 구원을 얻기 위해 무엇을 할 필요가 없다는 말이다. 그리스도는 모든 것을 이루시고 우리의 마음과 입에 가까이 오셨다.

오늘 이 시대에는 유대인이나 헬라인이나 아무 차별이 없다. 누구든지 주의 이름을 부르는 자는 구원을 얻는다. 믿음은 들음에서 나며 들음은 그리스도의 말씀으로 말미암는다. "그 소리가 온 땅에 퍼졌고 그 말씀이 땅 끝까지 이르렀도다". 그러나 지금 이스라엘은 복종치 않는 상태에 떨어졌다. 따라서 하나님은 택한 백성을 시기 나게 하려고 구하지도 않고 찾지도 않던 이방인들에게 나타나셨다고 말씀하신다. 또 이스라엘을 대하여 말씀하시기를, "순종치 아니하고 거스려 말하는 백성에게 내가 종일 내 손을 벌렸노라"고 하셨다.

11장

이스라엘의 남은 자들

그렇다면 하나님께서 이스라엘 백성을 버리셨는가? 바울은 스스로 묻고 답한다. 그는 절대 그럴 수 없다고 말한다. 바울은 자신도 이스라엘 사람이요 아브라함의 씨에서 난 자요 베냐민 지파라고 했다. 엘리야가 하나님께 이스라엘을 송사하기를, 그들이 주의 선지자들을 죽이고 자기만 남았는데 자기 목숨도 찾고 있다고 하자, 하나님께서는 "내가 나를 위하여 바알에게 무릎을 꿇지 아니한 사람 칠천을 남겨 두었다"고 하셨다. 그러므로 이와 같이 이제도 은혜로 택하심을 따라 남은 자가 있다고 말한다. 구원의 역사는 은혜로 된 것이니 행위로 말미암지 않음을 다시 강조한다[6절]. 여기서 바울은 하나님께서 그의 동족을 버리지 않으셨음을 강조하며 격려한다.

바울은 이방인인 로마 성도들에게, 자신이 이방인의 사도가 된 것을 매우 영광스럽게 여기는데 이는 이방인을 위한 복음 사역은 결과적으로 유대인을 위한 것이 될 것이기 때문이라고 한다. 수많은 이방인들이 믿고 주 예수께 돌아올 때 유대인들은 시기가 나서 회개하게 되며 결국 이방인의 충만한 수가 찰 때 하나님은 다시 이스라엘 백성에게로 돌아오신다고 했다. 그때 온 이스라엘이 구원을 얻게 되리라는 것이다[25-27절].

그러면서 이방인인 그들에게 유대인들을 향해 자긍하지 말라고 한다. 유대인의 가지 얼마가 꺾이다 보니 이방인들이 접붙임을 받아 구원이 이방인에게 왔으니 유대인을 향해서 높은 마음을 품지 말라는 것이다. 어쨌든 복음의 뿌리는 유대인이며 그들은 원래 좋은 감람나무이기 때문에 본성을 거스려 구원을 받은 이방인들보다 장래 훨씬 잘 접붙임을 받게 될 것이라고 한다.

하나님의 부르심과 택하심에는 후회하심이 없다

하나님의 부르심과 택하심에는 후회(취소)하심이 없다고 하면서 바울 사도는 어쨌든 택하신 족속 유대인에게 소망을 준다. 지금은 그들이 순종치 않고 예수를 믿지 않지만 언젠가 긍휼을 입을 것이라고 말한다. 그것은 이방인들이 과거에 믿지 않고 불순종하다가 긍휼을 입은 원칙과 같다는 것이다. 하나님께서 모든 사람을 순종치 아니하는 가운데 가두어 두심은 모든 사람에게 긍휼을 베풀기 위함이라고 한다. 지금도 혹시 하나님께 대해 강퍅한 사람이 있다면, 나중에라도 긍휼을 입을 수 있으니 너무 비관하거나 절망하지 말아야 한다.

하나님의 지혜와 지식의 부요함에 대한 송영

이렇게 하나님께서 유대인과 이방인을 구원하시는 섭리를 말하면서 하나님의 마음은 헤아릴 수 없이 깊다고 말한다. "깊도다 하나님의 지혜와 지식의 부요함이여 그의 판단은 측량치 못할 것이며 그의 길은 찾지 못할 것이로다 누가 주의 마음을 알았느뇨 누가 그의 모사가 되었느뇨". 우리는 하나님의 참모가 될 필요가 없다. 오늘날 하나님의 종들의 참모와 모사가 되고자 하는 사람이 많다.

사도 바울은 만물이 주께로부터 나오고 주로 말미암고 주께로 돌아간다고 찬미한다. 우리 인간은 사실 하나님의 깊은 경륜을 알 수 없을 뿐더러 아무것도 할 수 없고 결국 모든 것은 주님의 뜻대로 된다.

12장

9장부터 11장은 유대인과 이방인에 대한 하나님의 구원의 섭리를 말한다. 그러므로 로마서는 8장에서 12장으로 연결해서 읽는 것이 옳다. 1장부터 3장 전반까지에서 언급된 죄인들은 3장 후반부터의 보혈과 6장의 십자가와 8장의 성령을 거쳐 12장의 그리스도의 몸으로 완성된다. 사실 십자가와 성령이 없으면 그리스도의 몸이 있을 수 없다(엡 2:13-16, 고전 12:13). 그리스도의 몸인 교회는 3장에서 보혈의 씻음을 받고, 6장에서 옛 사람이 십자가에 못 박히고, 7장에서 율법에서 벗어나며, 8장에서 생명의 성령의 법으로 죄와 사망의 법에서 해방되어 성령을 따르며 머리이신 그리스도와 연결된 많은 지체들로 이루어진다. 사도행전의 오순절 성령은 로마서 12장의 그리스도의 몸을 위해 부어진 것이다.

그리스도의 몸의 생활을 위해 자신을 드리라

그러므로 12장은 성령을 받은 사람들이 한 몸을 이루어 주님께 자신을 드려 하나님의 선하시고 기뻐하시는 뜻을 분별하며, 생각이 새롭게 되어 높은 데 마음을 두지 말고 하나님께서 각 지체에게 나눠주신 믿음의 분량대로 지혜롭게 생각하도록 권한다. 많은 사람의 각각 다른 은사가 합해서 한 몸을 이루려면 서로 높은 데 마음을 두어서는 절대 불가능하다. 새롭게 된 생각을 가져야 하고 낮은 데 처하며 하나님께서 각자에게 나눠주신 믿음의 분량대로 지혜롭게 생각해야 한다. 우리가 한 몸에 귀, 코, 눈, 손, 발 등 많은 지체를 가진 것처럼 우리 많은 사람들이 그리스도 안에서 한 몸이 되어 서로 지체가 되었다고 말한다. 어떤 사람은 예언의 은사가 있고, 어떤 사람은 섬기는 은사, 어떤 사람은 가르치는 은사, 어떤 이는 위로하는 은사 등 받은 것이 각각 다르니 받은 은사대로 충성을 다하여 부지런히 몸을 위해 섬기라고 한다.

모든 성도들이 은사는 각각 다르지만 동일하게 힘써야 할 것들이 있는데, 곧 형제를 사랑하고 우애하며 서로 존경하고, 소망 중에 즐거워하며, 환난 중에 참으며, 기도에 항상 힘쓰며, 성도들의 쓸 것을 공급하고, 손 대접하기를 힘쓰며, 핍박을 당하더라도 저주하지 말고 축복하는 것이다(이는 주님의 명령이다). 또한 마음을 같이하는 것, 곧 즐거워하는 자들과 함께 즐거워하고 우는 자들과 함께 울고 높은 데 마음을 두지 말고 낮은 데 처하며 아무에게도 악을 악으로 갚지 않는 것 등은 모든 성도들이 동일하게 힘써야 한다.

그리스도인의 합당한 생활

그리고 모든 사람을 향하여 선한 일을 도모하고 모든 사람으로 더불어 평화하며, 친히 원수를 갚지 말고 진노하심에 맡기라고 한다. 또 악에게 지지 말고 선으로 악을 이기라고 한다. 오늘날 그리스도인이 가장 간과하기 쉬운 것이 세상 사람들이든, 교회 사람들이든 그들을 악하게 대하지 말고, 악을 악으로 갚거나 보복하지 말라는 말씀이다. 선을 강조하는 것이 신약의 말씀이다.

13장

이 세상 권세에 복종하라

12장이 그리스도인으로서 마땅히 가져야 할 교회 생활을 말한다면, 13장은 그리스도인들이 세상에서 어떻게 생활해야 하는지를 말해준다. 새 생명을 받은 사람들의 이 세상에서의 생활은 어떠한가? 사도는 믿는 이들에게 세상 권세에게 복종하라고 말한다. 모든 권세는 하나님께로부터 난 것이고 그 권세를 거스르는 자들은 하나님의 명을 거스르는 것이니 심판을 받게 되리라고 말한다. 국세든 지방세든 세금도 잘 내라고 한다[6, 7절].

사랑은 온 율법의 완성이다

그리스도인들은 사랑의 빚 외에는 사람들에게 돈을 꾸거나 빚을 지지 말아야 한다. 사랑은 모든 율법의 완성이며, 간음하지 말라, 살인하지 말라, 도적질하지 말라 등의 계명들은 본질적으로 "네 이웃을 네 몸과 같이 사랑하라"는 한 계명 속에 다 들어 있다. 남을 진실로 사랑한다면 간음하지 않을 것이고, 도적질하지 않을 것이고, 더욱이 살인은 결코 행할 수 없을 것이다. 사랑은 이웃에게 악을 행치 않는다.

낮이 가까웠으니 어두움의 일을 벗고 빛의 갑옷을 입자

바울은 지금 자다가 깰 때가 되었으며 밤이 깊고 낮이 가까웠다고 말한다. 당시 사도들은 주님의 재림이 임박했다고 믿었다. 그러니 지금은 어떻게 생각하고 생활해야 하겠는가? 낮에와 같이 단정히 행하고 방탕과 술 취하지 말고 음란과 호색하지 말며 쟁투와 시기하지 말고 오직 예수 그리스도로 옷 입고 정욕을 위하여 육신의 일을 도모하지 말라고 한다. 초기 교부 어거스틴은 바로 이 구절을 읽고서 회심했다고 한다.

14장

형제를 판단하지 말라

예로부터 지금까지 그리스도인이 자기의 성경 지식과 영적 체험 등으로 자기와 같지 않은 사람을 비판하고 받아들이지 못하는 것은 흔히 있는 일이다. 그것은 좁아진 것이지 원래 그리스도인의 정신이 아니다. 로마서 14장은 바로 이러한 것을 지적하고 가르치는 장인데, 이 말씀의 중요성을 많은 사람이 간과하는 것 같다.

1절은 "믿음이 연약한 자를 너희가 받되 그의 의심하는 바를 비판하지 말라"고 한다. 비판하지 말고(not judge) 받으라는(but accept) 것이다. 간단히 말해서, 그리스도인은 자기와 좀 다르더라도 넓게 받아야 한다는 것이다. 고기를 먹는 것이 우상의 제물을 먹는 문제와 연관되다 보니 어떤 사람들은 고기를 먹지 않고 채소만 먹었다. 자연히 모든 것을 먹는 사람들은 믿음이 강한 사람들일 테고 채소만 먹는 사람들은 믿음에 있어서 약한 사람들이다. 이런 경우 믿음이 강하여 모든 것을 먹는 자들은 채소만 먹는 자들을 업신여기게 되고 고기를 먹지 않는 자들은 먹는 자들을 판단할 수가 있다. 그러나 여기서 바울은 누구든지 살아도 주를 위해서 살고 죽어도 주를 위해서 죽는 사람, 곧 주님을 위해 전적인 마음을 가진 자라면 서로 업신여기거나 판단하지 말고 받으라고 말한다. 형제를 판단하는 사람은 심판대에서 큰 어려움에 봉착하게 될 것이다[10-13절].

하나님의 나라는 성령 안에서 의와 평강과 희락이다

고린도 전서 8장과 같이, 우리는 먹든지 마시든지 형제를 하나님 앞에 세우기 위해서 해야 한다. 고기를 먹는 것이 스스로는 거리낌이 없지만 고기를 먹지 않는 자들을 실족하게 한다면, 그것은 사랑으로 행하지 않는 것이라고 말한다. 바울은 철저히 형제를 위해서 살았던 사람이며, 한 형제 한 형제가 바로 그리스도께서 위하여 죽으신 형제라고 말한다. "그러므로 너희의 선한 것이 비방을 받지 않게 하라"고 한다. 자신에게는 고기 먹는 것이 선한 것일지라도 그렇지 않은 형제들에게는 걸림이 될 수 있고 비방거리가 될 수 있다. 하나님의 나라는 먹는 것과 마시는 것에 있는 것이 아니요 오직 성령 안에서 의와 평강과 희락이다.

이렇게 성령 안에서 의와 평강과 희락으로 그리스도를 섬기는 자는 하나님께 기뻐하심을 받으며 사람에게도 칭찬을 받는다. 그래서 우리는 화평의 일과 서로 덕을 세우는 일을 힘써야지 형제를 자기의 아는 지식으로 걸려 넘어지게 하거나 망하게 하는 일을 해서는 안 된다. 그래서 바울은 고기나 포도주를 마시지 아니하여 형제로 거리끼게 하는 일을 아니함이 아름답다고 말한다.

믿음으로 좇아 하지 않는 것이 죄이다

믿음이 약한 사람이 의심하면서 먹는 것은 스스로 정죄에 빠지는 것인데, 이렇게 믿음으로 좇아 행하지 않는 모든 것이 바로 죄라고 했다. 죄란 꼭 나쁜 일을 하는 것만이 아니라 믿음으로 하지 않는 모든 것이 죄라는 말이다. 속에서 내가 해서는 안 될 일이라고 생각되면 하지 말아야 한다. 그래서 바울은 네게 있는 믿음을 스스로 가지고 있으라 하고 자기의 옳다 하는 바로 자기를 책하지 않는 자는 복되다고 했다.

15장

다른 사람을 위해 자신을 부인하는 삶을 살라

우리 강한 자들은 마땅히 연약한 자의 약점을 짊어지고 우리 자신을 기쁘게 하지 않아야 한다[1절]. 각 사람은 이웃을 기쁘게 하는 삶을 살되 선을 이루고 그의 덕을 세워야 한다. 즉 남을 위하는 삶이 그리스도인의 삶이다. 그리스도께서도 자기를 기쁘게 하지 않으셨는데, 성경에 기록되었듯이 "주를 비방하는 자들의 비방이 내게 미쳤나이다" 함과 같다. 선한 일을 한다고 해서 비방을 당하지 않는 것이 아니며, 주님이 그렇게 선을 행하시고 비방을 당하셨다는 말씀이다.

전에 기록된 성경은 우리의 교훈을 위하여 기록되었으며 우리로 하여금 인내로, 성경의 안위로 소망을 가지게 함이라고 말한다. 무엇이 교훈인가? 남을 위해 사는 것이다. 서로 견뎌주고 끝까지 받아주려면 인내와 안위가 필요한데, 이것은 그리스도를 바라봄으로 얻을 수 있다.

서로 다르더라도 주 안에서 받으라

14장과 15장의 주제는 성도들이 서로 다르더라도 업신여기거나 비평하지 말고 주 안에서 받으라는 말씀인데, 서로를 받으려면 주 예수님처럼 남을 위해 살아야 한다. 주님은 한 번도 자신을 위해 사신 적이 없다. 오늘날 우리는 주위에서 자신의 장래를 위해, 지위와 번영을 위해 남이 어떻게 되는 것은 상관하지 않는 듯한 일을 너무나 많이 본다. 주님은 유대인이나 이방인 모두를 위하셨다. 이방인인 우리를 받으셔서 하나님께 영광 돌리고, 친히 할례를 받으심으로 할례자들을 수용하셨다. 그럼으로써 주님은 모든 열방이 이스라엘과 함께 즐거워하며 찬양하게 하신 것이다.

예루살렘에서 일루리곤까지 그리스도의 복음을 편만하게 전하다

13절부터는 편지의 마무리로 들어간다. 바울은 성도들이 선함과 지식이 가득 차서 서로 권면하고 소망과 기쁨이 넘치게 되기를 원한다. 16절부터는 자신의 복음 사역에 대하여 소개한다. 그는 자신이 복음의 제사장이라고 하면서 이방인을 제물로 드린다고 하였다. 그는 그리스도 예수 안에서 하나님의 일에 대하여 자랑하는 것이 있는데, 그것은 그리스도께서 이방인들을 순종케 하기 위해 그로 말미암아 말과 일이며 표적과 기사의 능력이며 성령의 능력으로 역사하신 것이라고 하면서, 그 외에는 감히 말하지 않겠다고 했다.

이러한 표적과 기사의 능력으로, 성령의 능력으로 그는 예루살렘에서 일루리곤까지 그리스도의 복음을 편만하게 전했고, 이미 그리스도의 이름을 부르는 곳에는 복음을 전하지 않기를 힘썼으니 이는 남의 터 위에 건축하지 않으려 함이었다고 한다. "주의 소식을 받지 못한 자들이 볼 것이요 듣지 못한 자들이 깨달으리라" 함과 같다. 참 아름다운 일이다. 어떤 사람들은 전적으로 남이 일해 놓은 열매를 취하러 다니기도 한다.

로마에 있는 성도들을 보고자 하다

22절부터는 바울이 계획했던 여정에 대해 말한다. 그는 로마로 가서 로마에 있는 성도들을 보고자 했지만 여러 번 길이 막혔다고 하면서, 이제는 그가 현재 머물고 있는 지방에 일할 곳이 없고 또 여러 해 전부터 언제든지 스페인으로 갈 때에 로마 성도들에게 들렀다 가려고 했다고 말한다. 그래서 지나가는 길에 그들을 보고 먼저 그들과 교제하여 약간의 만족을 얻은 후에 그들이 그리로 보내주기를 바란다는 것이다.

이방의 교회들의 헌금으로 예루살렘의 가난한 성도들을 구제하고자 하다

그러나 지금은 예루살렘의 가난한 성도들에게 구제하는 헌금을 전달하기 위해 가는데, 이는 마게도냐와 아가야 사람들이 그들을 위해 기쁘게 얼마를 드렸기 때문이라고 한다. 그러면서 바울은 그들이 기뻐서 이 일을 했는데, 사실을 말하자면 그들은 예루살렘 성도들에게 빚진 자들이며, 이방인들이 예루살렘 성도들의 신령한 것을 나눠 가졌으면 육신의 것으로 그들을 섬기는 것이 마땅하다고 말한다.

사도를 위해 기도해달라고 요청하다

그는 로마에 갈 때에 그리스도의 충만한 축복으로 나아가게 될 것을 확신한다. 하나님의 종의 방문은 성도들에게 축복이 될 수 있다. 바울은 로마의 성도들에게 이 모든 일을 위해 기도해달라고 한다. "형제들아 내가 우리 주 예수 그리스도로 말미암고 성령의 사랑으로 말미암아 너희를 권하노니 너희 기도에 나와 힘을 같이하여 나를 위해 하나님께 빌어 나로 유대에 순종치 아니하는 자들에게서 구원받게 하고 또 예루살렘에 대한 나의 섬기는 일을 성도들이 받음직하게 하고 나로 하나님의 뜻을 좇아 기쁨으로 너희에게 나아가 너희와 함께 편히 쉬게 하라". 그는 한 가지 한 가지 매우 섬세하게 언급하며 기도를 요청한다.

우리는 주를 위한 일과 성도를 섬기는 일에서 그 모든 일을 놓고 하나하나 기도하지 않을 수 없다.

16장

문안 인사와 성도들에 대한 사랑의 표현

16장은 전체가 문안이다. 영적인 것이란 뭔가 현실과 동떨어져 무감각하고 무정한 돌이나 무쇠같이 되는 것이 아니다. 주님의 자비와 사랑도, 성도들에 대한 사도의 다정다감한 문안도 성령께 속한 것은 감성이 풍부하다.

바울은 먼저 겐그레아 교회의 일꾼인 뵈뵈 자매를 그들에게 천거한다. 로마 성도들이 뵈뵈 자매를 주 안에서 합당한 예절로 영접하고 무엇이든지 그에게 필요한 것을 보살펴주기를 바라면서, 그 자매는 여러 사람과 바울의 보호자가 되었다고 말한다.

당시 고린도에서 만난 브리스가와 아굴라가 지금은 로마에 있으며 그들의 집에서 교회가 모였다. 바울은 그들에게 문안해달라고 하면서 그들은 바울 사도를 위하여 자기 목이라도 내어놓은 자들이라고 하였다. 그리고 그들로 인하여 이방의 교회들이 모두 감사한다고 하였다. 이어서 바울은 20여 명의 성도들에게 하나하나 문안한다. 사도 바울은 한 사람 한 사람 이름을 기억할 뿐 아니라 그들의 장점과 수고를 다 기억하고 문안한다. 주님도 그날 우리의 모든 수고와 충성을 다 기억하실 것이다. 이 장은 가히 생명책이라고 할 수 있다. 오늘 사도와 성도들의 마음속에 새겨진 우리 모습이 생명책의 기록과 일치한다면, 오늘 우리는 어떻게 생활해야 하겠는가? 바울은 그러면서 로마의 이곳저곳의 모임에 안부를 전한다. 당시 로마 교회는 이곳저곳에서 모인 것 같다[3, 14, 15절]. 이 안부를 전하는 구절들을 통해서 하나님의 자녀들은 서로 사랑하고 관심하는 마음이 있어야 함을 알 수 있다.

악한 자들에게서 교회를 지키려는 사도의 권면

17절부터는 교회를 지키는 사도의 관심이다. 하나님의 종들은 적극적으로 진리를 가르칠 뿐 아니라 교회가 악한 교리나 악한 사람들에게서 보호받도록 지켜보아야 한다. 그중 첫째가 사도들의 교훈을 거스르는 자들이다. "이같은 자들은 우리 주 그리스도를 섬기지 아니하고 다만 자기의 배만 섬기나니 공교하고 아첨하는 말로 순진한 자들의 마음을 미혹하느니라". 교회에서 가장 핵심이 되는 것이 복음 진리이다. 오늘날 사람들은 그저 일하는 것을 좋아하고 복음의 말씀의 중요성을 알지 못한다. 그것이 처음에는 작은 문제 같지만 갈수록 간격이 벌어지고 결국은 분쟁과 분열의 씨가 된다. 진정으로 하나 되려면 복음 진리에서 하나가 되어야 한다. 그러면 왜 사람들이 참 복음에 순종치 않는가? 바울 사도는 그들이 자신의 배를 위하기 때문이라고 단정적으로 말한다. 자신의 배를 위하는 사람들은 복음을 순종치 않고 오히려 대적한다. 십자가를 모르고 자신들의 기존 관념과 철학과 지식을 자랑하면서 복음 진리를 대적하는 것이다(골 2장 참조).

오늘날 온 세상에 복음이 널리 퍼져 있는 것 같지만 사실은 참 복음이 희귀하다. 성경의 보편적이고 중심적 진리를 전하는 것이 아니라 편향적이고 특이한 자기 단체의 학설과 어떤 특이한 지식을 나열하는 설교가 많다. 그리고 사람들이 십자가를 강조하며 전한다 해도 듣다 보면, 말로만 십자가를 말할 뿐 그 말씀 중심에 그리스도 외의 모든 것을 부정하고 못 박는 예수의 십자가가 없다. 바울은 선한 데 지혜롭고 악한 데 미련하기를 바란다고 하며, 평강의 하나님께서 사단을 교회의 발 밑에 상하게 하시리라고 한다. 하나님은 진실로 복음을 순종하는 자들을 통해 사단을 발 밑에 궤멸시키려 하신다.

21절부터는 마지막으로 편지를 쓰고 있는 바울과 함께 있는 사람들의 문안 인사이다. 어쨌든 주의 종들과 성도들은 다정다감한 서로의 안부 인사를 소홀히해서는 안 된다.

25-27절은 송영이다. 바울은 이 복음을 '나의 복음'이라고 말했다. 그는 이 복음이 영세 전부터 감취었다가 이제 비로소 나타내어진 비밀의 계시이며, 이 복음을 통해 지혜로우신 하나님께서 그들을 온전히 견고케 하실 것을 찬미했다.

고린도전서

서문

고린도 전서는 사도 바울이 다메섹에서 주님을 만나고서 25년 쯤 후에 쓴 서신이다. 안디옥에서 이방 세계에 교회를 세우도록 사도로 보내심을 받은 지 십사 년 만일 것이다. A.D. 59년경으로서, 사도행전 19장에서 사도 바울이 3년 정도 에베소의 두란노 서원에 머물며 아시아 사람들을 가르친 것이 나오는데, 그 마지막 시기에 기록한 것이다. 고린도 교회는 바울에 의해 세워진 교회인데, 많은 문제들이 생겨났다. 바울은 큰 근심과 고통스런 마음으로 이 서신을 썼다. 그런데 그 안에는 너무나 많은 보물이 들어 있다. 교회의 많은 문제들이 진리를 드러낼 기회를 준 셈이다.

1장

문안 인사와 하나님께 대한 감사

바울은 고린도 교회에 편지를 쓸 때 이름도 별로 알려지지 않은 소스데네라는 형제와 함께 썼다. 그렇게 엄중한 일을 할 때 혼자 하지 않으려 한 사도의 자세는 배울 만하다. 고린도 교회는 성령의 은사들이 부족함이 없었고 모든 구변과 성경 지식이 풍족했고 주 예수의 다시 오심을 기다리는 교회였다. 사도 바울은 그들을 위하여 항상 하나님께 감사를 드렸고, 겉으로 볼 때 교회는 아무 문제가 없는 것 같았다.

바울 사도는 주님이 그들을 우리 주 예수 그리스도의 날에 책망할 것이 없는 자로 끝까지 견고케 하실 것이라고 했고(믿는 이일지라도 주 예수의 날에 부끄럽게 되거나 책망받을 수 있다), 그들을 부르셔서 그의 아들 예수 그리스도 우리 주로 더불어 교제케 하시는 하나님은 신실하시다고 했다. 사람은 하나님과 교통할 수 있고 마음을 나눌 수 있는 존재이다. 하나님이 성도들을 부르심은 그분의 아들의 교통 안으로 부르셔서 그 은혜와 누림에 함께 참예토록 하기 위함이다.

고린도 교회의 분쟁에 대하여 책망하다

그리고서 10절부터는 그들 안에 분쟁이 있음을 말하면서 "다 같은 말을 하고 너희 가운데 분쟁이 없이 같은 마음과 같은 뜻으로 온전히 합하라"고 권한다. 성도들 간에 분쟁이 있음은 주님 앞에 나타날 때 책망 혹은 큰 징계에 떨어질 수 있다(마 5:23-26). 그들은 각각 "나는 바울에게, 나는 아볼로에게, 나는 게바에게, 나는 그리스도에게 속한 자라" 하면서 나뉘어졌다. 어떤 사람은 '나는 사람에게 속하지 않고 그리스도께 속한 자다' 한 것이다. 그러나 어떤 이유에서든 자신을 다른 사람과 분리시키며 당을 짓는 것은 정죄를 받게 된다. 바울 사도는 그들의 이러한 분쟁을 책망하면서 그리스도께서 어찌 나뉘었느냐고 한다. 오늘날 그리스도인들 가운데서 서로 나누어지는 것은 죄요 육체라는 것을 알아야 한다. 오늘날 성도들과 나누어지는 것을 큰 문제로 여기지 않는 풍조를 보게 되는데, 실은 분쟁이 많은 죄악 중 가장 근원적인 죄이다. 고린도 교회 가운데는 음행, 소송 사건 등 많은 죄악이 있었지만, 바울은 그 모든 죄악의 뿌리를 분쟁에다 두고 처리하기 시작했다.

하나님의 능력과 지혜이신 그리스도

바울은 세례 주는 것조차 자기의 이름으로 받았다고 하는 사람들이 나올까봐 그리스보와 가이오 외에는 아무에게도 그가 직접 세례를 베풀지 않았다고 말한다. 이렇게 바울은 분쟁의 소지에서 먼저 자신부터 제한다. 사역자들은 분쟁의 소지를 남기는 방식으로 주님을 섬겨서는 안 된다. 자신의 행동으로 성도나 교회 중 분쟁이 일어나는 것에 대하여 하나님의 심판이 있게 된다. 바울은 세례를 베푸는 일이 중요하고 귀한 일이지만 분쟁의 소지를 남기지 않는 방식으로 행하였다.

그리고 십자가를 제시한다[18절]. 왜 교회에서 분쟁이 일어나는가? 바울은 그것이 인간의 지혜와 총명에서 나온다고 했다[19절]. 즉 인간의 머리에서 나오는 것이다. 바울 사도는 십자가를 자신에게 먼저 적용했다. 오늘날 수많은 분열이 소위 주님을 섬긴다는 사역자들로 말미암는다. 그는 바울이 너희를 위하여 십자가에 못 박혔느냐고 했다. 사람을 구속주의 수준으로 높이는 것은 이단의 지름길이다. 바울 사도는 자신의 이름을 최대한 제하는 식으로(자신의 이름으로 세례받았다고 하지 못하도록 세례도 가급적 주지 않았다), 복음을 전할지라도 지혜의 말이 아니라 전도의 어리석은 것으로 사람들을 구원하기를 원했다[14-25절].

유대인은 표적을, 헬라인은 지혜를 좋아하는데, 바울은 큰 능력이나 심오한 지식으로 사람들을 매혹하지 않았다. 십자가의 도가 헛되지 않도록 단순히 십자가를 적용하고 십자가만 전했다. 십자가는 인간의 육체를 끝내고 죽음에 넣는다(갈 5:24). 하나님께서 육체로는 능하지도 않고 문벌이 좋지도 않고 미련하고 약하고 천하고 멸시받고 가진 게 없는 자들을 택하신 것은 아무도 육체로 자랑할 것이 없게 하려 하신 것이다[29절]. 당신을 크게 자랑할 것이 없게 만드시고 부르신 것은 하나님이심을 믿으라! 혹시 자랑할 것이 있다 하더라도 자신의 뛰어난 학벌이나 장점을 너무 드러내지 말라. 예로부터 오늘날까지 인간의 육체의 자랑들이 분쟁의 원인이 되는 것은 흔히 있는 일이다. 거듭난 성도들은 그리스도 예수 안에 있고 예수를 모든 것(지혜 거룩, 의, 구속)으로 소유하고 있으니 자랑할 것이 있다면 오직 그리스도에게 있을 뿐이다. "너희는 하나님께로부터 나서 그리스도 예수 안에 있고 예수는 하나님께로서 나와서 우리에게 지혜와 의로움과 거룩함이 되셨으니". 그러므로 누구든지 자랑하는 자는 주 안에서 자랑해야 한다.

고린도 교회의 분열의 문제

고린도 교회는 바울 사도에 의해 세워진 교회이다(행 18장). 성령의 세례도 받고 기적적인 은사도 있으며 지식과 구변도 풍부한 교회였다(고전 1, 12장). 그러나 그들 가운데 서너 파로 분열되는 문제가 일어났고, 심지어 바울 사도도 판단하는 자들이 있었다(고전 4장). 시기와 분쟁이 있다는 것은 그들이 영적으로 어린 아이라는 말이다(고전 3:1-4).

오늘날 많은 그리스도인들이 분열을 작은 일로 여기는 것을 보게 된다. 그들은 함께하다가 서로 맞지 않으면 얼마든지 나눠지고 또 다른 교회를 세울 수 있다고 믿는 것 같다. 당시 고린도 교회 중에는 심각한 음행의 문제라든가 형제들 간의 분쟁을 세상 법정으로 가져가는 일 등이 일어났다. 그러나 바울 사도는 이 모든 문제의 근원을 분열로 보고 1장부터 4장까지에서 이 문제를 먼저 해결하고자 한다. 이것은 오늘날 많은 그리스도인들의 생각과 다른 점이다.

병이든 죄든 가장 근원적이고도 심각한 뿌리가 있는데, 그것을 제거해야 근본적으로 문제가 해결될 수 있다. 그 뿌리가 무엇일까? 육체이다(고전 3:3). 이것이 고린도전서 1-3장에서 다루어지고 있다. 육체 속에 가장 근원적인 문제는 교만과 거역이요, 그 결과는 분열이다. 동산에서 하나님의 명을 거역하고 선악과를 먹은 아담과 하와는 즉시 나뉘어졌다. 원래 둘은 하나였는데(창 1:24), 선악과를 먹은 후 아담과 하와는 하나님과 나뉘어지고, 부부가 나뉘어지며, 서로가 벗은 것을 부끄러워하며, 아담은 범죄의 핑계를 아내에게 돌렸다(창 3:12). 원래 한 몸이어서 벌거벗었어도 부끄러워하지 않던 부부가 선악과를 먹은 후 서로 나뉘어져 남이 된 것이다. 그 후 가인은 동생을 시기하고 미워하여 살인하는 죄악을 저질렀다. 모두가 너와 나로, 서로 각각 다른 개체인 존재로 나뉘어진 결과이다.

오늘날 이러한 분열의 죄악을 심각하게 여기는 그리스도인은 얼마나 되는가? 성경에 교회는 하나라고 했고, 한 몸이라고 했으며, 바울은 성령의 하나 되게 하신 것을 힘써 지키라고 했다(엡 4:3-4). 한 몸이라면 우리 그리스도인은 어떤 이유로든 나뉘어질 길이 없다(고전 1:13). 한 몸이 둘로, 셋으로 나뉘어지고 쪼개어지면 사망에 이르게 된다. 삼위일체 하나님께서는 십자가를 통하여 나뉘어졌던 우리를 그리스도 안에서 하나 되게 하신 분이다(갈 3:28, 엡 2:15).

나누고 분리하는 것은 인간의 육체 속에 있다. 바울 사도는 고린도 전서 1장에서 분열의 치료책으로 다른 것을 말하지 않고 오직 그리스도의 십자가를 전했다. 교회와 성도들이 이미 그리스도 안에서 하나가 되었으며, 이 거룩한 하나를 지키는 일은, 오늘날 교회가 산산조각으로 나뉘어졌다 해서 지키지 않아도 되는 진리가 아니다. 이것을 어떤 사람들은 행정적으로, 슬로건으로, 운동으로, 심지어 성경적인 교회의 모형으로 돌아가서 이 하나를 지켜야 한다고 주장하며, 자신들은 이미 성경에서 말하는 하나의 입장에 서 있다고 주장한다. 그러나 바울은 이 하나의 문제가 영적인 문제이며 우리가 자신의 육체를 십자가에 못 박는 일에서 출발한다고 말한다(고전 1:18-25, 2:11-14). 그리스도와 그분의 십자가만이 해답이요 하나님의 지혜이다.

분열의 일은 육체요 죄악이다. 육신의 생각조차도 하나님과 원수가 된다(롬 8:7). 서로 사랑하는 성도들이 어떤 작은 문제로 상처를 받고 마음이 상하면 즉시 헤어지고 나뉘어질 준비를 하는 것을 자주 대한다. 그리고 얼굴을 돌리고 당을 지으며 서로를 비방하며 원수를 맺는다. 이것은 무엇인가? 바울은 이런 것이 육체의 현저한 죄악이라고 정의한다(갈 5:19-20). 오늘날까지 역사를 통하여 수많은 교회의 분열이 일어났다. 그렇다고 분열이 정당화될 수 있는가? 심지어 소소한 분열은 죄로도 여기지 않는 것 처럼 보인다. 분열로부터 각종 악이 파생됨은 대한민국의 남북의 분열만으로도 충분히 체험한다. 그 어떤 문제보다 분열의 문제를 해결하기가 어렵다. 거기에 각 당파의 장래와 이권 관계와 생존과 번영만이 아니라 각종 죄악과 음모가 도사리고 있기 때문이다.

우리는 분열의 문제를 외면적이고 정치적인 문제로만이 아니라 십자가와 성령과 생명의 관점에서 보아야 한다. 우리는 오늘날 성경의 진리를 대하며 이론만이 아니라 우리의 현실에서 과연 무엇을 가장 심각하게 배워야 하는가를 생각해 보아야 한다. 성도들은 사도의 가르침을 따라 분열의 죄악을 가벼운 일이 아닌 가장 앞서가는 죄악으로 여기고, 분열의 죄를 짓는 것을 매우 두려워해야 하며, 형제간의 사랑과 하나, 몸의 하나를 귀중히 여기기를 배워야 한다(엡 4장 참조). 이것이 오늘날 교회의 부패와 타락의 국면을 회복해나가는 데 가장 중요한 요소가 될 것으로 믿는다. 모든 분열의 행위는 음행이나 호색이나 우상숭배처럼 육체 속에서 나오는 죄악이며, 그것은 십자가만이 해결책임을 알아야 한다. 예수 그리스도의 사람들은 그 정과 욕심을 육체와 함께 십자가에 못 박았다(갈 5:24).

2장

예수 그리스도와 그의 십자가에 못 박히신 것만을 앎

좋은 가르침은 무엇보다 자신의 삶과 사역을 간증하는 것이다. 바울은 자신들의 총명한 것을 내세워 분쟁하는 고린도 성도들에게 어리석은 방식으로 사역한 자기를 간증한다(고전 1:21). "내가 너희에게 나아가 하나님의 증거를 전할 때에 말과 지혜의 아름다운 것으로 아니하였나니 내가 너희 중에서 예수 그리스도와 그의 십자가에 못 박히신 것 외에는 아무것도 알지 아니하기로 작정하였음이라 내가 너희 가운데 거할 때에 약하며 두려워하며 심히 떨었노라"[1-3절]. 바울은 말씀을 전할 때에 설득력 있는 지혜의 아름다운 말로 하지 않았으며 그리스도와 그의 십자가 외에는 아무것도 알지 않기로 작정했다고 말한다. 이는 그들의 믿음이 사람의 지혜가 아닌 오직 하나님의 능력에 있도록 하기 위함이었다. 말과 글에 수사력이 좋은 사람들은 조심해야 한다. 오늘날 하나님 자신과 말씀에 대한 살아 있는 믿음이 아니라 인간의 두뇌의 지식적 욕구를 만족시켜 주는 설득력 있는 언사로 설교하고자 하는 사람들이 많다(딤후 4:3). 그럴 때 사람들은 살아있는 하나님의 말씀이 아니라 사람의 지혜로운 말에 빠지게 된다.

비밀한 가운데 있는 하나님의 지혜

바울이 말하는 지혜는 이 세상의 지혜가 아니요 이 세상의 없어질 관원의 지혜도 아니며 오직 비밀한 가운데 있는 하나님의 지혜다. 이 지혜는 감춰었던 것인데 하나님이 우리의 영광을 위하사 만세 전에 미리 정하신 것으로서 "하나님이 자기를 사랑하는 자들을 위하여 예비하신 모든 것은 눈으로 보지 못하고 귀로도 듣지 못하고 사람의 마음으로도 생각지 못하였다"고 하신 것과 같다. 오직 하나님께서 성령으로 이 지혜를 우리에게 보이셨는데, 성령은 모든 것 곧 하나님의 깊은 것이라도 통달하신다. 오직 성령만이 아실 수 있는 지혜가 있다. 그것을 우리가 사모해야 할 바이다. 그러나 세상 관원의 지혜는 결국 영광의 주를 십자가에 못 박았다.

육에 속한 사람과 영에 속한 사람

사람의 사정(thoughts)을 사람의 속에 있는 영 외에는 알 수 없듯이 하나님의 사정(thoughts)도 하나님의 영 외에는 알지 못한다. 우리는 세상의 영을 받지 않고 오직 하나님께로 온 영을 받았는데, 이는 우리로 하여금 하나님께서 우리에게 은혜로 주신 것들을 알게 하려 하심이다. 우리는 사람의 지혜로 가르친 말이 아닌 오직 성령의 가르치신 것으로 하니 영적인 일은 영적인 것으로라야 분별한다. 육에 속한 사람은 뭔가를 안다고 하지만 사실 아무것도 모른다. 여기서 바울은 매우 직선적이고 마음을 찌르는 말을 한다. "영적인 자는 모든 것을 판단하나 자기는 아무에게도 판단을 받지 아니하느니라 누가 주의 마음을 알아서 주를 가르치겠느냐 그러나 우리가 그리스도의 마음을 가졌느니라". 육에 속한 자들은 그들이 다 아는 것처럼 이것저것 말하지만 사실은 아무것도 모르고 있다는 뜻이다. 여기에 육에 속한 사람이 있고 영에 속한 사람이 있다. 영적인 사람은 육적인 사람이 보지 못하는 것을 본다(요 3:3).

3장

시기와 분쟁의 원인-영적 미성숙

바울은 고린도 교회 분쟁의 근본 원인이 그들이 영적으로 어린아이 상태에 있기 때문이라고 보았다. 그들 가운데 아직도 시기와 분쟁이 있다는 것은 그들이 영적으로 어리다는 것을 나타낸다. 어떤 무리든지 그 안에 시기와 분쟁이 있다면 영적으로 어린아이인 것이다. 즉 성숙한 사람들에게는 그런 것들이 존재하지 않는다는 뜻이다. 그들은 바울과 아볼로 등 주의 종들을 판단하면서 그들을 가지고 분쟁하고 나누는 일을 했는데, 바울은 바울 자신이나 아볼로나 게바는 교회를 위해 주신 사역자들일 뿐이니 사람을 자랑하지 말라고 한다. 사역자에 대한 선호로 나뉘어지는 것은 영적으로 미성숙한 표시이다.

오직 자라나게 하시는 하나님뿐이다

주의 종들은 다 교회를 위해 주신 자들이며, 교회는 그리스도의 것이요 그리스도는 하나님의 것이라고 한다. 즉 하나님께는 교회가 사역자들보다 더 귀하다는 것이다. 바울이 말한 순서를 보면 그렇다. 심지어 바울은 자기는 심고 아볼로는 물을 주지만 자라나게 하시는 이는 하나님이시기에 자기들은 아무것도 아니라고 말한다[7절]. 교회는 바울 같은 기초를 놓는 사역자도 필요하지만 아볼로 같이 그 위에 건축하는 사역자도 필요하다. 그들은 교회를 위해 하나님께 고용된 종들이니 그날에 주님께로부터 각각 상을 얻을 것이라고 한다. "우리는 하나님의 동역자들이요 너희는 하나님의 밭이요 하나님의 집이니라"[9절].

교회의 터는 오직 그리스도이시다

교회의 터는 그리스도이시고, 바울 사도 자신은 지혜로운 건축자처럼 터를 닦았으니 누구든지 그 위에 건축할 때에는 오직 금과 은과 보석으로 건축해야 한다고 말한다. 바울의 지혜는 무엇인가? 그의 사역의 가르침을 통하여 성도들 마음 속에 그리스도만 남게 하는 것이다. 그리스도를 반석으로 하여 믿음이 세워지게 하는 지혜이다. 주의 일을 하거나 교회를 섬기는 사람들은 조심해야 한다. 왜냐하면 인간의 육체에 속한 것들인 나무와 풀과 짚으로 건축하면 그날 주님이 오셔서 각 종들의 일한 공력을 불로 시험하실 때 다 타버릴 것이고, 오직 하나님께 속한 것들인 금과 은과 보석으로 건축한 것들만이 불의 시험을 통과하여 남기 때문이다.

바울 사도는 교회는 하나님의 성전이니 육체의 일들로 거룩한 처소를 더럽히지(무너뜨리지) 말라고 하며, 그렇게 하는 자는 하나님께서 멸하실 것이라고 한다. 무서운 경고다. 인간의 지혜를 자랑하지 말고 차라리 미련하게 되어야 오히려 지혜로운 자가 될 것이라고 한다. 사람의 지혜로 교회의 일들을 대하고 말하면, 그것이 결국 하나님의 성전을 무너뜨리는 일이고, 주님이 오실 때 상이 아니라 해를 입게 될 것이라고 경고한다.

4장

그리스도의 일꾼이요 하나님의 비밀을 맡은 자

고린도 전서를 읽으면서 새삼 느끼는 것은 바울이 자신의 간증을 많이 했다는 것이다. 4장에서도 예외가 아니다. 오늘날 소위 진리를 전한다고 하면서, 또는 사람들을 양육한다고 하면서 자신의 체험이 없이 그저 성경 지식을 말하는 사람들이 있다. 또 어떤 사람은 자신의 경험을 말하는데 성경 말씀과 별 관계없는 것을 말하기도 한다. 그러나 바울의 체험은 하나님의 말씀과 부합하며 그의 간증이 곧 성경이 되었다.

바울은 자기를 그리스도의 일꾼이요 하나님의 비밀을 맡은 자라고 하면서 이렇게 말씀을 맡은 자들에게 구할 것은 충성이라고 한다. 그러므로 성도들은 마땅히 이러한 그리스도의 사역자들이 충성을 다하도록 기도해야 한다. 고린도 성도들은 그들을 위해 충성을 위한 간구를 하는 대신 비판을 일삼았다. 그러나 바울 사도는 그러한 비판을 받는 것이 자기에게는 작은 일이며 '나도 나를 판단치 않는다'고 했다. 그런 일로 자신을 자책할 만한 일을 깨닫지 못하나 그렇다고 해서 그로 인해 의롭다 함을 얻지 못하며 오직 그를 판단하실 이는 주님이시라고 단언했다. 그러므로 주님이 오시기 전에는 아무것도 판단치 말라고 하면서 그날 주님이 오실 때 어두움에 감추인 것들을 드러내시고 각 사람의 마음의 뜻을 나타내실 것이라고 했다. 그때에 각 사람에게 하나님께로부터 칭찬이 있을 것이라고 한다.

바울과 아볼로가 고린도 교회를 위해 하나로 일한 본

바울은 그와 아볼로가 그들을 위해 하나로 일한 본을 보였다고 말한다. 즉 자신과 아볼로는 그들을 위해 심고 물을 주면서 하나로 일했는데 너희는 왜 우리를 인해 서로 대적하면서 교만한 마음을 먹느냐고 한 것이다. 또 바울은 고린도의 분파주의자들에게 무엇이든지 다 자신과 아볼로에게서 배우고 받았으면서 왜 받지 않은 것처럼 스스로 자랑하느냐고 했다. 고린도 성도들은 바울과 아볼로에게서 배웠으면서 그들을 제쳐놓고 왕 노릇했다. "너희가 이미 배부르며 이미 부요하며 우리 없이 왕 노릇 하였도다". 어떤 사람들이 주의 종들을 판단하는 원인은 신자들 위에 왕 노릇하고자 함이다. 즉 자기들의 말을 듣게 하고 싶은 의도가 있는 것이다. 일부 고린도 성도들은 하나님의 종들의 머리 꼭대기에서 하나님의 종들을 판단했다.

바울은 고린도 교회에게 아비와 같은 존재이다

바울은 이어서 사도인 자신들이 어떤 사람들인지를 일깨워준다. "내가 생각건대 하나님이 사도인 우리를 죽이기로 작정한 자같이 미말(last of all)에 두셨으매 우리는 세계 곧 천사와 사람에게 구경거리(spectacle)가 되었노라 우리는 그리스도의 연고로 미련하되 너희는 그리스도 안에서 지혜롭고 우리는 약하되 너희는 강하고 너희는 존귀하되 우리는 비천하여 바로 이 시간까지 우리가 주리고 목마르며 헐벗고 매맞으며 정처가 없고 또 수고하여 친히 손으로 일을 하며 후욕을 당한즉 축복하고 핍박을 당한즉 참고 비방을 당한즉 권면하니 우리가 지금까지 세상의 더러운 것과 만물의 찌끼같이 되었도다". 성도들을 위해 사역을 하였는데 욕을 당하나 그들을 축복하고, 핍박을 당하나 참았으며, 비방을 당하나 권면하였으며, 자신들은 세상의 더러운 것(scum of the world)과 만물의 찌끼(dregs of all things)같이 되었다고 한다. 그리고 이 말을 쓰는 것은 오직 그들을 사랑하는 자녀같이 권하려 함이며 그리스도 안에서 일만 스승이 있으나 아비는 많지 않다고 하였다. 참으로 그러하다. 오늘날 머리로 아는 지식으로 가르치려는 사람들은 많으나 아비로서 복음으로 사람들을 낳고 자녀로 기르는 사람들은 많지 않다. 바울은 그런 아비와 같은 사람이었다.

나를 본받는 자 되라

바울은 고린도 성도들에게 자신을 본받으라고 말하면서 자기의 믿음의 아들 디모데를 고린도에 보냈다고 말한다. 바울은 교만하여 빗나간 성도들을 돌이키기 위해 이렇게 저렇게 최선을 다하는 사람이었다. 바울은 어떤 이들은 자신이 고린도에 가지 않을 줄 알고 교만하여졌으나 주님이 허락하시면 반드시 가서 그들의 말이 아니라 능력을 알아보겠다고 하였다. 하나님의 종이 교회를 오래 비우면 거기서 왕 노릇 하려고 획책하는 사람들이 나타나는 경우가 있다. 그런 사람들은 말과 입으로만 그럴 듯하게 말할 뿐 한 사람도 그들의 말을 듣고 구원받고 회개하거나 믿음이 성장하지 않는다. 바울 사도는 하나님의 나라는 말에 있지 않고 능력에 있다고 하였다. 능력이 없는 사람의 말만으로는 되는 일이 없다.

4장 마지막 부분의 어조는 매우 강하다. "내가 매를 가지고 나아가랴 사랑과 온유한 마음으로 나아가랴". 바울의 솔직하고 단순한 어법이 감명 깊다. 나는 우리가 믿는 하나님이 이렇게 단순하고 직선적인 분이라고 생각한다. 그러므로 하나님의 자녀는 '예, 예, 아니오, 아니오'라고 단순하게 말해야 한다.

5장

고린도 교회가 음행하는 자를 물리치지 않음을 책망하다

교회 성도들이 이방인들보다 더 악할 수 있는가? 부끄럽게도 답은 그렇다는 것이다. 그것은 구약의 이스라엘이나 유다도 그러했다. 어떤 신학자가, 고단백질 음식이 썩으면 그 냄새가 훨씬 고약하다고 했다. 그러면 '교회에 그런 악한 죄(근친상간과 같은)가 있어도 어쩔 수 없는 것인가'라는 질문이 있게 된다. 바울은 그에 대하여 극도로 강한 대처를 했다. 이것이 고린도 전서 5장의 내용이다. 어떤 사람이 아비의 아내를 취하였다는 것은 계모와 간음을 범했다는 것이다. 그는 그런 죄를 짓고도 회개하지 않았다. 바울은 고린도 교회에게 그런 자를 물리치지 않고 처리하지 않은 것을 책망했다. 그들은 그런 죄악이 교회 가운데 있는데도 처리하지 않고 교만한 상태에 있었던 것이다.

적은 누룩이 온 덩이를 부풀게 한다

바울은 적은 누룩이 온 덩이를 부풀게 하는 것을 알지 못하느냐고 하면서 원래 교회는 누룩 없는 떡이며(무교병, unleavened bread), 주 예수께서 우리를 구속하신 것은 새 덩어리(new lump, "우리의 유월절 양 그리스도께서 희생이 되셨느니라"7절), 곧 순전하고 누룩 없는 떡이 되게 하시려는 것이라고 한다. 이것이 진정한 유월절을 지키는 것이며, 오늘날 우리의 교회 생활은 구약으로 말하면 유월절, 무교절 등의 절기를 지키는 생활이다. 그러므로 무교절을 지키는 교회는 응당 그런 괴악하고 악독한 누룩을 내어버려야 한다.

사도 바울은 교회 중에 음행하고 후욕하고 술 취하고 토색하는 자는 사귀지도 말고 그런 자들과는 함께 먹지도 말며 이런 악한 사람은 교회 중에서 내어쫓으라고 강하게 말했다. 그렇다고 해서 세상의 음행하는 자들이나 탐하는 자들 등을 도무지 사귀지 말라는 말은 아니라고 했다. 그러려면 세상 밖으로 나가야 하기 때문이다(고전 5:10). 오직 교회 중에 그런 죄악이 없어야 한다는 뜻이다. 하나님의 교회는 죄악을 용납할 수 없다.

6장

성도들 간의 일을 세상 법정에 송사하는 것을 책망함

오늘날 소위 교회라고 하는 단체 안에서 법적 소송이 비일비재하다. 그런 일이 초대 교회 때에도 있었다. 이런 일에 대한 사도 바울의 가르침을 보자. 첫째로 바울은 세상 법관들을 한 마디로 불의한 자들이라고 했다. 이것은 세상의 법관들이 어떤 불의를 행하는 자들이라는 말이 아니라 그들의 하나님 앞에서의 위치와 생명을 근거로 말한 것이다. 즉 그들은 하나님 앞에서 의롭다 하심을 받지 못하고 의의 생명을 얻지 못한 자들이라는 말이다. 또한 바울은 세상 법관들을 교회로부터 경히 여김을 받는 자들이라고 표현했다[4절]. 그러나 오늘날 교회가 세상의 법관을 경히 여기는가? 생각해볼 여지가 있다. 사도는 "성도가 세상을 판단할 것을 너희가 알지 못하느냐? 세상도 너희에게 판단을 받겠거든 지극히 작은 일 판단하기를 감당치 못하겠느냐? 우리가 천사를 판단할 것을 너희가 알지 못하느냐?"라고 한다. 성도의 지위는 너무도 고귀한 것임을 말하고 있는 것이다.

장래 성도들은 왕권을 가지고 오시는 그리스도와 함께 세상을 다스리게 된다. 그리고 그리스도와 함께 불의한 천사를 심판하게 된다. 그러므로 성도들이 그들 가운데 벌어진 일을 가지고 세상 법정에 가는 것 자체가 불의요 완연한 허물이다[7, 8절]. 사도 바울은 차라리 불의를 당하는 것이 낫지 않느냐고 한다. 왜 성도가 성도를 소송하여 세상 법정으로 사건을 가져가는가? 손해와 불의를 당하지 않기 위해서이다. 그러나 사도는 차라리 불의와 속임을 당하는 것이 낫다고 가르친다[7절].

성령 안에서 씻음과 거룩함과 의롭다 하심을 얻음

불의한 자들은 하나님 나라를 유업으로 얻지 못한다. 즉 음란한 자, 우상 숭배하는 자, 간음하는 자, 탐색하는 자, 남색하는 자, 도적, 탐람하는 자, 술 취하는 자, 후욕하는 자, 토색하는 자들은 하나님의 나라를 유업으로 받지 못한다. 고린도 성도들 가운데도 그런 자들이 있었지만 이제 주 예수 그리스도의 이름과 우리 하나님의 성령 안에서 씻음과 거룩함과 의롭다 하심을 얻었다고 말한다. 이것은 그리스도 안에서 이미 얻은 성도의 고귀한 위치를 가리킨다.

너희 몸으로 하나님께 영광을 돌리라

다음은 음식과 성(性)에 대한 것이다. 세상 사람들은 대부분 이 두 가지를 위해 산다. 그러나 성도들은 먹고 마시는 것과 성이 합법적일지라도 그것들에 통제받는 삶을 살아서는 안 된다. 우리가 몸으로 주님을 위할 때 주님은 우리 몸을 위하신다. 만일 사람이 배나 음란을 위해 산다면 주님은 그런 사람의 몸을 위하지 않으신다는 뜻이 된다. 하나님께서 주 예수를 다시 살리셨고 또한 그분의 권능으로 우리(그 몸으로 주님을 위하는 자)를 다시 살리실 것이다[14절].

"너희 몸이 그리스도의 지체인 줄을 알지 못하느냐 내가 그리스도의 지체를 가지고 창기의 지체를 만들겠느냐 결코 그럴 수 없느니라 창기와 합하는 자는 저와 한 몸인 줄을 알지 못하느냐 주와 합하는 자는 한 영이니라"[15-17절]. 음행의 죄는 다른 죄보다 더 심각한데, 다른 죄는 몸 밖에 있지만 음행은 몸 자체에 죄를 짓는 것이기 때문이다. 창기와 합하는 자는 창기와 한 몸이고 주와 합하는 자는 주와 한 영이다(but the one who joins himself to the Lord is one spirit with Him). 여기서 바울은 "너희 몸은 너희가 하나님께로부터 받은바 너희 가운데 계신 성령의 전인 줄을 알지 못하느냐"고 하면서 "너희는 너희의 것이 아니라 값으로 산 것이 되었으니 그런즉 너희 몸으로 하나님께 영광을 돌리라"고 말한다. 성도들은 주 예수님이 하나님의 성전이 되게 하기 위하여 그분의 피 값으로 사신 존재이므로 이미 자신의 몸이 자기 것이 아니다. 그러므로 다만 그 몸으로 하나님께 영광을 돌려야 한다. 많은 이들이 성도들의 영혼은 귀히 여기지만 몸은 다소 소홀히 여기는 경향이 있다. 그러나 사도 바울은 몸 또한 중시하며 몸 자체가 성령의 전이라고 한다. 그러니 마땅히 음행의 죄를 피해야 하는 것이다. 이는 음행의 죄가 하나님의 성전을 더럽히기 때문이다.

7장

혼인에 관한 바울의 권고

7장은 그리스도인의 결혼관이다. 바울은 그리스도인의 결혼에 대하여 대원칙을 말하는데, 근본적으로 남자는 여자를 가까이 하지 않는 것이 좋다고 말한다[1절]. 이떤 남자가 주로 특히 여자들과 가까이하려고 하거나 여자가 남자들과 가까이 하려는 것은 좋지 않은 매우 주의해야할 습관이다.

그리스도인 남편과 아내의 성에 대하여, 기도할 틈을 얻기 위하여 합의상 얼마 동안은 분방할 수 있으나 다시 합하라고 한다. 어떤 사람이 독신으로 주님을 섬기기 원한다면 바울은 그것을 찬성한다. 바울 자신이 그런 사람이라고 한다. 그러나 절제하지 못하는 사람은 결혼해야 한다. 그렇지 않으면 시험을 이기지 못하고 죄를 짓게 되기 때문이다[9절]. 그래서 결혼을 하지 않을 수 있는 것도 일종의 은사라고 말했다[7절].

그리고 일단 결혼한 후에는 이혼이나 별거를 하지 말라고 한다. 여자도 남편을 떠나서는 안 되고(서로 잠시 떨어지더라도 다시 합해야 한다), 남편도 아내를 버려서는 안 된다. 그러나 믿지 않는 쪽이 신앙을 인하여 헤어지고 싶어 한다면 가게 하되 모든 것은 다툼으로 하지 말고 최대한 화평 가운데서 해야 하며[15절], 신자 쪽에서 먼저 배우자를 떼어내 버리려고 시도하거나 선수를 쳐서는 안 된다고 한다[12, 13절]. 성도들은 함께 가정 생활하는 가운데 최선을 다하여 믿지 않는 쪽이 구원받을 수 있도록 하는 것이 바른 것이다[16절].

혼인을 하든 안 하든 삶의 대원칙은 주님을 위하는 데 있다

마지막 부분은 처녀가 마음을 정하여 온전히 주님을 섬기기로 한 경우이다. 이에 대하여 바울은 주께 받은 계명이 없지만 자기의 의견을 고한다고 하면서[25절], 임박한 환난을 인하여 사람이 그냥 지내는 것이 좋다고 말한다. (당시 초대교회에는 이미 주님의 재림, 즉 말세에 있을 대환난을 예비하는 마음이 있었다. 오히려 시대 말인 오늘날 그런 심리가 느슨하다는 것은 기이한 일이다.) 또 결혼을 하여 배우자가 생기면 주님을 향한 마음이 나뉘어 온 마음으로 하나님을 섬기기가 어렵기 때문이라고 했다[32-34절]. 이것은 아내든 남편이든 마찬가지이다[27절]. 그러므로 아내에게서 놓인 남편은 다시 아내를 구하지 말고 남편에게서 놓인 아내는 다시 남편을 구하지 말라고 한다. 그렇지만 장가를 가든 시집을 가든 죄 짓는 것은 아니라고 하면서 다만 결혼을 하면 육신에 고난이 있다고 말한다[28절]. 또 남편이 죽은 여자의 경우 다시 시집을 갈 수 없는 것은 아니지만 주 안에서만 하라고 했다[39절]. 그러면서도 바울은 여전히 자기처럼 그냥 지내는 것이 좋다고 권한다[40절]. 바울이 이렇게 말하는 데에는 대원리가 있다. 그는 어떻게 하면 성도들이 육신의 고난에 매이지 않고 전심전력해서 복음을 전하고 교회를 섬기는 일을 할 수 있는지에 모든 삶의 초점을 맞추었다[32-34절].

이 세상 형적은 지나감이니라

사도 바울은 이생의 삶 즉 결혼 생활 자체에 너무 매이는 것을 염려했다. 그래서 아내 있는 자들은 없는 자같이, 우는 자들은 울지 않는 자같이, 기쁜 자들은 기쁘지 않은 자같이, 매매하는 자들은 없는 자같이, 세상 물건을 쓰는 자들은 다 쓰지 못하는 자같이 하라고 하면서 이 세상 형적은 지나가기 때문이라고 한다. 이것은 결혼생활을 너무 교회 안으로 끌어들이지 말라고 하는 듯하다. 가정생활이 행복하다고 마냥 기쁜 척하지 말고, 슬프다고 맨날 우는 얼굴로 성도들 앞에 나타나지 말고, 좋은 물건이나 차나 집을 샀다고 너무 좋아하거나 자랑하지 말라는 것이다. 그리스도인은 있어도 없는 것같이 사는 것이 마땅하다. 주님과 그분의 말씀만 영원하고 실제이기 때문이다. 그러나 과부가 시집가는 것도 죄는 아니라고 말한다.

이 부분에서 바울의 말은 다소 융통성이 있는 것 같다. 여기서 그의 말은 결혼하지 않고 섬길 수 있다면 그것이 더욱 좋다는 것인데, 후에 디모데에게 서신을 쓸 때는 젊은 과부에 대하여 염려를 많이 하면서, 차라리 시집을 가서 아이를 낳고 집안일을 하는 게 낫겠다고 했다(딤전 5:14). 바울은 이 말을 하면서(자기가 이에 대해 따로 하나님으로부터 받은 계명이 없고 자기 의견을 말했지만) 나도 또한 하나님의 영을 받은 줄로 생각하노라고 하였는데, 이는 사람의 주님을 위한 충성된 의견이 때로 하나님의 말씀이 될 수 있음을 보여준다(바울이라는 사람의 의견이 성경이 되었다). 그래서 어떤 사람은 이 부분을 성경의 최고봉이라고 한다. 사람의 자연적인 생각이 하나님의 생각과 일치되는 경지에 있기 때문이다.

8장

지식은 교만하게 하며 사랑은 덕을 세운다

당시 고린도 교회에는 '그리스도인으로서 우상의 제물을 먹을 수 있는가'라는 질문이 있었다. 그것은 특히 지식 있는 사람들이 우상의 제물을 먹어도 되지 않느냐고 한 것 같다. 9절의 '너희 자유함이'라든가 10절의 '지식 있는 네가'라는 말을 볼 때 그러하다. 당시 고린도의 어떤 사람들은 영적 지식이 꽤 있어서 자유로운 양심을 갖다 보니 먹을 수 있다고 주장했을 것이며, 또 어떤 이들은 양심이 약하여 우상의 제물 먹는 것은 죄를 짓는 일이고 우상 숭배에 참여하는 것이라는 관념을 가지고서 먹으면 안 된다고 했을 것이다. 그중에 지식이 있어서 먹어도 된다는 사람들은 자신들의 지식을 내세우며 자랑하기까지 했던 것 같다.

그때 바울의 가르침은 어떠했는가? 이것이 8장의 내용이다. 바울은 '우리가 다 지식이 있지만'이라고 하면서 자신도 지식 없는 사람이 아님을 말했다. 인간은 나름대로 다 지식이 있다. 그런데 그 지식을 자랑하지 말라는 것이다. 지식은 사람을 교만하게 하고(따라서 사람들에게 유익을 주지 못한다) 사랑은 덕을 세운다고 했다. 그러면서 무엇을 아는 줄로 생각하는 사람은 아직 마땅히 알 것을 알지 못하는 사람이라고 했다. 오늘날 교회에서도 문제를 일으키는 사람들은 대부분 여러 가지를 자신이 너무 잘 안다고 생각하는 사람들이다.

너희 자유함이 약한 자들에게 거치는 것이 되지 않게 하라

사도 바울은 우상의 제물 먹는 일에 대하여, 우리가 우상은 세상에 아무것도 아니며 또한 하나님은 한 분밖에 없는 줄 안다고 했다. 비록 하늘에나 땅에나 신이라 칭하는 자가 있어 많은 신과 주가 있으나 우리에게는 한 하나님 곧 아버지가 계시니 만물이 그에게서 났고 우리도 그를 위하며 또한 한 주 예수 그리스도께서 계시니 만물이 그로 말미암고 우리도 그로 말미암았다고 한다. 그러나 이러한 지식은 사람마다 가질 수 있는 게 아니어서 혹자는 고기를 우상의 제물로 알고 먹음으로 양심이 약하여져서 더러워진다고 하였다. 바울은 지식이 있다 하면서 한 형제의 약한 양심을 상하게 하고 그를 더러워지게 하고 망하게 하는 것은 그리스도께서 위하여 죽으신 형제를 멸망에 이르게 하는 것이니 곧 그리스도께 죄를 짓는 것이라고 하였다.

바울 사도는 지식이 있다고 하면서 담대하게 식물을 먹는 것은 성도들을 그리스도 앞에 세우지 못하며, 만일 식물이 형제를 실족케 한다면 자기는 영원히 고기를 먹지 아니하여 형제를 실족지 않게 할 것이라고 하였다.

바울의 삶의 원칙-형제의 유익을 위함

여기서 우리는 사도 바울의 삶의 원칙을 볼 수 있다. 그것은 형제의 유익을 위하여 산다. 우리의 삶의 중심 가치는 어디에 있는가? 그는 형제들을 주님 앞에 세우기 위해서 생활했다. 먹든지 마시든지 무엇을 하든지 형제들을 주님 앞에 세우기 위해 한 것이다. 자신의 지식에 따라 행하지 않고 형제의 유익을 위했다. 여기서 바울은 형제를 하나님 앞에 세운다는 표현에 강세를 두었고, 또 형제를 멸망에 이르게 하지 말라고 강하게 말하면서 그것은 두려운 일이며 그를 위해 죽으신 그리스도께 죄를 짓는 것이라고 했다. '내 형제, 내 형제'라고 하면서 그는 형제의 유익을 위해 자기의 합당한 권리나 유익을 포기하고자 했다.

9장

복음을 위하여 모든 것을 행하다

겉으로 볼 때 9장은 사도직의 변명과 복음 전파의 내용을 담고 있지만, 8장의 우상의 제물 먹는 문제가 마음에서 완전히 내려놓아지지 않아 그 이야기를 계속 전개하고 있다고 보아야 한다. 같은 원칙으로 그가 자유자이고 사도이며 또 응당 먹고 마실 권도 있고 베드로와 같이 아내를 데리고 다닐 권리가 없는 게 아니며 일하지 않고 사역만 할 수도 있지만 그는 복음에 장애가 없게 하려고 일하면서 섬겼다고 했다. 당시에 바울만 직업을 가지고 사역한 것이 아니라 바나바도 하는 일이 있었던 것 같다[6절]. 초대 교회 사역자들 가운데 적어도 바울과 바나바는 자비량 사역자였다.[1-7절]

바울의 자랑과 상은 복음을 전할 때 아무 대가를 바라지 않고 값없이 전한 것이라고 했다. 바울이 이렇게 자신의 합법적인 권리를 포기한 것은 무엇을 위해서인가? 어찌하든 다른 사람을 구원하기 위해서이며 더욱더 복음을 전하기 위해서이다. 그는 율법 아래 있는 자가 아니지만 유대인에게 갈 때에는 율법 있는 자같이 되었다. 또 율법 없는 자에게는 자신이 하나님 앞에서 그리스도의 율법 아래 있는 자이나 율법 없는 자와 같이 된 것은 율법 없는 자들을 얻고자 함이었다. 약한 자에게는 약한 자와 같이 된 것은 약한 자들을 얻고자 함이요 여러 사람에게 여러 모양이 된 것은 아무쪼록 몇몇 사람들을 구원코자 함이었다. 그는 복음을 위해 모든 것을 행했던 것이다. "내가 복음을 위하여 모든 것을 행함은 복음에 참예하고자 함이라".[18-23절].

이기기를 다투는 자마다 모든 일에 절제하나니

그는 상을 얻기 위해서 경주장에서 어떻게 경주해야 하는가를 잘 알았다. "이기기를 다투는 자마다 모든 일에 절제하나니". 복음의 경주장에서 달음질을 하되 향방이 있어야 하고 자신을 절제하면서 달려야 한다. 바울은 복음을 전파해도 만일 절제하지 않고 제멋대로 달리면 버림받을 수 있다고 말한다.

"너희도 얻도록 이와 같이 달음질하라." 상을 얻는 것은 곧 썩지 않을 면류관을 얻는 것을 말한다. 그리스도인은 경주장에서 상을 얻기 위해 달리는 자인데 방향 없이 그저 달려서는 안 되고 목표가 있어야 하며, 그 목표를 향해 달리되 자기 절제가 있어야 한다는 것이 9장의 중점이다.[24-27절]

10장

우상 숭배를 경고하다

9장에서 자신의 간증으로 달리는 본을 제시한 바울은 10장에서 이스라엘 백성의 사례를 들어서 그리스도인의 노정이 얼마나 엄중한 것인지를 말해준다. 이스라엘 백성들은 모세의 인도 아래서 그와 함께 홍해를 건너 광야에 이르렀지만 우상숭배, 간음, 주님을 시험함, 원망 등을 하다가 다수가 광야에서 쓰러져 멸망했다. 그리고 바울은 그중에서 특별히 우상숭배를 언급하며 8장부터 말한 우상의 제물 먹는 문제를 결론짓고자 한다.

바울은 어떤 사람들이 지식이 있다고 하면서 형제들에게 거리낌이 되든 말든 우상의 제물을 먹고 마신다면, 그것이 결국 우상숭배에 참여하는 것이라고 단정했다. 우상숭배란 탐심이고 자기를 위한 것이다. 바울은 모든 것이 가할지라도 그것이 남의 덕을 세우지 못하고 오히려 해를 준다면 주님을 노여워하시게 하는 것이라고 했다. 그러므로 형제가 멸망하든 말든 자신의 지식에 따라 우상의 제물을 먹는다면, 그것은 결국 우상숭배가 된다는 것이다. 바울은 우리가 참여하는 주님의 상(床)은 축복의 잔에 참예하며 한 떡에 참여하는 것으로서 주의 몸을 위한 것이라고 했다. 그러나 탐심, 즉 자기를 위한 일, 우상 숭배는 결국 귀신의 상에 참여하는 것이며 주님을 노여워하시게 하는 것이다.[1-22절]

무엇을 하든지 하나님의 영광을 위하여 하라

그러면서도 25절부터는 상황에 따라 어떻게 행할 것인지를 섬세하게 말해준다. 당시 시장에 나온 많은 고기들이 우상의 제물로 드려진 후에 내다 파는 것이었는데, 먹고 싶으면 묻지 말고 그냥 사서 먹으라고 했다. 그러나 누가 그것이 우상의 제물이라고 말하면 그것을 알게 한 사람과 그의 양심을 위해 먹지 말라고 한다. 사도 바울은 우리 그리스도인은 먹든지 마시든지 무엇을 하든지 다 하나님의 영광을 위하여 해야 한다고 하면서 먹고 마시는 것 자체에 의미를 많이 두지 말라고 한다. [23-31절]

다른 사람들의 유익을 위하여 살라

"유대인에게나 헬라인에게나 하나님의 교회에나 거치는 자가 되지 말고 나와 같이 모든 일에 모든 사람을 기쁘게 하여 나의 유익을 구치 아니하고 많은 사람의 유익을 구하여 저희로 구원을 얻게 하라". 이렇게 그리스도인의 삶의 원칙은 다른 사람들의 유익을 위하여 사는 것이다. 8장에서 시작한 우상의 제물 먹는 문제는 믿는 이가 남의 유익을 위해 살아야 한다는 말씀으로 결론 맺고 있다. [32-33절]

11장[Ⅰ]

하나님의 행정의 질서

11장 1절의 "내가 그리스도를 본받은 것처럼 너희는 나를 본받으라"는 말씀은 10장까지의 결론으로 보아야 맞다. 즉 그는 남의 유익과 구원을 위해 살았다는 뜻이다.

고린도 전서는 1장부터 10장까지와 11장부터 16장까지의 논조에 좀 차이가 있다. 10장까지는 성도들과 교회의 악을 처리하는 것에 중점이 있다면, 11장부터는 역시 교회의 문제를 다루는 것이긴 하지만 보다 내적인 진리의 성질이 담겨져 있고, 하나님의 나라인 교회를 질서 있게 하려는 의지가 들어 있다.

그는 "각 남자의 머리는 그리스도요 여자의 머리는 남자요 그리스도의 머리는 하나님이시라"[3절]고 말한다. 이것은 하나님이 우주 가운데 세우신 행정적인 질서이다. 우리가 알다시피 하나님은 우주의 질서를 세우신 분이며 질서의 하나님이시다. 그런데 사탄 마귀가 들어와 모든 질서를 깨버림으로써 혼돈이 있게 된 것이다. 바울은 남자가 여자를 위하여 지음을 받은 것이 아니라 여자가 남자를 위하여 지음을 받았다고 말한다[9절]. "내가 그를 위하여 돕는 배필을 지으리라"(창 2:18). 그러므로 오늘날 여성 상위를 부르짖는 것은 하나님의 행정의 질서를 뒤집는 행위이다. 바울은 원래 남자가 여자에게서 난 것이 아니라 여자가 남자에게서 났다고 말한다. 또 남자가 여자를 위해 지음을 받지 않고 여자가 남자를 위해 지음을 받았다고 말한다.[8-9절]

여자는 집회에서 머리에 수건을 쓰고 기도나 예언을 하라

그러므로 여자는 공중 집회에서 머리에 뭔가를 쓰고 기도나 예언을 해야 하는데, 그것은 여자가 남자의 권위 아래 있다는 표시이다. 초대교회뿐 아니라 현재도 천주교, 형제회 등에서는 여자들이 예배 때 머리에 수건을 쓴다. 그러나 외형적으로 여자들이 머리에 수건을 쓴다고 해서 할 바를 다 했다고 생각해서는 안 된다. 그것은 여자의 머리가 남자이니 자신의 머리를 가린다는 표시이므로 그 권위를 알고 행하는 것이 필요하다. 10절에서는 여자가 머리에 수건을 쓰는 것은 타락한 천사들이 하나님의 권위를 뒤집고 거역한 것을 찬성하지 않는다는 표시로서 남자의 권위 아래 있음을 나타내는 것이라고 한다. 이로써 권위를 거스르고 타락한 천사인 마귀를 부끄럽게 하는 것이다.

그러면서도 바울은 여성을 비하하지 않는다. 주 안에는 남자 없이 여자만 있지 않고 여자 없이 남자만 있지 않으며 여자가 남자에게서 난 것같이 남자도 여자에게서 났고 모든 것이 하나님에게서 났다고 말한다. 그래서 여자는 머리를 길게 하는 것이 본성에 맞고 여자가 머리를 밀고 다니는 것은 스스로에게 부끄러움이 된다. **"만일 여자가 긴 머리가 있으면 자기에게 영광이 되나니 긴 머리는 쓰는 것을 대신하여 주신 연고니라"**[15절]. 긴 머리 자체가 머리를 가리는 표시가 된다는 의미로 볼 수 있다. 더욱이 긴 머리 위에 너울을 쓰고 기도나 예언을 한다면 가장 원칙적인 순종의 표시이며 천사를 부끄럽게 할 것이다.

11장[Ⅱ]

성만찬을 대하는 그리스도인의 태도

바울이 이렇게 말하는 것에는 이유가 있다. 그것은 고린도 교회에서 성도들 간에 분쟁이 있었기 때문이다. 바울은 교회 안의 편당과 분쟁을 해결하는 일을 말하기에 앞서 하나님의 행정과 질서의 문제를 바탕으로 깔아놓는다. 분쟁과 편당의 원인은 결국 하나님이 교회 중에 세우신 질서가 깨진 데 있다. 교회의 가장 중요한 모임은 주의 만찬(성찬) 예배이다. 그런데 당시 고린도 교회 성도들은 그 모임 전에 각자 가지고 온 음식을 먹은 후에 성찬 예배에 참예한 것 같다. 그러다보니 부자들은 푸짐한 음식에 좋은 포도주까지 곁들여 마시고, 가난한 사람들은 먹을 게 없어 쫄쫄 굶다 보니 서로간에 차별이 생기게 된 것이다. 부자들은 먹고 마시며 취하기까지 하고 가난한 자들은 다른 한 편에서 처량하게 굶주렸다. **"어떤 이는 시장하고 어떤 이는 취함이라"**[21절]. 바울은 그런 고린도 교회를 책망했다. **"너희가 먹고 마실 집이 없느냐 너희가 하나님의 교회를 업신여기고 빈궁한 자들을 부끄럽게 하느냐"**[22절]. 바울은 이런 일로 그들을 칭찬하지 못하겠노라 하면서 배가 고프면 차라리 집에서 먹고 와서 예배드리는 것이 낫지 않느냐고 하였다[34절].

23절부터는 주의 만찬(성찬)의 본질을 말해준다. 주님이 잡히시던 밤에 떡을 가지고 축사하시며 "이것은 너희를 위하는 내 몸이니 이것을 행하여 나를 기념하라" 하셨고, 식후에 잔을 가지시고 "이 잔은 내 피로 세운 새 언약이니 이것을 행하여 마실 때마다 나를 기념하라" 하셨다. 그러면서 바울은 주의 떡이나 잔을 합당치 않게 먹고 마시는 자는 자기의 죄를 먹고 마시는 것이라고 한다.

주님의 몸을 분변하지 못함으로 받는 징계

자신의 목숨을 주심으로 우리로 영원한 생명을 얻게 하신 주님을 기억하는 예배에서, 자신의 피를 흘리심으로 우리의 모든 죄를 사해주신 그 잔을 마시며 그분을 기억하는 자리에서 어찌 우리의 가난한 형제들을 멸시하며 가슴 아프게 할 수 있는가! 음식을 준비하는 사람들은 대부분 여자들이었을 텐데 다 같이 나누어 먹으며 서로를 귀히 여기는 마음을 가졌더라면 얼마나 좋았겠는가!

결과적으로 그렇게 주님의 몸을 분변하지 못하고 먹고 마신 자들은 주님의 엄한 징계를 받게 되었다고 지적한다. "너희 중에 약한 자와 병든 자가 많고 잠자는 자(죽은 자)도 적지 아니하니"[30절]. 오늘날도 많은 사람들이 하나님의 교회를 업신여기고, 하나님이 세우신 질서를 어지럽히고, 주님의 성찬을 함부로 대하다가 하나님의 심판을 받아 병들고 죽는 경우가 있다(32절의 '판단'은 '심판'을 말한다). 그러므로 우리는 신앙생활을 결코 함부로 해서는 안 된다. 두려운 일이 이것이다.

12장

그리스도의 몸 안에 있는 다양한 은사들

12장부터는 교회의 은사에 대한 것이다. 먼저 알 것은 성령을 받은 사람들은 다 은사가 있다는 것이다. 예수를 믿었는데 성령을 받지 않은 사람이 없고 성령을 받았는데 은사가 없는 사람이 없다[1-4절]. 12장에서 말하고자 하는 것은, 그리스도의 몸은 하나인데 많은 지체가 있고(우리 사람의 몸처럼) 다양한 은사들이 존재한다는 것이다. 서로 다를 뿐 틀린 것이 아니고 나와 다르다고 해서 쓸모없는 것이 아니다. 또 자기에게 뛰어난 은사가 있다고 해서 그것을 자랑해서는 안 된다. 하나님께서는 몸이 고르게 되기를 원하시기에 부족한 지체에게는 존귀를 더하시나 이미 아름다운 지체는 더 요구할 것이 없다고 하셨다[24절].

몸 가운데 분쟁이 없이 서로 같이함

하나님께서는 몸 가운데 분쟁이 없기를 바라신다[25절]. 귀한 은사를 가졌다고 우쭐대서는 안 되며 오히려 몸 가운데 더 약하게 보이는 지체가 요긴하다고 말한다[22절]. 지체들이 서로 자기의 잘난 것이나 유용성만을 자랑한다면 어찌 되겠는가! 아무리 하찮아 보이는 지체라도 다치거나 못 쓰게 되면 온 몸이 얼마나 고통을 당하는가! 그제서야 '아, 발이 정말로 요긴하고 귀한 지체였구나!' 하고 알게 된다. 따라서 교회 성도들은 다 서로 몸의 지체들이 된 것을 알고 늘 서로 돌아보아야 한다. 몸이란 한 지체가 고통을 당하면 모든 지체가 함께 고통스러워하고 한 지체가 영광을 받으면 함께 즐거워한다[26절].

교회 가운데 세워진 사역의 질서

또 다시 사도는 하나님께서 교회 가운데 세우신 질서를 알아야 한다고 강조한다. 11장은 여자와 남자 간의 질서를 말해주지만, 12장은 교회 가운데 세워진 사역의 질서를 말한다. 첫째는 사도요, 둘째는 선지자요, 셋째는 교사요, 다음은 능력이요, 그다음은 병 고치는 은사와 서로 돕는 것과 다스리는 것과 각종 방언을 하는 것이라고 했다. 그러면서 바울은 다 사도겠느냐 다 선지자겠느냐 다 능력을 행하겠느냐 다 병 고치는 자겠느냐고 한다. 다 같을 수 없다는 이야기이다. 그렇지만 거기에 질서와 순서가 있다.

사실 하나님의 말씀을 전하는 은사가 가장 상위의 은사이다. 하나님의 진리를 전하고 교회를 세우는 은사가 사도의 은사이며 첫째 가는 은사이다. 바울이 첫째, 둘째, 셋째라고 한 것은 질서를 가리키는 것이다. 아무리 큰 능력이 있고,

병 고치는 은사를 갖고 있다 해도 하나님의 진리를 위임받은 사역자(사도, 선지자, 교사)를 능가할 수 없다. 그러나 사도와 선지자들도 병 고치고 능력을 행하는 은사를 가진 경우가 있는데, 베드로와 바울이 그러했다.[28-30절]

13장

사랑이 가장 좋은 길이다

12장을 마치면서 바울 사도는 더욱 큰 은사를 사모하라고 하며 가장 좋은 길을 보이리라고 했다. 바울은 성도들이 은사를 받았지만 더 큰 은사를 얻을 수 있음을 말해준다. 더 큰 은사를 사모하라는 말은 사모하고 구하면 얻을 수 있다는 말이다. 그리고 그 은사들을 사용하는 가장 좋은 길을 말하는데 그것이 여기 13장에서 말하는 사랑이다.

고린도 교회는 은사가 풍성한 교회였다(1:7). 그러나 다소 어지러움이 있었는데, 그것은 14장을 통해 알 수 있다. 그들은 제멋대로 자신들의 은사를 사용하고 발휘했다. 그럴 때 성도들이 유익을 얻는가? 얻지 못한다. 그래서 이 장에서 가장 중요하고 큰 은사는 사랑이라고 말하는 것이다. 사랑은 은사이기도 하고, 은사를 실행하는 길이기도 하다(12:31, 14:1). 사랑 없이도 예언, 방언, 구제, 능력을 다 행할 수 있다(13:1-3). 모든 비밀과 성경 지식을 다 알고 전할지라도, 산을 옮길만한 믿음이 있을지라도 사랑이 없을 수가 있다. 자기 몸을 불사르게 내어주고, 자기의 모든 것을 다 내어주며 구제하더라도, 사랑이 없을 수 있다고 한다. 그러니 사랑이 가장 큰 것이라고 할 만하다.

사람들은 임의로 자기의 훌륭한 은사를 발휘하고서 그것이 사랑이라고 할 것이다. 그러기에 바울은 사랑을 정의했다. 사랑은 오래 참고 온유하며 투기하지 않으며 교만하지 않으며 무례히 행치도 않는다. 오래 참지 않고 거칠고 시기하면서 은사를 발휘하면 아무 소용이 없다. 아무리 뛰어난 은사를 가졌어도 사랑이 없으면 그 은사가 아무것도 아니다(소리 나는 구리나 울리는 꽹과리와 같다-1절).

바울은 예언도, 방언도 그치지만 사랑은 영원하다고 말했다. 심지어 믿음과 소망도 귀한 것이지만 그중에 사랑이 제일이라고 한다. 우리 그리스도인이 다른 것은 없어도 꼭 가져야 할 미덕이 무엇인가? 사랑이다. 사랑이 없으면 아무것도 아니다[2절]. 사랑이 사람을 세워주고 사람을 위대하게 키워낸다. 사랑은 부족하고 못난 사람이라도 기다려준다. 사랑은 무한한 능력을 가지고 있다. 그러므로 우리는 더 큰 사랑의 사람이 되기를 사모해야 한다.

14장

예언은 가장 탁월한 은사이다

고린도 교회는 당시 모일 때에 회중 가운데서 예언도 하고 방언도 하고 가르치기도 하고 계시의 말씀도 말했다. 그런데 남에 대한 배려도, 사랑도 없이 서로 하려다 보니 집회가 어지러워졌다. 물론 그들에게 사도들이 올 때면 말씀 강론 집회도 있었을 것이지만 교회 집회로 모일 때는 오늘날 소그룹 모임처럼 자유로이 말하고 은사를 발휘한 것이다. 그러다보니 방언 받은 사람들이 방언을 좀 남용한 것 같다. 14장은 시작부터 거의 22절까지 방언을 제한하는 말을 하고 있다[2-23절]. 사실 바울은 방언을 금하지는 않았지만 방언보다는 하나님의 말씀을 말하는 예언을 하도록 격려하고 있다[3, 4, 22, 31-32, 39절].

신약에서의 예언이란 무엇인가? 물론 예언이란 장래 일을 말하는 것이기도 하지만, 꼭 장래 일을 말해주는 것만이 예언은 아니다. 사도행전이나 바울과 베드로의 서신서를 보면 앞으로 될 일을 예측하여 말한 것이 있으나 그것이 그들의 본질적 가르침의 내용은 아니었다. 사실 구약의 예언서들에도 장래 일을 예언하는 것만 들어 있지 않고 오히려 하나님께서 현재 하나님의 백성들에게 하시는 말씀이 많다.

오늘날 소위 예언을 한다고 하는 많은 사람들이 성경적인 예언(prophesy)을 하지 않는 것을 본다. 우선 예언을 하려면 선지자의 은사, 즉 예언의 은사가 있어야 하는데, 그들을 선지자(prophet)라고 한다. 신약의 교회에도 선지자가 없는 것이 아니다(행 13:1, 15:32, 고전 12:29, 32). 그렇지만 오늘날 점치듯이 '당신은 장래 사모가 된다', '당신은 목사가 되어야 한다'는 등의 개인의 미래의 행동이나 결정을 예측해주고 지시해주는 선지자 노릇을 하는 것은 잘못된 것이다. 또 어떤 이들은 성경이 아니라 특정한 영적 서적들을 열심히 공부하여 독서 발표회를 하듯 하면서 예언집회를 한다고 말한다. 그저 한 마디 하고 싶어서 가슴이 두근거리는 것을 성령의 인도라고 믿는 것 같다. 사실 말하기 좋아하는 사람들은 어디를 가든 기회가 왔다 싶으면 성령의 감동이 없어도 가슴이 뛴다.

성경적인 예언이란, 첫째로 성경의 말씀에 입각한 것이어야 한다. 진리를 근거로 하지 않은 소위 예언이란 오히려 엄청난 속임수일 수 있다. 또한 선지자의 은사가 있어야 한다. 구약 신명기 말씀에서도 어떤 사람이 임의로 '이것이 여호와의 말씀이다' 하면서 진리의 근거 없이 지어낸 말로 백성을 현혹하면 그를 죽이라고 했다. 신약의 성도들은 이미 기록된 말씀(logos)을 넘어가지 않는 것이 안전하다.

둘째로, 진리에 근거하여 예언함으로 사람들 속에 있는 잘못된 사상과 생각들을 바로잡기도 하고 책망하기도 하고[24절] 올바른 길로 가도록 권면하기도 한다[24, 31절]. 성도들은 교회 중에 누가 선지자의 은사를 가진 사람인지를 안다. 성도들은 그를 통해 하나님의 현재적인 말씀을 듣고 주님의 마음을 알고 진리로 가르침을 받는다. 또 때로는 주님의 음성을 듣고 회개하기도 한다. 이사야, 예레미야, 에스겔, 호세아 등 모든 구약의 선지자들이 그러한 선지자들이었고 신약의 사도 바울도 선지자의 은사를 가진 사람이었다. 이들이 입을 열어 말할 때 사람들은 그의 입에서 나오는 하나님의 말씀을 들을 수 있었던 것이다(살전 2:13). 하나님은 그런 선지자들을 통해 그분의 마음을 알게 하신다(고전 2:16, 7:40).

모든 것을 적당하게 하고 질서대로 하라

14장의 중점은 그런 은사들을 질서 있게 행함으로 집회가 어지럽지 않도록 하는 것에 강조점이 있다[28-40절]. 그리고 여자가 회중 가운데서 말하는 것에 제한을 두고 있다[34-38절]. 11장부터 바울이 교회의 행정과 질서의 문제를 제기했다고 말한 바 있는데, 14장에서도 그의 이 사상은 계속된다. 바울은 여자들에게 교회에서 잠잠하라고 하면서 교회에서 예언이든 가르치는 말씀이든 계시든 찬미든 은사를 발휘하는 것은 좋지만 질서대로 하라고 했다. 마지막 구절의 바울의 말이 그것을 확실하게 한다. "모든 것을 적당하게 하고 질서대로 하라!"[40절]. 하나님은 어지러움의 하나님이 아니요 화평의 하나님이시다[33절].

15장

그리스도의 부활의 사실성

바울이 15장을 쓸 때에는 마음이 참담했을 것 같다. 나는 바울이 고린도전서를 쓸 때 환난과 고통의 마음이 있었다고 한 것을 그렇게 깊이 생각해보지 않았는데, 15장을 다시 요약해보면서 그의 심정을 많이 이해하게 되었다(고후 2:4). 물론 그가 애통해하게 된 것에는 그들에게 있었던 분열과 음행의 사건이 가장 컸을 것이다. 그러나 15장을 읽어볼 때, 당시 그는 고린도에 부활을 부정하는 말들이 돌아다니고 있음을 듣고 엄청 고통스러웠을 것이라 생각한다. 당시 어떤 이들이 부활이 없다고 떠들고 다녔다[12절]. 그리스도의 부활을 부정하고 신자들의 몸의 부활을 부정하면 기독교 신앙과 교회는 무너진다.

이런 상황으로 인해 바울은 복음이 무엇인가를 새롭게 정리하여 말했다. 복음은 그리스도께서 우리 죄를 위해 죽으시고 사흘 만에 부활하신 것이다[1-3절]. 바울은 열두 제자를 비롯하여 당시 생존해 있던 수백 명의 부활의 증인들을 내세워가며 그리스도의 부활의 사실성을 증거했다[6절]. 그리고 자신의 사도 된 것도 다메섹 도상에서 부활 승천하신 그리스도를 만나고 그분의 부르심을 받아 은혜로 된 것이라고 말한다. 부활이 없으면 오늘의 나 바울도 없다는 뜻이다[10절].

바울은 '그리스도의 부활이 없다면'이라는 가정 하에 많은 논리를 폈다[13-19절]. 그리스도의 부활이 없다면 우리의 믿음도, 내세의 소망도 헛된 것이 되고, 또 자신이 전하는 것이 바로 '그리스도의 부활'인데 만일 부활이 없다면 그가 거짓말하는 것이니 거짓 증인이 되는 것이 아니냐고 했다[15절].

부활의 순서

20절부터는 부활의 비밀을 밝히는 내용이다. 아담 안에서 출생한 우리는 모두 사망 안에 있었지만 믿을 때 그리스도 안으로 옮겨져 생명 안에 있게 되었다(요 5:24, 고전 1:30). 바울은 부활의 소망이 있으므로 위험을 무릅쓰고 날마다 죽음의 길을 간다고 고백했다[31절]. 첫째는 그리스도의 부활이고, 다음은 주님의 재림 시에 그리스도와 함께 올 자들이며, 마지막은 아버지께 드려질 그분의 부활의 왕국이다. 그리고 맨 마지막에는 사망도 불못에 던져지게 된다(계 20:14). 성경만이 이 세상에서 사망이라는 것이 불못에 던져져 없어질 날이 있다고 밝힌다. 우주 가운데 마귀에 의해 들어온 사망을 먼저는 이천 년 전에 그리스도께서 부활로 말미암아 이기셨다.

부활의 몸

또 부활에 대하여 의문을 품는 어떤 자들이 부활하면 어떠한 몸으로 오느냐고 물었다. 이에 대하여 바울은 비밀을 열어 자세히 알려준다. 부활의 몸은 지금의 몸과 같이 약하고 천한 몸이 아니며, 해와 달과 별의 영광이 각각 다른 것처럼 부활의 몸도 각각 다르다고 하였다. 현재의 욕된 몸으로 심고 영광스러운 몸으로 다시 살며, 약한 몸으로 심고 강한 몸으로 다시 산다고 하였다. 육의 몸이 있다면 영의 몸도 있으며, 육신의 몸은 이 세상에 사는 동안 필요한 몸이지만, 하나님의 나라, 천국에서 영원히 살 몸은 신령한 몸, 하늘에 속한 몸, 하늘에 속한 형상이어야 한다[43-49절]. 하나님의 나라를 유업으로 받을 우리 몸은 마땅히 현재의 혈과 육의 몸이 아닌 신령한 몸일 것이다.

부활로 인해 주 안에서의 수고가 결코 헛되지 않음

마지막으로, 바울은 주님이 다시 오시는 때에 만일 우리가 이 세상에 살아남아 있다면 순식간에 다 변화할 것이라고 말한다. 다시말해 죽어 무덤에 들어가지 않고 그냥 변화된 몸을 얻을 사람들도 있다는 것이다[51-52절]. 물론 죽은 자들은 썩지 않을 몸으로 다시 살아나게 된다. 부활의 장(章)인 고린도 전서 15장에서 바울은 부활의 능력은 오늘 이 시대에도 역사하여 죄의 권능을 이기게 하고 우리에게 늘 이김을 주신다고 말한다[56-57절]. 15장은 '부활의 소망을 가진 성도들이여, 흔들리지 말며 견고하여 주의 일에 더욱 힘쓰는 자들이 되라'고 하면서 마친다. 부활이 있기에 주 안에서 성도들의 수고는 결코 헛되지 않다[58절].

16장

이틀에 걸쳐 고린도 전서 요약을 기록하면서(2016. 6. 23-24) 바울 사도의 생각을 어느 정도 섭렵하고 나니, 나는 하나님의 종으로서 자격 없는 자라는 생각을 새삼스럽게 하게 된다. 그의 귀하고 놀라운 계시는 차치하고서라도 그의 철저하고도 자상한 성격만 봐도 그러하다. 주님의 사랑도 무한하지만 바울 또한 대단하다는 것을 느낀다.

성도를 위한 연보에 대하여

16장에서 바울은 고린도 교회에게, 당시 유대에 있는 교회에 흉년이 들어 궁핍하게 된 성도들을 위해 연보할 것을 장려한다. 그것은 갈라디아 교회들에게도 권한 바 있다고 했다. 주일마다 하는 연보를 모아 두었다가 한 무리의 사역자들이 그 연보를 예루살렘에 전달하겠다고 하는데, 바울은 자신도 함께 가는 것이 합당하다면 예루살렘에 가겠다고 했고, 이것이 사도행전 21장의 내용에 해당한다. 결국 그는 한 무리 형제들과 이방 교회들이 드린 연보를 가지고 예루살렘을 방문했다. 그러나 그는 거기서 체포되어 사도행전 끝까지 죄수의 몸이 되었다. 그는 지금 에베소에 있는데, 곧 마게도냐를 지나 고린도에 가고자 했으나 약속한 대로 고린도에 가지는 못했다. 그 이야기가 고린도 후서 1-2장에 있다. 그는 현재 에베소에 머물고 있으며 오순절까지 유하려 함은 광대한 복음의 문이 열려 있기 때문이라고 하였다[8-9절].

바울이 디모데를 고린도에 보내다

바울은 지금 자기는 가지 못하지만 에베소에서 함께 있던 디모데를 고린도에 보낸다. 이 이야기는 4장에서도 이미 언급한 바 있다[17절]. 그는 디모데를 보내면서 고린도 성도들이 그를 잘 대해주기를 부탁하고 있다. 그를 젊다고 업신여기지 말라면서 그도 나와 함께 주의 일에 힘쓰는 자라고 마음을 써서 소개한다. 그리고 "평안히 보내어 내게 오게 하라. 내가 형제들과 그를 기다린다."고 말한다. 참 자상한 바울이다.[10-11절]

바울이 아볼로에게도 고린도에 가볼 것을 권하다

바울은 아볼로라는 동역자에게 고린도에 가보라고 권하였는데[12절], 당시 고린도에 아볼로를 내세워 분열을 조장하는 무리가 있었지만 바울은 그런 일을 개의치 않고 아볼로를 고린도에 다시 가보도록 권한 것이다. 그 모든 문제는 바울이나 아볼로에게 있지 않고 고린도 성도들이 어린아이 상태에 있었기 때문에 일어난 것이다. 그러나 아볼로는 지금은 갈 뜻이 전혀 없다고 했고, 바울은 언젠가 기회가 있으면 그가 고린도에 갈 것이라고 했다. 물론 바울은 아볼로에게 형제들과 함께 가라고 하였다. 많이 권했다고 하는 것을 보면 한두 번 인사치레로 한 것이 아니라 진심으로 여러 번 말한 것 같다. 이런 것을 보면 바울은 확실히 독재자나 교황이 아니었다. 아볼로는 바울의 동역자요 한참 뒤에 세워진 사역자였지만(행 18:24-29), 인도하는 사역자인 바울이 가보라고 해도 가지 않겠다고 하는 아볼로를 탓하지 않았다. 바울은 아볼로에게 있는 주님의 뜻도 존중해주었다. "일절 갈 뜻이 없으나 기회가 있으면 가리라."

권면의 말

16장의 두 구절은 고린도 성도들을 격려하는 말씀이다. "깨어 믿음에 굳게 서서 남자답게 강건하여라 너희 모든 일을 사랑으로 행하라"[13-14절]. 또 고린도의 몇몇 형제들을 천거하며 그들에게 복종하기를 권한다. 그들이 성도들을 섬기기로 작정한 것을 알기 때문이다. 오늘날도 교회를 섬기기로 작정한 사람들에 대하여는 성도들이 복종하는 것이 필요하다. 스데바나의 집을 특별히 언급하고, 고린도의 소식을 가지고 에베소에 있는 바울에게 온 몇 형제들의 이름을 열거한다. 스데바나, 브드나도, 아가이고이다. 바울은 그들이 너희의 부족한 것을 채웠다고 말한다. 부족한 것이 무엇일까? 첫째는 서로의 교제일 것이다. 그들은 당연히 바울과 친밀한 교제를 나누었어야 했다. 그러나 한 동안 그것이 부족했고, 그 사이에 교회에는 아주 많은 문제들이 일어났다. 이들은 여러 문제와 질문 거리들을 바울에게 가지고 왔다. 바울은 지금 긴 편지를 써서 디모데 편에 보내려 하고 있다. 그의 편지는 얼마나 철저하고 자상한지! 그리고 디모데가 직접 가서 바울이 하고 있는 사역을 그들에게 자세히 말해주기를 기대하고 있다(4:17).

마지막 문안 인사

19절부터는 마지막 문안인사이다. 에베소를 비롯한 아시아의 교회들과 아굴라와 브리스가와 그 집에서 모이는 교회가 고린도 성도들에게 간절히 문안한다고 하였다. 에베소의 모든 형제들도 바울 편에 고린도 성도들에게 문안했다. 바울은 친필로 그들에게 문안한다고 썼다. 누군가가 바울의 글을 대필했다고 해도 어쩌면 이 부분만큼은 바울의 싸인처럼 헬라어 친필이었을 것이다. 그는 이 편지를 쓸 때 처음부터 끝까지 그리스도의 사랑에 온전히 감동되어 썼다. "누구든지 주를 사랑하지 않으면 저주를 받을지어다 주께서 임하시느니라(마라나타)!" "주 예수 그리스도의 은혜가 너희와 함께하고 나의 사랑이 그리스도 예수의 안에서 너희 무리와 함께할지어다". 바울은 여기서 자기의 사랑을 말한다. 교회와 사도는 깊은 사랑으로 연결되어 있음을 볼 수 있다. 사도의 사랑은 교회에 너무 필요한 요소이다(살전 3장 참조).

나 자신도 사도 바울의 고린도 전서를 짧은 시간 묵상하면서 깊은 주의 사랑 안에 잠기게 되었음을 주님께 감사하고 찬미한다. 하나님 아버지와 그의 아들 예수 그리스도께 무한한 영광을 돌린다. 아멘!

고린도후서

서문

고린도 후서는 사도 바울의 자서전이라 할 수 있는 책이다. 고린도 후서는 로마서가 기록되기 전 주후 60년경에 씌어진 것인데, 에베소에서 3년 정도 머물다가 끝 무렵에 고린도 전서를 쓴 바울이 에베소를 떠나 마게도냐에 왔을 때 다시 고린도 교회에게 쓴 편지이다. 바울의 자서전과 같은 고린도 후서에서 한 사람 바울을 살펴봄으로써 우리는 바울이 어떻게 하나님을 섬겼으며 교회를 섬겼는지, 어떻게 성도들을 사랑했는지, 그의 사역은 어떠한 것인지 등 많은 방면을 볼 수 있다.

바울은 고린도 전서에서 마게도냐를 지나는 길에 고린도를 방문할 의향을 밝혔다(16:5). 그러나 하나님의 섭리로 그는 고린도에 가지 못했다(고후 1:15-17, 23). 고린도 후서는 바울이 고린도 전서를 쓰고서 일 년 쯤 후에 씌어진 것이다. 이 책에서 바울은 자신의 사도직을 강하게 변명했다. 교회를 망치려는 자들의 일은 사도적 권위를 흔드는 것과 관련 있다.

1장

자비의 아버지시요 모든 위로의 하나님

고린도 후서는 바울이 고린도 교회를 위로하기 위해 쓴 편지이다. 그는 하나님을 예수 그리스도의 하나님, 자비의 아버지, 위로의 하나님이라고 불렀다. 바울은 여기서 고린도 교회를 위로하고자 했다. 지난 번 고린도 전서를 쓸 때 바울은 그들을 향해 회초리를 든 아버지와 같이 엄하게 책망의 글을 썼다(고전 4장 참조). 그리고 그들은 회개했다(고후 7장 참조). 디도를 통해서 그들이 회개했다는 말을 들은 후, 바울은 고린도 성도들을 위로할 마음이 가득하여 이 편지를 쓴 것이다. 4절부터 10절까지는 그들을 위로하는 말이다. 바울은 자신이 고난을 통해 하나님께 받은 위로로 그들을 위로하기 원했다. 자신들이 받은 고난과 위로가 그들에게 넘치기를 바란 것이다.[1-10절]

성도들에게 기도를 요청하다

그러면서도 바울은 **"너희도 우리를 위하여 간구함으로 도우라 이는 우리가 많은 사람의 기도로 얻은 은사를 인하여 많은 사람도 우리를 위하여 감사하게 하려 함이라"**고 한다. 그렇게 위대한 사도라 할지라도 성도들의 기도가 절실히 필요하다는 것을 말하고 있다.[11절]

또 바울은 **"우리가 세상에서 특별히 너희에게 대하여 하나님의 거룩함과 진실함으로써 하되 육체의 지혜로 하지 않고 하나님의 은혜로 행함은 우리 양심의 증거하는 바니 이것이 우리의 자랑이라"**[12절]고 한다. 이것은 오늘날도 매우 중요한 섬김의 원칙이다. 교회나 성도들을 인간적인 머리를 써서 육신의 지혜로 대한다는 것은 매우 좋지 않은 일이다. 그야말로 단순한 마음으로 하나님의 은혜 안에서 그분의 인도를 따라 대하는 것이 선한 것이다.

바울이 고린도 교회 방문을 연기하다

"오직 너희가 읽고 아는 것 외에 우리가 다른 것을 쓰지 아니하노니 너희가 끝까지 알기를 내가 바라는 것은". 바울은 갑자기 그가 다른 것을 말하지 않고 그들이 이미 읽고 아는 것을 쓰고 있다고 말한다[13절]. 그는 우리 주 예수의 날에 성도들과 사도들이 서로의 자랑이 되기를 원했다. 이러한 확신으로 바울은 그들로 두 번 은혜를 얻게 하기 위해 먼저 고린도에 갔다가 마게도냐를 거쳐서 다시 고린도에 갈 계획을 세웠었는데, 일정이 바뀌어 이번에 고린도에 가지 않은 것이다.

하나님의 약속은 얼마든지 그리스도 안에서 '예'가 됨

그 일로 고린도 성도들 몇몇이 바울은 왜 온다고 하고서 오지 않았느냐며 그가 변덕스러운 것이 아니냐고 했던 것 같다. 그러자 바울은 그렇게 여정을 바꾼 것이 임의로 변덕을 부린 것이 아니고 다만 하나님께 '예' 하고 '아멘' 한 것이라고 말해주었다. 하나님의 약속은 얼마든지 그리스도 안에서 '예'가 되고 그로 말미암아 성도들은 '아멘' 하여 하나님께 영광을 돌리는 것이다.[15-19절]

우리를 그리스도 안에서 견고케 하시고 기름을 부으신 하나님

"우리를 너희와 함께 그리스도 안에서 견고케 하시고 우리에게 기름을 부으신 이는 하나님이시니 저가 또한 우리에게 인치시고 보증으로 성령을 우리 마음에 주셨느니라"[21-22절]. 바울은 자신의 모든 행함이 그의 마음에 부어진 성령의 인도에 따른 것임을 말하고 있다.

바울은 성도들의 기쁨을 돕는 자가 되기 원함

그리고 23절에서 그가 고린도에 가지 않은 것은 그들을 아끼려 함이었다고 말한다. 그는 "우리가 여러분의 믿음을 주관하려는 것이 아니고 오직 여러분의 기쁨을 돕는 자가 되려고 하는 것이니 이는 여러분이 믿음에 섰기 때문이다"[24절]라고 한다. 섬세한 사도 바울은 만일 그때 약속대로 고린도에 갔었더라면 그들의 기쁨이 되지 못하고 자칫 교회와 성도들의 믿음을 주관하는 위치에 설 수 있었다는 뜻 같다. 사역자들은 성도들로 하여금 스스로 판단하고 믿고 주님을 따르게 해야지 피동적이 되어 무조건 사역자의 말만 듣고 따르게 만드는 것은 좋은 것이 아니다. 바울은 "네게 있는 믿음을 스스로 가지라"(롬 14:22)고 하였다. 성도들이 스스로 믿음에 서도록 한 사람 한 사람 도와주어야 한다(골 1:28). 주의 종들이 깊이 유념해서 읽어야 할 구절들이다.

2장

교회를 향한 사도 바울의 넘치는 사랑

2장에서 사도 바울은 왜 그가 고린도에 가지 않았는가를 적극적으로 해명한다. 그것은 그가 근심으로 고린도 성도들에게 나아가지 않기 위함이었다. 사역자들은 성도들에게 분노나 근심으로 나아가지 않기를 배워야 한다. 주님께서 그들에게 역사하시도록 시간을 드려야 하고 성도들을 믿어야 한다. 자칫 지나쳐서 주님이 하실 일을 사역자들이 하게 되면 성도들의 믿음을 사람이 주관하는 것이 된다(고후 1:24). 바울은 고린도 전서를 쓸 때 큰 환난과 애통한 마음이 있어서 많은 눈물로 편지를 썼는데, 이것은 그들을 근심하게 하려는 것이 아니고 오직 그들을 향하여 넘치는 사랑이 있음을 그들로 알게 하려 함이라고 했다. [1-4절]

죄를 범한 한 형제를 깊이 관심하다

바울이 고린도 교회를 이번에 들르지 않은 것은 오로지 근심하는 마음으로 그들을 대하고 싶지 않아서였다. 바울은 중한 죄를 범한 형제를 매우 의식하고 있었다(고전 5장). 비록 그가 죄를 지었을지라도 여전히 그를 관심했던 것이다. 그렇게 큰 사도의 마음에 큰 회중이 아닌 작은 형제, 그것도 죄를 범한 한 형제가 있다는 것이 놀랍다. 바울은 고린도 교회에게 이제 그를 용서하라고 말한다. 많은 사람에게서 책망과 벌을 이미 충분히 받았으니 이제 용서하고 위로하라는 것이다. 그렇지 않으면 그가 너무 많은 근심에 잠길까 두렵다고 했다. 그러나 그를 용서하는 데 있어서 사도는 교회에게 우선권을 주고 있다. "너희가 무슨 일이든지 뉘게 용서하면 나도 그리하고". 너희가 용서하면 나도 용서하겠다는 말이다. "내가 만일 용서한 일이 있으면 그것은 너희를 위하여 그리스도 앞에서 한 것이니"[10절]. 여기 그리스도 앞이란 그리스도의 얼굴빛 곧 그분의 마음이 나타나는 눈언저리를 가리킨다. 사역자들은 교회의 주인이 아니며 교회의 주인은 그리스도이시다.[5-11절]

우리는 하나님 앞에서 그리스도의 향기이다

12절부터 바울은 고린도에 가지 않은 것을 좀 더 상세하게 설명하고 있다. 당시 드로아에 있을 때 복음의 문이 열렸는데도 그는 디도를 만나지 못해 심령이 편치 못하여 그들과 작별하고 마게도냐로 갔다. 거기서 그는 동역자 디도를 만나서 고린도 교회가 회개했다는 좋은 소식을 듣고서 너무 기뻤다. 그러면서 바울은 "항상 우리를 그리스도 안에서 이기게 하시고 우리로 말미암아 각처에서 그리스도를 아는 냄새를 나타내시는 하나님께 감사하노라"고 한다. 또한 그들은 구원 얻는 자들에게나 망하는 자들에게나 하나님 앞에서 그리스도의 향기라고 말한다. 하나님의 진리의 말씀을 전한다고 해서 누구나 다 믿고 구원받는 것은 아니라는 것이다.

바울은 당시 많은 사람들처럼 하나님의 말씀을 혼잡케 하지 아니하고 (peddling, 행상하듯이 하는 것을 말함), 순전함으로 하나님 앞에서와 그리스도 안에서 말한다고 했다. 하나님의 말씀은 물건을 많이 팔기 위해 행상하듯이 전해서는 안 된다는 뜻이다. 하나님의 말씀을 전하는 자들은 순전함으로 하나님께 받은 것같이 하나님 앞에서와 그리스도 안에서 말해야 한다.[12-17절]

3장

새 언약의 일꾼들

3장은 신약 사역의 영광을 말하는데, 2장 후반부터 이미 바울은 신약 사역의 특징을 말하기 시작했다. 바울은 소위 사역을 열심히 뭔가 하는 것으로 여기지 않고 그리스도를 아는 냄새를 풍기는 것이라고 했다. 사람이 무슨 일을 하는 것이 아니라 그 사람 자신에게서 풍기는 냄새가 있다. 신약의 사역자란 그 사람 자신이 온전히 예수 그리스도로 점유된 사람이요 그리스도의 향기로 가득하여 어디에 가든지 그분을 아는 냄새를 나타내는 사람이다.(2:14-16)

그리스도의 편지, 영의 직분, 의의 직분

당시 초대 교회에는 어떤 신자가 다른 지방의 교회에 갈 때 장로들이 천거서를 주어 보냈던 것 같다. 나도 40대에 사역을 할 때 외국에서 온 한 자매가 천거서를 가지고 온 것을 받아본 적이 있다. 그러나 유감스럽게도 나는 그 자매가 천거서의 내용과 같다고 인정할 수 없었다. 바울은 자신이 일으킨 성도들이 어느 교회를 오갈 때 천거서를 쓸 필요가 있는지 자문한다. 자신이 사역한 성도 자체가 천거서라고 말한다. "너희가 우리의 편지라 우리 마음에 썼고 뭇사람이 알고 읽는 바라"[2절]. 그들 자신이 그리스도의 편지로서 사도의 마음에 쓰여 있고 뭇 사람이 알고 읽을 수 있다는 것이다. 구약은 밖의 돌비에 쓰는 것이지만 신약은 내면의 육의 심비에 쓰는 것이다[3절]. 이런 사역은 사람이 할 수 있는 것이 아니며 오직 하나님의 능력으로만 가능하다. 바울은 자신들이 이런 귀한 신약 사역의 일꾼이 되도록 하나님께서 능하게 하셨다고 말하며, 이는 지식(의문)의 사역이 아닌 영의 사역이요 사람을 정죄하여 죽이는 사역이 아닌 은혜를 공급하여 사람을 살리는 사역이라고 말한다[6절].

주의 영이 계신 곳에는 자유함이 있느니라

구약에서 모세의 율법의 사역도 영광이 없었던 것이 아니지만 그 영광은 잠시 있다가 없어질 것이기에 모세는 그것을 주목하지 못하게 하려고 수건으로 얼굴을 가렸다[13절]. 그러나 영의 사역은 그 영광이 영원하며 더욱 영광 가운데 남아 있을 것이다[11절]. 그러므로 사도는 이러한 확신으로 충만하여 담대하게, 모세가 사라질 영광을 보지 못하게 하려고 얼굴을 수건으로 가린 것처럼 하지 않는다고 하였다[12-13절]. 오늘날까지도 이스라엘 백성의 마음이 완고해서 구약을 읽을 때 그 관념의 수건이 벗어지지 않아 복음의 영광의 빛을 보지 못하고 있는데, 그 수건은 그리스도 안에서 없어질 것이다[14-15절]. "그러나 언제든지 주께로 돌아가면 그 수건이 벗어지리라 주는 영이시니 주의 영이 계신 곳에는 자유함이 있느니라 우리가 다 수건을 벗은 얼굴로 거울을 보는 것같이 주의 영광을 보매 저와 같은 형상으로 화하여 영광으로 영광에 이르니 곧 주의 영으로 말미암음이니라"[16-18절].

4장

이 복음은 그리스도의 영광의 광채가 우리 마음에 비취는 것이다

이 귀한 사역을 받은 바울은 긍휼하심을 입은 대로 낙심하지 않는다고 말한다. 또한 숨은 부끄러움의 일을 버리고 교활하게 행하지 않으며 하나님의 말씀에 불순물을 섞지 않고 오직 진리를 나타냄으로 하나님 앞에서 각 사람의 양심에 대하여 스스로 천거한다고 했다. 구약의 율법 사역 아래서는 숨은 부끄러움의 일을 버릴 수 없다. 사람의 내면을 깨끗케 할 수가 없으므로 위선을 피할 수 없기 때문이다.

그러나 새 언약의 사역자는 교활하게 행하지 않을 수 있으며, 따라서 담대하게 하나님의 진리를 각 사람의 양심에 증거할 수 있다. 이 귀한 복음은 오직 '멸망하는 자들에게'만 가리워진다. 이 세상 신인 마귀가 그들의 마음을 혼미케 하여 그리스도의 영광의 복음의 광채가 비취지 못하게 하기 때문이다. 4장에서 바울은 복음 전파가 '그리스도의 영광의 복음의 광채가 사람의 마음에 비취는 것'이라고 한다. 2장에서는 그리스도의 향기, 3장에서는 그리스도의 편지, 4장에서는 복음의 광채이다.[1-4절]

그리스도 예수의 주 되심과 예수를 위하여 성도들의 종 된 것을 전파함

그럼에도 바울은 자신을 전파하는 것이 아니라 그리스도 예수의 주 되신 것과 예수를 위하여 그들이 성도들의 종 된 것을 전파한다고 했다[5절]. 신약의 복음 전파자들은 절대 자신을 높여서는 안 된다. 자신을 자랑하거나 전파해서도 안된다. 복음 전파자들은 예수를 전해야 하며, 그분만을 높여야 하고 성도들에게는 섬기는 종이 되어야 한다[5절上]. 자기를 사람들 위에 높이는 자는 복음의 종이 아니다. 성도들 위에 군림하는 자도 복음의 종이 아니다. 남에게 복음을 전하고자 하는 사람은 낮은 위치로 내려가야지, 결코 사람들 위에 군림해서는 전할 수 없다[5절下].

우리가 이 질그릇에 보배를 가졌으니

복음은 새 창조이다[6절]. 어두움 가운데 빛이 비취리라 하시던 하나님께서 그리스도의 얼굴에 있는 하나님의 영광을 아는 빛을 우리 마음에 비추심으로 우리는 새로운 피조물이 되었다(고후 5:17). 우리는 예수의 얼굴에서 하나님의 영광을 볼 수 있어야 한다. 예수님은 '나를 본 자는 아버시를 본 것이라'고 하셨다. 우리가 예수를 알기 위해서는 복음서를 잘 읽어야 한다. 이렇게 예수를 믿은 자들은 연약한 질그릇 안에 보배를 가진 자들이다. 그 보배는 우리 안에서 능력이 심히 크신 주님이시다. 그러니 사방으로 우겨쌈을 당해도 싸이지 않고, 답답한 일을 만나도 낙심하지 않고, 핍박을 받아도 버린 바 되지 않고 거꾸러뜨림을 당하여도 망하지 않는다. 부활의 능력, 그 크신 하나님의 능력이 우리 안에 있기 때문이다. 죽을 것 같지만 죽지 않는다. 이런 생명 능력은 사망 가운데서 빛을 발한다.

"우리가 항상 예수 죽인 것을 몸에 짊어짐은 예수의 생명도 우리 몸에 나타나게 하려 함이라"[10절]. 항상 십자가의 환경이 임하는 것은 예수의 생명도 우리 몸에 나타나게 하려 함이며 또한 우리 산 자가 항상 예수를 위하여 죽음에 넘기움은 예수의 생명이 우리 죽을 육체에 나타나게 하려 함이라고 한다[11절].

겉 사람은 후패하나 우리의 속은 날로 새롭도다

그러므로 우리가 낙심하지 않는 것은 겉 사람은 후패하나 우리의 속은 날마다 새롭기 때문이다[16절]. 우리가 이 세상에 살 동안 잠시 받는 환난의 경한 것이 영원한 영광의 중한 것을 우리에게 이루어지게 한다[17절]. "우리의 돌아보는 것은 보이는 것이 아니요 보이지 않는 것이니 보이는 것은 잠깐이요 보이지 않는 것은 영원함이니라"[18절]. 바울 사도는 보이는 것을 돌아보지 않고 보이지 않는 영원한 것을 주목하면서 살고 또한 사역했다.

5장

하늘로부터 오는 처소로 덧입기를 사모하다

5장은 사도 바울의 가르침이나 권면이 아니라 자신의 내면의 심리를 말해주고 있다[1-10절]. 바울이 말하는 것은 이러하다. '이렇게 수고하다가 죽는다면… 겉사람은 후패해가고 있는데' 하는 탄식이 없는 것은 아니나 만일 땅에 있는 우리의 장막집이 무너지면 하나님께서 지으신 집 곧 손으로 지은 것이 아닌 하늘에 있는 영원한 집이 우리에게 있는 줄 안다. 하늘로부터 오는 처소, 곧 우리가 거할 영원한 집은 부활의 상태이다. 바울이 이 땅에 거하는 동안 탄식하며 간절히 사모하고 원하는 것은 죽음을 보지 않고 들림받는 것이다. **"이 장막에 있는 우리가 짐 진 것같이 탄식하는 것은 벗고자 함이 아니요 오직 덧입고자 함이니 죽을 것이 생명에게 삼킨 바 되게 하려 함이라"**[4절]. 하늘로부터 오는 처소로 덧입는다는 것은 죽음을 거치지 않고 공중으로 들어올려져 주님을 만나는 것이다(살전 4:17). 또한 이것을 우리에게 이루게 하시고 보증으로 성령을 우리에게 주신 이는 하나님이시라고 한다. 바울은 그의 생전에 주님이 오실 것을 소망했다.

"이러므로 우리가 항상 담대하여 몸에 거할 때에는 주와 따로 거하는 줄을 아노니 이는 우리가 믿음으로 행하고 보는 것으로 하지 아니함이로라"[6-7절]. 지금 몸에 거할 때는 주님과 분리되어 살고 있지만 믿음으로 행하고 보는 것을 따라 행하지 않는다는 것이다. 믿음은 우리의 육신이 보지 못하는 것을 본다. 그가 더 원하는 바는 몸을 떠나 주님과 함께 있게 되는 것이었다(빌 1:23). 그렇지만 이 땅에 거하든지 떠나든지 늘 주님을 기쁘시게 하기 위해 힘을 다한다고 하였다. 이는 언젠가 그리스도의 심판대 앞에서 신자들이 선악 간에 행한 일들을 따라 상과 징계를 받게 되기 때문이다. [6-10절]

그리스도의 사랑이 우리를 강권하시는도다

그는 하나님의 두려우심을 알므로 사람들을 권한다고 하면서 "우리가 하나님 앞에 알리워졌고 또 너희의 양심에도 알리워졌기를 바라노라"고 했다. 바울은 고린도인들이 그를 양심으로 알기 원했고 외모로 대하는 자들의 속임수에 빠지지 않기를 바랐다. 바울이 혹 지나친(미친) 것처럼 행할지라도 다 하나님을 위한 것이며 정신이 온전하여도 성도들을 위한 것이라고 한다. 이는 그리스도의 사랑이 그를 강권하시기 때문이다. **"우리가 생각건대 한 사람이 모든 사람을 대신하여 죽었은즉 모든 사람이 죽은 것이라"**[14절]. 그리스도 한 분이 모든 사람을 대신하여 죽으신 것은 우리 산 자들로 하여금 다시는 자신을 위해 살지 않고 오직 우리를 대신하여 죽었다가 다시 사신 자를 위하여 살게 하려 함이다.[11-15절]

누구든지 그리스도 안에 있으면 새로운 피조물이라

그러므로 우리가 이제부터는 아무 사람도 육체대로 알아서는 안 된다. 새로운 피조물이 되었기 때문이다. "비록 우리가 그리스도도 육체대로 알았으나 이제부터는 이같이 알지 아니하노라 그런즉 누구든지 그리스도 안에 있으면 새로운 피조물이라 이전 것은 지나갔으니 보라 새 것이 되었도다". 옛 것은 지나가고 이제 새 것이 되었으니 모든 사람을 새로운 피조물로 알고 육체대로 판단해서는 안 된다.[16-17절]

너희는 하나님과 화목하라

18절부터는 화목하게 하는 직책을 말한다. 현재 바울의 눈에 보이는 고린도 성도들의 문제는 십자가에 근거한 믿음의 시야가 없다는 것이다. 바울은 누구든지 그리스도 안에 있으면 새로운 피조물이 되었고, 모든 것이 하나님께로부터 났고, 하나님께서 그리스도 안에서 세상을 그분과 화목케 하셨다고 말하면서 그들에게 지난 날 여러 문제가 있었던 것은 하나님과의 화목이 결여되었기 때문이라고 지적한다. "너희는 하나님과 화목하라!"

성도들의 오해와 잘못된 판단과 범죄는 다 하나님께 대한 정당하지 않은 태도에서 온다. 하나님께서 죄를 알지도 못하시는 분(예수 그리스도)으로 우리를 대신하여 죄가 되게 하신 것은 그리스도 안에서 우리로 하나님의 의가 되게 하려 하신 것이다. 옛 것은 지나가고 다 새롭게 되었으며, 죄인이요 하나님의 원수였던 우리가 의롭게 되고 하나님과 화목하게 되었다. 고린도 성도들은 하나님께서 이루신 이 모든 사실들을 믿음의 눈으로 보아야 했다.

6장

복음을 전하는 직책이 훼방받지 않게 하려고 애쓰다

모든 것은 하나님께서 그리스도로 말미암아 이루셨고 우리를 의롭다 하셨으며 하나님과 화목케 하셨으니 이 시대에 사람들은 다 주님의 구원을 은혜로 받을 수 있다. 지금은 은혜 받을 만한 때요 구원의 날이다(사 49:8). 그러므로 바울은 복음을 전하는 자로서 이 직책이 훼방받지 않게 하려고 많이 애를 썼다. 환난과 궁핍이 있어도, 수고롭고 자지 못하고 먹지 못해도, 어떤 일이든지 깨끗함과 지식으로, 오래 참음으로, 자비함과 성령으로, 순수한 사랑으로 했으며, 또 진리의 말씀과 하나님의 능력으로 섬겼다고 말한다. 그러니 항상 두 가지가 함께 그를 따라 다녔는데, 영광과 수욕, 악한 이름과 아름다운 이름이었다. 그러나 바울은 자신에 대하여 속이는 자 같지만 참되고, 무명한 자 같지만 유명하고, 징계를 받는 자 같지만 죽임을 당하지 않고, 근심하는 자 같지만 항상 기뻐하며, 가난한 자 같으나 많은 사람을 부요하게 하고, 아무것도 없는 자 같으나 모든 것을 가진 자라고 하였다.[1-10절]

내가 자녀에게 말하듯 하노니 너희도 마음을 넓히라

바울은 스스로 마음을 닫은 고린도 인들에게 말한다. "우리의 입이 열리고 우리의 마음이 넓었으니…내가 자녀에게 말하듯 하노니 너희도 보답하는 양으로 마음을 넓히라"[11-13절]. 사역자로서 마음이 좁아져 오해하고 비평하는 사람들에 대하여 입이 열리고 마음을 넓히기란 정말 쉽지 않다.

우리는 살아 계신 하나님의 성전이라

바울은 그들이 좁아진 원인이 세상과 섞여서 온전히 하나님께 분별되지 않은 데 있다고 말해준다. 육신에 있는 자들은 그 생각과 마음이 어리고 유치해서 좁을 수밖에 없다(고전 3:1-3). 의와 불법이 어떻게 함께할 수 있는가? 신자와 불신자가 어떻게 멍에를 같이할 수 있는가? 성전과 우상이 어떻게 일치할 수 있는가? 우리는 살아계신 하나님의 성전이 아닌가? 그러므로 주님은 "너희는 그들 중에서 나와서 따로 있고 부정한 것을 만지지 말라"고 하신다. 이것은 레위기에서 많이 강조하는 점들이다. 그러면 "하나님께서 너희 아버지가 되시고 너희는 그분의 자녀가 되리라"고 하셨다. 그분은 전능하신 하나님이시다. 전능하신 하나님 아버지의 돌보심을 받으려면 분별되지 않으면 안 된다. 그래야 하나님께서 그분의 자녀로 영접해주신다.[14-18절]

7장

바울이 고린도 교회가 회개했다는 소식을 듣고 기뻐하다

그리스도인에게 있어서 가장 중요한 것은 거룩함과 깨끗함이다. 일을 많이 하는 것도 아니고 심지어 전도를 많이 하는 것도 아니다. 바울은 우리가 하나님의 진실한 자녀와 백성이 되도록 거룩함을 온전히 이루라고 한다[1절]. 또 바울은 "마음으로 우리를 영접하라 우리가 아무에게도 불의를 하지 않고 아무에게도 해롭게 하지 않고 아무에게도 속여 빼앗은 일이 없노라"고 한다.

7장에 와서 바울은 마케도냐에서 디도를 만나 고린도 교회의 소식을 듣고 왜 기뻐했는가를 솔직하게 말한다(고후 2:13). 모든 환난 가운데 있을지라도 그가 기쁨이 가득한 것은 디도를 만나 그들이 잘 회개하였다는 소식을 들었기 때문이다. 바울이 디도를 만나려고 마케도냐에 왔을 때 실상 육체는 과히 편치 않고 사방에 환난도 있고 다툼도 있었으며 두려움도 있었다. 바울은 그런 상황에서 좀 의기소침해 있었던 것 같다. 그러나 디도가 그에게 옴으로써 하나님께서 그러한 상태에 있는 그를 위로하셨다고 말한다[6-7절].

또한 바울은 디도가 와서 좋은 것만이 아니라 그가 고린도 성도들에게서 받은 위로로 바울을 위로하고 그들이 바울을 사모하고 또 자신들의 죄에 대하여 애통해하며 더욱이 바울에 대하여 열심이 있다는 것을 전해주었기 때문에 더욱 기뻤던 것이다. 그래서 바울은 고린도 전서를 강하게 쓴 것을 잠시 후회도 해보았지만 지금 후회하지 않는 것은 그들로 잠시만 근심하게 했기 때문이라고 한다. 그리고 자신이 지금 기뻐하는 것은 그들을 근심케 한 것 때문이 아니라 근심으로 인하여 회개하게 되었기 때문이라고 하며, 그들이 한 잠시의 근심이 결국 하나님의 뜻대로 한 근심이 된 것이니 자신들로 인하여 아무 해도 받지 않은 것이라고 하였다.[1-9절]

하나님의 뜻대로 하는 근심은 구원에 이르는 회개를 이룬다

세상 근심은 사망을 이루지만 하나님의 뜻대로 하는 근심은 구원에 이르게 하는 회개를 이룬다. 바울은 그들이 잠시 했던 근심의 문제를 다시 거론한다. 성도들을 근심케 하는 일이 사역자에게 얼마나 큰일인지를 깊이 생각해보아야 한다. 하나님의 뜻대로 하는 성도들의 근심은 결국 주님과 사도에게 대하여 더욱 간절하게 했고, 잘못한 일들에 대하여 변명하게 했으며, 마귀에게 속은 것에 대하여 매우 분하게 했고, 두렵게 했으며, 더욱 사모하게 하고, 더욱 열심 있게 하였으며, 범죄한 자를 강하게 벌하여서 일절 그들의 깨끗함을 나타내게 했다.

12절에서는 바울의 천상의 말을 듣는다. 바울이 지난 번 범죄한 형제를 그냥 두었던 고린도 교회에 대하여 강한 책망의 말로 서신을 썼지만, 결국 그 일은 불의를 행한 자를 위한 것도 아니고 불의를 당한 자를 위한 것도 아니며, 오직 우리를 위한 너희의 간절함이 하나님 앞에 나타나게 하려 한 것이라고 하였다. 그러한 계기가 없었다면 그들의 간절함이 결코 나타나지 않았을 것이라는 뜻이다. 이것은 도대체 이 모든 상황에 대한 어떠한 해석이란 말인가!

게다가 고린도를 다녀온 디도가 기뻐하는 것을 본 바울은 그것으로 인하여 기뻐했고, 디도의 마음이 고린도 교회를 인하여 안심하게 된 것을 보고 더욱 기뻐하였다. 또 바울은 디도에게 고린도 교회를 늘 자랑하였는데 그 자랑이 헛되지 않게 된 것을 기뻐했고, 고린도인들이 디도가 갔을 때 두렵고 떨림으로 영접하여 순종한 것을 감사하며 그로 인해 그들을 향한 디도의 심정이 더욱 깊어진 것과 바울 자신이 그들을 인하여 범사에 담대한 것을 기뻐하였다.[10-16절]

8장

마게도냐 교회들에게 주신 은혜-힘에 지나도록 자원하여 드림

일 년 전부터 고린도 교회는 유대의 가난한 성도들을 위해 연보를 시작했다. 그러나 그간 교회에 분쟁과 음행과 소송 등 많은 일이 일어났고, 바울 사도는 이를 해결하려고 서신을 쓰는 등 마음을 다했다. 그리고 이제 다시 그들에게 일 년 전에 시작한 연보를 성취하도록 격려하고 있다(고후 8:6, 10-12). 먼저는 마케도냐 교회들이 극심한 궁핍 가운데 풍성한 연보를 했다는 것과, 그들이 자원해서 사도에게 연보하겠다고 간절히 요청했다는 것과, 물질을 드리기 전에 자신을 주님께 드리고 하나님의 뜻을 좇아 연보를 드렸음을 말한다. 여기서 바울은 연보를 은혜라는 말로 바꾸어 썼다. 일 년 전 바울은 고린도에 디도를 보내서 연보를 하게 했다. 그들은 바울이 교활하게 자기는 나서지 않고 동역자를 시켜서 교회로부터 돈을 취하려 했다고 오해하기도 했다(고후 12:16-18).

주 예수 그리스도의 은혜-부요하신 분으로서 우리를 위해 가난하게 되심

바울은 연보를 하도록 권할 때 명령으로 하지 않고 다른 이들(마케도냐 성도들)의 간절함으로 그들을 격려했다. 바울은 고린도인들에게 말과 지식과 믿음 등에 있어서만 풍성하지 말고 연보에도 풍성하기를 구했다. 주 예수님의 은혜도 말했다. 그분은 부요하신 분인데 우리를 부요케 하기 위해 가난하게 오셨다고 말한다. 또 연보는 마음의 문제라고 말하면서 누구는 평안하게 하고 누구는 어렵게 하려는 것이 아니라 평균케 하려는 것이라고 한다. 이스라엘 백성들이 광야에 있을 때 많이 거둔 자도 남지 않고 적게 거둔 자도 모자라지 않았던 것과 같다.[9-15절]

거액의 연보로 인해 사역자들이 훼방받지 않도록 조심하다

바울은 다시 디도를 고린도에 보낼 것을 말하고 있다. **"너희를 위하여 같은 간절함을 디도의 마음에도 주시는 하나님께 감사하노니 저가 권함을 받고 더욱 간절함으로 자원하여 너희에게 나아갔고 또 저와 함께 한 형제를 보내었으니…이것을 조심함은 우리가 맡은 이 거액의 연보로 인하여 아무도 우리를 훼방하지 못하게 하려 함이니"**[16-20절]. 이렇게 하는 것은 모두 거액의 연보를 거두고 전달하는 일에서 사역자들이 훼방받을 거리를 만들지 않기 위함이라고 한다. 그리고서 바울은 디도에 대하여 말한다. **"나의 동무요 너희를 위한 나의 동역자요 우리 형제들로 말하면 여러 교회의 사자들이요 그리스도의 영광이니라"**. 그러므로 사랑 안에서 디도를 잘 받아들여달라고 한다.[21-24절].

9장

가난한 성도를 섬기는 연보

9장에서 바울은 연보하는 것이 또한 성도를 섬기는 것이라고 말한다. 8장에는 마케도냐 교회를 들어 고린도 교회를 격려하는 것이 있고, 9장에서는 바울이 일 년 전에 마케도냐 교회들을 격려할 때 고린도 교회가 연보를 약정하는 데 얼마나 열심이었는지를 말했었다고 한다. 그리고서 한동안 고린도 교회는 하나님과 그분의 종 바울에 대해 화목케 되어야 할 일들이 생겼다. 이제 그 모든 일이 해결되자 몇 형제를 보내서 일 년 전에 약정한 연보를 성취하도록 촉구한다. 바울은 곧 고린도에 갈 것인데 앞서 몇 형제를 보낸 것은 미리 연보를 준비하도록 하기 위함이며, 바울이 갈 때 마케도냐 형제들도 함께 갈 것인데(현재 바울은 마케도냐에 있다) 만일 연보가 준비되지 않았으면 그가 고린도 교회에 대하여 그들에게 자랑한 것이 부끄럽게 되지 않겠느냐고 말한다.[1-5절]

심는 자에게 씨와 먹을 양식을 주시는 하나님

그러면서 연보는 인색함으로나 억지로 하지 말고 즐거운 마음으로 드리라고 격려한다. 사역자들은 성도들에게 돈을 내도록 압력을 행사하지 말아야 한다. 자원하는 마음으로 은혜가 충만하여 드리도록 도와야 한다. 적게 심는 자는 적게 거두고 많이 심는 자는 많이 거둔다. 그리스도인이 주님께 드리는 것은 심는 것이다. 만일 물질에서 많은 필요가 있으면 많이 심어야 한다. 이것이 그리스도인이 알아야 할 중요한 물질관이다. 물질이 많이 필요치 않다면 적게 심어도 된다. 심는 양만큼 거두기 때문이다. 그럼에도 드리는 일에는 은혜가 필요하다. 흩어 가난한 자들에게 주는 것은 의요 착한 일이다. 하나님은 심는 자를 축복하신다. 심는 자에게는 하나님께서 먹을 양식을 주시고 또 심을 것도 주셔서 의의 열매가 풍성하게 하신다.[6-10절]

연보하는 것은 봉사의 직무이다

12-15절은 연보의 목적에 대하여 말한다. 의미 없는 일에 많은 물질을 드리도록 하는 것은 사역자들의 할 일이 아니다. 바울은 이 연보의 일을 봉사의 직무(사역)라고 하면서 고린도 성도들이 만일 너그러이 후한 연보를 드린다면, 그들(유대인들)이 우리로 말미암아 하나님께 감사하게 될 것이라고 했다(고전 16:3 참조).

연보는 단순히 가난한 성도들의 부족함만 채우는 것이 아니다. 이 직무는 신앙의 증거가 되어 이방인들이 복음을 진실히 믿고 복종하는 것과 성도를 섬기는 것에 대하여 많은 이들(특히 유대인들)이 하나님께 영광을 돌리고 또 "그들이 너희를 위하여 간구하며 하나님께서 너희에게 주신 지극한 은혜를 인하여 너희를 사모한다"[14절]고 말한다. 사도는 이런 기회에 이방의 교회들이 연보를 하여 기근에 처한 유대인들을 공급하는 동시에 그들의 마음이 열려 유대인과 이방인이 그리스도 안에서 더욱 하나로 연결되기를 사모했다. 그러면서 바울은 "말할 수 없는 그의 은사를 인하여 하나님께 감사하노라"[15절]고 찬미한다.

10장

거짓 사도들이 고린도 교회에 와서 바울을 폄하하는 말을 하다

고린도 교회에서 가장 큰 문제는 거짓 사도들이 와서 바울을 공격한 것이었다. 그들은 어쩌면 유명한 사람들일 수도 있고 말이 유창했을 수도 있다. 바울은 10장부터 그 문제를 완전히 해결하고자 한다. 인간적으로는 멀리 떨어져 있으면서 생각할수록 괘씸할 일이지만 바울은 이 일을 다루는 데 있어서 그리스도의 온유함과 관용으로 했다[1-2절].

하나님 앞에서 모든 이론과 대적하는 지식을 파하는 강력

그가 비록 육체에 있어 행하나 육체대로 싸우지 않고 하나님 앞에서 견고한 진을 파하는 강력으로 싸운다고 했다. 육체는 결코 모든 이론이나 하나님 아는 것을 대적하여 높아진 것을 쳐서 파하지 못한다. 혈기로는 아무것도 이길 수 없다. 마귀는 사람들의 생각 속에 많은 이론과 사상들을 집어넣어 견고한 진을 형성해 놓았다.

영적 전쟁은 사람의 생각에서 시작된다. 마귀는 사람의 생각에 많은 이론과 높아진 사상들을 심어놓아 하나님을 대적하게 한다. 겉으로 보기엔 성경적으로 매우 옳아 보이기에 분별하기 어렵다. 그러나 자세히 살펴보면 하나님을 대적하는 이론들이다. 우리가 진리의 말씀의 강력으로만이 그러한 모든 이론들과 견고한 사상의 진을 파괴시키고 사로잡아 그리스도께 복종시킬 수 있다. 여기서의 견고한 진을 파하는 강력이란 좌우에 날선 검 같은 하나님의 말씀이다. 4절에서 바울은 '우리의 싸우는 병기'를 말하는데 신자들의 싸우는 병기는 말씀 외에 그 무엇이 있으랴(엡 6:17).

이것이 바로 이기는 성도들인 전사들이 하는 일이다. 바울이 말한다. "우리는 여러분의 복종이 온전케 될 때 모든 복종치 않는 것들을 벌하려고 예비하고 있다." 이 땅에 주님께 온전히 복종하는 무리가 있을 때 복종치 않는 모든 자들을 복종시킬 발판이 마련되며 그리스도의 왕국이 임할 것이다. 교회는 마땅히 그리스도께 먼저 복종하는 무리가 되어야 한다. 그래야 왕국이 온다.[3-6절]

바울을 외모로 판단하는 고린도 성도들

바울은 또 "여러분은 그들의 외모를 보는데, 만일 어떤 사람이 그가 그리스도 안에 있다고 확신한다면, 그들이 그리스도께 속했을진대 우리도 그러한 줄을 자기 속으로 다시 생각할 것이라"[7절]고 말한다. 주님이 바울에게 주신 권세는 고린도 교회를 파하려고 하신 것이 아니요 세우려고 하신 것이므로 이에 대해 지나치게 자랑하여도 부끄럽지 않다고 했다[8절]. 이것이 바울의 자랑이었다. 그 누가 나 바울처럼 이렇게 여러분을 세우는 권세가 있느냐고 말하는 것 같다.

바울을 비방하는 자들은 바울에 대하여 '그 편지들은 중하고 힘이 있으나 그 몸으로 대할 때는 약하고 말이 시원치 않다'고 했다. 바울을 공격하는 자들은 바울을 폄하하면서 그 대신 스스로 자신들을 칭찬하고 자랑했다.[9-11절]

자랑하는 자는 주 안에서만 자랑하라

그에 대해 바울은 실지로 수고한 것을 가지고 하나님께서 나눠 주신 분량의 한계 안에서 자랑하겠다고 하면서 "내가 여러분에게 그리스도의 복음으로 나아간 것이 아니냐"고 말한다. 바울은 남의 수고를 가지고 분량 밖에 자랑을 하는 것이 아니라 오직 그들의 믿음이 자랄수록 그들에 의해 우리의 한계가 더욱 확장되기를 바란다고 했다.

"자랑하는 자는 주 안에서 자랑할지니라 옳다 인정함을 받는 자는 자기를 칭찬하는 자가 아니요 오직 주께서 칭찬하시는 자니라"[17절]. 자랑은 주 안에서만 해야 한다. 주님을 자랑하고 주님이 하신 일만 높여야 한다. 스스로 옳다고 하면서 자신을 칭찬하는 말을 듣지 말라. 오직 주님께서 칭찬하시는 것만이 옳게 인정된다. 어떤 사람들은 자기들이 수고하지도 않은 남의 것을 가지고 분량 밖의 자랑을 하는데, 사람들은 그렇게 스스로 자랑하고 옳다고 하는 말을 듣고 미혹되어 실지로 수고하여 자신들을 세워주고 교회를 이루어낸 사람들을 무시하기도 한다.[13-18절]

11장

바울이 솔직한 말로 자신의 사도직을 변호하다

11장으로 가면서 사도 바울의 말은 더욱 솔직해진다. 그것은 자신의 어리석은 것을 용납하라는 말에서 느낄 수 있다[1절]. 성도들은 뱀의 매끄럽고 간교한 말을 분별하지 못할 수가 있기에 사도 바울은 자신이 성도들을 정결한 처녀로 신랑이신 그리스도께 드리려고 중매한다고 하면서 뱀이 그 간계로 이와를 미혹케 한 것같이 그들의 마음이 그리스도를 향하는 진실함과 깨끗함에서 떠나 부패할까 두렵다고 말했다.

성도들이 다른 예수, 다른 복음, 다른 영을 쉽게 분별할 수 있는가? 그렇지 않다. 바울은 성도들이 외모에 쉽게 미혹케 된다는 것을 안다. 하나님을 섬기는 사람이 교회와 성도들 앞에서 자신을 스스로 자랑한다는 것은 참 어려운 일이다. 그러기에 바울은 자신의 어리석음을 용납하라고 한 것이다. 바울은 자신이 말에 있어서는 조금 부족하지만 지식에 있어서는 지극히 큰 사도들보다 조금도 부족하지 않다고 말해야만 했다.[1-6절]

고린도 교회에게 물질적으로 누를 끼치지 않으려 한 바울

7절부터는 물질에 관한 문제를 언급한다. 그는 교회에게서 대가를 받지 않고 복음을 전했다. 오히려 고린도 교회를 섬길 때에는 다른 교회에게서 물질적 도움을 받았다. 특히 마케도냐의 빌립보 교회가 협력했을 것이다[9절]. 바울은 고린도 교회에는 조금이라도 누를 끼치지 않기를 바랐다. 고린도는 상업도시이고 그들은 이재(理財)에 밝았다. 그 부분에서 고린도 사람들은 바울에 대하여 냉혹하게 비평했던 것 같다(고후 12:16-17). 그러므로 바울은 특히 금전 문제에서 매우 조심했다고 말하고 앞으로도 조심할 것이라고 말한다.[7-9절]

사단이 자신을 광명의 천사로 가장함

그럼에도 바울은 그들에 대한 사랑을 접지 않았으며 오히려 기회를 찾는 자들의 기회를 끊어버리겠다고 말했다. 그리고 그 거짓 사도들에 대하여 직선적으로 말하기를, 그들은 거짓 사도요, 궤휼의 역군이요, 자신들을 그리스도의 사도로 가장하는 자들이라고 했다. 이것은 이상한 일이 아닌데, 사단이 자기를 광명의 천사로 가장하니 사단의 일꾼들이 자신들을 의의 일꾼으로 가장하는 것 또한 큰일이 아니라는 것이다. 그리고 그들의 결국은 멸망이다.[10-15절]

바울의 참된 자랑

다시금 바울은 자기를 어리석은 자로 여기지 말라고 말하면서 자신도 기탄없이 자랑하겠다고 말한다. 고린도 성도들은 거짓된 자들이 와서 종을 삼고 잡아먹고 사로잡고 자고하다 하거나 뺨을 치는데도 용납했다. 바울 사도는 그들이 담대하게 자랑하면 자신도 자랑하겠다고 하면서 자신은 실상 육신적인 히브리인 출신 성분으로도 부족할 것이 없고, 더욱이 그의 지금까지의 수고는 그 누구도 따를 수 없는 것임을 말한다. 그는 복음을 전하면서 갇히기도 많이 하고 매도 수없이 맞고 여러 번 죽을 고비를 넘겼다. [16-23절]

24-27절은 바울이 복음 전도 여행 가운데 당한 고난을 열거한다. 세 번 태장으로 맞고, 한 번 돌로 맞고, 세 번이나 파선하는 배에서 일 주야를 고생했다. 자지 못하고 먹지 못할 때도 많았다. 굶고 춥고 헐벗으며 고생하였다. 그러나 그 모든 어려움은 교회를 위한 염려에 비하면 아무것도 아니라고 말한다. 그들이 약하면 자신도 약하고 그들이 실족하면 그는 애타한다.

"내가 부득불 자랑할진대 나의 약한 것을 자랑하리라". 그가 굳이 자랑한다면 교회를 인해 그가 약하게 되었다는 것이다. 그는 얼마나 약한 사람인가? 다메섹에서 아레다 왕의 방백들이 잡으러 왔을 때 광주리를 타고 성벽을 내려왔다고 한다. 과연 누가 부모인가를 묻는 것 같다. 고린도 후서 11장을 읽으면서 우리는

과연 어떤 사람이 주님의 교회를 위하여 세우심을 받은 종인가를 다시 한 번 생각해보게 된다.[24-33절]

12장[I]

주께서 바울에게 보여주신 환상과 계시를 말하다

바울은 자신에 대하여 자랑하는 것이 유익할 게 없지만 부득불 자랑하게 되었다고 말한다. 왜 사도는 자신을 스스로 자랑해야만 했을까? 교회와 성도들에게 사도의 위치는 매우 중요하다. 사단은 교회를 무너뜨리기 위해 사도에 대하여 의심을 갖게 만든다. 사도는 성도와 교회를 세우기 위한 하나님의 말씀의 통로이다. 그러므로 이것을 막는 일은 매우 심각하다. 교회와 성도를 곧바로 흑암에 떨어지게 한다. 마귀는 바로 이런 일을 하기 위해서 성도들의 눈을 변하게 하여 사도를 전과 다르게 보이도록 만드는 것이다. 이것이 바로 에덴동산에서 뱀이 하와에게 했던 일이다. 뱀이 하와에게 몇 마디 한 결과 하나님이 하신 말씀이 뒤집어지면서 하와의 눈에 선악과가 좋게 보이고, 마땅히 먹어야 할 생명나무를 거절하게 된 것이다. 그리고 인류에게 의와 생명 대신 죄와 사망이 오게 된 것이다.

12장에서 바울은 그의 이상과 계시를 말한다. "내가 그리스도 안에 있는 한 사람을 아노니 십사 년 전에 그가 셋째 하늘에 이끌려간 자라… 내가 이런 사람을 위하여 자랑하겠으나 나를 위하여는 나의 약한 것들 외에 자랑치 아니하리라"[2-5절]. 그는 '그리스도 안의 한 사람'이라고 객관적인 인물로 묘사하지만 사실은 바울 자신이다. 그는 자신을 자랑하면서도 될 수 있는 대로 객관적 어법을 사용하였으며, 자신을 드러내는 일에 있어서 매우 두려워하고 조심한 것을 볼 수 있다. 그것은 인간 가운데 오직 자기만 본 것이 아니고 누구든지 그리스도 안에 있는 사람이면 볼 수 있는 이상과 계시일 수 있기 때문이다. 실제로 사도 요한이나 구약의 이사야, 에스겔 등도 하늘 보좌를 보았다. 바울은 그의 몸 전체가 셋째 하늘에 이끌려갔는지, 아니면 몸 안에 있으면서 그의 영의 눈이 열려져, 혹은 영혼만 이끌려가서 보았는지 자기는 알 수 없고 하나님만 아신다고 했다.

셋째 하늘과 낙원이 동일한 곳이라는 견해도 있고 다른 곳이라는 해석도 있다. 나는 다른 곳이라고 믿는다. 즉 이 물질세계가 아닌 영적 세계 전체를 다 그에게 보여주셨다고 여겨진다. 하나는 가장 높은 하늘이고 보좌가 있는 곳이며, 낙원이란 누가복음 16장의 음부로서 죽은 자들이 머무는 가장 낮은 곳일 가능성이 있다. 즉 바울은 보이는 이 물질 세상이 아닌, 보이지 않는 저 세상 하늘의 가장 높은 곳과 가장 낮은 곳, 모든 곳을 다 보았다는 말이다. 하나님은 바울에게 영원한 세계와 하늘과 보좌와 천군 천사의 모든 비밀을 다 보여주신 것이다. 낙원에 가서는 말하도록 허락되지 않은 말을 들었다고 했으며, 사람이 가히 이르지 못할 말이라고 했다[4절]. 그리고 그는 이 모든 말이 다 참이라고 부언하였다. 거짓이 아니라는 말이다. 오늘날 천국과 지옥을 본 것을 간증한다고 하는 말을 많이 듣는데, 이처럼 오래 전 사도 바울이 간증한 것을 믿으면 된다. 이는 매우 안전하고 건강한 것이다.

자신의 받은 큰 계시를 말하면서 그는 모든 것을 다 말하지 않고 매우 조심스러워했다. 아예 계시를 받은 사람이 자신이 아닌 다른 사람인 것처럼, 다만 '그리스도 안에 있는 한 사람'으로 표현했다. 그리고 그 경험에 대하여 많이 말하게 되면 자기를 보는 바와 듣는 바에 지나치게 생각할까 두려워하여 자제하고 그만둔다고 하였다.[5-6절]

그의 몸에 있는 가시-"내 은혜가 네게 족하도다"

그러나 그가 계시를 받은 것이 너무 커서 자고하지 않게 하시려고 그의 몸에 사단의 사자를 두셨다고 말한다. 그것은 육신의 질병일 가능성이 있는데, 그에게서 가시가 떠나게 해 달라고 하나님께 세 번 간구하자 하나님께서는 "내 은혜가 네게 족하도다 이는 내 능력이 약한 데서 온전하여짐이라" 하셨다. 그래서 바울은 오히려 크게 기뻐하면서 자신의 여러 약한 것들을 자랑하게 되었는데, 이는 그리스도의 능력으로 그에게 머물게 하려 함이었다.[7-9절]

11장과 12장에서 바울 사도에게 배워야 할 점들

그는 실로 주님과 성도들 사이에서 합당한 중매쟁이 노릇을 하기 원했다. 그는 자신을 비평하여 성도들의 시야를 가려놓는 사람들을 인하여 자신에 대하여 자랑을 하긴 했지만 매우 어리석은 방식으로 했다. 우리는 소위 사역자들이 모든 면에서 신령하고 거룩하여 높이 초월한 본을 보여야 한다고 생각할 것이다. 그러나 조심하라! 그러다 보면 성도들의 눈에 주님은 사라지고 사역자의 잔상이 크게 남게 된다. 사역자는 결코 신부를 취하는 신랑이나 남편이 아니다(요 3:29-30). 오직 그리스도만이 한 남편이다(11:2). 바울은 성도들 앞에 지극히 큰 사도들 중 하나로 나타난 것이 아니다.

또한 그는 그리 영적이지 않은 용어들을 사용하기도 했다. '내가 말하는 것은 주를 따라 하는 말이 아니요', '어리석은 자와 같이 기탄없이 자랑하노라', '여러 사람이 자랑하니 나도 자랑하겠노라', '우리가 약한 것 같이 내가 욕되게 말하노라'. 그는 오히려 자신을 낮추고 성도들을 높이기 원했다(고후 11:7). 그는 부득불 자랑할진대 자신의 놀라운 점이나 대단한 기적이나 능력이 아니라 약함을 자랑한다고 여러 번 고백했다. 그는 빌립보에서 갇혔을 때 기적적으로 지진이 일어나며 옥터가 움직이고 감옥문이 열린 놀라운 일을 간증한 것이 아니라 아레다 왕의 방백이 잡으려 할 때 다메섹에서 광주리를 타고 도망한 것을 간증했다(고후 11:32-33). 바울은 철저히 자신을 가리고 주님을 나타내려 했다. 그는 자신에게 역사하신 그런 기사와 표적의 일을 모르는 바가 아니었지만, 그의 기억 속에는 약하고 부끄러운 것들만 가득하였던 것 같다.

다만 그는 교회에게 자신의 약함과 수없는 고난, 헐벗음, 매맞음 등을 간증하고 넘치는 수고를 간증했다. 그렇게 해서 매우 교활한 거짓된 교사들과 소위 지극히 위대해 보이는 사람들의 미혹으로부터 성도들을 지키기 원했다. 과연 주의 종은 어떤 사람이어야 하는가? 성도들 마음속에 오직 그리스도만 남게 하고 자신이란 사람은 철저히 가리고 사라지게 하는 본을 바울에게서 배우기 바란다.

12장[Ⅱ]

고린도 교회를 염려하다

바울은 그렇게 자랑을 하더니 자기가 어리석은 자가 되었다고 말한다. 이렇게 내가 어리석게 자랑을 하게 된 것은 너희가 억지로 시킨 것이라고 말한다. 자기는 칭찬을 받아야 마땅한 사람인데, 오히려 비난과 멸시를 받는 형국이 되었다. 나는 아무것도 아닌 사람이지만 소위 지극히 높은 사도들보다 부족한 것이 무엇이냐고 하였다. 이런 말을 해야 하는 사도 바울의 심정은 매우 어려웠을 것이다. 지극히 큰 사도들이란 거짓 사도들만 가리키는 것이 아닐 수도 있었기 때문이다.[11절]

바울은 나중에 일으켜진 사도로서 아무리 수고를 하고 교회에게 가장 중요한 그 시대의 계시와 진리를 전해주어도, 먼저 일으켜진 사도들, 주 예수님을 3년 이상 따라다니며 배운 자들과 견줄 수 있는가라는 꼬리표가 따라다녔을 것이다. 그럼에도 하나님께서는 그에게 신약의 가장 중요한 믿음의 도와 하나님의 온전한 계시를 전하도록 위임하셨다. 그러나 성도들은 어떠했을까? 외모를 많이 주의했을 것이다. '그가 나사렛 사람, 목수의 아들 아닌가?' 이런 종류의 무시하는 말들이 바울에게도 없었을 리가 없다. '바울이 누구냐? 그는 교회를 핍박했던 사람들 중 하나이고, 바리새인이었고, 육신에 질병도 있어 병약하고, 외모나 언변이 그렇게 뛰어나지도 않다. 그는 열두 사도들보다 후에 세워진 사람이다. 그가 다니며 여러 곳에 교회를 세웠다고 하지만 어떤 동역자는 떨어뜨려버리고, 많은 교회도, 신실했던 동역자들도 결국 다 그를 떠나고 몇 명만 남았다. 그 사람은 문제가 없는 사람이 아닌 것 같다. 고린도 사람들에게서 들으니 금전의 문제도 있다고 하더라.' 등등.

바울이 말하는 사도의 표

그런 중에 바울은 사도의 표를 말한다. 사도의 표, 사도라는 증명은 과연 무엇일까? 스스로 질문을 던졌다. 그는 놀랍게도 사도의 표가 첫째로 모든 참음, 인내라고 했다. 그는 성도들을 오래 기다려 주었다. 누가 나만큼 오래 기다려주고 참아주더냐? 그렇게 오래 기다리고 참아주는 것은 부모와 같은 사랑이 없으면 할 수 없는 일이다.[12절]

다음은 그들 가운데 능력을 행한 것이다. 그들은 바울의 복음 전파를 듣고 변화되었다. 그러면서 그는 교회에게서 물질적인 대가를 받지 않았다고 말했다. 이제 세 번째 그들에게 가고자 하는데 물질을 원해서 가는 것이 아니라고 한다. 부모가 자녀를 위해 재물을 저축하지 어린아이가 부모를 위해서 저축하느냐고 하면서 "내가 원하는 것은 너희 재물이 아니라 오직 너희니라"고 한다. 또한 그는 "내가 너희 영혼을 위하여 크게 기뻐함으로 재물을 허비하고 또 내 자신까지 허비하리니 너희를 더욱 사랑할수록 나는 덜 사랑을 받겠느냐?"고 하면서 그들을 일깨운다. 이 모든 말이 과연 사역자로서 진정한 능력이 무엇이며 하나님의 종의 진정성이 무엇인지를 나타낸다.[14-16절]

12장[Ⅲ]

금전 문제로 바울을 의심하는 고린도인들

16절부터는 바울 자신에 대한 금전적인 오해를 드러내어 말한다. 예나 오늘이나 돈 문제는 교회 중에 가장 예민하고 강력한 문제로 야기되곤 한다. 고린도 성도들 가운데 어떤 사람은 바울 자신이 그들에게 짐을 지우지는 않았지만, 교묘하게 속임수로 취해갔다고 했다. 금전 문제로 사역자를 공격하면 성도들의 마음에 가장 치명적 상처가 되어 사역자에게서 돌아서게 된다. 사실이 아니라고 해도 영향이 전혀 없는 것이 아니다. 그러기에 바울은 이 일에 대해 적극적으로 변명하지 않을 수 없었다.

고린도인들 중에는 바울이 동역자들을 시켜서 돈을 취해갔다고 말하는 사람들이 있었던 것 같다. 실지로 바울은 일 년 전 쯤 디도를 고린도에 보내서 연보를 독려한 적이 있다. 바울이 말한다. "내가 보낸 자 중에 누가 너희의 이를 취하더냐? 내가 디도를 권하고 함께 한 형제를 보냈는데 디도가 너희의 이를 취하더냐? 우리가 동일한 성령으로 행하지 아니하더냐 동일한 보조로 하지 아니하더냐?" 이것은 변명하는 것이 아니며, 그리스도 안에서 하나님 앞에서 말하거니와 이 모든 것은 그들의 덕을 세우기 위함이라고 한다.[17-18절]

바울은 그가 원하는 교회의 상태를 보지 못할까 두려워함

그러면서도 바울은 그의 내면의 두려움을 표시한다. 사도는 두려움이 많은 존재이다. 그 대상을 너무나 사랑하고 아끼기 때문이다. 내가 곧 갈 텐데 여러분을 나의 원하는 것과 같이(그들의 어린아이같이 순전하고 기뻐하는 얼굴) 보지 못할까 두려워하고 또 내가 여러분에게 여러분의 원치 않는 것과 같이 보일까 두려워하며 또 다툼과 시기와 분냄과 당 짓는 것과 중상과 수군수군하는 것과 거만함과 어지러움이 있을까 두려워하며 내 하나님이 나를 여러분 앞에서 낮추실까 두려워하고 전에 죄를 지은 여러 사람이 그들의 행한 더러움과 음란함과 호색함을

회개치 않음을 인해 근심할까 두려워한다고 했다.[20-21절]

13장

주님이 사도에게 주신 권세는 그들을 세우기 위한 것임

바울은 서신을 마치는 글에서도 말씀의 강도의 끈을 조금도 느슨하게 풀어두지 않는 것을 본다. 말썽장이 아이(naughty boy)는 끝까지 풀어놓으면 안 되는 것과 같다. "세번째 갈 터인데 두세 증인의 입으로 말마다 확정하리라 전에 죄 지은 자와 남은 모든 사람에게 말하노니 내가 다시 가면 용서하지 아니하리라"[1-2절]. 그는 한 면으로 용서하고 위로하기 위해 서신을 쓰지만 죄에 대하여는 여전히 단호한 태도를 취한다. 그가 떠나 있을 때 이렇게 다소 강하게 편지를 쓰는 이유는 대면했을 때 엄하지 않게 하려는 것이었다[10절]. 주님이 그에게 주신 권세는 그들을 파하지 않고 세우도록 주신 것이었다.

사실 13장의 내용은 고린도 후서의 내용 중 이해하기가 가장 쉽지 않다. 어쩌면 고린도 인들은 바울의 유창하지 않은 언변 때문에 그가 강한 능력의 사람이 아니라고 생각했을 수도 있다. 그리고 바울은 사랑이 많고 온유하여 그들에게 겸손하고 유순한 말로 가르쳤을 가능성이 많다. 반면에 거짓 사도들의 유창한 웅변조 설교는 능력 있게 들려왔을 것이다. 바울은 말한다. "너희는 그리스도께서 내 안에서 말씀하시는 증거를 찾는가? 그분이 너희 안에서 약하지 않고 강하시지 않던가? 내가 전한 진리로 너희가 강해진 것 아니더냐?"[3절]

부활 능력 안에 있는 사도 바울의 사역

그러면서 덧붙인다. **"그리스도께서 약하심으로 십자가에 못 박히셨으나 하나님의 능력으로 살으셨으니 우리도 저의 안에서 약하나 너희를 향하여 하나님의 능력으로 저와 함께 살리라"**[4절]. 바울의 사역은 겉으로 약해보이지만 부활의 능력을 의지하여 사역한다는 말이다. 사실 고린도 후서를 마무리하는 바울 사도의 어조는 절대로 약하지 않다. 이런 어법과 진리의 병기가 바로 10장 4절에서 말한 강력이라고 말할 수 있다. 결코 아무나 말할 수 있는 것이 아니다.

그는 계속 말한다. **"너희가 믿음에 있는가 너희 자신을 시험하고 너희 자신을**

확증하라 예수 그리스도께서 너희 안에 계신 줄을 너희가 스스로 알지 못하느냐 그렇지 않으면 너희가 버리운 자니라"[5절]. 그는 이어서 "우리가 버리운 자 되지 않은 것을 너희가 알기를 내가 바란다. 우리는 여러분이 보기에 버리운 자 같을지 모른다. 그러나 우리가 보낸 서신들은 우리의 옳음을 나타내고자 함이 아니라 여러분이 악을 행하지 않고 선을 행하게 하기 위함이다. 우리는 진리를 거스려 아무것도 할 수 없다. 오히려 우리가 약할 때 여러분의 강한 것을 기뻐한다."고 말한다. 이 땅에 이렇게 솔직하고 주님을 위해 절대적인 사도가 있었다. 그는 절대적이고 철저한 성격의 소유자였다. 그러한 자들에 의해 그리스도의 참된 진리로 하나님의 나라가 굳게 세워져간다. 이런 사람이 오늘 우리의 본이 되었다. 참 감사하다. 우리같이 둔한 자들도 이러한 사도가 있어서 조금씩이나마 갈 길을 안내받고 배울 수 있으니 말이다.[6-10절]

문안 인사

고린도 후서도 다른 서신같이 문안으로 마친다. **"형제들아 기뻐하라 온전케 되며 위로를 받으며 마음을 같이하며 평안할지어다 또 사랑과 평강의 하나님이 너희와 함께 계시리라 거룩하게 입맞춤으로 서로 문안하라"**[11절]. 또한 모든 성도가 너희에게 문안한다고 하면서 **"주 예수 그리스도의 은혜와 하나님의 사랑과 성령의 교통하심이 너희 무리와 함께 있을지어다"**라는 축복의 기도로 끝맺는다.[12-13절]

갈라디아서

서문

갈라디아서 기록 배경

갈라디아서는 사도 바울이 쓴 서신 중에서 제일 먼저 쓴 것으로 추정된다. 기록 연대는 A.D. 54년경이며, 사도가 사도행전 18장에서 1년 반 정도 머물렀던 고린도에서 썼을 것이다.

사도행전 16장에 바울이 브루기아와 갈라디아 땅을 지나가는 것이 나오는데[6절], 그때 바울이 갈라디아 지역에 복음을 전하여 갈라디아에 교회들이 세워졌다고 보여진다. 그 뒤에 유대교 교사들이 바울이 세운 그곳의 교회들에게 와서 할례와 율법과 유대교적인 것을 복음에 혼합하여 전함으로써 갈라디아 성도들이 미혹되어 심지어 바울에 대하여도 얼굴이 변하고 의심이 생기기 시작했다.

사도 바울은 교회를 지키고 복음 진리를 수호하기 위해서 한 편의 서신을 썼는데 그것이 바로 갈라디아서이다.

1장

바울이 사도 된 것은 사람에게서 난 것이 아니다

먼저 바울은 그가 사도 된 것이 사람에게서 난 것도 아니고 사람으로 말미암은 것도 아니며 오직 예수 그리스도와 및 죽은 자 가운데서 그리스도를 살리신 하나님 아버지로 말미암았다고 말한다.[1-3절]

"그리스도께서 하나님 곧 우리 아버지의 뜻을 따라 이 악한 세대에서 우리를 건지시려고 우리 죄를 위하여 자기 몸을 드리셨으니"[4절]. 바울은 그리스도의 십자가의 공로를 말하면서 갈라디아서를 시작한다. 이것은 우리에게 깊은 인상을 준다. '주여, 당신의 십자가뿐입니다.' 진리의 중심은 다름 아닌 그리스도의 십자가이다. 모든 거짓되고 미혹케 하는 가르침의 특징은 그리스도의 십자가를 묘한 방식으로 멀리하게 만드는 것이다. 갈라디아에 온 유대교 교사들, 거짓 교사들은 할례와 율법을 전했다. 주님을 위해 무엇인가를 해야 한다고 제 아무리 감동적으로 말하는 가르침이라 하더라도 행위와 열심만 강조하는 가르침은 복음에서 떨어지게 한다. 십자가를 무효화하는 가르침은 당시 강력한 유대교 세력의 본거지이자 교회의 시작점인 예루살렘으로부터 흘러온 것이었는데, 막강하게 구축된 조직과 그 세력에서 나온 것이기에 큰 영향력이 있었다.

그리스도의 은혜의 복음 외에 다른 복음은 없다

그리스도의 은혜의 복음 외에 다른 복음은 없다. 하나님께서는 그리스도의 은혜로 우리를 부르셨다. 바울은 "다른 복음은 없나니 우리나 혹 하늘로부터 온 천사라도 우리가 너희에게 전한 복음 외에 다른 복음을 전하면 저주를 받을지어다"라고 강하게 말한다.[6-9절]

그가 전한 복음은 오직 예수 그리스도의 계시로 말미암은 것이다

바울은 또한 자신이 사람에게서 난 종이 아니고 사람에 의해 세워진 종도 아니므로 하나님의 유익과 그분의 기뻐하심을 구할 뿐 사람들에게 좋게 하거나 사람의 기쁨을 구하지 않는다고 했다. 오늘날 유감스럽게도 도처에 사람들과 조직을 위해 전력투구하고 애쓰는 사람들이 많다. 바울은 만일 자기가 그런 사람이라면 그리스도의 종이 아니라고 했다.[10절]

내가 주로 해외의 이 나라 저 나라를 다니며 복음을 전하던 시절이 있었다. 40대의 젊은 시절이었다. 그때 아시아와 유럽, 아프리카 각국에 새로운 교회들이 세워질 때마다 기쁨이 가득했는데, 그런 마음이 오직 주님만을 향하지 않고 내심 남들에게 인정받으려는 게 있다는 것을 느끼고서 크게 돌이킨 적이 있다. 우리가 오직 하나님만을 위해, 하나님 앞에서 행하지 않는다면, 우리의 섬김은 순수한 것이 아니다. 그것은 누구보다 자신의 양심이 증거할 것이다.

우리의 신앙은 하나님과 그 아들 예수 그리스도이시다. 그분은 오직 은혜로 우리를 부르신 분이다. 다른 복음, 건강하지 않은 가르침은 결국 모르는 사이에 우리를 부르신 이에게서 떨어지게 한다. '복음을 받아들이지만 그래도 뭔가를 더 해야 한다, 혹은 하지 말아야 한다'는 등의 말은 겉으로 들을 때는 그럴 듯하지만 그런 데 빠지면 주 예수님은 우리에게서 사라지고 우리의 마음속에는 뭘 하는 것, 소위 성경적이고 의미 있어 보이는 일을 하는 것만 남는다. 간단하게 말하면 그것이 곧 다른 복음이요 그리스도와 그분의 은혜에서 우리를 떨어지게 하는 가르침이다(갈 5:2-4).

바울은 자기가 전한 복음이 사람에게서 배운 것이 아니라 하나님의 계시로 말미암았다고 했다. 참 복음을 받은 사람은 내면에 주님으로부터 받은 계시가 있어야 한다. 그것이 모든 것이다. [11-12절]

바울이 사도 된 내력

바울은 원래 자기도 그런 전통적인 종교 생활을 열심히 한 사람이었다고 간증한다[13-14절]. 유대교라는 조직 안에서 대부분의 사람들이 인정하는 종교생활에 푹 젖어 있었던 것이다. "그러나 내 어머니의 태로부터 나를 택정하시고 은혜로 나를 부르신 이가 그 아들을 이방에 전하기 위해 그를 내 속에 나타내시기를 기뻐하실 때에"[16절]. 내면의 하나님의 계시를 따르느냐, 조상 때부터 내려온 종교와 제도를 따르느냐는 살아계신 주님과 죽은 종교의 분수령이 된다. 바울은 이런 계시의 말씀, 십자가의 말씀, 은혜의 복음 이외에 전통과 형식, 율법과 할례의 다른 것을 전하는 자들은 다 저주를 받을 것이라고 강하게 말했다.

16-24절은 바울 자신의 간증이다. 고린도 전서에서도 보았지만 말씀의 사역자가 자기의 간증을 하지 않으면 말씀의 효력이 떨어진다. 바울은 자신이 받은

계시대로 내면의 주님을 따르고 행하기 위해 혈육과 의논하지 않고, 당시 기독교의 중심지인 예루살렘에 가보려고 애쓰지도 않고, 심지어 먼저 사도 된 자들을 만나려고 시도하지도 않았다. 말하자면 그는 결코 사람 앞에서 행하지 않았던 것이다. 그 후 삼 년 만에 예루살렘에 갔을 때 게바를 만나서 함께 십오 일을 유했는데, 주의 형제 야고보 외에는 다른 사도들을 보지 못했다고 말한다. 이 모든 말이 거짓이 아니고 참이라고 덧붙였다[20절]. 그 후에 수리아와 길리기아 지방에 갔는데 유대에 그리스도 안에 있는 교회들이 바울을 얼굴로 알지 못하고 다만 '우리를 핍박하던 자가 전에 잔해하던 그 믿음을 지금 전한다 함을 듣고' 바울로 인해 영광을 하나님께 돌렸다고 말한다.

2장

복음의 진리를 수호하다

2장에서도 바울은 자신이 복음 진리를 따라 살고 그 진리를 수호하기 위해 어떻게 생활했는가를 간증한다. 자신이 진리를 순종하는 삶을 살지 않고서는 아무 소용이 없다. 바울은 디도를 데리고 십사 년 만에 예루살렘에 올라갔을 때 율법주의와 할례자들의 압력 아래서도 헬라인 디도를 억지로 할례받게 하지 않았다고 말한다. 그것은 매우 어려운 일이었을 것이다. 그러나 바울이 그런 영향력에 일시라도 복종치 않은 것은 거짓 형제들 때문이라고 하면서, 그들은 믿는 이들이 그리스도 안에서 가진 자유를 엿보아 그들을 유대교 조직의 종으로 삼으려는 것이라고 했다. 바울이 일시라도 그런 자들에게 복종치 않은 것은 복음의 진리가 흔들리지 않고 그들 가운데 항상 있게 하려 함이라고 했다[5절]. 이렇게 천만인의 반대가 있더라도 자신이 받은 계시대로 주님의 인도를 따라 바른 길을 걸어가는 것이 진리에 대한 성도들의 올바른 태도이다.[1-5절]

예루살렘의 사도들이 바울과 바나바에게 교제의 악수를 하다

사람들은 외모를 중시한다. 이것은 예로부터 오늘날까지 흔히 있는 일이다. 당시 바울은 어떤 큰 조직의 수장이 아니었다. 그러다보니 갈라디아 어린 성도들은 당시 유명하다는 사람들의 영향력에 끌렸다. 바울은 당시 예루살렘에 있던 주님의 열두 제자 중 수제자인 베드로나 예수님의 육신의 형제 야고보 등을 언급하면서(사실 바울은 아무 이름도 없었고 그가 다메섹에서 주님을 만나고 주님의 말씀의 사역자로 세우심을 받았다는 것은 아는 사람이 거의 없었다), 유명하다는 이들 중에 어떤 이들이든지 자기에게 뭔가를 더해 준 사람이 없다고 말했다. 다만 베드로에게 역사하셔서 그를 할례자들의 사도로 삼으신 주님이 바울 자신에게도 역사하셔서 이방 세계에 사도로 삼으셨다고 말했다. 또 야고보와 요한도 그에게 주신 은혜를 알기 때문에 자기와 바나바에게 교제의 악수를 했다고 말한다. 사도 바울은 자기에 대하여 스스로 소개해야만 했던 사람이다.[6-10절]

베드로가 바울에게 책망을 받다

또 베드로가 안디옥에 왔을 때 그가 베드로를 크게 책망한 적이 있었다고 한다. 물론 바울은 훨씬 뒤에 세워진 후배 사도이지만, 중요한 것은 선후배의 문제가 아니라 진리를 따라 바로 행하는가의 문제이다. 베드로는 원래 주 예수님의 수제자였지만 예루살렘에서 가장 앞선 사역자는 아니었다. 당시 예루살렘은 주님의 육신의 동생 야고보가 앞선 인도자 위치에 있었다. 그리고 그 분위기는 율법, 할례 등을 고집하는 유대교적인 분위기로 충만하였고, 야고보는 그것을 어느 정도 수용하면서 수장 노릇을 하고 있었다. 그러니까 유대교적 사상이 어느 정도 존재하였고 당시 이방인이 예수를 믿으려면 유대교에 입교하듯 할례를 받아야 한다는 등, 신약의 교회가 구약의 유대교와 어느 정도 혼합되어 있었다.

그런 상황에서 베드로가 바울과 바나바가 사역하던 안디옥에 온 적이 있었다. 베드로는 강한 것 같으면서도 소심한 것이 있다. 그는 안디옥에서 이방인 형제들과 함께 식사를 하다가 야고보에게서 어떤 사람들이 온다고 하니까 할례자들을 두려워하여 황급히 자리를 떠나 그들과 함께 먹지 않은 것처럼 하였다. 그러자 거기 남은 유대인들도 그와 같이 외식하였고 바나바도 그들의 외식에 흔들렸다. 그런 모습들이 진리에 대해 단호한 바울의 눈에 띈 것이다. 그때 바울은 모든 사람 앞에서 베드로를 꾸짖어 말하기를, "당신이 유대인으로서 복음을 깨닫고 이방인과 구별 없이 살아왔는데, 왜 갑자기 유대인 행세를 하여 사람들을 혼란스럽게 하는가!" 했다. 아마 베드로는 이 말을 듣고 얼굴이 벌개졌을 것이다.

이어서 바울은 말했다. "당신이나 나나 원래 유대인이고 이방 죄인이 아닌 것은 맞다. 그러나 우리가 유대인으로서 율법을 지켜 의롭다 함을 받은 것이 아니지 않는가? 유대인이라고 해서 예수를 믿지 않고도 의롭다 함을 받을 특권이 있는가? 지금은 유대인이나 이방인이나 오직 그리스도 예수를 믿음으로 의롭게 되는 시대가 아닌가?" 이것이 베드로를 면책하고서 이어서 바울이 한 말이다. "내가 만일 헐었던 것(십자가는 유대인이나 이방인이나 다 하나 되게 하고 율법으로 말미암아 원수 되고 중간에 막히었던 담을 헐었다)을 다시 세우면(베드로의 그 행위는 다시 율법을 세우는 행위라고 본 것이다) 내가 나를 범법한 자로 만드는 것이 아닌가?" 예를 들면, 도로법에서 고속도로의 갓길 통행금지법을 세웠는데, 내가 만일 어느 날 교통경찰 제복을 입고 다 갓길로 가도 좋다고 수신호를 한다면 내가 나를 범법한 자로 만드는 것과 같다.[11-18절]

바울이 전하는 복음의 중심에는 십자가가 있다

바울의 복음의 중심에는 십자가가 있다. 즉 그리스도의 십자가의 의미를 말하는 것이다. 그리스도께서는 십자가에서 우리의 죄만 용서하신 것이 아니라 우리의 옛 사람도 끝내셨다(롬 6:6-7). 율법의 종노릇 하는 데서도 자유케 하셨다. 어떻게 해서인가? 죽음으로써이다(롬 7:4). "내가 율법으로 말미암아 율법을 향하여 죽었나니". 죽었는데 무슨 유대인과 이방인의 차별이 있겠는가? 지금 율법을 지킬 사람이 이미 죽었는데 누구더러 율법을 지키라고 하는가? 여기서 바울은 우리 모두가 잘 아는 구절을 이야기한다. "내가 그리스도와 함께 십자가에 못 박혔나니 그런즉 이제는 내가 산 것이 아니요 오직 내 안에 그리스도께서 사신 것이라 이제 내가 육체 가운데 사는 것은 나를 사랑하사 나를 위하여 자기 몸을 버리신 하나님의 아들을 믿는 믿음 안에서 사는 것이라"[20절]. 지금 내가 육체 가운데 살지만 전처럼 육체대로 사는 것이 아니라 오직 그리스도를 믿는 믿음으로 산다고 하였다. 그리스도와 함께 죽었으니 더 이상 내가 사는 것이 아니라 그리스도께서 내 안에서 사신다고 고백한다. 만일 의롭게 되는 것이 율법으로 말미암는다면 그리스도께서 헛되이 죽으신 것이라고 하였다.[19-21절].

당시 유명한 사도들조차도 바울처럼 복음 진리에 있어서 투명하지 못한 게 있었다. 죽었으면 확실히 죽은 것이고, 그리스도께서 우리 안에 사신다면 확실히 그렇게 사신다는 것을 믿어야 한다. 성도들이 십자가 중심의 복음 진리에서 흔들리면 교회가 바로 서지 못하게 된다. 교회는 활동으로 세워지는 것이 아니라 진리로 세워진다(딤전 3:15-16).

3장

복음에는 십자가가 밝히 나타나야 한다

갈라디아 성도들은 처음 예수를 믿고 어려움을 당한 것 같다[4절]. 사실 율법과 할례를 받아들이면 핍박과 어려움을 면할 수 있었을 것이다. 당시 유대교의 세력은 이렇게 이방 세계에까지도 강력하게 영향을 미쳤던 것이다. 3장에서 바울은 다시 십자가를 강조하며 말한다. **"그리스도의 십자가가 너희 눈 앞에 밝히 보이거늘 누가 너희를 꾀더냐?"**[1절] 복음에는 다른 것이 아니라 십자가가 밝히 나타나야 한다. 십자가를 멀어지게 하고 희미해지게 하는 어떤 가르침도 악한 가르침이다.

듣고 믿음으로 성령을 받다

우리가 성령을 받은 것은 율법을 행함으로써가 아니라 듣고 믿음으로써이다[2절]. 2장은 우리가 의롭다 함을 받은 것이 믿음으로써라 말하고, 3장은 우리가 성령을 받은 것이 듣고 믿음으로라고 말한다. 심지어 성도들 가운데서 능력을 행하시는 이의 일도 율법의 행위가 아닌 듣고 믿음에서 온다고 말한다[5절]. 성령의 능력을 맛보고자 한다면 무엇을 할 생각을 하지 말고 듣고 믿어야 한다. 믿으면 모든 축복이 오고 역사가 일어난다.

믿음으로 의롭다 함을 얻다

그러면서 바울은 아브라함의 믿음을 말했다. **"아브라함이 하나님을 믿으매 이것을 그에게 의로 정하셨다 함과 같으니라"**[7절]. 이미 구약에서도 아브라함이 의롭다 함을 받은 것은 믿음으로 된 것이라고 했으며 또 아브라함의 복이 미치는 것도 믿음으로 말미암은 것이라고 했다. 만일 성도들이 다시 율법 아래로 간다면 의롭다 함을 받지 못할 뿐 아니라 자기 스스로를 저주 아래 놓는 것이 된다(갈 3:10-13). 바울은 여기서 '여러분은 아브라함처럼 믿어서 축복의 노선에 있었는데 왜 다시 율법 아래로 들어가 저주의 노선에 있으려 하느냐'고 하는 것이다. 예수 그리스도께서는 우리를 율법의 저주에서 속량하셨을 뿐 아니라 믿음으로 아브라함의 복(성령의 약속)을 받게 하셨다[14절].

율법은 우리를 그리스도께 인도하는 몽학선생이다

갈라디아서 3장 15절부터 3장 마지막 절까지는 로마서 3장, 4장, 7장에 해당한다. 아브라함에게 주신 언약과 후에 더해진 율법의 진정한 의미를 말해주고 있다. 첫째로 하나님께서 아브라함에게 주신 언약은 은혜의 언약인데, 율법이 더해졌다고 해서 은혜가 폐하여질 수 없다. 사람도 한 번 언약하면 지키는데 하나님께서 한 번 언약하신 것을 폐하시겠는가?

19절은 율법이 주어진 배경과 의미를 다시 한 번 말해준다. "그런즉 율법은 무엇이냐 범법함을 인하여 더한 것이라". 또 로마서 3장에서처럼 율법은 모든 사람을 죄 아래 가두기 위해 주어졌다고 말한다[22절]. 하나님의 약속의 유업은 오직 믿음으로만 받을 수 있다는 것을 확증하는 것이다. 율법은 우리를 그리스도께 인도하는 몽학(蒙學)선생이고, 몽학선생은 우리를 그리스도께 인도하고 임무를 마친다. 우리는 다만 믿음으로 의롭다 함을 얻는다.

믿음이 온 후로는 우리가 더 이상 몽학선생인 율법 아래 있지 않다. 우리가 믿음으로 그리스도 예수 안에서 하나가 되고, 그리스도 예수로 옷 입고, 아브라함의 자손이 되고, 약속의 자손이 된다. 무엇을 하는 것이 아니라 오직 기록된 말씀, 하나님의 언약의 말씀, 그리스도께서 이루신 사실을 마음으로 믿어 은혜를 얻는 것이다. 하나님께 감사드리자.

4장

하나님께서 그 아들의 영을 우리 마음 가운데 보내시다

4장에서는 종과 아들에 대해 말한다. 3장에서는 율법 아래 있으면 저주 아래 있는 것이라고 하였는데, 4장에 와서는 율법 아래 있는 것은 아들이 아닌 종의 처지에 있게 되는 것이라고 말한다. 아브라함에게 두 아들이 있는데, 하나는 계집종에게서 난 이스마엘이고, 다른 하나는 자유하는 여자에게서 난 이삭이다. 사도 바울은 갈라디아서를 쓸 때 구약의 그림을 가지고 신약의 계시를 이끌어내고 있다.

유업을 이을 자라도 어렸을 때는 종과 다름이 없다고 하면서 바울 자신도 지난 날 유대교에 있었을 때 세상 초등학문 아래서 종 노릇 하였다고 말한다. 그런데 때가 찰 때 하나님께서 그 아들을 보내사 율법 아래 나게 하심으로 율법 아래 있는 자들을 속량하신 것이다. **"너희가 아들인 고로 하나님이 그 아들의 영을 우리 마음 가운데 보내사 아바 아버지라 부르게 하셨느니라 그러므로 네가 이후로는 종이 아니요 아들이니 아들이면 하나님으로 말미암아 유업을 이을 자니라"**[6-7절].

바울이 갈라디아 교회들을 염려하다

전에는 그들이 하나님을 알지 못하여서 본질상 하나님 아닌 것들에 종노릇을 했는데, 이제는 그들이 하나님을 알고 또 하나님께서도 그들을 아시는데 어찌하여 다시 약하고 천한 초등학문으로 돌아가서 다시 그것들에 종노릇 하려 하느냐고 말한다. 오늘날도 수많은 크리스쳔들이 율법적인 설교를 들으며 아들의 자유를 누리지 못하는 것을 본다. 바울은 참담한 심정으로 '내가 너희를 위해 수고한 것이 헛될까 두려워한다'고 하면서 '내가 너희와 같이 되었으니 너희도 나와 같이 되어달라'고 말한다. 그것은 바울이 유대인이지만 이방의 갈라디아 사람들에게 나아갈 때 그들처럼 된 것을 말한다.[8-12절]

바울이 갈라디아 성도들을 위해 다시 해산하는 수고를 하다

13-20절에서 바울은 갈라디아 성도들이 미혹을 당하여 다른 복음을 좇은 결과 바울에게서도 멀어진 것을 말한다. 당시에 갈라디아 성도들의 마음을 얻으려고 열심 내는 자들이 있었는데, 바울은 그들이 바울에게서 갈라디아 성도들을 떼어내어 자기들을 따르게 하려 한다고 말했다. 이런 일은 오늘날에도 도처에서 발생하고 있다. 이런 것이 소위 양 도둑질이다. 그러므로 바울은 말한다. "내가 너희 속에 그리스도의 형상이 이루기까지 다시 해산하는 수고를 하노니". 그들은 바울에 의해 출생한 자녀와 같은데 바울은 다시 해산하는 듯한 수고를 하고 있다.

새 언약은 위에 있는 예루살렘이요 자유하는 여자이며 우리의 어머니이다

21절부터 바울은 율법 아래 있고자 하는 자들을 향하여 말한다. 아브라함의 두 아들은 두 비유이며 두 언약인데, 하나는(옛 언약으로 상징된 이스마엘) 시내 산으로부터 종을 낳은 것을 말하며(시내 산에서 율법을 받은 결과는 하나님과 이스라엘 백성의 관계가 주종관계가 된 것이라고 한다), 따라서 현재 예루살렘은 다 종 노릇 하고 있다고 말한다.

그러나 새 언약은 위에 있는 예루살렘이요 자유하는 여자이며 그가 우리의 어머니라고 말한다. 우리의 어머니는 사라, 즉 위에 있는 예루살렘이다. 이사야 54장 1절은 장차 이방인들이(홀로 사는 자의 자녀) 더 자녀가 많게 될 것을 예언한 것이다. 갈라디아는 이방 지역이지만 많은 약속의 자녀들이 나올 것을 의미한 것이다. 당시 하갈의 아들 이스마엘이 자유하는 여자의 어린 아들 이삭을 핍박하듯이 지금도 그런 일이 있으나 성경은 결국 계집종과 그 아들을 쫓아내라고 명한다. 계집종과 그 아들은 유업을 이을 자가 아니다. 우리는 종이 아니라 자유하는 여자의 아들로서 약속을 유업으로 이을 자이다. 그러므로 그 신분을 잃지 않도록 어리석게 율법 아래로 돌아가지 말아야 한다.[21-31절]

5장

그리스도께서 우리로 자유케 하려고 자유를 주셨으니

당시 유대교의 거짓 교사들은 갈라디아에 와서 사람들을 할례받게 함으로써 율법 아래로 사로잡아가기 위해 애를 쓰고 있었다. 바울은 "그리스도께서 우리로 자유케 하려고 자유를 주셨으니 그러므로 굳세게 서서 다시는 종의 멍에를 메지 말라"[1절]고 한다. 할례를 받는 등 율법을 지키는 데로 떨어지면 결국 그리스도에게서 끊어지고 은혜에서 떨어지게 된다는 것이다. 바울은 그런 육체의 외적 표시인 할례나 무할례가 아무 의미가 없지만 오직 사랑으로 역사하는 믿음뿐이며, 그들을 요동케 하는 자들은 반드시 심판을 받으리라고 했다. 또 바울은 지금까지 자기가 유대교와 타협하면서 할례를 전했다면 핍박을 면했을 것이라고 한다.[1-12절]

오직 사랑으로 서로 종노릇하라

그러면서 13-14절에서는 **"너희가 자유를 위하여 부르심을 입었으나 그러나 그 자유로 육체의 기회를 삼지 말고 오직 사랑으로 서로 종 노릇 하라 온 율법은 네 이웃 사랑하기를 네 몸같이 하라 하신 한 말씀에 이루었나니"**라고 말씀한다. 율법은 사랑을 가져오지 못하나 믿음은 사랑을 가져온다.

사도는 성령을 좇아 생활하라고 가르친다. 육체의 소욕이 있고 성령의 소욕이 있는데 이 둘은 서로 대적하여 우리의 원하는 것을 하지 못하게 한다. 우리가 만일 성령의 인도하시는 바가 되면 율법 아래 있지 않을 것이다.

육체의 일

육체의 일은 현저해서 누구나 알 수 있다. 음행, 더러운 것, 호색 등은 볼 것 없이 육체로부터 나온 것이다. 우상 숭배, 술수, 원수 맺는 것, 분쟁, 시기, 분냄, 당 짓는 것, 분리하는 것, 이단, 투기, 술 취하는 것, 방탕함 등도 마찬가지이다. [19-21절]

성령의 열매

성령의 열매는 사랑, 기쁨, 화평, 오래 참음, 자비, 선함, 충성, 온유, 절제, 이런 것들이다. 이로써 여러분은 스스로 육체로 사는지 성령으로 사는지를 점검해볼 수 있을 것이다.[22-23절]

성령으로 살면 성령으로 행할지니

바울은 그리스도 예수의 사람들은 육체와 함께 그 정과 욕심을 십자가에 못 박았다고 말하며, 만일 우리가 성령으로 살면 또한 성령으로 행할 것이며 헛된 영광을 위해 서로 격동하고 투기하지 말라고 한다. 이와 같이 갈라디아서 5장은 로마서 8장처럼 성령을 좇아 살고 행하는 것을 강조하고 있다.[24-26절] 십자가에 못박힌 삶이 없이는 성령으로 행하며 살 수 없다.

6장

너희가 서로 짐을 지라

"형제들아 사람이 만일 무슨 범죄한 일이 드러나거든". 범죄한 형제가 있을 경우를 두고 한 말인데, 이때 영적으로 성숙한 믿는 이는 온유한 심령으로 그런 사람을 바로잡아야 하며 자신을 돌아보아 자기도 시험을 받지 않도록 조심하라고 한다[1절]. 또한 남의 범죄를 강 건너 불구경 하듯 하지 말고 연약한 성도를 사랑으로 짊어지라고 말한다. 남의 잘못을 바로잡아주거나 그 짐을 짊어지지 않은 채 자기가 뭐가 된 줄로 생각하면 스스로 속이는 것이라고 한다. 바울은 각각 자기 자신의 일을 살피면 자랑할 것이 자기에게만 있고 남에게는 있지 않다고 했는데, 이는 성도가 스스로 자신의 양심 속에서 주님을 잘 따르고 순종했다는 자랑을 가져야 한다는 뜻이다. 이는 각 사람이 자신의 짐을 질 것이기 때문이다. 여기 각 사람이 스스로 져야 할 짐 속에는 남을 위해 수고하는 것까지 포함될 것이다.[1-5절]

성령을 위하여 심는 자는 성령으로부터 영생을 거두리라

가르침 받는 자는 말씀을 가르치는 자와 모든 좋은 것을 함께 하라고 말한다. 말씀을 잘 가르치는 사람은 이 세상에서 가장 좋은 것을 전달해주는 사람이니 모든 좋은 것을 함께 나누는 것이 마땅한 일이라는 말이다[6절]. 또한 누가 알아주든 말든 주님 앞에서 선을 행하고 성령을 위하여 심어야 한다고 말한다. 자신을 속이는 사람들이 있다. 신앙생활에도 최면을 걸듯이 아닌 줄 뻔히 알면서도 혼자 열심내고 힘쓰고 감동하는 사람들이 있다. 자신을 속이는 사람은 자신도 속이고 남도 속인다. 그러나 하나님은 누구에게도 속임당하지 않으신다[7절].

기회 있는 대로 모든 이에게 착한 일을 하라

가장 착한 일은 가난한 자를 구제하는 일이다. 무엇보다도 먼저 가난한 믿음의 가정들에게 도움을 주는 것이 선한 일이다.[10절]

할례와 그리스도의 십자가

마지막으로, 바울 사도는 할례의 문제를 재론한다. 사실 갈라디아서는 유대교도들이 할례라고 하는 강력한 행위와 제도를 가지고 갈라디아 성도들을 율법 아래로 사로잡아가려고 하는 배경에서 쓰게 된 것이다. (사실 할례는 율법이 주어지기 전인 아브라함 때부터 실행되었기에 그것이 율법이 아니라고 피해갈 소지도 있다. 그럼에도 당시 할례는 매우 간교하게 율법을 들여오는 수단이 되었다. 오늘날도 율법이 아닌 것 같은, 성경적으로 보이면서 또 주님을 위한 것 같은 일들을 교회 안에 들여와서 율법의 사슬 삼아 성도들을 옥죄고 묶는 것은 매우 흔한 일이다.)

바울은 당시 유대교도들이 왜 할례를 주장하고 사람들에게 할례를 받도록 하는가를 말한다. 그것은 종교적으로 어려운 분위기 속에서 자기들이 살아남기 위한 것이었다(이것이 정곡을 찌르는 말이다). 즉 당시의 강력한 유대교적 분위기에서 그렇게 해야 명분도 서고 핍박을 면할 수 있기 때문이었다.

신앙생활은 이렇게 하면 안 된다. 이것은 위선이요 일시적으로 핍박을 면하려는 행위요 자기를 속이는 일이다. 할례를 받은 사람들이 율법은 지키지 않고 다른 이들로 할례를 받도록 주장하는 것은 단지 할례당이라고 하는 명패를 얻어 육체를 자랑하려는 것이었다. 그러나 바울은 주 예수 그리스도의 십자가 외에는 결코 자랑할 것이 없다고 말한다[12-14절].

오직 새로 지으심을 받은 자뿐이니라

바울은 다시금 말한다. **"할례나 무할례가 아무것도 아니로되 오직 새로 지으심을 받은 자뿐이니라"**[15절]. 당시 이런 말은 많은 저항과 공격과 핍박을 불러오는 말이었음에도 바울은 아무 두려움 없이 담대하게 선포했다. 이것이 하나님의 말씀의 사역자의 기본 정신이다.

내 몸에 예수의 흔적을 가졌노라

바울의 마지막 인사말은 매우 인상적이다. "이후로는 누구든지 나를 괴롭게 말라!" 그 동안 많이 괴로웠다는 말이다. 참되지 않은 영으로 할례를 전하고 다니는 사람들이나 그런 말을 듣고 흔들리는 갈라디아 성도들이나 다 바울에게는 괴로움이었다. **"내가 내 몸에 예수의 흔적을 가졌노라"**. 그는 오로지 예수 그리스도의 십자가만 전하고 자랑하면서 많은 고난과 핍박을 당했다.[17절]

"형제들아 우리 주 예수 그리스도의 은혜가 너희 심령에 있을지어다 아멘"[18절].

에베소서

서문

에베소서는 주후 64년경 로마의 감옥에서 기록한 서신이다. 이는 교회에 대한 하나님의 높으신 뜻을 계시하는 책이다. 고린도 전서나 빌립보서 같은 책은 당시 그 교회 안에 발생한 문제들을 처리하기 위해 쓴 것인데 반해, 에베소서는 에베소 성도들의 상황과 문제를 다루는 내용이 없고 그들에게 교회에 대한 하나님의 뜻을 보여주며, 하나님이 위에서 부르신 부르심과 그리스도의 몸인 교회의 이상을 보여주는 것에 그 중점이 있다.

오늘 우리는 에베소서를 통해 하나님께서 죄와 허물로 죽은 우리를 살리고 구원하신 뜻과 목적과 경륜을 볼 수 있다. 우리는 창세 전에 그리스도 안에서 하나님에 의해 선택되고 예정된 자들이요, 그리스도의 보혈로 구속된 자들이며, 성령의 인침을 받은 자들이다. 교회는 승천하여 머리 되신 그리스도와 연결되어 그분의 지극히 큰 부활과 승천의 능력을 믿음으로 체험하고 적용할 수 있도록 그리스도와 하나를 이룬 그리스도의 몸이다. 우리는 에베소서를 통해 교회에 대한 하나님의 크신 뜻과 비밀의 경륜을 알 수 있다.

1장

하늘에 속한 신령한 복

에베소서는 바울의 옥중 서신 중 하나로서 교회의 이상(vision)을 보여주는 책이다. 교회란 무엇인가? 교회는 창세 전에 그리스도 안에서 하늘에 속한 영적인 복을 받은 무리이다. 그러면 무엇이 복인가? [3절]

하나님의 선택하심과 예정하심

하늘에 속한 영적인 복의 첫번째는 하나님의 선택하심이다. 하나님께서는 그리스도 안에서 우리를 선택하실 때 그분의 마음에 사랑이 있으셨다. 그 선택은 창세 전에 되어진 것이고 이는 우리로 하여금 그 앞에 거룩하고 흠이 없게 하시려는 것이다. 또한 하나님은 그 기쁘신 뜻대로 우리를 예정하시어 예수 그리스도로 말미암아 하나님의 아들들이 되게 하셨다. 얼마나 놀라운 일인가! 당신이 예수를 믿었다면 선택받은 자이다. 선택받은 자의 축복을 보려면 야곱을 보라! 그의 모든 인생 길의 축복은 다른 것이 아니라 하나님의 선택된 자라는 이유에서다.

하나님의 선택을 받은 것은 그분의 사랑 안에서 이루어진 것이며 그분의 기뻐하시는 뜻이기도 하다. 하나님은 우리를 그리스도 안에서 선택하셨기에 우리의 일생 돌보시고 사랑하지 않으실 수 없다. 그리스도는 영원 전부터 하나님의 사랑하시는 아들이기 때문이다. 아버지께서 아들을 사랑하신 만큼 우리도 그렇게 사랑하신다. 놀라운 일은 창세 전부터 하나님은 우리를 아셨고 사랑하셨다는 것이다.[4-5절]

하나님께서 사랑하시는 자 안에서 거저 주시는 은혜

그래서 6절은 그분의 사랑하시는 자 안에서 우리에게 거저 주시는 은혜를 말한다. 우리는 그분의 사랑하시는 아들 안에서 택하심을 입었고 거저 주시는 은혜를 받았다. 왜 그렇게 큰 복을 거저 주시는가? 이유는 간단하다. 미리 아신 자들이요 택함받고 사랑하는 아들들이기 때문이다. 이 모든 것은 창세 전에 이루어진 일이다.

그리스도의 구속의 역사

7절은 시간 안에서 이루신 하나님의 가장 위대한 일을 말한다. 그것은 그리스도 안에서 그의 은혜의 풍성함을 따라 죄인이 되고 잃어버린 바 된 우리를 그리스도의 피로 구속하고 죄를 용서하신 일이다. 그 구속은 택하신 백성에게만 미치는 것이 아니라 하늘에 있는 것이나 땅에 있는 것이 다 그리스도 안에서 통일되기 위한 것, 즉 그리스도의 머리 되심 아래 혼돈 없이 조화를 이루어 하나님과 화목케 되기 위한 것이다. 이것이 완전한 하나님의 경륜이다. 골로새서 1장에도 같은 사상이 있다. "그의 십자가의 피로 화평을 이루사 만물 곧 땅에 있는 것들이나 하늘에 있는 것들이 그로 말미암아 자기와 화목케 되기를 기뻐하심이라"(골 1:20).

약속의 성령의 인치심

이러한 구원의 복음 곧 진리의 말씀을 듣고 믿은 사람들은 약속의 성령으로 인치심을 받는다. 이 성령의 인치심은 우리가 장래 얻을 하늘의 기업의 보증이 된다. 우리가 최고급 아파트를 당첨받아 그 입주권을 얻은 것과 같다. 우리가 받은 성령은 장래 아파트가 완공되었을 때 소유할 수 있는 입주권과 같다. 또한 이 성령의 인치심은 그날 영원토록 누릴 광대하고 풍성하신 그리스도를 미리 맛보는 것이다. 즉 그 본질이 같다는 말이다. 이것이 여기서 성령의 인치심의 보증이 의미하는 바다. 이러한 삼위일체 하나님의 각각의 역사는 우리로 그분의 영광을 찬미하게 한다.[6, 12, 14절]

사도의 감사와 기도

15절부터는 에베소 교회로 돌아온다. 그들에게 있는 믿음과 모든 성도들을 향한 사랑을 듣고 사도는 감사함으로 기도한다. 믿음은 물론 하나님과 그리스도에 대한 것이다. 교회는 이 두 가지가 있어야 한다. 하나님께 대한 믿음, 성도들에 대한 사랑이다. 바울의 기도는 주 예수 그리스도의 하나님 영광의 아버지께서 지혜와 계시의 영을 주셔서 하나님을 알게 하시고 마음눈을 밝게 하셔서 그의 부르심의 소망이 무엇인지, 성도 안에서 그 기업의 영광의 풍성이 어떠한지, 믿는 우리에게 베푸신 능력이 얼마나 큰 것인지 알게 하시기를 원했다.

성도들은 마음눈이 밝아져서 하나님께서 교회에 주신 능력이 얼마나 큰 것인지를 알아야 한다. 그 능력은 그리스도 안에서 역사하신 부활 능력으로서 죽은 자 가운데서 다시 살리신 능력이다. 또한 하늘 보좌에 오르신 승천의 능력이요, 만물을 발 아래 복종하게 하신 정복의 능력이다. 오늘 교회는 그리스도의 몸으로서 부활 승천하시고 보좌에 앉으신 그리스도를 머리로 모시고 있다. 교회는 만물을 충만케 하시는 분 곧 그리스도의 충만이다[23절].

2장[I]

허물과 죄로 죽은 우리를 살리시다

1장에서 교회는 창세 전에 그리스도 안에서 선택된 자들로 이루어졌다고 말한다. 2장은 그들이 죄와 허물로 죽어 있었고 하나님의 크신 긍휼과 사랑으로 그리스도와 함께 살리심을 받았다고 말한다. 1장은 우리의 창세 전의 상태를 말하지만, 2장은 시간 안에서 우리의 상태, 곧 죄와 허물로 죽어 있었던 상태를 말한다. 죄와 허물로 죽어 있을 때 우리는 이 세상 풍속을 좇고 공중의 권세 잡은 자를 따랐으니 곧 지금 불순종의 아들들 가운데 역사하는 영이다. 그때 우리는 우리 육체의 욕심을 따라 지내며 육체와 마음의 원하는 것을 하여 본질상 진노의 자녀였다. 우리는 늘 하나님의 진노 아래 있었으며 결과는 영원한 멸망이었다.[1-3절]

요한복음 8장에서 유대인들은 자신들이 종이 되었던 적이 없다고 했지만, 주 예수님은 죄를 짓는 자마다 죄의 종이라고 하셨다. 사람들은 내 맘대로 산다고 생각하겠지만 사실상 공중의 권세 잡은 자의 지배 아래 있는 것이다. 혹자는 교회에 다니는 것이 더 자유가 없고 속박당하는 것이라고 할지도 모른다. 그러나 그것은 우리의 느낌일 뿐 사실이 아니다. 오랫동안 식민지 생활에 익숙하고, 혹은 공산 치하의 생활에 익숙하다고 해서 그것이 자유로운 삶이 아닌 것과 같다. 공산주의는 인간의 가장 귀중한 가치, 보이지 않는 영원한 세계에 대한 추구를 금한다. 그것은 사람의 가치에 대한 선택과 자유를 억압하는 것임을 알아야 한다.

4절은 우리의 구원의 근원이 하나님의 크신 사랑과 긍휼임을 말한다. 그리고 5절은 구원의 내용이다. “허물로 죽은 우리를 그리스도와 함께 살리셨다”고 말하고 괄호를 쳐서 ["너희가 은혜로 구원을 얻은 것이라"]고 한다. 우리는 그리스도와 함께 살아났다. 이 말씀 그대로 믿으면 된다. 우리가 얻은 구원은 행위나 노력이 아닌 그저 하나님의 은혜로 된 것이라는 말이다. 바울은 이것이 얼마나 중요했으면 괄호를 쳐서 강조했겠는가!

또 함께 일으키사 함께 하늘에 앉히시다

6절은 구원의 내용이 더욱 풍성한 것임을 이야기한다. 다만 살아난 것(새 생명을 얻은 것)만이 아니라 함께 일으키심을 받아(그리스도와 함께 부활함) 함께 하늘에 앉히신 바 되었다고 말한다(함께 승천함).

그 은혜의 지극히 풍성함을 나타내려 함

7절과 10절은 우리 구원의 목적과 결과를 말하면서 오는 여러 세대에 그분의 은혜의 지극히 풍성함을 나타내려 함이라고 한다.

우리는 하나님의 걸작품

우리는 그분의 걸작품으로서(We are His masterpiece) 그리스도 예수 안에서 선한 일을 위하여 지으심을 받았다.

구원은 하나님의 선물

우리가 그 은혜를 인하여 믿음으로 말미암아 구원을 얻었으며, 따라서 구원은 우리에게서 난 것이 아니라 하나님의 선물이다[8절]. 구원이 우리의 행위에서 난 것이 아니므로 누구든지 자랑할 수 없다[9절].

2장[Ⅱ]

그리스도는 우리의 화평이시다

11절부터는 다시 에베소인들에게로 돌아온다. 이방인이었던 그들은 무할례당이라 불리는 자들이었고 약속의 언약과는 관계가 없었기에 세상에서 소망이 없고 하나님도 없는 불쌍한 자들이었다. 그러나 이제 전에 멀리 있던 이방인인 그들이 예수의 피로 가까워졌다고 말한다. 예수의 피는 죄를 사하는 것만이 아니라 서로 멀리 있던 자들을 가까워지게 한다. 또한 그리스도는 우리의 화평이시다. 둘로 하나를 만드사 중간에 막힌 담을 허셨다. 또 원수 된 것 곧 의문에 속한 계명의 율법을 자기 육체로 폐하셨으며 유대인과 이방인으로 그분 안에서 한 새 사람을 지어 화평하게 하셨다.[11-15절]

십자가로 유대인과 이방인을 한 몸이 되게 하시다

또 십자가는 이 둘을 한 몸이 되게 해서 하나님과 화목하게 하셨고 원수 된 것을 십자가로 소멸하셨다. 또 성령은 오셔서 먼 데 있는 이방인들에게 평안을 전하시고 가까이 있는 유대인들에게도 평안을 전하셔서 이 둘이 한 성령 안에서 아버지께 나아감을 얻게 하셨다. 그러므로 이방인이었던 에베소인들이 이제는 더 이상 외인도 아니고 손도 아니고 오직 성도들과 동일한 시민이요 하나님의 권속이라고 하였다. 모두가 하나님의 한 가족이 된 것이다. 교회란 그리스도의 화평케 하시는 역사로 태어난 존재이다. 따라서 화평이 없는 교회는 교회라 말할 수 없다.[16-18절]

그리스도 예수께서 친히 모퉁이돌이 되시다

교회의 터는 오직 그리스도이시지만, 실제적인 의미에서 그리스도께서 터가 되시도록 그 터를 닦는 일을 하는 사람들은 사도와 선지자들이다(고전 3:10-11). 따라서 이 땅에 교회가 세워지기 위해서는 하나님이 세우신 사도와 선지자들이 절실히 필요한 것이다. 그들이 없다면 그리스도를 터로 하는 교회를 그 누가 세우겠는가! 그리스도는 친히 모퉁이의 머리돌이 되셨다. 모퉁이돌이란 두 벽을 연결하는 돌, 즉 유대인과 이방인을 연결하는 분이시라는 뜻이다.

그리스도 안에서 우리는 건물마다 서로 연결하여 주 안에서 성전이 되어 가고 있다. 이것이 오늘 교회의 역사이다. 연결되고 건축되어가는 성분이 없다면 교회라 말할 수 없다(겔 37장 참조). 우리 개개인이 주님을 모시는 성전이지만 또한 단체적으로 우리는 성도들과 함께 성전으로 지어져 가고 있다. 우리는 하나님의 거하시는 처소가 되기 위해 예수 안에서 함께 지어져 간다. 죄와 허물로 죽었던 우리가 그리스도의 역사로 주 안에서 하나님을 모시는 거룩한 성전이 되어감을 감사드린다.[20-22절]

3장

하나님의 은혜의 경륜을 맡은 바울의 사역

에베소서의 교회의 비젼에 대한 중요한 교리는 사실 1장과 2장으로 족하다. 3장에서 바울은 자신에게 위임하신 귀한 사역을 설명하고 격려와 기도를 기록했다. 먼저 그는 그의 사역을 '하나님의 은혜의 경륜'이라고 말했다. 이 말은 율법의 경륜과 대조를 이루는 말이다.

5절, **"이제 그의 거룩한 사도들과 선지자들에게 성령으로 나타내신 것같이 다른 세대에서는 사람의 아들들에게 알게 하지 아니하셨으니"**. 이는 특히 1장과 2장의 그리스도의 몸에 대한 계시로서 이방인들이 복음으로 말미암아 그리스도 예수 안에서 함께 후사가 되고 함께 지체가 되고 함께 약속에 참예하는 자가 되는 것을 말한다. 이러한 계시는 바울 시대에 이르러서야 분명히 알려지게 되었다는 것이다. 바울은 당시까지 계시되지 않았던 새로운 계시를 얻게 된 것이다. 그러나 그는 자신 혼자 그 계시를 얻었다고 하지 않았다. 그의 가장 높은 계시는 그리스도의 몸에 관한 것이다. 복음은 죄인이 심판과 멸망에서 구원을 받는 것만이 아니라 그리스도 안에서 함께 후사가 되고 함께 지체가 되고 함께 약속에 참여하는 자가 되게 한다(6절, 롬12장 참조).

영원부터 하나님 속에 감취었던 비밀의 경륜을 드러내려 하심

바울은 그가 이 복음을 위하여 하나님의 능력이 역사하시는 대로 그분의 은혜의 선물을 따라 일꾼이 되었다고 말한다. 자신으로 말하면 모든 성도 중에 지극히 자보다 더 작은 자이지만 그에게 이 은혜를 주신 것은 측량할 수 없는 그리스도의 풍성을 이방인에게 전하게 하시려는 것이며, 영원부터 만물을 창조하신 하나님 속에 감취었던 비밀의 경륜이 어떠한 것을 드러내게 하려 하심이라고 한다[7-9절]. 바울은 이러한 놀라운 계시를 얻은 것이다. 바울은 이러한 계시를 얻었고 이 교회를 위하여 일꾼이 되었다. 이것은 이제 교회를 통하여 하늘에서 정사와 권세들에게 하나님의 각종 지혜를 알게 하시려는 것인데, 이는 영원부터 우리 주 그리스도 예수 안에서 예정하신 뜻대로 하신 것이다. 사실 하나님께서 교회를 일으키실 때, 하늘의 천사들이나 주관들이나 정사들이 다 알지 못했다[10-11절]. 그 누구도 상상하지 못했던 것이 바로 교회의 출현이었다.

그리스도를 믿음으로 담대하고 당당하게 하나님께 나아가라

그러므로 교회로 부르심을 입은 자들인 우리는 그리스도 예수 안에서 그를 믿음으로 담대하고 당당하게 하나님께 나아가야 한다. 하나님은 교회를 지극히 사랑하시고 원하시기 때문이다. 교회는 하나님의 걸작품이요, 하나님 보시기에 너무나 귀한 존재이다. 문 밖에서 서성이지 말라! 안에서 아버지는 간절히 기다리신다. 바울은 에베소 성도들에게 교회를 위해 당하는 그의 여러 환난(감옥에 갇히는 등)에 대하여 낙심하지 말라고 격려하면서 그것이 도리어 그들의 영광이라고 말한다.[12-13절]

모든 성도와 함께 지식에 넘치는 그리스도의 사랑을 알도록

사도가 구하는 것은 오직 하나님의 영광의 풍성을 따라 성도들의 속사람이 능력으로 강건하게 되는 것이었으며, 믿음을 통하여 그리스도께서 성도들 마음 속에 거하시고 그들이 사랑 가운데서 뿌리가 박히고 터가 굳어져서 모든 성도들과 함께 지식에 넘치는 그리스도의 사랑을 알아 그 너비와 길이와 높이와 깊이가 어떠함을 깨달아 하나님의 모든 충만하신 것으로 그들에게 충만케 되는 것이었다. 성도들의 속 사람이 강건케 되는 것, 그리스도께서 성도들 안에 거하심, 사랑이 굳어져서 모든 성도 함께 풍성한 그리스도의 사랑을 아는 것은 하나님의 모든 충만하심이 교회 중에 충만케 되는 것과 관계가 있다. 그 풍성하신 그리스도는 모든 성도들과 함께가 아니면 결코 다 알 수 없다. 하나님은 그분의 모든 충만하심이 교회에 있기를 원하신다.[14-21절]

4장[I]

부르심에 합당한 생활-성령의 하나 되게 하신 것을 지킴

4장부터는 신자들이 그리스도의 몸으로 부르심을 받아 어떻게 생활해야 하는지를 말해준다. 먼저는 객관적인 진리요 다음은 생활이다. 바울은 계시만 말하는 것이 아니라 그 계시를 얻은 자들의 합당한 생활도 말해준다. 이것은 그의 서신 어디서든지 동일하다. 마치 구약의 율법이 전혀 수영을 하지 못하는 사람에게 부산에서 로스앤젤레스까지 헤엄쳐 건너가보라는 것과 같다면, 이러한 행함은 마치 깊은 시냇물 바닥을 얕게 메꾸어 놓고서 바닥을 짚고 헤엄치라고 하는 것과 같다.

에베소서 1, 2장은 그리스도의 몸이 어떠한 것인가를 말해주고, 4장은 몸의 생활을 어떻게 할 것인가를 말해준다. "그러므로 주 안에서 갇힌 내가 너희를 권하노니 너희가 부르심을 입은 부름에 합당하게 행하여". 우리는 한 몸이 되도록 부르심을 입었다. 이 한 몸의 생활에 합당한 행함이 무엇인가? 가장 먼저가 하나를 지키는 것이다. 부부가 결혼을 해서 한 몸을 이뤘다 할 때 가장 중요한 것은 이혼하지 않고 하나 되어 잘 사는 것이다. 그리스도의 몸의 생활을 위해서 가장 중요한 것은 모든 겸손과 온유로, 오래 참음으로 사랑 가운데서 서로 용납하며 평안의 매는 줄로 성령의 하나 되게 하신 것을 힘써 지키는 것이다.[1-3절]

"몸이 하나이요 성령이 하나이니". 사도 바울은 몸이 하나라는 것을 강조했다. 성부, 성자, 성령-삼위일체 하나님께서 하나이듯이 몸인 교회도 하나이다. 믿음, 소망, 세례(침례)도 하나이다. 결국 승천하신 그리스도께서 교회에 사도와 선지자와 복음 전하는 자와 목자와 교사의 은사를 주신 것은 다 그들의 은사를 발휘함으로 모든 성도들을 섬기게 하여 그리스도의 한 몸을 건축하게 하려 하심이라고 한다. 바울은 그리스도의 몸, 교회를 위한 사역자가 되었다고 말하며, 그의 사역 또한 그 몸을 건축하는 것이라고 말한다. 진리를 기둥과 터로 하여 하나님의 집인 교회를 세우는 것이 하나님의 사역자들의 사역이다.[4-12절]

그리스도의 장성한 분량의 충만에까지 이르도록

우리는 13절부터 놀라운 말씀을 대하게 되는데, 이는 그리스도의 몸인 교회가 어느 정도까지 성장하는가를 말해준다. 사도 바울은 성도들이 하나님의 아들을 믿는 것과 아는 것에서 하나가 되어 온전한 사람을 이루어 그리스도의 장성한 분량이 충만한 데까지 이르는 것을 말한다. 그 성숙의 목표는 바로 그리스도의 장성한 분량의 충만함에 이르는 것이다. 그러려면 각 지체들이 마디(사역자들)의 공급을 받아 그 분량대로 봉사하고 역사하여 그 몸을 머리이신 그리스도께 이르도록 자라게 해야 한다. 교회의 성장의 표준은 참으로 높고 한이 없다. 그 목표가 머리이신 그리스도이다. 우리는 교회의 성장의 목표가 그리스도시라는 말씀에 한없는 감동을 받게 된다[15절].

하나님은 우리에 대해 엄청난 기대를 하신다. 아가서를 보면 우리는 술람미 여인이 어디까지 자라야 하는가를 잘 알 수 있다. 솔로몬은 남성형 이름이고 술

람미는 솔로몬의 여성형 이름일 뿐 결국 같아지는 것이다(요일 3:2). 따라서 몸의 마디인 하나님의 사역자들의 교회에 대한 공급(supply)의 책임은 매우 크다.[13-16절]

4장[Ⅱ]

옛 사람을 벗고 새 사람을 입으라

16절까지는 교회의 단체적 생활을 말하고, 17절부터는 그리스도의 몸의 지체들인 성도들이 일상생활에서 어떻게 처신해야 하는가를 기술한다. 첫째로는 이방인이 그 마음의 허망한 것으로 행함같이 행하지 말라고 한다. 그들은 이해력이 어두워지고 마음이 굳어져서 그들 속에 있는 무지함으로 하나님의 생명에서 떠나 있다. 이방인들은 죄악에 대하여 별 감각이 없다. 그 감각은 어디에서 오는가? 하나님의 생명이다[18절]. 믿는 이들은 그들 안에 하나님의 생명이 있으므로 거룩한 감각이 있다. 그러나 그리스도인이라도 총명이 어두워지고 마음이 굳어지면 감각 없는 자가 될 수 있고 자신을 방탕에 방임하게 될 수 있고 모든 더러운 것을 탐욕으로 행할 수 있다고 말한다.[17-19절]

"오직 너희는 그리스도를 이같이 배우지 아니하였느니라 진리가 예수 안에 있는 것같이 너희가 과연 그에게서 듣고 또한 그 안에서 가르침을 받았을진대"[20-21절]. 진리는 예수 안에 있다. 예수를 떠나서는 진리가 없다. 우리가 그리스도를 배우는 것은 외적인 가르침으로만이 아닌데, 이는 우리 안에 그리스도께서 거하시기 때문이다(3:17). 우리가 만일 그리스도에게서 배운다면, 그분에게서 듣고 그분에게서 가르침을 받는다면, 옛 사람을 벗어버리고 심령으로 새롭게 되어 하나님을 따라 의와 진리의 거룩함으로 지으심을 받은 새 사람을 입을 것이다. 새 사람의 요소(의, 진리, 거룩)는 하나님이시다. 중요한 것은 우리가 생각의 영 안에서 날마다 새롭게 되는 것이다(23절, 고후 4:16).

그리스도인의 새로운 삶의 본

그러므로 거짓을 버리고 각각 그 이웃으로 더불어 참된 것(진리)을 말해야 하는데, 이는 우리가 서로 지체가 되었기 때문이다. 지체가 됨도 우리가 그리스도를 모시고 그분이 우리의 생명이 되었기 때문에 가능하다. 모든 그리스도인의 생활은 그리스도의 몸과 그 지체들이 되었기 때문에 가능한 것이다. 또 분을 내어도 죄를 짓지 말며 해가 지도록 분을 품지 말라고 한다. 마귀가 틈 탈 수 있기 때문이다. 또한 도적질하는 자는 다시 도적질하지 말고 돌이켜 빈궁한 자에게 구제할 것이 있기 위해 제 손으로 수고하여 선한 일을 하라고 한다. 도적질하지 말라는 말씀은 마치 구약의 십계명과 같다. 그러나 신약에는 하나님께서 예비하신 공급(그리스도의 생명)이 있다. 참된 것을 말해야 함은 서로 지체가 되었기 때문이며, 해가 지도록 분을 품지 말라는 말씀은 우리에게 있는 그리스도의 은혜가 아무리 분한 마음이라도 제할 수 있기 때문이다. 우리는 또한 가난한 자들에게 공급할 수 있는 은혜를 얻은 자들이다.[25-28절]

또한 말에 있어서, 더러운 말은 입 밖에도 내지 말고 오직 덕을 세우는 데 소용되는 대로 선한 말을 하여 듣는 자들에게 은혜를 끼치게 하라고 한다. 하나님의 성령을 근심하게 하지 말아야 하는데, 이는 그 안에서 우리가 구속의 날까지 인치심을 받았기 때문이다. 더러운 말이나 악한 말은 성령을 근심케 할 수 있다는 뜻이다.[29-30절]

"너희는 모든 악독과 노함과 분냄과 떠드는 것과 훼방하는 것을 모든 악의와 함께 버리고 서로 인자하게 하며 불쌍히 여기며 서로 용서하기를 하나님이 그리스도 안에서 너희를 용서하심과 같이 하라"[31-32절]. 우리는 불쌍히 여길 수 있고, 용서할 수 있으며, 사람들을 인자로 대할 수 있음을 주님께 감사한다. 이 모든 것이 다 신약의 성도들이 행할 수 있도록 예비하신 하나님의 은혜이다. 신약의 성도들은 그분의 은혜를 힙입어 능히 이렇게 할 수 있다. 사도 바울은 이 모든 것이 부르심을 입은 부름에 합당하게 행하는 것이라고 말하고 있다[1절].

5장

하나님을 본 받는 자가 되라

사도 바울은 4장부터 그리스도인의 생활을 다루는데, 5장에서는 보다 근원적인 곳을 향한다. "그러므로 사랑을 입은 자녀같이 너희는 하나님을 본받는 자가 되고 그리스도께서 너희를 사랑하신 것같이 너희도 사랑 가운데서 행하라… 너희가 전에는 어두움이더니 이제는 주 안에서 빛이라 빛의 자녀들처럼 행하라". 첫째는 사랑이요 둘째는 빛이다. 이것이 1절부터 14절까지의 말씀이다. 은혜의 근원은 하나님의 사랑이요 진리의 근원은 빛이다. 우리의 삶은 결국 사랑이신 하나님을 본받는 것이어야 한다. 그리스도께서 우리를 사랑하신 그 사랑으로 우리가 다른 사람들을 사랑해야 한다는 것이다. 음행이나 탐욕은 사랑이 없는 행위들일 뿐이다. 이렇게 음행과 온갖 더러움과 탐욕을 행하는 사람들은 그리스도와 하나님의 나라에서 기업을 얻지 못하며, 하나님의 진노가 그런 자들에게 임한다. 이는 심히 두려운 일이다.

사랑은 결국 빛이다. 우리는 주 예수를 믿음으로 어두움에서 빛으로 옮겨졌다. 빛 가운데 생활한다는 증거는 무엇일까? 사랑 가운데 행하는 것이다. 사랑이 없다는 것은 그가 어둠 가운데 행한다는 뜻이다. 빛은 모든 착함과 의로움과 진실함이다. 착하지 않고 의롭지 않고 진실하지 않다면 그는 빛 가운데 사는 것이 아니다. 사람들에 대한 사랑이 없다면 그는 말할 것도 없이 어두움에 있는 사람이다(요일 2:9-10). 우리는 매사에 주님께 기쁘시게 할 것이 무엇인지 시험하면서 생활해야 한다. 어두움의 일이란 은밀히 행하는 일들이며 말하기가 부끄러운 일들이다. 그러나 그런 일들은 책망을 받을 때 빛으로 나타나게 된다. "나타나지는 것마다 빛이니라"[13절].

범사에 우리 주 예수 그리스도의 이름으로 하나님 아버지께 감사하라

그러므로 우리는 어떻게 행할 것인지를 자세히 주의하여 지혜 있는 자같이 함으로 세월을 아껴야 하며(시간을 구속하라, 혹은 기회를 붙잡으라), 주님을 기쁘시게 할 기회를 붙잡아야 한다. 술 취하지 말고 성령으로 충만해야 하며 시와 찬미와 신령한 노래들로 서로 화답하며 마음으로 주께 노래하며 범사에 우리 주 예수 그리스도의 이름으로 항상 아버지 하나님께 감사해야 한다.[15-21절]

아내들과 남편들에게 주는 교훈 : 그리스도와 교회의 관계를 나타냄

그리스도인의 삶은 가정에서부터이다. 아내는 교회가 그리스도께 하듯 남편에게 복종해야 하며 남편은 아내를 사랑하되 그리스도께서 교회를 사랑하시고 자신을 주심같이 해야 한다. 결국 교회의 운명은 무엇인가? 티나 주름 잡힌 것이 없이 거룩하고 흠이 없게 되어 그리스도 앞에 영광스러운 교회로 세워지는 것이다. 신부가 단장되어 신랑에게 인도되는 것과 같다. 이것이 우주 가운데 이루어져 가고 있는 비밀 중의 비밀이다. 어떻게 교회는 깨끗케 될 수 있는가? 말씀의 물로 씻는 것이다. 그리스도와 교회는 큰 비밀이며 온전히 하나인 실체이다. 사람이 자기 육체를 미워하지 않고 오직 양육하여 보호하는 것처럼 그리스도께서는 더욱더 당신의 몸인 교회를 보호하고 양육하신다. 우리가 그 몸의 지체가 되었다는 것은 얼마나 감사한 일인지! 지금도 우리는 그분의 보호와 양육을 받고 있다. 이와 같이 남편들도 자기 아내 사랑하기를 제 몸같이 해야 하는데, 자기 아내를 사랑하는 자는 자기를 사랑하는 것이기 때문이다. 남편과 아내가 한 몸 된 것이 비밀이듯 그리스도와 교회가 한 몸이 된 것은 더욱더 큰 비밀이다.[22-33절]

6장

자녀들과 부모들에게 주는 교훈

1절부터 4절까지는 부모와 자녀에게 주시는 말씀이다. "자녀들아 너희 부모를 주 안에서 순종하라 이것이 옳으니라 네 아버지와 어머니를 공경하라 이것이 약속 있는 첫 계명이니 이는 네가 잘 되고 땅에서 장수하리라 또 아비들아 너희 자녀를 노엽게 하지 말고 오직 주의 교양과 훈계로 양육하라".

자녀들이 부모를 주 안에서 공경하고 순종하는 것을 가르친다. 그래야 잘 되고 땅에서 장수하게 된다. 이것이 약속 있는 첫 계명이다. 또 아비들도 자녀들을 노엽게 하지 말고 오직 주의 교양과 훈계로 양육해야 한다.

종들과 상전들에게 주는 교훈

5절부터 9절까지는 상전과 종들에게 주시는 말씀이다. 종들은 두려워하고 떨며 성실한 마음으로 육체의 상전에게 순종하기를 그리스도께 하듯 하라고 한다. 보는 데서만 눈가림으로 할 것이 아니라 성실한 마음으로 순종하되 그리스도의 종들처럼 단 마음으로 하나님의 뜻을 행하며 섬기라는 것이다. 종들이 상전을 섬기는 것이나 그리스도의 종들이 하나님을 섬기는 것은 다 성실하고 기꺼이 섬기고자 하는 마음의 문제이다. "이는 각 사람이 무슨 선을 행하든지 종이나 자유하는 자나 주에게 그대로 받을 줄을 앎이니라". 우리의 행함에 대한 보상은 사람이 아닌 주님에게서 받는 것이다. 그러므로 상전들도 종들에게 공갈을 그치라고 한다. 이는 종이든 주인이든 그들의 진짜 상전은 하늘에 계시고 그분은 사람을 외모로 취하지 않으시기 때문이다.[5-9절]

교회의 영적 전쟁

마지막으로, 교회의 영적 전쟁을 말한다. 교회는 그리스도의 신부일 뿐 아니라 그리스도의 전사이다(계 19:7-15). 하나님은 사람을 창조하실 때부터 대적을 염두에 두시고 사람으로 하여금 뱀을 포함하여 이 땅을 정복하고 다스리게 하기를 원하셨다. 교회는 대적이 있음을 알아야 하고 주 안에서 그 힘의 능력으로 강건케 되어야 한다. 싸우려면 힘이 약해서는 싸울 수 없기 때문이다. 성도들이 강하게 되기 원한다면 될 수 있다.[10절]

하나님의 전신갑주를 취하라

마귀의 궤계를 능히 대적하기 위해서는 하나님의 전신갑주를 취해야 한다. 사실 이 전신갑주 이야기는 구약에 이미 나와 있다(사 59:17). 이 갑주는 원래 그리스도께서 입으신 것이다. 따라서 하나님의 전신갑주이다. 이 갑주를 입으시고 그분은 구속을 위한 싸움에서 이기신 것이다. 오늘 교회는 단체적으로 이 갑주를 입어야 한다. 그리스도는 혼자 입고 싸워 이기셨지만, 교회는 함께 입어야 이길 수 있다. 개인적으로 입고 나가 싸우려고 시도하지 말라! 교회가 함께 기도로 협력하면서 싸움에 임해야 한다. 마귀는 대군으로 나와서 덤비는데 여러분 혼자 싸우려고 나서는 것은 매우 위험한 일이다. 왜 주님이 이 땅에 교회를 두셨는가? 교회는 신부인데 혼자 개인적으로 신부가 되는 것이 아니라 단체적인 신부요, 혼자 개인적인 전사가 아니라 단체적인 군대이다. 기도도 싸움도 교회가 한 마음으로 힘써야 길이 있다(마 18:18-20).[11절]

우리의 씨름은 어두움의 세상 주관자들과 하늘의 악의 영들에 대한 것이다. 우리의 씨름은 혈과 육에 속한 것이 아니다. 우리의 대적은 보이는 세계의 존재들이 아니다. 그러니 혈과 육을 사용하면 백전백패하게 되어 있다. 정사와 권세, 이 어두움의 세상 주관자들과 하늘의 악의 영들에게 대한 것이다. 그러니 이 세력은 보이는 물질세계의 육신적인 힘으로 대항할 수 없다. 영적 능력이어야 하고 하나님의 전신갑주를 취해야 한다. 대적이 이런 존재이기에 바울은 다시금 "하나님의 전신갑주를 취하라"고 강조한다[13절]. 지금 주님은 아직 오시지 않았고 공중 권세 잡은 자들과 악한 영들은 날뛰고 있다.

진리의 허리띠, 의의 흉배, 평안의 복음의 신발, 믿음의 방패, 구원의 투구, 성령의 검

그러기에 오늘 교회는 악한 자를 대적하기 위해 진리의 허리띠를 띠고 의의 흉배를 붙여야 한다. 평안의 복음의 예비한 것으로 신을 신어야 한다. 진리, 의, 복음은 다 주님 자신이다. 이 모든 것 위에 믿음의 방패를 가져야 하며 이로써 마귀의 불화살을 막아내야 한다. 구원과 소망의 투구를 써야 하며 성령의 검 곧 하나님의 말씀을 가져야 한다. 말씀이 없다면 공격해 나갈 힘이 없다. 그리스도와 성령, 진리의 말씀이 우리가 싸움에 임하기 위해 가져야 할 갑주요 무기들이다. 이 악한 날들에 하나님의 전신갑주를 입지 않으면 이 모든 영적 전쟁을 치른 후에 서지 못한다. 영적 전쟁에서 선다는 것은 매우 중요하다. 쓰러진 것은 이미 패한 것을 의미한다. 서 있기 위해서는 길고 긴 싸움을 견디는 인내를 필요로 한다. 에베소서는 먼저 앉고(2:6), 다음에 행하며(4:1), 최종적으로 서는 것을 말한다(6:13-14).

모든 기도와 간구로 하라

마지막으로, 바울은 교회에게 기도를 강조한다. 이 영적 싸움을 싸우기 위해서도, 심지어 전신갑주를 입기 위해서도, 말씀의 검을 갖기 위해서도 기도는 필수적이다. 모든 것을 위해 무시로 기도와 간구를 하되 성령 안에서 항상 깨어 기도하고 또 사도인 자신을 위해서 기도해달라고 한다. 사도가 부탁하는 기도의 내용은 무엇인가? 그에게 말씀을 주시어 그로 하여금 입을 벌려 복음의 비밀을 담대히 전하게 해달라는 것이다. 그는 참으로 겸손하고 주님을 의지하는 사역자이다. 우리는 바울을 통해 참 많이 배우게 된다. 무엇을 배우는가? 그 놀라운 사역자가 자신을 의지하지 않고 늘 성도들에게 기도를 부탁하고 그들을 의지한 것이다. 그는 말씀의 계시가 가득했지만 여전히 자신은 아무것도 없는 자임을 시인한다. 그는 주님이 그에게 담대함을 주시도록 기도를 요청한다. 그는 자신을 입만 열면 말씀이 유창하게 나오는 능력 있는 설교자로 여기지 않고 성도들의 기도가 없이는 아무것도 할 수 없는 자로 여긴다. 얼마나 아름다운 사역자의 본인가![18-19절]

복음을 위해 쇠사슬에 매여 수감되어 있는 바울

그는 자신이 이 일을 위해 쇠사슬에 매였고 죄수로 수감되어 있다고 말한다. 그는 수감되어 있지만 말씀 전하는 일을 포기하지 않고 성도들에게 이 일을 위해 기도해달라고 거듭 부탁한다. 마지막으로, 에베소 성도들에게 바울 자신의 사정을 알게 하기 위해 동역자 두기고를 보내겠다고 하면서 그를 사랑 받는 형제요 진실한 일꾼이라고 소개한다. 그리고 우리 사정을 알게 하기 위해, 너희를 위로하기 위해 저를 특별히 보낸다고 썼다.[20-22절]

마지막 문안 인사

마지막 문안 인사도 매우 감명 깊고 특별하다. "아버지 하나님과 주 예수 그리스도에게로부터 평안과 믿음을 겸한 사랑이 형제들에게 있을지어다 주 예수 그리스도를 변함없이 사랑하는 모든 자에게 은혜가 있을지어다"[23-24절].

아멘.

빌립보서

서문

사복음서가 공관복음과 요한복음으로 나누어진 것처럼 옥중서신도 에베소서, 골로새서, 빌레몬서, 이 세 서신은 일시에 기록되고 빌립보서는 그 후에 기록된 것이다. 내내 사도행전 28장의 로마 감옥에서이다(A. D. 64년경). 빌립보서는 고린도 후서처럼 교리가 많지 않고 체험이 많은 바울의 자서전적인 책이다. 바울은 성도들의 믿음의 진보를 위해 자신의 심정과 체험을 말해주고, 그리스도의 비우심과 낮아지심을 말함으로써 성도들로 하여금 그리스도 예수의 마음을 품게 하여 복음을 위하여 사도 바울 자신과 한 마음으로 전진하도록 도왔으며, 특히 그들의 물질적 협력에 감사하며 기록한 서신이다.

1장

빌립보 성도들을 인해 하나님께 감사드리다

빌립보 교회는 사도행전 16장에서 사도 바울이 마케도냐 첫 성에 이르러 만난 자주 장사 루디아의 가정과 감옥에 갇혔을 때 회개하고 믿은 간수의 가정이

기초가 되어 세워진 교회이다. 그 후에 성도들이 더해지고 감독들과 집사들이 세워지면서 바울 사도의 복음 사역에 적극 협력하는 건강하고 아름다운 교회가 되었다. 그들은 바울에게 복음을 받은 첫날부터 사도의 복음 사역에 적극 협력했으며 바울은 그로 인하여 늘 기쁨과 감사함이 있었다[4절].

빌립보 교회가 사도 바울의 복음 사역에 참여하다

지금 바울은 로마의 감옥에 갇혀 있는데, 감옥에서 이 편지를 썼다. 사도 바울은 복음을 전할 뿐 아니라 복음을 변명하고 확정하는 일을 했다. 사도는 빌립보 교회가 그의 매임과 복음을 변명함과 확정하는 일에 그와 함께 은혜에 참예했다고 말한다. 이에 바울은 예수 그리스도의 심장으로 그들을 사모한다고 했고, 그들을 위해 기도하면서 그들의 사랑이 지식과 총명으로 점점 더 풍성해지기를 구했다. 그들은 마땅히 지극히 선한 것을 분별하고 또 진실하여 허물없이 그리스도의 날까지 이르며 예수 그리스도로 말미암아 의의 열매가 가득하여 하나님의 영광과 찬송이 되어야 했다[9-11절]. 이러한 사도의 신령한 기도는 오늘 우리가 배워야 할 귀한 내용이다.

무슨 방도로 하든지 복음이 전파되는 것을 기뻐하는 바울

바울은 그가 감옥에 갇힌 것이 복음에 장애가 아니라 진보가 되었음을 말하고 있다. 사도의 마음에는 늘 복음이 있다. 복음의 마음이 없는 자는 하나님의 종이라 할 수 없다(롬 1:1). 그는 자기가 감옥에 갇히다 보니 형제들이 더욱 담대하게 복음을 전하게 되는 결과를 가져왔고, 또 어떤 이들은 바울이 갇혔다고 좋아하면서 바울의 심령에 괴로움을 주려고 경쟁적으로 복음을 전했는데, 무슨 방도로 하든지 그리스도가 전파되니 그로 인해 자신은 매우 기뻐한다고 말하였다.[12-18절]

이는 내게 사는 것이 그리스도니

바울은 이러한 환경에서 성도들의 간구와 예수 그리스도의 성령의 도우심으로 자신이 구원에 이르게 될 것을 알았다. 그리고 그의 간절한 기대와 소망은 다만 감옥에서 풀려나는 것이 아니라 그런 상황에서 오직 전과 같이 담대하여 그리스도가 자신의 몸에서 존귀케 되는 것이었다. 이는 그의 안에 사시는 분이 그리스도이시기 때문에 죽는 것도 유익하다고 했다.[19-21절]

그는 자신이 지금 삶과 죽음, 두 사이에 끼었다고 하면서, 떠나서 그리스도와 함께 있고 싶은 욕망이 더욱 크지만, 그럼에도 그가 육신에 거하는 것이 교회를 위하여는 더욱 유익할 것이라 했다. 그것은 교회에게 아직 바울이 필요하기 때문이다. 빌립보 교회는 믿음에서 더 진보해야 하고 그들의 자랑이 사도로 인하여 더욱 풍성해져야 했다.[23-26절]

그리스도 복음에 합당하게 생활하라

그는 빌립보 교회에게 당부한다. "오직 너희는 그리스도 복음에 합당하게 생활하라 이는 내가 너희를 가보나 떠나 있으나 너희가 일심으로 서서 한 뜻으로 복음의 신앙을 위하여 협력하는 것과 아무 일에든지 대적하는 자를 인하여 두려워하지 아니하는 이 일을 듣고자 함이라".[27-28절] 건강한 교회는 복음을 위한 열심이 있어야 하고 대적에 대하여 대항하는 의지를 지녀야 한다.

복음의 신앙을 위해 협력할 것을 권함

빌립보 교회는 매우 사랑스럽고 좋은 교회지만 그 가운데 영향력 있는 두 자매가 서로 마음이 맞지 않은 문제가 있었다(4:2). 여기서 우리는 '복음의 신앙(the faith of the gospel)'이라는 신조어 같은 말씀을 대한다. 믿음에는 복음을 위한 믿음이 있다. 우리의 마음속에는 복음을 위한 신앙이 들어 있어야 한다. 교회 전체가 이 복음의 신앙에서 한 마음 한 뜻이 될 수 있다면 얼마나 좋겠는가! 빌립보서에는 다른 서신에는 없는 복음의 변명, 복음의 확정, 복음의 진보, 복음의 신앙 등 복음에 관련된 용어들이 많이 등장한다. 바울은 단순히 복음을 전한 것만이 아니라 때로는 복음을 변호하고 확정하는 일을 했으며 복음의 진보를 위해 힘썼고 복음의 신앙으로 하나 될 것을 권했다.

그리스도를 믿을 뿐 아니라 그를 위하여 고난도 받음

복음을 위한 교회에게는 대적이 있다. 교회는 대적에 대하여, 영적 전쟁에 대하여 두려워하는 것이 없어야 한다. 여러분이 만일 진정한 복음을 위한 교회라면 마귀는 멈추지 않고 각양 공격을 시도할 것이다. 사도 바울은 늘 이런 반대와 핍박, 공격과 비방을 당하면서 복음을 전했다. 그리스도를 위하여 우리에게 은혜를 주신 것은 우리로 하여금 믿을 뿐 아니라 고난도 받게 하려 함이라고 격려한다. 우리가 믿을 수 있는 것도 은혜라는 말씀을 여기서 대한다. 또한 은혜가

있으면 어떤 고난도 어려움도 어떤 환경도 이긴다.[29-30절]

2장

마음을 같이하고 한 마음을 품으라

바울은 빌립보 성도들에게 마음을 같이 하며 한 마음을 품을 것을 권한다. 복음의 확장을 위해서는 교회가 절대적으로 한 마음과 한 뜻이 되어야 한다. "마음을 같이 하여 같은 사랑을 가지고 뜻을 합하며 한 마음을 품어 아무 일에든지 다툼이나 허영으로 하지 말고 오직 겸손한 마음으로 각각 자기보다 남을 낫게 여기고". 마음을 같이하여 같은 사랑을 갖기 위해서는 서로 주 안에서 권면도 필요하고, 사랑의 위로도 필요하며, 성령의 교통과 긍휼히 여김과 자비 등의 미덕이 필요하다. 또 겸손한 마음으로 남을 나보다 낫게 여기고 모든 일을 다툼이나 허영으로 하지 말아야 한다. 그래야 한 마음을 가질 수 있다.[1-3절]

그리스도 예수의 마음을 품으라

한 마음과 한 뜻이 되기 위해서 가장 중요한 것은 겸손이다. 서로 하나되지 못하는 원인은 교만에 있다. 여기서 바울은 성도들에게 그리스도 예수의 마음을 품으라고 한다. 그것은 바로 겸손의 마음이다(마 11:29, "나는 마음이 온유하고 겸손하니"). 예수 그리스도의 마음이 겸손한 마음이라는 단순한 말씀을 기억하자. 오늘 날 잘 믿는다고 자부하는 자들 가운데, 큰 조직과 금력, 소위 안다는 지식으로 인하여 매우 교만한 것을 보게 됨은 매우 유감스러운 일이다.

주님을 닮아간다고 할 때 가장 먼저 겸손을 기억해야 한다. 그분은 본래 하나님의 본체시나 그분과 동등 됨을 취할 것으로 여기지 않으시고 오히려 자기를 비워 종의 형체를 가지시어 피조물인 사람들과 같이 되셨고 사람의 모양으로 나타나셨으며 자기를 낮추시고 죽기까지 복종하셨으니 곧 십자가에 죽으신 것이다. 죽기까지 낮아지신 이것이 그분의 겸손이다. 누가 죽음 앞에서도 기꺼이 순복할 수 있을까? 그분은 가장 높으신 분, 창조주 하나님의 본체이시지만 가장 낮은 음부에까지 낮아지셨다. 우리는 교회 안에서 늘 이러한 마음을 가져야 한다.[5-8절]

너희 안에서 행하시는 이는 하나님이시니

사도 바울은 그리스도인의 이런 겸손의 생활이 구원을 이루는 생활이라고 말한다. 구원은 이미 받았지만, 또 우리의 생활 가운데서 이루어가는 것이 있다. 사도는 항상 복종하여 두렵고 떨림으로 구원을 이루라고 했다. 어떤 일이든지 함부로 행하면 안 된다. 모든 일을 하나님의 얼굴빛을 살피면서 해야 한다. 그분의 뜻이 무엇인지를 알아보면서 해야 한다. 원망과 시기로 하는 것은 구원을 이루는 삶이 아니다. 오늘날 하나님께서는 구원받은 우리 안에서 그분의 기뻐하시는 뜻을 우리로 소원을 두고 행하게 하신다.[12-14절] 행하시는 분은 우리가 아니라 하나님이시다. 그분이 우리 안에서 행하시되 그분의 기뻐하시는 뜻을 우리 안에도 두시어 소원을 품고 하게 하신다[13절].

나는 가끔 하나님의 뜻을 살피는 일을 야구의 투수와 포수의 신호 교환에 비유하기도 한다. 이것은 하나님과 사람의 동행하는 삶을 결정짓는 요소이다. 어디로 공을 던질까요? 거기로요? 고개를 살래살래 흔들면 그쪽이 아니라는 신호이다. 맞다 싶을 때에는 살짝 고개를 끄덕이며 던진다. 우리는 함부로 공을 던져서 팀을 패하게 하는 일을 해서는 안 된다. 하나님의 기뻐하시는 뜻을 분별하며 그분의 원하심을 알고 조심하면서 행하는 것을 생활화해야 한다. 함부로 거칠게 공을 던져대는 선수는 얼마 안 가서 퇴출되고 만다.

하나님의 흠 없는 자녀로서 빛들로 나타남

성도들은 흠이 없고 순전하여 어그러지고 거스르는 세대 가운데서 하나님의 흠 없는 자녀로서 빛들로 나타나야 한다. 사람이 어떻게 약점이 없냐고 하지 말라. 성경에는 성도들의 성숙함이 온전하고 흠이 없는 지경에 이르러야 한다고 말한다. 그래야 생명의 말씀을 밝히게 되고 사도의 수고와 달음질도 헛되지 않게 된다. 그러면 그리스도께서 다시 오실 때 피차 자랑할 것이 있게 된다(고후 1:14). 나는 오늘 몽골이나 캄보디아 성도들이 잘 자라는 것을 볼 때 마음에 큰 감사가 있다. 그날 우리가 서로를 인하여 주님 앞에 큰 감사가 있게 될 것을 기대한다. 물론 한국의 사랑스런 성도들을 바라보면서도 주님께 감사드린다.[16절]

디모데와 에바브로디도

바울은 빌립보 교회의 사정을 알고 그들을 인하여 안위를 받기 위해 디모데와 에바브라디도를 빌립보에 보냈다. 에바브라디도는 원래 빌립보 교회가 바울에게 보낸 형제이다. 바울에게 빌립보의 연보를 전달하기 위해서였다(4:18). 바울은 이제 그를 다시 빌립보에 보내면서 에바브로디도는 자신과 함께 수고하고 함께 군사 된 자라고 소개했으며, 디모데는 아들이 아비에게 하듯 바울에게 복종하는 자요 복음을 위하여 함께 수고하는 자라고 소개하였다.

그런데 에바브로디도가 하필 바울에게 왔을 때 큰 병이 들었다. 빌립보 교회나 바울이나 그로 인하여 매우 근심하였다. 그런데 주님이 그를 치료해주시자 바울은 속히 그를 빌립보에 보내어 그들의 근심을 제하고 기뻐하게 하고자 하였다. 바울은 에바브로디도가 죽기에 이르러도 자기 목숨을 돌아보지 않고 바울의 사역을 섬기는 일을 계속했으니 그저 감동될 뿐이었다.[19-30절]

3장

참 할례당

당시 어느 곳이든지 복음이 전파되어 교회가 세워지면 유대인들, 율법주의자들, 할례당이 와서 훼방하는 일을 했고 빌립보 교회도 예외가 아니었다. 그들은 자신의 육체를 신뢰하는 자들이었고, 바울은 오직 성령으로 봉사하고 일하는 자라고 했다. 바울은 그들을 악을 행하는 자들이요 개들(dogs)이라고 불렀다. 육체의 할례란 아무런 의미가 없다고 했는데, 갈라디아서에도 동일한 말씀이 있다(갈 5:1-6, 6:11-16). 육체로 말하면 바울 자신도 자랑할 것이 많다고 하면서[4-6절] 과거에 그가 유대교에 속했을 때 열심으로는 교회를 핍박하고 율법의 의로는 흠이 없었다고 말한다.

그리스도를 아는 지식이 가장 탁월하다

사도 바울은 육체를 의지하여 무언가를 하려는 자들과 달리 주님을 얻기 원했다. 그의 소망은 보다 내적이고 근본적인 것이었다. 바울은 그리스도 한 분을 얻기 위해 무엇이든지 전에 유익하던 것들을 해로 여겼다고 하였으며 이는 그리스도를 아는 지식이 가장 고상하기 때문이라고 하였다. 그리스도 한 분을 알기 위해 일생 모든 것을 버린 바울을 생각해보자. 그는 그리스도 한 분을 위하여 모든 것을 잃어버리고 배설물로 여기는 것은 오직 그리스도를 얻고 그분 안에서 발견되려 함이며 또한 그가 가진 의는 율법에서 난 것이 아니요 오직 그리스도를 믿음으로 말미암은 것이니 곧 믿음으로 하나님께로서 난 의라고 한다.[7-9절]

그리스도의 부활의 권능과 그 고난에 참예함을 알려 하여 그분의 죽으심을 본받음

그는 진실로 그리스도를 알기 원했으며, 그분의 죽으심을 본받음으로 그분의 고난에 참여함과 부활의 능력을 알기 원했다. 주님은 우리가 그분이 이 땅에 계실 때 겪으신 모든 것에 참여하기를 원하신다. 우리는 그분의 친구요 신부이기 때문이다. 우리가 그분을 모르고 어떻게 그분의 진실한 친구가 되며 배필이 되겠는가! 바울은 그리스도께서 걸어가신 길을 그대로 걷고 따르기 원했다. 그분의 십자가의 고난은 대체 어떤 것이었을까? 그 무지한 자들 앞에서 비방과 채찍질을 당하실 때, 욕을 먹으며 고통을 당하실 때, 하나님과 사람에게 버림을 당하실 때 그분의 마음은 어떠셨을까? 바울은 그 모든 것을 알고자 했다. 그뿐 아니라 그분의 부활의 능력도 알기 원했는데, 모든 육신적인 한계를 초월하여, 연약하고 힘들고 죽을 형편에서 능력으로 초월하는 부활의 경지를 맛보기 위해서였다. 마땅히 오늘 교회는 그리스도의 이 모든 것을 경험할 수 있어야 한다.[10-11절]

푯대를 향하여 좇아가다

여기서 바울은 그가 이미 얻었다 함도 아니고 온전히 이루었다 함도 아니며(그러나 딤후 4장에서는 그의 경주를 다 마쳤다고 고백했다) 다만 그리스도 예수께 잡힌 바 된 그것을 잡으려고 좇아간다고 말한다. 우리는 주님께 잡히었지만 또 잡으려 좇아가야 한다. 이것이 진리의 양면이다. 또 푯대를 향하여 그리스도 예수 안에서 하나님이 위에서 부르신 부름의 상을 위하여 좇아간다고 했나. 우리 앞에는 주님의 심판대가 있으며 그날 잘한 자들에게는 상을 주실 것이다. 그는 그리스도인 삶에 분명한 푯대가 있었으며 그 상을 위해 달린 사람이다. 바울은 형제들에게 함께 자기를 본받으라고 말하고 심지어 그렇게 본을 삼아 그대로 행하는 자들을 보여달라고 간청한다.[17절]

우리의 시민권은 하늘에 있는지라

사도 바울은 눈물의 사역자이다. 그는 빌립보 교회에 편지를 쓰면서 울었다[18절]. 그는 고린도 교회에 쓸 때도 애통과 많은 눈물이 있었다고 말한다(고

후 2:4). 또 그는 에베소 장로들에게, 에베소에 삼 년 가량 있으면서 겸손과 눈물로 섬겼다고 말한 바 있다(행 20:19). **"내가 여러 번 너희에게 말하였거니와 이제도 눈물을 흘리며 말하노니 여러 사람이 그리스도 십자가의 원수로 행하느니라 저희의 마침은 멸망이요 저희의 신은 배요 그 영광은 저희의 부끄러움에 있고 땅의 일을 생각하는 자라"**[18-19절]. 왜 사람들이 주님을 섬긴다 하나, 육체로 행하며 십자가의 원수로 행하는가? 결국 배를 위한 것이라고 한다.

바울은 우리의 시민권이 하늘에 있고 거기로서 구원하는 자 곧 주 예수 그리스도를 기다린다고 말한다. 다시 오셔서 주님은 만물을 자기에게 복종케 하실 수 있는 자의 역사로 우리의 낮은 몸을 그의 영광의 몸의 형체와 같이 변케 하실 것이다.[20-21절]

4장

사도의 권면

교회에 대한 바울 사도의 사랑은 그의 글에 잘 나타나 있다. 이 모든 말씀은 성경이니, 그리스도께서 자기 피로 사신 교회를 사랑하시는 것과 똑같은 것이다. **"나의 사랑하고 사모하는 형제들, 나의 기쁨이요 면류관인 사랑하는 자들아!"**

바울은 마지막 장에서 직접 두 자매의 이름을 거명하며 주 안에서 한 마음을 품으라고 권면한다. 유오디아와 순두게이다. 그들은 복음에서 바울과 동역하던 자매들이었는데, 열심은 있었지만 뭔가 부족함이 있었다. 그럼에도 바울은 그들의 이름이 생명책에 있다고 격려하면서 나와 멍에를 같이 한 자가 있다면(즉 바울과 같은 마음을 갖고 교회를 위해 힘쓰는 자가 있다면) 그 부녀들을 도와주라고 말한다.[1-3절]

주 안에서 항상 기뻐하라

바울 사도는 마지막 결론을 맺으면서 기뻐하라고 한다. 이것은 고린도 교회에도, 데살로니가 교회에도 동일하게 한 말이다(고후 13:11, 살전 5:16). 사역자의 마음의 기대는 늘 교회와 성도들이 기뻐하는 것이다. 사역자는 성도들의 믿음을 주관하는 자가 아니요 기쁨을 돕는 자이다(고후1:24). 또 "너희 관용을 모든 사람에게 알게 하라 주께서 가까우시니라"(관용이란 상대방의 허물이나 잘못을 용서하고 너그러이 받아들여주라는 뜻이다) 하고, 아무것도 염려하지 말고 오직 모든 일에 기도와 간구로 너희 구할 것을 감사함으로 하나님께 아뢰면 지각에 뛰어난 하나님의 평강이 그리스도 예수 안에서 우리 마음과 생각을 지키실 것이라고 한다. 이것은 우리의 마음을 하나님의 평강으로 보초 서듯 지켜주시겠다는 말씀이다(원문의 뜻).[4-7절]

무엇에든지 가장 좋은 것을 생각하라

바울은 성도들에게 무엇에든지 참되고 무엇에든지 경건하며 무엇에든지 옳으며 무엇에든지 정결하며 무엇에든지 사랑할 만하며 무엇에든지 칭찬할 만하며 무슨 덕이 있든지 무슨 기림이 있든지 이것들을 생각하라고 권한다. 간단히 말해서 성도들은 좋은 생각을 해야 한다. 또 바울은 담대하게 "너희는 내게 배우고 받고 듣고 본 바를 행하라 그리하면 평강의 하나님이 너희와 함께 계시리라"고 말한다.[8-9절] 바울은 늘 성도들의 좋은 것을 생각하였다. 이는 그의 서신 곳곳에서 발견한다.

빌립보 교회의 사도 바울에 대한 관심이 다시 싹이 나다

바울 사도는 이 편지를 쓸 때 매우 기뻤다. 그들은 과거 바울에게 쓸 것을 보내왔는데, 한 동안 보내는 것을 잊어버렸다. 그러다 보니 바울은 매우 어려운 시간을 지냈고, 그는 이 시기를 겨울에 비유했다. 그런데 이제 빌립보 교회가 바울을 생각하던 것이 다시 싹이 났다고 표현한다.[10절]

어떠한 형편에든지 자족하기를 배우다

그 결과 바울은 궁핍에도 처해 보고 부유에도 처해 보았다. 그리고 어떤 형편에도 적응할 만큼 주님에게서 일체의 비결을 배웠다고 고백한다. 그는 그에게 능력 주시는 자 안에서 모든 것을 할 수 있다고 말한다. "그러나 너희가 내 괴로움에 함께 참예하였으니 잘하였도다"고 칭찬하면서 사실 복음의 시초에 그가 마게도냐를 떠날 때에 주고받는 내 일에 참예한 교회가 빌립보 교회 외에 아무도 없었다고 한다. 데살로니가에 있을 때에도 한두 번 그의 쓸 것을 보내온 교회가 바로 빌립보 교회였다. 그 동안 바울이 얼마나 어렵게 사역을 해왔는지를 볼 수 있다. 그러나 바울 사도는 그가 선물을 구하는 것이 아니라(그는 아무리 어려워도 교회에게 손을 내밀지 않았다), 다만 그들에게 유익하도록 과실이 번성하기를

구한다고 했다.[11-17절]

하나님께서 받으실 만한 향기로운 제물

또 그는 "내게는 모든 것이 있고 또 풍부한지라 에바브로디도 편에 너희의 준 것을 받으므로 내가 풍족하니 이는 받으실 만한 향기로운 제물이요 하나님을 기쁘시게 한 것이라"고 한다. 그러면서 빌립보 교회를 축복하는 말을 했다. "나의 하나님이 그리스도 예수 안에서 영광 가운데 그 풍성한 대로 너희 모든 쓸 것을 채우시리라."[18-19절]

마지막 문안 인사

마지막 문안인사에서 눈에 띄는 것은 '가이사 집 사람들 몇'이라는 말이다. 당시 바울은 로마 황제의 시위대 감옥에 갇혀 있었을 텐데, 그 안에서도 바울은 그리스도를 존귀케 하는 방식으로 처신하고 복음에 대한 간절함이 있었기에 로마 황제 경호부대 사람들 몇몇이 주님께로 인도되었던 것이다. 이는 그리스도의 복음의 아름다운 승리이다![21-23절]

골로새서

서문

골로새서는 A.D. 64년 경에 기록되었다. 빌레몬서가 기록되었을 때와 같은 시점이다(골 4:9, 몬 10-12). 어떤 사람들은 A.D. 62년이나 63년 혹은 그 이전에 기록되었다고 주장하기도 한다. 저자는 바울이며 그는 디모데와 함께 이 서신을 골로새에 보냈다. 수신자는 물론 골로새 성도들이다.

골로새 교회도 당시 다른 교회들과 마찬가지로 여러 율법주의자들의 영향이 침투되어 있었고, 게다가 철학, 금욕주의, 천사숭배 등 다른 많은 교훈들도 들어와 있었다. 그래서 사도 바울은 골로새 교회가 복음, 즉 신약의 계시에 입각하여 세워질 수 있도록 이 한 편의 서신을 썼다.

골로새 교회는 직접 바울에 의해서 세워진 교회가 아니다. 바울의 동역자 에바브로디도가 그곳에 가서 복음을 전하고 가르치고 수고하여 세워진 교회이다. 바울은 그들을 얼굴로 알지 못하는 자들이라고 표현했다. 서로 대면한 적이 없다는 것이다. 그들은 다만 바울의 동역자 에바브로디도에게서 가르침을 받았을 뿐이다. 그러나 바울은 그가 육신의 얼굴을 보지 못한 교회, 그가 직접 세우지 않은 교회라 할지라도 여전히 그들을 관심하고 사랑하고 가르치고 그들을 위해 수고했다. 적어도 이방 세계에 세워진 교회들에 대해서는 바울 사도가 책임을 지고 많은 관심을 기울였던 것 같다. 이처럼 사도들의 사역은 범위가 있다. 그러나 바울은 이방인에 대한 사도 됨의 권리를 주장하지 않았다(롬 11:13, 갈 2:9, 고후 10:13-16).

바울이 이 편지를 쓰는 이유는 골로새 교회에 침투한 혼란의 위험 때문이었다. 초대 교회시대에는 이 교회 저 교회 돌아다니면서 성도들을 혼란시키는 교활한 자들이 있었다. 그들은 자신들이 매우 유능하고 학식이 많다고 주장하며 스스로 철학자로 자처했다. 그러므로 바울은 2장 18절에서 "누가 철학과 헛된 속임수로 너희를 노략할까 주의하라 이것이 사람의 유전과 세상의 초등학문을 좇음이요 그리스도를 좇음이 아니니라"고 하였다. 그들은 철학을 가르쳤으며 사람들이 하나님과 의사소통을 하려면 천사들이 필요하다고 가르쳤다. 그리고 그중에 가장 뛰어난 중개자가 예수라고 했다. 이들은 바울이 전하는 십자가의 복음은 낡은 진리이고 자신들이 말하는 것이 실제적이고, 현대적이며, 최신의 것이라고 하였다. 오늘날에도 기독교의 진리를 철학으로 생각하는 사람들이 많으며 그러한 계통의 가르침들이 많이 전해지고 있다.

오늘 우리가 배우고 전파하는 것은 한 분 그리스도의 인격이다. 바울은 이에 대하여 "우리가 그를 전파하여 각 사람을 가르침은"이라고 말한다. 바울이 전한 것은 어떤 철학이나 교리가 아니라 한 분 그리스도이다. 오늘날도 그럴듯한 많은 설교 속에 교양과 삶의 철학, 격려가 있으나 한 분 인격이신 그리스도가 없는 것을 보곤 한다. 그리스도가 그 중심에 없는 설교는 성도들에게 유익을 주지 못한다.

당시 골로새 교회는 여러 면에서 좋았지만(1:3-8 참조), 다른 한편으로 유대주의와 금욕주의와 천사숭배와 인간의 철학 등 그리스도 외의 것들이 교회에 침투하려는 위험에 노출되어 있었다(2:16-23 참조). 그러한 상황에서 바울은 골로새서를 통해 그리스도께서 머리 되시며 만유 되심에 대한 계시를 밝혀주었다. 즉, 바울은 골로새서에서 교회 안에는 그리스도만 계셔야 할 뿐 각종 주의(主義)

나 문화나 세상 철학은 들어올 수 없음을 분명하게 말해준다(3:11).

1장

골로새 성도들의 믿음과 사랑과 소망으로 인해 하나님께 감사드리다

골로새 교회에 편지를 쓸 때 바울은 디모데와 함께했다. 이것이 바울의 겸손이다. 골로새 교회를 위해 기도할 때마다 바울은 늘 하나님 곧 우리 주 예수 그리스도의 아버지께 감사드렸다. 이는 그리스도 예수 안에 있는 그들의 믿음과 모든 성도들에 대한 사랑을 들음이요 그들을 위해 하늘에 쌓아둔 소망을 인한 것인데, 곧 그들이 전에 복음 진리의 말씀을 들은 것이다. 믿음으로 복음을 받은 자들은 소망을 갖게 된다. 교회에는 늘 믿음의 역사와 사랑의 수고와 소망의 인내가 있어야 한다(살후 1장 참조).

또한 이 복음이 이르면 열매를 맺고 자랄 뿐 아니라 퍼져 나가서 이곳저곳에 동일한 역사가 있게 된다. 골로새 교회는 바울과 동역하는 에바브라에게서 배웠는데, 에바브라는 골로새 성도들에게 바울에게 주신 하나님의 계시와 가르침을 잘 배우게 함으로 성도들이 성령 안에서 바울에 대한 사모함과 사랑을 갖게 하였다.[1-7절]

골로새 성도들을 위한 바울의 기도

바울은 그들을 얼굴로 알지 못했지만 동역자 에바브라에게서 그들에 대한 소식을 듣고 그날부터 기도를 시작했다. **"너희로 하여금 모든 신령한 지혜와 총명에 하나님의 뜻을 아는 것으로 채우게 하시고 주께 합당히 행하여 범사에 기쁘시게 하고 모든 선한 일에 열매를 맺게 하시며 그 영광의 힘을 좇아 모든 능력으로 능하게 하시며 기쁨으로 모든 견딤과 오래 참음에 이르게 하시고 우리로 하여금 빛 가운데서 성도의 기업의 부분을 얻기에 합당하게 하신 아버지께 감사하게 하시기를 구하노라"**[9-12절].

머리이신 그리스도

골로새서의 중점은 머리이신 그리스도이다. 하나님께서 우리를 흑암의 권세에서 건져내사 그의 사랑의 아들의 나라로 옮기셨으며, 그 아들 안에서 우리가 구속 곧 죄 사함을 얻었다. 이 아들은 보이지 아니하시는 하나님의 형상이요 모든 창조물보다 먼저 나신 자이다. 만물이 그에게 창조되되 하늘과 땅에서 보이는 것들, 보이지 않는 것들, 만물이 다 그로 말미암아 창조되었다.

그는 또한 만물보다 먼저 계시고, 만물이 그 안에 함께 서 있다. 성경에서는 만물이 없었던 때가 있다고 말한다("그가 만물보다 먼저 계시고"). 곧 태초이다(요 1:1). 그때 말씀이신 그리스도께서 계셨고, 모든 만물은 그리스도로 말미암아 지어졌고 다 그분 안에 있고 그분 안에서 존재한다. 보이는 것이나 보이지 않는 것이나 다 그리스도께서 창조하신 것들이다. 성경만이 보이지 않는 세계에도 피조물이 있다는 것을 말해준다.

그분이 곧 몸인 교회의 머리이시다. 그가 근본이요 죽은 자들 가운데서 먼저 나신 자이다. 그러기에 그분은 부활의 첫 열매로서 만물의 으뜸이시며, 아버지께서는 모든 충만으로 예수 안에 거하게 하시고 그분의 십자가의 피로 화평을 이루사 땅에 있는 것들이나 하늘에 있는 것들을 그로 말미암아 자기와 화목케 되기를 기뻐하셨다.[13-20절]

그리스도의 십자가의 피로 화평을 이루시다

전에 악한 행실로 하나님을 멀리 떠나 원수 되었던 우리를 그의 육체의 죽음으로 말미암아 화목하게 하시어 거룩하고 흠 없고 책망할 것이 없는 자로 그 앞에 세우고자 하셨다. 따라서 바울 사도의 말씀에 의하면 그리스도가 없으면 만물도 교회도 화평의 복음도 아무것도 없다. 그러므로 성도들은 그리스도를 믿는 믿음에 거하고 터 위에 굳게 서서 복음의 소망에서 흔들리지 말아야 한다. 이 복음은 천하 만민에게 전파된 것이요 바울은 이 복음의 일꾼이 되었다고 말한다.[21-23절]

그리스도의 남은 고난을 그의 몸 된 교회를 위해 자기 육체에 채우다

복음의 일꾼이 된 바울은 이제 성도들을 위하여 받는 괴로움을 기뻐하고 그리스도의 남은 고난을 그의 몸 된 교회를 위하여 자기의 육체에 채운다고 했다. 그리스도의 구속의 고난은 그분 홀로 감당하셨으나, 그분의 교회를 세우기 위한 고난은 남겨두신 것이 있다.

바울은 그가 교회 일꾼 된 것은 하나님이 교회를 위하여 그에게 주신 경륜을 따라 하나님의 말씀을 온전히 이루려 함이라고 했다. 많은 선지자와 사도들이 기록해온 성경의 계시, 하나님의 말씀을 완성하는 것이다[25절]. 바울은 그 모든 계시를 완성하는 위임을 감당했다. 이 비밀은 만세와 만대로부터 옴으로 감춰었던 것인데 이제는 그의 성도들에게 나타났고 하나님께서는 그들로 하여금 이 비밀의 영광이 이방인 가운데 어떻게 풍성한 것을 알게 하려 하셨다.[24-27절]

이 비밀은 너희 안에 계신 그리스도시니

이 비밀은 무엇인가? 바로 '너희 안에 계신 그리스도'시다. 우리 안에 계신 분이 그리스도시라는 것을 바울처럼 분명하게 말한 사도가 없다. 이것은 보통 말이 아니다. 우리 안에 사시는 분이 그리스도요 바로 영광의 소망이시다. 모든 지혜로 그분을 전하고 가르쳐야 각 사람이 그리스도 안에서 완전한 자로 세워진다. 28절 한 절에서 바울 사도는 각 사람(every man)이라는 말을 3번이나 사용했다. 즉 바울 사도는 한 사람, 한 사람을 위해 수고한 사역자이다. 주 예수께서 베드로 한 사람을 위해 얼마나 세심하게 수고하셨는가를 생각해보라! 바울은 한 사람이 얼마나 중요한지를 안 사람이다(고전 8장, 롬 14장, 몬 참조). 이를 위해 바울은 힘을 다하여 수고한다고 했다.[27-29절]

2장

그리스도 안에 지혜와 지식의 모든 보화가 감취어 있음

바울은 육신의 얼굴을 보지 못하는 자들을 위해서도 매우 수고했다. 시대적으로 참되고 진실하게 주님의 말씀의 사역자로 부르심을 받은 자라면, 얼굴로 알지 못하는 성도들을 위해서도 기도하고 그들을 위해 애쓰고 수고하는 것이 마땅하다. 그래야 그들도 그러한 주의 종의 수고를 알고 마음에 위안을 받아 사랑 안에 연합할 수 있고 사도가 전하는 하나님의 비밀이신 그리스도를 깨달을 수 있다. 그리스도 안에는 지혜와 지식의 모든 보화가 감취어 있다. 바울은 성도들이 어찌하든 그리스도 한 분께 초점을 맞추고 그분을 믿는 믿음이 굳게 되기를 바랐다.[1-3절]

그리스도 안에서 행하라

"그러므로 너희가 그리스도 예수를 주로 받았으니 그 안에서 행하되 그 안에 뿌리를 박으며 세움을 입어 교훈을 받은 대로 믿음에 굳게 서서 감사함을 넘치게 하라". 그리스도 한 분이 우리의 모든 것이시다.

당시 어떤 사람들은 철학과 헛된 속임수로 성도들을 노략하고 있었다. 그리스도 외에 다른 것을 주의하게 만드는 전략이다. 인생을 그리스도 자신 외에 다른 것에 바치게 만드는 것이다. 노략질하는 사람들도 나쁘지만 당하는 사람들도 자신의 인생을 너무 값싸게 팔아버리는 것이니 문제가 없는 것이 아니다. 주님 외에 그 누가 우리의 인생을 오롯이 취할 수 있겠는가! 그럼에도 자칫 잘못하면 우리가 그리스도를 따르지 않고 세상의 초등학문과 고상한 철학과 지식, 사람의 유전을 좇게 될 수 있다는 것을 잊어서는 안 된다. 여기서 세상의 초등학문이란 율법을 말하는데, 그 율법이 하나님께로부터 온 것일지라도 초등학문에 속한 것이다.[6-8절]

그리스도 안에서 손으로 하지 않은 할례를 받다

그리스도는 누구신가? 우리는 누구와 연합하였는가? 그리스도는 신성의 모든 충만이 육체로 거하신 분이다. 우리는 그분 안에서 손으로 하지 않은 할례를 받았고, 그것은 바로 우리 육적인 몸을 벗어버린 그리스도의 할례이다. 모든 해답은 그리스도에게 있다. 우리 육체의 문제는 이미 그리스도의 할례로 끝나고 해결되었다.

10-15절은 에베소서 2장 4-6절과 같은 말씀이다. 우리는 이미 그리스도 안에서 충만(완전)하여졌고(모든 충만이 거하시는 분 안에 있으니), 그 안에서 손으로 하지 않은 할례를 받은 자들이다. 우리는 하나님의 역사를 믿음으로 그리스도와 함께 일으켜져 새롭게 되기까지 한 것이다. 범죄와 무할례로 죽었던 우리를 살리시고 모든 죄를 사하시고 의문의 증서를 도말하시고 정사와 권세를 벗어버려 밝히 드러내시고 십자가로 승리하셨다. 이는 다 이루어졌다는 말이다.

그러나 당시 유대교도들은 아직 완성되지 않았으니 더 할 것이 있다고 말했다. 절기나 월삭 등을 지켜야 한다는 것이다. 바울은 이런 것들은 장래 일의 그림자이나 몸(실체)은 그리스도의 것이라고 했다. 당시 헛되이 과장하는 자들이 있었다. 그들은 인위적으로 겸손한 체하며 천사를 숭배하였다. 그들은 감히 사람이 하나님을 직접 접할 수 없고 천사의 중재를 받아야 한다고 했다. 굉장히 겸손한 것 같지만, 사실은 교활한 말로 그리스도를 제쳐놓게 하는 것이다. 그럴 때 성도들은 상을 빼앗기게 된다. 그리스도인은 상을 받을 수 있는 위치에 있다가 그것을 빼앗길 수 있다. 그러므로 다른 것을 붙잡지 말고 끝까지 머리이신 그리스도를 붙들어야 한다. 그리스도(머리)를 붙드는 것이 중요하다. 그래야 온 몸이 마디와 힘줄로 공급함을 얻고 연합하여 하나님이 증가하심으로 성장하게 된다. 그리스도의 몸의 성장이란 결국 교회 안에 인위적인 것이 감소하고, 오직 그리스도를 붙잡을 때 하나님이 증가하시는 것이다.[9-19절]

세상의 초등학문에 대해 그리스도와 함께 죽은 자들

우리는 세상의 초등학문에서 그리스도와 함께 죽었기 때문에 세상에 사는 사람들과 다르다. 초등학문이란 율법을 말한다. 율법은 이스라엘 백성들의 유아 시절에 교육하던 자료들에 불과하다. 즉 유치원 교재이다. 붙잡지 말고 맛보지 말고 만지지 말라는 등의 말씀이다. 우리는 그것들을 지키며 사는 사람들이 아니다. 이런 것들을 지키는 자들은 결국 사람의 명과 가르침을 좇는 것이며 결국은 부패에 돌아간다. 이런 종류의 금욕주의 사상은 육체를 괴롭게 할 뿐 육체로 사는 것을 금하는 데에는 조금도 효과가 없다.

바울의 강조점은 무엇인가? 그리스도인은 이미 그리스도 안에서 손으로 하지 않은 할례를 받았으니 십자가의 죽음으로 육적 몸을 벗은 것이며 그리스도와 함께 살아났다는 것이다. 그러므로 이제 다시 율법으로 돌아가서 그 초등학문을 지키는 것은 의미가 없고 율법주의나 금욕주의나 철학이나 다 속임수라는 말이다.[20-23절] 소위 영적 세계에서 그럴듯한 수많은 올무와 속임수를 벗어나는 것은 하나님 앞에서 우리의 인생을 구원하는 길이다.

3장[I]

위엣 것을 생각하고 땅엣 것을 생각지 말라

우리는 이 땅에서 믿음으로 살아간다. 믿음이란 바라는 것들의 실상

(substantiation)이기 때문이다(히 11:1). 우리는 그리스도 안에서 그분과 함께 죽고 다시 살리심을 받은 자들이다(롬 6장, 엡 2장, 골 2장 참조). 여기서 중요한 것은 우리의 생각이다. 우리는 위엣 것을 생각하고 땅엣 것을 생각해서는 안 된다. 우리가 이미 세상에 대하여는 죽은 자이기 때문이다. 우리가 다시 살리심을 받아 위치한 곳은 하나님 우편에 '그리스도와 함께'이다(엡 2:6). 우리의 생명은 지금 그리스도와 함께 하나님 안에 감춰어 있다. 실상 우리의 생명은 그리스도 자신이며(골 3:4), 언젠가 그리스도께서 나타나실 때 그분과 함께 감춰었던 우리의 생명이 나타나게 될 것이다. 이것이 우리의 실제적인 신분이요, 장래 나타날 참 우리이다.[1-4절]

땅에 있는 지체를 죽이라

그러므로 우리는 땅에 있는 지체를 죽여야 하는데, 곧 음란과 부정과 사욕과 악한 정욕과 탐심과 우상숭배 등이다. 재물을 섬기는 것도 탐심과 우상숭배이다. 재물신이라고 말하지 않는가? 믿는다고 하면서도 이런 일에 참여하는 자들에 대하여는 하나님의 진노가 임하게 된다. 우리가 믿음이 없을 때에는 그 가운데 살고 행하였지만 이제는 이런 모든 것을 벗어버려야 마땅하다. 곧 분과 악의와 훼방과 입으로 범하는 부끄러운 말들이다. 또 서로 거짓말을 하지 말아야 하며 오직 진리에 속한 참된 말을 해야 한다.[5-9절]

새 사람 안에서 그리스도는 모든 사람이시며 모든 사람 안에 계신다

우리는 옛 사람과 그 행위를 벗어버리고 새 사람을 입었으며 우리를 창조하신 자의 형상을 좇아 지식에까지 새롭게 하심을 받는 자이다. 새 사람 안에는 유대인이나 헬라인이나 할례당이나 무할례당이나 야인이나 스구디아인이나 종과 자유인의 분별이 있을 수 없으니 오직 그리스도는 모든 사람이시며 모든 사람 안에 계신다.[9-11절]

3장[Ⅱ]

새 사람의 생활

12절부터는 우리가 입어야 할 새 사람의 생활을 더 가르친다. **"너희는 하나님의 택하신 거룩하고 사랑하신 자처럼 긍휼과 자비와 겸손과 온유와 오래 참음을**

옷 입고 누가 뉘게 혐의가 있거든 서로 용납하여 피차 용서하되 주께서 너희를 용서하신 것같이 너희도 그리하고 이 모든 것 위에 사랑을 더하라 이는 온전하게 매는 띠니라".

바울은 이 미덕들을 옷을 입는 것으로 말하며 옷을 입은 후에는 띠를 띨 것을 권면한다. 이 띠는 바로 사랑이다. 또 그리스도의 평강이 너희 마음을 주장하게 하라고 하면서 평강을 위하여 너희가 한 몸으로 부르심을 받았다고 말한다. 그러려면 빌립보서 4장의 말씀처럼 늘 모든 염려를 주께 맡기는 기도를 해야 한다. 그럴 때 지각에 넘치는 그리스도의 평강이 우리의 마음과 생각을 지켜주시게 된다. 그리고 이 평강은 한 몸의 생활을 위한 것이다. 평강이 없으면 하나를 지킬 수 없다(엡 4:3). 또한 늘 감사가 가득해야 한다. 평강과 감사가 바로 몸의 하나를 지키는 비결이다.[12-15절]

그리스도의 말씀이 너희 속에 풍성히 거하게 하라

또한 그리스도인의 생활, 새 사람의 생활을 잘 하기 위해서는 그리스도의 말씀이 우리 속에 풍성히 거하게 해야 한다. 말씀이 풍성히 거하게 하기 위해서는 매일 말씀을 읽을 뿐 아니라 피차 가르치고 권면하는 것이 필요하다. 또 시와 찬미와 신령한 노래를 부르고 마음에 감사함으로 하나님을 찬양해야 한다. 또 무엇을 하든지 말에나 일에나 다 주 예수의 이름으로 하고 그를 인하여 하나님 아버지께 감사해야 한다.[16-17절]

그리스도인의 가정생활과 사회생활

사도 바울은 아내와 남편, 부모와 자녀, 종과 상전들에게는 늘 같은 말로 가르치고 권면한다(엡 5장 참조). 아내는 남편에게 복종하고 남편은 아내를 사랑하며, 자녀들은 부모에게 순종하고 부모는 자녀를 격노케 하지 말아야 하는데 자칫하면 자녀가 낙심할 수 있기 때문이다. 종들은 육신의 상전에게 순종하되 사람을 기쁘게 하는 자와 같이 눈가림만 하지 말고 오직 주를 두려워하여 성실한 마음으로 해야 한다. 또 무슨 일을 하든지 마음을 다하여 주께 하듯 하고 사람에게 하듯 하지 말라고 한다. 왜냐하면 우리는 주 그리스도를 섬기며 유업의 상을 주님께 받기 때문이다. 불의를 하는 자들은 불의의 보응을 받을 것인데, 이는 주님은 사람을 외모로 취하지 않으시기 때문이다. 골로새서 3장은 종에 대한 권

면이 매우 자세하고 실제적이다.[18-25절]

4장

골로새서에서 종들에게 대하여는 비교적 자세히 쓰고, 상전들을 위해서는 한 줄 만 썼다. "상전들아 의와 공평을 종들에게 베풀지니 너희에게도 하늘에 상전이 계심을 알지어다". 한 줄이지만 상전들이 행하기가 결코 쉽지 않은 말씀이다. 혈육이 있는 사람이 어떻게 종들에게 의와 공평을 베풀 수 있는가? 말을 잘 듣고 눈에 들어오는 사람이 있을 것이고 좀 제멋대로 하여 눈 밖에 나는 사람이 있을 텐데 말이다. 이렇게 종들에게 의와 공평을 행할 수 있으려면 그 상전은 늘 말씀으로 피차 가르치고 권면하는 가운데 새롭게 된 새 사람이어야 한다.[1절]

권면의 말씀-기도하고 항상 깨어 있으며 세월을 아끼라

다음은 기도에 대한 말씀인데, 기도에 감사함으로 항상 깨어 있으라고 한다. 주님은 늘 우리에게 은혜를 베푸시기 때문에 감사할 것이 많다. 그리고 복음을 전하는 주의 종들을 위해 전도할 문을 열어주셔서 그리스도의 비밀을 말하게 하시기를 구하라고 했다. 그러면 마땅히 할 말로써 그리스도의 비밀을 나타내리라는 것이다. 바울은 기도 없이는 되는 일이 없다고 생각하는 것 같다.[2-4절]

또한 외인을 향하여서는 지혜로 행하여 세월을 아끼라고 한다. 외인들과는 너무 많은 시간을 소비하지 말라는 것이다. 그리고 너희의 말은 항상 은혜 가운데서 소금으로 맛을 내는 것같이 하라고 한다. 그러면 각 사람에게 마땅히 대답할 것을 알게 되리라는 것이다. 우리는 많은 경우 외인들을 대할 때 먼저 말을 시작하거나 말을 많이 하고자 할 것이 아니라, 사람들이 우리의 가진 소망에 관한 것에 대하여 묻는 것을 어떻게 대답할지 잘 예비해야 한다.[5-6절] 이것이 외인들을 향하여 세월을 아끼는 비결이라고 믿는다.

동역자들의 안부를 전하다

사도는 동역자 두기고를 골로새에 보내면서 그가 사도의 사정을 다 그들에게 알게 하여 그들의 마음을 위로할 것이라고 말한다. 사도는 성도들의 마음을 위로하는 자이다. 그들을 위로하기 위해 편지만 아니라 동역자들도 보냈는데, 두기고와 함께 오네시모를 보냈다. 오네시모는 원래 골로새 사람으로서 빌레몬 집의 노예였던 것 같다.[7-9절]

다음은 문안 인사이다. 아리스다고와 마가, 유스도라는 예수, 에바브라가 그들에게 문안했다. 에바브라는 골로새 교회를 섬긴 사람인데 지금은 옥에 갇힌 바울과 함께 있다. 그리고 아리스다고는 아예 사도와 함께 갇혀 있었다. 마가는 바나바의 조카라고 하는데, 사도행전 15장에서 헤어진 후 어느 시점에 다시 바울의 사역으로 회복된 듯하다.[10-11절]

에바브라에 대하여는 그리스도 예수의 종이라는 최고의 명칭을 붙여주었다. 바울은 그가 골로새 교회를 위해 늘 애써 기도한다고 하면서 그의 기도 내용까지 알려주었다. 그는 동역자의 기도 소리를 자세히 들었던 것이다–"그들이 하나님의 모든 뜻 가운데 완전하고 확신 있게 서게 하소서." 또한 그는 에바브라가 골로새뿐 아니라 인근 라오디게아나 히에라볼리에 있는 성도들을 위해서도 많이 기도하고 수고한다는 것을 증거해 주었다.[12-13절]

바울은 자기 혼자만 사람들의 존귀히 여김을 독차지 하지 않고, 자기의 동역자들도 그들이 섬기는 교회 안에서 존귀히 여김을 받도록 배려했다. 바울과 줄곧 함께했던 의원 누가도 골로새에 안부를 전하고 데마도 그들에게 안부를 전했다. 또 라오디게아 교회에게도, 눔바의 집의 교회에게도 문안했다. 그때는 교회에 분열이나 종파가 없었다. 참 보기에 아름답다. 바울은 이 편지를 라오디게아에게도 읽게 하고 라오디게아에서 보내온 편지가 있다면 너희도 읽으라고 말한다. 빌레몬의 아들인 아킵보에게는 주 안에서 받은 직분을 조심하여 잘 이루라고 권한다. 연장한 사역자인 바울은 젊은 사역자에게 용기와 격려를 주고 있다.[14-17절]

바울은 친필로 문안하면서 자기의 수감된 것을 생각하라고 말한다. 마지막으로 "은혜가 너희에게 있을지어다"라는 말로 마친다. 골로새에 보내는 서신은 4장으로 짧지만 내용은 매우 풍성하고, 그들의 필요를 채우기에 너무나 충분하다는 느낌을 갖는다.[18절]

데살로니가전서

서문

데살로니가 교회는 사도행전 16장에서 사도 일행이 빌립보에 가서 루디아 가정과 간수의 가정을 얻어 교회를 세운 후, 빌립보를 떠나 데살로니가에 도착하여 3주 동안 안식일에 성경을 풀어 강론하여 세워진 교회이다. 그 후에 핍박이 나서 사도 바울은 그곳을 떠나 베뢰아로 갔다(행 17장). 그리고서 사도행전 18장을 보면 바울 일행이 고린도에 도착하였는데, 그때 쓴 서신이 바로 데살로니가 전후서이다(A.D. 54년경). 짧은 기간에 세워진 교회이기에 그들은 어린 그리스도인 상태였고 사도는 당시 핍박을 받는 그들을 주 안에 더욱 견고히 세우기 위해 목양하며 그들에 대한 애정을 섬세하고 다정하게 표현한다. 어린 교회를 양육하는 본으로 귀한 서신이다.

1장

문안 인사

데살로니가서는 바울과 실라와 디모데, 셋이 보낸 것으로 기록하고 있다.

"바울과 실루아노와 디모데는 하나님 아버지와 주 예수 그리스도 안에 있는 데살로니가인의 교회에 편지하노니 은혜와 평강이 너희에게 있을지어다"[1절]. 그러나 서신의 모든 내용은 바울이 쓴 것이고 두 형제들은 함께한 것이다. 바울같이 큰 사도가 자녀 같은 형제들과 함께 교회에 서신을 쓴 것이 놀랍기만 하다. 여기서 우리는 동역과 겸손을 배워야 한다.

믿음의 역사와 사랑의 수고와 소망의 인내

사도들은 데살로니가 교회를 위해 항상 하나님께 감사하고 기도할 때에 그들을 말했다. 사도의 기도의 골격은 언제나 믿음의 역사, 사랑의 수고, 소망의 인내이다. 바울은 데살로니가 성도들의 믿음의 역사, 사랑의 수고, 우리 주 예수 그리스도에 대한 소망의 인내를 우리 하나님 앞에서 쉬지 않고 기억했다고 말한다.[2-3절]

데살로니가 성도들이 모든 믿는 자들의 본이 되다

"하나님의 사랑하심을 받은 형제들아 너희를 택하심을 아노라". 바울은 데살로니가 교회가 하나님의 사랑하심을 받은 자들로서 하나님께서 택하신 자들임을 강조한다. 그것은 야곱을 생각할 때 그러하다(롬 9장 참조). 결국 성경은 복음을 말하는 책이며, 복음은 말로만 아니라 능력과 성령과 큰 확신으로 이르게 된다. 율법과 지식은 아무리 들어도 변화가 되지 않지만 복음을 들으면 우리 자신에게 큰 변화가 일어나게 된다. 복음은 먼저 전하는 자를 변화시키고[5절], 다음 듣는 자들을 변화시킨다[6절]. 그들은 큰 환난 가운데서 성령의 기쁨으로 말씀을 받아 사도들과 주님을 본받은 자들이 되었다. 그러므로 데살로니가 성도들은 마케도냐와 아가야 모든 믿는 자들에게 본이 된 것이다.[4-7절]

그들의 하나님을 향하는 믿음의 소문이 각처로 퍼져 나가다

또 주님의 말씀은 데살로니가 성도들에게로부터 마케도냐와 아가야에만 들릴 뿐 아니라 그들의 하나님을 향하는 믿음의 소문이 각처로 퍼져 나갔다. 이것이 복음의 특징이다. 복음은 먼저 전하는 사람을 변화시키고, 다음은 듣는 사람들을 변화시키며, 거기서 더 멀리 퍼져 나간다. 복음은 이렇게 중심에서부터 멀리까지 퍼져 나가는 특징이 있다.

데살로니가 성도들에게서 퍼져나간 복음을 들은 사람들이 친히 바울에게 이렇게 말해주었다. “우리(사도들)가 어떻게 너희 가운데 들어간 것과 너희가 어떻게 우상을 버리고 하나님께로 돌아와서 사시고 참되신 하나님을 섬기며 또 죽은 자들 가운데서 다시 살리신 그의 아들이 하늘로부터 강림하심을 기다린다고 말하니 이는 장래 노하심에서 우리를 건지시는 예수시니라”. 데살로니가 교회는 세워진 지 오래 되지 않았지만 복음의 핵심 내용을 알고 있었다.[8-10절]

2장[I]

사도 바울의 데살로니가 사역

데살로니가 교회는 바울 일행이 그곳에 3 주간 머물며 복음을 전하여 세워진 교회이다. 말하자면 아직 어린 교회이다. 그들에게 쓴 바울의 편지는 내용이 쉽고 자상하다. 사도행전 16장에서 바울은 빌립보를 거치면서 엄청난 시련을 당했는데, 데살로니가 성도들에게 그 이야기를 들려준다. “우리가 먼저 빌립보에서 고난과 능욕을 당하였으나 우리 하나님을 힘입어 많은 싸움 중에 하나님의 복음을 너희에게 말하였노라”. 그런데 사도행전 17장을 읽어보면 데살로니가의 유대인들이 유난히 드세서 사도들 일행을 많이 핍박했고 그들은 베뢰아 쪽으로 떠나지 않을 수 없었다고 한다. 그러자 그 데살로니가 유대인들은 베뢰아까지 쫓아와서 사도들을 핍박했다. 그러니 유대교도들의 훼방이 어린 데살로니가 교회를 얼마나 어렵게 했겠는가! 그들은 사도들에 대하여 매우 악하게 비방하여 데살로니가 성도들을 혼란스럽게 했을 것이다.[1-2절]

그런 상황에서 바울은 그들에게 자신들을 적극 변명했다. “우리의 권면은 간사함이나 부정에서 난 것도 아니요 속이는 방식으로 하는 것도 아니다. 오직 하나님께서 우리를 옳게 여기셔서 복음을 전하도록 부탁하신 것이다. 우리가 이렇게 말하는 것은 사람을 기쁘게 하려는 것이 아니고 오직 우리 마음을 감찰하시는 하나님을 기쁘시게 하려는 것이다. 너희가 알듯이 우리는 아무 때에도 아첨하는 말을 하거나 탐심의 탈을 쓰지 않았다. 우리가 그리스도의 사도로서 우리의 권위를 주장할 수 있지만 우리는 사람들에게서는 영광을 구하지 않는다. 그저 우리는 여러분 가운데서 유순하게 되어 유모가 자기 자녀를 부드럽게 돌보듯이 하였는데, 우리가 이렇게 여러분을 사모하여 하나님의 복음으로만 아니라

우리 목숨까지 여러분에게 주기를 즐겨한 것은 여러분이 우리의 사랑하는 자가 되었기 때문이다."[3-8절]

이것이 생명을 전하는 사역자들과 복음을 받은 교회와의 정상적인 관계이다. 부모와 자녀의 관계와 같다(고전 4:14, 15). 사도들과 교회의 관계가 얼마나 중요한가를 보려면 데살로니가서를 보면 알 수 있다.

밤과 낮으로 일하면서 그들에게 복음을 전하다

바울 사도는 그들에게 어떤 가르침이나 교리를 말한 것이 아니라 어떻게 그들에게 나아가 수고했는가를 간증하고 있다. **"형제들아 우리의 수고와 애쓴 것을 너희가 기억하리니 너희 아무에게도 누를 끼치지 않으려고 밤과 낮으로 일하면서 너희에게 하나님의 복음을 전파하였노라"**[9절]. 사도들은 그들에게 누를 끼치지 않으려고 밤낮으로 일하면서 하나님의 복음을 전했다. 교회와 성도들에게 경제적으로 짐이 되지 않도록 하면서 복음을 전하고 교회를 섬기는 것은 오늘날 사역자의 기본이 되어야 한다. 그에 대하여 바울은 좋은 본을 남겨주었다.

아비가 자녀에게 하듯 권면하고 위로하고 경계하다

바울은 자신들이 데살로니가에서 복음을 전할 때 어떻게 거룩하고 옳고 흠없이 행하였는가에 대하여 여러분도 증인이고 하나님도 그러하시다고 하였다. 복음은 말로만 전하는 것이 아니고 교회를 세우는 것도 그렇다. 좋은 부모는 행실로 모범을 보이는 부모이다. 자녀들은 말보다 행함을 더 많이 보고 배우게 된다. 바울은 아비가 자녀에게 하듯 권면하고 위로하고 경계하였다고 하면서 그 목적은 여러분을 복음으로 부르신 하나님께 합당히 행하게 하려 함이라고 했다. 좋은 사역자들이 있을 때 좋은 교회들이 일어난다는 것은 변할 수 없는 사실이다. 귀한 사도들의 본을 받아 성도들이 하나님 앞에 합당하게 행하는 것은 매우 중요하다.[10-12절]

2장[Ⅱ]

그들이 사도의 전하는 말을 하나님의 말씀으로 받다

바울이 그들에게 하나님의 말씀을 전할 때 그들은 감사하게도 사도들의 말을 사람의 말로 받지 않고 하나님의 말씀으로 받아들였고 그러므로 그 말씀이 믿는 자들 속에서 역사하였다[13절]. 바울은 이 점을 쉬지 않고 감사한다고 표현했다. 성도들이 하나님의 말씀을 들을 때 사람의 말로 받는다면 결코 그들의 삶이 바뀌지 않는다.

유대교의 핍박이 데살로니가에도 이르다

14절부터는 이 서신에서 말하려고 하는 본론이다. "형제들아 너희가 그리스도 예수 안에서 유대에 있는 하나님의 교회들을 본받은 자 되었으니 저희가 유대인들에게 고난을 받음과 같이 너희도 너희 나라 사람들에게 동일한 것을 받았느니라". 유대교 사람들의 핍박은 유대에 있는 교회들부터 시작되었다. 지금 데살로니가 교회는 유대의 교회들을 본받아 동일한 고난을 거기 있는 유대인들로부터 당하고 있다. 유대인들은 옛적부터 선지자들을 죽이고, 신약의 사도들인 자신들을 쫓아내고, 하나님께 대적이 되어 사람들에게 복음 전하여 구원받게 함을 금하여 자신들의 죄를 항상 채우니(죄는 그 양이 찰 때 하나님께서 심판하신다-마 23:32 참조) 노하심이 끝까지 저희에게 임하였다고 말한다. 우리는 이 세상에서도 계속해서 죄를 짓고 악을 더해가는 사람을 보면 큰 징계와 끝 날이 오는 것을 보게 된다.[14-16절]

바울이 데살로니가 교회를 다시 방문하다

사도 바울은 데살로니가 교회를 잠시 몸으로는 떠나 있지만 마음은 아니라고 하면서 그들을 다시 만나보기를 열정으로 힘쓴다고 했다. 우리는 그렇게 많은 교회들을 세운 사도가 세워진 지 얼마 안 되는 한 교회, 어린 성도들을 대하는 자세가 얼마나 다정다감하고 진지한지 참으로 깊은 감명을 받게 된다. 그 사이에(그들을 떠난 지 일 년이 안 되었을 것이다) 그들에게 한두 번 가고자 했으나 사단이 막았다고 하면서 말하기를 "우리의 소망이나 기쁨이나 자랑의 면류관이 무엇이냐 그의 강림하실 때 우리 주 예수 앞에 너희가 아니냐 너희는 우리의 영광이요 기쁨이니라"고 한다. 사도들에 의해 잘 전진하는 교회는 장래 주님이 오실 때 주님 앞에 기쁨과 면류관이 된다.[17-20절]

3장

바울이 데살로니가 성도들의 믿음을 인해 기쁨과 위로를 얻다

바울 일행은 사도행전 17장에서 데살로니가와 베뢰아를 거쳐 아덴에 이르렀는데, 그때 바울은 디모데를 데살로니가에 보내고 '우리만 아덴에 머물기를 좋게 여겼다'고 한다. 그 목적은 그들을 굳게 하고 그들의 믿음에 대하여 위로함으로 이 여러 환난 중에서 성도들로 요동치 않게 하려는 것이라고 하였다. 사도들이 그들을 세우고 떠난 후에 데살로니가 성도들에게는 환난이 임하였다. 사도 바울은 그렇게 될 것을 미리 예고하면서 주의할 것을 당부하였고 과연 그런 일이 일어났다. 그러므로 바울은 참다못하여 디모데를 보내어 그들의 믿음이 여전한지 알고자 했다. 혹 시험하는 자가 그들을 시험하여 사도들의 수고를 헛되게 할까 염려스러웠던 것이다. 그런데 바울은 이제 "지금은 디모데가 와서 여러분의 믿음과 사랑의 기쁜 소식을 전해주고 또 여러분이 항상 우리를 잘 생각하여 우리가 간절히 여러분을 보고 싶어하는 것처럼 여러분도 우리를 보고 싶어 한다 하니 우리가 모든 궁핍과 환난 가운데서 여러분의 믿음으로 말미암아 여러분에게 위로를 받았다."고 말한다.

"그러므로 너희가 주 안에 굳게 선즉 우리가 이제는 살리라 우리가 우리 하나님 앞에서 너희를 인하여 모든 기쁨으로 기뻐하니 너희를 위하여 능히 어떠한 감사함으로 하나님께 보답할꼬". 바울은 그들로 인하여 모든 기쁨으로 기뻐한다고 말하면서 많은 시험과 환난 가운데서 그들의 믿음을 지켜주신 하나님께 감사하고 보답하고 싶다는 심정을 말한다. 밤낮으로 감사하고 심히 간구하는 것은 얼른 가서 그들의 얼굴을 보고 그들의 믿음의 부족한 것을 온전케 하려는 것이라고 한다.[1-10절]

바울이 데살로니가 성도들을 위해 기도한 내용

11-13절은 데살로니가 성도들에 대한 바울의 간구의 내용이다. **"하나님과 우리 주 예수는 우리 길을 너희에게로 직행하게 하옵시며 또 주께서 우리가 너희를 사랑하는 것처럼 너희도 피차간과 모든 사람에 대한 사랑이 더욱 많아 넘치게 하사 너희 마음을 굳게 하시고 우리 주 예수께서 그의 모든 성도와 함께 강림하실 때에 하나님 우리 아버지 앞에서 거룩함에 흠이 없게 하시기를 원하노라"**. 이런 기도

는 얼마나 감동적인가! 데살로니가 전서에서는 주님의 재림을 여러 번 언급한다(1:10, 2:19, 3:13, 4:14-17, 5:1-8). 우리는 주 예수님이 모든 성도들과 함께 곧 다시 오실 것임을 기억하자.

4장

하나님의 뜻은 성도들의 거룩함이다

마지막으로, 사도 바울은 데살로니가 성도들에게 주 예수 안에서 구하고 권면한다. 그것은 그들이 마땅히 어떻게 행하며 하나님을 기쁘시게 할 것을 사도들에게서 받은 대로 지금 행하는 것처럼 더욱 행하라는 것이다. 그것은 사도들이 주 예수님의 권위로 그들에게 명한바 성도들의 거룩함이다. 하나님의 뜻은 성도들의 거룩함이며, 거룩함에서 가장 중요한 것은 음란을 버리는 것이다. 성도는 하나님을 모르는 이방인들처럼 색욕을 좇지 말아야 한다. 거룩함과 존귀함으로 자기의 아내 취할 줄을 알아야 하고, 이 일에 분수를 넘어서 형제를 해하지 말아야 한다. 형제를 해한다는 말은 형제의 아내와 불륜을 저지르는 것을 가리키는 듯하다. 하나님께서는 이 모든 일에서 원수를 갚는 분이시다. 하나님께서 우리를 부르신 것은 부정케 하심이 아니요 거룩케 하심인데, 이를 저버리고 음란과 부정을 저지르는 자들은 성령을 주신 하나님을 저버린 것이므로 하나님의 원수 갚음(신원)을 당하게 된다. 이것은 매우 두려운 일이다.[1-8절]

형제 사랑을 더욱 많이 하라

형제 사랑에 대하여는, 데살로니가 성도들이 하나님의 가르치심을 받아 서로 사랑하며 또 온 마케도냐 모든 형제들을 사랑하는데, 더 많이 하라고 권한다. 신약 성도들에게 가장 큰 계명이 사랑이다. 데살로니가 성도들은 지금도 서로 사랑하고 아주 좋은 편이지만, 사랑에 대하여는 한이 없으니 이 정도 수준이면 되었다는 게 없다. 그러므로 더 많이 하라고 권한다. 사랑이 없는 교회는 아무것도 없는 교회라고 보면 된다.[9-10절]

자기 손으로 일하기를 힘쓰라

또한 성도들은 남을 의지하여 공으로 밥을 먹으려고 해서는 안 되며 조용히 자기 손으로 일을 해야 한다. 예로부터 지금까지 교회에서 문제를 일으키는 사람들은 일하지 않는 사람들이고, 일하기 싫어하는 사람들이며 여기저기 다니며 말하는 사람들이다. 우리가 자기 손으로 힘써 일하는 것은 외인을 대하여 단정히 행하고 아무 궁핍함이 없게 하려는 것이다.[11-12절]

주의 강림과 죽은 자의 부활

또 바울은 그들에게 가족이나 가까운 사람 중 세상을 떠난 자에 대하여 소망 없는 다른 이들과 같이 슬퍼하지 않도록 예수 안에서 자는 자들이 어떻게 될 것인지를 알려주고자 한다. "우리가 예수의 죽었다가 다시 사심을 믿을진대 이와 같이 예수 안에서 자는 자들도 하나님이 저와 함께 데리고 오시리라". 주 예수께서는 호령과 천사장의 소리와 하나님의 나팔로 친히 하늘로부터 강림하실 것인데, 그리스도 안에서 죽은 자들이 먼저 일어나고 그 후에 우리 살아남은 자들이 저희와 함께 구름 속으로 끌어올려 공중에서 주를 영접하게 될 것이다. 그리하여 우리가 항상 주와 함께 있을 것이다. 그러므로 이 여러 말로 서로 위로하라고 한다.[13-18절]

5장

주의 날이 도적같이 이를 것이므로 깨어 있으라

데살로니가서에는 주의 재림에 관한 구절들이 많다. "형제들아 때와 시기에 관하여는 너희에게 쓸 것이 없음은 주의 날이 밤에 도적같이 이를 줄을 너희 자신이 자세히 앎이라". 사도는 이미 데살로니가 성도들에게 주의 재림시의 일들을 지세히 알려주었다. 잠들지 않고 늘 깨어 있는 자들에게는 그날이 도적같이 임하지 못한다고 말하면서 복음을 모르고 세상에 취해 사는 사람들이 평안하다, 안전하다 할 그때에 멸망이 홀연히 그들에게 임할 것이라고 했다.[1-3절]

"형제들아 너희는 어두움에 있지 아니하매 그날이 도적같이 너희에게 임하지 못하리니 너희는 다 빛의 아들이요 낮의 아들이라". 그러므로 성도들에게 깨어 근신하라고 하면서 자는 자들은 밤에 자고 취하는 자들은 밤에 취하는데, 우리는 낮에 속하였으니 근신하여 믿음과 사랑의 흉배를 붙이고 구원의 소망의 투구를 쓰자고 한다.[4-8절]

하나님께서 우리를 세우신 것은 오직 우리 주 예수 그리스도로 말미암아 구원을 얻게 하신 것이다. 예수께서는 우리를 위하여 죽으사 우리로 하여금 깨든지 자든지 자기와 함께 살게 하려 하셨다. 그러니 피차 권면하고 피차 덕을 세우기를 지금 그들이 하고 있는 것처럼 하라고 권한다.[9-11절]

주 안에서 다스리는 자들을 귀히 여기라

교회 안에는 성도들을 위해 수고하고 주 안에서 다스리는 자들이 있다. 성도들은 마땅히 그들이 누군지 알아야 하고, 그들의 봉사를 인하여 사랑 안에서 그들을 가장 귀히 여기며 성도들끼리 화목해야 한다. 또한 교회 안에는 규모 없는 자들, 즉 질서를 지키지 않는 자들이 있는데, 그들을 잘 권고하며, 마음이 약한 자들을 위로하고 힘이 없는 자들을 붙들어주며 모든 사람을 대하여 오래 참아야 하고, 삼가 누구에게든지 악으로 악을 갚지 말고 피차 대하든지 모든 사람을 대하든지 항상 선을 좇으라고 한다.[12-15절]

권면의 말과 인사

"항상 기뻐하라, 쉬지 말고 기도하라, 범사에 감사하라, 이는 그리스도 예수 안에서 너희를 향하신 하나님의 뜻이니라. 성령을 소멸치 말며 예언자의 말(prophetic utterance)**을 멸시치 말고 범사에 헤아려 선한 것을 굳게 붙잡고 악은 모든 모양이라도 버리라." "평강의 하나님이 친히 너희로 온전히 거룩하게 하시고 또 너희 온 영과 혼과 몸이 우리 주 예수 그리스도 강림하실 때에 흠 없게 보전되기를 원하노라". "너희를 부르신 하나님은 신실하시니 그가 또한 이루시리라".** 이 모든 것을 온전히 이루실 분은 하나님이시며 그분은 우리를 온전히 거룩하고 흠이 없게 하실 것이다.

바울은 아직 어린 교회일지라도 사도들을 위해 기도해달라고 부탁한다[25절]. 거룩하게 입맞춤으로 모든 형제에게 문안하라 하고, 주님을 의지하여 명한다고 하면서 이 편지를 모든 형제에게 읽어 들게 하라고 한다. 편지의 내용 한 마디 한 마디가 가볍게 하는 말이 없다.

마지막으로, "우리 주 예수 그리스도의 은혜가 너희에게 있을지어다"라는 말로 편지를 끝맺는다. 그의 글은 조금도 부족함이 없고 온전하고 충분하다. 교회가 이 말씀대로 순종한다면 복을 받을 것이다.[16-28절]

|데살로니가후서|

1장

하나님 나라에 합당한 자로 여기심을 얻도록 고난받다

데살로니가 전후서는 세워진 지 얼마 안 되는 어린 교회에게 쓴, 마치 초신자 양육 공과와 같은 서신이다. 그러므로 사도의 다정다감한 사랑과 위로의 영이 가득하다. 실루아노와 디모데는 사도 바울이 데살로니가에 복음을 전할 때 시작부터 함께했던 사람들이다(행 17:15). 사도는 그들의 믿음이 더욱 자람으로 서로 사랑함이 풍성함을 인하여, 많은 핍박과 환난 가운데 인내와 믿음이 가득함을 인하여 늘 감사했으며, 여러 교회들에게 데살로니가의 이런 상황을 늘 자랑했다.

바울은 그들이 고난받고 있음을 의식하면서 그것이 하나님의 공의라고 위로한다. 그들로 하여금 하나님의 나라(왕국)에 합당한 자로 여기심을 얻도록 그 나라를 위해 고난을 받는 것이라고 한다. 고난을 받는 것은 하나님 나라의 사람이 되기 위해, 그 나라에 들어가기 위해 필수적인 것이다(행 14:22). 따라서 바울은 그들이 환난을 받는 것이 하나님의 공의로운 심판의 표라고 말한다. 환난을 받게 하는 자들에게는 환난으로 갚으시고 환난을 받는 성도들에게는 안식으로 갚으시는 것이 하나님의 공의라는 것이다.[1-7절]

공의로 심판하시는 하나님

이는 매우 두려운 말씀이 아닐 수 없다. 함부로 주님의 신실한 성도들을 핍박하고 비방하고 괴롭게 하지 말아야 한다. 그분은 공의로 심판하시는 주님이시기 때문이다. 언젠가 주 예수께서 능력의 천사들과 함께 하늘로부터 불꽃 중에 나타나실 것인데(이 불은 물질적인 세계의 불이 아닐 것이며 그 나팔도 세상 사람들이 부는 나팔이 아닐 것이다), 하나님을 모르고 함부로 주님의 신실한 자들을 핍박하고 고난받게 하는 자들과 복음을 순종치 않는 자들에게 형벌을 주실 것이며, 그들은 주의 얼굴과 그 힘의 영광을 떠나 영원한 멸망의 형벌을 받게 될 것이다. 그러나 주 예수께서 강림하실 때 그분의 성도들은 매우 기이히 여기면서 그분께 영광을 돌릴 것이다. 바울은 성도들이 이렇게 하는 것이 사도들의 증거를 믿었기 때문이라고 한다. 복음의 말씀을 믿는 것이 얼마나 중요한지![8-10절]

그들을 위해 항상 기도하는 사도들

그러므로 사도들은 항상 그들을 위하여 기도한다. "하나님께서 너희를 그 부르심에 합당한 자로 여기시고 모든 선을 기뻐하며 믿음의 역사를 능력으로 이루게 하시고 우리 하나님과 주 예수 그리스도의 은혜대로 우리 주 예수의 이름이 너희 가운데서 영광을 얻으시고 너희도 그 안에서 영광을 얻게 하려 함이니라". 갓 믿은 사람들이 그들의 믿음 때문에 환난을 받으니 바울은 그들이 흔들리지 않도록 여러 말로 굳게 하고 있다. 또한 주 예수님의 다시 오심을 재차 강조하면서 그분이 오실 때 모든 것이 공의롭게 심판되어질 것을 말해주면서 격려한다.[11-12절]

2장

주의 날이 이르렀다고 쉽게 동심하지 말라

데살로니가 교회에는 몇 가지 문제가 있었다. 첫째는 유대인의 핍박과 그들의 사도 바울에 대한 비방 중상이고, 둘째는 주의 재림에 대한 잘못된 교훈이며, 셋째는 일하지 않고 놀고먹으려는 사람들, 규모 없이 행하고 교회의 질서에 따르지 않는 사람들이 있는 것이었다.

2장은 주로 주님의 재림에 대하여, 영으로나 말로나 혹 사도에게서 받은 편지로나 주의 날이 이르렀다고 쉽게 동심하거나 두려워하는 것이었다. 주님의 재림에 대해 늘 깨어있고 기다리는 태도는 꼭 필요한 것이지만, 금방이라도 난리가 날 것처럼 호들갑을 떠는 경보 발령은 거의가 거짓이고 성도들을 미혹케 하는 일이며, 배후에 뭔가 숨은 의도를 가진 자들의 속임수라고 보면 된다. 바울은 그러한 말을 들을 때나 혹 사도들에게서 무슨 편지를 받았다며 미혹하려 해도 두려워하거나 동심하지 말라고 한다. 반드시 먼저 배도하는 일이 있어야 하고 '불법의 사람' 곧 멸망의 아들(적그리스도)이 나타나기 전에는 주 예수님의 재림이 이르지 않는다고 하였다. 그 자는 나타나서 자기(우상)를 성전에 앉혀놓고 스스로 하나님이라고 하면서 사람들의 숭배를 받으려 하고 참 하나님을 대적한다. 요즘 극단적인 종말론을 말하는 사람들이 있는데, 그들은 여기저기에 말세의 징조가 있다, 3차 대전이 일어난다 하고 또 어디 어디에 이미 적그리스도가 나타났다고 하면서 당시 데살로니가 성도들을 미혹하듯이 하는 것을 본다.

바울은 그들과 함께 있을 때 이미 이런 일들이 일어날 것을 상세하게 말해주었다. 불법의 비밀이 지금 이미 활동하고 있으나 억제하는 자가 있어서 그중에서 옮겨질 때까지는 그렇게 할 것이라고 한다. 그리고 악한 자 적그리스도가 임하게 되면(그때는 억제가 옮겨질 것이다), 모든 능력을 행하고 표적과 거짓 기적을 행하고 불의의 속임으로 사람들을 속이게 되는데, 이는 진리의 사랑을 받지 않는 자들, 진리를 좋아하지 않고 불의를 좋아하는 모든 자로 심판을 받게 하려 함이라고 말한다.[1-12절]

하나님께 대한 감사와 가르침

바울은 데살로니가 성도들을 인하여 감사가 많았다. 그것은 하나님께서 처음부터 그들을 택하셔서 성령의 거룩하게 하심과 진리를 믿음으로 구원을 얻게 하셨기 때문이다. 이를 위하여 사도들의 복음으로 그들을 부르시어 그리스도의 영광을 얻게 하려 하셨다. 사도는 교회가 굳게 서서 말로나 편지로 가르친 사도들의 유전을 지킬 것을 권하며, 영원한 위로와 좋은 소망을 주신 하나님께서 성도들의 마음을 위로하시고 모든 선한 일과 말에 굳게 하시기를 원한다.[13-17절]

3장

서로에 대한 기도

마지막으로, 바울은 사역자들을 위해 기도해달라고 부탁한다. 그것은 주의 말씀이 그들 가운데서 달음질한 것처럼 많은 곳에서도 달음질하여 영광스럽게 되고, 또 사도들을 무리하고 악한 사람들 가운데서 건져달라는 것이다. 복음을 전하다보면 무리하고 악한 사람들을 만나게 된다. 믿음은 모든 사람의 것이 아니기 때문이다. 믿는다고 하면서 실상은 신실한 성도들을 핍박하고 비방하고 훼방하는 자들이 있다.

또한 주님은 신실하시기에 그들을 굳게 하시고 악한 자에게서 지켜주실 것이다. 사도는 데살로니가 성도들이 사도들의 명한 것을 행하고 또 행할 줄을 주 안에서 확신하며, 주께서 그들의 마음을 인도하여 하나님의 사랑과 그리스도의 인내에 들어가게 하시기를 기도했다. 우리의 마음도 하나님의 사랑과 그리스도의 인내에 들어가기를 바란다. 환난이 견디기 힘들고 어려워도 끝까지 변치 않고 하나님을 사랑하라는 권면이다.[1-5절]

규모 없이 행하는 자들을 경계하라

데살로니가에서 문제를 일으키는 자들은 주로 질서와 규범을 깨뜨리는 자들이었다. 그들은 일하기는 싫어하고 먹기만 좋아했다. 바울은 양식을 값없이 먹지 않으려고 데살로니가에 있을 때 주야로 일을 하면서 사역했다. 아무에게도 누를 끼치지 않으려 한 것이다. 그는 하나님의 복음의 일꾼으로서 일하지 않을 권리가 있지만 그들에게 본을 끼치기 위해서 그렇게 열심히 일을 해가면서 복음을 전했다고 말한다. 그들 가운데 어떤 사람들은 일은 안 하고 오히려 일만 만들며 교회의 질서 안에 머물지 않고 교회를 어지럽게 했다. 바울은 그들에게 일하기 싫으면 먹지도 말라고 하고, 그리스도 안에서 권하건대 조용히 일해서 자기 양식을 먹으라고 하였다.

또 형제들에게 선을 행하다가 낙심치 말라 하고, 어떤 사람이 이 편지에서 한 사도의 말을 순종치 않거든 그 사람을 지목하여 사귀지 말고 그로 하여금 부끄럽게 하되 원수와 같이 생각지는 말고 형제같이 권하라고 한다.[6-15절]

축복

"평강의 주께서 친히 때마다 일마다 너희에게 평강을 주시기를 원하노라 주는 너희 모든 사람과 함께하실지어다". 하나님은 평강의 주이시다. 교회에게 평강은 중요한 덕목이다. 주님이 너희 모든 사람과 함께하기를 바란다고 하면서 특별히 서신 마무리에 서명하듯이 "나 바울은 친필로 문안하노라"고 했다. 즉 내 글씨체를 보면 이 편지가 나의 편지라는 것을 알 것이라는 말이다. 당시 사도 바울의 것이라 하면서 많은 거짓된 서신들이 오갔을 것이라고 추측해볼 수 있다(살후 2:2).

"우리 주 예수 그리스도의 은혜가 너희 무리에게 있을지어다". 바울은 은혜를 간구하는 말로 편지를 끝맺는다. 오늘 교회나 개인에게 가장 필요한 것은 주님의 은혜이다.[16-18절]

디모데전서

서문

디모데 전서는 사도 바울이 사도행전 28장에서 로마의 감옥에 있다가 석방된 후 젊은 동역자 디모데에게 보낸 서신이다. 디모데를 자신이 오래 수고하고 사역한 도시 에베소에 머물도록 조치하고 자신은 마케도냐에 가면서 쓴 서신이다. 기록 연대는 A.D. 65년경으로 추산된다. 디모데가 에베소에서 섬기면서 어떤 부분들을 유의하며 사역해야 할 것인지에 대한 가르침과 권면을 주고 있다. 젊은 사역자들은 연장한 사역자의 도움과 인도 하에 섬기는 것을 배워야 함을 일깨워준다.

1장

다른 교훈을 경계하게 하라

디모데 전후서는 바울이 교회에 보낸 다른 서신들과 달리 그의 동역자 중 한 사람인 디모데에게 개인적으로 보낸 편지이다. 바울은 그를 '믿음 안에서 참 아들 된 디모데'라고 했다[2절]. 그것은 꼭 디모데가 바울에 의해 복음을 듣고 영접했다는 뜻은 아니다(행 16:1-2 참조).

우선 바울은 그를 에베소에 머물라 명하고 거기서 무엇을 해야 할지를 일러 주었다. 에베소는 바울 사도가 오랫동안 머물며 사역했던 곳이다. 바울은 자신이 마케도냐로 떠나면서 젊은 동역자 디모데를 에베소에 머물게 하였는데, 그것은 당시 에베소에 다른 교훈을 가르치는 교사들이 있어서 성도들을 헛된 가르침에 빠지게 할 우려가 있었기 때문이다. 바울은 그의 동역자 디모데로 하여금 어떤 사람들을 명하여 다른 교훈을 가르치지 말게 하라고 했다[3절].

교회가 세워지는 데 있어서 가장 중요한 것은 어떤 제도나 행사나 일이 아니라 가르침이다. 바울 사도는 교회가 진리를 그 기둥과 터로 하여 세워지는 것이라고 하였다(3:15-16). 건전한 진리가 없으면 교회가 세워질 길이 없다.

바른 교훈과 다른 교훈의 구별

그러면 다른 교훈은 무엇이며[3절] 바른 교훈은 무엇인가[10절]? 우선 바울은 신화와 끝없는 족보 이야기를 관심하지 말게 하라고 한다. 이런 것은 아무리 배워도 효과가 없고 헛된 말을 만들어낼 뿐이다. 그런 것을 주로 말하는 사람들은 율법주의자들이다. 그런 사람들은 사람들을 가르치기를 좋아하나(선생이 되고 싶어 한다), 자기의 말하는 것이나 자기의 확증하는 바도 깨닫지 못한다고 했다[7절]. 변론을 만들어 내며, 어떤 역사도 없는 헛된 말을 하게 하는 지식적이고 율법적인 가르침과, 바른 가르침 즉 믿음 안에 있는 하나님의 경륜을 이루는 것의 차이는 청결한 마음과 선한 양심과 거짓 없는 믿음에서 나는 사랑이라고 했다[4-6절].

그렇다고 해서 율법이 용도가 없는 것이 아닌데, 율법은 옳은 자들을 위한 것이 아니요 법을 거스르는 자들, 곧 불법한 자, 복종치 않는 자, 경건치 않은 자와 죄인, 거룩하지 않은 자와 망령된 자, 아비를 치는 자, 어미를 치는 자, 살인하는 자, 음행하는 자, 남색하는 자, 사람을 탈취하는 자, 거짓말하는 자, 거짓 맹세하는 자 등을 위한 것이다[8-10절].

그러면 누가 옳은 자인가? 주 예수를 믿고 성령을 받아서 의의 길을 걸어가는 정상적인 신약의 성도이다. 그러나 복음을 복종치 않는 자들에게는 율법이 필요하다. 자신이 무엇이 잘못되었는지를 알아야 하기 때문이다. 결국 바른 교훈(복음)을 거스르는 자들을 위한 것이 바로 율법의 용도라는 말이다.

넘치도록 풍성한 주의 은혜

바울 사도는 자신이 바른 교훈, 즉 영광의 복음을 맡은 자가 된 것을 감사하게 생각한다. 교회는 바른 교훈, 진리, 영광의 복음을 통해 세워지는 것이지 율법적 지식으로 세워지지 않는다(엡 1:13). 결국 바울이 디모데로 하여금 성도들을 교육시키게 하려는 목적은 무엇인가? 교회를 바르게 세우려는 것이다. 복음이 분명해야 교회가 분명하게 세워진다.

바울은 죄인이었던 자기를 긍휼히 여기시고 능하게 하신 하나님께 감사하고 있다. 복음이란 그리스도 예수께서 죄인을 구원하시려고 세상에 임하셨다는 것이다[15절]. 의사와 환자가 관계가 있듯이 예수와는 죄인이 관계가 있다. 죄가 더한 곳에 은혜가 넘친다. 자신의 죄를 인정하지 않는 곳에서는 은혜와 의의 선물이 넘칠 수 없다(눅 18:9-14, 롬 5장). 바울은 말한다. 자신이 전에는 교회의 훼방자요 핍박자요 포행자였으나 도리어 긍휼을 입은 것은 믿지 않을 때에 알지 못하고 행했기 때문이며, 우리 주의 은혜가 그리스도 예수 안에 있는 믿음과 사랑과 함께 넘치도록 풍성했다고 말한다.

그러면서 바울은 찬미를 발한다. **"미쁘다 모든 사람이 받을 만한 이 말이여 그리스도 예수께서 죄인을 구원하시려고 세상에 임하셨다 하였도다 죄인 중에 내가 괴수니라"**. 사도 바울은 그렇게 충성된 사도였을지라도 늘 죄감(罪感)이 충만하였다. 따라서 그에게 그리스도의 은혜가 넘칠 수밖에 없었다. 그가 주님의 긍휼을 입은 까닭은 먼저 그에게 일절 오래 참으심을 보이사 후에 주를 믿어 영생 얻을 자들에게 본이 되게 하시려는 것이라고 한다.[12-16절]

하나님께 대한 찬미

여기서 바울은 다시 한 번 하나님을 찬미한다. "만세의 왕 곧 썩지 아니하고 보이지 아니하고 홀로 하나이신 하나님께 존귀와 영광이 세세토록 있어지어다 아멘".[17절]

착한 양심과 믿음

바울은 디모데에게 전에 지도한 예언을 따라 선한 싸움을 싸우라고 명한다. 따라서 신약의 예언은 꼭 장래 일을 말해내는 것이 아니다. 그리스도 안의 모든 복음 진리 내용이 참된 예언이다. 사실 구약의 모든 예언은 그리스도 한 분에 집중되었으며 복음을 위한 것이기 때문이다(고전 14:3). 복음 진리를 전하는 자들은 싸울 준비를 해야 한다. 사방에 율법주의자들이 포진하고 있기 때문이다. 그것은 오늘날도 동일하다.

또 믿음과 착한 양심을 가지라고 했는데, 믿음과 양심은 매우 관련이 있다. 착한 양심이 없이는 믿음을 갖기 어렵다. 그리고 자신에게 견고한 믿음이 없이는 복음 사역을 할 수 없고 복음의 싸움을 싸울 수도 없다. 복음 사역을 하다 보면 마귀적인 역사로 훼방하는 세력이 있다. 바울은 이 사역을 극도로 훼방하는 후메네오와 빌레도를 사단에게 내어주었다고 하면서 이는 그들이 징계를 받아 더 이상 훼방하지 못하게 함이라고 말한다.[18-20절]

2장

모든 사람을 위해 기도하라

다음으로, 사역자로서 해야 할 일은 기도이다. 첫째는 말씀이고 다음은 기도이다. 모든 사람을 위하여 간구와 기도와 도고와 감사를 하라고 한다. 도고(intercession)는 중보기도를 말한다. 무엇을 위해 기도하는가? 모든 사람을 위해서 하되 왕들과 높은 지위에 있는 자들을 위해 기도해야 한다. 그것은 모든 경건과 단정한 중에 고요하고 평안한 생활을 하려 함이다. 이것이 구주 하나님 앞에 선하고 받으실만한 것이다. 또 그래야만 많은 사람에게 복음을 전해서 구원받고 진리를 아는 데 이르게 할 수 있다.[1-4절]

하나님은 한 분이시고 하나님과 사람 사이에 중보도 한 분이시니 곧 사람이신 그리스도 예수시다. 그리스도 예수께서 사람이시라는 것이다. 우리가 믿는 구주 예수는 사람이시다. 그분이 모든 사람을 위해 자기를 속전(ransom for all)으로 주셨으니 기약이 이르면 증거하실 것이다. 바울은 이를 위해 전파하는 자와 사도로 세우심을 받았으며 이방인의 교사가 되었다고 말한다.[5-7절]

남자들과 여자들에 대한 권면

8절부터는 남자들과 여자들에 대하여 권면하는 말씀이다. 교회의 남자들과 여자들의 특징은 어떠해야 하는가? 남자들은 분노와 다툼이 없어야 하고 기도를 많이 해야 한다. 그리고 교회 여자들은 너무 화려하고 사치스런 옷을 입지 말고 염치와 정절로 자기를 단장하며 머리 모양을 내거나 금이나 진주 등의 장신구로 치장하지 말아야 한다. 교회 여인들은 조신하고 단정하게 옷을 입는 것이 좋다. 이것이 하나님을 공경한다 하는 자들에게 마땅한 바이다. 또한 여자는 일절 순종함으로 조용히 배우라고 한다. 여자의 가르치는 것과 남자를 주관하는 것을 하나님께서 허락지 않으시니 오직 조용하라는 것이다(고전 14:34-35 참조). 그것은 창조의 순서에서 남자가 먼저 지음을 받고 여자가 그 후며, 에덴동산에서도 여자가 꾀임을 받아 죄에 빠지게 되었기 때문이다. 그러나 여자들이 절제함으로 믿음과 사랑과 거룩함에 거하면 아이를 출산함으로 구원될 수 있을 것이라고 했다. 특히 여성은 지속적 믿음과 사랑, 거룩함을 위해 절제가 많이 필요하다는 가르침이며 아이를 낳아 양육함이 큰 구원이 된다는 말씀이다.[8-15절]

3장

감독과 집사의 자격

건강한 교회가 되려면 우선 사역자 자신부터 기도를 많이 해야 하고, 남자들은 분노와 다툼이 없이 각처에서 거룩한 손을 들어 기도해야 한다. 여자들은 사치하지 말고, 남자를 주관하려 하지 말고, 조용히 순종함으로 배워야 한다(2;8-12).

그리고 좋은 감독들(장로들)과 집사들이 세워져야 한다. 먼저, 감독들은 무엇을 하는 사람들인가? 교회를 양육하고 치리하는 자들이다. 초대 교회의 구조에서 각 교회의 장로보다 더 책임이 무거운 직분이 없다. 그러기에 감독의 자격은 철저하게 검증되어야 하는 것이다. 비난할 것이 없는 자여야 하고 두세 번 장가가지 않은 자여야 한다. 또 존경받을만하고 나그네를 잘 대접하고 가르치기를 잘하는 자여야 한다. 사도가 없는 상황에서 교회의 모든 가르침은 감독들에게 맡겨지기 때문이다. 사람을 구타하거나 사람들과 쉽게 다투는 사람, 돈을 좋아하는 사람은 감독이 되어서는 안 된다. 또 자기 집을 잘 다스려서 자녀들로 모든 단정함으로 복종케 하는 자라야 한다. 자기 집도 다스리지 못하는 자가 어떻게 하나님의 교회를 돌아보겠느냐는 것이다. 또 갓 교회 생활을 시작한 자도 안 된다. 교만해져서 마귀의 올무에 빠질 수 있기 때문이다. 그리고 외인들에게도 선한 증거를 얻은 자여야 한다.[1-7절]

다음은 집사들의 자격인데, 집사는 섬기고 돕는 자로서 그 자격이 장로와 일반으로 엄격하다. 일구이언을 하지 말아야 하고, 더러운 이를 탐하지 말아야 하며, 깨끗한 양심에 믿음의 비밀을 가진 자라야 한다. 집사를 세우려면 먼저 시험하는 단계를 거쳐야 하는데, 집사는 여자도 있다(감독은 여자가 없다). 단정하고 참소하지 않는 여자라야 한다. 12절에서 집사들이 한 아내의 남편이어야 한다고 하는 것으로 보아 11절의 여자가 집사의 아내라고 해석하는 학자들도 있다. 그러나 나는 교회에 여자 집사가 있을 수 있다고 본다(롬 16:1). 집사의 직분을 잘 한 자들은 그리스도 안에서 아름다운 지위와 담력을 얻을 수 있다고 했다.[8-13절]

경건의 비밀

사도 바울은 디모데를 보내고서 자신도 속히 그에게 가려고 한다. 그러나 이 편지를 쓰는 목적은 바울이 혹 지체하더라도 디모데로 하여금 하나님의 집에서 어떻게 행해야 할지를 알게 하려는 것이라고 한다. 하나님의 집은 아무렇게나 섬길 수 있는 곳이 아니다. 교회는 바로 하나님의 거하시는 곳이다.

"이 집은 살아계신 하나님의 교회요 진리의 기둥과 터이니라
크도다 경건의 비밀이여 그렇지 않다 하는 이 없도다
그는 육신으로 나타난 바 되시고 영으로 의롭다 함을 얻으시고
천사들에게 보이시고 만국에서 전파되시고
세상에서 믿은 바 되시고 영광 가운데 올리우셨음이라".

이것은 초대교회 예배 중에 자주 불렀던 찬송 같다. 운율이 느껴지는 가사이다. 경건의 비밀이란 육체로 표현된 하나님이시다. 그것이 그리스도요 또한 교회이다. 진리의 기둥과 터가 없다면, 육체의 표현만 있고 성도들의 육체를 통해 나타나신 하나님이 없다면, 경건의 비밀인 하나님의 집이 될 수 없고 교회가 될 수 없다.[14-16절]

4장

미혹케 하는 영과 귀신의 가르침

"그러나 성령이 밝히 말씀하시기를 후일에 어떤 사람들이 믿음에서 떠나 미혹케 하는 영과 귀신의 가르침을 좇으리라 하셨으니"[1절]. 어떤 사람들이 믿음에서 떠나 변절할 수 있음을 경고한다. 사람이 구원받았다고 하지만 잘못될 수 있다는 것이다. 그들은 양심이 화인 맞아서 하나님의 말씀을 가르친다고 하지만 위선을 행하고 거짓말을 한다. 혼인을 금하고 식물을 폐하라고 할 터인데 식물은 하나님이 지으신 것이니 믿는 자들과 진리를 아는 자들이 감사함으로 받으면 버릴 것이 없다. 이는 하나님의 말씀과 기도로 식물이 거룩해지기 때문이다.[1-5절]

성경에서 보면 귀신들도 아예 엉뚱한 말만 하는 것이 아니다(행 16:16-18). 분별하기 어려울 정도로 그럴듯하게 떠들어댄다. 어떤 이들이 혼인을 금하고 어떤 음식은 먹어서는 안 된다고 가르쳤다. 어쩌면 육신의 정욕을 불러일으킨다고 해서 육류를 금했을 수도 있고 레위기에서 말하는 어떤 부정한 음식을 먹지 못하게 했을 수도 있다. 바울 사도는 이런 물질적인 것으로 사람이 거룩케 되는 것이 아님을 골로새서 2장에서 이미 말한 바 있다.[20-23절]

우리는 특히 복음서에서 귀신들이 일반적인 사람이 알지 못하는 것을 알고 말하는 것을 본다. 귀신들은 타락한 천사 마귀와 마찬가지로 하나님을 대적하는 영물들에 속한다. 귀신의 가르침이란 잘못된 말만 가리키는 것이 아니며, 옳은 말이라 하더라도 귀신에게서 나온 것을 말한다(물론 그것은 구원받게 하는 복음이 아니다, 약 2:19-20). 귀신들은 사람을 살리고 구원하는 것이 아니라 사람을 망가뜨려 원래의 기능을 말살시킨다(막 9:25, 귀먹고 벙어리가 되게 함). 어떤 가르침은 성경적인 것 같으면서도 완전히 사람을 병신되게 하고, 멍청하게 만드는 것이 있을 수 있다는 뜻이니 성도들은 가르침을 받는 데 있어서 분별해야 한다.

경건의 연습은 범사에 유익하다

이런 교훈으로 형제를 깨우치면 그리스도 예수의 선한 일꾼이 되어 믿음의 말씀과 그가 좇은 선한 교훈으로 양육을 받을 것이라고 한다. 어떤 말씀이 디모데가 좇아야할 교훈인가? 건강하고 균형잡힌 복음 진리의 말씀이다. 오늘 우리는 신약의 진리가 믿음의 말씀이라는 것을 알아야 한다. 그야말로 십자가를 중심으로 하는 믿음의 말씀이 아니면 신약의 복음 진리가 아니다. 또한 망령되고 허탄한 신화를 버리고 오직 경건에 이르기를 연습하라고 하며(1:4-6 참조), 육체의 연습은 약간의 유익이 있으나 경건의 연습은 범사에 유익하며 금생과 내생에 약속이 있다고 말하면서 바울은 찬미를 발한다. "미쁘다 이 말이여! 모든 사람들이 받을 만하도다!" 사역자들의 수고는 결국 우리의 소망이신 구주 예수 그리스도의 재림과 관련이 있다. 그날을 위해 우리가 수고하고 진력하는 것이다. [6-11절]

그리스도 예수의 선한 일꾼으로 믿는 자에게 본이 되라

또 사역자들은 성도들로부터 업신여김을 받지 않도록 주의해야 한다. 하나님의 말씀을 대신하여 전하기 때문이다. 바울은 디모데에게 누구든지 네 연소함을 업신여기지 못하게 하라고 했다. 그러려면 사역자의 말과 행실, 사랑과 믿음, 정절 등에서 믿는 자들의 본이 되어야 한다[12절]. 사역자는 주님이 위임하신 말씀을 전하고 가르치는 자이므로 합당한 격이 있어야 한다.

또 바울이 갈 때까지 읽는 것과 권하는 것과 가르치는 것에 착념하라고 한다. 착념하라는 것은 마음에 깊이 간직하고 주의해서 행하여야 한다는 것이다. 읽는 것은 개인적으로 늘 말씀을 읽는 것도 있고 공중 앞에서 말씀을 읽는 것을 포함한다. 예배에서 하나님의 말씀을 그대로 읽어주는 것도 매우 유익하다. 우리는 성경을 기록하도록 주님께 공적으로 위임받은 사도들의 가르침을 소홀히 해서는 안 된다. 그때의 서신들과 말씀들을 오늘 우리에게 주시는 사역자의 직접적인 가르침으로 받는 것은 참으로 유익하고 마땅히 그렇게 해야 한다[13절].

사역자는 받은 은사를 소홀히하지 말고 잘 활용해서 교회에 유익을 줄 수 있어야 한다. 그리고 많은 사람들 앞에 늘 진보하는 것을 나타내야 한다. 즉 받은 은사를 잘 발전시켜서 매일매일 진보하도록 연습하고 배우고 수고해야 한다. 사람들을 진리로 잘 가르치면 자신과 듣는 자들을 다 구원하게 할 수 있게 된다. 디모데 전서 4장에는 사역자 자신이 양육을 받은 말씀이어야 다른 사람들을 양육할 수 있다는 뜻이 들어 있고, 또 전하고 가르칠 때 듣는 사람만이 아니라 가르치는 사람 자신도 구원받을 수 있다고 말한다[14-16절].

사역자로서 성도들을 어떻게 대해야 하는가

4장은 주로 사역자 자신이 어떻게 행해야 하는가를 말해주고, 5장은 교회에서 사람들을 어떻게 가르칠 것인가, 어떻게 교회를 인도할 것인가를 가르친다. 나이든 분들에게는 아비에게, 어미에게 하듯 해야 하고, 젊은 남자에게는 형제에게 하듯, 젊은 여자에게는 일절 깨끗함으로 자매에게 하듯 해야 한다. 그리고 참 과부는 경대하라고 했다. 어떤 과부에게 자녀나 손자녀가 있다면 그들로 먼저 자기 집에서 효를 행하여 부모에게 보답하기를 배우게 하라고 하면서 이것이 하나님 앞에 받으실 만한 것이라고 했다.[1-4절]

과부들에 대한 가르침

참 과부로서 외로운 자는 하나님께 소망을 두어 주야로 하나님께 항상 간구와 기도를 하지만, 어떤 과부들은 그렇지 않은 자도 있다고 말하는 듯하다. 그저 날마다 쾌락을 일삼고 제멋대로 사는 여자들은 살았으나 죽은 거나 마찬가지라는 말이다. 디모데는 그들에게 이것을 명하여 책망받을 것이 없는 자들이 되도록 해야 했다.

또한 교회 사람들 가운데 자기 친족 특히 자기 가족을 돌아보지 않은 자는 믿음을 배반한 자이며 불신자보다 더 악한 자라고 했다. 여기서 과부로 명부에 올릴 자의 나이는 60이 넘어야 한다고 했는데, 오늘날로 말하면 70-75세 이상은 되어야 할 것 같다. 또 나이 많은 과부라고 해서 다 명부에 올릴 것이 아니라 한 남편의 아내로서 젊을 때부터 교회를 위해 수고하고 선한 행실의 증거가 있는 자여야 한다. 즉 자녀를 양육하며 나그네를 대접하며 성도들의 발을 씻기며 환난당한 자들을 구제하며 모든 선한 일을 추구하는 자라야 한다는 것이다. 오늘날 우리 주위에서 이런 자격을 갖춘 과부는 찾기가 쉽지 않을 것 같다. 그러나 젊은 과부는 거절하라고 강하게 말한다. 그들은 처음 믿음을 저버리고 정욕으로 그리스도를 배반할 때 시집가려고 할 것이며, 또 게으름을 익혀 악한 말들을 만들어내고 마땅치 않은 말을 하고 다니며 문제를 일으킨다고 했다.[5-14절]

여기서 바울은 고린도 전서 7장과는 다소 다른 어조로 말한다. 여러 경험을 하면서 바울은 젊은 과부들에게 질린 것 같다. 처음에는 자기처럼 그냥 홀로 지내면서 오로지 주님만 섬기면 좋겠다고 생각했는데, 가만 보니 젊은 과부들이 시집갈 기회가 생기자 정신을 차리지 못하고 그리스도를 배반하고 처음 믿음을 저버리는 것이었다. 거의 예외가 없다는 것을 알게 된 바울은 다시 생각해 보았을 것이다. 사도가 어찌 말을 바꿀 수 있느냐고 해서는 안 된다. 하나님께서도 구약에서 사람들의 완악함으로 인해 그분의 뜻을 바꾸실 때가 있었다. 그분은 인격의 하나님이시기 때문이다. 일관성이라는 것은 그의 영에 있지 밖의 일에 있는 것이 아니다. 그래서 젊은 과부들은 아예 시집을 가서 애를 낳고 집안일을 함으로 대적에게 훼방할 기회를 조금도 주지 말라고 했다. 그러면서 이미 사탄에게 돌아간 자들도 있다고 말한다. 믿는 여자에게 과부 친척이 있으면 자기가 도와주고 가급적 교회로 짐지게 하지 말라고 한다. 당시에 과부들을 돌보는 문제가 쉽지 않았던 것 같다. 5장에서 사도는 많은 구절을 과부에 대한 문제에 할애하고 있다.[15-16절]

장로들에 대한 가르침

다음은 장로들에 관한 것이다. 잘 다스리는 장로들을 배나 존경할 자로 알되 말씀과 가르침에 수고하는 이들을 더욱 존경하라고 했다. 여기의 존경이란 물질적인 공급을 포함한다. 그러나 그것이 꼭 그 일을 직업적으로 하게 하라는 뜻은 아니다. 삯을 받는 것이 마땅하다고 해서 삯군을 만들라는 것은 아니다.

장로에 대한 송사는 디모데 같은 동역자나 사도들에게 제출했는데, 두세 증인이 없으면 장로에 대한 송사를 받지 말라고 한다. 두세 증인이 장로를 송사한다 해도 가장 좋은 것은 문서로 하는 것이다. 사역자들은 어떤 장로가 범죄자로 확정된 경우 나머지 장로들 앞에서 꾸짖어야 하고, 사안에 따라서는 모든 성도들 앞에서 꾸짖어야 할 경우도 있을 것이다. 온 교회에 미치는 죄를 지었을 경우는 온 교회 앞에서 책망과 치리를 해야 할 것이다.

디모데는 어떤 일도 편벽되이 해서는 안 되었다. 즉 인간적으로 어느 편에 기울어서는 안 되었다는 것이다. 또 그는 경솔히 안수해서도 안 되었는데, 이것은 다른 사람의 죄에 참여하는 일이 될 수 있기 때문이다. 안수란 동일시를 의미한다. 따라서 디모데는 자신을 지킬 필요가 있었다. 선행이든 죄든 시간이 지나면 다 드러나게 되니 성급하게 경솔히 안수하지 말라고 했다. 어떤 사람들의 죄는 밝히 드러나 먼저 심판에 나아가고 어떤 사람들의 죄는 그 뒤를 좇는다. 이와 같이 선행도 밝히 드러나고 그렇지 않은 것도 숨길 수 없다.[17-25절]

6장

말씀과 경건에 관한 교훈

6장에서는 경건에 관한 가르침, 바르고 건강한 가르침이 무엇인가를 말해준다. 여기서 바울 사도는 특별히 믿는 자들 중 노예들에게 말한다. 그들은 상전들을 마땅히 공경할 자로 알아야 하며, 그래야 하나님의 이름과 교훈이 훼방을 받지 않게 된다고 하였다. 예수를 믿는 것은 세상의 신분을 바꾸는 것이 아니다. 이 세상에 사는 동안 자신이 부르심 받은 그 위치에서 오로지 하나님의 말씀을 빛나게 하는 것이다. 믿는 상전이 있는 종들은 주 안의 형제라고 경히 여기지 말고 더 잘 섬기게 하라고 한다. 그리스도 안에서는 종이나 자유자가 없지만, 그것은 어디까지나 하나님 앞에서의 신분이다. 이 땅에서의 삶 가운데서는 종은 종이고 상전은 상전이다. 믿는 상전을 더 잘 섬길 때 유익을 받는 자들이 믿는 자요 사랑을 받는 자라는 것을 생각해야 한다.[1-2절]

바른 가르침은 실생활에서 그 말씀에 순종하고 살아내게 한다. 그렇지 않은 다른 가르침은 거짓된 것이고 이론이고 지식일 뿐 그리스도 예수의 말씀이 아니다(딛 2장 참조). 성도들은 그저 말과 지식의 유희를 위한 현란한 가르침에 속지 말아야 한다. 그런 것들은 머릿속의 지적 욕구를 충족시키고 아는 것으로 만족하게 하는 영적 게으름을 낳을 뿐이다.

당시 에베소에는 다른 교훈이 퍼지고 있었다. 예수 그리스도의 말씀이 아니고 경건에 관한 교훈이 아닌 다른 가르침이었다. 그것들은 사람을 교만하게 할 뿐 성도들로 하여금 참된 진리를 알지 못하게 한다(고전 8:1-2). 그로 인해 변론과 언쟁이 생겨나고 투기와 분쟁과 훼방이 있게 된다. 또 마음이 부패하여지고 진리를 잃어버리고 경건을 이익의 재료로 생각하는 사람들의 다툼이 일어나게 된다. 오늘날도 이런 일은 도처에 있다. 주님이 자신에게 주신 위치에 만족하는 사람들이 아니면 경건과는 거리가 멀다. 그리고 그 근본적인 문제는 돈을 사랑하는 데 있다. 사도는 먹을 것과 입을 것이 있으면 족한 줄로 알라고 가르친다. 어떤 사역자가 돈을 사랑하고 부하려 하는 마음에 빠져 있다면 그는 이미 많이 타락한 자이다. 그런 자는 시험과 올무와 여러 가지 해로운 정욕에 떨어지게 되며 침륜과 멸망에 빠지게 된다. 돈을 사랑하는 것이 일만 악의 뿌리가 되는데, 이것을 사모하는 자들이 미혹을 받아 믿음에서 떠나 많은 근심으로 자기를 찔렀다. 어떤 젊은 과부는 혼인하려고 처음 믿음을 저버린 경우가 있고, 어떤 사람은 주님을 향한 단순한 믿음에서 떠나 돈으로 향한 것이다. 믿음에서 떠난다는 것은 매우 심각한 문제이며 미혹을 당한 것이다. 디모데서에는 믿은 자들이 변절하는 경우를 몇 번이나 말한다. 한 번 구원받았다고 모든 것이 보장되지 않는다(4:1, 5:8, 12 참조).[3-10절]

믿음의 선한 싸움을 싸우라

바울은 디모데에게 **"오직 너 하나님의 사람아 이것들을 피하고 의와 경건과 믿음과 사랑과 인내와 온유를 좇으며 믿음의 선한 싸움을 싸우고 영생을 취하라"**고 한다. 이를 위해 네가 부르심을 입었고 많은 증인 앞에서 선한 증거를 증거했다는 것이다. 우리는 이 세상에서 돈이나 많이 벌어 잘 먹고 잘 살게 되도록 부르심 받은 것이 아니다. 우리는 이 믿음을 위해 존재한다. 믿음이 없이는 의와 경건과 사랑과 인내와 온유를 좇을 수 없다.

"만물을 살게 하시는 하나님 앞과 본디오 빌라도를 향하여 선한 증거로 증거하신 그리스도 예수 앞에서 내가 너를 명하노니 우리 주 예수 그리스도 나타나실 때까지 점도 없고 책망받을 것도 없이 이 명령을 지키라"[13-14절]. 바울은 우리 주 예수 그리스도께서 나타나실 것을 두고 이 명령을 지키라고 말한다. 이 명령이란 돈을 사랑하지 않고 의와 경건과 믿음과 사랑과 인내와 온유를 좇고 믿음의 선한 싸움을 싸우고 영생을 취하는 것이다. 주님이 나타나실 때 믿음의 길을 잘못 걸어간 신자들이 주님 앞에 책망을 받을 수도 있음을 암시하는 내용이다[고전 1:8].[11-14절]

〈하나님께 대한 찬미〉

"기약이 이르면 하나님이 그의 나타나심을 보이시리니

하나님은 복되시고 홀로 한 분이신 능하신 자이며

만왕의 왕이시며 만주의 주시요
오직 하나님께만 죽지 아니함이 있고
가까이 가지 못할 빛에 거하시며
아무 사람도 보지 못하였고 볼 수도 없는 자시니
그에게 존귀와 영원한 능력을 돌릴지어다"[15-16절]

이 세대에 부한 자들에 대한 경계

마지막으로, 이 세대에 부한 자들을 명하여 마음을 높이지 말고 정함이 없는 재물에 소망을 두지 말고 오직 우리에게 모든 것을 후히 주사 누리게 하시는 하나님께 두며, 선한 일을 행하고 선한 사업에 부하고 나눠주기를 좋아하며 동정하는 자가 되게 하라고 하면서, 이것이 장래에 자기를 위하여 좋은 터를 쌓아 참된 생명을 취하는 것이라고 한다.[17-19절]

거짓되게 가르치는 지식과 망령되고 허한 말과 변론을 피하라

그리고 서신을 마치면서 한 번 더 에베소의 위험을 일깨워준다. 거짓되게 가르치는 망령되고 헛된 말들과 변론들을 피하라고 하면서 이것을 좇는 사람들이 있어 믿음에서 벗어났다고 말한다. 신약에서 가장 강조하는 단어가 믿음이고, 믿음을 지키는 것이 가장 중요함을 일깨워주는 것이 디모데 전서이다. 유감스럽게도 오늘날 도처에 믿음에서 벗어난 이런 자들이 있는 것을 보게 된다. 한 번 믿었으면 끝까지 이 믿음을 지키고 믿음의 길을 걸어가야 한다.[20-21절]

디모데후서

서론

바울의 서신 중에서 가장 늦게 씌어진 서신으로서 A.D. 67년경에 씌어졌다. 그때는 바울이 사도행전 28장에서 풀려났다가 다시 로마 화재의 원인으로 당시 교회 지도자들에게 책임을 돌려 바울을 다시 수감하였다고 보아야 한다. 바울 사도는 이번에는 다시 풀려 나오지 못할 줄을 알았다. 그리고 순교를 목전에 두고 있음도 알았다. 그 상황에서 바울은 그의 가장 신뢰하는 동역자 디모데에게 유언과 같은 서신을 보내는데, 그것이 바로 디모데 후서이다.

1장

믿음의 아들 디모데를 격려하다

디모데 후서는 디모데에 대한 바울의 깊은 사랑이 묻어나는 서신이다. "**나의 밤낮 간구하는 가운데 쉬지 않고 너를 생각하여 청결한 양심으로 조상 적부터 섬겨오는 하나님께 감사하고 네 눈물을 생각하여 너 보기를 원함은 내 기쁨이 가득하게 하려 함이니 이는 네 속에 거짓이 없는 믿음을 생각함이라… 내가 나의 안수**

함으로 네 속에 있는 하나님의 은사를 다시 불일듯하게 하기 위하여 너로 생각하게 하노니 하나님이 우리에게 주신 영은 두려워하는 영이 아니요 오직 능력과 사랑과 근신의 영이니 주를 위하여 갇힌 자 된 나를 부끄러워 말고…"[3-8절]. 이 모든 구절이 다 친근한 표현이며 디모데를 격려하고 강화하는 말이다.

복음의 내용

9절부터는 복음의 내용을 말한다. 하나님이 우리를 구원하사 거룩하신 부르심으로 우리를 부르신 것은 우리의 행위대로가 아니라 오직 자기 뜻과 영원한 때 전부터 그리스도 예수 안에서 우리에게 주신 은혜대로 하신 것이다. 즉 우리가 은혜 받은 것은 영원한 때로부터이다. 이제 우리 구주 그리스도 예수께서 나타나심으로 말미암아 나타났는데, 그는 사망을 폐하시고 썩지 않을 것을 드러내셨다. 이 세상에 모든 것이 썩고 없어지지만 오직 하나님의 생명과 진리는 썩지 않는다. 구주 예수께서는 오셔서 죽음과 부활로 그 보배를 드러내셨다.[9-10절]

복음을 위해 반포자와 사도와 교사로 세우심을 입은 바울

이 복음을 위해 바울은 그가 반포자와 사도와 교사로 세우심을 입었다고 한다. 그는 복음을 전하면서 고난을 당했지만 부끄러워하지 않았다. 참되게 복음을 전하는 자는 고난을 받게 된다. 이 세상과 종교는 참 복음과 반대되는 것이기에 반대 세력이 대항하여 일어나는 것이다. 그러나 바울은 자기에게 이 복음 사역을 맡기신 하나님을 알므로 그분이 능히 지켜주실 것을 확신했다.[11-12절]

건강한 말씀의 표준을 지키라

그러므로 바울은 디모데에게 믿음과 사랑으로 자신에게 들은 건강한 말씀의 표준(standard, or outline)을 지키라고 한다. 그 표준은 바로 사도 바울이 전한 복음의 말씀의 노선이요 개요이다. 그 개요는 바울이 전하는 말씀의 영과 맥을 같이 하는 것을 가리킨다. 성경을 가지고 사역한다고 해서 다 같은 것이 아니다. 성경의 사도들과 같은 영과 같은 보조로 행해야 한다(고후 12:18). 디모데는 그의 속의 성령으로 그가 부탁받은 그 아름다운 것, 복음의 노선을 잘 지켜야 했다.[13-14절]

아시아의 모든 사람이 바울을 떠나다

사도 바울은 아시아의 모든 사람이 그를 떠났다고 하면서 그중에 부겔로와 허모게네가 있다고 말한다. 복음과 함께 끝까지 고난받을 자는 많지 않음을 알아야 한다.[15절]

끝까지 함께한 오네시보로

그런데 끝까지 함께하는 자들도 있으니 곧 오네시보로 같은 사람이다. 오네시보로는 바울이 로마에서 갇혔을 때 자주 그를 찾아 유쾌하게 하고 위로해주었다. 바울은 그의 집에 긍휼을 베풀어달라고 두 번씩이나 기도했다. 그는 바울이 3년 간 에베소에 있으면서 가장 중요한 사역을 할 때, 그리고 로마에서 갇혔을 때 바울을 잘 섬겼다. 바울은 그날에 주님께서 그의 가정을 긍휼히 여겨 주시고 기억해주시기를 기도한다. 주님은 나타나셔서 개개인만이 아니라 주님을 잘 섬긴 특정한 가정도 기억하실 것이라는 힌트가 있다. 성도들은 이 세상에서 신앙생활을 하는 동안 주님을 참되게 섬기는 종들을 어떻게 대하는지에 따라 장래 주님 앞에서 매우 중대한 결과를 가져올 수 있다는 것을 생각해보아야 한다.
[16-18절]

2장

그리스도 예수 안에 있는 은혜 속에서 강하라

"내 아들아 그러므로 네가 그리스도 예수 안에 있는 은혜 속에서 강하고"[1절]. 사역자는 약해서는 사역을 할 수 없다. 육신적으로 성질이 강한 것이 아니라 은혜로 말미암아 강해야 한다. 또한 바울에게 들은 바를 충성된 자들에게 부탁하여 그들도 다른 사람들을 가르칠 수 있게 해야 한다. 오늘 우리는 디모데처럼 바울이 가르친 말씀으로 충성된 사람들에게 부탁할 수 있어야 한다. [1-2절]

그리스도 예수의 좋은 군사로 나와 함께 고난을 받으라

그는 그리스도 예수의 좋은 군사로 바울과 함께 고난을 받아야 하는데, 군사라면 자기생활에 얽매여서는 안 되고 모집하신 분을 기쁘시게 하는 삶을 살아야 한다. 또 경기하는 자로서 법대로 경기를 해서 면류관을 얻어야 하고, 수고하는 농부처럼 꾸준히 수고해야 한다. 이것이 사역자들이 일생 살아야 할 삶이

다. 좋은 군사, 경기하는 자, 수고하는 농부이다. [3-6절]

내 말하는 것을 생각하라

"내 말하는 것을 생각하라 주께서 범사에 네게 총명을 주시리라". 사도 바울에게서 배운 것을 생각하고 전하다 보면 범사에 이해력이 더 생기게 될 것이다. 다시 말하거니와 초대에 주님께서 사도권을 주시어 세우신 사도들의 말씀을 중시하여 배워서 가르치는 것이 안전하고 지혜를 얻는 길이다. 또 우리는 죽은 자 가운데서 다시 사신 예수를 늘 기억해야 한다. 이분이 바로 복음이기 때문이다.

사도들의 충성된 가르침을 떠나 다른 가르침을 받은 결과는 주님을 멀리하게 되고 귀한 말씀으로부터 지혜를 얻지 못한다. 그 복음을 위해 바울 자신은 비록 옥에 갇혀 있지만 하나님의 말씀은 매이지 않을 것이라고 했다. 그는 택하신 자들을 위하여 모든 것을 참는 것은 그들도 그리스도 예수 안에 있는 구원을 영원한 영광과 함께 얻게 하려 함이라고 했다.[7-10절]

여기서 바울은 다시 한 번 하나님을 찬미한다.

"미쁘다 이 말이여,
우리가 주와 함께 죽었으면 또한 함께 살 것이요
참으면 또한 함께 왕 노릇할 것이요
우리가 주를 부인하면 주도 우리를 부인하실 것이라
우리는 미쁨이 없을지라도 주는 일향 미쁘시니
자기를 부인하실 수 없으시리라"[11-13절].

그는 신실하신 하나님을 신뢰하며 그분과 함께 죽으면 함께 살 것을 믿었고, 참으면 또한 함께 다스릴 것을 믿었다. 우리 인간은 신실함이 없을지라도 그분은 언제나 신실하시니 그 말씀대로 이루실 것이다.

부끄러울 것 없는 일꾼

또 바울은 디모데에게 신자들이 말다툼을 하지 않도록 명하라고 한다. 이는 유익이 하나도 없고 오히려 듣는 자들을 망하게 하기 때문이다. 소위 진리를 위한다고, 교회를 위한다고 말다툼을 하는 것은 피차 망하는 길이다. 사역자는 진리의 말씀을 옳게 분변해야 하며 부끄러울 것이 없는 일꾼으로 인정된 자로 자신을 하나님 앞에 드리기를 힘써야 한다.

또 망령되고 헛된 말을 버리라고 한다. 그런 말 하는 자들은 생활에 변화가 조금도 없고 경건치 않음에 나아가며 독한 창질의 썩어져감같이 된다. 독한 창질의 썩어짐은 원문에서 풀을 먹는 것을 의미하는데, 악성 종기가 몸에 퍼져나가는 것을 의미한다. 그런 일을 주도하는 자 둘을 거명하는데 바로 후메내오와 빌레도이다. 그들은 자기들의 논리로 성경을 부정하고 부활의 진리도 변개시켜서 부활은 이미 지나간 일이라고 하여 성도들의 믿음을 무너뜨렸다.[14-18절]

하나님의 견고한 터는 이미 섰으니

그러나 바울은 선포한다. "하나님의 견고한 터는 섰으니 인침이 있어 일렀으되 주께서 자기 백성을 아신다 하며 또 주의 이름을 부르는 자마다 불의에서 떠날지어다 하였느니라". 하나님의 견고한 터는 이미 섰으므로 그런 악한 말 하는 자들이 있다 해서 결코 그 터는 무너질 수 없다. 주께서 그의 백성이 누군지 아시며 주의 이름을 부르는 자마다 불의에서 떠나라고 하신다. 큰 집에는 금과 은의 그릇이 있고 나무와 질그릇도 있다. 귀히 쓰는 그릇도 있고 천히 쓰는 그릇도 있다. 귀히 쓰는 그릇이 되려면 자기를 이런 것들에서 깨끗케 해야 한다. 깨끗한 것이 무엇보다 중요하다. 깨끗케 되는 것은 무엇을 많이 하고 열심히 하는 것보다 중요하다. 천박한 것과 부정한 것에서 자신을 분별해야 깨끗해진다. 깨끗함이 없이는 주님의 신부가 될 수 없다. 깨끗하게 되면 귀히 쓰는 그릇이 되어 거룩하고 주인의 쓰심에 합당하며 모든 선한 일을 위해 예비될 것이다. 바울은 디모데에게 청년의 정욕을 피하고 주님을 깨끗한 마음으로 부르는 자들과 함께 의와 믿음과 사랑과 화평을 좇으라고 한다.[19-22절]

거역하는 자를 온유함으로 징계하라

바울 사도는 다시 강조하여 말하기를, 어리석고 무식한 변론을 버리라고 한다. 그렇게 할 때 다툼이 일어나기 때문이다. 마땅히 주의 종은 다투지 않고 모든 사람을 대하여 온유하고 가르치기를 잘 하며 참아야 한다. 또 거역하는 자들은 온유함으로 징계해야 한다. 혹 하나님이 그런 자들에게도 회개함을 주셔서 진리를 알게 하실까 하며 그들로 깨어 마귀의 올무에서 벗어나 하나님께 사로잡혀 그분의 뜻을 좇게 될까 함이라고 한다. 그렇게 거역하는 자들도 혹 회개하여 주님께 순복하는 자들이 될 수 있음을 시사한다. [23-26절]

3장

말세에 고통하는 때가 이르리니

"네가 이것을 알라 말세에 고통하는 때가 이르리니". 마지막 때에 사람들은 자기를 사랑하며, 돈을 사랑하며, 자긍하며, 교만하며, 훼방하며, 부모를 거역하며, 감사치 아니하며, 거룩하지 아니하며, 무정하며, 원통함을 풀지 아니하며, 참소하며, 절제하지 못하며 사나우며, 선한 것을 좋아 아니하며, 배반하여 팔며, 조급하며, 자고하며, 쾌락을 사랑하기를 하나님 사랑하는 것보다 더하며, 경건의 모양은 있으나 경건의 능력은 부인한다고 했다. 인간의 타락의 본성이 극도로 나타나는 때이다. 바울은 디모데에게 그런 자들에게서 돌아서라고 한다.[1-5절]

그런 자들 중에는 남의 집에 가만히 들어가 어리석고 연약한 여자들을 유인하는 자들이 있는데, 그 여자들은 죄를 중히 지고 여러 가지 욕심에 끌려 항상 배우지만 결코 진리의 지식에 이를 수 없다고 말한다.

얀네와 얌브레가 모세를 대적했다고 했는데, 그들의 이름이 구약에 나와 있지 않지만 아마도 애굽 왕 주위의 술사들이었던 것 같다. 그들은 모세의 이적을 어느 정도는 마술로 따라 하며 대적했던 자들일 것이다. 그러나 그들이 생명체인 이(sucking louse)를 만들어내는 데 이르러서는 더 이상 따라 하지 못했다. 그러한 자들은 음란한 자들이고 믿음을 버린 자들이며 거룩한 생명에서 실패한 자들이며 마음이 부패한 자들이다. 그들의 결국은 그들의 거짓과 어리석음이 드러나는 것이다.[6-9절]

그리스도 안에서 경건하게 살고자 하는 자는 핍박을 받으리라

바울은 디모데에게 '나의 교훈과 행실과 의향과 믿음과 오래 참음과 사랑과 인내와 핍박과 고난'을 말한다. 교훈은 가르침을 말하고 행실은 밖에 나타난 행동들, 의향은 속에 감추인 의도이다. 여기서 의향이란 의도 혹은 목적을 말한다. 사람의 마음속의 의도 혹은 목적은 매우 중요한 것이며, 사람 속에 감추인 의도와 목적을 발견하는 데에는 선한 것이든 악한 것이든 시간이 많이 걸린다. [10절]

또한 바울이 안디옥과 이고니온과 루스드라에서 당한 일과 핍박받은 것을 디모데가 보고 알았다고 말한다. 바울이 거기서 돌에 맞아 죽을 뻔한 일을 가리킬 것이다. 그러나 주께서 이 모든 것 가운데서 그를 건지셨으며, 예수 그리스도 안에서 경건하게 살고자 하는 자는 누구든지 핍박을 받게 된다고 말한다.[11-12절]

악한 자들과 속이는 자들이 많은 것이 말세의 특징이다. 속에 감추인 의도는 숨긴 채 외식하며 하나님을 위하는 것처럼, 경건한 것처럼 가장한다는 뜻이다. 사람들에게 숨겨 있는 의향은 돈이요, 배요, 자기의 원함이다. 하나님의 뜻이 아니다. 그들은 더욱 악하여져서 속이기도 하고 속기도 한다. 사람들이 진실을 말하면 좋아할 것 같지만 실상은 그렇지 않다. 말세에는 거짓을 섞어야 사람들이 좋아한다.[13절]

그러나 너는 배우고 확신한 일에 거하라

"그러나 너는 배우고 확신한 일에 거하라 네가 뉘게서 배운 것을 알며". 바울은 디모데에게 이런 흐름에 떠내려가지 않도록 주의를 주고 있다. 디모데는 좋은 교사인 바울에게서 잘 배웠지만, 누구에게서 배웠나를 생각하며 그 배운 바의 말씀 안에 거해야 했다. 디모데가 어려서부터 알아온 성경이 그로 하여금 그리스도 예수 안에 있는 믿음으로 말미암아 구원에 이르는 지혜를 갖게 한다. 모든 성경은 하나님의 영감으로 되었고 교훈과 책망과 바르게 함과 의로 교육하기에 유익하여 하나님의 사람을 온전케 하며 모든 선한 일을 행하기에 온전케 할 수 있다. 성경 자체가 중요하다. 사람의 말은 제 아무리 깊고 높고 탁월한 해석이요 진귀한 영적 체험을 섞은 것이라도 어디까지나 성경 자체가 아니요 사람의 말이다.[14-17절]

4장

말씀을 전파하라

마지막으로, 바울은 하나님 앞과 산 자와 죽은 자를 심판하실 그리스도 예수 앞에서 그의 나타나실 것과 그의 나라를 두고 디모데에게 엄히 명한다. 말씀을 사역하는 자들은 그분의 다시 오실 것과 그분 앞에 심판받을 일, 그분의 왕국에 참여할 일을 깊이 생각하며 생활해야 한다. **"너는 말씀을 전파하라 때를 얻든지 못 얻든지 항상 힘쓰라 범사에 오래 참음과 가르침으로 경책하며 경계하며 권하라"**. 경책, 경계, 권면 등은 다 강한 말씀이다. 사람들이 바른 교훈, 즉 건강한 가르침을 받지 않을 때가 오는데, 그저 귀를 즐겁게 하고 자신들의 사욕을 부추기는 말을 좋아하며 그 귀를 진리에서 돌이켜 허탄한 이야기들에 귀를 기울이는 것이다. **"그러나 너는 모든 일에 근신하여 고난을 받으며 전도인의 일을 하고 네 직무를 다하라"**. 힘들고 고난이 다가오더라도 순전하고 바른 복음을 전해서 사람들로 구원에 이르게 하고 주님께로 돌아가게 하라는 말이다.[1-5절]

나의 달려갈 길을 마치고 믿음을 지켰으니

이제 바울은 유언과 같은 말을 하고 있다. **"관제와 같이 벌써 내가 부음이 되고 나의 떠날 기약이 가까웠도다 내가 선한 싸움을 싸우고 나의 달려갈 길을 마치고 믿음을 지켰으니 이제 후로는 나를 위하여 의의 면류관이 예비되었으므로 주 곧 의로우신 재판장이 그날에 내게 주실 것이니 내게만 아니라 주의 나타나심을 사모하는 모든 자에게니라"**. 바울은 주님 오실 때 면류관을 받을 것을 확신하고 있다. [6-8절]

디모데에게 속히 그에게로 오라고 하면서 몇 가지 가슴 아픈 말을 하고 있다. 먼저는 동역자였던 데마가 이 세상을 사랑하여 바울을 버리고 데살로니가로 갔고, 그레스게는 갈라디아로, 디도는 달마디아로 갔고, 누가만 바울과 함께 있다. 그들이 왜 가야만 했는지는 잘 모르지만 바울의 심정이 외롭다는 것을 느낄 수 있다. 이때는 사도 바울이 2차로 로마 감옥에 투옥되었을 때인 A.D. 67년경이다. 사도 바울은 그의 말과 같이 관제로 부어지려는 때, 즉 순교당하기 바로 전에 사랑하는 믿음의 아들 디모데에게 유언을 하고 있다.[9-10절]

개인적인 부탁

디모데가 올 때에 마가를 데리고 오라고 한다. 사도행전 15장에서 바울은 마가의 일로 바나바와 크게 싸운 적이 있는데, 그 후로 마가는 사도 바울의 사역에 다시 회복이 되었고 또 마가복음을 기록했다. 마가는 아마 베드로와 바울의 가교 역할을 했을 것이며, 끝까지 신실하게 주님의 길을 갔다. 특히 마가에 대하여 바울은 '저가 나의 일에 유익하다'고 했다. 두기고는 에베소로 보냈다고 한다.

"네가 올 때에 가보의 집에 둔 겉옷을 가지고 오고 또 책은 특별히 가죽 종이에 쓴 것을 가져오라". 가죽종이에 쓴 책은 분명 성경일 것이다. 바울은 나이가 들었고 지금까지 성경을 많이 읽었을 텐데 여전히 말씀을 읽고자 하며 말씀을 사랑하는 것을 본다.[11-13절]

바울의 심정과 동역자들의 근황과 안부

"구리장색 알렉산더가 내게 해를 많이 보였으매 주께서 그 행한 대로 저에게 갚으시리니 너도 저를 주의하라 저가 우리말을 심히 대적하였느니라". 바울은 구리장색 알렉산더가 그에게 해를 많이 입힌 것에 대해 주님이 그의 행한 대로 갚으실 것이라 말한다. 주의 종을 대적한 일을 꼭 이 시대에 갚으실 것이라고 생각할 필요는 없다. 그러나 이는 매우 두려운 일이다. 그러면서 디모데에게도 그를 주의하라고 한다. 동역자들은 이런 일에서 인도하는 사역자와 같은 마음을 가져야 한다. 지금 바울 곁에는 처음 복음을 변명할 때에 함께했던 자들이 하나도 없고 다 그를 버렸다. 그러나 바울은 그들에게 허물을 돌리지 않기를 바란다고 했다. 심지어 바울의 동역자들이었다 하더라도 끝까지 잘 가지 않는 자들도 있었다.

"주께서 내 곁에 서서 나를 강건케 하심은 나로 말미암아 전도의 말씀이 온전히 전파되어 이방인으로 듣게 하려 하심이니 내가 사자의 입에서 건지웠느니라"(행 27:23 참조). 그가 사자의 입에서 건지웠다는 것은 어쩌면 사형 집행 직전에 구출된 것을 말할 수도 있다. 사자란 불법적 정치세력을 비유적으로 표현한 것일 수 있다. 당시 로마의 화재 사건의 원인을 바울에게 돌려 그를 죽게 했다는 전승이 있다.

"주께서 나를 모든 악한 일에서 건져내시고 또 그의 천국에 들어가도록 구원하

시리니 그에게 영광이 세세 무궁토록 있을지어다 아멘". 마지막으로, 그를 모든 악한 일에서 건져내시고 또 천국에 들어가도록 구원하실 하나님께 찬미를 드린다. 또한 브리스가와 아굴라, 오네시보로 등 충성된 동역자들의 집에 문안하며, 또한 그와 함께 있던 동역자들의 근황도 알려준다. "에라스도는 고린도에 머물렀고 드로비모는 병듦으로 밀레도에 두었노니".

능력 있는 종이라고 해서 모든 병을 다 기적적으로 고칠 수 있는 것은 아니다. 바울은 다시 한 번 디모데에게 겨울 전에 자기에게 오라고 말한다. 바울은 비록 감옥에 갇혀 있어도 여전히 함께하는 형제들이 있다. 으블로, 부데, 리노, 글라우디아와 또 모든 형제들이다. 우리가 20여 년 전 선교했던 이태리 나폴리에도 오래 우리와 알고 지낸 '리노'라는 이름의 형제가 있는데(현재도 있다), 말하자면 이런 형제들이 다 디모데에게 문안을 한 것이다.[14-18절]

끝 인사

사도는 마지막 인사에서 여전히 은혜를 말한다. **"나는 주께서 네 심령에 함께 계시기를 바라노니 은혜가 너희와 함께 있을지어다"**[22절]. 여기서 '너희'는 복수이다. 이 편지는 디모데 개인에게 보낸 것이지만 사실 사도는 많은 사람들이 읽기를 바랐다. 그래서 오늘 우리도 읽고 있는 것이다.

| 디도서 |

서문

사도행전 28장에서 바울이 로마 감옥에서 일단 풀려나 동서를 다니며 교회를 견고케 하고 디모데를 에베소에, 디도를 그레데에 보낸 후 교회들을 잘 돌보도록 지도하는 편지를 쓴 것이 디모데 전서와 디도서이다. 디도서는 바울이 로마의 1차 수감에서 풀려나 그레데를 거쳐 니고볼리에 왔을 때(A.D. 65년 경) 동역자 디도에게 보낸 서신이다.

1장

문안 인사

"하나님의 종이요 예수 그리스도의 사도인 바울 곧 나의 사도 된 것은 하나님의 택하신 자들의 믿음과 경건함에 속한 진리의 지식과 영생의 소망을 인함이라". 바울은 그의 사도직이 택하신 자들의 믿음과 경건함에 속한 진리의 지식, 영생의 소망을 인함이라고 한다. 이 영생은 하나님께서 영원한 때 전부터 약속하신 것이며 자기 때에 자기의 말씀을 전도로 나타내신 것인데, 전도는 우리 구주 하나님의 명대로 바울 자기에게 맡기신 것이라고 했다. 오늘 우리는 영원한 때 전에 약속하신 영생을 복음을 통해서 얻을 수 있다.[1-4절]

디도에게 그레데에서 각 성에 장로들을 세우도록 하다

사도 바울은 같은 믿음을 따라 된 그의 참 아들 디도에게 편지하고 있다. 그를 그레데에 떨어뜨려 둔 이유는 각 성에 장로들을 세우게 하려는 것이었다. 당시 그곳의 교회들에 어지러움이 있었으며, 따라서 질서를 바로잡는 일이 필요했다. 어지러운 것은 하나님의 역사의 흔적이 아니다(창1장, 고전14장 참조). 교회의 질서를 위해서는 장로가 세워져야 한다. 5절의 장로나 7절의 감독은 같은 직분인데, 교회의 감독(장로)의 자격은 삶이 매우 모범적이어야 한다는 것이다.[5절]

장로의 자격

장로는 책망할 것이 없고, 한 아내의 남편이며, 방탕하다 하는 비방이나 불순종하는 일이 없는 믿는 자녀를 둔 자라야 한다. 감독은 하나님의 청지기로서 책망할 것이 없고, 제 고집대로 하지 않으며, 급히 분내지 않으며, 술을 즐기지 않으며, 구타하지 않으며, 더러운 이를 탐하지 않으며, 오직 나그네를 대접하며, 선을 좋아하며, 근신하며, 의로우며, 거룩하며, 절제하며, 미쁜 말씀의 가르침을 그대로 지켜야 한다.

디모데 전서 3장에서 말한 것과 매우 비슷한 자격 요건이다. 여기서 좀 특별하게 강조한 것이 있다면 제 고집대로 하지 않아야 한다는 것이고, 미쁜 말씀의 가르침을 그대로 지키는 자여야 한다는 것이다. 장로들이 건전한 말씀을 지키는 자들이어야 당시 그레데에 복종치 않는 자들을 말씀으로 책망할 수 있다.[6-9절]

그레데에 있던 복종치 않은 자들

당시 그레데에 헛된 말을 하고 복종치 않는 사람들이 있었는데, 할례당 가운데 심하였다고 한다. 복종치 않는 것은 거역인데, 거역은 마귀로부터 온 것이다(사14장 참조). 결국 어지러움은 마귀와 육체의 거역으로부터 온다. 언제든지 종교적으로 열심 있다는 자들이 문제가 많다. 그들은 더러운 이를 취하려고 이집저집 돌아다니며 마땅치 않은 것들을 가르쳤다. 바울은 그레데의 어떤 시인이 한 말을 인용하여 "그레데 인들은 항상 거짓말장이며 악한 짐승이며 배만 위하는 게으름장이라"는 말이 참되다고 하였다. 바울은 디도에게 그런 자들을 엄히 꾸짖으라고 하였다.[10-13절]

당시 믿음을 무너뜨리며 헛된 말을 하는 자들이 꽤 있었는데, 유대인의 허탄한 이야기를 가지고 그렇게 했다. 바울은 깨끗한 자들에게는 모든 것이 깨끗하고, 더럽고 믿지 않는 자들에게는 아무것도 깨끗한 것이 없다고 하였다. 양심과 마음이 더러운 것이다. 그런 자들은 입으로는 하나님을 시인하지만 행위로는 부인하는 이중적인 사람들이었다. 깨끗한 사람이 따로 있고 더러운 사람이 따로 있다는 말씀이다. 깨끗해야만 하나님이 귀히 쓰시는 그릇이 된다(딤후 2:21-22). 깨끗하지 않으면 결코 그리스도의 신부의 대열에 속할 수 없다(엡 5:26,27, 계19:7-8). 여기서 깨끗한 것은 특히 물질에 있어서 깨끗한 것을 의미한다.[14-16절]

2장

바른 교훈

디도에게 바울은 "오직 너는 바른 교훈(건강한 교훈)에 합한 것을 말하여"라고 권고한다. 무엇이 바른 교훈, 건강한 가르침인가? 바울 사도가 말하는 건강한 가르침이란 어떤 말이 성경에 문자적으로 부합하느냐보다 더 중요한 것이 있다는 것을 암시한다. 그것은 사람들의 삶이 경건하게 되도록 이끌어주는 가르침이고 삶에서 하나님의 교훈을 빛나게 하는 가르침이다(딤전 6:1-6, 딛 1:1).

디도서 2장 말씀은 바로 이것을 말해주고 있다. 늙은 남자들은 어떠해야 하며 늙은 여자들은 어떠해야 하는지, 종과 상전은 어떠해야 하는지를 말해주는 이것이 바른 가르침이요 건강한 가르침이다. 여기에 심오하고 깊은 내용이 없고 신학적인 깊은 연구나 고찰도 없어 보인다. 늙은 남자들은 절제하며 경건하며 근신하며 믿음과 사랑과 인내함에 온전케 하라고 한다. 또 늙은 여자들은 행실이 거룩하며, 참소하지 말며, 많은 술의 종이 되지 말며, 선한 것을 가르치는 자들이 되게 하라고 한다. 또한 그들은 젊은 여자들을 가르치되 그 남편과 자녀를 사랑하고 근신하고 순전하며 집안일을 하며 선하며 자기 남편에게 복종하게 하라고 한다. 이는 하나님의 말씀이 훼방을 받지 않게 하려 함이라는 것이다.

또한 젊은 남자들을 권면하여 근신하게 하되 그(디도)도 젊으니 범사에 스스로 선한 일의 본을 보여 이 교훈의 부패치 아니함과 경건함과 순수함과 책망받을 것이 없는 바른 말을 하게 하라고 한다. 그러니 건강한 가르침이란 자신만 옳고 바른 것이 아니라 많은 사람들에게 비난받지 않도록 하는 것이다.

종들에게는 범사에 자기 상전들에게 순종하여 기쁘게 하고 거스려 말하지 말며, 돈을 떼어먹지 말고 오직 선한 충성을 다하게 하라고 한다. 이 모두가 건강하고 바른 가르침의 본질이다.[1-10절]

모든 사람에게 구원을 주시는 하나님의 은혜

여기서 바울은 다시 복음을 말한다. 즉 건강한 말씀은 복음이다. 이는 모든 사람에게 구원을 주시는 하나님의 은혜이며, 이 은혜는 우리를 양육하셔서 경건치 않은 것과 세상 정욕을 버리고 근신함과 의로움과 경건함으로 이 세상에 살고 복스러운 소망과 우리의 크신 하나님 구주 예수 그리스도의 영광이 나타나심을 기다리게 하셨다고 말한다. 예수 그리스도께서 우리를 대신하여 자신을 주신 것은 모든 불법에서 우리를 구속하시고 우리를 깨끗하게 하여 선한 일에 열심하는 그분의 친 백성이 되게 하려 함이라고 한다. 디도서는 질서의 문제와 깨끗하게 되는 문제를 많이 다룬다. 우리의 일상의 삶을 다루는 말씀이다.

15절은 매우 중요한 구절이다. 바울은 디도에게 너는 이것을 말하고 권면하여 모든 권위로 책망하여 누구에게든지 업신여김을 받지 말라고 한다. 과연 오늘날 신자들을 참되게 권면하고 책망할 사역자들이 어디 있으며 또 책망을 듣고 회개할 자들이 어디 있을까를 생각해본다.[11-15절]

3장

선행을 가르치라

"너는 저희로 하여금 정사와 권세 잡은 자들에게 복종하며 순종하며 모든 선한 일 행하기를 예비하게 하며". 로마서 13장에서처럼 성도들은 권세 잡은 자들에게 복종해야 함을 말한다. 또 모든 선한 일 행하기를 예비하게 하며 아무도 훼방하지 말고 다투지 말며 관용하며 범사에 온유함을 모든 사람에게 나타낼 것을 기

억하게 하라고 한다.[1-2절]

중생의 씻음과 성령의 새롭게 하심

우리도 전에는 어리석은 자요, 순종치 아니한 자요, 속은 자요, 각색 정욕과 행락에 종노릇한 자요, 악독과 투기로 지낸 자요, 가증스러운 자요, 피차 미워한 자였으나 우리 구주 하나님의 자비와 사람 사랑하심을 나타내실 때에 우리를 구원하시되 우리의 행한바 의로운 행위로 말미암지 않고 오직 그분의 긍휼하심을 좇아 중생의 씻음과 성령의 새롭게 하심으로 우리를 구원하셨다고 말한다. '중생(거듭남)의 씻음'이란 새로운 용어인데, 회복, 복원의 의미가 있다. 우리를 씻어서 타락 이전의 상태로 되돌린다는 뜻이다. 우리가 구원받았다면 우리는 타락 이전으로 복원된 자들이다. 이 얼마나 놀라운 일인가! 더욱이 우리는 타락 이전으로 복원될 뿐 아니라 그 위에 성령을 풍성히 받았다. 이는 우리 구주 예수 그리스도로 말미암아 우리에게 성령을 풍성히 부어주셔서 우리로 그 은혜를 힘입어 의롭다 하심을 얻어 영생의 소망을 따라 후사가 되게 하려 하시는 것이다. 바울은 디도에게 이 모든 것을 굳세게 말하여 하나님을 믿는 자들로 하여금 조심하여 선한 일을 힘쓰게 하라고 한다. 이렇게 할 때 사람들에게 아름답고 유익하다는 것이다. 소위 복음을 잘 안다 하며 그저 이루어진 사실만 말하고 선을 행하는 것은 소홀히하게 하는 가르침은 건강한 것이 아님을 알 수 있다. 참 복음은 우리의 삶을 변화시키고 깨끗하게 하고 선한 행위를 가져오는 데 이르는 것이어야 한다.[3-8절]

바울은 다시 한 번 어리석은 변론과 족보 이야기와 분쟁과 율법에 대한 다툼을 피하라고 한다. 지식만 머릿속에 담는 식의 가르침을 조심해야 한다. 이런 것은 무익한 것이요 헛된 것이다. 3-9절의 말씀은 전의 삶과 복음을 받은 후의 삶이 완전히 달라진 것을 말해주고 있다. 또 이단에 속한 사람들은 한두 번 훈계한 후에 멀리하라고 한다. 이러한 사람은 부패하여서 스스로 정죄한 자로서 죄를 짓는다. 이단이란 종파적인 것을 뜻하는데, 자신들의 특별한 깃발을 내걸고 다른 사람들과 나뉘는 것이다. 디도서의 이단은 특별히 헛된 지식을 중요시하여 변론을 일으키고 분쟁과 다툼을 일삼는 자들을 일컫는다.[9-11절]

부탁과 끝 인사

바울은 아데마나 두기고를 보낼 텐데 그러면 급히 너는 니고볼리로 오라고 하면서 거기서 겨울을 지내겠다고 말한다. 또 교법사 세나와 아볼로를 먼저 보내어 그들로 궁핍함이 없게 하라고 한다. 바울은 그의 동역자들의 먹을 것과 쓸 것도 염두에 두고 보살펴주고 있다.

또 우리 사람들도 열매 없는 자가 되지 않도록 필요한 것을 예비하는 좋은 일에 힘쓰기를 배우게 하라고 한다. 열매가 있는 사람이 되려면 선한 일에 힘쓰기를 배워야 한다. 그리스도인의 삶은 부지런히 힘쓰는 것이 있어야 하고 늘 예비하는 것이 있으며 뭔가 결과(열매)가 있는 삶이어야 한다. 이는 공허한 이론적인 삶과 대비를 이룬다.[12-14절]

"은혜가 너희 무리에게 있을지어다". 바울은 디모데 후서와 마찬가지로 디도 개인만 아니라 그레데의 많은 사람이 이 편지를 함께 읽기를 원했다.[15절]

빌레몬서

인사

빌레몬은 골로새 교회의 장로쯤 되는 사람이다. 골로새서 4장 17절에 아킵보라는 이름이 나오는데, 빌레몬서 2절에도 빌레몬의 아들로 여겨지는 아킵보가 나오기 때문이다. 바울은 빌레몬 한 사람에게 편지를 쓰는데 동역자 디모데와 함께 썼다. 바울은 형제들과 함께 일하는 것이 몸에 밴 사람이라고밖에 말할 수 없다.

빌레몬의 믿음과 사랑

"내가 항상 내 하나님께 감사하고 기도할 때에 너를 말함은 주 예수와 및 모든 성도에 대한 네 사랑과 믿음이 있음을 들음이니". 바울은 빌레몬 개인을 위해서 기도했다. 그는 여러 교회들을 돌보며 섬기고 있었지만 또 이렇게 한 형제를 위해서 기도하고 있다. 이것은 우리를 매우 놀라게 한다. 그렇게 큰 사도가 한 형제를 위해 기도한다는 것이다. 그리고 그에 대한 소식을 자세히 듣고 기억하고 말한다(4-7절). 그것은 모든 성도에 대한 빌레몬의 사랑과 믿음이다. **"네 믿음의 교제가 우리 가운데 있는 선을 알게 하고 그리스도께 미치도록 역사하느니라"**. '믿음의 교제'라는 용어도 되새겨 볼만한 귀한 말씀이다. 피차 공동으로 함께 나누는 믿음을 말한다. 당시 사도들과 성도들은 함께 나누는 귀한 믿음의 교제가 있었다(요일 1장). 오늘날 우리의 삶과 섬김은 어떤 사람이나 단체나 조직을 향한 것이 아니라 그리스도를 향한 것이어야 하고 그리스도께 열납되는 것이어야 한다.

감옥에서 복음으로 낳은 아들 오네시모를 받아달라고 부탁하다

바울의 편지의 중점은 감옥에 있을 때 복음으로 낳은 아들 오네시모에 대한 것이다. 그는 원래 빌레몬의 노예였는데 아마도 돈을 훔쳐 도망가다가 잡혀 감옥에 갇히게 되었으며, 거기서 구원을 받고 주 안의 형제가 된 것이다. 이제 바울은 그를 자신의 곁에 두기 위해 빌레몬의 동의를 구하고 있다. 그 동의를 얻는 과정에서 바울은 편지와 함께 오네시모를 빌레몬에게 보낸다.

바울은 이 편지에서 노예였던 형제 오네시모에 대하여 "저는 나의 심장이라", "저가 전에는 무익하였으나 이제는 나와 네게 유익하므로", "이후로는 종과 같이 아니하고 종에서 뛰어나 곧 사랑받는 형제로 둘 자라"고 한다. 그가 만일 빌레몬에게 불의를 행하였거나 빚을 진 것이 있으면 바울 자신에게로 회계하라고 한다. 바울은 그리스도 안에서 담력을 가지고 빌레몬에게 마땅한 일로 명할 수 있으나 사랑을 인하여 간구한다고 말하면서 "그를 내게 머물러 두어 내 복음을 위하여 갇힌 중에서 네 대신 나를 섬기게 하고자 한다"고 말한다. 오네시모로 하여금 과거에 대해 깨끗하게 정리하고 주 안에서 새로운 출발을 하도록 돕고 있다.

"다만 네 승낙 없이는 내가 아무것도 하기를 원치 아니하고", "네게 저를 돌려보내노니", "저가 잠시 떠나게 된 것은 이를 인하여 저를 영원히 두게 함이니", "그러므로 저를 영접하기를 내게 하듯 하고", "그가 만일 네게 불의를 하였거나 네게 진 것이 있거든 이것을 내게로 회계하라"고 한다. 그러면서 "나 바울이 친필로 쓰노니 내가 갚으려니와 너는 이 외에 네 자신으로 내게 빚진 것을 내가 말하지 아니하노라"고 했다.

또 "나는 네가 순종할 것을 확신하므로 네게 썼노니 네가 나의 말보다 더 행할 줄을 아노라"고 말한다. 바울은 빌레몬에게 자신을 위해 처소를 예비하라고 하고 그들의 기도로 바울이 그들에게 나아가게 하여 주시기를 바랐다.

끝 인사

끝으로, 그리스도 예수 안에서 바울과 함께 갇힌 자 에바브라와 동역자 마가, 아리스다고, 데마, 누가가 문안한다고 했다. 한 형제에게 쓴 편지이지만 여러 이름을 동원해서 안부를 전한다. 그리스도 안의 한 사람을 소중하고 귀히 여기는 사상은 바울의 서신 여기저기에서 발견된다. **"우리 주 예수 그리스도의 은혜가 너희 심령과 함께 있을지어다"**. 아멘.

ı 히브리서 ı

서문

히브리서는 성경 지식에 능통한 유대인들을 향해서 가장 깊고 탁월한 성경 지식을 가진 사도가 쓴 것임에 틀림없다. 그만큼 이 책은 상상을 초월한 출중한 계시를 담고 있다. 과연 어떻게 사람이 그런 글을 쓸 수 있을까? 어떻게 사람이 그런 계시를 볼 수 있을까? 그러니 히브리서를 쓴 저자는 성령이시라고 하는 것이 옳다. 그리고 글을 쓴 사람은 마땅히 가리어져야 할 것이다. 그래야 바울의 말처럼 사람들이 그 기자(記者)에 대해 보는 바와 듣는 바에 지나치게 생각하지 않게 될 것이다(고후 12:6). 어쨌든 모든 성경은 다 귀하고 깊으며 우리 주님 또한 참으로 깊으신 분이다. 그러기에 우리는 모든 성경을 복되신 하나님의 말씀으로 여겨 사랑해야 한다.

히브리서의 수신인은 히브리인이다. 히브리인이라는 말은 '강을 건넌 자'라는 뜻이다. 창세기 14장 13절에서 '히브리인'이라는 말이 처음 사용되었다. "도망한 자가 와서 히브리 사람 아브람에게 고하니". '히브리'라는 말의 뜻이 '강을 건너다'이다.

1장[I]

비교의 책

히브리서는 유대인 믿는 이들에게 쓴 책이다. 이 책의 저자가 언급되지는 않았지만, 지난 날 세심하게 살펴본 많은 성경학자들이 바울일 것이라고 한다. 그렇다고 해서 성경이 말하지 않은 것을 굳이 확정하여 말할 필요는 없고, 다만 성령께서 우리에게 주신 귀한 말씀으로 받고 읽으면 된다. 만일 그것이 바울의 저서라면 그는 전적으로 사랑하는 그의 동족 유대인을 위해 한 권의 서신을 쓴 셈이다. (로마서부터 13권의 바울의 책은 다 이방인을 향한 것이다.)

히브리서는 비교의 책이다. 유대인들은 당시 천사숭배, 조상들, 모세, 아론, 여러 가지 제사 예법 등을 가지고 있었고 그것들을 자랑스러워했다. 그런 상황에서 기자(author)는 실제이신 그리스도와 여러 것들을 비교함으로써 그리스도의 우월하심(superiority)을 증명하여 그들의 믿음을 오직 모든 것의 실제이시며 만유의 으뜸이신 그리스도께 두려 한 것이다.

선지자들 대(對) 하나님의 아들이신 예수 그리스도

첫째는 말씀에 관한 것이다. **"옛적에 선지자들로 여러 부분과 여러 모양으로 우리 조상들에게 말씀하신 하나님이 이 모든 날 마지막에 아들로 말씀하셨으니".** 과거에는 선지자들로 여러 부분과 여러 모양으로 말씀하셨지만(다 모아서 보아야 완전하며, 따라서 선지자들을 통해 하신 말씀은 부분적이라는 말이다), 이 모든 날 마지막에는(예수께서 오신 때로부터) 아들로 말씀하셨다는 것이다(이 말씀은 완결된 것이요 온전한 것이다). 이 아들은 누구인가? 선지자들에 비할 분이 아니다. 하나님은 그 아들을 만유의 상속자로 세우셨고 그로 말미암아 모든 세계를 지으셨다.[1-2절]

아들로 말미암아 모든 세계를 지으심

창조를 말씀하실 때, 그리스도와 관련해서는 '그리스도께서 창조하셨다'고 하지 않고 '그리스도로 말미암아 창조되었다'고 말한다(요 1:3, 골 1:16). 여기서 삼위일체의 구별(distinction)을 엿보게 되는데, 사실상 그분이 바로 창조자이시다. 하나님께서는 모든 만물을 그분의 말씀으로 지으셨는데 그 말씀이 바로 아들 하나님이시다. 예를 들어, 내가 한 몇 마디 말이 사람들에게 기쁨을 주었다면, 나와 내 말은 나눌 수 없으나 구별은 할 수 있다. 내가 사람들에게 좋은 말을 해서 내 말이 결과적으로 사람들을 기쁘게 했다면, 사람들은 내 말로 '말미암아' 기쁨을 얻은 것이다. 여기에 구별은 있지만 분리(separation)는 없는 것이다.

아들은 하나님의 영광의 광채요 본체의 형상이심

3절은 그 말씀이신 그리스도가 하나님의 영광의 광채요 본체의 형상이시라고 말한다. 영광과 광채를 어떻게 완전히 분리할 수 있는가? 그 본체와 형상을 어떻게 나눌 수 있는가? 그런 분이 바로 하나님의 아들 그리스도이시다. 너무나 영광스러운 분이시다! 첫 구절들부터 우리는 그리스도에 대하여 찬송을 발하게 된다. 저자는 바로 그리스도께서 능력의 말씀으로 만물을 붙들고 계시며 우리의 죄를 정결케 하는 일을 하시고 부활 승천하여 높은 곳에 계신 위엄의 우편에 앉으셨다고 말한다. 모든 만물은 그분의 능력의 말씀이 붙들고 있다. 우리의 죄는 그분의 십자가의 피로 정결케 되었다. 여기서 우리는 요한복음과 마찬가지로 하나님과 말씀을 나눌 수 없음을 보게 된다.[3절]

1장[Ⅱ]

천사 대(對) 하나님의 아들이신 예수 그리스도

4절부터는 아들 그리스도와 천사를 비교한다. 당시 유대인들은 그들에게 천사들이 있음을 자랑하고 대단하게 여겨 숭배하기까지 했다. 그러나 히브리서 기자는 그리스도가 천사보다 뛰어나심은 첫째 그가 아들이시라는 이름을 얻었기 때문이라고 한다. 하나님께서 어느 때에 천사 중 누구에게 "네가 내 아들이라 오늘날 내가 너를 낳았다" 하셨으며, "나는 그에게 아버지가 되고 그는 내게 아들이 되리라" 하셨느냐고 한다.[4-5절]

모든 천사들이 맏아들이신 그리스도께 경배함

또 "맏아들을 이끌어 세상에 다시 들어오게 하실 때에 하나님의 모든 천사가 그에게 경배할지어다" 말씀하시며, 천사들에 관하여는 하나님께서 그들을 바람으로, 불꽃으로 삼으셨다고 했지만, 아들에 관하여는 "하나님이여, 주의 보좌가 영영하며 주의 나라의 홀은 공평한 홀이니이다"라고 했고[8절],(시 45:6 참조), "네가 의를 사랑하고 불법을 미워하였으니 그러므로 하나님 곧 너의 하나님이 즐거움의 기름을 네게 부어 네 동류들보다 승하게 하셨다"고 했다[9절],(시 45:7 참조).

8절의 하나님과 9절의 하나님은 용법이 다르다. 8절은 성자 하나님, 9절은 성부 하나님을 말한다. 성부도 하나님이요 성자도 하나님이시다. 성부도 완전하고 성자도 완전하다. 그러나 두 하나님이나 두 완전이 아니라 한 분 하나님, 한 완전이 있을 뿐이다. "주여, 태초에 주께서 땅의 기초를 두셨으며 하늘도 주의 손으로 지으신 바라"[10절], (결국 성자 하나님께서 태초에 땅과 하늘을 지으신 분이다). 아들에게는 성부께서 '너는 내 우편에 앉았으라'고 말씀했지만, 천사에게는 그렇게 말씀하지 않으셨다[13절]. 1, 2장은 아들이 천사보다 뛰어난 분이시라는 것을 증거한다.

2장

경고의 말씀: 이같이 큰 구원을 등한히 여기지 말라

2장에서 히브리서 기자는 들은 복음의 말씀을 더욱 간절하게 삼가라고 한다. 들은 말씀을 잘 붙잡지 않으면 그냥 흘러 떠내려갈 수가 있기 때문이다. 어떤 사람들은 구약의 율법을 어기면 큰 형벌이 있지만 신약의 말씀은 은혜의 말씀이니 어겨도 큰 문제가 없을 것이라고 생각한다. 그러나 히브리서는 그렇지 않다고 말한다. 구약 특히 모세의 때에 천사들로 하신 말씀(율법)이라도 견고하게 되어 모든 범죄함과 순종치 않음이 상당한 형벌을 받았는데, 신약의 말씀은 주님께서 직접 하신 말씀이고 또 표적과 기사들과 여러 능력들로 확증한 것이므로 이 큰 구원의 말씀을 등한히 여긴 사람들은 더 큰 보응을 받게 될 것이라고 경고한다.[1-4절]

인자이신 예수 그리스도께 영광과 존귀로 관 씌우심

그러면서 5절에서 다시 한 번 천사 숭배로 돌아가지 않도록 주의를 환기시킨다. 하나님께서 장차 오는 세상(왕국)을 천사들에게 복종케 하신 것이 아니라고 하면서 시편 8편의 말씀을 인용한다. "사람이 무엇이관대 주께서 저를 생각하시며 인자가 무엇이관대 주께서 저를 권고하시나이까 저를 잠간 동안 천사보다 못하게 하시며 영광과 존귀로 관 씌우시며 만물을 그 발 아래 복종케 하셨느니라". 여기서 사람은 주 예수를 말한다. 하나님은 그의 아들을 잠간 동안은 천사보다 조금 못하게 하셨지만 결국은 그분에게 영광과 존귀로 관 씌우시고 만물을 그 발 아래 복종케 하신다. 사실 사람이 창조된 목적은 원래 만물을 정복하고 다스리게 하려는 것이었다.

예수께서 천사보다 조금 못하게 되신 것, 즉 혈육을 입고 세상에 오신 것은 죽음의 고난을 받으심으로 많은 아들을 이끌어 영광에 들어가게 하시려는 것이었다. 그렇게 하여 거룩하게 하시는 자(예수)와 거룩하게 함을 입은 자(성도)들이 다 하나에서 나서 형제들이 된 것이다. 즉 믿는 이들은 하나님의 아들이신 예수 그리스도의 형제들인 것이다.[5-13절]

천사들이 아닌 믿음의 자손들을 붙들어주심

예수께서 자녀들과 한 모양으로 혈육에 함께 속하신 것은 사망으로 말미암아 사망의 세력을 잡은 자 곧 마귀를 없이 하시며, 또 죽기를 무서워하므로 일생에 매여 종노릇하는 모든 자들을 놓아주려 하신 것이다. 이렇게 하신 것은 천사들을 붙들어주려 하심이 아니라 아브라함의 자손들, 곧 믿음의 자손들을 붙들어주려 하심이다.

예수께서 모든 일에 형제들과 같이 되심은 하나님의 일에 자비하고 충성된 대제사장이 되어 백성의 죄를 구속하려 하심이다. 진정 복되고 아름다운 말씀이로다! 그분이 친히 고난을 받으셨기에 고난받는 자들을 능히 돕고 위로하실 수 있다는 말씀이다. 하나님의 자녀들은 구원의 대장 예수로 말미암아 결국 하나님의 영광에 들어가게 되며, 이 세상에 사는 동안 예수께서 붙들어 주시는 것을 체험하게 된다는 말씀이다.[14-18절]

3장

우리의 믿는 도리의 사도시며 대제사장이신 예수

"그러므로 함께 하늘의 부르심을 입은 거룩한 형제들아 우리의 믿는 도리의 사

도시며 대제사장이신 예수를 깊이 생각하라". 히브리서 기자는 다시금 예수 한 분에게 집중할 것을 권한다. 예수는 우리가 깊이 생각해야 할 분이다. 그분은 우리의 사도시며 대제사장이시다. 1장과 2장에서 천사와 비교하는 것을 마치고, 3장에서 모세와 아론과 비교하기 시작한다. 다시 말하지만, 히브리서는 비교의 책이다. 예수는 천사보다 뛰어나시고 모세와 아론보다 뛰어나시다.[1절]

하나님의 집 맡은 아들로 충성하신 예수 그리스도

"저가 자기를 세우신 이에게 충성하시기를 모세가 하나님의 온 집에서 한 것과 같으니". 확실히 모세는 충성스럽게 하나님의 집을 섬겼다. 그러나 예수는 누구인가? 그분은 창조주로서 만물을 지으신 분이다[4절]. 모세는 하나님의 온 집에서 사환으로 충성하였고 예수 그리스도는 하나님의 집 맡은 아들로 충성하셨다. 그 집보다 집 지은 이가 더욱 존귀하며 그 집의 사환보다 그 집을 맡은 아들이 더욱 영광을 받을 만하다. 마태복음 17장에서 변화산상의 베드로를 보면 유대인들은 잠재의식 가운데 피조물이요 주님의 종인 모세와 엘리야를 주님과 같은 동렬수준에 놓는 것을 알 수 있다. 성부께서는 초막 셋을 짓자고 엉뚱한 말을 하는 베드로에게, "오직 너희는 저의 말을 들으라" 하시며 예수 한 분에게 집중하라고 하신다. 오늘날도 많은 잘못된 신앙은 예수 한 분에게서 다른 많은 사람이나 사물에 집중하게 하거나 그들을 주님과 동등하게 놓는 실수를 범하는데, 그런 것들이 많은 이단을 산출한다.[2-6절]

시작할 때에 확실한 것을 끝까지 견고하게 잡으라

그러므로 오늘날 신자들은 아들이신 그리스도를 붙잡아야 한다. 이스라엘 백성은 40년 간 광야에서 모세를 통해 하나님의 음성을 들었어도 마음을 강퍅하게 하여 성령께 순종하지 않았다. 그러므로 그들은 안식에 들어가지 못하고 중도에 광야에서 거의 다 멸망하고 말았다. 그러므로 그리스도인은 시작할 때 잡은 것을 끝까지 견고하게 잡아야 한다. 시작할 때 잡은 것은 어떤 사람이나 일이나 조직이 아니라 바로 예수시다. 예수만이 우리의 구원자시다. 천사, 모세, 엘리야 등은 모두가 주 하나님의 종들일 따름이다. 결국 멸망한 자들은 믿지 아니하는 악심으로 죄의 유혹을 이기지 못한 자들이다[12-13절]. 예수 한 분에게 집중하지 않고 성령의 음성에 순종치 않음이 멸망의 원인이다[19절].

4장

믿는 이들에게 남아 있는 안식

"그러므로 우리는 두려워할지니". 우리는 그리스도인 노정에서 두려워해야 하는데, 그의 안식에 들어갈 약속이 남아 있을지라도 혹 미치지 못하는 자가 있을 수 있기 때문이다. 오늘날 주님의 길을 걸어가는 데 있어서 두려움이 없는 그리스도인이 너무나 많다. 복음을 들었다고 해서 다 되는 것이 아니다[2절]. 이 모든 일에 있어서 구원의 대장이신 예수를 주목하고 따름이 중요하다. 그분이 안식으로 인도하는 참 여호수아이신 구원의 대장이요, 대제사장으로서 우리를 하나님께로 인도하시는 유일한 분이시다. 그분의 음성을 들어야 하고 순종해야 한다. 그럴 때 안식에 들어갈 수 있다. 마음이 강퍅하면 안 된다. 마음이 강퍅해진다는 것은 결국 예수 한 분에게서 멀어지는 것이다. 안식이란 무엇인가? 믿음의 결과이다. **"이미 그의 안식에 들어간 자는 하나님이 자기 일을 쉬심과 같이 자기 일을 쉬느니라"**[10절].

오늘날 왜 이렇게 교회라고 하는 단체에 문제가 많은가? 안식을 모르기 때문이다. 다 뭔가를 하는 데에 빠져 있다. 그러면 진정한 안식에 들어가는 비결은 무엇인가? 한 분 예수께 순종하며 말씀을 받아들이고 그 말씀에 절대 굴복하는 것이다.[1-11절]

살아 있고 운동력 있는 하나님의 말씀

그러므로 12절부터는 하나님의 말씀에 대해 말한다. 믿음은 들음에서 나며 들음은 그리스도의 말씀으로 말미암는다(롬 10:17). 하나님의 살아 있고 운동력 있는 말씀은 좌우에 날선 어떤 검보다도 예리하여 혼과 영과 및 관절과 골수를 찔러 쪼개기까지 하며 또 마음의 생각과 뜻을 감찰하신다. 지으신 것이 하나라도 그 앞에 나타나지 않음이 없고 만물이 우리를 상관하시는 자의 눈앞에 벌거벗은 것같이 드러난다.[12-13절]

큰 대제사장이신 하나님 아들 예수

그러면서 점차 아론보다 뛰어나신 예수에게로 향한다. **"그러므로 우리에게 큰 대제사장이 있으니 승천하신 자 곧 하나님 아들 예수시라"**. 아론이 대제사장이라면 그리스도는 더욱 뛰어난 대제사장이신데, 첫째는 아론은 죽었지만 그리스도는 하늘로 승천하신 분이기 때문이며, 둘째는 그리스도께서 모든 일에 우리와 한결같이 시험을 받으시되 죄는 없으신 분으로서 우리의 연약함을 능히 체휼하시기 때문이다. 그러한 분이 지금 은혜의 보좌에 계시니 우리는 긍휼하심을 입고 때를 따라 돕는 은혜를 얻기 위해 은혜의 보좌 앞에 담대히 나아갈 수 있다. 그분께 가기만 하면 은혜를 얻을 수 있다.[14-16절]

5장

온전하신 대제사장 예수 그리스도

3장부터는 그리스도가 모세와 아론보다 뛰어나시다는 것을 비교하여 말한다. 히브리서에는 유대교의 많은 사상들로부터 예수 그리스도께로 돌이키게 하는 말씀이 가득하다. **"우리의 믿는 도리의 사도시며 대제사장이신 예수를 깊이 생각하라!"** 우리의 사도는 예수시며 대제사장도 예수시다. 또한 예수는 우리를 영광 가운데로 인도하는 구원의 대장(구원의 주, 2:10)이시며, 여호수아처럼 약속의 땅, 안식으로 들어가게 하는 인도자이시다(3장 후반, 4장 전반 참조). 우리 편에서는 안식 안으로 들어가기 위해 들은바 말씀을 믿음으로 화합하고 순종해야 한다(4장 전체 참조). 또한 예수 그리스도는 대제사장으로서 지금도 우리가 하나님 앞에 온전히 나아갈 수 있도록 돕고 계신다.

대제사장마다 사람 가운데서 취한 자이므로 하나님께 속한 일에 사람을 대신하여 예물과 속죄하는 제사를 드리게 하였는데, 그가 무식하고 미혹한 자를 용납할 수 있었던 것은 자기도 연약함에 싸여 있었기 때문이다. 그들은 백성을 위하여 속죄제를 드리듯이 자기를 위하여도 속죄제를 드려야 했다. 이러한 구약의 대제사장 직분은 스스로 취하지 못하고 아론과 같이 하나님의 부르심을 입은 자라야 했다. 이와 같이 그리스도께서 대제사장 되심도 스스로 영광을 취하신 것이 아니다. 히브리서 기자는 하나님께서 그리스도를 대제사장 삼으시려고 부활 안에서 다시 낳으셨다고 말한다. "너는 내 아들이라 내가 오늘날 너를 낳았다"(시 2:7) 하셨고, "네가 영원히 멜기세덱의 반차를 좇는 제사장이라"(시 110:4) 하셨다. 시편의 이 구절들은 분명 메시아에 관한 말씀이다. 이는 그리스도의 대제사장 되심이 그분의 죽으심만을 의미한 것이 아니라 부활 승천하신 후

의 하나님 앞의 지위를 말하는 것이다.[1-10절]

예수 그리스도의 대제사장적인 기도

여기서 히브리서 기자는 그리스도의 대제사장 직무에 대하여 그분의 기도를 예로 들었다. 5장 7-8절은 겟세마네의 기도, 또는 요한복음 17장의 기도를 가리킬 것이다. 이는 인류의 속죄를 위해 십자가에서 제물이 되시기 전에 하신 예수의 대제사장적인 기도임에 분명하다. **"그는 육체에 계실 때에 자기를 죽음에서 능히 구원하실 이에게 심한 통곡과 눈물로 간구와 소원을 올렸고 그의 경외하심을 인하여 들으심을 얻었느니라"**. 그분이 아들이시라도 받으신 고난으로 순종함을 배워서 온전하게 되셨으므로 자기를 순종하는 모든 자에게 영원한 구원의 근원이 되셨고, 하나님께서는 그를 멜기세덱의 반차를 좇은 대제사장이라 칭하셨다. 히브리서 기자가 이것을 언급하지 않았다면 시편 110편의 멜기세덱의 반차를 좇은 대제사장이 그리스도를 말한다는 것을 알기 어려웠을 것이다. 멜기세덱은 창세기 14장에 잠깐 나왔다가 시편에서 다시 나온 인물이다. 그의 대제사장 됨은 모세의 율법이 주어지기 전이므로 분명 율법의 전례를 좇아 세워진 아론 계열의 대제사장과는 차원이 다르다.

장성한 자를 위한 단단한 식물

히브리서 기자는 예수의 멜기세덱 제사장 직분을 설명하려고 하다가 히브리 신자들의 영적 성숙이 부족하여 알아듣는 것이 둔할까봐 염려한다. 사실 믿는 이들은 세월이 지나면서 자라야 하는데 자라지 않는 것은 문제가 있다. 성숙은 특히 하나님의 말씀에 대한 이해력과 관계가 깊다. 하나님의 말씀은 어린아이를 위한 젖과 같은 초보적인 말씀이 있고, 장성한 자를 위한 단단한 식물 같은 말씀이 있다. 이러한 부활하신 그리스도의 대제사장 되심은 영적으로 장성한 자들이 이해할 수 있는 단단한 식물 같은 말씀이다. 장성한 자들은 지각을 사용하므로 연단을 받아 선악을 분변하는 자들이다. 성도들은 다만 은혜의 말씀에 머물러서는 안 되며 의의 말씀으로 나아가야 한다. 또한 생각이 게을러서는 안 된다. 무엇이든지 당연하게 생각하지 말고 말씀을 더 깊이 묵상하며 더 밝은 빛을 사모해야 한다.[11-14절]

6장

그리스도 도의 초보를 떠나 완전한 데로 나아가라

6장은 히브리 신자들이 그리스도에 대한 가르침의 초보에 머무르고 더 완전한 데 나아가지 못하는 것에 대한 경고이며(2장의 경고는 말씀을 등한시하는 것에 대한 경고였다), 이에 대한 권면의 말씀을 주고 있다. 첫째로, 그리스도인이 성숙에 이르려면 그리스도의 도의 초보에서 떠나야 한다. 내가 아는 한 기독교 단체가 있는데, 그들은 수십 년이 지나도 그저 구원 한 가지만 강조하여 말하고 또 말한다. 구원이 중요한 것은 사실이지만 성경에는 구원만 있는 것이 아니라 성화(聖化)도 있고, 영화롭게 되는 것도 있으며, 그리스도의 재림도 있고, 왕국도 있으며, 그리스도의 몸에 대한 계시도 있으며, 성도의 견인(堅忍, perseverance 하나님의 붙들어주심과 끝까지 인내함으로 결승점에 이름)도 있다. 베드로 후서 1장을 보면 믿음에서 출발하여 믿음에 덕을, 덕에 지식을, 지식에 절제를, 절제에 인내를, 인내에 경건을, 경건에 형제 우애를, 형제 우애에 사랑을 공급하라고 한다. 성도들은 온전한 상태에 이르도록 부지런히 추구해야 한다는 것이다.

말씀을 듣기만 한다고 해서 되는 것이 아니라 잘 자라서 결실이 있어야 한다. 사도는 그리스도에 대한 가르침의 초보를 떠나서 완전한 데 나아가라고 격려한다[1-2절]. 한 번 비췸을 얻고 하늘의 은사를 맛보고 성령에 참여한 바 되고 하나님의 선한 말씀과 내세의 능력을 맛보았다고 되는 것이 아니다. 그런 다음에 타락한 자들은 다시 새롭게 하여 회개케 할 수 없는데, 이는 자기가 하나님의 아들을 다시 십자가에 못 박아 현저하게 욕을 보이기 때문이다.[4-6절]

그리스도에 대한 도의 초보로 다시 돌아가는 것은 기꺼이 더 진보하려 하지 않는 자들에게서 흔히 발생하는 일이다. 사실 진보하려면 더욱 헌신하고 인내하며 부지런해야 하고 꾸준히 달려야 한다. 갈수록 강은 더 깊어지고 어려움과 고난은 감당하기 어렵게 다가올 수 있다. 그러니 사람들은 순종과 인내가 너무 힘든 나머지, 달리던 길을 벗어나거나 배반하고 초보로 다시 돌아가는 것이다. 이것이 무엇인가? 가시와 엉겅퀴를 내어 그 마지막은 불사름이 되는 두려운 일이다.[8절]

오래 참음으로 약속을 받은 아브라함

아브라함은 한순간에 믿어서 약속을 기업으로 얻는 이들의 본이 된 것이 아니다. 그는 게으르지 않고 믿음과 오래 참음('내가 너를 복 주고 복 주며 번성케 하고 번성케 하리라'는 주님의 언약을 끝까지 오래 참음으로 믿음)으로 그렇게 된 것이다. 사도는 너희 각 사람이 동일한 부지런을 나타내어 소망의 풍성함에 이르라고 권하며, 여전히 성도들을 섬기고 먼저 대제사장이 되기 위해 휘장 안에 들어가신 예수를 따라 소망을 붙잡고 튼튼하고 견고하게 전진하라고 권한다.

사도는 여기서 아브라함이 약속을 기업으로 받는 자들의 본이라고 강조하면서 하나님은 신실하시므로 그 뜻을 바꾸실 리가 없으니 소망을 붙잡고 이 세상에서 피하여 전진하라고 권한다. 달리려는 자들은 피하는 것을 배워야 한다. 주님을 따르지 못하게 방해하는 많은 것들을 피하고 소망으로 달음질해야 한다. 이 세상에는 우리를 불필요하게 묶고 달리는 것을 방해하는 피해야 할 것들이 참 많다. 피할 수 있도록 기도해야 한다. 그래야 목표에 이르며 성숙에 이르도록 자라게 된다.[13-20절]

7장

멜기세덱의 반차를 따른 그리스도의 대제사장 직분

예수의 대제사장 직분의 우월성에 대하여 멜기세덱의 반차를 따라 된 분임을 말하려다 보니, 5장 후반부부터 6장에서는 말씀에 대한 이해력의 증가와 성숙해야 할 필요성을 말한다. 그리고 7장에서 멜기세덱에 대하여 설명하기 시작한다. 먼저 기자는 구약에서 한두 번밖에 언급되지 않은 멜기세덱이라는 신비스런 인물의 이름을 해석한다. 멜기세덱이라는 이름 자체가 예수의 대제사장 직분을 예표하는 인물로서 아주 적합하다. 그는 전쟁에서 이기고 돌아오는 아브라함을 만나 복을 빈 자이다. 그의 이름은 의의 왕이고(체데크) 살렘의 왕인데, 살렘은 평강이라는 뜻이다. 그는 아비도 없고 어미도 없고 족보도 없고 시작한 날도 없고 생명의 끝도 없어 하나님 아들과 방불하여 항상 제사장으로 있다고 했다. 3절까지는 멜기세덱이 그리스도와 방불함을 말한 후, 4절부터는 아론보다 뛰어난 그의 제사장 직분을 설명한다. 첫째는 멜기세덱이 아론보다 큰 자라는 것을 설명하는데, 그것은 아론이 아브라함 허리에 있을 때 이미 멜기세덱에게 십일조를 바친 것이고, 멜기세덱이 아론의 조상인 아브라함에게 복을 빌어주었으니 멜기세덱은 아론보다 큰 자라는 말이다.[1-10절]

또 레위 계통의 제사장 직분을 통해 온전함을 얻을 수 있었다면 어찌 아론의 반차를 좇지 않고 멜기세덱의 반차를 좇은 별다른 한 제사장을 세울 필요가 있느냐고 한다. 아론은 모세의 육체에 상관된 율법에 따라 제사장이 되었지만, 예수는 오직 무궁한 생명의 능력을 좇아 제사장이 되셔서 믿는 우리에게 늘 죄를 이기고 사망과 어두움을 이기게 하는 무궁한 생명의 능력을 공급하신다. 히브리서 기자는 계속해서, 이전 계명은 연약하며 무익하므로 폐하고(율법은 아무것도 온전케 못한다) 이에 더 좋은 소망이 생기니 이것으로 우리가 하나님께 가까이 간다고 말한다.[11-19절]

히브리서 기자는 그 외에도 예수 그리스도의 대제사장 직분의 우월성을 몇 가지로 더 고찰한다. 아론의 체계는 맹세 없이 되었으나 시편 110편 4절인 멜기세덱의 제사장 직분을 말하는 구절에는 맹세하고 뉘우치지 않으셨다는 구절을 들어 그분이 맹세로 대제사장이 되셨음을 말해준다. 맹세를 한 것과 맹세를 하지 않은 것의 차이는 무엇인가? 그분은 물론 맹세를 하지 않으셔도 신실하시다. 그러나 그분이 맹세를 하시면서 대제사장이 되셨다는 것은 그분의 강한 각오와 반드시 그렇게 해주시겠다는 의지를 드러내는 것이니 우리에게는 확신과 신뢰가 더욱 생기는 것이다. 이렇게 해서 예수는 더 좋은 언약의 보증(guarantee)이 되신 것이다.[20-22절]

다음은, 아론의 제사장 직분은 그 수가 많을 수밖에 없었다는 것이다. 이는 그들이 죽기 때문이다. 나의 가까운 사람이 이삼 년 간이나 어떤 사건으로 법정에서 재판을 받았는데, 재판부가 바뀌고 또 바뀌는 것을 보았다. 판사가 사건을 알만 하면 바뀌니 참 어려웠다. 그러나 예수 그리스도는 영원히 계시므로 직분이 갈리지 않는다. 항상 살아서 우리를 위해 간구해주시니 그분을 힘입어 하나님께 나아가는 자마다 능히 구원해주실 수 있다.[23-25절]

결론적으로 율법은 약점을 가진 사람들을 제사장으로 세웠지만, 율법 후에 하신 맹세의 말씀은 영원히 온전케 되신 아들을 제사장으로 세우셨다. 그분은 거룩하고 악이 없고 더러움이 없으며 죄인에게서 멀리 떠나 계시고 하늘보다 높이 되신 분이며, 사람들의 죄를 위해서 날마다 제사를 드릴 필요 없이 단번에 자신을 드려서 이루셨다. 이에 대하여는 9장과 10장에 상세하게 나온다. 신약의 성도들은 하늘에 이러한 놀랍고 영광스러운 대제사장을 모시고 있으니 감사하고 기뻐하자![26-28절]

8장

새 언약의 대제사장이신 그리스도

8장은 예수 그리스도의 대제사장직의 우월성에 대한 계속이다. 아론의 제사장 직분은 이 땅에 있는 것이었지만 예수 그리스도의 제사장 직분은 하늘에 있는 것이다. 신약의 성도들은 사실상 하늘에 속한 자들이다(빌 3:20, 골 3:1-3). 그러므로 그들을 섬기는 대제사장이 땅에 속한 존재여서는 안 되는 것이다. 따라서 우리는 7장 26절의 "이러한 대제사장은 우리에게 합당하니 하늘보다 높이 되신 자라"는 구절을 이해할 수 있다. 8장에 와서 히브리서 기자의 강조점은 이러한 대제사장이 우리에게 있다는 것이다[1절]. 그분은 하늘에서 위엄의 보좌 우편에 앉으셨으며, 아론의 제사장 체계처럼 땅에서 사람이 한 것이 아닌 하나님께서 하늘에 베푸신(pitched) 참 성소와 참 장막에서 섬기는 분이라고 말한다.[1-2절]

하늘의 성소와 참 장막에서 섬기시는 분

모세 시대에 지은 장막과 성소는 하늘에서 보이신 본을 따라 만든 것이다[5절]. 출애굽기 25장 40절에서 모세는 하나님께서 산에서 보이신 식양을 따라 성막을 만들라는 지시를 받았다(그때 모세는 하늘에 있는 것의 모형을 받은 것이다). 그러므로 땅에 있던 장막은 사실 그림자이고 모형이며 참 성막은 하늘에 있는 것이다. 그 안에서 예수 그리스도는 지금 참 대제사장 직분을 수행하고 계신다.[3-5절]

더 좋은 언약의 중보

6절은 '그러나 이제(but now)'라고 하면서 '더 좋은(better)'이라는 말을 세 번이나 사용한다. 예수 그리스도는 더 아름다운 대제사장 직분을 얻으셨으며,

지금의 언약은 구약의 시내 산에서 세우신 언약보다 더 좋은 언약이며, 그리스도는 더 좋은 언약의 중보자(mediator)이시다. 7절부터 13절까지는, 시내 산에서 이스라엘과 세우신 언약이 옛 언약(Old Covenant, 구약)이라면 주 예수께서 잡히시던 날 밤 제자들에게 떡과 잔을 주시면서 세우신 언약은 새 언약(New Covenant, 신약)인데, 이 새 언약이 얼마나 귀한 것인지를 구약 성경을 인용하여 설명한다. 우리가 다 알듯이 구약 안에 이미 신약이 들어 있다. 예레미야 31장의 내용이다.

새 언약의 내용

첫 언약이 흠이 없다면 왜 둘째 것을 세우셨겠느냐는 말로 시작한다. 즉 첫 언약은 흠이 있으므로 첫 것을 포기하고 새로운 언약을 세우시겠다는 말씀이다.

"볼지어다 날이 이르리니 내가 새 언약을 세우리라 또 주께서 가라사대 내가 저희 열조들과 세운 언약과 같지 아니하도다 저희는 내 언약 안에 머물러 있지 아니하므로 내가 저희를 돌아보지 아니하였노라 또 주께서 가라사대 그날 후에 내가 이스라엘 집으로 세울 언약이 이것이니 내 법을 저희 생각에 두고 저희 마음에 이것을 기록하리라 나는 저희에게 하나님이 되고 저희는 내게 백성이 되리라…저희가 작은 자로부터 큰 자까지 다 나를 앎이니라 내가 저희 불의를 긍휼히 여기고 저희 죄를 다시 기억하지 아니하리라"[8-12절]. 새로 세우시는 언약은 모세 시대에 돌비에 법을 기록한 것과 달리 아예 우리의 마음속에 그 법을 새겨주겠다는 말씀이다. 우리가 오늘 예수를 믿으면 성령을 받게 되는데, 그 성령은 모든 율법의 내용을 가지고 우리 속에 들어오신 분으로서 그 법을 지키는 생명 능력이 되신다. 구약은 밖의 법이기에 연약한 우리가 지킬 수 없었지만, 우리 안에 두신 성령의 법은 우리로 능히 하나님의 법을 지키게 하며(롬 8:2-4) 작은 자로부터 큰 자까지 다 하나님을 알게 한다.

하나님께서 시내 산에서 이스라엘과 옛 언약을 세우실 때는 큰 천둥소리와 흑암과 나팔 소리가 있었는데, 새 언약은 매우 조용하고 은혜로운 분위기 속에서 세워졌다. 주 예수께서 잡히시던 밤에 그분은 제자들에게 떡을 주시면서 받아먹으라 하시고 잔을 가지고 사례하시면서 마시라고 하셨다. 그리고 이 잔은 '내 피로 세운 새 언약이라' 하셨다. 그분의 피로 새 언약을 세우신 것이다. 그

새 언약의 내용을 상세하게 설명한 곳이 여기 히브리서 8장이다. 그러니 이렇게 구약과 신약을 잘 해석할 수 있는 사람이 바울이 아닐까 생각해보는 것은 무리가 아니다. 어쨌든 구약 시대에는 아브라함, 모세, 다윗 등 큰 사람들이 하나님을 알았고 그분과 친교가 있었다. 그러나 지금은 많이 배우지 못한 시골 할머니들 중에도 하나님을 내면적으로 깊이 아는 분들이 있다. 작은 자나 큰 자나 다 하나님을 알 수 있는 시대가 된 것이다.

그리고 가장 은혜로운 언약의 말씀은 "내가 너희 죄를 기억지도 않겠다"는 것이다. 구약에서는 자주 속죄제를 드려야 했다. 그러나 이제 예수 그리스도께서 단번에 자신을 제물로 드리신 한 제사로 우리는 영원히 구속함을 입고 완전한 용서를 받았다. 그러므로 하나님께서 이제 너희의 죄와 불의를 다시는 기억지 않겠다고 하신다. 놀라운 은혜를 주신 하나님께 감사하고 찬미하자.

9장

땅의 성소와 하늘의 성소

히브리서의 가장 중심적인 내용을 담고 있는 장이 9장과 10장이다. 8장이 성막과 새 언약의 내용을 말하는 것이라면, 9장은 성막에 대한 좀 더 자세한 설명과 제물에 관련된 것이다. 먼저는 성막의 구조와 모든 기물들에 관하여 설명한다. 성소와 지성소의 구분이 있고 금향로와 금으로 싼 언약궤가 있고 그 안에 만나를 담은 금항아리, 아론의 싹난 지팡이, 언약의 비석들이 있다. 그리고 그 위에 속죄소를 덮는 영광의 그룹들이 있다. 이것을 히브리서 기자는 첫 장막이라고 하면서 이에 대하여 할 말이 많지만 여기서 낱낱이 말할 수 없다고 한다. [1-5절]

10절까지는 첫 장막이 세워져 있을 때의 모든 것은 장래 참된 제사가 나타날 때까지의 그림자라는 것을 강조한다. 그리고 실제는 그리스도이시며 그분이 장래 좋은 일의 대제사장으로 오셔서 손으로 짓지 아니한 크고 온전한 장막으로 말미암아 구약의 예표적인 염소와 송아지의 제사가 아니라 오직 자기의 피로 영 단번에 영원한 속죄를 이루셨다고 말한다. 그리고 그분의 십자가의 죽으심은 단번이지만 영원한 효능이 있다고 말한다[14절]. 피로 씻음을 받은 신자들은 양심이 깨끗케 되어 하나님을 섬길 수 있게 된다. 양심이 깨끗하지 못한 사람은 결코 하나님을 섬길 수 없다.[6-14절]

영원히 효능 있는 피로 세워진 새 언약

또 새 언약은 유언과 같은 성격이 있음을 말한다. 피가 흘려져서 새 언약이 세워졌다는 것은 바로 예수의 죽음을 의미한다. 유언은 그 사람이 죽은 후에야 효력이 있는데, 아론이 뿌린 짐승의 피는 당시에 모형적으로 효력이 있을지라도 예수의 피는 영원한 효능이 있는 피이다. 그러므로 예수의 피의 언약을 믿는 자들은 그의 새 언약의 축복을 온전히 다 받게 된다. 그분은 단번에 자신을 드려 사람들의 죄를 없이하셨다.

히브리서는 교리적으로 매우 높은 책이지만 예수 그리스도의 보혈의 가치를 조금도 떨어뜨리지 않는다. 오늘날 자신들이 어느 누구보다 진리에서 가장 진보했다고 하면서 예수 그리스도의 보혈을 기본적인 것으로 낮추어 말하는 자들이 있는데, 이는 마귀의 계략에 불과하다. 죄 사함의 복음은 영원히 전해져야 하고 이는 신약 복음의 매우 중대한 내용이다. 9장의 마지막 부분의 구절들도 사람이 죽은 후에 받을 심판을 말하며, 그리스도께서 많은 사람의 죄를 담당하시려고 단번에 자신을 드리신 것과, 그들로 구원에 이르게 하기 위하여 죄와 상관없이 자기를 바라는 자들에게 두 번째 나타나실 것임을 말한다.[15-28절]

10장[I]

그리스도의 한 제물로 영원히 온전케 하심

10장에는 매우 놀라운 말씀이 있다. 율법의 제사로는 사람들을 온전케 할 수 없다는 말씀이다. 8장에는 우리의 불의와 죄악을 다시는 기억지 않겠다고 하시는 새 언약의 말씀이 있다. 9장에서는 염소와 송아지의 피가 아닌 하나님의 아들 예수의 피로 우리의 죄가 영 단번에 속해졌다고 말한다. 10장에서는 율법의 해마다 늘 드리는바 같은 제사로는 하나님께 나아오는 자들을 언제든지 온전케 할 수 없다고 말한다. 이는 그것이 장차 오는 좋은 일의 그림자요 참 형상이 아니기 때문이다. 그러나 그림자가 아닌 실제요 참 형상인 그리스도의 피는 우리 섬기는 자들의 양심을 단번에 정결케 하여 다시는 죄를 깨닫는 일이 없으므

로 속죄제를 드리는 일을 그칠 수 있다고 말한다.[1-3절]

황소와 염소의 피는 죄를 능히 없이하지 못하지만 주 예수님의 피는 죄를 완전히 없이하신다(9:26, 10:4). 죄를 없이하신다는 말씀은 너무나 좋고 감사하다. 다만 씻는 것이 아니라, 다만 용서하는 것이 아니라, 아예 없이하시는 것이다(take away, or put away). 양심의 가책과 정죄조차 받지 않도록, 죄를 깨닫는 일조차 없도록 해주셨다니 이 어떠한 은혜인가(롬 8:1)!

이 모든 것에 대하여 히브리서 기자는 다시 구약을 인용하여 증명했다. 이것 또한 놀라움을 금할 수 없다. 어떻게 다윗의 시편 40편을 인용하여 구약의 제사와 예물은 소용이 없고 오직 하나님께서 영원한 한 제물로 아들의 몸을 예비하셨다는 것을 증명한다는 말인가! 놀랍다. 하나님께서 다윗의 귀에 대고 말씀하시기를, "제사와 예물을 기뻐 아니하시며 번제와 속죄제를 요구치 아니하신다"고 하셨으며, "그때에 내가 말하기를 내가 왔나이다 나를 가리켜 기록한 것이 두루마리 책에 있나이다"라고 했다. 히브리서 기자는 이 구절을 그리스도께 적용하여 말한다. "그러므로 세상에 임하실 때에 가라사대 하나님이 제사와 예물을 원치 아니하시고 오직 나를 위하여 한 몸을 예비하셨도다 전체로 번제함과 속죄제는 기뻐하지 아니하시나니 이에 내가 말하기를 하나님이여 보시옵소서 두루마리 책에 나를 가리켜 기록한 것과 같이 하나님의 뜻을 행하러 왔나이다"[5-7절].

히브리서 기자는 다윗의 시편 구절들을 해석하면서 첫 번째 것(제물들)을 폐하고 두 번째 것을 세우신 것을 말하고, 그다음 예수 그리스도의 몸을 단번에 드리심으로 우리가 거룩함을 얻었다고 말한다[10절].

11절부터 18절은 이에 대한 계속된 비교와 해설이다. 구약의 제사장들은 매일 서서 자주 같은 제사를 드리되(이 같은 제사는 언제든지 죄를 없게 하지 못하지만), 오직 그리스도는 죄를 위해 한 영원한 제사를 드리시고 하나님 우편에 앉으셨다. 오 주님, 너무나 기이한 역사에 감사드릴 뿐입니다! 그 후에 그리스도는 원수들을 발밑에 굴복시키실 때까지 기다리신다.

히브리서 기자는 다시 한 번 예레미야 31장의 새 언약의 내용을 말하는데, 왜 죄와 불법을 영원히 기억지 않으시느냐면 그분의 몸을 단번에 제물로 드리심으로 다시는 죄를 위하여 제사드릴 것이 없기 때문이다.[18절]

10장[Ⅱ]

새롭고 산 길

19절부터는 18절까지의 말씀을 전제로 하여 우리에게 권면한다. 우리가 이제는 예수의 피를 의지하여 성소에 들어갈 담력을 얻었는데, 그 길은 우리를 위하여 휘장 가운데로 열어놓으신 새롭고 산 길이라고 말한다[20절]. 휘장 가운데로 열어놓으셨다는 것은 참 많은 것을 생각하게 한다. 9장에서 지성소와 성소가 나뉘어져 있을 때는 아직 지성소에 들어가는 길이 열리지 않았다고 말한다[8절].

주 예수님은 그분의 몸을 찢으심으로 우리 같은 죄인들이 하나님께 나아갈 길을 여셨다(마 27:51). 그것은 히브리서 기자가 구약의 성막의 모형을 계시로 본 것에 의거한다. 히브리서 기자는 다만 구약의 예언이나 말씀만 인용한 것이 아니다. 성막의 모형, 제물들, 제사장들의 활동, 그 모든 것을 신약의 빛 가운데서 실제이신 그리스도와 비교한 것이다. 그 답도 구약의 말씀들에서 찾아냈고 주 예수께서 하신 일에서도 찾아냈다. 히브리서 기자는 옛 것과 새 것을 곡간에서 내어오는 천국의 제자 된 서기관임에 분명하다(마 13:52).

그는 주 예수께서 십자가에서 돌아가실 때 성소의 휘장이 위에서부터 아래로 찢어진 것을 상기했을 것이며, 그것은 우리를 위해 열린 새롭고 산 길을 통하여 지성소에 계신 하나님께 나아가라는 것이라고 했다.

참 마음과 온전한 믿음으로 하나님께 나아가자

히브리서는 우리에게 큰 제사장이 계시다고 말하며, 우리가 마음에 뿌림을 받아 양심의 악을 깨닫고 몸을 맑은 물로 씻었으니 참 마음과 온전한 믿음으로 하나님께 나아가자고 한다. 우리가 참 마음과 온전한 믿음으로 하나님께 나아가는 데 있어서 양심은 매우 중요하다. 히브리서에는 하나님께 나아가야 한다는 말씀이 많다[22절]. 속죄제를 드린다고 매일 제단 주위만 맴돌지 말고 지성소 안으로 하나님께 나아가자고 말한다.

모이기를 폐하지 말라

또 약속하신 하나님은 신실하신 분이니 소망을 굳게 잡고 서로를 사랑으로 섬기며 돌아보라고 한다. 여기서 히브리서 기자는 하나님과 교회를 실제적으로 섬기는 것을 말하고 있다. "모이기를 폐하는 어떤 자들의 습관과 같이 하지 말고". 예배에 빠지는 것도 습관이 되니 그날이 가까움을 볼수록 더욱 모이기를 힘쓰라는 것이다.[23-25절]

뒤로 물러가는 자에게는 무서운 심판이 기다리고 있다

26절부터는 히브리서의 세 번째 경고가 되겠다. 첫 번째 경고는 2장에 있고, 두 번째 경고는 6장에 있다. 그럼 여기의 경고는 무엇인가? 이러한 진리를 아는 지식을 받은 후에 다시 유대교의 예식으로 돌아가는 것의 위험을 말한다. 하나님께서 새로운 언약인 둘째 것을 주셨는데, 그것을 알고도 첫 번째 것, 즉 그림자의 옛 습관으로 다시 돌아가는 사람들에 대해 무서운 경고를 발하는 것이다. 그들이 왜 돌아가는가? 새로운 길을 가기가 너무 힘들기 때문이다. 처음에는 잘 시작했는데 시간이 오래 지나다 보니 지친 것이다. 당시 어떤 사람들은 새 언약의 길을 가다가 유대교도들에게 고난도 당하고 재산도 빼앗기고 비방과 환난도 당했다(32-34절 참조). 처음 빛을 받은 후에는 고난의 큰 싸움에서 참았다. 그런데 세월이 지나도 고난이 지속되자 인내가 고갈되어 쉬운 길로 돌아서 버리는 것이다. 그리고서 교회 모임은 소홀히 하고 예전에 드렸던 제사로 돌아가니 거기에는 사람도 많고 세력도 있어서 어려움이 없어진 것이다.

그러나 이에 대한 주님의 말씀은 매우 엄중하다. '돌아가 봐도 다시 속죄하는 제사는 없다. 오직 두려운 마음으로 심판을 기다리는 것만 있다. 그것은 하나님의 아들을 밟고 자기를 거룩케 한 언약의 피를 부정한 것으로 여기고 은혜의 성령을 욕되게 하는 것이다. 그런 자들의 받을 형벌이 얼마나 중하겠는가! 원수 갚는 것이 내게 있으니 내가 갚으리라.' 하신다. 주님께서 그분의 백성을 심판하신다는 것을 우리가 아는데, 살아계신 하나님의 손에 빠져 들어가는 것은 얼마나 무서운 일인가! 뒤로 물러가면 무서운 심판이 기다리고 있다는 것을 경고한 것이다.[38-39절]

담대함이 큰 상을 얻는 길이다

그러면서 히브리서 기자는 다시 격려한다. 전날에 너희가 빛을 받은 후에 고난의 큰 싸움에서 참은 것을 생각하라고 한다. 그때 비방과 환난을 당함으로 사람들에게 구경거리가 되고 또는 그런 형편에 있는 자들과 사귀는 자가 되었었다. "너희가 갇힌 자를 동정하고 너희 산업을 빼앗기는 것도 기쁘게 당한 것은 더 낫고 영구한 산업이 있는 줄 알았기 때문이다. 그러므로 이제 와서 담대함을 버리지 말라! 이것이 큰 상을 얻는 길이다. 너희에게 인내가 필요함은 너희가 하나님의 뜻을 행한 후에 약속을 받기 위함이다. 잠시 잠간 후면 오실 이가 오신다. 주님은 지체하지 않으실 것이다. "오직 나의 의인은 믿음으로 살 것이라" 하셨다. 또 "뒤로 물러가면 내 마음이 저를 기뻐하지 않을 것이라" 하셨다. 우리는 뒤로 물러가 침륜에 빠질 자가 아니요 우리 영혼을 구원함에 이르는 믿음을 가진 자들이다. 처음 믿은 은혜의 복음을 저버리고 배교하는 것은 침륜(destruction)에 빠지는 길이다.[32-39절]

11장

믿음의 정의와 믿음의 증인들

이 장에서 사도는 믿음을 정의하고 믿음의 길을 간 사람들의 본을 제시하면서 믿음의 길을 잘 가도록 격려한다. 믿음의 길을 잘 가야 상도 받을 수 있고 약속을 얻을 수 있다.

1절에서는 우선 믿음이 무엇인가부터 정의한다. 당시 유대교의 제사나 모든 활동들은 보이는 것에 근거했을 것이다. 성전의 제단의 불은 계속 타오르고, 제물들은 제단에 드려지고 태워지고, 제사장들은 예복을 입고 왔다 갔다 한다. 뭔가 대단한 일들이 벌어지는 것 같다. 그런데 신약의 교회 사람들은 무엇을 하는가? 모든 게 추상적인 것 같고 손에 잡히는 것이 없는 것 같다.

사도는 '믿음은 바라는 것들의 실상(실제화, substantiation)이요 보지 못하는 것들의 증거'라고 하면서 믿음으로 우리는 보지 못하는 세계의 것들이 참된 것임을 안다고 했다. 온 세계가 창조된 것을 우리의 눈으로 보지 못했지만 우리는 믿음으로 하나님의 말씀으로 지어진 줄을 안다[3절]. 또 믿음이 없이는 하나님을 기쁘시게 못하며 믿음이 없는 자들은 상급을 얻지 못한다고 했다. 하나님은 믿음이 있는 자들을 기뻐하시고 믿음으로 자기를 찾는 자들에게 상 주시는 분이다[6절]. 그리고 아벨로부터 에녹, 노아, 아브라함, 이삭, 야곱, 모세 등 수많은 증인들이 어떻게 믿음의 길을 갔는가를 말해준다.

노아는 보지 못하는 일에 경고를 받아 경외함으로 방주를 지어 그 집을 구원했으며, 아브라함은 부르심을 받고 장래 기업으로 얻을 땅으로 나아갈 때 갈 바를 알지 못하고 나아갔다. 사라는 나이 들어 단산하였지만 믿음으로 잉태하는 힘을 얻었다. 모세는 그리스도를 위하여 바로의 공주의 아들로서의 애굽의 지위와 부귀를 다 버리고 하나님의 백성과 함께 고난받는 길을 택하였다. 이는 상 주시는 이를 바라봄이라고 했다. 이것은 다 믿음의 행위들이다. 오늘 우리가 믿음의 길을 간다는 것은 보이지 않지만 말씀대로 주님이 기뻐하시는 길을 순종하면서 끝까지 인내로 경주하는 것이다.[4-32절]

35절부터는 증인들이 믿음의 길을 가기 위해 어떠한 고난을 당했는가를 말한다. 어떤 이들은 희롱과 채찍질을 당하고 결박과 옥에 갇히는 시험도 받았으며 돌로 치는 것과 톱으로 켜는 것과 시험과 칼에 죽는 것을 당하고 양과 염소의 가죽을 입고 유리하여 궁핍과 환난과 학대를 받았다고 말한다. 그러나 그들은 더 좋은 부활을 얻고자 하여 악형을 받되 구차히 면하지 않았다. 이런 자들은 세상이 감당치 못한다고 하였다. 세상은 이런 사람들을 결코 이해할 수도, 감당할 수도 없다. 이들은 광야와 산중과 암혈과 토굴에 유리하기도 했다. 이들이 다 믿음의 길을 가고 약속을 받기 위해 처절한 믿음의 싸움을 싸운 사람들이다. 우리 하나님은 바로 이런 자들의 하나님이시며, 이러한 자들을 위하여 한 성을 예비하셨다[16절].

12장

믿음의 주요 온전케 하시는 분인 예수를 바라보자

12장은 11장의 많은 믿음의 선진들을 바라보며 모든 얽매이기 쉬운 죄와 무거운 것들을 내려놓고 인내로 경주하며 믿음의 주요 또 온전케 하시는 분인 예수를 바라보자고 한다[1-2절]. 예수께서는 그 앞에 있는 즐거움을 위하여 십자가를 참으시고 부끄러움을 개의치 않으시더니 하나님 보좌 우편에 앉으셨다. 그러므로 그분을 깊이 생각하는 것이 어려움을 견딜 수 있는 비결이다[3절]. 우리에게는 구름같이 둘러싼 허다한 증인들이 있으니[11장] 이 경주장에서 낙오하지 말고 끝까지 경주하며, 더욱이 믿음의 주요 온전케 하시는 이인 예수를 바라보자.

환난은 우리를 연단하시는 하나님 아버지의 징계이다

그런 다음, 예수를 믿고서 성도들에게 닥쳐오는 많은 환난을 사도는 징계라고 표현한다. 육신의 부모라도 그 아들의 유익을 위해 징계하는데, 하물며 하나님 아버지께서 그 사랑하시는 아들들을 징계하지 않으시겠느냐고 한다. **"내 아들아 주의 징계하심을 경히 여기지 말며 그에게 꾸지람을 받을 때에 낙심하지 말라 주께서 그 사랑하시는 자를 징계하시고 그의 받으시는 아들마다 채찍질하심이니라"**[5-6절]. 사생자는 징계하지 않지만 참 아들은 징계하신다고 했다. 당시 히브리 성도들은 극심한 고난을 당하고 있었다. 그래서 그들 중 얼마는 낙심을 할 지경이었다. '내가 예수를 믿는데 왜 이렇게 고난이 많은가?' 히브리서 기자는 그럴 때 죄인들의 거역과 공격을 당하신 예수를 생각해보라고 말한다. 그리고 주의 꾸지람을 받을 때에 낙심하지 말라고 한다. 주님은 그의 사랑하는 자를 징계하시고 받으시는 아들마다 채찍질하시기 때문이다. 사실 징계를 받는 자들은 아들 대우를 받고 있는 것이며, 징계가 없는 자들은 사생자 대우를 받는 것이라고 말한다. 징계가 당시는 즐겁지 않지만 후에는 의의 평강한 열매를 맺는다고 했다. 그리고 징계 받음을 통하여 우리는 많은 경험과 유익을 얻고 배워서 뒤에 오는 많은 사람들의 피곤한 손과 연약한 무릎을 일으켜 세워주고 곧은 길을 만들어줄 수 있다.[12-13절]

하나님의 은혜를 저버린 자들에 대한 경고

또한 사도는 모든 사람으로 더불어 화평함과 거룩함을 좇으라고 하면서 이것이 없이는 주를 보지 못한다고 말한다. 또 마음속에 깊이 박힌 쓴 뿌리를 제하라고 한다. 한 그릇 식물을 인하여 장자의 명분을 판 에서를 이야기하면서 "저가 그 후에 축복을 기업으로 받으려고 눈물을 흘리며 구하되 버린 바가 되어 회개할 기회를 얻지 못하였느니라"[16-17절]고 한다. 한 번의 작은 죄와 실수를 작은 일로 생각하지 말라는 말씀이다. 다시는 축복의 기회가 없을 수도 있다.

시내 산과 시온 산을 대비함

12장에는 네 번째 경고가 들어 있는데, 12장 전반부를 경고로 본다면, 이 부분은 다섯 번째 경고이다. 히브리서는 비교의 책이면서 동시에 경고가 가득한 책이다. 여기 경고의 내용은 신약의 성도들이 이른 곳이 얼마나 영광스러운 곳인가를 다시 한 번 생각해보라는 것이다. 구약에서 율법의 언약을 받은 분위기는 불붙는 산과 흑운과 흑암과 폭풍과 나팔소리와 말하는 소리였는데, 그 소리를 듣는 자들은 견딜 수 없을 정도로 무서워했다. 모세조차도 심히 두렵고 떨린다고 했다. 그러나 새 언약을 받은 우리가 이른 곳은 시온 산과 살아계신 하나님의 도성인 하늘의 예루살렘과 천만 천사와 하늘에 기록한 장자들의 총회와 교회와 만민의 심판자이신 하나님과 및 온전케 된 의인의 영들과 새 언약의 중보이신 예수와 및 아벨의 피보다 더 낫게 말하는 뿌린 피가 있다.[18-24절]

진동치 못할 왕국

사도는 히브리 믿는 이들에게 하나님을 거역하지 말라고 경고한다. 믿음의 길이 어렵다고 뒤로 다시 돌아가는 것은 하나님을 거역하는 것이다. 땅에서 경고하신 분을 거역한 자들을 심판하신 하나님이 하늘로 좇아 경고하신 분을 거역한다면 그 심판이 얼마나 크고 무서울 것인지를 생각해보라고 말한다. **"그러므로 우리가 진동치 못할 나라를 받았은즉 은혜를 받자 이로 말미암아 경건함과 두려움으로 하나님을 기쁘시게 섬길지니 우리 하나님은 소멸하는 불이심이니라"**. 사람들이 함부로 하나님을 거역하는 것은 하나님이 얼마나 두려우신 분인지를 모르기 때문이다.[25-29절]

13장

실제적인 권면의 말씀

마지막 장은 실제적인 권면의 말씀이다. 오늘날 사역자들이 교리와 지식을 전할 뿐 실제적인 권면을 하지 않는 경우를 본다. 그것은 성경과 다르다. 성경은 매권 같은 구조를 가지고 있는데, 앞부분은 대개 진리에 대한 가르침이고, 뒷부분은 그 가르침을 적용하고 실생활에서 실천하는 것이다.

먼저 형제 사랑을 말하는데, 형제 사랑은 신약에서 가장 중요한 계명이다.

그다음은 손 대접을 힘쓰라고 한다. 또 혼인을 귀히 여기고 침소를 더럽히지 않게 하라고 하면서 음행하는 자들과 간음하는 자들을 하나님께서 심판하신다고 말한다. 그리고 돈을 사랑치 말고 있는 바를 족한 줄로 알라고 한다. 주님은 우리를 버리지 않으시고 우리를 떠나지 않으시니 그러므로 우리는 담대하게 말할 수 있다. "주는 나를 돕는 자시니 내가 무서워 아니하겠노라". 주님이 우리를 도우신다.[1-6절]

하나님의 말씀을 가르치며 인도하던 자들을 생각하며 그들의 행실의 종말을 주의하여 보고 그들의 믿음을 본받으라고 한다. 예수 그리스도는 어제나 오늘이나 영원토록 동일하시니 그때 역사하신 분이나 지금이나 같으시다는 말이다. 또 여러 가지 다른 교훈에 끌리지 말라고 하면서 마음은 은혜로써 굳게 함이 아름답고 식물로써 할 것이 아니라고 한다. 오늘날도 많은 사람들이 잘 대우해준다고 해서 건전한 믿음을 버리고 이단 종교에 끌리는 경우가 많다.[7-9절]

예수의 능욕을 지고 영문 밖으로 나아가자

우리는 이 땅에 영구한 도성이 없고 장차 올 것을 찾는 나그네들이다. 그러한 자들로서 그분의 제자들인 우리는 예루살렘 성문 밖에서 수치와 고난을 받으신 예수의 능욕을 지고 영문(camp) 밖으로 그분께 나아가자고 한다. 영문 안에는 누가 있었는가? 당시 최대의 종교인 유대교가 있었다. 오늘날도 신실한 믿는 이들은 영문 안에 있는 자들이 아니라 영문 밖으로 나아가는 자들 가운데 존재한다. 당시의 유대인들은 그 안에서 대단한 자부심을 가지고 주님과 진리를 거역하고 있었다. 우리는 어렵더라도 거기서 나와 능욕을 지고 예수께 나아가야 한다.[10-14절]

예수로 말미암아 항상 찬미의 제사를 하나님께 드리자

또한 예수로 말미암아 항상 찬미의 제사를 하나님께 드려야 한다. 히브리서 기자는 찬미도 하나의 제사라고 말한다. 히브리 신자들은 고난 가운데 있었다. 마치 카타콤(지하무덤)의 사람들처럼 그들은 매우 어렵고 열악한 상황에 처해 있었다. 그럴 때 하나님께 드리는 그들의 찬미는 희생의 향기가 있는 찬미이다. 그런 속에서의 찬미는 진정 예수의 이름을 증거하는 입술의 열매가 된다.[15절]

선을 행함과 서로 나눠주는 것 또한 하나님께서 기뻐하시는 제사이다

"오직 선을 행함과 서로 나눠주기를 잊지 말라 이같은 제사는 하나님이 기뻐하시느니라". 또 하나의 제사가 있으니 곧 선을 행하는 것과 서로 나눠주는 것이다. 이러한 제사를 하나님은 기뻐하신다.[16절]

인도하는 자들에게 복종하라

마지막으로, 성도들은 그들을 인도하는 자들에게 순종하고 복종해야 한다. 그들은 성도들의 영혼을 위하여 깨어 있기를 자기가 회계할 자인 것처럼 한다. 이러한 자들로 하여금 즐거움으로 이것을 하게하고 근심으로 하게 말라고 한다. 그들을 근심하게 하면 성도들에게 유익이 없다.[17절]

마지막 부분에 올 때 이 편지가 바울이 쓴 것임을 느끼게 하는 구절들이 많다. **"우리를 위해 기도하라 우리가 모든 일을 선하게 행하려 함으로 우리에게 선한 양심이 있는 줄 확신하노니 내가 더 속히 너희에게 돌아가기를 위하여 너희 기도함을 더욱 원하노라"**[18-19절]. 바울 외에 누가 이런 안부 인사를 하겠는가! 그는 성도들에게 늘 기도를 부탁했던 사람이다(살전 5:25, 살후 3:1).

축복과 끝 인사

축복의 말이 있은 후에[20-21절], 다시 **"형제들아 내가 너희를 권하노니 권면의 말을 용납하라 내가 간단히 너희에게 썼느니라"**[22절]고 한다. 이런 말투도 로마서의 말씀과 매우 흡사하다(롬 15:15, "그러나 내가 너희로 다시 생각나게 하려고 하나님께서 내게 주신 은혜를 인하여 더욱 담대히 대강 너희에게 썼노니"). 디모데에 대한 말도 그러하다. **"우리 형제 디모데가 놓인 것을 너희가 알라 그가 속히 오면 내가 저와 함께 가서 너희를 보리라"**[23절]. 바울 외에 그 누가 디모데에 관하여 이렇게 친근하게 안부를 전할 수 있겠는가! **"은혜가 너희 모든 사람에게 있을지어다"**[25절]. 마무리 인사말까지 바울의 어투이다.

| 야고보서 |

1장

믿음의 시련

야고보서의 저자는 예수님의 육신의 동생 야고보이다. 그와 베드로와 요한은 주로 유대인을 위한 사역을 했다(갈 2:9). 기록 연대는 A.D. 50년경으로 추산하나 정확한 것은 아니다.

"하나님과 주 예수 그리스도의 종 야고보는 흩어져 있는 열두 지파에게 문안하노라"[1절]. 여기 '열두 지파'라는 말은 구약적인 냄새가 난다. 사실 신약의 교회 안에는 유대인과 이방인의 구별이 없다. 그러나 그의 사역의 범위가 유대인 쪽인 것을 감안하면 이해하지 못할 것은 없다. 그의 서신은 교회적인 것보다는 주로 신자들의 일상적인 삶에서의 온전함에 대한 것이다. 그는 기도를 많이 한 사도로 알려져 있다.

그는 형제들에게 여러 가지 시험을 만나거든 온전히 기쁘게 여기라고 한다. 이는 그들의 믿음의 시련이 인내를 만들어내기 때문이며, 인내를 온전히 이루어

야 온전하고 구비하여 조금도 부족함이 없게 된다고 했다.[1-4절]

지혜를 구하라

또 지혜가 부족한 사람은 후히 주시고 꾸짖지 아니하시는 하나님께 구하라 하면서 그리하면 주실 것인데 오직 믿음으로 구하고 조금도 의심하지 말라고 했다. **"의심하는 자는 바람에 밀려 요동하는 바다 물결 같으니 이런 사람은 무엇이든지 주께 얻기를 생각하지 말라 두 마음을 품어 모든 일에 정함이 없는 자라"**.[5-8절]

낮은 형제, 높은 형제

낮은 형제는 자기의 높음을 자랑하고 부한 형제는 자기의 낮아짐을 자랑하라고 한다. 이는 인생의 모든 영화가 풀의 꽃과 같이 지나가기 때문이다. 또 시련을 참는 자는 복이 있다. 이에 옳다 인정함을 받은 후에 주께서 자기를 사랑하는 자들에게 약속하신 생명의 면류관을 얻을 것이기 때문이다. 야고보나 바울이나 같은 점이 있다면 인내와 참는 것을 많이 강조한다는 것이다.[9-11절]

하나님께서는 아무도 유혹하지 않으심

12절은 시험, 혹은 시련(trial)이고, 13-14절은 유혹(temptation)이다. 시련에 대해서는 인내해야 하고 유혹에 대해서는 욕심을 제해야 함을 가르친다. 그러나 사람이 유혹을 당하면 결국 시련이 있게 된다. 사람이 시련을 당할 때 하나님께 시련을 당한다 하지 말라고 한다[13절]. 하나님은 악에게 유혹을 당하지도 않으시고 아무도 유혹하지 않으신다. 각 사람이 유혹을 당하는 것은 자기 욕심에 끌려 미혹되는 것이다. 욕심이 잉태한즉 죄를 낳고 죄가 장성한즉 사망을 낳는다. 인간의 욕심이 문제라는 말이다. **"내 사랑하는 자들아 속지 말라"**. 많은 시련이 하나님으로부터 오는 것이 아니라 자신의 욕심에 이끌려서 온다는 말이다.[12-16절]

진리의 말씀으로 우리를 낳으심

하나님은 빛들의 아버지로서 위로부터 각양 좋은 은사와 온전한 선물을 주시는 분이다. 그분은 변함이 없고 회전하는 그림자도 없으시다. 그분이 그 피조물 중에 우리로 첫 열매가 되게 하시려고 자기의 뜻을 좇아 진리의 말씀으로 우리를 낳으셨다. 우리는 만물 중 첫 열매가 되기 위해 거듭난 것이다. 이 구절은

매우 신약적이고 복음적이다.[17-18절]

말씀을 듣고 행하는 자가 되라

"내 사랑하는 형제들아 듣기는 속히 하고 말하기는 더디 하며 성내기도 더디 하라". 사람의 성내는 것이 하나님의 의를 이루지 못한다. 야고보도 베드로와 같이 혼의 구원을 언급하며 구원을 위해서는 모든 더러운 것과 넘치는 악을 내어버리고 마음에 심긴 도를 온유함으로 받으라고 한다. 또한 도를 행하는 자가 되고 듣기만 하여 자신을 속이는 자가 되지 말라고 한다. 도를 듣기만 하고 행하지 않는 자는 거울을 들여다보고 돌아서서 자기의 얼굴을 잊어버리는 자와 같다는 것이다. 자유하게 하는 온전한 율법(신약의 진리)을 들여다보고 있는 자는 듣고 잊어버리는 자가 아니요 실행하는 자이며, 그럴 때 복을 받을 것이라고 한다. 행함이 없는 경건은 참된 경건이 아니다.[19-25절]

참된 경건은 고아와 과부를 환난 중에서 돌아보는 것이다

누구든지 스스로 경건하다 생각하며 자기 혀를 재갈 먹이지 않고 자기 마음을 속이면 그의 경건은 헛것이다. 경건함에서 첫째로 나타나는 것은 입의 말이다. 다음은 불쌍한 사람들을 도와주는 것이다. 참되게 복음을 받은 사람의 표시는 언어의 변화와 불쌍한 사람을 동정하는 데서 나타난다. 언행이 거칠고 강퍅하거나, 불쌍한 자들에 대하여 인색하고 냉정한 것은 거짓된 구원의 표시이다. 하나님 아버지 앞에서 정결하고 더러움이 없는 경건은 고아와 과부를 그 환난 중에 돌아보고 또 자기를 지켜 세속에 물들지 않는 것이다.[26-27절]

2장

사람을 외모로 취하여 차별 대우하지 말라

영광의 주 곧 우리 주 예수 그리스도를 믿는 믿음을 받은 자는 사람을 외모로 취해서는 안 된다. 2절의 회당은 '시나고그'로서 유대인들이 모이던 곳이다. 초대교회는 사도들이 굳이 신약의 믿는 이들을 구별하여 예배당에 모이게 하지 않았음을 알 수 있다. 이것은 아마도 야고보서가 씌어진 때와도 무관하지 않을 것이다. 교회의 시작 초기였기 때문이다. 만일 회당에 금가락지를 끼고 아름다운 옷을 입은 사람이 들어오고 또 더러운 옷을 입은 가난한 사람이 들어올 때에 아름다운 옷을 입은 사람에게는 '여기 좋은 자리에 앉으세요.' 하고, 더러운 옷을 입은 가난한 사람에게는 '너는 거기 섰든지 내 발아래 앉으라.' 한다면, 서로 간에 차별하여 악한 생각으로 판단하는 것이 아니냐는 말이다.

하나님께서 세상에 대하여는 가난한 자를 택하사 믿음에 부요케 하시며 자기를 사랑하는 자들에게 약속하신 나라를 유업으로 받게 하신다. 그런데 신약의 믿는 이들이 그런 식으로 가난한 자를 차별하는 것은 도리어 그들을 괄시하는 것이다. 부자는 믿는 이들을 압제하며 법정으로 끌고 갔으며 믿는 이의 아름다운 이름을 훼방하지 않았느냐고 말한다. 즉 부자가 이 시대에 믿음에 있어서 큰 문제가 된다는 이야기다. 이것은 5장 마지막에 다시 한 번 나온다. 너희가 외모로 사람을 취해서는 안 된다고 하면서 이웃 사랑하기를 네 몸과 같이 하라고 한다. 온 율법을 지키다 그 하나에 거치면 다 범한 것이 되어 버린다. 그러니 자유의 율법대로 심판받을 자처럼 말도 하고 행하기도 하라고 한다. 긍휼을 행하지 않는 자에게는 긍휼 없는 심판이 있을 것이며 긍휼은 심판을 이기고 자랑한다. [1-13절]

행함이 없는 믿음은 죽은 것이다

14절부터는 믿음과 행함의 문제를 말한다. 이는 야고보서의 가장 강력한 주제이다. 행함이 없는 믿음은 사람을 구원하지 못한다고 말한다. 형제나 자매가 헐벗고 먹을 게 없는데 평안히 가라, 더웁게 하라, 배부르게 하라 하면서 그 몸에 쓸 것을 주지 않으면 무슨 이익이 있겠는가? 말로만 하는 믿음이 무슨 소용이 있는가? 귀신도 하나님이 한 분인 것은 믿고 떨기까지 한다. 또 아브라함이 아들 이삭을 제단에 드린 것을 말하면서 그가 행위로 의롭다 함을 받았다고 한다. 라합도 마찬가지이다. 기생 라합이 정탐꾼을 접대하여 다른 길로 가게 할 때에 행함으로 의롭다 함을 받은 것이다. 즉 그들의 행함은 그들 속에 가지고 있는 믿음을 확증했다. 예를 들어, 먹을 것과 입을 것을 하나님께서 공급하신다는 것을 믿는 사람은 결코 염려하지 않는다. 그 사실을 믿는 것과 염려하며 사는 것은 양립할 수 없다. 공급하시는 하나님을 믿기에 염려 없이 사는 것이다. 정상적인 신앙이라면 믿음과 행함이 어떻게 분리될 수 있겠는가! [14-26절]

3장

혀는 곧 불이요 불의의 세계이다

3장은 혀에 대한 것이다. 야고보 사도는 사람이 온전한 인격을 지니려면 혀를 잘 다스려야 한다고 말한다. 말에 온전해야 온전한 사람이며, 사람들을 가르치는 선생이 되면 더 엄격한 심판을 받게 되니 많이 선생이 되지 말라고 한다. 우리가 말(馬)을 순종케 하려고 그 입에 재갈 먹여 온몸을 제어하며, 배가 그렇게 크고 광풍에 밀려가지만 지극히 작은 키로 사공의 뜻대로 운전한다. 이와 같이 사람의 혀도 작은 지체이지만 온몸을 더럽히고 생의 바퀴를 불사르는데, 그 사르는 것이 지옥불에서 온다고 했다. 작은 불이 많은 나무더미를 태우는 것과 같다. 사람이 자기의 인생을 말을 잘못해서 망친다는 뜻이다. 여러 종류의 짐승과 새와 벌레와 해물(海物-바다 생물)은 다 길들므로 사람이 길들일 수 있지만 혀는 능히 길들일 사람이 없으니 쉬지 아니하는 악이요 죽이는 독이 가득한 것이다. 사람이 자신의 세치 혀를 제어하기가 어렵다는 뜻이다.

이것으로 주 아버지를 찬송하고 또 이것으로 하나님의 형상대로 지음 받은 사람을 저주하니 한 입으로 찬송과 저주가 나온다. 이것은 마땅치 않은 것이다. 어찌 샘이 한 구멍으로 단물과 쓴물을 낼 수 있겠는가! 무화과나무가 감람 열매를 맺을 수 없고 포도나무가 무화과를 맺을 수 없듯이 짠물이 단물을 내지 못한다.[1-12절] 말을 하는 것이 어떠하면 그 사람이 어떠한 사람이란 말이다.

위로부터 오는 지혜

무엇이 참 지혜와 총명인가? 선행을 통해 지혜의 온유함으로 그 행함을 보이는 것이다. 역시 야고보 사도는 온유한 행위를 강조한다. 위로부터 난 지혜는 온유할 뿐 아니라 성결하고 화평하고 관용하고 양순하며 긍휼과 선한 열매가 가득하고 편벽과 거짓이 없으며, 화평케 하는 자들은 화평으로 심어 의의 열매를 거둔다. 참 지혜는 그 속에 악이 없다.

그러나 마음속에 독한 시기와 이기적인 욕망이 있으면 주님으로부터 온 것이 아니니 교만하지 말고 진리를 거스려 거짓말을 하지 말아야 한다. 이런 지혜는 위로부터 온 것이 아니요 세상적이요 정욕적이요 마귀적인 것이다. 시기와 이

기적인 욕망이 있는 곳에는 요란함과 모든 악한 일이 있게 된다.[13-18절] 이단적인 단체에 속하게 되면 자기도 모르는 사이에 내면에 독한 시기와 이기적 욕망과 교만이 자리를 잡게 된다. 두려워하고 조심해야 한다.

4장

싸움과 다툼은 육체의 정욕과 욕심에서 나온다

그리스도인들이 싸우고 다투면서 그것을 '의를 위해서다', '주님과 진리와 복음을 위해서다', 혹은 '주님의 교회와 성도들을 위해서다' 하면서 변명하려는 자들이 있다. 사도들은 그리스도인의 성품이 겸손과 온유, 인자와 자비로움, 용서와 사랑, 조용함 등이라고 말한다. 다투고 싸우는 것은 육체의 정욕과 욕심에서 나온 것이라고 지적한다[1절]. 그리스도인은 그렇게 싸워서 얻으려고 할 것이 아니라 모든 것을 기도로 해야 한다고 가르친다. 오늘날도 그리스도인들 가운데 싸워서 얻으려는 자들이 많다. **"너희가 욕심을 내어도 얻지 못하고 살인하며 시기하여도 능히 취하지 못하나니 너희가 다투고 싸우는도다"**[2절]. 또 기도를 한다 해도 받지 못하는 자들이 있는데, 그것은 정욕으로 쓰려고 잘못 구하기 때문이라는 것이다.[1-3절]

세상과 벗된 자들은 하나님과 원수가 된다

3절의 간음하는 여자들이란 꼭 여자들만 가리키는 것이 아니고 모든 그리스도인에게 해당하는 말이다. 여기서 간음한다는 것은 세상을 사랑하는 것을 가리킨다. "세상과 벗된 것이 하나님과 원수임을 알지 못하느냐". 사도 요한은 세상이란 육신의 정욕과 안목의 정욕과 이생의 자랑이라고 정의한다(요일 2:16). 지위와 성공과 부를 추구하는 것 등은 다 세상을 추구하는 것이다. 이러한 자들은 하나님과 원수가 된다. 하나님께서 우리 속에 거하게 하신 성령은 시기하기까지 우리를 사모하신다. 하나님께서는 그분만 사랑하지 않고 은밀하게 다른 것을 추구하고 세상을 사랑하는 성도에 대하여 질투하신다.[4-5절]

겸손한 자에게 은혜를 주시는 하나님

그러나 하나님은 더욱 큰 은혜를 주시는데, 큰 은혜를 얻으려면 겸손해야 한다[6절]. 하나님은 교만한 자를 물리치시고 겸손한 자에게 은혜를 주신다고 했다. 그러므로 우리는 하나님께 순복하고 마귀를 대적해야 한다. 하나님을 가까이해야 하나님도 우리를 가까이하신다. 손을 깨끗이 하고 두 마음을 품지 말고 마음을 성결케 하라고 한다. 또 슬퍼하며 애통하며 울라고 하며, 웃음을 애통으로, 즐거움을 근심으로 바꾸라고 한다. 주님 앞에서 자신을 낮추면 주님이 높이실 것이다.[6-10절]

서로 비방하지 말라

형제들은 서로 비방을 하지 말아야 한다. 형제를 비방하고 판단하는 자는 율법을 비방하고 율법을 판단하는 것이다. 누군가가 율법을 판단하면 그는 율법을 준행하는 자가 아니요 재판자이다. 사람은 입법자와 재판자가 아니며, 입법자와 재판자는 오직 하나이시니 능히 구원하기도 하시며 멸하기도 하시는 하나님이시다. 사람은 형제를 판단할 자격이 없다는 말씀이다. 우리는 율법의 준행자이므로 형제를 판단할 수 없다는 것은 무슨 뜻인가? 그것이 율법을 판단하는 것이라는 말은 무슨 뜻인가? 누가 무엇을 어떻게 잘못 했는가를 판단하는 것이 율법의 기능이고, 그 율법의 입법자는 하나님이시다. 그러므로 사람이 형제를 판단할 때 그는 율법의 준행자가 아니라 율법과 하나님의 위치에 서게 되는 것이다. 사람을 판단하는 것을 두려워하라! 그것이 곧 교만한 자의 위치에 서는 것이고, 교만한 자는 하나님의 대적이 되어 하나님의 물리침을 당하게 된다.[11-12절]

허탄한 생각을 하지 말라

어떤 도시에 가서 일 년을 유하며 장사를 하여 돈을 벌겠다고 하는 자들에게 말한다. 그렇게 뭔가를 도모할 필요가 없다는 말이다. 사람은 내일 일을 알지 못한다. 인간의 생명은 잠깐 보이다 없어지는 안개와 같다. 그러니 그저 '주의 뜻이면 우리가 살기도 하고 이것저것을 하리라' 할 뿐, 무엇을 그리 기획하고 달려가느냐는 것이다. **"이제 너희가 허탄한 자랑을 자랑하니 이러한 자랑은 다 악한 것이라"**. 잠깐 보이다가 없어지는 안개 같은 인생이 뭔가를 하겠다고 큰소리치며 자랑하는가? 그 자체가 허탄한 것이다. 여기서 허탄하다는 말은 다시 말해서 자만하다고 할 수 있다. 사람이 선을 행할 줄 알고도 행치 아니하면 죄다. 여기서 선을 행한다는 것은 자만하여 함부로 행하지 않고 조심하여 범사에 주님의 뜻을 행하는 것이다.[13-17절]

5장

부한 자들에 대한 경고

5장은 다시 부한 자들에게 말한다. 이 세대에 그리스도인 가운데 부한 자들이 문제라는 말이다. **"들으라 부한 자들아 너희에게 임할 고생을 인하여 울고 통곡하라 너희 재물은 썩었고 너희 옷은 좀먹었으며 너희 금과 은은 녹이 슬었으니 너희가 말세에 재물을 쌓았도다 보라 너희 밭에 추수한 품꾼에게 주지 아니한 삯이 소리 지르며 추수한 자의 우는 소리가 만군의 주의 귀에 들렸느니라"**[3-4절]. 부한 자들은 그들 밭에서 추수한 품꾼의 삯을 주지 않으면서 그들의 부를 축적했다는 뜻이다. 그 삯이 소리 지르고 추수한 자의 우는 소리가 만군의 주의 귀에 들렸다고 한다.

"너희가 땅에서 사치하고 연락하여 도살의 날에 너희 마음을 살지게 하였도다"[5절]. 도살의 날은 심판의 날이며 그날 마음이 살진 부유한 자들은 도살당하듯 심판을 받게 된다는 뜻이다. 주님은 그러한 부유한 자들에 의해 정죄당하시고 죽임을 당하셨지만 대항하지 않으셨다.[1-6절]

길이 참고 마음을 굳게 하라

그러므로 주의 다시 오실 때까지 길이 참으라고 한다. 농부가 땅에서 나는 귀한 열매를 바라고 길이 참아 이른 비와 늦은 비를 기다리듯이 너희도 길이 참고 마음을 굳게 하라고 한다. 주님의 강림이 가깝기 때문이다.

"서로 원망하지 말라 그리하여야 심판을 면하리라 보라 심판자가 문 밖에 서 계시니라". 오늘날 깊은 속에 쌓인 원망을 풀지 않는 그리스도인들이 많다. 이것은 어떠한 경고인가? 욥을 들어 인내를 강조하면서 어떤 고난도 결말이 있으니 인내하는 자가 복이 있다고 하며, 주는 가장 자비하시고 긍휼히 여기는 자시라고 한다.[7-11절].

맹세하지 말라

"내 형제들아 무엇보다도 맹세하지 말지니…오직 너희의 그렇다 하는 것은 그렇다 하고 아니라 하는 것은 아니라 하여 죄 정함을 면하라"[12절]. 우리가 맹세하는 것은 헛된 것이며 따라서 우리의 말은 그러면 그렇다, 아니면 아니다 하는 식으로 단순해야 한다. 그래야 죄 정함을 받지 않게 된다(마 5:33-37).

의인의 간구는 역사하는 힘이 많다

고난당하는 자는 기도하고, 즐거운 자는 찬송하고, 병든 자가 있으면 교회의 장로들을 청할 것이요 그들은 주의 이름으로 기름을 바르며 병든 자를 위해 기도해야 할 것이다. 믿음의 기도는 병든 자를 구원할 것이니 주께서 그를 일으키실 것이며 혹 죄를 범했을지라도 용서를 받을 것이라고 한다. "너희 죄를 서로 고하며 병 낫기를 위해 기도하라 의인의 간구는 역사하는 힘이 많으니라"고 하면서 엘리야를 예로 든다. 이 구절에서 죄와 병은 관계가 있음을 본다. 어떤 죄일까? 특히 교회 가운데 질서를 무너뜨린 죄일 것이다. 그러니 장로가 필요하며 기름부음이 필요하며 죄의 자백이 필요한 것이다. 따라서 교회 생활 가운데 권위를 거역하는 것은 심판을 불러오는 행위이다. 기름부음은 머리로부터 흘러내린다(시 133편).

엘리야는 우리와 성정이 같은 사람이지만 그가 비 오지 않기를 간절히 기도한즉 3년 6개월 동안 비가 오지 않고 다시 기도한즉 하늘이 비를 주고 땅이 열매를 내었다고 말한다.

너희 중에 미혹하여 진리를 떠난 자를 누가 돌아서게 하면 그 영혼을 사망에서 구원하며 허다한 죄를 덮을 것이라고 한다.[13-20절]

베드로전서

1장

인사

베드로 서신의 수신자들은 여기저기 흩어진 유대인들(디아스포라) 가운데 하나님 아버지의 미리 아심을 따라 성령의 거룩케 하심으로 순종함과 예수 그리스도의 피 뿌림을 받기 위해 택하심을 받은 자들이다. 유대인 신자들이 로마의 정권 아래서 핍박당하던 때에 고난 중에 여전히 믿음과 소망을 견지하도록 격려하고 위로하기 위해 씌어진 것이다. 또한 합당한 신앙생활로 믿지 않는 사람들에게 본이 되기를 바라며 이를 통해 자연스럽게 복음이 전파되기를 원하는 내용이다. 기록 시기는 A.D. 64년경으로 추정되며 바울의 순교 이전으로 본다(벧전 5:12-13 참조).

그리스도의 부활하심으로 얻은 산 소망

그들이 거듭난 것은 예수 그리스도의 죽은 자 가운데서 부활하심으로 말미암은 것이며, 그들은 썩지 않고 더럽지 않고 쇠하지 않는, 하늘에 간직된 기업을 이을 산 소망을 가진 자들이다. 혹자는 베드로 전서를 희망 서신이라고 부른다.

그들은 말세에 나타내기로 예비된 구원을 얻기 위해 믿음으로 하나님의 능력에 의해 보호받은 자들이다. 그러므로 그들은 지금 흩어져 시험과 환난을 당하면서 잠깐 근심하지 않을 수 없으나 오히려 크게 기뻐한다고 말한다.[3-6절]

당시 디아스포라 유대인들은 고난을 많이 당하고 있었다. 베드로 전서에서 16회나 고난이라는 단어가 사용되는 것으로도 알 수 있다. 베드로는 그들의 믿음의 시련이 불로 연단하여도 없어질 금보다 더욱 귀하여 예수 그리스도께서 나타나실 때에 칭찬과 영광과 존귀를 얻게 하려는 것이라고 격려한다.[7절]

베드로는 예수님을 눈으로 보고 따른 자였지만 지금 이 편지의 수신인들은 예수를 보지 못한 자들인데도 사랑하며 믿고 말할 수 없는 영광스러운 즐거움으로 기뻐하니 믿음의 결국인 혼의 구원을 받은 것이라고 한다. 환난과 기쁨과 구원은 관련이 있다. 구약의 선지자들은 이 구원에 대하여 연구하고 부지런히 살펴서 자기들 속에 있는 그리스도의 영이 그 받으실 고난과 후에 얻으실 부활의 영광을 미리 증거하여 어느 시, 어떠한 때를 지시하시는지 상고했다. 이들이 섬긴 것은 자기들을 위한 것이 아니라 오직 '너희를 위한 것'임이 계시로 알게 되었는데(후세의 많은 신자들을 위한 것이라는 말이다), 천사들도 목을 길게 빼고 주의해서 살펴보기를 원하는 것이라고 했다. 베드로는 흩어져 고난받고 있는 유대인 성도들을 위해, 자신이 친히 만난 예수와 구약의 선지자들의 말씀을 들어서 고난 가운데 있는 그들을 위로하며 격려한다.[8-12절]

너희를 부르신 자처럼 모든 행실에 거룩한 자가 되라

그러므로 마음의 허리를 동이고 근신하여 예수 그리스도께서 나타나실 때 그들에게 가져올 은혜를 온전히 바라라고 말한다. 오늘날 죄 사함과 구원만 받으면 다 되었다고 생각하고 가르치는 기독교 단체가 있는데, 그렇다면 베드로는 이렇게 편지를 쓸 필요가 없을 것이다. 그는 신자들에게 순종하는 자식처럼 이전에 알지 못할 때에 좇던 사욕을 본 삼지 말고 너희를 부르신 자처럼 너희도 모든 행실에 거룩한 자가 되라고 한다. 또 사람을 외모로 보지 않으시고 각 사람의 행위대로 판단하시는 분을 너희가 아버지라 부른즉 너희의 나그네로 있을 때를 두려움으로 지내라고 한다. 주님은 다시 오실 때 각 사람의 행위대로 판단하신다.[13-17절]

"너희가 조상의 유전한 망령된 행실에서 구속된 것은 금이나 은같이 없어질 것으로 된 것이 아니요 오직 흠 없고 점 없는 어린 양의 보배로운 피로 한 것이다. 어린 양이신 그리스도는 창세 전부터 알리신 바 된 자이고 이 말세에 너희를 위하여 나타나셨으니 너희는 그분을 죽은 자 가운데서 다시 살리시고 영광을 얻게 하신 하나님을 그리스도로 말미암아 믿는 자니 너희 믿음과 소망이 하나님께 있게 하려 함이다."[18-21절]

베드로는 형제 사랑에 대하여 말한다. 형제 사랑은 신약의 가장 중요한 계명이다. **"너희가 진리를 순종함으로 형제를 사랑하기에 이르렀으니 마음으로 뜨겁게 사랑하라"**. 그저 조직이나 단체, 명예를 사랑하고 진리를 순종하지 않는 자들은 형제를 사랑할 수 없다.[22절]

하나님의 살아 있고 항상 있는 말씀으로 거듭남

신자들은 진리를 순종함으로 그들의 영혼을 깨끗게 하여 거짓이 없이 형제를 사랑하게 된다. 이는 그들이 썩지 않을 씨인 하나님의 살아 있고 항상 있는 말씀으로 거듭났기 때문이다.

"너희가 거듭난 것이 썩어질 씨로 된 것이 아니요 썩지 않을 씨로 된 것이니 하나님의 살아 있고 항상 있는 말씀으로 되었느니라 모든 육체는 풀과 같고 그 모든 영광이 풀의 꽃과 같으니 풀은 마르고 꽃은 떨어지되 오직 주의 말씀은 세세토록 있도다". 사도들이 전한 복음이 바로 세세토록 있는 하나님의 말씀이며 이 썩지 않고 영원한 생명의 씨가 우리 속에 있다고 베드로는 말해주고 있다.[23-25절]

2장

산돌로서 영적인 집으로 건축됨과 거룩한 제사장이 됨

고난과 시험의 때에 가장 필요한 것은 순전한 주님의 말씀이다. 거듭난 성도들은 갓난아이의 상태를 거쳐서 자라게 되는데, 자라게 하는 것이 바로 영적인 말씀의 젖이다. 말씀의 젖을 잘 먹으려면 마음속의 모든 악독과 궤휼과 외식과 시기와 입술의 비방하는 말을 버려야 한다. 주의 인자하심을 맛본 사람들은 인자하신 주의 말씀을 사모하는 마음으로 먹어야 한다. 또한 사람에게는 버린 바

되었으나 하나님께는 택하심을 입은 거룩한 산돌이신 예수께 나아와 우리도 산돌들로서 영적인 집으로 건축되어야 하며 영적인 제사를 드릴 거룩한 제사장들이 되어야 한다. 그분의 집으로 건축되고 제사장이 되려면 그분의 거룩한 말씀의 젖을 먹고 자라야 한다.[1-5절]

예수는 하나님의 집을 건축하기 위한 모퉁이돌이시며 믿는 우리 모두에게 보배이시다. 그렇지만 그를 믿지 않는 자들에게는 부딪혀 걸려 넘어지는 돌과 거치는 반석이 되었다고 한다. 오늘 우리는 왕 같은 제사장들이요 택하신 족속이요 거룩한 나라요 그분의 소유된 백성이다. 특별한 자만 제사장이 되는 것이 아니라 신약 시대에는 구원받은 모든 사람이 다 제사장이다. 이는 우리를 어두운 데서 불러내어 기이한 빛에 들어가게 하신 분의 아름다운 덕을 선전하게 하려 함인데, 곧 복음 전하는 일을 말한다. 우리가 전에는 백성이 아니었는데 지금은 하나님의 백성이요 전에는 긍휼을 얻지 못하였으나 이제는 긍휼을 얻은 자이다.[6-10절]

선한 행실로 하나님께 영광을 돌리며 인간이 세운 모든 제도에 주를 위해 순복함

성도들은 이 땅에서 나그네와 행인 같은 존재이다. 이 세상은 잠시 머무는 곳이지 영구한 집이 아니다. 그러니 세상에 사는 동안 영혼을 거스려 싸우는 육체의 정욕을 제어하라고 권한다. 또한 이방인 중에서 행실을 선하게 가져 악행한다고 비방하는 자들로 하여금 성도의 선한 행실을 보고 권고하시는 날에 하나님께 영광을 돌리게 하라고 한다. 그리스도인의 경건한 삶은 이 시대에 사람들에게 영향을 줄 뿐 아니라 그 권고하시는 날에 하나님께 영광이 된다. 권고하시는 날은 심판의 날, 모든 일의 진상이 드러나는 날, 주님의 재림의 날을 가리킨다. 계시록에 의하면 일곱째 나팔의 때이다.[11-12절]

고난받는 성도들이 사회와 국가에 대하여는 어떤 태도로 살아야 하는가? 주님은 그분의 자녀들에게 인간이 세운 모든 제도를 주를 위해 순복하되 위에 있는 왕이나 그의 방백에게 하라고 말한다. 우리가 자유한 자들이나 그 자유로 악을 가리는데 쓰지 말고 하나님의 종노릇 하는데 쓰고, 모든 사람을 공경하며 형제를 사랑하며 하나님을 두려워하며 왕을 공경하라고 한다. 이것은 로마서 13장의 바울의 말과 동일하다.[13-17절]

일터에서 성도들의 삶은 어떠해야 하는가? 즉 당시 노예로서 상전들을 어떻게 대해야 하느냐는 것이다. 범사에 두려워함으로 주인들에게 순복하되 선하고 관용하는 자들에게만이 아니라 까다로운 자들에게도 그리하라고 한다. 애매히 고난을 받아도 하나님을 생각함으로 슬픔을 참으면 아름다우며, 선을 행함으로 고난을 받고 참으면 이는 하나님 앞에 아름다운 것이라고 한다. '아름다움'은 은혜로 번역할 수도 있다. 애매하게, 곧 공정하지 않게(unjustly) 대우를 받더라도 참으면 은혜가 있는 것이며 성도들은 이를 위하여 부르심을 입었다고 말한다. 즉 오해받고 불공정한 대우를 받고 슬픔을 참는 것이다. 그리스도께서도 너희를 위하여 고난을 받으사 너희에게 본을 끼쳐 그 자취를 따라오게 하셨다고 말한다.[18-21절]

그리스도의 고난을 본받음

주 예수는 죄를 범치 않으시고 그 입에 궤사도 없으시며 욕을 받으시되 대신 욕하지 아니하시고 아무 연고 없이 고난을 당하시되 위협하지 아니하시고 오직 공의로 심판하시는 분에게 부탁하시며 친히 나무에 달려 그의 몸으로 우리의 죄를 담당하셨으니 이는 우리로 죄에 대하여 죽고 의에 대하여 살게 하려 하심이다. 주 예수께서 고난을 받으심으로 우리가 구원받았다. 그분이 채찍에 맞으심으로 우리가 나음을 입었다. 주님을 믿는 자들은 그분이 채찍에 맞으심으로 어떤 병이든 치료받을 수 있다. **"너희가 전에는 양과 같이 길을 잃었더니 이제는 너희 영혼의 목자와 감독 되신 이에게 돌아왔느니라"**(겔 34:23, 슥 13:7).[22-25절]

3장

아내들과 남편들에게 주는 권면의 말씀

베드로도 사도 바울과 같이 국민으로서, 사환이나 상전으로서, 이제 아내나 남편으로서 어떻게 살아야 하는가를 말하는데, 이것이 정상적이고 건강한 그리스도인의 삶이다. 아내에게는 자기 남편에게 순복하라고 하면서 이는 혹 도를 순종치 않는 자라도 아내의 행위를 보고 구원을 얻게 하려 함이라고 한다. 남편은 아내의 어떤 것을 보는가? 아내의 두려워하며 정결한 행위이다. 아내들의 단장은 머리를 꾸미고 금을 차고 아름다운 옷을 입는 외모로 해서는 안 되며 오직 마음에 숨은 사람을 온유하고 안정한 심령의 썩지 아니할 것으로 하라고 한다.

즉 내면을 아름답게 단장하라는 말이다. 이것이 하나님 앞에 값진 것이다. 이에 대해 사라가 아브라함을 주라 부르며 복종한 것을 본으로 들어 말하고 있다.

남편에게는 지식을 따라 자기 아내와 동거하라고 한다. 아내는 더 연약한 그릇이요 생명의 유업을 함께 받을 자로 알아 귀히 여기라고 한다. 그래야 하나님께 드리는 기도가 막히지 않게 된다.[1-7절]

복을 유업으로 받는 생활

"너희가 다 마음을 같이 하여 동정하며 형제를 사랑하고 불쌍히 여기며 겸손하며 악을 악으로 갚지 말고, 욕을 욕으로 갚지 말고 도리어 복을 빌라 이를 위하여 너희가 부르심을 입었으니 이는 복을 유업으로 받게 하려 함이라"[8-9절].

"그러므로 생명을 사랑하고 좋은 날 보기를 원하는 자는 혀를 금하여 악한 말을 그치고 궤휼을 말하지 말고 악에서 떠나 선을 행하며 화평을 구하여 이를 좇으라 주의 눈은 의인을 향하시고 그의 귀는 저의 간구에 귀 기울이시되 주의 낯은 악행하는 자들을 향하시느니라"[10-12절].

"또 너희가 열심으로 선을 행하면 누가 너희를 해하리요 그러나 의를 위하여 고난을 받으면 복 있는 자니…너희 마음에 그리스도를 주로 삼아 거룩하게 하고 너희 속에 있는 소망에 관한 이유를 묻는 자에게는 대답할 것을 항상 예비하되 온유와 두려움으로 하라"[13-15절].

또 선한 양심을 가지라고 하면서 선을 행함으로 고난을 당하는 것이 하나님의 뜻이라고 말한다. 베드로는 흩어져 고난 당하고 있는 유대인 신자들에게 힘을 주려고 최선을 다하고 있다.[16-17절]

그리스도께서도 한 번 죄를 위해 죽으사 의로운 자로서 불의한 자들을 대신하셨으니 이는 우리를 하나님 앞으로 인도하려 하심이다. 그분은 육체로는 죽임을 당하시고 영으로는 살리심을 받으셔서 옥에 있는 영들에게 전파하셨다. 여기서 영으로는 살리심을 받으셨다는 것은 그분의 영이 활력 있게 되셨다는 뜻이다. 그리스도께서는 활력 있게 된 영으로 옥에 있는 영들에게 전파하실 뿐 아니라 하늘에 오르사 하나님 우편에 앉으셨으며, 천사들, 권세들, 능력들이 저에게 순복했다. 이는 고난을 당하는 성도의 영이 더욱 활력 있게 하늘로 솟아오름을 암시한다.[18-22절]

4장

육체의 고난으로 갑옷을 삼으라

베드로 서신의 주된 강조점은 고난이다. 그리스도께서 육체의 고난을 받으셨으니 너희도 같은 마음으로 갑옷을 삼으라고 말한다. 육체의 고난은 사람으로 죄를 그치게 하고 육체의 정욕을 좇지 않고 하나님의 뜻을 좇아 살게 한다. 고난이 없이 안락한 삶을 살다 보면 음란, 정욕, 술 취함, 방탕, 연회, 우상 숭배 등이 들어오게 되는데, 이런 식으로 이방인처럼 산 것은 지나간 때로 족하다고 말한다. 육체의 고난은 이런 것들을 끝낸다.

이방인들은 성도들이 자기들처럼 방탕한 삶을 살지 않는 것을 이상히 여겨 도리어 비방하지만, 그들은 산 자와 죽은 자 심판하기를 예비하신 분에게 자기들의 행위를 다 직고하게 될 것이다. 이를 위해 죽은 자들에게도 복음이 전파되었다는 것은 죽은 후에도 복음을 들을 기회가 있다는 것으로 해석할 수 없다. 이것은 성도들이 육체에 죽음의 고난과 심판을 받는 이유가 육은 사람처럼 심판을 받지만 영은 하나님처럼 살게 하려 함이라는 뜻이다.[1-6절]

성도의 삶 : 사랑하고 접대하며 받은 은사대로 기꺼이 섬김

베드로는 세상의 끝이 이르렀음을 강조한다. **"만물의 마지막이 가까웠으니 그러므로 너희는 정신을 차리고 근신하여 기도하라"**. 무엇보다 열심으로 서로 사랑하라고 하면서 사랑은 허다한 죄를 덮는다고 한다. 또한 사람들을 접대하다 보면 힘드니까 불평이 나오기 쉽다. 그러므로 "서로 대접하기를 원망 없이 하라"고 한다. 또 각각 자신만의 특별한 은사를 받았으니 하나님의 다양한 은혜를 받은 선한 청지기들처럼 그것으로 서로를 섬기라고 한다. 만일 누가 말하려면 하나님의 말씀을 하는 것같이 하고, 봉사하려면 하나님의 공급하시는 힘으로 하는 것같이 하라고 한다. 이는 예수 그리스도로 말미암아 하나님께서 영광을 얻으시게 하려 함이다. 오직 그분께만 영광과 권능이 세세에 무궁토록 있다![7-11절]

성도들에게 임한 고난의 의미

성도들에게 닥쳐오는 불 시험을 이상한 것으로 여기지 말고 다만 그리스도의 고난에 참여하는 것으로 즐거워하라고 한다. 이는 그리스도께서 그 영광을 나타내실 때에 우리로 즐거워하고 기뻐하게 하려 함이다. 그리스도의 이름으로 욕을 받으면 복 있는 자인데 영광의 영, 곧 하나님의 영이 그 위에 계시기 때문이다. 살인이나 도적질이나 악행이나 남의 일을 상관함으로는 고난받지 말아야 하지만, 그리스도의 이름으로 고난을 받으면 부끄러워 말고 하나님께 영광을 돌리라고 한다.

하나님의 집에서 심판을 시작할 때가 되었다. 하나님께서는 지금 그분의 집 사람들을 먼저 심판하고 계시며(이것이 성도들이 받는 고난의 의미다), 그다음은 복음을 순종치 않는 자들에게로 향하실 것이다. 하나님의 뜻대로 고난받는 자들은 선을 행하면서 그의 영혼을 신실하신 창조주께 맡기라고 한다. 또 의인이 이렇게 겨우 구원을 받는다면 경건치 않은 자들과 죄인은 어떻게 되겠느냐고 묻는다. 하나님의 백성은 먼저 고난과 심판을 통과하지만 불신자들은 나중에 심각하고 돌이킬 수 없는 심판에 처하게 된다.[12-19절]

5장

장로들에 대한 권면 : 양 무리의 본이 되라

장로들에게 권하는 말씀이다. 베드로 자신도 함께 장로 된 자로서 그리스도의 고난의 증인이요 나타날 영광에 함께 참예할 자라고 한다. 너희 중에 있는 양 무리를 치되 부득이함으로 하지 말고 하나님의 뜻을 좇아 자원함으로 하라고 한다. 또 자기에게 맡겨진 자들에게 군림하거나 주장하는 자세를 하지 말고 양 무리의 본이 되라고 한다. 그러면 목자장이 나타나실 때에 시들지 아니하는 영광의 면류관을 얻을 것이다.[1-4절]

젊은 자들에 대한 권면 : 겸손으로 허리를 동이라

젊은 자들은 이와 같이 장로들에게 순복하고 다 서로 겸손으로 허리를 동여야 한다. 하나님께서는 교만한 자를 대적하시고 겸손한 자들에게는 은혜를 주신다. 성도들이 하나님의 능하신 손 아래서 겸손하면 때가 될 때 그를 높이신다.

사람이 겸손하게 자신을 낮추지 못하는 이유는 하나님의 능하신 손을 믿지 못하고 될 수 있는 대로 기회를 잡아 빨리 다른 사람보다 높아지려 하기 때문이다. 그러므로 사도 베드로는 모든 염려를 주께 맡겨버리라고 한다. 그분이 돌보실 것이기 때문이다.

대적 마귀가 삼킬 자를 찾으려고 우는 사자처럼 두루 다니므로 근신하고 깨어 있어야 하며 믿음에 굳게 서서 저를 대적해야 한다. 이는 자기만 고난당하는 것이 아니라 세상에 있는 많은 형제들도 동일한 고난을 당하기 때문이다.

베드로전서

"모든 은혜의 하나님 곧 그리스도 안에서 너희를 부르사 자기의 영원한 영광에 들어가게 하신 이가 잠깐 고난을 받은 너희를 친히 온전케 하시며 굳게 하시며 강하게 하시며 터를 견고케 하시리라 권력이 세세무궁토록 그에게 있을지어다 아멘". 베드로 전서는 고난 중의 성도들을 강화시키고 견고케 하기 위한 서신이다.[5-11절]

실루아노와 마가를 언급하는데, 실루아노는 실라이고 마가는 바나바의 조카이다. 그들은 베드로에게도 바울에게도 동역자들이었다. 당시에는 사역자들 간에 분열이 없이 하나로 사역했음을 볼 수 있다.[12-14절] 베드로는 수신자들에게 당시 자신과 함께 하는 바벨론의 교회(혹 아내)와 믿음의 아들인 마가와 함께 평강의 안부를 전하며 마친다.

베드로후서

서문

베드로 후서는 A.D. 64년 경 베드로 전서와 거의 같은 시기에 씌어졌다. 기록된 장소는 전서는 바벨론이며 후서는 로마일 가능성이 있다. 후서에서 베드로는 자신의 순교를 암시하는 말을 했는데(1:14), 그렇다면 그곳은 틀림없이 로마일 것이다. 전서가 고난당하는 유대인들을 위한 것이라면 후서는 이단들을 경계하도록 주의하는 서신이다.

1장

부르심과 택하심을 굳게 하라

디모데 후서가 사도 바울의 마지막 유언 같은 서신이라면, 베드로는 비록 두 편의 서신을 썼지만 베드로 후서가 그러한 감동을 전달한다. 수신인은 그리스도의 종이며 사도인 베드로와 동일하게 보배로운 믿음을 가진 자들이다. 하나님께서는 그분의 신성한 능력으로 생명과 경건에 속한 모든 것을 우리 믿는 이들에게 주셨는데, 이는 자기의 영광과 덕으로써 우리를 부르신 자를 앎으로

말미암음이다.[1-3절]

베드로와 요한은 하나님과 주 예수를 아는 것을 매우 중시하였다. 하나님의 영광과 덕으로써 그 보배롭고 지극히 큰 약속을 우리에게 주시어 이 약속으로 말미암아 세상에서 썩어질 것을 피하여 신의 성품에 참여하게 하셨다. 그러므로 더욱 힘써서 믿음에 덕을, 덕에 지식을, 지식에 절제를, 절제에 경건을, 경건에 형제 우애를, 형제 우애에 사랑을 공급하라고 한다. 여기서 공급하라는 것은 부족함이 없이 채워야 한다는 뜻이다. 이런 것이 우리에게 흡족하게 있기 위해 우리는 주 예수를 알기에 게으르지 않고 열매 없는 자가 되지 않도록 해야 한다. 우리가 더욱 힘써 우리의 부르심과 택하심을 굳게 하면 언제든지 실족지 않을 것이다. 그렇게 하면 우리 주 예수 그리스도의 영원한 왕국에 들어감을 넉넉히 우리에게 주실 것이다. 이렇게 계속 진보하여 하나님의 거룩한 성품으로 구비되지 않으면 그 왕국에 들어가는 데 부족함이 있게 된다는 말씀이다. 성도가 매일매일 진보하지 않으면 그 자리에 그냥 머무는 것이 아니라 실족하게 된다.[4-11절]

주 예수 그리스도의 위엄을 친히 본 자

베드로는 당시 성도들이 '현재 너희에게 있는 진리'에 서 있다고 했다(12절, '이미'는 원문으로 '현재'이다). '현재 너희에게 있는 진리'란 당시 사도들이 그들에게 전했던 계시의 말씀을 가리킨다. 베드로가 이 서신을 쓴 것은 그들이 이것을 알고 그 진리에 섰지만 그것을 다시 기억나게 하려 함이다. 자신이 아직 장막에 있을 동안 그들을 일깨워 생각하게 함이 옳은 줄로 여긴다고 했다. 주 예수께서 그에게 지시하신 것같이 이제 베드로도 이 장막을 벗어날 날이 임박하였다고 말한다. 그는 자신이 떠난 후에라도 필요할 때는 이런 진리들을 생각나게 하려고 절박한 심정으로 이 서신을 썼다.

당시 주 예수 그리스도의 능력과 강림하심(파루시아, 재림을 뜻함)을 그들에게 알게 한 것이 공교히 만든 이야기가 아니라고 하면서 베드로는 "우리는 그의 크신 위엄을 친히 본 자라"고 했다. 지극히 큰 영광 중에서 "이는 내 사랑하는 아들이요 내 기뻐하는 자라" 하실 때에 그분이 하나님 아버지로부터 존귀와 영광을 받으셨다고 말한다(마 17장 참조). 이는 베드로가 요한과 야고보와 더불어

변화산에서 함께 보고 들은 일이다.[12-18절]

더 확실한 예언의 말씀

그뿐 아니라 우리에게 더 확실한 예언이 있어서 어두운 데 비취는 등불과 같으니 샛별이 마음에 떠오르기까지 이것을 주의하는 것이 가하다고 하였다. 그는 자신의 경험과 본 것, 그리고 선지자들의 예언의 말씀을 함께 강조했다(벧전 1:10-12). 사도들이 선지자들의 말을 기록한 성경을 중시하는 모습은 우리에게 큰 감동과 교훈을 준다. 그러면서 아무나 말씀을 함부로 해석해서는 안 된다고 말한다. 무엇보다도 먼저 알아야 할 것은 성경의 예언은 사사로이 풀 것이 아니니 예언은 언제든지 사람의 뜻으로 낸 것이 아니요 오직 성령의 감동하심을 입은 사람들이 하나님께 받아 말한 것이기 때문이다. 그리스도의 강림과 그의 왕국에 대하여는 베드로처럼 주 예수님의 영광을 산에서 눈으로 직접 본 자들의 증거가 있고, 또 더욱 확실한 예언의 말씀(성경)의 증거가 있다는 것이다. 당시 주님의 다시 오심에 대하여 혼돈시키는 사람들의 말이 있었는데, 그런 말에 미혹되지 않도록 주의하라는 말씀이다.[19-21절]

2장

거짓 선지자와 거짓 선생들에 대한 심판

베드로 전서가 고난에 처한 성도들을 위로하고 격려하기 위해 씌어진 것이라면, 후서는 이단적인 교훈들에 대처하기 위한 것이다. 그들 가운데 거짓 선지자와 거짓 선생들이 있는데, 이들은 멸망케 할 이단을 가만히 끌어들여 자기들을 사신 주를 부인하고(그들의 교주를 우리를 피로 사신 구주 예수와 동급으로 놓거나, 혹은 그 이상으로 높여 그를 따르게 한다) 임박한 멸망을 스스로 취하는 자들이다. 이들은 호색하는 자들이며 탐심으로 지은 말을 가지고 사람들을 이(利)로 삼으니 저희에 대한 심판은 지체하지 않고 저희 멸망은 잠들지 않는다.[1-3절]

하나님께서 그들(거짓교사 이단자들)을 어떻게 심판을 하시는가를 자세히 말해준다. 그런 자들에 대한 심판이 크다는 말이다. 첫째는 범죄한 천사를 지옥에 던져 어두운 구덩이에 두어 심판 때까지 지키게 하신 것이며, 둘째는 오직 의를 전파하는 노아와 그 가족을 건지시고 나머지 옛 세상을 용서하지 않으시고 경건치 아니한 세상에 홍수를 내려 멸하신 것이다. 셋째는 소돔과 고모라에 대한 형벌과 그 멸망이다. 그렇지만 무법한 자들의 음란한 행실을 보고 들음으로 심령이 상한 롯은 구하셨다. 주께서는 경건한 자는 형벌에서 건지시고 불의한 자는 형벌 아래 두신다.[4-9절]

주관하는 이를 멸시하는 자들에 대한 형벌

결국 이단이란 주권자이신 하나님을 멸시하는 행위이다. 하나님은 이런 자들을 심판하신다. 주님은 주관하는 이를 멸시하는 자들에게 특별히 형벌하신다. 이들은 담대하고 고집하여 떨지 않고 영광 있는 자를 훼방하는데, 더 큰 힘과 능력을 가진 천사들이라도 주님 앞에서 그들 위에 세워진 천사장(타락한 천사장)을 거스려 훼방하는 송사를 하지 않았다. 권위를 멸시하는 자들은 본래 잡혀 죽기 위해 난 이성 없는 짐승 같아서 그 알지 못하는 것을 훼방하고 그런 것들이 멸망하듯 멸망을 당하게 된다.[10-12절]

그들은 불의한 대가로 불의의 고통을 당하며 낮에 연회를 베풀고 즐기는 자들이다. 그들은 음탕하게 연회를 하며 음심이 가득한 눈으로 범죄하기를 쉬지 않고 굳세지 못한 영혼들을 유혹하며 탐욕에 연단된 마음을 가진 자들이니 저주의 자식이다. 그들은 바른 길을 떠나 불의의 삯을 사랑한 발람의 길을 따른다. 즉 그런 이단 교주들은 대체적으로 음란과 재물과 금전을 위해 그런 짓을 한다. 이런 자들은 물 없는 샘이요 광풍에 밀려가는 안개이다. 그들을 위해서는 캄캄한 어두움이 예비되었다.

그들은 헛된 자랑의 말을 토하여 미혹된 데에서 겨우 피한 자들을 음란으로 육체의 정욕 중에서 유혹했다. 그런 자들은 멸망의 종들이며, 그들이 구주 예수 그리스도를 앎으로 더러움을 피한 후에 다시 그 좋지 않은 데 얽매이고 정복당하면 나중 형편이 처음보다도 더 심하게 된다. 의의 도를 안 후에 거룩한 명령을 저버리는 것은 차라리 알지 못하는 것만 못하다. 그것은 마치 개가 토한 것으로 다시 돌아가는 것과 돼지가 씻었다가 더러운 구덩이에 다시 눕는 것과 같다고 말하면서, 믿은 후에 다시 죄악으로 돌아가는 것, 처음에 잘 믿었다가 이단에 빠져 믿음을 저버리는 것의 위험이 얼마나 큰지를 경고한다. 이단을 조심해야 한다는 말씀이다.[13-22절]

3장

주님이 재림하신다는 약속

베드로는 둘째 편지(후서)를 보내는 목적을 다시 말한다. 특히 당시에 주님의 다시 오심에 대하여, 여러 말로 있을 수 없는 일이라고 하면서 대적하는 말이 있었다. 베드로는 이에 대하여 강하게 대처했다. 사도는 성도들의 진실한 마음을 일깨워 거룩한 선지자들과 사도들의 명하신 것을 기억하게 하려 한다고 말한다. 말세에 조롱하는 자들이 와서 자기들의 정욕을 좇아 행하며 성도들을 조롱하여 말하기를, 주님이 재림하신다는 약속이 어디 있느냐, 조상들이 잔 후로부터 만물이 처음 창조할 때와 같이 그냥 있지 않느냐 할 것이다. 그렇게 말하는 것은 하늘이 옛적부터 있는 것과 땅이 물에서 나와 물로 성립한 것도 하나님의 말씀으로 된 것을 일부러 잊으려 함이라는 것이다(창 1:1-2).

베드로는 모든 것이 말씀대로 된다고 강하게 말하고 있다. 그때 세상은 물의 넘침으로 멸망하였지만 하늘과 땅은 동일한 '말씀'으로 불살라지기 위해 간수한 바 되어 경건치 않은 사람들의 심판과 멸망의 날까지 보존하여 두신 것이라 했다.[1-7절] 베드로는 경건치 않은 사람들의 받을 심판을 강력하게 언급했다.

하나님의 날이 임하기를 바라고 간절히 사모하라

성도들은 그때도 이미 주의 약속이 더디다고 생각했지만, 베드로는 말하기를, 주께는 하루가 천 년 같고 천 년이 하루 같다는 이 한 가지를 잊지 말라고 한다. 주님이 아직 오시지 않는 것은 우리를 대하여 오래 참으사 아무도 멸망치 않고 다 회개하기를 원하시기 때문이다. 더디 오신다고 해서 그분의 말씀이 폐하여진 것이 아니다. 주의 날은 반드시 온다. 도적같이 온다. 그날에는 하늘이 큰 소리를 내며 떠나가고 체질이 뜨거운 불에 풀어지며 땅과 그 가운데 있는 모든 일이 드러날 것이라고 하였다. 체질이란 헬라어로 '스토이케이아' 인데, 당시 물질을 구성하는 최소단위를 말할 때 쓰는 용어였다. 오늘날의 원자나 양성자 등에 해당하는 단어이다. 이런 것이 다 풀어진다는 것은 모든 물질세계와 옛 창조가 다 사라진다는 의미이다. 여기서 사도 베드로는 묻는다. 그러니 여러분은 어떠한 사람이 되어야 마땅한가? 거룩한 행실과 경건함으로 하나님의 날이 임하기를 바라고 간절히 사모하라고 말한다. 그날에는 하늘이 불에 타서 풀어지고 체질이 뜨거운 불에 녹아지겠지만 우리는 없어지는 존재가 아니기에 그분이 약속하신바 의가 거하는 새 하늘과 새 땅을 바라본다.[8-13절]

구주 예수 그리스도의 은혜와 그를 아는 지식에서 자라가라

성도들은 이것을 바라보므로 주 앞에서 점도 없고 흠도 없이 평강 가운데 나타나도록 힘써야 한다. 또 우리 주의 오래 참으심이 구원이 될 줄 여기라 한다. 아직 정신 차리지 못한 자가 있다면, 오늘 이 말씀을 읽고 온전한 정신으로 돌아오기를 바란다. 사랑하는 형제 바울도 그 받은 지혜대로 너희에게 이같이 쓴 바 있고 이런 일에 관하여 말했는데, 그의 글은 알기 어려운 것이 더러 있으니 억지로 풀지 말라고 한다. 베드로는 다시 한 번 '사랑하는 자들아' 하고 부르면서 무법한 자들의 미혹에 이끌려 너희 굳센 데서 떨어질까 조심하라고 한다. 사도는 다시 한 번 이단적 교훈을 조심할 것을 강조한다.[14-17절]

베드로후서

"오직 우리 주 곧 구주 예수 그리스도의 은혜와 저를 아는 지식에서 자라가라 영광이 이제와 영원한 날까지 저에게 있을지어다"[18절]. 영적 성장은 그분의 은혜와 그분 자신을 아는 것에서 자라는 것이다. 베드로는 '구주'라는 칭호를 많이 쓴다. "우리 주 곧 구주 예수 그리스도". 그가 생전에 얼굴로 대하며 사랑했고 따랐던 주님, 그분의 십자가에 돌아가신 것과 부활 승천하신 것을 본 사도 베드로가 부르는 예수 그리스도의 구주라는 이름은 참 특별한 느낌을 준다. 영광이 그에게 이제와 영원한 날까지 있기를 송축한다. 아멘.

| 요한서신 |

서문

학자들은 요한 서신이 요한계시록보다 늦게 쓰였다고 말한다. 즉 계시록을 쓴 밧모섬에서 풀려난 후, A.D. 90년에서 95년 사이에 쓰였다고 생각한다. 그때 영지주의(Gnosticism)라는 이단이 생겨나서 교회들을 어지럽히고 있었는데, 요한 일서는 특히 그러한 지식주의 이단에 대항하여 성도들에게 강력한 항생제와 치료약을 주는 서신이다.

요한일서 1장

태초부터 있는 생명의 말씀이 나타나심

공동서신이라 불리우는 야고보서, 베드로서, 요한 서신들을 대하면서 우리는 그 저자들이 본래 시골 출신이요 학문이 없는 어부들임에도 그 필체와 내용이 매우 깊은 사상을 지니고 있음에 놀라움을 금치 못한다. 이것만으로도 우리는 이 신앙의 진실성을 신뢰할 수 있다.

"태초부터 있는 생명의 말씀에 관하여는"[1절]. 여기 태초란 이 우주가 존재하기 전을 말하는데, 수천 년 전 기록된 성경만이 이 우주가 시작된 때가 있음을 말해주며 창조자가 있음을 선포한다(창 1:1). 성경에서는 창조 이전을 태초라 한다(창 1:1, 요 1:1 등). 오늘날 과학이 이것을 증명하고 있다. 과학은 우주의 나이가 137억 년 정도 된 것으로 말하고 있다. 그것은 무(無)에서 유(有)가 시작된 점이 있었다는 말이고, 그때 아주 미세한 점 같은 것에서부터 엄청난 팽창력으로 오늘날의 대우주가 생겨났다고 말한다. 그렇다면 그 미세한 점 이전의 것은 무엇일까? 시간과 물질이 없는 시점이다. 그것을 우리는 태초요 영원이라고 생각한다.

성경은 하나님께서 보이지 아니하는 신성한 말씀의 능력으로 보이는 세상을 창조하셨음을 밝혀준다(롬 1:20, 히 11:3). 과학에서는 지금도 우주는 빛의 속도로 팽창하고 있다고 말한다. 이 우주의 신비는 우리의 상상을 초월한다. 그러니 보이지 않는 하늘나라의 비밀은 어떠하겠는가!

영원한 생명의 교통 : 아버지와 그 아들 예수 그리스도와 함께함

사도 요한은 주 예수를 태초부터 있는 생명의 말씀이라 칭한다. 그분은 우주의 존재 그 이전부터 존재하셨던 말씀이시며 하나님이시다(요1:1-3). 요한은 그분에게서 들었고, 그분을 자신의 눈으로 보았고, 주목하고, 손으로 만졌다고 한다. 그는 예수를 생명이라고 말한다. 물론 영원한 생명이다. 이 생명이 우리에게 나타내신바 되었다는 것이다. 그분은 우주가 존재하기 전부터 영원 세계에, 보이지 않는 세계에 계시는 영원한 분인데 시간과 물질세계에 나타나셨으며, 아버지와 함께 계시다가 우리에게 나타나신 분이다. 이 세상에 우주가 있기 전부터 존재하신 영존하신 한 분이 나타났는데 그분이 예수시다. 사도들이 이 예수로부터 보고 들은 바를 전하니 이 복음 전파는 전하는 자와 듣는 자 간의 교통(코이노니아)을 산출해낸다. 이 교통은 아버지와 그 아들 예수 그리스도와 함께하는 것이므로 믿는 자들은 놀랍게도 삼위일체 하나님의 교통에 참여하게 되며(3절, 고전 1:9), 그 결과 기쁨이 충만하게 되는 것이다.[4절]

빛이신 하나님과의 교통 : 우리가 우리 죄를 자백하면

예수께서 전하신 것은 곧 하나님은 빛이시며 그분에게는 어두움이 조금도 없으시다는 것이다. 따라서 그 교통에 참예하는 자들은 자연히 빛 가운데 있게 된다. 당시 영지주의라는 지식적인 이단이 있었는데, 그들은 두뇌로 아는 것이 전부인 양 했다. 그들은 모르던 어떤 지식을 알면 구원도 이루어지고 영성적인 문제가 모두 해결되는 것처럼 말했다. 하나님과 교통이 있다고 하면서 어둠 속에 행하였다. 그들은 두뇌의 지식적 앎을 교통이라고 생각한 것이다. 그렇게 하나님과 교통이 있다고 하면서 어둠 속에 행하는 자들은 적당히 죄를 지으면서도 죄가 없다고 한다. 요한은 그런 자들에 대해 거짓말을 하고 진리를 행치 않는다고 했다.

하나님께서 빛 가운데 계신 것같이 우리도 빛 가운데 행하면(그 빛이 우리의 내면을 비춰게 되므로) 우리의 죄가 낱낱이 다 드러나 자백하게 되고 예수의 피는 이 모든 죄에서 우리를 깨끗게 하신다. 영지주의 이단자들은 머리로 신앙생활을 하니 양심에 하나님의 빛을 얻지 못하고, 따라서 여전히 어두움 속에 행하며 죄를 지으면서도 느낌이 없고 자백하지 않는다. 그들은 스스로 죄가 없다고 하는 자들이고 죄를 보지 못하는 자들이니 그들 안에 진리가 거하지 않는 것이다[6절]. 빛이 없는 자들은 진리가 없는 자들이다.

그 아들 예수의 피가 우리를 모든 죄에게 깨끗게 하심

자신의 죄를 보고 자백하는 자들은 생명이 있는 자들로서 하나님과의 교통 가운데서 빛을 얻기에 내면의 죄악을 깨닫고 자백하는 것이며, 그럴 때 아들 예수의 피가 그 모든 죄를 사하고 모든 불의를 깨끗게 하신다. 자신이 죄가 없다 하면서 자백하지 않는 사람은 하나님을 거짓말하는 분으로 만드는 것이니 그분의 말씀과 생명이 그들 속에 없다.[10절]

1장의 중점은 영원한 생명이신 하나님을 보고 들은 사도들의 전파, 곧 그분은 빛이시라는 복음의 전파이며, 복음을 우리에게 전해준 사도들과 더불어 복음을 공유한 자들 간에 있는 아버지와 아들의 생명의 교통이며, 생명의 교통은 빛을 가져오고 그 빛은 우리의 죄악을 드러내어 자백하게 한다. 그 결과 예수의 피로 씻음을 얻고 깨끗게 되어 생명의 교통 안에 계속 머물 수 있게 한다. 그러나 거짓말하는 자들은 어두움 속에 있으면서도 자신들이 하나님과 교통이 있다고 한다. 당시 각종 그럴듯한 철학과 지식으로 믿음을 대치하고 가장하는 영지주의 이단이 있었던 것이다.

요한일서 2장

아버지 앞에서 우리의 대언자가 있으니

요한이 이 글을 쓴 목적은 주로 성도들을 생명의 교통 안에 지속적으로 머물게 하려는 것이며, 따라서 그들로 죄를 범치 않게 하려 함이라고 말한다. 죄를 범치 않게 하는 길은 성도들을 하나님과의 교통 안으로, 생명의 빛 가운데로 이끄는 것이며(1장, 요 8:12), 그럴 때 자백이 있게 된다. 이제 2장 1절에서는 성도가 혹 죄를 범하면 아버지 앞에서 우리에게 대언자가 있으니 곧 의로우신 예수 그리스도시라고 한다. 그분은 우리 죄를 위한 화목제물이시며 지금은 아버지 앞에서 우리의 대언자로서 우리가 혹 죄를 범하면 아버지께 중재해주신다.[1-2절]

하나님 안에 거하는 자의 삶 : 그 속에서 하나님의 사랑이 온전케 됨

다음은 성도가 주님의 계명을 지키는 문제이다. 1장에서 거짓(이단)에 대한 검증시약이 빛이라면, 2장에서 검증시약은 사랑이다. 하나님을 안다고 하면서 계명(사랑)을 지키지 않는 자는 거짓말 하는 자요 진리가 그들 속에 있지 않다. 그 말씀을 지키는 자라야 하나님의 사랑이 그들 속에 온전케 된 것이니 이로써 그들이 그분 안에 거하는 것을 안다. 하나님 안에 거한다고 하는 자는 그분이 행하시는 대로 자기도 행하는 것이 마땅하다.[3-6절]

9절은 1장과 2장을 연결한다. 빛 가운데 있다고 하면서 형제를 미워하는 자는 지금까지 어두운 가운데 있는 자이다. 빛이라는 검증시약보다도 사랑이라는 검증시약이 거짓을 더 잘 드러낸다. 빛과 어두움은 다소 추상적일 수 있지만 사랑은 추상적일 수 없다. 참된 사랑은 말과 혀로만 사랑하는 것이 아니고 행함과 진실함이 있어야 하기 때문이다(3:18). 사람이 사랑을 잃으면 어두움 속에서 갈 길을 잃게 된다. 그러나 오늘날 대부분의 사람들은 빛 가운데 있을 때 중요한 결정을 하려 하지 않고 주변 사람들이 미워지고 어두움이 깊을 때 길을 결정하려 든다. 요한은 그런 때는 이미 어두움이 그의 눈을 멀게 하였다고 말한다.[7-11절]

이 세상이나 세상에 있는 것들을 사랑치 말라

자녀들은 자기 죄가 사함받은 것을 아는 자들이고, 아비들은 태초부터 계신 이를 아는 자들이다. 즉 자녀들은 주님께서 우리를 위해 해주신 것을 아는 대신 아비들은 그분 자신을 아는 것이다. 청년들은 하나님의 말씀이 그들 속에 거하여 흉악한 자를 이긴다.[12-14절]

성도들은 이 세상이나 세상에 있는 것들을 사랑해서는 안 된다. 세상의 모든 것은 아버지로부터 온 것이 아니다. 세상을 사랑하는 자들 속에는 아버지의 사랑이 없다. 그러므로 세상을 사랑하는 자들은 형제를 사랑할 수 없는 것이다. 이 세상도 그 정욕도 지나가되 하나님의 뜻을 행하는 이는 영원히 거한다.[15-17절]

너희는 주께 받은바 기름부음이 너희 안에 거하나니

요한 사도는 특히 아들 예수 그리스도를 내면적으로 잘 알지 못하는 아이들에게 적그리스도에 대하여 주의시킨다. 그들이 우리와 함께하다가 우리에게서 나간 것은 우리에게 속하지 않았기 때문이라고 한다. 당시 어떤 이들이 사도들과 함께 교회 안에 거하다가 영지주의 속임수에 걸려들어 나간 자들이 있었다. 진실한 성도들은 거룩하신 분으로부터 기름부음을 받았기에 모든 것을 안다. 사도들은 성도들이 모르는 것을 쓰지 않는다. 오늘날 어떤 설교자들은 자신만 알고 신자들은 아무것도 모르는 것으로 간주하고 가르치고 말하곤 하는데, 그것은 사도들의 가르침의 성분과 너무 다르다. **"내가 너희에게 쓴 것은 너희가 진리를 알지 못함이 아니라 너희가 앎을 인함이요 또 모든 거짓은 진리에서 나지 않음을 인함이라"**[21절].

요한 사도는 적그리스도에 대하여 확실하게 말한다. **"거짓말하는 자가 누구뇨 예수께서 그리스도이심을 부인하는 자가 아니뇨 아버지와 아들을 부인하는 그가 적그리스도니"**. 그들은 예수께서 그리스도이심을 부인하는 자들이다. 아들을 부인하는 자는 아버지도 부인하는 것이다. 그들은 살아계신 인격을 지식으로 대치했다.

요한 사도는 신자들에게 처음부터 들은 것이 그들 속에 거하게 하라고 말한다. 그래야 아들의 안과 아버지의 안에 거하게 된다는 것이다. 그분이 약속하신 것이 바로 영원한 생명이다. **"너희는 주께 받은바 기름부음이 너희 안에 거하나니 아무도 너희를 가르칠 필요가 없고 오직 그의 기름부음이 모든 것을 너희에게 가르치며 또 참되고 거짓이 없으니 너희를 가르치신 그대로 주 안에 거하라"**. 참된 신자들은 그들 안에 기름부음이 있어서 모든 것을 가르쳐 알게 한다. 주 안에 거하는 생활을 해야 그분이 나타나실 때 담대함을 얻고 부끄럽지 않게 된다. 의를 행하는 자마다 그분에게서 난 자이다.[18-29절]

3장

하나님의 자녀의 특징 : 깨끗함, 의를 행함, 형제를 사랑함

3장 1절은 감탄과 감사로 시작한다. **"보라, 아버지께서 어떠한 사랑을 우리에게 주사 우리로 하나님의 자녀라 일컬음을 얻게 하셨는고!"** 그러므로 세상이 우리를 알지 못하는 것은 아버지 하나님을 알지 못하기 때문이다. 우리가 지금은 하나님의 자녀인데 장래 어떻게 될 것은 아직 나타나지 않았지만 그리스도께서 나타내심이 되면 우리가 그분과 같게 될 것이다. 그러므로 주님을 향하여 이 소망을 가진 자마다 그분의 깨끗하심과 같이 자기를 깨끗하게 해야 한다.[1-3절]

죄를 짓는 자마다 불법을 행하는 것이며 죄는 불법이다. 주님은 죄를 없이하려고 나타나셨고 죄가 없는 분이시다. 주 안에 거하는 자마다 범죄하지 않으며 범죄하는 자는 그분을 보지 못하였고 알지도 못한다. 죄를 짓는 자는 마귀에게 속하며 마귀는 처음부터 범죄했다. 하나님의 아들이 나타나신 것은 마귀의 일을 멸하기 위해서다. 하나님께로서 난 자마다 죄를 범하지 않는데, 이는 하나님의 씨가 그 속에 거하기 때문이고 그가 범죄하지 못하는 것은 하나님께로서 났기 때문이다. 이로써 하나님의 자녀들과 마귀의 자녀들이 밝히 나타나게 된다. 의를 행하지 않는 자나 형제를 사랑하지 않는 자는 하나님께 속하지 않았다. [4-10절]

처음부터 들은 소식 : 서로 사랑하라

서로 사랑하라는 것은 우리가 처음부터 들은 소식이요 계명이다. 사실 율법도 본질상 서로 사랑하라는 것이기에 우리가 처음부터 들은 말씀이라고 하는 것이다(롬 13:8–10). 그러나 가인은 악한 자에게 속하여 그 아우를 죽였다. 자기 행위는 악하고 그 아우의 행위는 의롭기 때문이었다. 이와 같이 세상이 너희를 미워하거든 이상히 여기지 말라고 한다. 본질상 영지주의와 같은 이단은 세상이다.

우리는 형제를 사랑함으로 사망에서 옮겨 생명으로 들어간 줄을 아는데, 형제를 미워하는 자는 살인한 자며 살인한 자 속에는 영생이 거하지 않는다. 주 예수님은 우리를 위해 목숨을 버리셨고(사랑으로 인하여) 우리는 이로써 사랑을 알며 우리도 형제를 위해 목숨을 버리는 것이 마땅하다.[11-16절]

말과 혀로만 사랑하지 말고 행함과 진실함으로 하자

누가 이 세상 재물을 가지고 있으면서 궁핍한 형제를 보고 도와주려는 마음을 억누른다면 하나님의 사랑이 어찌 그 속에 거하겠느냐고 한다. 그러므로 말과 혀로만 사랑하지 말고 오직 행함과 진실함으로 하라고 권한다. 이렇게 함으로써 우리가 진리에 속한 줄을 알고 또 우리 마음이 주 앞에서 견고하게 된다. 형제를 사랑하는 자들이 아니면 하나님의 자녀라고 말할 수 없다는 뜻이다. 형제를 미워하는 자가 있다면 그는 거리낌이 있게 되고 그 마음속에 자신을 책망하는 것이 있게 된다. 우리 마음이 혹 우리를 책망할 것이 있다면 우리 마음보다 크시고 모든 것을 아시는 하나님은 어떠하시겠는가! 우리 마음에 자책할 것이 없어야 담대함을 얻어 무엇이든 구하는 바를 하나님께 받을 수 있다. 우리 마음에 스스로 책망할 것이 있다는 것은 형제를 사랑하지 못하여 계명을 지키지 못하기 때문이다.

사도 요한은 성도가 이웃을 사랑하며 형제를 사랑하는 것이 얼마나 중요한 것인지를 말해주는데, 그것이 바로 사도 바울도 말하는바 모든 계명의 총합이다(롬 13:8-10). 그러나 그 사랑은 말과 혀로만 하는 사랑은 아니라고 말한다. 그 계명을 지키는 자들이 주님 안에 거하고 주님이 그들 안에 거하는 자들이다. 우리는 우리에게 주신 성령으로 주님이 우리 안에 거하시는 것을 안다.[17-24절]

4장

하나님의 영과 적그리스도의 영

많은 거짓 선지자가 세상에 나왔는데, 믿는 이들은 영이라고 다 믿지 말고 그것이 하나님께 속하였는지 시험하라고 한다. 하나님의 영은 어떻게 알 수 있는가? 어떻게 거짓된 영을 분별할 수 있는가? 예수 그리스도께서 육체로 오신 것을 시인하는 영마다 하나님께 속한 것이요 예수를 시인하지 않는 영마다 하나님께 속한 영이 아니며, 곧 적그리스도의 영이다.

예수 그리스도의 성육신을 부인할 뿐 아니라 예수를 대치하는 많은 현란한 지식을 가르쳐 그분의 십자가의 보혈을 무효화시키는 것도 적그리스도의 영이다. 소위 능력과 기적을 행한다면서 마치 인간 자신이 큰 능력을 가진 것처럼 행하는 것도 성육신하신 예수를 대치한다. 우리는 이것을 사도행전 3장에서 읽는다. 베드로와 요한은 앉은뱅이를 일으킨 것이 나사렛 예수의 이름이며 자신들과 상관 있는 일이 아니라고 한다[11-16절]. 사도 바울도 사도행전 14장에서 똑같이 나면서 앉은뱅이를 일으킨 후에 자신을 신격화하려는 사람들 앞에서 옷을 찢으며 같은 말을 하였다. 그것 역시 사람을 숭앙하게 하고 지식이나 능력을 추구하며 예수를 시인하지 않도록 하기 때문이다[3절].

자녀들이 이단들의 영향력 있는 세상의 큰 세력을 보고 위축될 수 있으므로 "너희 속에 계신 이가 세상에 있는 이보다 크시다"고 말해준다[4절]. 적그리스도의 영을 가진 자의 말을 듣는 사람들은 세상에 속하였기에 세상에 속한 말을 듣는 것이다. **"우리는 하나님께 속하였으니 하나님을 아는 자는 우리의 말을 듣고 하나님께 속하지 아니한 자들은 우리의 말을 듣지 아니하나니 진리의 영과 미혹의 영을 이로써 아느니라"**. 사람이 어떤 말 듣기를 좋아하는가는 매우 중요한 일이다. [1-6절]

하나님은 사랑이시라

"사랑하는 자들아 우리가 서로 사랑하자 사랑은 하나님께 속한 것이니 사랑하는 자마다 하나님께로 나서 하나님을 알고". 결국 사랑하는 자들이 하나님을 아는 자들이다. 하나님의 사랑은 독생자를 세상에 보내어 우리를 살리려 하신 데서 나타났다(요 3:16). 하나님은 우리 죄를 위한 화목제물로 그 아들을 세상에 보내셨다. 하나님께서 이렇게 우리를 사랑하셨으니 우리도 서로 사랑하는 것이 마땅하다. 어느 때나 하나님을 본 사람이 없지만 우리가 서로 사랑하면 하나님이 우리 안에 거하시며 그분의 사랑이 우리 안에 온전히 이루어진다. 그의 성령을 우리에게 주시므로 우리가 그 안에 거하고 그가 우리 안에 거하시는 줄을 안다. 사도 요한은 아버지가 아들을 세상의 구주로 보내신 것을 우리가 보았고 또 증거한다고 말한다.

누구든지 예수를 하나님의 아들이라고 시인하면 하나님이 그의 안에 거하시고 그도 하나님 안에 거하게 된다. 우리에게 주신 성령이 이를 알게 하신다[13절]. 하나님이 우리를 사랑하시는 그 사랑을 알고 믿었으니 하나님은 사랑이시다. 사랑 안에 거하는 자가 그분 안에 거하는 자이다. 그분이 사랑이시니 그러하다. 사랑이 우리 안에 온전히 이루게 되면 심판 날에 담대함을 가지게 된다. 그것이 주님과 같게 되는 비결이다. 사랑 안에만 두려움이 없는데, 두려움이 있다는 것은 형벌이 있다는 말이다. 신자들 속에 사랑이 없다는 것은 매우 심각한 일이다. 두려워하는 자들은 사랑 안에서 온전히 이루지 못한 자들이다. 하나님을 사랑한다고 하며 형제를 미워하는 자들은 거짓말 하는 자들이니 보는 바 형제를 사랑치 못하는 자가 어찌 보지 못하는 바 하나님을 사랑할 수 있겠는가[20절]! 하나님을 사랑하는 자는 또한 그 형제를 사랑할 것이다.[7-21절] 여기서 우리는 어두움에 거하는 자, 죄를 짓는 자, 의를 행하지 않는 자가 누구인지 알 수 있다. 결국 사랑이 없는 자다.

5장

하나님께로서 난 자마다 세상을 이기느니라

예수께서 그리스도이심을 믿는 자마다 하나님께로서 난 자이며, 하나님 아버지를 사랑하는 자는 그분에게서 난 자를 사랑한다. 하나님을 사랑하고 그분의 계명들을 지킬 때에 이로써 우리가 하나님의 자녀 사랑하는 줄을 안다. 하나님을 사랑하는 것은 곧 우리가 그의 계명들을 지키는 것인데, 그의 계명들은 무거운 것이 아니다. 또한 하나님께로서 난 자마다 세상을 이기며, 세상을 이기는 것은 곧 우리의 믿음이다. 예수께서 하나님의 아들이심을 믿는 자가 아니면 세상을 이길 자가 없다. 요한은 믿는 이가 죄와 세상과 우상을 이기는 것을 말하며, 그것이 다 하나님의 아들을 믿는 믿음과 그분에게서 얻은 생명으로 말미암은 것임을 증거한다.[1-5절]

물과 피와 성령 및 하나님 아버지의 증거

예수 그리스도는 물과 피로 임하신 자이며, 증거하는 이는 성령이시요 성령은 진리이다. 또 증거하는 이가 셋인데 곧 물과 피와 성령이시라고 한다. 물은 요단 강에서 받으신 침례의 물을 말하며, 피는 물론 십자가에서 흘리신 피를 말한다. 이것 역시 영지주의자들의 가현설(假現說)을 반대하는 것이다. 예수 그리스도는 육체로 오셨기에 침례를 받으신 것이며 육체를 가지셨기에 피를 흘리신 것이다. 물과 피, 이 두 가지 외에 성령의 증거는 우리 내면의 증거이다. 또 하나님의 증거를 말하는데, 아버지께서 아들에 관하여 증거하신 것이다. 아버지께서는 요단강에서 아들이 물에서 올라오셨을 때, 그리고 변화산에서 "이는 내 사랑하는 아들이요 기뻐하는 자라"고 증거하셨다. 이를 믿지 않는 자는 하나님을 거짓말하는 자로 만드는 것인데, 이는 하나님께서 그 아들에 관하여 분명히 증거하셨기 때문이다[10절]. 하나님의 아들을 믿는 자는 그 안에 증거가 있다. 증거는 하나님께서 우리에게 영생을 주신 것이며 이 생명이 그의 아들 안에 있는 것이다[11절]. 아들이 있는 자에게는 생명이 있고 하나님의 아들이 없는 자에게는 생명이 없다[12절]. 요한이 이 글을 쓴 것은 하나님의 아들을 믿는 자에게 영생이 있다는 것을 알게 하려 함이라고 했다[13절]. 그의 뜻대로 구하는 자들은 구하는 바를 들으실 줄 안다. 이것이 자녀의 권리이다[14-15절].

그러나 모든 기도를 다 응답받을 수 있는 것도 아니고 무엇이든 다 구할 수 있는 것도 아니라고 말한다. 사망에 이르는 죄를 범한 경우는 그를 위해 구하지 말라고 한다. 그러나 형제가 사망에 이르지 않는 죄를 범하였다면 그를 위해 구하라고 하면서 그에게 생명을 주실 것이라고 한다. 죄가 다 불의이기는 하지만 다 같은 것은 아니라는 말이다. 어떤 죄는 사망에 이르는 죄이므로 성도들은 죄를 두려워해야 한다.[15-17절]

하나님께로서 난 자마다 범죄하지 않는다. 그들 안에 계시는 하나님께로서 나신 분이 저를 지키시므로 악한 자가 저를 만지지 못한다. 또 아는 것은 우리는 하나님께 속하였고, 온 세상은 악한 자 안에 처한 것이며, 또 아는 것은 하나님의 아들이 이르러 우리에게 지각을 주사 참된 자를 알게 하신 것과 우리가 참되신 자 예수 그리스도 안에 있는 것이니 그는 참 하나님이시요 영생이시다. 믿는 이 안에 있는 참되신 자를 아는 내적 지각은 참으로 보배로운 것이다. 하나님의 자녀들은 자신을 지켜 우상에서 멀리해야 한다.[18-21절]

요한이서

요한이 이 서신을 쓴 것은 요한 일서를 쓴 후일 것이다. 요한은 이 편지를 쓸 당시 에베소 교회의 장로였던 것 같다(1절의 장로는 요한 자신을 가리킨다). 기록 연대는 요한 일서를 쓴 때와 거의 같다. 요한은 주 안의 한 자매와 그 자녀들에게 한 편의 편지를 썼다. 그렇게 큰 사도가 한 자매와 그 가족을 위해 쓴 글이 성경이 되었다는 사실이 놀랍다.

택하심을 입은 부녀와 그의 자녀에게

요한 이서는 주로 영지주의 이단으로부터 한 가정을 지키기 위해 쓴 것인데, 여기서 강조하는 단어는 진리이다. 이 진리는 우리가 아는 것이요[1절], 우리 안에 거하여 영원히 우리와 함께하는 것이다[2절]. 사도는 "너의 자녀 중에 우리가 아버지께 받은 계명대로 진리 안에서 행하는 자를 내가 보니 심히 기쁘다"고 했다[4절].

사랑은 처음부터 우리가 가진 계명이다

"부녀여, 내가 이제 네게 구하노니 서로 사랑하자". 진리를 말하고 또 사랑을 말한다. 이 사랑의 계명은 새삼스레 새 계명같이 말하는 것이 아니요 처음부터 우리가 가진 계명이라고 한다. 사실 율법의 본질은 사랑이므로 율법의 계명을 지키라는 것은 새 계명을 지키라는 것과 동일한 의미이다.[5-6절]

미혹하는 자들을 경계하라

미혹하는 자가 많이 세상에 나왔는데, 이는 예수 그리스도께서 육체로 오신 것을 부인하는 자들이니 이것이 미혹하는 자요 적그리스도라고 한다. 사도는 "너희는 우리의 일한 것을 잃지 말고 온전한 상을 얻으라"고 말한다. 지내쳐 그리스도의 교훈 안에 거하지 아니하는 자마다 하나님을 모시지 못하되 교훈 안에 거하는 자들이 아버지와 아들을 모신다고 하였다. '지내쳐 가르치는 자들(anyone goes to far)'은 성경 말씀, 곧 그리스도의 가르침(예수께서 하나님의 아들이요 그리스도이심을 중심으로 하는 복음)보다 자기들의 현란한 지식적 설법을 더 높은 위치에 두는데 이는 다 지나쳐 나간 것들이요 미혹하는 것들이다.[7-9절]

누구든지 '이 교훈'을 가지지 않고 다른 것을 가지고 너희에게 나아가는 자들은 집에 들이지도 말고 인사도 말라고 한다. 그에게 인사하는 자는 그 악한 일에 참여하는 자라고 했다.[10-11절]

사도 요한은 쓸 것은 많지만 종이와 먹보다는 나중에 면대하여 말하려 한다면서 이는 그들의 기쁨이 충만하게 하려 함이라고 한다. 1절과 13절 마지막 절에서 '택하심을 입은 부녀', '네 자매의 자녀'라는 표현을 쓰는데, 한 자매와 그녀의 가정을 믿음 안에서 세워주기 위해 미혹하는 자들에게서 보호하려고 최선을 다하는 사도의 마음을 만질 수 있다.[12-13절]

요한 삼서

요한 삼서는 요한 이서를 쓴 후에 쓴 것이다. 거의 같은 시기로 보며 가이오 한 사람에게 보낸 것이다. 요한 이서와 삼서가 다 에베소에서 쓴 것으로 보인다.

네 영혼이 잘됨같이 범사에 잘되고 강건하기를 간구하노라

요한 이서는 한 자매에게 쓴 것이고, 삼서는 한 형제에게 쓴 것이다. 그 형제의 이름은 가이오이고 그는 고린도 교회의 식주인으로서(롬 16:23) 성도들을 섬기는 자였다. 또 그는 바울에 의해 침례를 받은 자이다(고전 1:14). 사도 요한은 그의 영혼이 잘되는 것처럼 범사에 잘되고 강건하기를 간구했다. 교회와 성도를 잘 섬기는 자는 모든 것이 잘 될 수밖에 없다. 사도 요한은 형제들이 와서 가이오가 진리 안에서 행한다고 전해주니 심히 기쁘다고 하였다. 그는 성도들이 진리 안에서 행한다는 것을 듣는 것보다 더 큰 기쁨이 없다고 말했다. 실로 그는 주 안에 장성한 사도이다. 다른 형제들이나 자매들이 잘되기를 바라고 기도하며 진리 안에서 잘 행하는 것을 듣고 크게 기뻐하는 것이 장성한 자들의 마음이다.[1-4절]

복음을 위해 나그네 된 자들을 접대하는 가이오

사도 요한은 그가 나그네 된 자들을 잘 접대한다고 들었다. 그 나그네 된 자들은 잘 모르는 사람들일 수 있는데, 그들은 아무것도 받지 않고 이방인에게 복음을 전하는 형제들이었던 것 같다. 로마서에서 사도 바울이 말한 형제 가이오는 원래도 식주인으로 알려져 있는데, 지금 나이 많은 요한에게도 그런 아름다운 접대의 소식이 들려온 것이다. 이러한 접대는 그런 형제들과 진리를 위해 함께 수고하는 것이라고 했다. 그러니 그 전도자들을 합당하게 전송하기를 바란다고 덧붙였다[6절].

으뜸 되기를 좋아하는 디오드레베의 악행

그런데 지금 사도 요한이 가이오에게 쓰고자 하는 것은, 으뜸 되기를 좋아하는 디오드레베가 우리를 접대하지 않으니 자신이 가면 그가 행한 일을 잊지 않겠다고 말한다. 그는 악한 말로 사도들을 폄론하고 또 그것으로 부족하여 형제들을 접대하기는커녕 접대하는 자들을 금하여 교회에서 내어쫓는다는 것이었다. 요한은 가이오에게 말한다. **"사랑하는 자여, 악한 것을 본받지 말고 선한 것을 본받으라"**. 선을 행하는 자는 하나님께 속하고 악을 행하는 자는 하나님을 뵈옵지 못한 자이다.[9-11절]

뭇 사람에게도, 진리에게도 선한 증거를 받은 데메드리오

데메드리오는 뭇 사람에게도, 진리에게도 증거를 받았으므로 우리도 그를 증거하는데, 너 가이오는 우리의 증거가 참된 줄 알 것이라고 한다. 성도들 모두에게 진리 앞에서 좋은 증거를 받는 사람은 좋은 성도이다. 주 안에서 좋은 사람이 누군지 악한 사람이 누군지를 확실하게 해주는 말씀이다. 으뜸 되기를 좋아하고, 하나님의 종을 폄론하고, 나그네를 접대하지 않고 도리어 접대하는 선한 사람을 쫓아내는 자는 악한 자이다. 쓸 것이 많지만 속히 만나서 이야기하자고 한다. **"평강이 네게 있을지어다 여러 친구가 네게 문안하느니라 너는 각 친구 명하에 문안하라"**.[12-15절]

유다서

서문

기록 연대는 A.D. 69년 경으로 베드로 후서와 비슷하다. 유다는 주 예수님의 육신의 동생이다. 야고보와 유다, 주 예수님의 육신의 동생 두 명이 성경을 썼다. 귀한 일이다.

인사

유다서를 기록한 유다는 예수의 육신의 동생이다("예수 그리스도의 종이요 야고보의 형제인 유다는"-1절). 그는 다른 야고보와 구분하기 위해 야고보서를 쓴 야고보의 형제임을 밝힌다. 수신자는 특정한 사람이 아니라 다수의 하나님의 자녀들로서 하나님 아버지 안에서 사랑을 얻고 예수 그리스도를 위하여 지키심을 입은 자들이다. 문안 인사에 긍휼과 평강과 사랑이라는 단어를 사용한다. [1-2절]

가만히 들어온 거짓 형제들에게 임할 심판

우리가 얻은 구원은 '일반으로 얻은 구원(공통적인 구원)'이요 단번에 주신 것이지만 이 믿음의 도는 참으로 귀한 것이다[3절]. 그런데 이 구원을 참되게 받지 못한 거짓 형제들이 가만히 들어와서 하나님의 은혜를 색욕거리로 바꾸고 홀로 한 분이신 주재, 곧 우리 주 예수 그리스도를 부인했다. 언제나 하나님의 귀한 역사에는 가짜가 섞인다(마 13:25-26). 사도 유다는 이 믿음의 도를 위하여 힘써 싸워야 할 필요를 느껴 이 서신을 썼다[3-4절]. 야고보, 베드로, 요한, 유다는 대체적으로 믿음의 도를 거짓 교리와 이단들로부터 지키기 위해 서신들을 썼다.

그는 야고보와 마찬가지로 육신의 형님인 예수를 '하나님과 주 예수 그리스도(약 1:1)', '홀로 하나이신 주재(유 4절)'라고 칭했다. 주 예수를 부인하는 자들은 알지 못하는 것을 훼방하는 자들이며, 가인의 길을 가는 자들이며, 삯을 위하여 발람의 길을 가는 자들이다. 또 헛된 꿈을 꾸는 자들이요, 권위를 업신여기는 자들이며, 영광을 훼방하는 자며, 자기 몸만 기르는 목자며, 원망하며 불만을 토하며 정욕대로 행하는 자들이다. 그 입으로는 스스로를 자랑하는 말을 하며, 이(利)를 위해 아첨하는 자들이다[16절]. 이런 자들은 입술로는 예수를 시인할지 모르지만 행위로는 부인하는 자들이다(딛 1:15). 곧 가증한 것이다.

유다는 이런 자들에게 임할 심판이 매우 두려운 것임을 말해준다. 이 심판에 대한 말씀은 베드로 후서 2장에서 예언한 거짓 교사, 선지자, 이단들에 대한 심판과 비슷하다. 첫째는 출애굽 때 그들을 핍박한 바로의 군대의 멸망, 곧 하나님의 백성의 길을 막는 자들에 대한 심판이다. 다음은 자기 지위를 지키지 아니하고 자기 처소를 떠난 천사들에 대한 심판이다. 그들은 큰 날의 심판까지 영원한 결박으로 흑암에 가두어 두었다(사 14장, 겔 28장 참조). 소돔과 고모라와 이웃 도시들도 저희들과 같이 간음을 행하며 다른 색(동성애)을 따라가다가 영원한 불의 형벌을 받았다고 말한다. 그들은 이성 없는 짐승같이 본능으로 아는 그것으로 멸망한다. 그들은 기회가 생기는 대로 원망하며 불만을 토한다. 육에 속한 본능적인 사람들은 그런 말을 달콤하게 듣는다. 그러면서도 그런 자들은 성도들의 애찬에 참예하여 함께 먹으며 당을 짓고 정욕대로 행하며 육에 속한 일을 하니 성령은 전혀 없는 자들이다[19절].

천사장 미가엘은 과거 자기의 상관이었던 타락한 천사장(마귀)과 모세의 시체를 놓고 변론할 때 감히 훼방하는 판결을 쓰지 못하고 다만 말하기를 "주께서 너를 꾸짖으시기를 원하노라"고 하였다. 이처럼 하나님의 영을 가진 자들은 권위를 존중한다. 그런데 이 거짓 형제들은 함부로 영광과 권위를 훼방하였으니, 그들은 자신의 수치의 거품을 뿜는 바다의 거친 물결이요 영원히 캄캄한 흑암에 돌아갈 유리하는 별들이라고 한다. 아담의 7세손 에녹이 사람들에 대하여 예언하기를, "보라 주께서 그 수만의 거룩한 자와 함께 임하셨나니 이는 뭇사람을 심판하사 모든 경건치 않은 자의 경건치 않게 행한 모든 경건치 않은 일과 또 경건치 않은 죄인의 주께 거스려 한 모든 강퍅한 말을 인하여 저희를 정죄하려 하심이라"(14절, 외경의 에녹서에 나온 내용 참고)고 했다.

경계와 권면의 말씀

그는 우리 주 예수 그리스도의 사도들이 너희에게 한 말을 기억하라고 하면서 "마지막 때에 자기의 경건치 않은 정욕대로 행하며 기롱하는 자들이 있으리라"고 했다. 이들은 당을 짓는 자며 육에 속한 자며 성령은 없는 자이다[17-19절]. 오늘 날 우리 주위에도 이런 자들이 있음을 알고 경계해야 한다.

"사랑하는 자들아, 너희는 너희의 지극히 거룩한 믿음 위에 자기를 건축하며 성령으로 기도하며 하나님의 사랑 안에서 자기를 지키며 영생에 이르도록 우리 주 예수 그리스도의 긍휼을 기다리라". 또 어떤 의심하는 자들이 있다면 불에서 끌어내어 구원하며, 또 어떤 자를 그 육체로 더럽힌 옷이라도 싫어하여 두려움으로 긍휼히 여기라고 한다[20-23절]. 먼저는 거룩한 믿음 위에 자기를 건축하며 하나님의 사랑 안에 자기를 지키라고 하신다. 다음은 아직 뭐가 뭔지 모르고 헤매는 영혼들을 구출하라는 말이다.

송영

송영으로 마친다. **"능히 너희를 보호하사 걸려 넘어짐이 없게 하시고 너희로 그 영광 앞에 흠이 없이 즐거움으로 서게 하실 자 곧 우리 구주 홀로 하나이신 하나님께 주 예수 그리스도로 말미암아 영광**(glory)**과 위엄**(majesty)**과 권력**(dominion)**과 권세**(authority)**가 만고 전부터 이제와 세세에 있을지어다 아멘"**[24-25절]. 예수님의 육신의 동생 유다는 예수께 대하여 최고의 영광을 돌리는 송영을 올렸다.

유다서

요한계시록

계시록은 요한이 밧모섬에 유배되었을 때 기록한 것이다. 기록 시점은 주후 90년 경이며, 수신자는 아시아의 일곱 교회들이었다.

1장

요한이 하나님께서 그에게 보이신 것을 증거한 책

계시록은 게시의 책이다. 주님께서 반드시 속히 될 일을 보이시려고 요한에게 상징(sign)으로 지시하신 것들이며, 요한은 하나님의 말씀과 예수 그리스도의 증거 곧 자기의 본 것을 다 증거했다고 말한다. 요한계시록은 신약에서 유일하게 장차 일어날 일들을 상징으로 예언해주신 말씀이다. 이 예언의 말씀을 읽는 자들과 듣는 자들과 그 가운데 기록한 것을 지키는 자들은 복이 있는데, 이는 때가 가깝기 때문이다. 이 계시록의 수신자는 아시아의 일곱 교회들이지만, 사실 모든 교회와 성도들이 다 읽고 알아야 할 말씀이다.[1-3절]

볼지어다 구름을 타고 오시리라

요한은 삼위일체 하나님에 대한 송영으로 계시록을 시작하는데, 성부, 성자, 성령의 순서를 주의하지 않는다. 먼저, 이제도 계시고 전에도 계시고 장차 오실 이와 그 보좌 앞에 일곱 영이라고 한다. 성자에 대한 서술이 풍성하다. "이제도 계시고 전에도 계시고 장차 오실 이", "충성된 증인으로 죽은 자 가운데서 먼저 나시고 땅의 임금들의 머리가 되신 분", "우리를 사랑하사 그의 피로 우리 죄에서 우리를 해방하시고 그 아버지 하나님을 위하여 우리를 왕국과 제사장으로 삼으신 그에게"라고 한다. 그리고 가장 큰 예언은 예수 그리스도께서 다시 오신다는 것이다. **"볼지어다 구름을 타고 오시리라 각인의 눈이 그를 보겠고 땅에 있는 모든 족속이 그를 인하여 애곡하리니 그러하리라 아멘"**.[4-7절]

하나님의 말씀과 예수의 증거를 인해 밧모 섬에 유배된 요한

8절의 주 하나님은 성부를 가리키는지 성자를 가리키는지 모르지만, 사실 예수가 바로 우리의 주시요 우리의 하나님이시다. **"주 하나님이 가라사대 나는 알파와 오메가라 이제도 있고 전에도 있었고 장차 올 자요 전능한 자라"**. 요한은 우리의 형제로서 예수의 환난과 왕국과 참음에 동참하고 있었고, 하나님의 말씀과 예수의 증거를 인하여 밧모라 하는 섬에 있었다. 당시 로마 황제인 도미티안에 의해 밧모 섬으로 유배된 것이다.[8-9절]

일곱 금 촛대 사이를 거니시는 인자이신 예수 그리스도의 모습

주의 날에 요한은 성령에 감동하여 나팔 소리 같은 큰 음성을 들었는데, 그의 보는 것을 에베소, 서머나, 버가모, 두아디라, 사데, 빌라델비아, 라오디게아, 일곱 교회에 보내라 하셨다. 그때 요한이 몸을 돌이켜 그 음성을 알아보려고 돌이킬 때에 일곱 금촛대를 보았다. 그리고 촛대들 사이에 계신 인자 같은 분의 모습을 보았다.

요한이 밧모섬에서 환상 가운데 본 예수의 모습은 이 땅에 계시던 때의 모습과 너무 다르다. 여기서 그분은 일곱 금 촛대 사이를 다니시는데, 발에 끌리는 제사장 복을 입으시고, 가슴에 금띠를 띠고, 그 머리와 털의 희기가 흰 양털 같고 눈 같았다(히 8:1-2, 부활 승천하신 그분은 당신의 교회를 돌보시는 대제사장이시다). 그분의 눈은 불꽃 같고, 발은 풀무에 단련한 빛난 주석 같고, 그의 음성은 많은 물소리와 같으며, 그 오른손에 일곱 별이 있고, 그 입에서 날선 검이 나오며, 그 얼굴은 해가 힘 있게 비추는 것 같았다. 계시록에 나타난 그분의 모습은 승천하신 대제사장으로서 그분의 교회들을 돌보시고 사랑하시는 분으로(2, 3장), 또한 장래 속히 일어날 일(주로 심판의 일들)을 집행하실 심판주로 나타나셨다(4장 이후).[10-16절]

그분 오른손에 있는 일곱 별과 일곱 금촛대

요한은 그 발 앞에 엎드러져 죽은 자같이 되었고, 주 예수께서는 그에게 오른손을 얹고 말씀하셨다. **"두려워 말라 나는 처음이요 나중이니 곧 산 자라 내가 전에 죽었었노라 볼지어다 이제 내가 세세토록 살아 있어 사망과 음부의 열쇠를 가졌노니 그러므로 네 본 것과 이제 있는 일과 장차 될 일을 기록하라 네 본 것은 내 오른손에 일곱 별의 비밀과 일곱 금촛대라 일곱 별은 일곱 교회의 사자요 일곱 금촛대는 일곱 교회이니라"**. 그리스도께서 죽음과 부활을 거쳐 그런 분이 되신 것은 모두가 교회를 위한 것이다. 그것은 다음에 나오는 일곱 교회들에 보내는 각 서신의 초두에서 발견된다.[17-20절]

2장

"에베소 교회의 사자에게 편지하기를"

부활하신 주님께서 관심하시는 것은 금 촛대(교회)이고, 그분의 오른손에 교회의 사자들인 일곱 별을 붙잡고 계신다. 그분은 에베소 교회의 행위, 수고, 인내를 잘 아신다. 악한 자를 용납지 아니한 것과 자칭 사도라 하되 아닌 자들을 용납지 않은 것도 아신다. 교회는 아무나 다 용납하는 것이 아니다. 느헤미야 시대의 도비야와 산발랏 같은 자들이 오늘날도 있다. 이렇게 에베소 교회는 좋은 점들이 없는 것은 아니지만 책망을 받았다. 그들의 처음 사랑을 잃어버렸기 때문이다. 교회가 주님의 신부로서 가져야 할 가장 중요한 덕목은 주님을 사랑하는 것이다. 회개하지 않으면 촛대를 자리에서 옮기겠다고 하신다. 그러면서도 주님은 한 가지를 칭찬하시는데, "오직 네게 이것이 있으니 네가 니골라당의 행위를 미워하는도다 나도 이것을 미워하노라"고 하신다. 니골라당이란 백성들 위에 군림하는 무리를 뜻한다. 하나님의 백성은 이방인과 달라서 큰 자는 섬기는 자여야 한다.

귀 있는 자는 성령이 교회들에게 하시는 말씀을 들으라 하신다. 하나님은 처음 사랑을 잃은 교회를 향해 그들 가운데 이기는 자를 부르신다. 교회의 모든 사람이 다 이기는 자가 될 수 없다는 뜻이기도 하다. **"이기는 그에게는 내가 하나님의 낙원에 있는 생명나무의 과실을 주어 먹게 하리라"**.[1-7절]

"서머나 교회의 사자에게 편지하기를"

서머나 교회에게는 주님이 자신을 죽었다가 다시 살아나신 분이라고 말씀하신다. 그들의 환난과 궁핍을 아시며 자칭 유대인이라는 자들의 훼방도 아시는데, 그들은 사실상 '사단의 회'라고 하셨다(계 3:9).

서머나 교회는 고난 중에 있는 교회이다. 주님은 그러한 교회에게 죽도록 충성하라고 하시며, 그리하면 생명의 면류관을 받으리라고 하신다. **"이기는 자는 둘째 사망의 해를 받지 아니하리라"**.[8-11절]

"버가모 교회의 사자에게 편지하기를"

버가모 교회에게는 주님이 자신을 좌우에 날선 검을 가진 분으로 말씀하신다. 그 교회는 사단의 보좌가 있는 곳에 있다고 하시면서, 그들이 주님의 이름을 굳게 잡아서 주님의 충성된 증인 안디바가 그들 가운데서, 곧 사단이 거하는 곳에서 죽임을 당할 때에도 주님을 믿는 믿음을 저버리지 않았다고 칭찬하신다.

그러나 두어 가지 책망할 것이 있다고 하시면서 그들 가운데 발람의 교훈을 지키는 자들이 있다고 하신다. 발람은 불의한 삯을 위해 이방 왕 발락에게 악한 방책을 가르쳐 이스라엘 백성을 올무에 걸리게 한 자이다. 말하자면 이스라엘로 우상의 제물을 먹게 하고 행음하게 하여 그들에게 하나님의 진노가 임하게 한 것이다. 그뿐 아니라 버가모 교회에는 니골라당의 가르침을 지키는 자들이 있었다. 주님은 "그러므로 회개하라!"고 하신다. 그렇지 않으면 주님이 그들에게 속히 오셔서 그 입의 검으로 그들과 싸우겠다고 하신다. 이는 주님이 재림하셔서 교회의 모든 사람들에게 잘해주실 것이라는 생각은 잘못된 것임을 증명한다. 또 모든 사람에게 동등하게 대해주시리라는 기대도 잘못된 것이다.

이러한 교회 가운데 이기는 자에게 주님은 말씀하신다. **"이기는 그에게는 내가 감추었던 만나를 주고 또 흰 돌을 줄 터인데 그 돌 위에 새 이름을 기록한 것이**

있나니 받는 자 밖에는 그 이름을 알 사람이 없느니라". 분명 이기는 자들에게는 주님의 특별한 보상이 있다.[12-17절]

"두아디라 교회의 사자에게 편지하기를"

두아디라 교회에게는 그 눈이 불꽃 같고 발이 빛난 주석 같은 하나님의 아들이 말씀하신다. "하나님의 아들이 가라사대"란 말은 매우 중요하다. 그들은 사업, 사랑, 믿음, 섬김, 인내 등 많은 부분이 좋았고 나중 행위가 처음 것보다 더 많다고 하셨다. 그러나 그들이 자칭 선지자라 하는 여자 이세벨을 용납한 것을 책망하셨다. 그 여자는 주님의 종들을 가르쳐 꾀어 행음하게 하고 우상의 제물을 먹게 했다. 주님이 그에게 회개할 기회를 주었지만 회개하려 하지 않았다고 하신다.

오늘날도 하나님의 말씀을 따르는 교회라고 하지만 우상이 많고 행위가 많은 곳들이 있다. 거기서는 자칭 선지자인 여자 이세벨(교회)의 말이 '하나님의 아들의 말씀'보다 더 강한 권세를 갖고 있다(18, 20절). 아합의 아내 이세벨이 그러했다. 그 시대에는 여자 이세벨의 말이 이스라엘에서 가장 힘이 있었다. 그러므로 바알 신앙이 전 이스라엘에서 우세하게 되었다. 두아디라 교회는 회개할 기회를 주었지만 회개하려 하지 않았다. 주님은 그를 침상에 던지실 것이고, 그와 더불어 간음하는 자들도 회개하지 않으면 큰 환난 가운데 던져질 것이라 하신다. 여기서의 간음은 영적인 간음을 가리키며 혼합적인 신앙을 말하는 것이다.

주님은 사실상 이러한 원칙으로 우상과 하나님을 음행하듯 섬기는 사람들을 심판하신다는 뜻이다. 주님은 사망으로 그 자녀들을 죽이실 것이고 모든 교회가 주님은 사람의 뜻과 마음을 살피는 분인 줄 알 것이라 하신다. 엄중하게 심판하시겠다는 뜻이다. 두아디라에 사단의 깊은 것을 알지 못하는 순진한 자들이 있다고 하시면서 그들에게는 최소한의 믿음을 굳게 잡으라고 하신다.

"이기는 자와 내 일을 지키는 그에게 만국을 다스리는 권세를 주리니 그가 철장을 가지고 저희를 다스려 질그릇 깨뜨리는 것과 같이 하리라 나도 내 아버지께 받은 것이 그러하니라 내가 또 그에게 새벽별을 주리라". 두아디라의 이기는 자에 대한

보상이다. 역대로 두아디라 같은 형편없는 상태의 교회에서도 이기는 성도들이 있어왔다.[18-29절]

3장

"사데 교회의 사자에게 편지하기를"

"하나님의 일곱 영과 일곱 별을 가진 이가 가라사대 내가 네 행위를 아노니 네가 살았다 하는 이름은 가졌으나 죽은 자로다". 주님은 사데 교회에게 책망부터 하신다. 네가 살았다 하는 이름은 가졌으나 죽은 자이며 조금 생기가 있는 것까지도 죽어가고 있으니 깨어 굳게 잡으라고 하신다. 또 내 하나님 앞에 네 행위의 온전한 것을 찾지 못하였으니 그들이 과연 어떻게 받았고 어떻게 들었는지를 생각하고 지키어 회개하라고 하신다. 사데는 갈라디아 교회들처럼 처음 듣고 받은 귀한 것을 잊어버린 교회이다. 교회는 주 예수님의 작품이고 결국 아버지께 드려지는 것이다(고전 15:24). 그러니 아들은 아버지 눈에 그들이 어떠한가를 살피시는 것이다.[1-2절]

16세기 개혁주의자들은 만인 제사장설을 주장하였지만 오늘날 교회의 참 모습은 어떠한가? 모든 성도들이 과연 제사장으로서 다 일어나서 주님을 섬기는가? 개혁교회는 오늘 날 과연 처음 개혁자들이 목숨을 걸고 선포했던 이신칭의(믿음으로 의롭게 됨)의 신앙을 잘 지키고 있는가? 율법주의와 은혜의 복음의 차이도 참되게 구별 못하는 설교자가 얼마나 많은가?

그럼에도 주님은 사데에 옷을 더럽히지 않은 자 몇 명이 있어 흰옷을 입고 나와 함께 다니리니 그들은 합당한 자인 연고라고 하신다. 이기는 자는 흰옷을 입을 것이며, 그 이름을 생명책에서 흐리지 않을 것이며, 그 이름을 아버지 앞과 천사들 앞에서 시인하리라고 하신다. 주님은 어떤 형편의 교회일지라도 그곳에서 이기는 성도들을 부르신다.[3-6절]

"빌라델비아 교회의 사자에게 편지하기를"

빌라델비아 교회는 그 이름 자체가 '형제 사랑'이다. 이들부터는 주 예수님의 모습이 부활 승천하신 후의 1장의 모습이 아니라 원래로 돌아간다. 이 교회는 하나님께서 교회에 대해 가지신 원래의 뜻에 부합하는, 표준에 이른 교회라는 뜻이다. 이 교회에게 주님은 '거룩하고 진실하사 다윗의 열쇠를 가지신 분, 열면 닫을 사람이 없고 닫으면 열 사람이 없는 분'이시다. 여기에 왜 다윗의 이름이 나올까? 주님은 구약 열왕의 시대에 다윗을 늘 표준으로 생각하셨다. 그의 하나님에 대한 믿음과 사모함을 매우 기뻐하셨다는 뜻이다.

그들이 적은 능력을 가지고도 주님의 말씀을 지키며 주의 이름을 배반하지 않으므로 주님께서는 그들 앞에 열린 문을 두셨으니 아무도 닫을 사람이 없다고 하신다. 주님은 그러한 자들의 역사가 지상에서 그치지 않고 끊임없이 생수의 강처럼 흘러가게 하실 것이다. 이것이 그러한 교회에게 열린문을 두셨다는 뜻이다. 우리는 오순절의 부흥만을 교회의 표준이라고 생각해서는 안된다. 우리는 오순절의 부흥과 동서양에서 있어왔던 역대의 부흥 운동을 매우 사모하지만 지상의 교회는 늘 그런 부흥의 상황 가운데 있지 못해온 것이 현실이다. 따라서 주님은 그들을 표준으로 삼은 것이 아니라 빌라델비아를 표준으로 삼으신 것으로 생각된다.

오순절 부흥의 큰 역사들 이후 이미 바울 사도의 시대의 교회들부터도 대부분 기적적인 큰 능력의 역사가 그리 많지는 않았지만 바울 사도로부터 참된 복음과 진리의 말씀을 잘 배워 진리를 기둥과 터로 하여 세워져갔다(딤전 3:15). 사도 바울은 성도들이 일상생활 가운데, 정상적이고 건강한 가정생활, 직장생활, 사회생활 등에서 주님의 말씀을 빛나게 하는 것이 중요하다고 말했다(엡 5장, 골 3장, 딛 2장 등). 오순절 당시 예루살렘에서 베드로의 설교로 한 번에 수천명씩의 역동적인 구원의 역사와 놀라운 이적과 표적의 역사들, 성도들이 모든 재산을 팔아 구제하며, 매일 이집 저집에서 성찬식을 가지며 모이는 집회 등은 그리 긴 세월 진행되지 않았다. 사도행전은 베드로의 수천명을 구원한 역사도 기록했지만 바울 사도의 빌립보나 아테네에서의 몇 몇 가정이나 몇 몇 사람의 구원받은 것도 기록했다(행 16, 17장 참조).

빌라델비아는 큰 능력은 없는 교회였다. 그렇지만 그들에게는 말씀을 귀하게 여기는 전통이 있었다. 그들은 주님의 작은 한 말씀을 귀히 여겼다. 다윗의 특징은 무엇인가? 그의 시편을 보라! 그는 말씀에 대한 사모함이 가득한 구약의 모본이 되는 성도였다(시 1편, 119편 참조). 시 42:1, "하나님이여 사슴이 시냇물을 찾기에 갈급함 같이 내 영혼이 주를 찾기에 갈급하니이다" 말씀을 귀히 여기며 사모하며 그 말씀을 지키기 위해 대가를 지불하는 성도들이 바로 빌라델비아이다. 그리고 그들에게 있어서 능력은 크지 않았어도 서로를 깊이 사랑했다. 형제 사랑의 교회인 것이다. 주님은 계시록의 일곱 교회 중 이러한 말씀을 귀히 여기며, 순종하며 형제를 거짓없이 사랑하는 빌라델비아 같은 교회를 말세의 귀한 본이 되는 교회로 삼으셨다.

또 그들은 마지막 대환난의 시기에 보호를 해주신다는 약속이 있다. 주님의 인내의 말씀을 지켰은즉, 장차 온 세상에 임할 시험의 때를 면하게 해주겠다고 하신다. 대환난 무렵까지 지상에 있게 될 교회라는 것을 암시한다. 마지막 때의 성도들에게 다시 오실 주님께서 주시는 하나의 귀한 힌트가 있다. 그것은 큰 능력을 행사하는 것보다 작은 능력을 가졌을지라도 그분의 말씀을 신실하게 지키고 그분의 이름을 배반치 않는 것을 기뻐하신다는 것이다.

그들에게는 주님의 재림을 약속하시는데, 이런 교회가 나타날 때가 곧 주님이 다시 오실 때이다. **"내가 속히 임하리니 네가 가진 것을 굳게 잡아 아무나 네 면류관을 빼앗지 못하게 하라"**. 형제를 사랑하는 교회, 주의 말씀을 지키는 교회, 주의 이름을 깨끗한 마음으로 부르는 이러한 교회는 이미 면류관을 가지고 있다. 그러나 거기에 위험이 있다. 부주의하면 빼앗길 수 있기 때문이다. 이러한 교회의 성도들은 가진 것이 대단한 것이 아닌 것 같아 소홀히 하다가 자칫 상급을 잃을 수 있음을 암시한다.

이기는 자는 내 하나님 성전에 기둥이 되게 하고, 그가 결코 다시 나가지 아니할 것이며, 하나님의 이름, 새 예루살렘의 이름, 나의 새 이름을 그이 위에 기록하겠다고 하신다. 빌라델비아 교회의 이기는 자에게 주시는 보상은 가장 큰 칭찬이요 가장 귀한 것이다. 주님께서 매우 기뻐하시는 교회임을 알 수 있다.

"라오디게아 교회의 사자에게 편지하기를"

라오디게아 교회에게 주님은 그분이 '아멘이시며, 충성되고 참된 증인이시며, 하나님의 창조의 근본이신 분'이라고 한다. 라오디게아에 나타나신 주님의 모습은 더욱 근원으로 돌아가신 모습이다. 그들이 차지도 않고 뜨겁지도 않은 미지근한 상태라고 책망하시며 주님의 입에서 토하여 내치리라고 하신다. 주님은 뜨거운 것을 좋아하심을 알 수 있다. 주님에 대한 사랑이든지, 형제 사랑이든지 뜨거워야 한다.

그들은 스스로 부자이고 부요하여 부족한 것이 전혀 없다고 생각하지만, 주님은 그들이 자신의 곤고한 것, 가련한 것, 가난한 것, 눈먼 것, 벌거벗은 것을 알지 못한다고 하시며, 그들에게 불로 연단된 금을 사서 부요하게 하고, 흰옷을 사서 입어 벌거벗은 수치를 보이지 않게 하고, 안약을 사서 보게 하라고 하신다. 라오디게아는 지식과 교리는 충만하지만 실제가 없는 교회이다. 하나님은 그렇게 메마른 지식으로 가득하여 믿음과 열심과 사랑이 미지근한 교회를 매우 싫어하신다.

그런 교회일지라도 주님은 여전히 사랑한다고 하시며 책망하시며 징계한다고 하신다. "내가 내 사랑하는 자를 책망하여 징계하노니 그러므로 네가 열심을 내라, 회개하라"고 하신다. 주님은 문 밖에 서서 두드리시며(그들은 스스로 부족한게 없고 매우 부요하다고 자부했지만 사실상 주님은 라오디게아 교회 문 안에 들어와 계시지 않았다) 누구든지 내 음성을 듣고 문을 열면 내가 그 안에 들어가 그로 더불어 먹고 그도 나로 더불어 먹을 것이라 하신다. 계시록 2, 3장에서 주님은 충성된 한 두 교회 외에 거의 대부분의 교회들에게 회개할 것을 강력히 경고하시며 요청하신다.

라오디게아 교회의 이기는 자는, 아들이 이기고 아버지의 보좌에 앉은 것처럼 아들의 보좌에 앉게 해주겠다고 하신다. 진리를 가지고 있었던 빌라델비아 교회가 눈물과 뜨거운 헌신과 고난과 수고를 잃고 지식과 교리에 떨어지면 라오디게아로 가게 될 것이다. 라오디게아의 미지근한 상태도 주님의 재림을 생각나게 한다. 두아디라, 사데, 빌라델비아, 라오디게아는 주님 오실 때까지 존재하는 교회들이다. 이 교회들에게 보내는 편지는 우리가 어떤 상태로 주님을 맞이하게 될 것인가를 경고하고 있다.[14-22절]

4장

하늘의 광경

요한은 하늘에 열린 문이 있는 것을 보았고 나팔소리 같은 음성이 이리로 올라오라고 하는 것을 들었다. 우리는 여기서 하늘을 본 사람이 있음을 알게 된다. 그는 곧 성령 안에서[2절] 하늘 보좌와 그 보좌 위에 앉으신 자를 보았다. 그 모양이 벽옥과 홍보석 같고 또 녹보석 같은 무지개가 보좌에 둘려 있었다. 그리고 보좌에 둘려 이십사 장로들이 흰옷을 입고 머리에 금 면류관을 쓰고 앉아 있었다.[1-4절] 만물의 근본이시며 창조주이신 전능자 하나님은 자신을 이렇게 그분의 종들에게 나타내신 적이 여러 번 있으시다(사 6장, 겔 1장, 단 10장 등 참조).

보좌 앞의 일곱 영과 네 생물

보좌로부터 번개와 음성과 뇌성이 나고 보좌 앞에 일곱 등불을 켠 것이 있는데 곧 하나님의 일곱 영이었다. 보좌 앞에 수정과 같은 유리 바다가 있고 보좌 주위에 네 생물이 있는데 앞뒤에 눈이 가득하더라고 했다. 네 생물은 모든 것을 볼 수 있는 존재이다. 영원한 하늘 그 세계에 이미 이 세상의 가장 귀한 것들이 다 존재한다. 피조물에게 있어서 눈(시력)은 가장 귀한 것 중 하나인데, 하늘에 눈이 가득하다는 것은 참 기이하다. 이 세상에서 하찮게 보이는 미물이라도 눈이 없는 것이 없다.

여기의 이십사 장로들은 인간 장로들이 아니고 천사 장로들일 가능성이 크다. 그것은 뒤에 나오는 찬송의 내용으로 볼 때 그러하다. 그리고 4장의 시점은 아직 성도들의 휴거 이전으로 보아야 합당하다. 하늘에 각종 보석이 있고, 등불이 있고, 번개 뇌성 등이 있는데, 이것은 물질세계에 있는 것들만이 아니다. 하늘에 이미 지상의 모든 것의 참 원형이 있다고 보아야 한다.[5-6절]

요한이 본 네 생물의 모습은 첫째는 사자, 둘째는 송아지, 셋째는 얼굴이 사람, 넷째는 독수리 같은데, 그 네 생물은 각각 여섯 날개가 있고 그 안과 주위에 눈이 가득하였다. 이는 에스겔 선지자가 본 하늘 보좌의 모습과 매우 흡사하고 이사야 선지자가 본 것과도 비슷한 점들이 있다.[7-8절]

네 생물의 찬양과 이십사 장로들의 찬양의 비교

그리고 그들이 밤낮 찬송하기를, "거룩하다, 거룩하다, 거룩하다, 주 하나님 전능하신 이여, 전에도 계셨고, 이제도 계시고, 장차 오실 자라"하고, 그 네 생물이 영광과 존귀와 감사를 보좌에 앉아 세세토록 사시는 이에게 돌릴 때에[9절], 이십사 장로들이 보좌에 계신 이에게 엎드려 세세토록 사시는 이에게 자기의 면류관을 보좌 앞에 던지며 "우리 주 하나님이여 영광과 존귀와 능력을 받으시는 것이 합당하오니 주께서 만물을 지으셨고 만물이 주의 뜻대로 있었고 또 지으심을 받았나이다" 하였다.[8-11절]

이십사 장로들은 인간의 피조 이전의 천사들 중의 장로들로 볼 수 있으며, 네 생물은 하나님의 또 다른 방면의 종들의 부류로서 주로 심판을 담당한다(6장 이후 참조). 네 생물의 찬양은 감사가 포함되어 있어서 그들은 그리스도의 십자가의 구속의 효과를 얻은 존재들인 것 같다(십자가의 피는 땅의 것들뿐 아니라 하늘의 것들도 구속하여 하나님과 화목케 하셨다고 하였다–골 1:20). 그 비밀은 우리가 다 알 수 없다.

반면에 이십사 장로들의 찬양은 다만 하나님의 창조에 집중되어 있으며, 그 분의 거룩하심과 영광과 존귀와 능력만을 칭송한다. 거기에 감사가 없다. 그러나 네 생물의 찬양에는 그들의 회복과 구속에 대한 감사가 있다.

5장

보좌에 앉으신 이의 오른손에 있는 책

5장에서 요한은 하늘 보좌에서 일어나는 광경을 더욱더 보았다. 이는 보좌에 앉으신 분이 책을 가지고 계시더라는 것이다. 그런데 그 책은 인봉 되어 있었고 아무나 펴거나 인봉을 뗄 자가 없었다. 그 책은 세상에서 장래 일어날 일과 심판에 관한 모든 계획을 기록한 것이라고 보여진다. 계시록은 심판의 책이다. 이 세상의 마지막은 심판이다. 주님의 재림은 심판과 관계가 있다. 초림은 구속주로 오신 반면 재림은 심판주로 오시는 것이다. 요한은 인봉된 책을 펼 자도, 인봉을 뗄 자도 없으므로 너무나 슬퍼서 울었다.[1-4절]

이 책과 일곱 인을 떼실 어린 양

그때 장로 중의 하나가 "울지 말라 유다 지파의 사자 다윗의 뿌리가 이기었으니 이 책과 일곱 인을 떼시리라"고 했다. 또 보니 보좌와 네 생물과 장로들 사이에 어린 양이 섰는데 일곱 뿔과 일곱 눈이 있으니 이 눈은 온 땅에 보내심을 받은 일곱 영이다. 그분이 곧 십자가에 죽으신 예수시다. 그 어린 양이 나와서 보좌에 앉으신 이의 오른손에서 책을 취하셨다. 어린 양 예수는 인자되심을 인하여 심판의 권세를 가지신 분이며(요 5:27), 왕 중의 왕으로서 세상의 모든 움직임을 책임지는 분이시다. 그것이 인봉된 책을 가지고 계시다는 것의 의미이다. 어린 양이 보좌에 앉으신 이의 오른손에서 책을 취했다는 것은 모든 심판의 계획이 다 아버지 하나님께로부터 나온 것이라는 뜻이다. 하늘에도 분명 아들과 아버지의 구별이 존재함을 볼 수 있다.[1-7절]

승천하신 예수께서 세상에 대한 심판과 통치권을 가지심

승천하신 예수의 손으로 책이 옮겨졌다는 사실은 우주 가운데 매우 큰일이다. 예수께서 그 책을 취하시는 것은 세상의 온 심판과 통치권이 아들의 손으로 넘겨지는 위엄의 순간이다. 그러므로 네 생물과 이십사 장로들이 어린 양 앞에 엎드려 경배한다. 이로써 우리는 어린 양이 경배 받으시는 하나님이심을 본다. 각각 거문고와 향이 가득한 금 대접을 가졌으니 이 향은 성도들의 기도들이었다. 이로써 심판은 아버지의 계획과 성도들의 기도의 총합이라고 보아야 한다. 한 사람 한 사람 성도들의 기도가 더해져 아버지의 심판이 결정된다. 그리고 아버지의 심판을 포함한 모든 계획은 거룩하고 의로우시므로 찬양을 받기에 합당하다(계 16:5).[8절]

새 노래로 어린 양을 찬미함

따라서 그들은 새 노래를 노래하면서 **"책을 가지시고 인봉을 떼시기에 합당하도다 일찍 죽임을 당하시고 각 족속과 방언과 백성 가운데 사람들을 피로 사서 하나님께 드리시고 저희로 왕국과 제사장으로 삼으셨으니 그들이 땅에서 왕 노릇 하리로다"**라고 한다. 심판의 결과는 성도들이 온 세상을 다스리며 하나님을 섬기는 제사장 나라가 되는 것이다.[9-10절]

또 요한이 보고 들으니 보좌와 생물들과 장로들을 둘러싼 천천만만의 천사들이 큰 음성으로 **"죽임을 당하신 어린 양이 능력과 부와 지혜와 힘과 능력과 영광과 찬송을 받으시기에 합당하시도다"** 하고 하늘과 땅 위의 모든 만물들이 보좌에 계신 이와 어린 양에게 **"찬송과 존귀와 능력을 세세토록 돌릴지어다"** 하니 네 생물은 **"아멘"** 하고 장로들은 엎드려 경배하였다. 하나님은 경륜과 역사가 있으신 하나님이시다. 심판은 그분의 완전한 역사를 이루시는 하나의 과정이다. 하나님은 찬양 받기에 합당하신 분이다. 그러나 구속받은 성도들이 보좌를 둘러싸기 전까지는 그분에 대한 찬양이 아직 부족하다![11-14절]

6장

첫째 인-흰 말과 그 탄 자[복음]

6장부터는 어린 양께서 인을 하나씩 떼시는 것이 나온다. 네 생물 중 하나가 우레소리같이 말한다. **"오라."** 요한이 보니 맨 첫 번째 인을 뗀 후 흰 말이 달려 나오는데, 그 탄 자가 활을 가졌고 면류관을 받고 나가서 이기고 또 이기려고 했다. 이는 복음을 가리킨다고 보는 것이 가장 타당하다. 화살이 없다는 것은 이미 화살을 쏘았다는 뜻이고 대적(사탄)의 염통을 뚫었다는 것이며, 이 복음은 면류관을 받은 영광의 복음이고 또 구원을 주시는 하나님의 능력이 있기에 승리하고 또 승리한다(딤전 1:11, 마 28:18-20, 요 17:2).[1-2절]

둘째 인-붉은 말과 그 탄 자[전쟁]

둘째 인을 떼실 때에 요한이 들으니 둘째 생물이 말하기를 **"오라."** 하니 붉은 다른 말이 나왔다. 그 탄 자가 허락을 받아 땅에서 화평을 제하고 서로 죽이게 하고 또 큰 칼을 받았다고 한다. 그것은 전쟁이다.

주 예수님께서 승천하시어 아버지로부터 인봉된 책을 받아 펴시면서 복음을 위한 말이 달리기 시작한다. 첫째 말인 복음이 달릴 때 복음의 뒤를 이어 전쟁의 말이 달린다. 붉은 말은 땅의 화평을 없애고 서로 죽이는 일을 하는데, 이것이 전쟁이 아니고 무엇인가? 실상 복음과 전쟁은 함께 간다. 사실 네 말은 사두경마처럼 거의 함께 달린다고 보아야 한다. 복음, 전쟁, 기근, 사망이다.[3-4절]

세째 인-검은 말과 그 탄 자[기근]

세째 인은 검은 말인데 그 탄 자가 손에 저울을 가졌다. 네 생물 사이에서 나오는 음성이 **"한 데나리온에 밀 한 되요 한 데나리온에 보리 석 되로다 포도주와 감람유는 해치 말라"**고 했다. 이것은 지독한 흉년으로 말미암은 기근이다. 한 데나리온은 당시 하루 품삯인데 그걸로 밀 한 되밖에 살 수 없으니 얼마나 먹고 살기가 힘든가?[5-6절]

네째 인-청황색 말과 그 탄 자[사망]

네째 인은 청황색 말인데 그 탄 자의 이름은 사망이다. 그런데 음부가 그 뒤를 따르고 저희가 땅 사분지 일을 검과 흉년과 사망과 땅의 짐승으로 죽이더라고 했다. 즉 네 마리의 말은 사실 심판인 것이다. 첫 번째 말 이외에는 다 이름을 붙여 성경이 친히 해석을 해주었다. 그러나 첫 번째 말을 탄 자는 비밀로 두었다. 첫 번째 말(복음)은 사람들에게 알려지지 않고 세 말 앞에서 달리는 말이기 때문이다. 복음이 전쟁과 기근과 사망과 함께 달린다는 것은 누구도 깨닫지 못한다. 복음은 매우 적극적인 것이지만 또한 심판을 포함하고 있음을 알아야 한다(요 9:39, "내가 심판하러 이 세상에 왔으니", 요 16:8, 눅 12:8). 주님께서 승천하신 후 인을 떼시는데, 이 세상에는 한편으로 그리스도의 영광의 복음이 전파되는 동시에 심판이 진행된다.[7-8절]

다섯째 인-순교자들의 부르짖음

다섯째 인을 떼실 때에 요한이 보니 하나님의 말씀과 그들의 가진 증거를 인하여 죽임을 당한 영혼들, 즉 순교자들이 제단 아래서 큰 소리로 부르짖고 있었다. 그 내용은 주로 땅의 원수들을 심판해달라는 것이다. "참되신 대주재여, 땅에 거하는 자들을 심판하여 우리 피를 신원하여 주지 아니하시기를 어느 때까지 하시려나이까?" 그때 주님은 그들 각각에게 흰 두루마기를 주시며 죽임당할 형제들과 주의 종들의 수가 차기까지 기다리라고 하신다. 아직 결정적인 주의 심판(원수를 갚아주시는 신원의 일)이 임하지 않는 것은 순교자들의 수가 차지 않았기 때문이라고 볼 수 있다.[9-11절]

여섯째 인-천체의 변동

여섯째 인을 떼시니 큰 지진이 나고, 해가 털로 만든 상복같이 검어지고, 달이 피같이 되며, 대풍에 과일들이 떨어지듯이 별들이 떨어지며, 하늘이 종이 축같이 말리며 떠나가고, 산과 섬들이 제 자리에서 옮겨지는 것이 보였다. 이런 천

재지변이 마지막 시대에 일어난다는 뜻이다. 때에 땅의 왕족들과 장군들, 부자들, 강한 자들과 심지어 종과 자유자들이 굴과 바위틈에 숨어 산과 바위에게 보좌에 앉으신 분과 어린 양의 진노에서 우리를 가려 달라고 외친다. 이것은 세상의 마지막에 주님의 재림 직전에 있을 현상들로 보아야 한다. 세상 사람들은 그제서야 이 모든 것이 보좌에 계신 분과 어린 양 예수로부터 오는 진노라는 것을 알게 된다. 하나님과 어린 양이 진노하시는 날 상상할 수 없는 천체의 변동이 있게 된다. 이 여섯째 인의 어마어마한 천체의 변동은 다섯째 인의 순교자들의 기도의 응답의 전주곡이라고 볼 수 있다.[9-17절]

7장

여섯째 인과 일곱째 인 사이의 삽입부

7장은 6장의 일곱 인 중 여섯째 인을 뗀 것과 8장의 일곱째 인을 떼는 것 사이의 삽입부이다. 6장에는 다섯째 인의 순교자들의 기도가 있고, 그 응답으로 대대적인 심판이 임하기(일곱 나팔로 구성된 일곱째 인) 전에, 그분의 택한 백성들 중 남은 자들에 대한 보호와 긍휼히 여기심(인을 치심으로 구원하심)을 기록한다.[1-4절]

이스라엘 열두 지파에서 인치심을 받은 십사만 사천 명

네 천사가 땅 네 모퉁이에 서서 땅 사방의 바람을 붙잡아 땅에나 바다에나 각종 나무에 불지 못하게 하고 있다. 이것은 하나님의 심판이 먼저는 산천초목과 땅과 바다부터 임할 것임을 암시한다. 하나님의 진노가 사람에게 직접 임하기 전 그 주위 환경에 임하는 것이다. 그렇게 일단 지상에 임할 심판 이전에, 다른 천사가 살아계신 하나님의 인을 가지고 해 돋는 데로부터 땅과 바다를 해롭게 할 권세를 얻은 네 천사를 향하여 **"우리가 하나님의 종들의 이마에 인치기까지 땅이나 바다나 나무나 해하지 말라"**고 외친다. 요한이 그때 인 맞은 자의 수를 들으니 십사만 사천이다. 유다, 르우벤, 갓, 아셀, 납달리, 므낫세, 시므온, 레위, 잇사갈, 스불론, 요셉, 베냐민 열두 지파에서 각각 일만 이천씩 도합 십사만 사천이다. 이들은 다윗의 왕국에서 그리스도와 함께 다스릴 이스라엘 백성이 될 것이다.[5-8절]

큰 환난에서 나온 무리의 찬양

그런데 9절부터는 매우 기이한 일이 발생한다. 이들은 분명히 유대인이 아니다. 각 나라와 족속과 백성과 방언이라고 했기에 이들은 분명 이방인 가운데서 휴거된 자들이다. 즉 여섯째 인과 일곱째 인(일곱 나팔) 사이에 휴거가 있게 될 것이라는 예언이다. 여기서 우리는 하늘의 광경 가운데 휴거 된 자들을 본다. 그런데 이들은 어떤 사람들인가? 승리자들이다. 교회 시대에 아무렇게나 생활한 패배자들이 아니다. 첫째로 그들은 흰 옷을 입었고(희다는 것은 하나님 앞에 인정되고 의롭게 되었다는 증거이다), 손에 종려나무 가지를 들었다(이는 승리의 상징이다). 또한 그들은 보좌와 어린 양 앞에 서 있다. 이것은 누가복음 21장 36절의 내용과 맥을 같이 한다. 모든 그리스도인이 그날 온 지구상에 임하는 환난을 피하고 인자 앞에 설 수 있는 것이 아니라, 오직 항상 기도하며 깨어 있는 자들이 인자 앞에 서는 것이다[계 12:5 참조]. 이들의 찬양을 보라! 이들의 찬양은 하나님께서 기뻐하시는 수준에 이른 찬양이다. 그들의 찬양 가운데는 구원이 나온다. 네 생물조차도 구원에 대한 찬양은 없었다. 이들은 분명 땅에서 구속함을 받은 하나님의 자녀들이다. 그들은 분명하게 하나님과 구원자이신 어린 양을 노래한다.[9-10절]

모든 천사의 화답하는 찬양

그때(구속받고 승리한 성도들의 찬양 후) 모든 천사가 보좌와 장로들과 네 생물의 주위에 섰다가 보좌 앞에 엎드려 얼굴을 대고 하나님께 경배하며 찬미한다. **"아멘, 찬송과 영광과 지혜와 감사와 존귀와 능력과 힘이 우리 하나님께 세세토록 있을지로다 아멘"**[12절]. 여기서 볼 때 이기는 성도들의 휴거 후 찬송의 주체가 천사들이나 네 생물이 아니라, 심지어 장로들이 아니라 구원받은 성도들인 것을 본다(엡 1장). 그들의 찬양에 따라 나머지는 화답하고 있다. 4, 5장의 장로들이 천사 장로라는 말에 쉽게 동의하지 못하는 사람들은 이 구절들(7:9-11)을 유심히 묵상하면 왜 그들을 천사 장로라고 하는지 이해할 것이다. 그들은 이제 막 휴거된 하늘의 새로운 찬양자들의 찬양에 화답하여 하나님께 경배하면서 크게 화답의 찬양을 드리고 있다.

다음 구절들은 더욱더 우리의 이해를 돕는다. 장로들 중 하나가 요한에게 묻는다. **"이 흰 옷 입은 자들이 누구며 또 어디서 왔느뇨?"**[13절] 여기서 우리는 장로 중 하나가 그 흰 옷을 입은 무리 중에 있는 사람이 아니라는 것을 알게 된다. 요한은 잘 몰랐다. 그러므로 **"당신이 알리이다"**라고 했고, 그 장로는, **"이는 큰 환난에서 나오는 자들인데 어린 양의 피에 그 옷을 씻어 희게 하였느니라 그러므로 그들이 하나님의 보좌 앞에 있고 그의 성전에서 밤낮 하나님을 섬기매 보좌에 앉으신 이가 그들 위에 장막을 치시리니 저희가 다시 주리지도 아니하며 목마르지도 아니하고 해나 아무 뜨거운 기운에 상하지 아니할지니 이는 보좌에 계신 어린 양이 저희의 목자가 되사 생명수 샘으로 인도하시고 하나님께서 저희 눈에서 모든 눈물을 씻어 주실 것임이라"**[14-17절]고 말한다.

이들에 대하여 한 마디로 정의하기는 어렵다. 그러나 두 유형의 사람들이 다 포함되어 있다. 하나는 12장의 사내아이의 성질과 비슷하고, 다른 하나는 21장 이후의 영세의 성도들과도 같은 성질이 있다. 그러므로 이들은 첫째는 이기는 자들이요, 둘째는 온 교회의 휴거의 모습을 동시에 보여준다고 볼 수 있다. 천 년 동안 왕 노릇 할 이기는 자들은 결국 천 년 후 모든 구원받은 성도들과 하나로 합하게 되기 때문이다. 7장 전반은 지상에서 인(印)을 받아 보호받을 유대인들이고, 후반은 하늘 보좌로 휴거된 교회이다.

8장

일곱째 인의 내용-일곱 나팔

계시록은 주로 심판을 다루고 있다. 6장은 그리스도의 승천 이후 2천 년 동안의 심판의 내용이며, 일곱 째 인(일곱 나팔로 구성됨)은 주로 마지막 시대의 대환난을 포함한다. 즉 2천 년 동안의 역사는 여섯 인(인은 공개된 것이 아니다) 안에 포함된 내용이고, 일곱째 인의 일곱 나팔은 뭔가 공개되기 시작하는 심판이다. 이때는 사람이 알게 된다. 인은 감춰어진 내용이고 나팔은 전체에 공개적으로 알리는 것이기 때문이다.

일곱째 인과 금 향로

일곱째 인을 떼기 전 반 시간 정도 고요함이 있다. 그것은 큰일이 임하기 전의 폭풍 전야 같은 긴장감 있는 고요이다. 그러다 하나님 앞에 시위한 일곱 천사가 일곱 나팔을 받았다. 그때 또 다른 천사(신약의 은혜 시대가 마감하기에 그리스도께서 구약의 여호와의 사자로 표현되신 것이다)가 제단 곁에 서서 금향로를 가지시고 많은 향을 받으셨는데, 이는 모든 성도의 기도들과 합하여 보좌 앞 금단에 드리고자 함이다. 향연이 성도의 기도와 함께 그 천사의 손으로부터 하나님 앞으로 올라갔다[4절]. 천사가 향로를 가지고 단 위의 불을 담아다가 땅에 쏟으니 뇌성, 음성, 번개, 지진이 났다. 여기서 우리가 볼 수 있는 것은 하나님의 심판을 포함하여 모든 일의 집행은 그리스도의 손을 통하여 이루어짐을 볼 수 있으며, 또한 마지막 때의 심판을 위해서는 성도들의 기도가 필수임을 알 수 있다. 이제 바로 심판이 시작된다.[1-5절]

첫째 나팔-땅의 삼분지 일에 대한 심판

첫째 천사가 나팔을 부니 피 섞인 우박과 불이 나서 땅에 쏟아지매 땅의 삼분지 일, 수목, 푸른 풀도 타서 사위었다.[7절]

둘째 나팔-바다의 삼분지 일에 대한 심판

둘째 천사가 나팔을 부니 불붙는 산 같은 것이 바다에 던지우니 바다의 삼분지 일이 피가 되고 바다 가운데 생명 있는 것들의 삼분지 일이 죽고 배들의 삼분지 일이 파선된다.[8-9절]

셋째 나팔-큰 별이 하늘에서 떨어져 강들의 삼분지 일과 여러 물샘에 떨어짐

셋째 천사가 나팔을 부니 큰 별이 하늘에서 떨어져 강들의 삼분지 일과 여러 물샘에 떨어졌다. 그 별 이름은 쑥이라고 한다. 물들이 쓰게 되어 많은 사람들이 죽었다.[10-11절]

넷째 나팔-해, 달, 별들의 삼분지 일이 침을 받음

넷째 천사가 나팔을 부니 해 삼분지 일과 달 삼분지 일과 별들 삼분지 일이 침을 받아 어두워져서 낮 삼분지 일이 어두워지고 밤 삼분지 일도 그렇게 되었다. 이 넷째 나팔까지도 모든 심판이 인간에 대하여 간접적이었다.[12절]

이제 본격적인 사람에 대한 심판은 다섯째 나팔부터이다. **"공중에 날아가는 독수리가 큰 소리로 땅에 거하는 자들에게 화, 화, 화가 있으리로다 이외에도 세 천사의 불 나팔소리를 인함이로다"**[13절]. 다섯째 나팔부터 일곱째 나팔이 시대 말에 있을 대환난을 구성한다.

9장

다섯째 나팔-무저갱에서 적그리스도가 나옴

다섯째 천사의 나팔부터는 지상에 임할 대환난이다. 대환난은 적그리스도의 출현부터 시작된다. 적그리스도는 무저갱에서 나온다. 누가 무저갱에서 적그리스도를 끌어올리는가? 그것은 바로 하늘에서 땅에 떨어진 별(겔 28:14-18 참조), 즉 마귀이다. 그 자가 받은 열쇠로 무저갱을 여니 거기서 황충이 나오는데 전갈과 같은 권세를 받았다. 다섯째 천사가 그자에게 푸른 나무와 풀, 수목은 해하지 말고 하나님의 인을 맞지 아니한 자들만 해하라고 했다. 그러나 죽이지는 못하게 하고 다섯 달 동안 괴롭게만 하게 하는데 그 괴롭게 함이 전갈이 사람을 쏠 때와 같더라고 했다. 그날에는 사람들이 죽고 싶어도 죽음이 그들을 피한다고 하였다. 이로 보건대 장차 온 땅에 임할 대환난은 유대인부터 시작되는 것 같다(7장 참조).

황충들의 모습은 기이하여 전쟁을 위한 말들과 같고 그 머리에 면류관 같은 것을 쓰고 얼굴은 사람의 얼굴 같고 또 여자의 머리털 같은 머리털이 있으며 그 이빨은 사자의 이 같고 철흉갑 같은 흉갑을 입고 날개가 있어서 병거와 말들이 전장으로 달려 들어가는 소리 같고 전갈과 같이 쏘는 살이 있어서 다섯 달 동안 사람을 괴롭히는 권세가 있다. 그들 가운데 왕이 있는데 무저갱의 사자요 히브리 음으로 아바돈, 헬라어로 아블루온(파괴자)이다. 그 자가 바로 적그리스도이다.[1-11절]

여섯째 나팔-동방에서 오는 마병대

여섯째 천사가 나팔을 불었다. 다섯째까지는 아직 사람을 죽이지는 못하게 하고 괴롭게만 하였지만 여섯째부터는 살육이 시작된다. 하나님의 금단에서 소리가 나서 유브라데에 결박된 네 천사를 풀어주라고 하니 그들이 놓였는데, 그들은 그 년 월 일 시에 사람 삼분지 일을 죽이기로 예비한 자들이다.

마병대가 있는데 그들의 수가 이억이었다. 그 마병대의 모습은 다섯째와 달리 말도 있고 탄 자들도 있다. 그 탄 자들은 불빛과 자주빛과 유황빛 흉갑이 있고 말들의 머리는 사자 같고 그 입에서 불과 유황이 나왔다. 그 입에서 나오는 불과 연기와 유황으로 인하여 사람 삼분지 일이 죽임을 당했다. 넷째 인까지 사분지 일의 사람들이 죽은 것은 이천 년 이상에 걸친 전쟁으로 인한 것이다. 그러나 대환난은 일 년, 일 개월, 하루, 한 시간이니, 13개월 남짓한 시간에 지상의 인구 삼분지 일이 죽는다. 그 말들의 입과 꼬리에 힘이 있는데 꼬리는 마치 뱀 같아서 그것으로 사람들을 해치고 죽인다.

이 재앙으로 죽지 않은 사람들이 있는데, 그들은 그런 상황을 보고도 회개하지 않고 오히려 귀신에게, 우상에게 절하고, 그들의 살인과 복술(오늘날도 소위 예언한다고 하면서 무당 노릇을 하는 자들의 일은 이 복술에 해당한다)과 음행과 도적질을 회개하지 않았다. 다섯째 나팔의 전갈이 괴롭게 할 때 회개하면 좋을 텐데, 인구 삼분지 일이 죽는 참혹한 전쟁을 만나도 사람들은 우상에서 돌아서지 않는다. 여기서 그 마병대의 복장은 모두가 현대의 핵무기를 장착한 것처럼 보여진다. 마지막 전쟁은 핵무기가 경량화되다 못해 개개인이 무기화되는 것이 아닌가 생각된다. 게다가 이들 마병대는 실제의 사람이 아닌 인공지능의 기계 인간이 아닐까?[12-21절]

10장

힘센 천사와 작은 책

여섯째 나팔과 일곱째 나팔 사이에 10장이 삽입된다. 일곱째 나팔은 인류를 향한 마지막 나팔이고, 그 나팔이 울림과 동시에 그리스도께서 재림하신다. 그리스도의 재림은 여섯째 나팔 이후부터 시작된다고 말하고 있다. 물론 지상 재림은 환난이 끝난 이후이지만, 환난의 마지막 부분부터 주님은 하늘 보좌를 떠나기 시작하시는 것 같다. 신약 성경에 주님의 재림에 관한 단어가 몇 있는데, 그중 가장 많이 쓰이는 단어가 '파루시아'이다. 파루시아는 임재라는 뜻이며, 주님의 재림은 주님이 보좌로부터 지상에 나타나시는 때까지의 전체 기간을 가리킨다.

10장 1절의 구름을 입고 그 머리 위에 무지개가 있으며 얼굴이 해 같고 그 발은 불기둥 같은 힘센 다른 천사는 다름 아닌 그리스도시다(그리스도 외에는 이러한 천사가 있을 수 없다). 따라서 그분은 여섯째 나팔 이후, 즉 환난의 중간 지점부터 보좌를 떠나시는 것으로 보인다. 그분이 손에 작은 책을 들고 오른 발은 바다를, 왼 발은 땅을 밟고 사자의 부르짖는 것같이 큰 소리로 외치니 외칠 때 일곱 우레가 그 소리를 발했다. 힘센 천사라는 호칭 때문에 그리스도로 보기 어려워하는 사람들이 혹 있으나 구약에서는 많은 곳에서 그리스도를 천사(사자)로 표현한 것을 볼 수 있다(Angel of Jehovah, 출 3:2 등). 일곱 우레가 발할 때 요한이 그 내용을 기록하려고 하다가 들으니 하늘에서 소리가 나기를 일곱 우레가 말한 것을 인봉하고 기록하지 말라고 하였다. 사도 바울도 낙원에 갔을 때 말하는 것이 허락되지 않은 말씀을 들은 적이 있다(a man is not permitted to speak, 고후 12:4).

하늘과 땅을 밟았다는 것은 밟은 분이 그것들의 소유주임을 말한다. 그 밟고 서 있는 천사가 하늘을 향하여 오른손을 들고 하나님 아버지 곧 세세토록 살아계신 자 곧 하늘과 그 가운데 모든 것, 땅과 그 가운데 모든 것, 바다와 그 가운데 모든 것을 지으신 분에게 맹세하기를, 지체하지 아니하리니 일곱째 천사가 나팔을 불게 될 때에 하나님의 비밀이 선지자들에게 전하신 복음과 같이 이루리라고 했다. 하나님의 모든 뜻이 이루어지는 마지막 나팔을 불기 전, 그분의 재림을 목전에 두고 그분은 그분의 지상의 재림에 대하여 성부 하나님께 보고와 선서를 하시는 듯하다.

하늘에서 말씀하시던 음성이 또 요한에게 말하기를, **"하늘과 땅을 밟고 서 있는 천사의 손에 펴놓인 책을 가지라"** 하기에 요한이 천사에게 나아가 작은 책을 달라 하니 그가 주시면서 **"갖다 먹어버리라 네 배에는 쓰나 네 입에는 꿀같이 달리라"** 하여 갖다 먹으니 그대로 되었다. 그 천사가 말하기를 **"네가 많은 백성과 나라와 방언과 임금에게 다시 예언하여야 하리라"**고 했다. 지금까지 예언한 것에 이어 요한이 예언한 작은 책의 내용은 주로 일곱 나팔의 내용으로서 그분의 재림을 포함한 12-22장까지 계시록의 남은 모든 예언의 내용들이다. 하나님의 말씀이기에 입에는 달지만, 그 내용이 세상에 대한 심판이 주된 것이기에 배에서는 쓰게 된다.[1-11절]

11장

두 증인

11장은 본격적으로 대환난에 대하여 다루기 시작한다. 대환난은 인류의 마지막 환난이다. 그 이후 그리스도께서 재림하시며, 그러면 세상 나라는 주와 그 그리스도의 나라가 된다[15절]. 먼저 주님은 요한에게 하나님의 성전과 제단과 그 안에서 경배하는 자들을 척량하라고 하신다. 그러나 성전 밖 마당은 척량하지 말라고 하신다. 이것을 이방인들에게 주셨으니 그들이 마흔 두 달 동안 짓밟으리라고 하신다. 이 마흔 두 달이 대환난의 기간이다. 이 기간에 가장 극심한 고통과 환난에 놓여지는 것이 예루살렘이고 유대인들이다. 유대인은 온 세상의 중심이다. 이는 9장의 다섯째 나팔의 상황에 연결된다.

성전에서 경배하는 자들은 틀림없이 대환난 전 휴거된 충성된 이기는 자들로서 온 세상에 미치는 환난에서 보호받은 자들일 것이다(눅 21:36, 계 3:10). 즉 대환난 이전에 충성되고 깨어있는 자들은 미리 하늘 성전으로 휴거됨을 말해준다. 따라서 여기의 성전은 하늘의 성전이며, 성전 마당은 지상의 예루살렘을 의미한다. 하나님은 그분의 것(하늘에 있는 것들일지라도)을 반드시 척량하시어 소유하신다(계 21:15).

그때 두 증인이 나타나는데 그들은 대환난 동안 예언하도록 세워진 자들이다. 그들은 굵은 베옷을 입고 일천 이백 육십 일을 예언할 것이다. 그들은 하나님 앞에 서 있는 두 감람나무와 두 촛대이다. 감람나무와 촛대는 스가랴서에도 나온다(슥 4장 참조, 특히 14절을 주의하시오). 구약에서도 두 감람나무는 가장 어려울 때 하나님을 위해 쓰임받은 종들이었다. 만일 누구든지 그들을 해하려 하면 그들의 입에서 불이 나와 원수를 소멸할 것이다. 이들은 권세를 가지고 하늘을 닫아 그 예언하는 날 동안 비 오지 못하게 하고, 물을 변하여 피가 되게 하고, 아무 때든지 원하는 대로 여러 재앙으로 땅을 칠 것이다.

그러나 증거를 마칠 때에 무저갱에서 나온 짐승(적그리스도)이 두 증인을 죽이게 되는데, 그들의 시체가 큰 성 길에 있게 되니 그 성은 영적으로는 소돔이고 애굽이라고도 하니 주님이 십자가에 못 박히신 곳이다. 따라서 그곳은 예루살렘이며 마지막 때에 예루살렘이 극히 타락할 것을 암시한다. 그곳은 애굽처럼 세상적이 되고, 소돔처럼 음란한 곳이 된다. 그 두 증인의 일은 구약의 엘리야 선지자의 일과 같고 모세의 일과 같다. 대환난 기간에 그들의 영을 가진 선지자들이 다시 한 번 나타나 마지막으로 예언을 하여 사람들로 하여금 잘못을 깨우치며 회개를 하도록 촉구한다.

여러 백성들과 족속들과 방언과 나라 중에서 사람들이 그 시체를 사흘 반 동안을 목도하며 무덤에 장사하지 못하게 할 것이다. 이 두 선지자가 땅에 거하는 자들을 괴롭게 한 고로 땅에 거하는 자들이 저희 죽음을 즐거워하고 기뻐하여 서로 예물을 보낼 것이다.

그런데 삼 일 반 후에 하나님께로부터 생기가 그들 속에 들어가니 그들이 두 발로 일어서게 되고, 많은 사람이 두려워하게 된다. 하늘로부터 큰 음성이 있어 **"이리로 올라오라!"** 하는 것을 듣고 구름을 타고 하늘로 올라가니 그 원수들도 구경했다. 바로 그 시에 큰 지진이 나며 성 십분지 일이 무너지고 지진에 죽은 자들이 7천 명이었다. 그 남은 자들이 두려워하여 영광을 하늘의 하나님께 돌리게 된다. 둘째 화는 지나갔으나 셋째 화가 속히 이른다고 하면서 일곱째 천사가 나팔을 분다. 여섯째와 일곱째 나팔 사이에 있을 일들이다. 즉 그리스도의 선서와 두 감람나무[두 증인]의 출현이다.[1-14절]

일곱째 나팔-세상 나라가 우리 주와 그 그리스도의 나라가 되다

15절에서 일곱 째 천사가 나팔을 부니 그때 하늘에서 큰 음성이 나는데, **"세상 나라가 우리 주와 그 그리스도의 나라가 되어 그가 세세토록 왕 노릇 하시리로다"** 하니 하나님 앞에 자기 보좌에 앉은 이십사 장로들이 엎드려 얼굴을 대고 하나님께 경배하여 말하기를, **"감사하옵나니 전에도 계시고 이제도 계신 주 하나님 곧 전능하신 이여 친히 권능을 잡으시고 왕 노릇 하시도다 이방들이 분노하매 주의 진노가 임하여 죽은 자를 심판하시며 종 선지자들과 성도들과 또 무론대소하고 주의 이름을 경외하는 자들에게 상 주시며 또 땅을 망하게 하는 자들을 멸망시키실 때로소이다."**[15-18절]

이것이 일곱째 나팔의 내용이며, 나머지 22장까지의 제목과도 같다. 이곳에서도 확인할 수 있는 것은 성도들 모두가 상을 받는 것이 아니라는 것이다(19장 혼인잔치 신부의 모습 참조). 오직 하나님을 경외하는 자들만이 상을 받는다. 오늘날 믿는다고 하면서 하나님을 경외하지 않고 제멋대로 행하는 자들이 많다. 이에 하늘의 하나님의 성전이 열리고 성전 안의 언약궤가 보이며 번개, 음성, 뇌성, 지진, 큰 우박이 있었다. 11장은 하늘의 성전과 지상의 상황이 함께 펼쳐진다(1, 2절, 하나님의 성전과 제단, 성전 밖 마당).[19절]

12장

여자-하나님의 백성

계시록은 6장부터 11장까지가 대략적인 전체의 내용이고, 12장부터 22장까지는 세부적이고 중요한 사항들을 하나하나 자세히 말하고 있다. 이것을 알지 못하고 계시록을 읽으면 아무리 읽어도 내용을 이해하기가 어렵다.

하늘에 큰 이적(헬라어로 세메이온, 표적)이 보였다. 이는 하나의 표적과 상징으로서 하나님께서 우주 가운데서 행하시는 가장 큰일을 보이신 것이다. 여기에 한 여자가 나온다. 해를 입었고 발 아래는 달이 있고 그 머리에 열두 별의 면류관을 썼다. 그녀는 말할 것 없이 교회를 뜻한다. 물론 이 교회는 구약의 이스라엘(열두 별은 이스라엘 열두 지파를 뜻함)과 신약의 교회를 다 포함한다. 해는 주 예수님의 신약 시대를 말하고 달은 모세의 구약 시대를 말한다(요 1:17). 그럼 이 여인이 하는 일은 무엇인가? 주로 고통하며 해산하는 것이다. **"아이를 배어 해산하게 되매 아파서 애써 부르짖더라"**. 여기에는 교회의 모든 고난이 포함된다(롬 8:35-39). 구약으로부터 사도들을 포함한 신약의 교회는 사내 아이 하나를 출산하기 위해 고난을 당하고 있다.[1-2절]

붉은 용-사탄

또 다른 이적은 큰 붉은 용이다. 이는 의심할 것 없이 하나님의 대적 마귀이다. 9절에 분명히 그 신분을 밝혔다(옛뱀, 마귀, 사단, 온 천하를 꾀는 자). 그 자는 머리가 일곱이요 일곱 면류관을 썼다. 그 자도 분명 장군임에는 틀림없고 수많은 부하들을 거느린 자이다. 그러나 그 자는 일곱 머리이니 다중 인격자이다. 그 머릿속에 일곱 뱀의 착상들이 들어 있으니 그러하다. 오늘날 성도들은 어린아이처럼 단순해야지 그 속에 뱀이 우글거리듯이 복잡한 사람이 되어서는 안 된다. 그 용의 하는 일의 방법이 매우 다양하고 복잡하지만 그 목적은 단일하다. 그것은 여자 앞에 있다가 그녀가 해산하면 그 아이를 삼키고자 하는 것이다. 오늘날 교회의 일은 한 가지, 이기는 자들을 산출하는 것이고, 마귀의 하는 일은 충성된 성도들을 실패하고 넘어지도록 유혹하고 핍박하는 것이다(딤후 2:1-13, 계 2-3장 참조). 그러나 결국 그들에 의해 마귀는 굴복되며(고후 10:3-6) 여자의 후손은 뱀의 머리를 상하게 한다(창 3:15).

사내아이-이기는 자

결국 그녀는 아이를 출산했는데, 그는 장차 철장으로 만국을 다스릴 남자이며 하나님 앞과 보좌 앞으로 올려갔다(계 3:26, 7:9, 눅 21:36). 용이 결국은 그를 삼키지 못한 것이다. 그 여자는 광야로 도망을 가게 되는데, 광야가 어디인지 모르지만 하나님은 대환난(1260일) 동안 그들을 양육하고 보호하기 위한 장소를 예비하셨다. 그 여자는 일반적인 성도들로 이루어진 교회를 가리킨다.[5-6절]

하늘에서의 전쟁-미가엘과 용이 싸우다

이기는 자들(사내아이)이 휴거된 후 하늘에서 전쟁이 벌어졌다. 이기는 자들은 진리를 가지고 있기에(요일 2:14) 그 자의 모든 궤계를 알고 있으며, 엄위한 권위를 갖고 명령을 내릴 것이며, 미가엘과 선한 천사들이 싸움의 전사들이 될 것이다. 그때 하늘로부터 마귀가 땅으로 내어쫓기게 된다. 어디든지 이기는 성도들이 있을 때 마귀는 쫓겨난다(눅 10:17-19참조). 이것은 주 예수님과 사도들이 사역할 때 있었던 광경이며, 그들이 하늘로 갈 때 장래 하늘에서 있을 상황이다. 이때는 아직 그리스도의 재림 이전이며 대환난의 시작 시점으로 본다.[7-9절]

승리의 큰 음성

그가 내어쫓기니 하늘에서 큰 음성이 있게 된다. **"이제 우리 하나님의 구원과 능력과 나라와 또 그의 그리스도의 권세가 이루었으니 우리 형제들을 참소하던 자 곧 우리 하나님 앞에서 밤낮 참소하던 자가 쫓겨났고 또 여러 형제가 어린 양의 피와 자기의 증거하는 말을 인하여 저를 이기었으니 그들은 죽기까지 자기 생명을 아끼지 아니하였도다"**. 그들의 승리는 어린 양의 피와 자기들의 증거하는 말을 인함이다.[10-11절]

하늘에서 내어쫓긴 용이 여자를 핍박하다

12절은 하늘과 그 가운데 거하는 자들은 즐거워하라고 한다. 그러나 땅과 바다는 화가 있는데, 이는 마귀가 자기의 때가 얼마 남지 않은 줄 알므로 크게 분내어 그들에게 내려갔기 때문이다. 용은 자기가 땅으로 내어쫓긴 것을 보고 남자를 낳은 여자를 핍박하였다. 그러므로 여기서 여자가 낳은 사내아이는 하늘로, 대다수의 성도들인 여자 자신은 땅에 남아 있음을 분명히 확인할 수 있으며, 여자는 독수리의 날개를 받아 광야 자기 곳으로 날아가서 거기서 그 뱀의 낯을 피하여 한 때와 두 때와 반 때(삼 년 반)를 양육받게 된다.

여자의 뒤에서 뱀이 그 입으로 물을 강같이 토하여 물에 떠내려가게 하려 하되(물은 군대를 상징한다) 땅이 입을 벌려 토한 강물을 삼키니(땅이 갈라져 큰 군대를 삼켜버린다는 뜻이다), 용이 여자에게 분노하여 돌아가서 그 여자의 남은 자손 곧 하나님의 계명을 지키고 예수의 증거를 가진 자들로 더불어 싸우려고 모래 위에 섰다.

여기서 하나님의 계명을 지키는 자들은 유대인들일 것이며 예수의 증거를 가진 자들은 신약의 성도들일 것이다. 하나님께서는 마지막 날에 유대인과 교회를 다 보호하실 것이다. 이것은 구약의 선지서의 예언과 일치한다.[12-17절]

13장

바다에서 나온 한 짐승

12장부터는 한 가지 한 가지 사실에 대하여 더욱 자세한 서술을 한다. 13장에 나오는 짐승의 이야기는 인류의 종말기인 대환난 시에 가장 활약을 크게 할 자, 바로 적그리스도에 관한 것이다. 성경에는 그자에 대한 말이 여러 곳에 있다(다니엘서에 매우 자세히 묘사되어 있으며, 주 예수님도 그에 대하여 예언하신 바 있다-마 24:15). 그는 마귀처럼 머리가 일곱이고 뿔이 열이다. 열 뿔에 열 면류관이 있으며, 그 머리들에는 각각 참람된 이름들이 있다. 마귀와 다른 점은 마귀는 일곱 머리에 각각 면류관이 씌워져 있고, 짐승은 열 뿔에 각각 면류관이 씌워져 있다. 그것은 마귀는 주로 교활한 두뇌 작용으로 면류관을 썼고, 짐승은 주로 공격과 파괴로 면류관을 쓴 것이다(9:11, 그의 이름이 파괴자, 아볼루온이다).

그 짐승은 표범과 비슷하고, 발은 곰의 발 같고, 그 입은 사자의 입 같은데, 용이 자기의 능력과 보좌와 큰 권세를 그에게 주었다. 표범은 헬라 왕을 상징하는데, 이때문에 학자들은 적그리스도가 헬라계일 가능성이 있다고 보기도 한다(물론 이외에도 다니엘서에 적그리스도가 헬라를 상징하는 수염소의 네 뿔 중 한 뿔에서 자라 나온 작은 뿔이라고 한 것도 있다-단 8:9). 발이 곰 같다고 했는데, 곰은 메데-바사 왕을 가리킨다. 사자는 바벨론을 가리킨다(단 7:4). 즉 장차 나타날 적그리스도는 이방 왕국의 악한 세력의 총체라는 것을 뜻한다. 마귀와 적그리스도는 하나이다. 그래서 혹자는 마귀와 적그리스도와 거짓 선지자(11절부터 나오는)를 사탄적인 삼위일체라고 한다. 12장 마지막에 용이 하늘에서 땅으로 쫓겨나 바다 모래 위에 섰는데, 13장 1절은 짐승이 바다에서 나온다고 한다. 적그리스도의 출현은 용이 바다에서 그자를 끌어냄과 관계가 있다(계 9:1-2).

3절은 일곱 머리 중에 하나가 상하여 죽게 된 것 같다가 상처가 나으매 온 땅이 기이히 여겨 짐승을 따랐다고 한다. 일곱 머리 중의 하나라 함은 적그리스도가 신성 로마 제국의 황제로서 나타날 것임을 암시한다. 그래서 성경 연구가들이 유럽 연합국을 주시하는 것이다(계 17:12). 이미 하나님을 모독하고 참담한 말을 했던 로마의 황제들은 네로를 포함하여 일곱 명이 있었다. 그들 가운데 다섯은 망하였고 하나는 있고 다른 이는 아직 이르지 않았다고 하면서, 이 짐승은 여덟째라고 하고 또 그는 일곱에 속한 자라고 한다. 매우 비밀스러운 이야기인데 17장에서 좀 더 보겠다(계 17:10-13).

머리 중의 하나가 상하여 죽게 되었다가 상처가 나았다는 것은 적그리스도가 그리스도의 죽음과 부활을 모방한 마귀의 교활한 작품이라는 것을 알 수 있다. 용은 그 짐승에게 자기의 권세를 주었으며, 많은 이들은 용과 짐승에게 경배하면서 누가 능히 이들과 싸워 이기겠느냐며 그들을 찬양한다. 짐승은 또한 마흔 두 달 간의 대환난 동안 일할 권세를 받고 큰 말과 참람한 말을 하게 된다. 짐승이 입을 벌려 하나님을 훼방하되 그분의 이름과 하늘에 거하는 자들을 훼방하였다. 실상 마귀는 휴거된 성도들에 의해 쫓겨남을 당하였기에 적대감이 큰 것이다. 또한 권세를 받아 지상의 남은 성도들과 싸워 이기게 되고 족속과 방언과 나라를 다스리는 권세를 받으니(천상과 지상에 성도들이 있다는 증거이다), 죽임을 당한 어린 양의 생명책에 창세로부터 녹명되지 못하고 이 땅에 사는 자들은 짐승에게 경배할 것이라고 했다. 주님은 이런 말씀을 귀담아 들어 알게 되기를 원하셨다[9, 17, 18절].

땅에서 올라온 또 다른 짐승

또 다른 짐승 하나가 땅에서 올라오니 새끼 양같이 두 뿔이 있고 용처럼 말하더라고 한다. 저가 먼저 나온 짐승의 모든 권세를 그 앞에서 행하고 땅에 거하는 자들로 하여금 처음 짐승(적그리스도)에게 경배하게 하니 곧 죽게 되었던 상처가 나은 자이다(그들은 하나 되어 서로를 위해 일한다). 또 다른 이 짐승은 땅에서 올라왔다고 했는데 이는 이스라엘에서 나온 것을 의미하며(그래서 어떤 학자는 가룟 유다일 것이라고 한다), 짐승은 바다에서 나왔는데 이는 이방 열국 중에서 나온 것을 가리킨다.

땅에서 올라온 이 짐승(거짓 선지자)은 새끼 양같이 온유하고 겸손한 것 같으나, 그는 짐승에게서 얻은 큰 능력을 행하여 불이 하늘에서 내려오게 하고 이적을 행하면서 칼에 상하였다가 살아난 짐승을 위하여 우상을 만들라고 한다. 또한 짐승의 권세를 사용하여 우상에게 생기를 주어 짐승의 우상으로 하여금 말을 하게 하고, 적그리스도 우상에게 경배하지 아니하는 자는 다 죽이게 했다. 그리고 누구든지 대환난 시에 매매를 하려면 오른손이나 이마에 표를 받아야 하는데, 그 표는 곧 그 짐승의 이름이나 그 이름의 수이다. 그 수는 사람의 수이니 666이다. 지혜 있는 사람은 그 수를 알 것이라고 했다.[11-18절]

그자는 분명 장래 재건될 신성 로마의 황제일 것이며, 그에게 네로의 영이 들어갈 것이라고 해석하는 것이 일반적이다. '캐사르 네로'가 히브리어 숫자로 666이기 때문이며, 여덟 번째이며 동시에 일곱에 속한 자라고 하기 때문이다. 일곱은 줄리어스 시저, 티베리우스, 칼리굴라, 클라디우스, 네로, 베스파시안, 도미티안이라고 하며 줄리어스 시저를 빼고 타이터스를 넣기도 한다.

14장[I]

시온산에 서 있는 어린 양과 십사만 사천

14장에서 어린 양과 함께 시온산에 있는 무리는 14만 4천으로 7장의 인 맞은 사람들과 숫자가 같다. 그래서 어떤 학자들은 그 사람들이 바로 이들이라고 해석하기도 하는데, 그것은 잘못된 해석이다. 7장 전반부의 인 맞은 자들은 이스라엘 열두 지파에 속한 사람들이고, 여기 이들은 신약의 성도들이다. 이들은 오히려 7장 후반의 흰옷을 입고 종려가지를 들고 서 있는 셀 수 없는 무리일 가능성이 있고, 12장의 사내아이와 같은 부류일 수도 있다. 어쩌면 7장 후반이나 12장의 사내아이가 교회 역사 전반에 걸쳐 휴거된 무리라면, 14장의 무리는 대환난과 주 예수님 재림 시점에 살아 있는 사람들 중에서 휴거된 무리일 수도 있다. 그것은 그들을 처음 익은 열매라고 표현했기 때문이다(출 19:23 참조).

그들의 이마에는 어린 양의 이름과 그 아버지의 이름이 써 있다. 그들의 찬양은 매우 아름다워서 많은 물소리와도 같고, 매우 웅장해서 큰 뇌성과도 같으며, 매우 섬세해서 거문고 타는 자들의 거문고(하프) 소리 같다. 그들이 서 있는 시온산은 땅의 예루살렘의 시온이 아닌 것이 거기에 보좌와 네 생물과 장로들이 있기 때문이다[3절]. 그들이 새 노래를 부르니 '땅에서 구속함을 얻은' 십사만 사천밖에는 그런 노래를 배울 자가 없다고 한다. 그 시온은 분명 하늘이다. 찬송은 부르는 자들의 영적 체험의 수준과 관련되기 때문에 그럴 것이다.

이들은 여자로 더불어 더럽히지 않고 정절을 지킨 자들이다. 즉 신앙에서 절대 정절을 지킨 자들로서 두 마음을 품어 세상과 간음을 범한 자들이 아니며(약 4:8), 어린 양이 어디로 인도하든지 따른 자들이며, 그 입에 거짓말이 없고 흠이 없는 자들로서 완전히 어린 양에게 속한 자들이다. 지상의 모든 성도가 이들처럼 주님 재림 전에 하늘의 시온으로 들림받지 못한다는 것은 자명한 사실이다. 오늘날 자신을 더럽히지 않고 정절을 지키며, 그 입에 거짓말이 없고 흠이 없으며, 어린 양이 어디로 인도하든지 따르는 자들은 매우 소수이기 때문이다. 그럼에도 십사만 사천이라는 수는 결코 적지 않다. 그들을 첫 열매라고 하는 것은 먼저 익은 곡식이라는 말이다. 본 장의 후반부인 14절부터는 대다수의 추수가 있는데, 이 추수 전에 먼저 익은 첫 열매는 성전에 들여져서 아버지의 기쁨이 된다.[1-5절]

첫째 천사가 전하는 영원한 복음

첫 열매의 휴거 후에 영원한 복음의 전파가 있고, 다음 바벨론의 멸망이 있고, 그 후에 대환난의 종결이 있으며, 그런 다음 완전한 추수가 있게 된다. 이때 이미 은혜의 복음 시대는 마쳐지고 영원한 복음을 전하는데, 그 전하는 자가 사람이 아니라 천사들이다. 천사들은 공중을 날면서 큰 음성으로 모든 민족에게 영원한 복음을 전하는데, 그 내용은 **"하나님을 두려워하고 그분께 영광을 돌리라 하늘과 땅과 바다와 물들의 근원을 지으신 이**(창조주)**를 경배하라"**는 것이다. 죄 사함과 구속의 은혜의 복음 시대는 끝났기 때문이며, 이때 천사가 전하는 복음을 받은 사람들이 천년왕국의 백성이 될 것이라고 보는 학자들이 있다.

(마 25:31-46 참조, 인자의 재림시 그분은 영광의 보좌에 앉으시어 당시 살아 있는 사람들을 다 모으시고 양과 염소를 분별하여 양들에게는 '창세로부터 너희를 위하여 예비한 왕국을 상속하라'고 하신다. 양들은 복음을 받아들이고 거듭나서 성령을 좇아 산 사람들이 아니라 다만 대환난 시에 유대인과 주의 자녀들의 어려움을 선한 마음으로 도와준 자들이다. 그들은 주님이 '너희는 나에게 참 선한 일을 했다'고 하실 때 언제 자기들이 그렇게 했느냐고 했고, 주님은 작은 형제에게 한 것이 곧 내게 한 것이라고 하셨다. 이렇게 보는 학자들은 이들이 대환난 시에 고난받는 유대인이나 신약의 성도들을 도와준 것이 곧 창조주 하나님을 두려워함으로 인한 것이며, 영원한 복음을 순종한 것이며, 그래서 양으로 분류된 것이라고 해석한다.)

14장[Ⅱ]

둘째 천사가 전하는 바벨론의 멸망

한 천사는 공중에 날며 영원한 복음을 전하고 또 다른 천사 곧 둘째 천사는 그 뒤를 따르며 바벨론의 멸망을 외친다. **"무너졌도다 무너졌도다 큰 성 바벨론이여, 모든 나라를 그 음행으로 인하여 진노의 포도주를 마시게 하던 자로다"**[8절].

셋째 천사가 전하는 심판-짐승과 그 우상에게 경배하는 자에 대하여

또 다른 셋째 천사가 그 뒤를 따르며 큰 음성으로 **"누구든지 짐승**(적그리스도)**과 그의 우상에게 경배하고 이마에나 손에 표를 받으면 그도 하나님의 진노의 포도주를 마시리니 거룩한 천사들 앞과 어린 양 앞에서 불과 유황으로 고난을 받으리니 그 고난의 연기가 세세토록 올라가리로다 짐승과 그의 우상에게 경배하고 그 이름의 표를 받는 자는 누구든지 밤낮 쉼을 얻지 못하리라"**고 했다. 이런 말씀을 지키고 승리하는 자들은 인내하는 자들이다. **"성도들의 인내가 여기 있으니 저희는 하나님의 계명과 예수 믿음을 지키는 자니라"**. 여기의 계명을 지키는 자들은 유대인일 것이고 예수 믿음을 지키는 자들은 신약의 성도들이다. 이것이 바로 대환난 때 세 천사들이 한 사역이다.[9-12절]

대환난 시의 순교자들

그때 하늘에서 음성이 나서 기록하라고 한다. **"이후로 주 안에서 죽은 자들은 복이 있도다"** 하니 성령께서 **"그러하다 저희 수고를 그치고 쉬리니 저희의 행한 일이 따름이니라"**고 말씀하셨다. 이 부분의 말씀을 종합하면 대환난 시에는 너무 고통스럽고 힘드니 별 다른 길이 없고 인내하며 믿음을 지키는 것이 길인데, 그렇게 신앙을 지키다가 죽는 것이 복이 있다는 것이다. 즉 계시록 6장의 다섯째 인의 부족한 순교자의 수는 대환난 시에 많이 채워지는 것 같다. 여기서는 성령께서 순교자들을 위한 용기와 믿음을 주고 있다.[13절]

마지막 수확

그리고는 온전한 추수가 나온다. 흰 구름이 있고 구름 위에 사람의 아들과 같은 이가 나오는데, 그분은 다름 아닌 예수 그리스도시다. 그분의 머리에 금 면류관이 있고, 그 손에 예리한 낫이 들려져 있다. 다른 천사가 성전으로부터 나와 구름 위에 앉으신 이를 향하여 큰 음성으로 외친다. **"네 낫을 휘둘러 거두라 거둘 때가 이르러 땅에 곡식이 익었음이라"**. 그 천사의 음성은 아버지의 명령을 전달하는 것이리라. 구름 위에 앉으신 이가 땅에 낫을 휘두르니 곡식이 거두어졌다. 대환난의 햇볕은 뜨거워서 곡식이 빨리 익게 된다. 가장 좋은 것은 대환난을 거치지 않고 속히 익어서 첫열매로 거두어지는 것이며, 다음으로 복된 것은 죽어서 마지막 순교자들의 대열에 합하는 것이며, 순교하지 않더라도 최선으로 인내와 믿음으로 환난을 견뎌 익은 곡식이 되는 것이다. 그러나 이들은 모두 대환난을 거쳐서 익은 곡식이 된다. 14장에는 첫 열매, 대환난, 순교에의 부르심, 추수가 이어서 나온다.[14-16절]

모든 민족에 대한 심판

또 다른 천사가 나오는데 예리한 낫을 가졌다. 이는 포도송이를 거두기 위한 것인데 그 포도가 익었기 때문이라고 한다. 이 포도를 거둠은 곡식을 거두는 추수와 다르다. 이 포도를 거두는 일은 복음을 순종하지 않은 모든 민족에 대한 심판이다. 이들은 하나님의 진노의 포도주 틀에 던져지는데, 성 밖에서 그 틀이 밟히니 그 틀에서 피가 나와 말굴레까지 닿았다고 한다. 포도가 익었다는 것은 포도가 물이 많아 탱탱해졌다는 것이다. 곡식이 익는 것은 그 곡식 낱알 속에 물기가 말라서 알갱이가 튼실해진 것인 반면, 포도는 익을 때 그 속에 물기가 더욱 많아진다. 그 물은 세상의 물이다. 세상의 쾌락과 정욕의 누림은 포도 알 속에 물기가 많아지게 한다. 그런 것으로 가득 찰 때 포도주 틀에 던져지게 되는 것이다. 세상의 즐거운 쾌락과 누림은 심판 때에 흘려질 피를 더하고 있는 것이다. 이것이 결국 19장 후반의 아마겟돈에서 일어날 일이다.[17-20절]

15장

하늘의 광경

15장과 16장은 인류의 마지막 재앙, 곧 일곱 재앙이다. 대환난의 마침이기도 하며 이 내용은 주로 일곱 대접으로 구성된다. **"하나님의 진노가 이것으로 마치리라"**[1절].

요한은 불이 섞인 유리 바다를 보았고, 짐승과 그의 우상과 그 이름의 수를 이기고 벗어난 사람들이 유리 바닷가에 서서 하나님의 거문고를 가지고 모세의 노래, 어린 양의 노래를 부르는 것을 보았다[2절]. 이들을 우리는 후기의 이기는 자들이라고 본다. 우리는 2장과 3장에서 교회 가운데 이기는 자들을 부르시는 주님의 음성을 들었고, 12장과 14장에서 각각 하늘로 휴거되어 시온산에 있는 첫열매와 보좌에 이른 사내아이를 보았다.

그러나 하나님은 인류의 마지막 대환난 시에도 이기는 자들을 얻으신다. 대환난 시에 적그리스도는 성전에 그의 우상을 세우고 사람들에게 경배를 요구할 것이다. 그리고 매매를 위하여 모든 사람에게 짐승의 이름의 수 666 표를 이마에나 오른손에 받게 할 것이다. 그것은 사람들이 다 그에게 속했음을 증명하게 하려는 것이다. 그러나 한 무리의 성도들은 그것을 이겼는데, 그들은 거의 다 짐승에 의해 죽임을 당하고 목베임을 당한 순교자들이다(예수의 증거와 하나님의 말씀을 인하여 목베임을 받은 영혼들, "우상에게 경배하지 아니하고 이마와 손에 표를 받지 아니한 자들이 살아서 그리스도와 더불어 천 년 동안 왕 노릇 하니"-계 20:4). 그들은 죽음의 강을 건너서 적그리스도의 손에서 벗어났다. 그리고 유리 바다 위에 섰다. 물론 이 바다는 하늘에 있는 것이다.

오늘 우리가 주님을 위해 세상의 유혹을 피하는 것은 불이 섞인 유리 바다를 건너는 것과 같다. 그리고 그들은 모세의 노래, 어린 양의 찬미를 드린다. 마치 바로의 손을 벗어난 이스라엘 백성들 같다. **"주 하나님 곧 전능하신 이여, 하시는 일이 크고 기이하도다. 만국의 왕이시여, 주의 길이 의롭고 참되시도다. 주여, 누가 주의 이름을 두려워하지 아니하며 영화롭게 하지 아니하오리까? 오직 주만 거룩하시니이다. 주의 의로우신 일이 나타났으니 만국이 와서 주께 경배하리이다."**[3-4절] 그들은 적그리스도의 위협과 핍박을 이기고 벗어나 하늘 유리바다(불이 섞인 곳, 이것은 그들이 혹독한 심판을 거친 것을 뜻한다) 위에 서 있다. 그들은 이스라엘 백성들이 홍해를 건넌 것처럼 불이 섞인 바다를 건넌 것이다. 그리고 유리 바닷가에 서서 찬양을 부른다(어떤 사본들은 '유리 바다 위에 서서'로 되어 있다). 그들로 하여금 이기게 하시고 죽음으로 짐승에서 벗어나게 하신 것은 사람의 능력으로 할 수 없고 순전히 하나님께서 하신 일이며 기이하신 역사라고 찬양하는 것이다.

이 일 후에 증거 장막 성전이 열리며 일곱 재앙을 가진 일곱 천사가 성전으로부터 나와 맑고 빛난 세마포를 입고 가슴에 금띠를 띠고 네 생물 중 하나가 세세에 계신 하나님의 진노를 가득히 담은 금 대접 일곱을 일곱 천사에게 주니, 하니님의 영광과 능력을 인하여 성전에 연기가 가득 차게 되어 일곱 재앙이 마치기까지는 성전에 능히 들어갈 자가 없었다. 그분의 심판의 의지와 그 진노의 잔을 부으시기 직전의 분위기가 너무나 두렵고 엄위한 것이다. 지금도 세상 이곳저곳에서 수많은 악행들이 자행되고 있는데, 아무 일도 일어나지 않고 아무 심판도 없을 것이라고 생각지 말라! 지금 하늘에서 심판과 재앙의 그릇에 하나님의 진노가 채워지고 있으며 차오르고 있다. 그리고 그 하나님의 진노는 조금도 가감 없이 그대로 이 세상에 부어질 것이며 그 심판은 절대적으로 의로우시다[4절].

16장

진노의 일곱 대접

16장에는 일곱 대접을 쏟아붓는 것이 나온다. 일곱 대접은 일곱째 나팔에 포함된 내용으로서 하나님의 진노의 마침이다.

첫 번째 대접

첫째가 대접을 쏟으니 악하고 독한 헌데가 짐승의 표를 받은 사람들과 그 우상에게 경배하는 자들에게 났다. 이로써 우리는 짐승에게 굴복하여 목숨을 부지하고 어떻게든 살고자 한 자들이 임시는 고통을 면했지만, 결국 하나님의 무서운 진노를 당하게 된다는 것을 볼 수 있다.[2절]

두 번째 대접

둘째가 대접을 바다에 쏟으니 바다가 죽은 자의 피같이 되어 바다 가운데 모든 생물들이 죽었다.[3절]

세 번째 대접

셋째가 대접을 물 근원에 쏟으매 피가 되었다. 수많은 그리스도인들이 핍박자들에 의해 피를 흘리며 살해되었고 이제 세상 사람들은 그 피를 마셔야 한다. 그때 물을 차지한 천사가 찬미한다. **"전에도 계셨고 지금도 계신 거룩하신 이여 이렇게 심판하심이 의로우시도다"**. 이 시점에 주님은 이미 보좌를 떠나셨기에 '장차 오실 이'가 없다. **"저희가 성도들과 선지자들의 피를 흘렸으므로 저희로 피를 마시게 한 것이 합당하니이다"**. 제단이 화답한다. **"그러하다 주 하나님 곧 전능하신 이시여 심판하시는 것이 참되시고 의로우시도다"**.[4-7절]

네 번째 대접

넷째가 그 대접을 해에 쏟으니 해가 권세를 받아 불로 사람들을 태웠다. 넷째 대접에서 태양의 열은 소위 엄청난 불볕 더위를 동반하여 사람들을 태운다. 넷째 나팔에는 다만 해가 어두워졌는데 네 번째 대접에서는 해가 사람들을 태운다. 그때 사람들이 크게 태워지지만 이 재앙을 내리는 하나님의 이름을 훼방하며 영광을 주께 돌리지 아니하고 회개치도 않았다. 2, 3, 4번째의 나팔과 대

접은 약간의 연결점이 있는 것 같다.[8-9절]

다섯 번째 대접

다섯째가 그 대접을 짐승의 보좌에 쏟으니 그 나라가 어두워지고 사람들이 아파서 혀를 깨물고 아픈 것과 종기로 인하여 하늘의 하나님을 훼방하고 회개하지 않았다. 다섯째 대접부터는 적그리스도에게 고통이 가해진다.[10-11절]

여섯 번째 대접

여섯째가 그 대접을 큰 강 유브라데에 쏟으매 강물이 말라서 동방에서 오는 왕들의 길이 예비되었다. 인류 최후의 전쟁이 예비되고 있는 것이다. 마지막 시대에 동방의 군대가 일어난다. 한 편은 신성 로마제국으로서 유럽 여러 나라일 것이고, 동방의 군대는 중국, 러시아, 일본 등으로 이루어질 것이다. 다니엘서에는 동북의 군대가 건너온다는 소문이 예언되어 있다(단 11:44).

그때 개구리 같은 세 더러운 영이 용의 입과 짐승의 입과 거짓 선지자의 입에서 나와 천하 임금들에게 가서 하나님의 날, 전능하신 분의 큰 날에 있을 전쟁을 위해 군대를 모은다. 이것이 바로 인류의 마지막 전쟁인 아마겟돈 전쟁이다. 하나님을 대항한 이 최후의 접전을 일으키기 위해 사탄적인 삼위일체(용과 짐승, 거짓 선지자)가 총 출동하는 것을 본다.

15절에서는 바로 이런 절체절명의 순간에 주님은 그분의 재림을 예고하시며 깨어 있으라고 마지막 경고를 하신다. **"보라 내가 도적같이 오리니 누구든지 깨어 자기 옷을 지켜 벌거벗고 다니지 않게 하며 자기의 부끄러움을 보이지 아니하는 자가 복이 있도다"**. 이 전쟁 직전에 그리스도는 지상 재림을 하시게 되며, 세 더러운 영은 마지막 전쟁의 장소인 아마겟돈으로 왕들을 모은다.[12-16절]

일곱 번째 대접

일곱째가 대접을 공기 중에 쏟으니 큰 음성이 성전에서 보좌로부터 나기를 **"다 되었다!"**고 하였다. 일곱째 대접이 쏟아 부어지자 성전에서 보좌로부터 소리가 나고 번개와 뇌성이 있고 큰 지진이 있었다. 큰 성이 세 갈래로 갈라지고 만국의 성들도 무너지니 큰 성 바벨론이 하나님 앞에 기억하신 바 되어 그분의 맹렬한 진노의 포도주 잔을 받으니 각 섬도 산악도 간 데 없게 되었다. 바벨론이 이때 하나님의 심판을 받는다. 그 자세한 모습은 18장에 나온다. 또 중수가 한 달란트(30-40kg)가 되는 큰 우박이 하늘로부터 사람들에게 내리니 그 박재로 인하여 재앙이 심히 큰 고로 사람들이 하나님을 훼방하였다. 마지막 심판의 종결은 우박으로 한다는 것이 성경의 예언이다(사 28:2, 겔 38:22). 마지막까지 하나님은 사람들이 회개하기 원하시나 사람들은 회개하지 않고 완악해져 끝까지 하나님을 훼방한다.

17장

큰 음녀에게 내릴 심판

바벨론의 멸망에 대하여는 그 시점이 14장에 이미 나와 있고 16장의 일곱 대접에 포함된다. 이는 시간적으로 첫 열매의 휴거 후이며 아마겟돈의 이전이며 대환난의 중간기 쯤이 될 것이다. 그때는 공중에 날아가는 천사가 영원한 복음을 전하는 시점이며 이미 은혜의 시대는 막을 내린 때이다(계 14:8). 또한 16장 17절부터 일곱째 대접을 공기 가운데 쏟을 때 큰 지진이 나서 큰 성이 세 갈래로 갈라지고 큰 성 바벨론도 그의 맹렬한 진노의 포도주 잔을 받았다고 말한다. 바벨론의 멸망에 대한 자세한 이야기는 17, 18장에 있다. 이는 여섯 번째 대접이 쏟아진 후에 벌어질 아마겟돈 전쟁(계 16:12-16)에 대한 설명을 19장 11절부터 하고 있는 것과 같은 식이다. 이러한 모든 심판과 재앙의 서곡은 6장 12절 이하의 여섯째 인의 상황 때에 있었던 것이다. 따라서 계시록을 공부할 때는 전체를 알고 한 부분 한 부분을 공부해야 온전하다.

일곱 대접을 가진 일곱 천사 중 하나가 요한에게 많은 물 위에 앉은 큰 음녀의 받을 심판을 보여주겠다고 말한다. 일곱 천사들은 하나님의 진노를 가득 담은 일곱 대접을 쏟아붓는 데 사용하신 천사들이다(15:7, 16:1). 큰 음녀는 땅의 임금들이 그로 더불어 음행을 하고 땅에 거하는 많은 사람들도 그로 인하여 음행의 포도주에 취했다고 한다. 악한 종교의 미혹하는 이단적인 역사를 말한다.

그 천사가 요한을 데리고 광야로 갔다. 요한이 보니 여자가 붉은 빛 짐승을 탔는데 그 짐승의 몸에 참람된 이름들이 가득하고 일곱 머리와 열 뿔이 있었다.

이것은 요한의 때로부터 수백 년 후에 일어날 변질된 이단적 교회의 상황을 말해준다. 그 여자는 자주 빛 옷과 붉은 빛 옷을 입고 금과 보석과 진주로 꾸미고 손에 금잔을 가졌는데, 거기에 가증한 물건과 그의 음행의 더러운 것들이 가득했다. 거기에 거룩한 것들이 전혀 없는 것은 아니지만 다만 겉에 도금했을 뿐이다. 그릇은 금잔인데 그 안에는 악하고 가증한 것들이 가득하다. 그리고 그 이마에는 '비밀', '큰 바벨론', '땅의 음녀들과 가증한 것들의 어미'라는 이름이 기록되어 있었다.

또 요한이 보니 그 여자는 성도들의 피에 취하였고 예수의 증인들의 피에 취하였다. 요한이 보고 크게 기이히 여기니 천사가 왜 기이히 여기느냐고 하면서 "내가 여자와 그 탄바 일곱 머리와 열 뿔 가진 짐승의 비밀을 네게 이르리라"고 했다. 왜 하나님을 믿는다고 하는 여자(교회를 상징)가 성도들의 피에 취하였을까? 그것은 바로 악한 종교 재판에서 교리가 다르다 하여 죽인 많은 사람들의 피로 인한 것이 아닐까?[1-7절]

큰 음녀가 탄 짐승

그 짐승은 전에 있었다가 현재는 없으나 장차 무저갱으로부터 올라와 멸망으로 들어갈 자니 생명책에 기록되지 못한 자들은 이전에 있었다가 현재는 없으나 장래 나올 짐승을 보고 기이히 여길 것이라고 한다. 이는 바로 적그리스도를 묘사하는 것이다. 지혜 있는 뜻이 여기 있으니, 일곱 머리는 여자가 앉은 일곱 산이요 일곱 왕인데 다섯은 망하였고 하나는 있고 다른 이는 아직 이르지 않았으나 이르면 잠깐 계속될 것이다. 전에 있었다가 지금 없어진 짐승은 여덟째 왕이니 일곱 중에 속한 자이며 저가 멸망으로 들어갈 것이다. 열 뿔이 있는데 그들은 열 왕이며 나라를 얻지 못했으나 다만 짐승으로 더불어 임금처럼 권세를 임시 동안 받는데, 그들이 한 뜻을 가지고 그들의 능력과 권세를 적그리스도인 짐승에게 줄 것이다.

천사가 자세히 설명을 해주어도 이해하기가 쉽지 않다. 현재 없다가 장래 나올 짐승이 과연 누구인가? 일곱 머리와 일곱 산은 무엇인가? 사실 로마는 일곱 산 위에 건설된 나라이며, 일곱 왕은 하나님을 모독했던 악한 황제들이다. 여덟째 왕은 일곱에 속한 자라고 한다. 여기서 많은 학자들이 장래 나타날 짐승, 적그리스도를 네로의 영혼이 무저갱에서 올라와서 여덟째 왕과 결합한 것으로 보고 있다. 장차 열 나라의 권세를 적그리스도에게 주어 한 뜻을 가진 정부가 생겨날 것이다. 그 통치자가 적그리스도이며 그는 장래 멸망으로 들어갈 자이다. [8-13절]

어린 양과 부르심받고 선택된 자들이 적그리스도의 군대를 이김

적그리스도의 군대는 어린 양으로 더불어 싸울 것인데, 어린 양은 만왕의 왕이요 만주의 주이시므로 그들을 이기실 것이요 또 그와 함께 있는 자들, 곧 부르심을 받고 빼내심을 받은 진실한 자들은 이길 것이다. 또 천사가 말하기를, **"네가 본바 음녀의 앉은 많은 물은 백성과 무리와 열국과 방언이니라 네가 본바 이 열 뿔과 짐승이 음녀를 미워하여 망하게 하고 벌거벗게 하고 그 살을 먹고 불로 아주 사르리라"**고 한다. 그 여자는 땅의 임금들을 다스리는 큰 성이라고 하는데, 과연 어떤 기독교 단체가 땅의 임금들을 다스리는 권세를 가진 적이 있는지 생각해볼 일이다.

여기서 누가 누구를 이기는지를 사슬처럼 설명한다. 음녀는 짐승에게 벌거벗김을 당하고 불로 사름을 당하며, 짐승은 어린 양의 군대로 더불어 싸우다가 완전히 망한다. 결국 초기에는 음녀가 짐승(적그리스도)을 타고 있었지만 나중에는 적그리스도의 로마 권세에게 멸망을 당하게 되며, 적그리스도 군대는 어린 양과 그의 이기는 자들에 의해 멸망을 당한다.[14-18절]

18장

그리스도의 재림과 바벨론의 멸망

18장 1절에서 그리스도의 재림이 다시 한 번 나타난다. 다른 천사가 하늘에서 내려오는 것을 보니 그의 영광으로 땅이 환하여지더라고 했다. 이로써 우리는 그리스도의 재림이 종교적인 바벨론의 멸망과 물질적인 바벨론의 멸망의 중간에 이루어질 것이라고 본다. 즉 짐승에 의해 바벨론(세상 왕들을 다스리는 이단 종교의 대 조직, 17장의 음녀이다)이 철저히 멸망하게 되면 그리스도께서는 지상으로 재림하신다. 10장부터는 그 재림의 모습이 드러난다. 그리고 14장 14절에 주님은 추수하시는 분의 모습으로 나타나신다. 다 영광스러운 모습이시다.

18장에서는 종교적 바벨론인 음녀가 멸망하자 그분이 친히 외치신다. **"무너졌도다, 무너졌도다, 큰 성 바벨론이여, 귀신의 처소와 각종 더러운 영의 모이는 곳과 각종 더럽고 가증한 새의 모이는 곳이 되었도다 그 음행의 진노의 포도주로 인하여 만국이 무너졌으며 또 땅의 왕들이 그로 더불어 음행하였으며 땅의 상고들도 그 사치의 세력을 인하여 치부하였도다".**[1-3절]

바벨론의 죄악에 보응하시는 하나님

4절부터는 하늘로서 다른 음성이 들려온다. **"내 백성아 거기서 나와 그의 죄에 참여하지 말고 그의 받을 재앙들을 받지 말라 그 죄는 하늘에 사무쳤고 하나님은 그의 불의한 일을 기억하신지라 그가 준 그대로 그에게 주고 그의 행위대로 갑절을 갚아주고 그의 섞은 잔에도 갑절이나 섞어 그에게 주라 그가 어떻게 자기를 영화롭게 하였으며 사치하게 하였든지 그만큼 고난과 애통으로 갚아주라 그가 마음에 이르기를 나는 여황이요 과부가 아니라 결단코 애통을 당하지 아니하리라 하니 그러므로 하루 동안에 그 재앙들이 이르리니 사망과 애통과 흉년이라 그가 또한 불에 살라지리니 그를 심판하신 주 하나님은 강하신 자이심이니라"**[4-8절].

우리는 여기서 종교적인 바벨론과 물질적인 바벨론의 구분이 분명하지 않음을 볼 수 있다. 즉 바벨론적인 종교는 세속적인 곳이요 마귀적인 곳이요 불의와 가증한 것이 섞여 있는 곳이다. 영적 음행과 더러운 것이 가득한 곳이다. 하나님은 무엇을 심판하시는가? 더러운 것, 가증한 것, 섞여 있는 것이다. 그가 심판을 받자 그와 함께 음행하던 왕들이 그 불붙는 연기를 멀리 서서 보며 울고 가슴을 친다. 그 고난을 무서워하며 장사꾼들은 다시 상품을 사는 자가 없음으로 애통해했다.[9-15절]

장사꾼들의 상품 목록

다음은 상품의 목록들이 나온다[12-14절]. 여기에 금과 은과 보석으로 시작해서 사람들의 영혼들까지 상품으로 언급된다. 바벨론은 일시에 멸망을 당하게 된다[8, 19절]. 바벨론이 심판받자 하늘과 성도들과 사도들과 선지자들이 그로 인하여 기뻐하게 된다(19:1-5).

바벨론에 대한 철저한 심판

이에 한 힘센 천사가 큰 맷돌 하나를 바다에 던지면서 큰 성 바벨론이 이같이 떨어져 다시 보이지 않게 되리라고 한다. 음악소리, 나팔소리 등이 들리지 않고 세공업자도 없어지고 등불 빛도 없게 되고 신랑과 신부의 음성도 없게 된다고 하였다. 그들이 멸망한 것은 주로 장사 때문이다. 장사를 하되 거의 술수적으로 해서 왕들이 돈을 벌었다고 한다. 물질적인 바벨론이 주로 상업으로 이루어진 것을 보는 것은 매우 중요한 일이다. 대단한 이단적 종교는 예언서에서 볼 때 여러 가지 종교적인 것으로 꾸며 사람들을 미혹하며 엄청난 부와 권력을 축적하며 여러 나라의 왕들을 다스리기도 하며, 각 나라의 왕들과 팔고 사는 상업 거래와도 매우 관련이 크다. 또한 선지자들과 성도들과 땅 위에서 죽임을 당한 모든 자들의 피가 이 성 중에서 보였다고 한다. 즉 수많은 참된 신자들을 죽인 것이 바벨론이다. 이러한 영적 음행으로 가득하며 가증하기 짝이 없는 이단적 대 조직은 과연 무엇일까? 하나님은 그에 대한 심판을 철저히 하신다.[21-24절]

19장

어린 양의 혼인 잔치

19장 1절의 '이 일 후에'란 '바벨론의 멸망 후'를 가리킨다. 바벨론이 멸망하는 것은 하나님 앞에 큰일이다. 이것은 하나님께서 지상에서 하시는 일 중에 가장 중요한 일이다. 그러기에 하늘에서 큰 찬양이 울려 퍼지는 것이다. **"할렐루야, 구원과 영광과 능력이 우리 하나님께 있도다"**. 신약에는 '할렐루야'라는 찬양이 거의 없는데, 유일하게 바벨론이 멸망할 때 하늘에서 '할렐루야'가 울려 퍼진다. 하나님은 그분의 성도들이 흘린 피를 결코 간과하지 않으신다. 그리고 음행으로 땅을 더럽게 한 음녀의 행위를 묵과하지 않으신다. 이에 대한 심판이 바로 찬양의 내용이다[2절].

그리고 두 번째 '할렐루야'가 나오니 연기가 세세토록 올라가더라고 한다. 그때 이십사 장로와 네 생물이 엎드려 하나님께 경배하며 '아멘, 할렐루야!' 하였다. 그러면서 보좌에서 소리가 나기를 **"하나님의 종들 곧 그를 경외하는 너희들아 큰 자, 작은 자 다 우리 하나님께 찬송하라!"** 하니, 허다한 무리의 음성과도 같고 물소리, 뇌성과 같은 소리로 **"할렐루야 주 우리 하나님 곧 전능하신 이가 통치**

요한계시록

하시도다(결국 온 세상은 그리스도께서 통치하게 된다는 것이 성경의 예언이다). **우리가 즐거워하고 크게 기뻐하여 그에게 영광을 돌리세 어린 양의 혼인 기약이 이르렀고 그 아내가 예비되었으니 그녀로 빛나고 깨끗한 세마포를 입게 하셨은즉 이 세마포는 성도들의 옳은 행실이로다"** 하였다.[3-8절]

계시록 4장의 하늘의 광경과 19장의 하늘의 광경의 차이

19장의 하늘의 광경은 이전의 계시록 4장의 상황과는 매우 다르다. 4장은 하늘 보좌 주위에 오직 이십사 장로들과 네 생물이 있었다. 그리고 그들의 찬양이 주류를 이루었는데, 그들의 찬양은 주로 그분의 위대하신 창조에 관한 것이었다(4:8-11). 그러나 19장에 올 때 허다한 구속받은 무리가 바벨론의 멸망을 보고 찬양한다. 그리고 이십사 장로와 네 생물은 그 찬양에 화답하는 정도이다. 그러므로 하나님의 역사는 창조로 시작하여 구속으로 완성되며 원수를 멸하시는 것으로 끝난다. 이렇게 하여 그분이 원하시는 역사를 성취하신다(21-22장). 하나님은 사람을 창조하여 그분의 대적인 사탄을 멸하시는 목적을 결국은 성취하신다. 요한 일서 3장 8절은, "하나님의 아들이 나타나신 것은 마귀의 일을 멸하려 하심이라"고 한다.

이때 어린 양의 혼인잔치가 있는데, 우주적인 결혼식에서 신랑은 어린 양이며 그 신부는 교회이다. 그러나 이때의 신부인 교회는 거듭난 무리 전체가 아닐 것이다. 왜냐하면 그들이 빛나고 깨끗한 세마포를 입었으며 그 세마포는 피로 구속받은 것만이 아니라 성도들의 옳은 행실이라고 하였기 때문이다[8절]. 우리는 지상의 모든 성도들이 살아 있을 때 옳은 행실을 지니다가 그대로 생을 마치는 것은 아니라는 것을 안다.

혼인 잔치에 청함을 받은 자

그러므로 9절에서 천사는 요한에게, **"기록하라 어린 양의 혼인 잔치에 청함을 받은 자들이 복이 있도다"**라고 했으며, 또 **"이것은 하나님의 참되신 말씀이라"**고 했다. 이것은 깨어 의를 행하고 죄를 짓지 말며 불의에 동참하지 않아야 이 큰 복을 받을 수 있음을 암시한다. 구원만 받으면 누구나 세마포를 입고 혼인잔치에 참여할 수 있다면, 사도가 왜 불의에서 떠나 거룩하고 깨끗하게 자신을 분별하라고 하며(딤후 2:19-22), 죄를 짓지 말고 깨어 의를 행하라고 강조했겠는가(고

전 15:34)! 그러므로 여기의 허다한 무리는 구원받은 모든 성도들이 아닐 수 있다는 것을 기억해야 한다. 세상에 사는 동안 세상과 마귀의 권세와 짝하며 함께하던 성도들은 바벨론의 멸망을 보고 그렇게 큰 찬양을 발하지 못할 것이다.

합당한 예언은 예수를 증거하는 것

그때 요한이 말하는 천사에게 엎드려 경배하려 하니 **"나는 너와 및 예수의 증거를 받은 네 형제들과 같이 된 종이니 오직 하나님께 경배하라 예수의 증거는 대언의 영이라"**[10절] 하였다. 이 말씀은 거꾸로 읽으면 좋을 것 같다. 즉 대언의 영은 예수의 증거이다. 즉 합당한 예언은 예수를 증거하는 것이라는 뜻이다. 어떤 사람이 예언을 한다고 하는데 예수를 증거하는 것이 아니라면 합당하지 않은 것이다. 그저 종들은 서로 경배를 받지 말고 예수를 증거하면 된다.

아마겟돈 전쟁-그리스도의 지상 재림

11절부터는 아마겟돈 전쟁이다. 이때 그리스도께서 지상 재림을 하시는 것 같다. 19장 전반에서의 혼인잔치는 그 위치가 하늘인 반면[1, 5절], 11절 이후는 지상에서의 전쟁을 다루고 있기 때문이다. 백마를 타신 분, 그 이름이 충신과 진실이신 분, 공의로 심판하시며 싸우시는 분은 그리스도시다. 그분의 눈은 불꽃같고 머리에 많은 면류관이 있고 피 뿌린 옷을 입었는데, 그 이름은 하나님의 말씀이라고 한다. 이분이 그리스도가 아니라면 누구란 말인가! 지상에 오신 그리스도시다. 하늘의 군대가 희고 깨끗한 세마포를 입고 백마를 타고 그분을 따랐다. 이 무리는 누구일까? 방금 전 하늘에서 혼인잔치에 참여한 신부일 것이다. 그 옷이 혼인잔치의 예복과 흡사하다. 그들은 이기는 자들일 것이며, 하늘에서 신부로서 혼인잔치를 누리다가 지상으로 그분과 함께 와서 전쟁을 하게 된다. 교회는 그리스도를 신랑으로 받드는 신부이자, 그분을 대장으로 모시는 군사이다(엡 5, 6장 참조).

그분의 입에서 예리한 검이 나오며 그것으로 만국을 치고 저희를 철장으로 다스리시며(계 2:27, 12:5). 또 하나님 곧 전능하신 분의 맹렬한 진노의 포도주 틀을 밟으신다. 이것이 인류의 마지막에 있을 일이다. 그의 옷과 다리에 이름을 쓴 것이 있는데, '만왕의 왕이요 만주의 주'라 하였다. 이분이 그리스도가 아니면 누구란 말인가! 주님의 지상 재림은 이렇게 이루어진다. 이것이 바로 아마겟돈 전쟁의 광경이다(계 14:19-20). 이때 수많은 살육이 있고 피가 흘려진다. 한 천사가 새들에게 왕들의 고기, 장군들의 고기, 장사들의 고기, 말과 그 탄 자들의 고기, 자유자나 종들이나 크고 작은 모든 자의 고기를 먹으라 하였다.

또 이때에 적그리스도(짐승)와 땅의 왕들의 군대들이 그리스도와 그를 따르는 자들을 대항하여 전쟁을 일으키다가, 짐승이 잡히고 짐승의 표를 받고 그 우상에게 경배하던 자들을 미혹하던 거짓 선지자도 함께 잡히어 그 둘이 산 채로 유황으로 타는 못에 던져지고, 그 나머지 군대들은 말 타신 분인 그리스도의 입으로 나오는 검에 죽으니 모든 새가 그 고기로 배불리더라고 한다. 이것은 마태복음 24장 28절의 "주검이 있는 곳에는 독수리들이 모일지니라"는 말씀과 일치한다.[11-21절]

20장

마귀가 천 년 동안 무저갱에 갇힘

19장 마지막 부분에 짐승(적그리스도)과 거짓 선지자가 불못에 던져지고, 20장에 올 때 용(사탄)이 잡혀 불못에 들어가는 것이 나온다. 한 천사가 무저갱의 열쇠와 큰 사슬을 그 손에 가지고 하늘로서 내려와서 용을 잡으니 곧 옛뱀이요 마귀요 사탄이다. 그자를 잡아 일천 년 동안 결박하여 무저갱에 던져 잠그고 그 위에 인봉하여 천 년이 차도록 다시는 만국을 미혹하지 못하게 한다. 무저갱(abyss)과 불못(lake of fire)은 다르다. 무저갱이 임시 죄인을 가두어두는 경찰서 유치장 같다면, 불못은 영원한 철창 감옥이다. 일단 마귀는 일천 년 동안 무저갱에 갇히고 그 위에 인봉을 하여 천 년 동안은 만국을 미혹하지 못할 것이다. 그러다가 천 년 후에 잠시 나오게 된다.[1-3절]

승리한 성도들이 그리스도와 더불어 천 년 동안 왕 노릇 함

또 요한은 보좌들을 보게 되었는데 거기 앉은 자들이 있어 심판하는 권세를 받았다. 그들은 분명 성도들이다(단 7:18, 고전 6:3 참조). 이때는 그리스도와 성도들이 나라를 얻어서 다스리는 시기이다. 이것을 천년 왕국(Millenium Kingdom)이라고 한다. 이때 천 년 동안 그리스도와 더불어 왕 노릇 하는 자들은 계시록 2, 3장의 이기는 자들일 것이며(2:27), 12장의 사내아이일 것이며(12:5), 14장의 첫 열매(4절)와 역대의 순교자들, 곧 예수의 증거와 하나님의 말씀을 인하여 목 베임을 받은 영혼들일 것이며, 대환난시 짐승과 그의 우상에게 경배하지 아니하고 그 손이나 이마에 그 표를 받지도 아니한 자들일 것이다(20:4). 그들이 살아서 그리스도로 더불어 천 년 동안 왕 노릇 하는 것이다. 즉 거기 왕 노릇 하는 데 참여하는 자들은 모든 구원받은 그리스도인들을 가리키는 것이 아니라는 말이다. 그러므로 5절에 괄호를 하고 "**(그 나머지 죽은 자들은 그 천 년이 차기까지 살지 못하더라)**"는 말씀이 추가되어 있다.[4-6절]

천 년 후에 부활할 나머지 사람들에 대하여

여기서 그 나머지 죽은 자들은 누구일까? 이들은 물론 불신자들을 가리킬 것이다. 그들은 천 년 이후에 부활하여 백보좌 심판대로 나아간다. 그러나 여기에 신자들은 포함되지 않을 것인가? 나는 포함되어 있을 것이라고 본다. 왜냐하면 그 뒤에 **"이 첫째 부활에**(첫째 부활이란 가장 좋은 부활을 의미하며, 바울은 이를 매우 사모했다-빌 3:11) **참예하는 자들은 복이 있고 거룩하도다 둘째 사망이 그들을 다스리는 권세가 없고"**라고 했기 때문이다(신자들 중에도 둘째 사망의 해를 받는 자들이 있다고 기록하고 있다-계 2:11). 이 시대에 아버지 이름을 부인하며 생명책에서 흐려지는 사람들(계 3:5)은 천 년 동안 영생을 누리지 못하고(막 10:29-30), 천년 왕국 후, 바로 이때 부활하여 그들의 이름이 생명책에서 복원되어야 한다. 그러므로 이기는 자들에게 주어지는 상급을 면류관, 보좌, 상, 또는 영생이라고 표현하는 것이다. 이 영생은 믿는 자가 얻는 영생과는 다르다. 주님과 그분의 나라를 위해 모든 것을 버린 자들이 누릴 내세의 영생이다. ("내가 진실로 너희에게 이르노니 하나님의 나라를 위하여 집이나 아내나 형제나 부모나 자녀를 버린 자는 현세에 여러 배를 받고 내세에 영생을 받지 못할 자가 없느니라 하시니라"-눅 18:29-30). 이는 모든 성도들이 믿을 때 얻은 영생이 아니라 충성된 성도들이 내세에 누릴 영생이다.

주 예수께서 서머나 교회에게 편지하실 때 죽도록 충성하는 자들, 즉 이기는 자들에게 둘째 사망의 해를 받지 않으리라 하셨기에(20:5-6), 이 첫째 부활에 참여하는 자들은 분명 교회 시대의 이기는 자들이다(계 2:11). 그들은 하나님과 그리스도의 제사장이 되어 천 년 동안 그리스도로 더불어 왕 노릇 할 것이다.

마귀가 불과 유황 못에 던져짐

천 년이 찼을 때 사단이 잠깐 놓여서 곡과 마곡의 전쟁을 일으킨다. 사단은 기회만 있으면 문제를 일으키는 하나님의 대적자이며 원수이다. 그자는 무저갱에서 천 년 동안 이를 갈고 있다가 놓여지자 잠시 나와 있는 동안 마지막으로 최선을 다해 하나님을 대적한다. 즉 땅의 사방 백성들을 미혹하여 성도들의 진과 사랑하시는 성을 둘러싸고 바다의 모래 같은 인수로 공격을 감행한다. 그러다 하늘에서 불이 내려와 저희를 소멸하고 또 저희를 미혹한 대적자 마귀는 영원히 불과 유황으로 타는 못에 던져지는데(사탄에 대한 최종 사형 집행이 여기서 이루어진다), 짐승과 거짓 선지자가 먼저 거기에 있어 사탄적인 삼위일체가 그곳에서 세세토록 밤낮 괴로움을 받게 된다. 원래가 불못은 마귀와 그를 따르는 자들을 위해 예비된 곳이다(마 25:41).[7-10절]

크고 흰 보좌에서의 심판

크고 흰 보좌와 그 위에 앉으신 자를 보니 땅과 하늘이 그 앞에서 피하여 간데 없었다. 그리고 죽은 자들이 큰 자든 작은 자든 그 앞에 섰는데, 책들이 펴있고 또 다른 책이 펴졌는데 곧 생명책이었다. 죽은 자들이 자기 행위를 따라 책들에 기록된 대로 심판을 받으니 바다가 그 가운데서 죽은 자들을 내어주고 사망과 음부도 죽은 자들을 내어주었다. 그리고 각 사람이 자기의 행위대로 심판을 받았다.

여기서 '바다가 죽은 자들을 내어주고'라는 말은 바다에 빠져 죽은 자들을 내어주었다는 의미가 아니다. 사람이 바다에 빠져 죽었다고 해서 그들의 영혼이 바다 속에 있는 게 아니기 때문이다. 이들은 아담 이전의 생물들로서 영혼이 있는 존재들이었다고 보는 학자들이 있다. 이들의 견해가 타당성 있게 보여진다.

각 사람이 자기의 행위대로 심판을 받는데 사망과 음부도 불못에 던지우니 이것이 둘째 사망 곧 불못이다. 생명책에 기록되지 못한 모든 자들은 다 불못에 던져졌다[15절]. 20장까지에서 하나님은 불신자와 죄인들, 우주의 모든 악한 것들, 더러운 것들, 죄악들, 심지어 음부와 사망까지도 깨끗하게 청소하고 처리하신다.[11-15절]

21장

새 하늘과 새 땅

21장과 22장은 온 성경의 결론이다. 요한이 새 하늘과 새 땅을 보니 처음 하늘과 처음 땅이 없어지고 바다도 더 이상 있지 않았다. 베드로도 옛 하늘과 옛 땅은 사라지게 된다고 말했다(벧후 3:7-13). 그리고 거룩한 성 새 예루살렘이 하나님께로부터 하늘로서 내려오는 것을 보았는데, 그 예비한 것이 신부가 남편을 위해 단장한 것 같더라고 했다. 20장까지에서 모든 심판과 우주적 청소와 정리가 다 끝나니 하늘이며 땅이며 옛 창조물은 더 이상 소용이 없게 되었다. 이제 옛 하늘과 옛 땅은 없어지고 새 하늘과 새 땅과 새 예루살렘뿐이다.

그럼 하나님께서 옛 창조를 통해 하신 일은 무엇인가? 그리스도의 신부를 얻으신 것이다. 그분과 영원히 함께할 친 백성을 얻으신 것이다. 보좌에서 소리가 나기를, **"보라 하나님의 장막이 사람들과 함께 있으매 하나님이 저희와 함께 거하시리니 저희는 하나님의 백성이 되고 하나님은 친히 저희와 함께 계셔서 모든 눈물을 그 눈에서 씻기시매 다시 사망이 없고 애통하는 것이나 곡하는 것이나 아픈 것이 다시 있지 아니하리니 처음 것들이 다 지나갔음이러라"**고 한다.

보좌에 앉으신 분이 **"보라 내가 만물을 새롭게 하노라"** 하시고 또 **"이 말은 신실하고 참되니 기록하라"** 하셨다. 또 말씀하시기를, **"이루었도다 나는 알파와 오메가요 처음과 나중이라 내가 생명수 샘물로 목마른 자에게 값없이 주리니 이기는 자는 이것들을 유업으로 얻으리라 나는 저희 하나님이 되고 그는 내 아들이 되리라 그러나 두려워하는 자들과 믿지 아니하는 자들과 흉악한 자들과 살인자들과 행음자들과 술객들과 우상숭배자들과 모든 거짓말하는 자들은 불과 유황으로 타는 못에 참예하리니 이것이 둘째 사망이라"** 하셨다. 지옥불에 이르는 광경을 보여주시는 마지막까지도 주님은 그분이 복음의 주님이심을 알게 한다.

여기의 이기는 자들은 모든 믿는 자들을 말한다. 영세에 들어갈 때 모든 믿는 이들은 이기는 자들이 되고 영원한 기업을 얻게 된다. **"생명수 샘물로 목마른 자에게 값없이 주리니"**. 주님은 모든 것의 마지막을 보여주시는 가운데도 사람에게 생명수(구원의 은혜)를 주시기를 간절히 원하심을 볼 수 있다. 그러나 그 목적

은 어디까지나 그리스도의 신부를 얻으시는 것이다.[1-8절]

어린 양의 아내-새 예루살렘

일곱 대접을 가지고 마지막 일곱 재앙을 담았던 일곱 천사 중 하나가 **"이리 오라 내가 신부 곧 어린 양의 아내를 보이리라"** 하고 성령으로 요한을 데리고 크고 높은 산으로 올라가서 하나님께로부터 하늘에서 내려오는 거룩한 성 예루살렘을 보이니 하나님의 영광이 있으며 그 성의 빛이 지극히 귀한 보석 같고 벽옥과 수정같이 맑더라고 했다. 어린 양의 신부의 모습이 도대체 어떠한가를 보여주신 것이다. 바벨론과는 완전 반대이다. 새 예루살렘은 영광스러우며 깨끗하고 밝고 빛나고 맑은 반면, 바벨론은 음흉하고 가증하며 속에 도대체 무엇이 들었는지 모른다. 속과 겉이 완전히 투명한 새 예루살렘을 닮은 성도가 되자.[9-11절]

크고 높은 성곽

크고 높은 성곽(벽)이 있고, 열두 문이 있고, 문에 열두 천사가 있으며, 그 문들 위에 이스라엘 열두 지파의 이름이 있다. 동, 북, 남, 서에 각각 세 문씩 열두 문이 있다. 성곽은 열두 기초석 위에 세워졌고 그 위에는 어린 양의 열두 사도의 이름이 있다. 그 천사가 그 성과 문들과 성곽을 척량하려고 금 갈대를 가졌는데, 그 성은 네모가 반듯하고 그 갈대로 척량하니 일만 이천 스타디온씩으로 장광고가 같았다. 그 성곽은 일백사십사 규빗으로 사람의 척량 곧 천사의 척량이었다. 그 성곽은 벽옥으로 쌓였고 그 성은 정금인데 맑은 유리 같았다. 기초가 있는 성이고(히 11:10, "이는 그가 하나님이 계획하시고 지으실 터가 있는 성을 바랐음이라"), 성곽이 매우 높아서 아무나 들어갈 수가 없다. 또 천사 문지기가 비리 보고 있으니 자격이 없는 자는 들어가지 못한다.[12-17절]

성곽의 기초석-각색 보석들

그 성의 성곽의 기초석은 각색 보석으로 꾸몄는데, 첫째는 벽옥, 둘째는 남보석, 셋째는 옥수, 넷째는 녹보석, 다섯째는 홍마노, 여섯째는 홍보석, 일곱째는 황옥, 여덟째는 녹옥, 아홉째는 담황옥, 열째는 비취옥, 열한째는 청옥, 열둘째는 자정이었다. 성도들마다, 주의 종들마다 다양한 아름다움을 지니고 있다. [18-21절]

그 성 안에서 주 하나님과 어린 양이 성전이심

그 열두 문은 열두 진주인데 문마다 한 진주로 되어 있고, 성의 길은 맑은 유리 같은 정금이었다. 성 안에 성전을 보지 못했는데 이는 주 하나님 곧 전능하신 분과 어린 양이 그 성전이시기 때문이다. 그 성은 해나 달의 비췸이 쓸데없으니 이는 하나님의 영광이 비취고(실제의 빛) 어린 양이 그 등이 되시기 때문이다. 하나님은 사람을 위한 하나님이심을 감사한다. 그분은 우리를 위한 모든 것이 되신다.

만국이 그 빛 가운데로 다니며 땅의 왕들이 자기의 영광을 가지고 그리로 들어온다. 성문들을 낮에 도무지 닫지 않으니 거기는 밤이 없기 때문이다. 사람들이 만국의 영광과 존귀를 가지고 그리로 들어오겠지만, 무엇이든지 더러운 것이나 가증한 것이나 거짓말하는 자는 그리로 들어오지 못하며, 오직 어린 양의 생명책에 기록된 자들만 그 안에 들어올 것이다. 그 아름다운 곳에 사는 자들이 누구인가? 오직 하나님의 복음을 믿어 죄씻음을 받으며 구원받고 영생을 얻은 자들이다. 더러운 음란이나, 가증한 일(혐오스럽고 얄밉게 구는 것), 거짓말하는 자들은 그 일들이 보통일이 아님을 알라! 그 복되고 영광스런 성에 참예하지 못한다. 그 성은 아름다운 성이요 거룩하고 아름다운 사람들의 영원히 사는 거처이다.[21-27절]

22장

새 예루살렘의 내부 모습

"저가 수정같이 맑은 생명수의 강을 내게 보이니". 이 말씀은 요한이 새 예루살렘에 대하여 더 본 것을 기록한다. 21장까지 성의 외부를 보고 나서 이제 내부를 보고 있다. 어떤 학자들은 새 예루살렘 성이 문자적인 실체인지, 아니면 다만 상징체인지를 논하는데, 그것은 무익한 논쟁으로 여겨진다. 여기에 새 예루살렘이 그저 상징일 뿐이라면 외부 내부를 자세히 기록할 필요가 있을까? 또한 이것은 하나님께서 그 종 요한에게 보여준 이상(vision)이기에 누구든지 그것을 생생하게 보지 못하면 아무 소용이 없다. 어쨌든 우리는 그곳에 있게 될 것임이 자명한 사실이다. 우리도 그 문으로 들어감을 얻을 것이며 정금 길을 걷게 될 것이다. 그렇지 않고 환상만이라면 뭣하러 그리 자세히 칫수까지 기록할 필요가 있을까? 따라서 우리는 그가 본 것을 눈이 열려 볼 수 있기를 기도해야 한다.(계 1:10-11).

생명수의 강물은 하나님과 어린 양의 보좌로부터 나서 길 가운데로 흐르는데, 강 좌우에 생명나무가 있고 달마다 열두 가지 실과를 맺히며 그 나무 잎사귀들은 만국을 소성하기 위해 있더라고 한다.

다시는 저주가 없고 하나님과 그 어린 양의 보좌(His throne)가 그 가운데 있으니 그의 종들이 그분을 섬기며 그 얼굴을 보고 그분의 이름(His name)이 그들 이마에 있다. 여기서 두 분이 아닌 한 분 하나님을 섬기는 것을 본다(serve Him). 다시 밤이 없고 등불과 햇빛이 쓸 데 없으니 이는 주 하나님이 저희에게 비취시기 때문이다. 그들이 세세토록 왕 노릇 할 것이다.[1-5절]

아멘, 주 예수여, 오시옵소서!

6절부터는 다시 모든 것을 보여주는 천사와 요한은 밧모 섬의 원래 시점으로 돌아간다. 그 천사가 요한에게 말하기를, **"이 말은 신실하고 참된지라 주 곧 선지자들의 영의 하나님이 그의 종들에게 반드시 속히 될 일을 보이시려고 그의 천사를 보내셨도다"**라고 한다.

"보라 내가 속히 오리니 이 책의 예언의 말씀을 지키는 자가 복이 있으리라"[7절]. 이것은 계시록 1장 초두에 하신 말씀과 같다(계 1:1-3). 이 계시록의 말씀을 잘 알지 못하면 어떻게 이 예언의 말씀을 지킬 수 있겠는가?

요한은 이 계시록을 쓰고 나서 자신의 간단한 간증을 말한다. **"이것들을 보고 들은 자는 나 요한이니 내가 듣고 볼 때에 이 일을 내게 보이던 천사의 발 앞에 경배하려고 엎드렸더니"**(이것은 요한이 두 번째로 한 실수이다-19:10). 이때 그 천사가 말하기를, **"나는 너와 네 형제 선지자들과 또 이 책의 말을 지키는 자들과 함께 된 종이니 그리하지 말고 오직 하나님께 경배하라"**고 했다.

또 말하기를, **"이 책의 예언의 말씀을 인봉하지 말라 때가 가까우니라"**[10절], **"불의를 하는 자는 그대로 불의를 하고 더러운 자는 그대로 더럽고 의로운 자는 그**

대로 의를 행하고 거룩한 자는 그대로 거룩되게 하라"[11절], "보라 내가 속히 오리니 내가 줄 상이 내게 있어 각 사람에게 그의 일한 대로 갚아주리라"[12절], "나는 알파와 오메가요 처음과 나중이요 시작과 끝이라"[13절], "그 두루마기를 빠는 자들은 복이 있으니 이는 그들이 생명나무에 나아가며 문들을 통하여 성에 들어갈 권세를 얻으려 함이로다"[14절], 보혈의 씻음을 받지 않은 자들은 이 성에 들어갈 권세를 얻을 수 없다.

"개들과 술객들과 행음자들과 살인자들과 우상숭배자들과 및 거짓말을 좋아하며 지어내는 자마다 성 밖에 있으리라"[15절]. 믿는 이들 가운데 거짓말 하는 자들이 있다면 조심하라. 거짓말을 좋아하는 자는 더욱 조심하고, 말을 지어내는 자는 더 말할 것이 없다. 성 안에 참여함을 잃게 된다.

"나 예수는 교회들을 위하여 내 사자를 보내어 이것들을 너희에게 증거하게 하였노라 나는 다윗의 뿌리요 자손이니 광명한 새벽별이라"[16절]. 예수는 교회를 위한 주님이시다. 사자들을 보내시어 '교회를 위하여' '교회에게' 이 모든 것을 증거하신다. 이 모든 말씀은 천사를 통하여 주님이 직접 하신 것이다. 그분은 자신을 다윗의 뿌리요 자손이요, 광명한 새벽별이라고 하신다. 다윗의 자손으로 마리아에게서 출생하셨다가 우리 죄를 위하여 죽고 부활하신 바로 그분이 이러한 모든 말씀을 교회를 위하여 하신 것이다.

16절까지는 주님이 교회들에게 하신 말씀이고, 17절은 하나의 응답이다. "성령과 신부가 말씀하시기를 오라 하시는도다". 성령과 함께하는 신부의 응답이니 곧 교회의 응답이다. 성령이 교회의 편에 서서 함께 응답해주신다. 그 응답은 "오라!" 곧 복음으로의 초대이다. 이 모든 말씀을 들은 교회는 사람들을 향해 "오라[Come]!"고 부른다. 듣는 자도 오고 목마른 자도 오고 원하는 자는 누구든지 값없이 생명수를 받으라고 한다. 주님의 엄중한 예언의 말씀을 들은 교회는 복음의 영으로 가득하게 되어야 한다. 예수의 예언의 말씀을 보고 들은 교회는 모든 종류의 사람들을 향하여 '오라' 하지 않을 수 없다.

요한은 이 기록을 마치면서 독자들에게 엄중한 경계의 말을 한다. "이 예언의 말씀을 듣는 각인에게 증거하노니 누구든지 이 책에 기록된 말씀 외에 더하면 이

책에 기록된 재앙들을 더할 것이요, 제하여 버리면 생명나무와 거룩한 성에 참예함을 제하여 버리리라". 성경의 일부라도 무시하고 제하는 실수를 하는 자들은 이 거룩한 성에 참예함을 허락받지 못한다.[18-19절]

끝으로, 이것들을 증거하신 이가 말씀하시기를, **"진실로 내가 속히 오리라!"** 하시니, 요한이 대답한다. **"아멘, 주 예수여, 오시옵소서!"** 성경의 마지막은 예수의 재림으로 마쳐진다. 그분의 재림하심으로 모든 성경의 비밀은 해결된다. 사랑하는 성도들이여, 그분이 오시기를 간절히 기다리자.[20절]

요한의 문안으로 이 서신을 끝맺는다. **"주 예수의 은혜가 모든 자들에게 있을지어다 아멘"**. 주님을 믿는 신자들에게 끝까지 필요한 것은 주 예수의 은혜이다. [21절]